创业管理

企业家的视角

Entrepreneurial Management

Entrepreneur's Perspective

丁栋虹 著

本书是一部企业家视角下充满深刻感悟和独到见解的创业管理著作。全书共分三篇：创意开发篇、管理控制篇以及领导激励篇，建构了企业家视角下创业管理的完整分析体系。

在结构、内容与体例上，本书与学科发展、国际趋势、实践要求紧密结合，并进行了大胆的创新与突破。在分析角度上，本书立足于创业者对创业的主导性，注重方法、技术与经验的积累，同时着力于创业理念、思维与方法的传播与启迪。

本书是创业者、企业家、EMBA学员、EDP学员、MBA学员、企业及各类组织管理人员不可或缺的重要读本；对从事创业教育、研究、管理的相关读者（教师、学者、学生、公务员等）的学习与研究来说，本书也具有重要的参考价值。

图书在版编目（CIP）数据

创业管理：企业家的视角/丁栋虹著．—北京：机械工业出版社，2012.3
（华章精品教材）

ISBN 978-7-111-37512-8

Ⅰ.创…　Ⅱ.丁…　Ⅲ.企业管理-教材　Ⅳ.F270

中国版本图书馆CIP数据核字（2012）第027465号

机械工业出版社（北京市西城区百万庄大街22号　邮政编码　100037）
责任编辑：蒋桂霞　　　　版式设计：刘永青
三河市杨庄长鸣印刷装订厂印刷
2012年3月第1版第1次印刷
185mm×260mm · 32.25印张
标准书号：ISBN 978-7-111-37512-8
定价：58.00元

凡购本书，如有缺页、倒页、脱页，由本社发行部调换
客服热线：（010）88379210；88361066
购书热线：（010）68326294；88379649；68995259
投稿热线：（010）88379007
读者信箱：hzjg@hzbook.com

PREFACE 前言

一

这是一本为中国企业家而写的创业著作。作者带着研究的心态，以企业家的理论与成功企业家的创业实践为基础，力图不仅要说清楚“企业家是怎样成功的”（how they succeed），而且要分析透“企业家是如何成功的”（how to succeed）。

本著作的内容特色是：①从企业家角度写创业管理。传统的创业管理教程大多未能明确自身的主体定位，或者暗含着一般管理者或技术人员的定位。与传统著作不同，本著作以企业家为主体，建构企业家视角的创业管理知识体系，内容更具有操作性。②强调创业者的领导力素质。传统的创业管理以功用性为主导，本著作则着力于领导科学的思想，强调做正确的事情，追求长远的价值。是通过传统的管理运营企业，还是通过领导力实现企业的成长，也恰恰是中国企业与国际先进企业在成长理念上的重大差异。③用人力资本进行创业。传统的创业教程多认为技术、资本等要素为创业主导因素，本教程则强调人力资本在创业中的主导价值，突出创业者（企业家）、创业团队、人力资源及知识管理等因素的重要性。④侧重创业软因素的分析。有别于其他教程对创业硬因素（主要是物质因素、技术因素）的强调，本教程强调创业的软因素：内在高于外在，人文重于物质，其中主要的是创业文化，尤其是创业者的文化（企业家精神、观念、思维、价值观、策略等）在成功创业及创业管理中的决定性作用。

基于创业管理著作主体阅读对象的特质，本书的写作不仅是经验式的，也是直白的。实际上，众多精品的著作及大师的作品也都是直白易懂的。直白、经验的写法在实践中难度更大，因为追求读者能够读懂并且能够理解与操作，混淆不清以及错误或缺乏实证的东西，就需要被最大限度地扼制。

二

创业管理是一门创意性、方法性、策略性与实践性很强的学科。国内外创业的成功者，都视创业的实践与经验为第一要素。实际上，大多数企业家的管理模式就是在这样的尝试与模式中锻炼与凝聚起来的，他们没有所谓的理论体系，没有所谓的模式与要素，也没有所谓的管理素质。他们在学中干，干中学。沃尔玛创始人山姆·沃尔顿（Sam Walton）这样指出：“一直以来，我都以实干家的身份自居，并觉得做一名实干家才是我真正的管理之路。我比较痛恨理论和定式，我觉得很多东西是没有定式的，特别是我的事业，是永远没有规律可循的。我从来也没有得到过专业的培训，但是我知道实干的管理思想比那些理论更能说服人，也更有作用。”哈佛商学院宁愿把这叫做“实践智慧”，而不是“管理理论”。

管理的经验哲学，成了作者撰写本书的主要动因及思想根基。本著作重在通过借鉴实践中宝贵的经验，以激励、启迪受教育者的创业思维，提升其创业的理性定位，增强创业管理的策略与方法。感谢本著作中引用的（包含部分限于条件而未清晰标明来源的）相关资料的作者以及众多勇于创业实践的企业家；本人是站在他们的肩膀上——借助他们的努力与成果，汲取他们成功的经验或失败的教训，才得以完成了这部内容浩繁、鸿篇巨制的著作。

三

长期以来，企业家理论及其实践研究一直是作者的学术主线，有兴趣的读者请加入作者在新浪网的博客“领导者”（blog. sina. com. cn/dingmyy）及微博（weibo. com/ddh8），分享思考，互动沟通。有关研究动态、重要著述、主讲课程专业培训等信息，请读者浏览“耶商学院”（www. pmeac. com），该网站也列示了作者其他的在线平台，供读者选择。欢迎读者来信，告之学习收获、阅读评论、教学反馈，回馈思考练习的分析、延伸阅读文献的读后感。作者的常设联系信箱是：ddh188@ gmail. com。

为了不断提升阅读品质，作者致力于著作内容与形式两个方面的持续发展。期盼读者提供著作修正与发展的各种建议，包括反映相关研究的学术成果、实践及案例的最新发展，指正内容文字与图表中存在的各种错误，更新思考练习的重要问题，增删延伸阅读的精品文献。

四

不断的教学实践促进了作者对本著作思想的持续深化，学生也通过课程报告等形式为本书提供了很好的修正与补充建议。我的爱人马雪雁为本著作提供了多方面的协助与配合，研究生陈志、陈学猛、王帅等参与了本书的校正。十分感谢各位编审所付出的辛勤劳动，其各种指点、建议及修正，对本著作的完善帮助极大。

在许多重要的时期，作者幸遇众多先生与同仁：安徽农业大学袁克发教授、钱章强教授，南京农业大学王万茂教授、顾焕章教授，南京大学彭补拙教授、包浩生教授、曾尊固教授、刘志彪教授，上海财经大学校长谈敏教授、副校长丛树海教授、颜光华教授、郭羽诞教授，复旦大学管理学院前院长郑绍濂教授、芮明杰教授、副院长薛求知教授，同济大学经济管理学院朱道立教授，中山大学岭南学院前院长吴立范教授，中国科学技术大学校长侯建国院士，华侨大学前校长丘进教授等，感谢每一个让我坚定的目光。

谨以此书献给被安·兰德（Ayn Rand）称为价值创造者的企业家：在暗黑的夜里，他们是最明亮的光芒。[1]

丁栋虹

2012 年 2 月 6 日

---

[1] 在电影《通天塔》（*Babel*，2006）的结尾处，显现出一段字幕：“最暗的夜，最亮的光。”（The darkest night，the brightest light.）

CONTENTS 目录

CHAPTER1 第1章

创业导论

创业的历史，就是企业家的传记！

学习目标 >>>>>>

- 分析创业实践的特质与现状；
- 掌握创业管理的特质与要求；
- 了解创业教育的导向与方法；
- 把握创业学习的方法与技巧。

创业是一个发现和捕获机会，并由此创造出新颖的产品或服务，实现其潜在价值的过程。通常说的“创业”，顾名思义就是创建新企业（startup）。不过，现在“创业”这个词已有很大的延伸，创业可以发生在各种企业和组织的各个发展阶段，包括：新企业或老企业，大企业或小企业，私人、非营利或公共部门等。此外，一些现有组织内部也存在活跃的创业活动。可以说，创业在作为整体的社会之间，特别是在社会的非经济方面，以及为了利用其财力竭其所能地满足其经济需求而建立的营利机构之间，架起了一座桥梁。

在经济学范畴内，创业是指创业者组织和运用资源的能力，即组织和运用企业经营中主要生产要素（资金、人力、土地和设备）的才能和技能。根据杰弗里·蒂蒙斯（Jeffry A. Timmons）[1]的定义：创业是一种思考、推理和行动的方式，它为机会所驱动，需要在方法上全盘考虑并拥有和谐的领导能力。

有学者简单地把创业定义为新企业的创建[2]或者定义为新产品、新工艺、新组织和新市场的组合[3]。也有学者更进一步阐述了创业的含义，即创业包括新创企业的创业和现有企业的创业。例如，Weber（1990）早期提出：创业是指接管和组织一个经济体的某部分，并且以自己可以承受的经济风险通过交易来满足人们的需求，目的是创造利润。此外，Cole把创业定义为发起、维持和发展以利润为导向的企业的有目的性的行为。[4]目前，创业的多数定义侧重于机会追求。经常引用的是Stevenson、Roberts和Grousbeck[5]给出的定义，他们认为创业是一个人——不管是独立的还是在一个组织内部——追踪和捕获机会的过程，这一过程与其当时控制的资源无关。

创业特质

创业是一种价值导向、精神导向和思维导向。这建立在对创业特质的充分认知的基础上。创新发展，首先要创新思路。

创业价值

创业的价值特质体现在：只有创业，才可以兴国。对创业者而言，创业所带来的物质与精神财富是就业所无法获得的。

经济发展

2007年“全球创业观察”（GEM）对42个国家的创业状况进行了研究，发现在主要的七大工业国中，创业活动的水平与该国的年经济增长是高度相关的。因此，从全球角度来看，可以得出这样一个结论，创业对一国经济发展起着至关重要的作用。

“创建新企业”即从无到有地创建出全新的企业组织，既包括创业者独立地创建一个新企业，也包括一个已经存在的公司创建一个在管理上保持独立性的企业。美国20世纪50年代以来的创业活动主要就是“创建新企业”，这成为美国经济发展的主要原动力。

财富积累

世界上，“挣钱”（通过价值创造赢得利润）比“分钱”（通过对既有财富的再分配）有价值得多：前者能够达到的财富规模远非后者所能比；前者也远比后者更能培养和增强一个人的能力，最终形成财富的递增效应。

瑞士信贷银行对富翁的定义是：净资产（包括自住房）超过100万美元[5]。在其《全球财富报告》中，有三个重要特点：[6]

其一，2010年，大约有2 420万人可称为百万富翁，占全球成年人口的0.5%，控制着69.2万亿美元的资产，相当于全球总量的1/3还多。其中，有41%的百万富翁生活在美国，10%在日本，3%在中国。美国的高富翁比例是与其高创业比例高度正相关的。

其二，财富金字塔的顶端是81 000位资产超过5 000万美元的富翁，最顶尖的1 000名富翁，其资产超过10亿美元。全球最富的1%的成年人控制着全世界43%的资产，最富的10%的成年人拥有83%的资产，而底层的50%的成年人只拥有2%的资产。由此可见，如果不通过创业，积攒财富的规模是非常难的。

> 皮特森于1980年开发了DOS操作系统，一年后以5万美元卖给了微软，DOS也因此成了微软Windows系统的核心内容，而Windows系统在过去20多年一直是微软的主要收入来源。皮特森于1989年自行创建了皮特森科技公司——一家为旧数字录像机提供性能优化元件的小公司，该公司2007年的销售收入有望超过5万美元，与26年前出售DOS系统的收入相当。
>
> 比尔·盖茨2008年7月正式退出微软的日常管理，而专注于慈善事业、抗击艾滋病和促进贫困儿童教育等公益事业，然而皮特森却仍在为自己的事业打拼。

其三，在过去的10年，财富对创造财富的人特别青睐，这可以称之为创造并保持财富的黄金时期。2000～2010年，全球财富增长了72%，如今，需要10亿美元才能登上《福布斯》全美最富400人排行榜，而在1995年，只需4.18亿美元。这反映了进入21世纪以来，随着网络时代的普及和知识经济的到来，创业愈来愈活跃。

> 财商是每一个人都具备的，只是许多人被一些传统的金钱观念桎梏着，逃不出“思维的牢笼”。虽然更多的人可以拥有很高的教育水平，但缺乏一些最基本的理财知识。世界上到处都是有才华的穷人，他们之所以贫穷或财务困难，或者只能挣到低于他们本来能够挣到的收入，不是因为他们已知的东西，而是因为他们未知的东西。正是这些方面的限制导致了穷人与富人之间的差异。穷人和中产阶级让自己为了钱工作；富人则让钱为自己工作。只有能不断地为自己挣钱的财产才叫资产，而凡是让自己不

断花钱的都叫负债。[7]

2010年4月至11月间，胡润百富面对面地访问了401位个人资产在1 000万元以上的中国富豪，其中45位资产过亿。他们的财富大多来源于投资回报和企业所有权的收益。

精神财富

"企业"这两个字可以理解为，人通过做实业活动而在精神上站立起来。这不仅是中文的拆字解文，也是英文中"企业家精神"的内在含义。创业的过程更能形成健康的人格。可以说，企业家的真正财富，并不是货币积累，而是企业家精神！[8]一个有关洛克菲勒㊀的故事诠释了一切。

> 洛克菲勒自小生活贫寒，甚至拾过破烂，后来靠石油投资立业致富。鼎盛时期，他的财富曾经达到美国国民财富的1/47。20世纪初美国经济大萧条时期，联邦政府曾经向他借过钱。可他并没有因巨富而改变自己的平民生活本色：出差与旅行中，他总是选择坐飞机的经济舱，住宿一般旅馆。而他的儿子则选择坐头等舱、住豪华旅馆。这种反差让人奇怪，于是有人问他这是为什么。他的回答是："因为他的父亲是个富人，而我的父亲是个穷人。"

乔治·吉尔德[9]也不断强调财富的真正来源其实是企业家的观念流（flow of ideas）和精神景象（mindscape）。他对财富可以进行重新分配的观点进行了批判，认为这种物质主义的迷信"愚昧可笑"。在学习曲线中历练出来的成功企业家，或者一往无前，或者充满反叛，或者意志顽强，或者崇尚创新，这都构成了比传统社会经验和学术教条更为鲜活与直接的财富创造格局。理解社会和经济的发展需要从企业家个性的维度去看待，才能够正确理解事物发展的必然性和偶然性。

企业家精神是社会进步的重要因素。一方面，创业甜酸苦辣咸五味俱全，创过业的人通常比常人更懂事，更了解社会，更理解价值，更善于做决定，更有人缘，更有钱，更热爱自由，当然也会更加感叹世间善恶和人生沧桑，因此更具正义感；另一方面，创业者是社会中最能够独立生存下来的人，经济上独立生存的人不需要任人摆布，不听人使唤，不受人宰割，更会积极推动社会、经济、文化、精神等全面发展。

创业风险

任何有价值的事业总是与风险结合在一起。价值越大，风险也越大。

风险承担

创业者必须善于承担风险，企业家是风险承担者的代名词。

创业（创业者）的英文单词entrepreneur，起源于法文单词entreprendre，最初出现在1437年的一本法语字典里，意思是"承担"。在商业环境中，创业指的是开始做生意或创建企业，也可以定义为：一个积极主动并能够把事情做好的人。《韦氏大辞典》把创业者定义为一个组织、管理、承担商业风险或企业风险的人。

法国经济学家理查德·坎蒂隆（Richard Cantillon）把经济上的"风险承担"活动与创业者联系在一起，认为创业需要承担以一定价格买入但以不确定的价格出售的风险。自此以后，创业者是风险承担者便作为经济学分析的主线，迄今一直没有改变。

创业的风险主要体现在新创企业较低的存活率上。2007年，中国创业企业关闭率约为10.5%，是参与GEM统计的42个国家和地区中最高的国家，远远高于世界平均水平4%[10]。

㊀ 约翰·戴维森·洛克菲勒（John Davison Rockefeller，1839—1937），美国实业家，慈善家，以革命了石油工业与塑造现代慈善的企业化结构而闻名。1870年，他创立标准石油，在全盛期垄断了全美90%的石油市场，成为美国第一位十亿富豪与全球首富。他也普遍被视为人类近代史上的首富，财富总值折合到今日在3 000亿美元以上。

1999～2006年7年间个体工商户倒闭650多万户。2008年以后，中国有40%的中小企业倒闭，40%的企业在生死线上徘徊，只有20%的企业没有受到影响。

英国劳埃德保险公司曾从拍卖市场买下一艘船，这艘船1894年下水，在大西洋上曾138次遭遇冰山，116次触礁，13次起火，207次被风暴扭断桅杆，然而它从没有沉没过。

劳埃德保险公司基于它不可思议的经历以及在保费方面带来的可观收益，最后决定把它从荷兰买回来捐给国家。现在，这艘船就停泊在英国萨伦港的国家船舶博物馆里。

不过，使这艘船名扬天下的却是一名来此观光的律师。当时，他刚打输了一场官司，委托人也于不久前自杀了。尽管这不是他的第一次辩护失败，也不是他遇到的第一例自杀事件，然而，每当遇到这样的事情，他总有一种负罪感，他不知该怎样安慰这些在生意场上遭受了不幸的人。

当他在萨伦船舶博物馆看到这艘船时，忽然有一种想法，为什么不让他们来参观这艘船呢？于是，他就把这艘船的历史抄下来和这艘船的照片一起挂在他的律师事务所里，每当商界的委托人请他辩护，无论输赢，他都建议他们去看看这艘船。

它使我们知道：在大海上航行的船没有不带伤的。

不确定性

创业的风险性体现在每个人身上，就是不确定性的问题。人们对风险有不同的爱好，有人厌恶风险，有人生性爱好冒险，有些人则对风险无所谓。

创业经常是一种创新行为，越是在传统的社会中，这种创新性越强；创业的突破性（例如，创办与既有产业完全不同的新兴产业）越大，创新性也越强。这就要求创业者必须具有较强甚至极强的心理承受能力，承受由此“异化”而产生的环境压力。

有价值的事业，绝不可能一开始就是“获得”，而总是从“失去”开始的，包括既得利益、外在名誉、显性机会甚至稳定性，而且经常会招致挫折、失败乃至不断的失败，更要投入极大的物质、时间与精神成本。优秀的创业者应该对创业所应付出的代价有清醒的认知，方能稳健地掌握并坚持自己的事业。

真正的创业者都有弥赛亚情结（救世主意识），即使预料到了自己的悲惨结局也勇往直前，虽九死其犹未悔。

风险特质

从个体的微观角度来看，一般人认为，创业风险比就业风险高。实际的情况是，创业比就业更保险。

明确创业的风险特质，需要认知风险的两种类型（即显性风险与隐性风险）之间的差异。显性风险是一种人所共知的风险，隐性风险经常是隐蔽的风险。创业风险是一种显性风险，能够被观察，也能够被学习与克服。而隐性风险通常不具有预警性，不易观察，从而不易克服。

从国家的宏观角度来看，没有创业或创业不足才是最大的社会风险。世界银行（以下简称世行）行长佐利克2011年3月21日[11]说，缺乏良好的就业与经济机会是导致近期西亚北非地区局势动荡的重要原因。根据世行的统计，未来西亚北非地区需要创造更多的就业岗位才能解决当地就业需要。国际货币基金组织前任总干事斯特劳斯·卡恩[12]也对年轻人中的高失业率表示担心。卡恩说，由于年轻人中的失业率很高，有一种危险是年轻人可能会一辈子失业，这些年轻人很可能会成为“失去的一代”。

严格地讲，创业之旅很大程度上是一次反复试错的过程，如果某个社会的目标是创建一种切实可行的、眼光长远的创业文化，那初始创业失败所遭受的成本就不应该重到不堪承受。应将创业失败视为构成创业经历的反复试错过程的一部分，视为走向创业成功所必需的先驱步骤。

创业会失败，但只有创业，才会赢得大成功！

【提示】对于个人，对于家族，对于社会，真正的风险在于不创业。

创业难度

创业的难度依存于创业者的能力。而在整体层面，人们对创业的难度具有高估的倾向。主要的问题是：创业的真正障碍源于人的自身，尤其是人的内在，包括知识、能力与思维，它们都属于主观性的难度。在创业实践中，客观的障碍容易被克服。

知识难度

知识构成创业的难度之一，但却是最不重要的难度。不仅因为知识完全可以自我学习与积累，而且由于创业的知识比较纯粹、专业，比较起来，比就业的知识积累要容易得多。

比如，一个本科生或一个研究生，就业前要考许多证（多一个证，好比多一份就业保险）。请看下面的漫画。

创业与就业孰更难[13]

【问题讨论】

(1) 创业容易还是就业容易？为什么？

(2) 创业与就业的困难有什么本质差异？

(3) 进一步说，从学习目标来讲，创业与就业是相互矛盾的吗？明确一点讲，创业学习是否也能够促进就业实践？

(4) 纯粹就业导向的学习能够促进创业实践吗？

能力难度

成功的创业，需要创业者具有相应的能力。在科技日渐发达的时代，创业的方式日新月异，任何创新的做法均可作为创业的关键。事实上，最具代表性的例子应在美国加州硅谷了。这里到处充满创业的气氛、欲投资的创投事业与身怀专业技术或创意的员工，创业活动不断在离职员工的身上发生，诚如邓海珠[14]在《硅谷传奇》中所言，每当一群人聚在一起交头接耳，就表示某种创业契机正在形成。虽然目前中国的创业机会比较多，但是创业能力低于世界平均水平，大多数人缺乏创业技能和经验，加强创业能力的培养因而特别值得社会关注。

> 有网友问我创业要有退路（比如说回到大公司）吗？第一，真正的创业者（盖茨、乔布斯、扎克伯格、李彦宏、马化腾）不需要退路；第二，如果失败了，真正的创业者会再来一次的（从福特、迪士尼，到中国的马云、陈年）；第三，当然，也有创业失败就退到大公司的。但是，我想不出一个这样做之后又成功的。——2011 年 4 月 4 日，创新工场 CEO 李开复在其微博上就“创业是否需要退路”的问题做出以上答复。

能力构成创业的难度，但能力是实践的结果，是经验的总结，是可以积累的。能力的形成主要来自于实践，越早创业的人，越容易形成能力的优势。

思维难度

创业最具实质性的难度在于思维。马云[16]说过，“我们要问自己这个问题：我们为什么办这个企业？凭什么我们可以办好这个企业，如何才能办好，什么时候办，谁来干？这些问题想清楚了，你走起来会踏实很多。”

本书后续各个章节所分析的内容，基本导向就是讨论创业的正确思维、介绍创业的科学知识、探讨创业的成功经验、研究创业的理性方法，借以提升创业的能力，最终提高创业的成功率，促进新创企业的成长与价值发展。

就创业思维而言，在校或刚刚毕业的大学生既有独特的优势，又有不可避免的劣势。大学生富有激情，有创造力，年轻灵活；但同时大学生缺乏社会经验，缺乏起步资金，想法过于理想化，容易盲目乐观，对可能遇到的挫折缺乏预计。

【**提示**】放眼都是海，要有多大的决心才能远渡重洋？

创业机会

创业总是与机会结合在一起的，认识创业机会、把握创业机会，是创业的起点。

创业类型

GEM 的报告根据创业的动机不同，将创业分为机会型创业（opportunity-Pull Entrepreneur）和生存型创业（necessity-push entrepreneur）。机会型创业中企业家创业行为的动机出于个人抓住现有机会的强烈愿望，即通常意义上的创业动机。在商业机会可能带来巨大超额利润与抓住机会的个人强烈愿望的共同作用下，企业家承担一定的风险，表现出超常的进取心。对这类企业家而言，创业活动是一种个体偏好，并将其作为实现某种目标（如实现自我价值、追求理想等）的手段。相对于机会型创业，生存型创业中企业家创业行为的动机出于别无其他更好的选择，即不得不参与创业活动来解决所面临的困难。生存型创业的核心在于企业家的创业活动是一种被动的行为，而不是个人的自愿行为（见表 1-1）。

表 1-1 生存型创业与机会型创业的特征比较

	生存型创业	机会型创业
创业动机	生活所迫	职业选择
成长愿望	满足现状，小富即安	把握机会，做大做强
行业偏好	消费者服务业：零售、餐饮、家政服务等	商业服务业：金融、保险、咨询等
资金状况	以独资为主，缺乏资金	以多种方式融资，资金充足
创业者受教育程度	初等或中等教育，少数高等教育	多数高等教育
创业者承担风险意愿	规避风险	勇于承担风险
创业所处阶段	初始创业阶段	二次创业，连续创业

根据 GEM2007 调查报告，参与调查的整个 42 个国家和地区的平均水平是以机会型创业为主，机会型创业的平均比率为 54.71%，而生存型创业的平均比例为 45.29%。在这 42 个国家和地区中，有 25 个国家和地区的机会型创业比率超过 50%，另外 17 个国家和地区的机会型创业比率小于 50%，以生存型创业为主[10],[19]。㊀其中，2007 年中国生存型创业活动占到整个创业活动的 56%，机会型创业占 44%。

可见，中国创业活动多为生存型创业，而在生存型创业的排序中，中国排在 42 个国家和地区的第九位[10],[19]。这个创业类型的结构与全球创业活动主导类型正好是相反的。与中国的全员创业活动指数排在第五位的位置相比，中国的生存型创业活动处于创业活动类型的主导地位。中国属于生存型为主的创业活动国家。

创业层级

1803 年，简·柏普蒂斯特·赛（Jean Baptiste Say）扩大了创业的定义，把生产要素的概念引进了创业的定义。经济学家约瑟夫·熊彼特（Joseph Schumpeter）在 1934 年写了《创业和它

㊀ 机会型创业比率较高的国家，按排名有丹麦、瑞典、冰岛、斯洛文尼亚、芬兰、意大利、瑞士、澳大利亚和挪威等。

对经济发展的影响》的著名论著。约瑟夫·熊彼特把关于创业定义的重点放在创新上，如生产过程创新、市场创新、产品创新、生产要素创新和组织创新等，强调创业者的作用在于创造性和对经济的突破性发展的贡献。从创新的角度，约瑟夫·熊彼特认为创业是指做一件在企业常规经营中一般不需要做的事情。

从创业的创新层面分析，创业可分为四种主要类型，相应成为四个层级（见图1-1）。

对于上述层级，创业的发展越来越从机会型创业向商业模式创业，进而向管理型创业及技术型创业发展。其中，机会型创业与商业模式创业代表的是一种外部因素主导，而管理型创业及技术型创业代表的是一种内部因素主导。机会型创业与商业模式创业属于外部导向，而管理型创业与技术型创业则属于内部导向。从外部导向向内部导向的置换，表明企业的成长现在特别需要苦练内功。

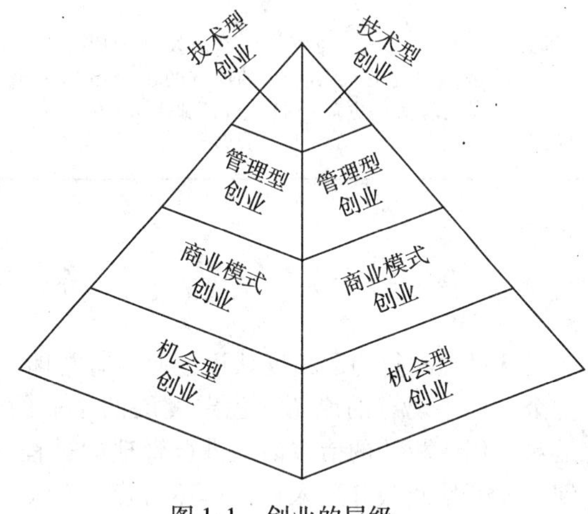

图1-1 创业的层级

机会型创业是中国企业家创业的过去时，商业模式创业是中国企业家创业的现在时，而管理型创业则是中国企业家创业的发展时，技术型创业是中国企业家创业的未来时。比较起来，欧美企业的企业家大多已经处在技术型创业的顶级阶段。

机会源地

越是创业活动不活跃的地区和国家，创业的机会越多。据GEM2007对非创业者的调查统计，中国的潜在创业活动指数为17%，低于世界平均水平的24.2%。中华英才网发布的《2006中国大学生择业价值观及求职心理调查报告》数据表明，在对大学生未来5年的发展预期这一项调查中，有41.6%的人希望成为主管或者经理。这个事实也表明中国高校毕业生创业动向明显不足，更多的人还是愿意走就业的路子。

也正是因为相对于世界，中国人的创业活动较弱，所以中国成了国家投资家与创业者的乐土。而与中国的东部地区比较，中国的中西部地区创业活动较弱，创业机会更多。在现实生活中，中国就业导向的打工者人流，总是从中西部的省份（如河南、安徽、四川等）流向经济发达的东部省份（如广东、浙江、江苏等）；而中国创业导向的企业家人流，总是反过来流动，中西部地区现存的许多创业活动，是由东部来的企业家开创的。

根据上述的分析，整理成创业与就业特质的比较框架（见表1-2）。

表1-2 创业与就业特质识别

	事前判断	创业取向	就业取向	比较结果	评估收获
人生价值	学而优则仕	学以致用，自由洒脱，发掘潜力，创造价值，实现自我	工作稳定，收入不错，职称晋升，职务提升，春风得意，左右逢源	创业是实现个人价值的较优途径	实现人生价值要靠自己奋斗
困难程度	做任何事情都会遇到困难，决断的困难可能会大于执行的困难	决策的困难程度在于个人能力	执行的困难程度不仅在于个人能力，还与直接领导相关	创业的困难程度小于就业的困难程度	提高自己的修养，掌控自己的人生之路

（续）

	事前判断	创业取向	就业取向	比较结果	评估收获
风险承受	要获得超额收益就要承受较大的风险，风险与收益对等	各种风险全部由创业者承担	行业风险由就业的单位承担，个人仅仅承担职业风险	创业者可以通过各种手段控制创业风险，有时风险也是收益	就业风险包括隐性风险，创业风险一般是显性风险，显性风险更容易避免
机会源地	沿海地区、经济发达地区的机会可能会更大、更多	经济发展较成熟的地方的机会不比经济刚起步的地方多	大城市的工作机会更多，待遇更高	目前，二三线城市的创业机会比一线城市多	准备好硬件和软件才可能有成功的机会，没有绝对的机会源地

创业管理

从过程和行为的角度认识创业很有帮助。创业因此可看做是一种管理方法，也是一个过程，一个不同于现有的成熟或稳定发展的企业的管理过程。创业管理（entrepreneurial management）是对与创业相关的诸多活动进行管理的过程，主要是指白手起家、基本上依靠自有资金，使新创企业开始赚钱并进入良性循环的管理方式。

生存管理

创业管理是“以生存为目标”的管理方式。新创企业的首要任务是从无到有，把自己的产品或服务销售出去，掘到第一桶金，从而在市场上找到立足点，使自己生存下来。在创业阶段，生存是第一位的，一切围绕生存运作，一切危及生存的做法都应避免。最忌讳的是在创业阶段提出不切实际的扩张目标，盲目铺摊子、上规模，结果只能是“企而不立，跨而不行”。

创业者因所处的环境与拥有的资源不同，往往导致其具有不同的创业目标与行为。但无论创业者出于什么目的新建了企业或者开展了创新活动，一旦创业的引擎发动起来，创业者不得不将新创阶段的目标归结到初创企业的生存上来。

顾客至上

创业管理是一种创造价值的过程管理。创业管理的核心：一是生存，二是发展。生存与发展的重要依托都是为顾客创造价值。价值的创造是社会财富增量扩张的基石，因此，以价值创造为核心的创业管理作为一种管理方法，即使在成熟的大型企业、非营利组织或政府机构中，都是不可或缺的。

对新创企业而言，赚钱是企业生存的唯一来源，因而“能够赚钱”成为创业管理的首要目标。在创业阶段，亏损、赚钱、又亏损、又赚钱，可能要经历多次反复，直到最终持续稳定地赚钱，才算是度过了创业的生存阶段。此外，把赚钱作为创业生存阶段追求的唯一目标，还由于只有新创企业开始持续地赚钱，才能证明新创企业探索到了有价值的商业模式，因此才有了追加投资的价值。

从投资回报的角度来看，新创企业新在哪里？也不是新在技术上，也不是新在产品上，而是新在商业模式上，也就是新在满足顾客需求、创造价值和赚钱的不同方式上。新创企业要想超越已有的竞争对手，并在市场中生存下来，就一定要探索到新的成功的商业模式，这是创业管理的本质所在。而在没有找到可靠的商业模式之前就大量投资，是众多风险投资损失惨重、最终创业失败的基本原因。

为了生存，创业管理必须彻底奉行“顾客至上，诚信为本”的经营理念。创业的第一步就是把企业的产品或服务卖给顾客，这真是一种惊险的跨越，顾客的认可成为企业回收成本、实现赚钱目标的重要保证。因此，可以说企业是发自生存的需要把顾客当做“衣食父母”的，经历过创业艰难的企业家和新创企业的管理者们永远都会把顾客放在第一位。

对谋求“生存”、追求“顾客至上”的新创企业而言，拥有良好的客户资源的意义远不止于此。在创业的不同阶段，创业者将可能从其客户关系网络中获取情感、信息、资金等多种支持。在创业初期，创业者通过建立广泛的联盟以最低的成本获得多样化的信息与能力，从而显著提高其创业初期的绩效。创业者在创业初期普遍都动用自有社会关系网络来保证新创企业的生存。而社会关系网络不是天然存在的，是依靠创业者努力经营的结果，其中一个重要的理念就是“顾客至上”。奉行“顾客至上”，进而维护稳定、可靠的客户关系网络，对于新创企业顺利度过初创期有着重要的意义，顾客至上的管理也就构成创业管理的又一个特征。

全员参与

创业管理是充分调动组织所有成员工作积极性，即发动“所有的人做所有的事”的团队管理方式。许多创业实践表明，新创企业在初创时，尽管可能设计了正式的组织结构，但却没有严格按正式组织的方式运作。典型的情况是，虽然有名义上的分工，但运作起来却是“哪急、哪紧、哪需要”，就都往哪里去。这种看似的“混乱”，实际是一种高度“有序”的状态。每个人都清楚组织的目标和自己应当如何为组织目标作贡献，没有人计较得失，没有人计较越权或越级，相互之间只有角色的划分，没有职位的区别，这才叫做团队。这种运作方式往往能够帮助新创企业培养出高度的团队合作精神、奉献精神和员工忠诚。即使将来事业发展了、组织规范化了，这种精神仍在，并逐渐成为企业的文化。

成长管理

经历过创业的企业家大都有过这样的体验：曾经直接向顾客推销过产品，亲自与供应商谈判过折扣点，亲自到车间里追踪过顾客急要的订单，策划过新产品方案，制定过工资计划，被经销商骗过，让顾客当面训斥过……这才叫创业。

综合管理

从创业的定义中可知：创业是一个过程，而不是一个事件；机会追求是创业的核心要素。从创业研究领域的界定可以得出以下结论：①创业过程由机会识别、机会评价、机会开发以及创业结果组成；②在创业过程中，个体创业者是核心要素；③创业过程受到社会或环境因素的影响；④创业可以在新创企业中发生，也可以在已有的企业中发生。所以，创业是一个由不同要素组成的过程。图1-2描述了创业过程的基本要素、创业者的作用以及创业过程所处的环境。从图1-2中可以看出，创业过程是一个线性的连续的过程，事实上，创业过程也是重复的动态过程。

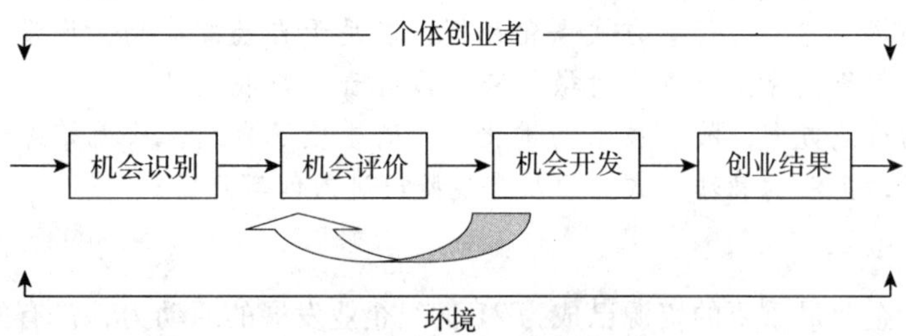

图1-2 创业过程的概念模型

创业是一个复杂的、综合性很强的过程，因此，创业管理是一门具有综合性、整合性的交叉实用管理学科，涉及方方面面的管理问题；而企业管理经常是单一的，针对企业运作的某个方面的具体问题。

动态管理

创业管理是一种不确定的、动态性的管理。创业成功的必要条件是懂得如何管理天天所面对的不确定性。创业管理伴随着企业的设立、成长与壮大，是一个动态性的管理过程；而企业管理是静态的管理，只是针对特定企业在特定时点、面对特定问题的管理。创业管理被视为一种风险管理的学问，它可以使一般人都以这种创业态度或精神来经营企业。

创业本身是个动态发展的过程，成功地创业需要对创业过程进行系统性的把握（见图1-3）。

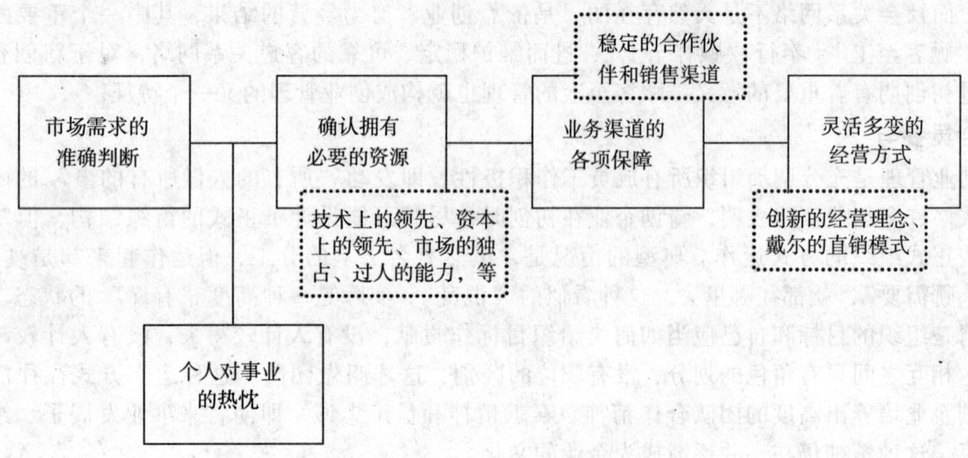

图1-3 创业成功概念

创业的这种历程，可通过不断调整去平衡机会（opportunity）、资源（resources）与团队（team），而这三者之间都有研究议题可以发展。其中关于创业的机会，为何有些团队能发现机会？如何去辨识或认知机会？在情境非常不确定或模糊的情况下，如何把握机会呈现给有资源的人？如何去说服他们参与资源的投入？有了资源之后，团队又如何善用资源？这些都是创业管理必须正视的问题，也将是我们可以进一步深入探讨的议题。

创新管理

创业管理也是一种创新性管理。环境情境作为自变量，管理作为因变量。由于创业的时点性较强，与新的产业、市场、政策、制度、观念结合较为紧密，也主要以新近毕业的人员作为雇员，管理制度与管理方式的创新已成为基本趋势。创业型企业因此通常不仅成为新的产品、服务与价值的创造者，成为新的产业的发展引擎，也成为新的管理方式的肇始地。

> 比尔·盖茨在微软成立25周年之际曾充满激情地写道："纵观商业历史，我们可以看到很多公司，它们的行事方式僵化死板，满足于自己的成功，而没有意识到世界不论有无它们都将变化。所以，对微软来说最宝贵的是我们适应变化的能力，我们能迅速抓住新的行业方向，随着技术的进化，不断重塑了自己，从而始终保持了成功。"处在激变时代，企业的管理方式必须从常规阶段进入创新阶段。

理念创新

知识资本作为企业最重要的资源已成为21世纪企业发展的原动力，没有知识的企业最终只能走向没落和衰亡。没有人会因为苹果计算机公司或IBM公司的物质资产而购买其股份。起作用的并不是这些公司的建筑物或机器设备，而是其市场营销能力和社会关系、公司的组织能力以及雇员们头脑中的那些突发奇想。它们所代表的不过是另一些象征性符号而已，而且已达到令人惊异的地步。

除了IT行业外，也有的创新企业家已经用事实教育了我们，年销售额超过20亿美元的耐克（Nike）鞋业公司，在市场上可谓独占鳌头，但它并不直接生产和制造鞋，它的资产是“耐克”商标、生产许可证、市场销售能力和设计开发能力。这就不难理解为什么可口可乐公司总裁敢夸下海口：“如果可口可乐公司总部被烧毁，它可以凭可口可乐的牌子重新起家。”在许多企业兼并案例中，我们看到的是越来越多注重企业无形资产的收购行为，还有更多的企业在重视自己无形资产的积累。这对企业的知识资本储备提出了更高的要求。

无形资产的重要性至少已经和有形资产旗鼓相当，而且有形资产价值中的更大部分取决于无形资产的投入。管理学大师德鲁克更是早就明确指出，知识已经成为知识社会中最重要的资源，并一语道破真谛：“知识是唯一的经济资源。”

组织创新

传统的企业在管理结构上重视人力、财力、产能、供销等环节各项资源的消耗使报酬递减的经济思想成为经济学的主流。在互联网时代人们越来越重视从物质积累到知识积累的过程，在激烈的市场竞争中，以知识为基础的工作，随着时间的变迁，整体的知识是不断增长的，可以创造不存在的市场，更多的创新使报酬成为递增的基本形式而得以存在。

借助互联网技术，企业管理者可以进入企业信息数据库，还可以借助企业内部网络进行信息共享，方便快捷地传达公司的各种信息，比传统企业获取信息的时间大大缩短，从而有效地杜绝了行政拖沓的企业惰性，而正是信息化技术的应用，使众多企业在原本的组织结构中添加了“知识主管”、“学习主管”、“知识资本经理”、“知识管理经理”等各种信息化管理层，这种管理层越来越成为企业发展的中流砥柱，也成为企业知识积累的重要力量。

美国经济学家钱德勒[17]曾指出：“美国现代企业制度的成长过程可以从两个方面把握，一是企业规模的扩张过程；二是资本所有权与经营权的分离过程。由一组高薪的中高层经理人员所管理的多单位企业，就可恰当地被称为现代企业。”这种被称为现代企业制度的组织形式成了当今美国工商企业制度中的标准形式，也被包括中国在内的许多国家和地区作为建立现代企业制度的参照系。

然而，有必要指出的是，工业经济时代的企业管理是以庞大的规模和集中的管理来更好地控制原料供应，以此来获得较高的效率。但在互联网广泛应用和普及的经济背景下，企业管理是靠不断找出市场需求及其解决办法之间的联系。成功的企业所提供的价值大多来自有待解决的市场问题所需要的专业研究、工程和设计服务，识别问题所需要的专门销售和咨询服务，以及把上述两个方面连接起来的专门化战略，加上金融和管理服务。只有这种价值才不易被模仿。所以，在新的经济环境下，创新和服务将代替控制和管理成为企业新的经济增长点。

管理创新

互联网时代的到来，不仅改变了人们的生活方式，同时使得管理也出现了新的创新形式；在信息化的时代，现代企业的发展离不开网络的发展，这就使得网络下的管理需要不同于传统方式的创新。网络带来的管理创新表现在以下两个方面。

一方面，互联网将时间和空间挤压成扁平化，企业的管理对象从现实世界进入虚拟世界，管理组织从垂直进入水平状态，管理指令从日常语言到网络语言，管理内容从主要对生产要素的管理到对知识要素的管理，这对企业的管理方式提出了前所未有的要求。在这种经营环境中，企业的兴衰成败在更大程度上取决于企业经营者能否具有审时度势、举重若轻、应付自如的素质。

另一方面，在网络化时代，企业经营者必须破除安于现状、满足于现状的保守思想，消极地适应市场，企图守业，已难以为继。企业生存和发展的唯一机遇存在于变革之中，其核心在于创新。要主动地去推进变革，甚至主动地进行“创造性破坏”，成为变革的先行者，而不是被动地在变革出现之后才去应付经营环境的变化。

创业教育

创业管理与方法能不能教，需不需要教？创业是遗传因子，还是后天可培养？从创业者过去的经验与教训中，能否归纳出一般管理原则，以使创业者增大成功的概率？对于这些问题，我们可以从创业教育的发展分析中获得理解。

教育背景

教育地位

创业教育的创始人是日本人藤井（Shigeru Fijii），他在1938年就开始在日本的Kobe大学教授创业方面的课程。但在当时，创业教育并没有很快得到关注。

1947年哈佛商学院的Myles Mace为MBA学员开设了一门新课程——《新创业管理》[18]，这被后来众多学者认为是美国大学创业教育中的第一门课程，也是创业教育在大学的首次出现。但此后二十多年的时间，创业教育并没有获得多大的进展，直到20世纪70年代硅谷的兴起才重新带动了创业教育的发展。1970年，美国有25所高等学校开设了创业方面的课程，而到了1985年，已经有212所商学院和41所工程学院开设了创业课程。1992年超过500个教育机构传授创业课程。根据Winslow和Solomon所做的1999~2000年度第七次全美创业教育项目调查结果显示，已经有142所大学在本科或研究生院中把创业作为了专业领域，其中，49所大学设置了创业学位。现在，哈佛商学院已将商学院新生的“管理学”改为“创业管理学”。

中国高校的创业教育起步较晚，始于20世纪90年代末期，2002年4月教育部才开始启动创业教育试点工作，而将创业教育纳入教学则更晚。

教育支持

美国成为世界上经济最发达的国家，离不开其良好的创业制度环境与创业教育支持。美国政府认为，创业教育是解决社会失业问题的有效手段，对此十分重视。

美国创业教育组织活动极为活跃。这些组织包括教师组织和学生组织，分有不同的层级，如全美级、州级、地方级等。它们进行或支持创业教育教学材料与教学方法的开发、教学信息的交流等工作。这些组织吸引着大量的教师和学生，因而对于促进创业教育在美国的发展有着不可替代的作用。不仅有“百森—考夫曼创业会议”等年会，《创业理论与实践》（*Entrepreneurship Theory and Practice*）、《企业创业》（*Business Venturing*）等权威国际刊物，还有Rencontresde St-Gall等创业研究联盟机构。

美国的创业教育发展取得了部分社会机构的资金支持，这些机构提供经费以赞助创业教育竞赛、奖励接受创业教育的优秀学生、开发创业教育课程，等等。例如，Kauffman创业流动基金中心、国家独立企业联合会、新墨西哥企业发展中心均对创业教育提供过资金赞助。

教育对象

除自然科学和社会科学的相关专业外，创业管理对经济管理类专业各层次学生都更具有重大的现实意义，他们当中有相当数量的人将投入创业实践中，尤其是对MBA学员及MBA课程进修班学员来说具有更直接的实务指导意义。通过创业管理课程的学习，可以为学生提供不可多得的学习、交流与模拟演练的机会，借此可以将已学的各相关学科专业知识融会贯通，为顺利展开创业探索或从事新设公司的管理实践提供值得借鉴的新视角和新思路。

创业管理课程的教学设计应该鉴于选修该门课程的学生已具备经济学和管理学的基础知识，大多已具有企业管理的相关实践经历，因此不必重复学生已修的其他课程的内容，而是提供大量的实例、新颖的视角和对比启示，引导学生将已修的知识整合起来探讨创业的实际问题，从宏观和历史的角度审视创业过程中必须遵循的基本规律和原则。

教育实践

创业教育与学校中原来开设的管理类课程不尽相同。管理学被认为既是一门科学，又是一门艺术，因此可以通过学习来获得，同时又需要自己在实践中领悟。工商管理课程中运用的例子大多是以成熟的大企业为模版的，对那些没有工作经验的在校学生而言，少了实践中的领悟，学习管理学总觉得学了很多又好像什么都没有学到。而创业教育立足于实用，创业教育系列课程中所教授的内容是学生在以后创业中实实在在可以使用的，比如创业程序、创业的前提准备、资金来源等。正因为如此，创业教育对有关内容的体验十分重要。通过这种体验能够获得创业的感性认识，是创业教育成功开展的前提条件。美国国家独立企业联合会（the National Federation of Independent Business，NFIB）研究表明，美国2/3的企业家来自拥有企业的家庭，因此他们能够获得有关企业的感性认识和创办企业的意识。所以，创业教育十分重视学生对企业的感性认识。要有意识地指导学生有效地进行与创业教育有关内容的体验，首先教师必须具备这方面的条件，美国教师的这种体验主要通过模仿进行。在俄克拉荷马、犹他和新墨西哥州，在创业教育国际协会的指导下，职业技术教师要用一周时间来体验创业活动。教师组成小组设计商店店面、寻找商店地点、给商店取名、判断销售目标、讨论预算、开发广告等。按照活动顺序逐步体验创业活动，能够使教师有效地指导学生开展创业教育活动。

因此，学校必须有一种开放的和赞许的政策，对创业机制给予完全的支持，要让人们知道学校与创业挂钩不仅是一件合法的事情，而且还是一件受人尊敬和令人羡慕的事情。学校应该与企业建立密切的关系，学校的教授也应该被允许与企业建立密切的关系，经常进行咨询等工作。

> 在MIT，教员每周有一天或更多的时间与企业在一起工作，这不仅不会影响到教学和研究，反而对教学和研究很有裨益。它能确保教学和研究的项目处于现实世界令人振奋的最前沿阵地；它能确保师生不仅仅在课堂和实验室学习，而且使他们在工业的前沿学会如何发现问题；它能确保在实验室学到的东西很快地转移到企业的应用中去。MIT是一个年轻的学院，自1860年创立以来就倡导一种不同的理念，那就是MIT是一个注重实践的地方。教师的职责是从事教学和研究并将知识应用到企业中去，解决科学技术中的难题。一直以来沿袭的优良传统所遵循的科学态度是和企业紧密融合的，MIT师生不仅仅做咨询，他们还可以自己行动、自己创业。这已是学校政策的一部分，学校行政处赞同师生和其他人一起开新公司，而不仅仅是为已有的公司做顾问。在MIT的历史上，人们会发现层出不穷的成功创业的范例。教员们从MIT走出去以后不仅进行咨询工作，而且把MIT的科技也带到外部世界。

教育目标

一般来说，确定培养目标必须考虑社会对人才的需求。不同层次、不同类型的学校依据社会对人才的需求情况，培养目标也不相同。考虑对学生社会能力的培养，高校创业教育的目标体系一般定位为创业精神、管理能力、创新思维和商业策略四个模块，如表1-3所示。

表1-3 高校创业教育课程设置的主要类型

课程模块	主要学习内容
创业精神	创意激发、创造性开发、信息搜索、商业机会判断力、机会评估等
管理能力	创新战略、组织设计、供应链管理、市场营销、风险投资、资本市场、电子商务、税务制度、知识产权、合同与交易、国际贸易、市场竞争结构等

（续）

课程模块	主要学习内容
创新思维	将创意发展成创业流程、新公司的建立开办、信息搜索与处理、团队组织、应变能力、管理沟通、产品开发、市场营销等
商业策略	商业机会选择、制定商业计划书、资本筹集、创业竞赛、组织创业团队、创业企业的建立、创业经验的积累、管理等

这四个模块的内容可通过面向各专业学生开设创业教育类必修课和选修课程来实现。

创业精神

世界上有两种人：一种是接受现实的人，另一种则不是。后者会努力改变现状，使现实变得对他们自己更加美好和舒适。人类世界中所有的进步都应归功于第二种人，创业教育的关键是创业精神的教育。创业精神是激发人们进行创业实践的欲望，是心理上的一种内在动力机制。它在很大程度上决定着一个人是否敢于投身创业实践活动，支配着人们对创业实践活动的态度和行为，并影响着态度和行为的方向及强度。

创业精神能够且应该被渗透到三个广阔的领域[20]：个人成就的取得、大企业的成长和国家的经济发展。①创业的个人。个人如何成功地创建自己的企业。②创业的公司。大公司如何使其整个组织都重新焕发创业精神，以具有更强的竞争力和创造高成长。③创业的国家。所有政府的职责首当其冲就是帮助人民变得富强。创业精神的力量能够帮助个人、企业，乃至整个国家或地区在面对21世纪竞争时走向成功和繁荣，体现了创业对时代的重要性。

创业精神渗透到了商业、经济和社会的各个方面，是经济与社会可持续发展的中心思想和重要环节，不仅在商业及更广阔的领域创造生产价值，而且能转变人的工作理念。联合国教科文组织在研讨21世纪国际教育发展趋势时提出："除了要求受雇者在事业上有所成就外，用人机构或个人越来越重视受雇者的首创精神、冒险精神、创业意识、独立工作能力以及技术、社交和管理技能，它为受雇者灵活、持续、终身的学习奠定了基础。"

【提示】 当你自愿地去做一件让你愉悦的事情时，其实事情是简单的。

管理能力

有潜力的未来创业者、未来企业家应该打破"天赋之才"的迷信观念，通过对创新技能、管理技能、心理训练等的学习来增强机会识别能力。面对未知的创业前景，创业者们迫切地需要有足够的信息来帮助自己消除障碍、顺利前行。在考夫曼基金会创业领导中心看来："向个体提供把握别人没有注意到的机会所需知识和技能的过程，是培养学员在别人犹豫不定的问题上具有洞察力和自信心的过程。"所以，课堂上不一定培养得出比尔·盖茨，但可以提供基本的思维与导向，借以增加创业者成功的机会（见表1-4）。

表1-4 创业教育的意义

消极的一面	积极的一面
消除创业过程中遇到的障碍	提升创业者发掘创业构想的能力
避免落入常见的陷阱	有效评估市场机会
减少资讯不对称的程度	提高筹措创业资金的能力
降低认知的偏差	有效领导经营团队
	设计经营模式
	有效解决经营问题

通过创业教育，使青年学生学会在实践中不断完善自己的创业技能，包括计划决策、人事管理、市场营销、生产运作、财务管理等传统管理能力以及把握商机、创建团队、善于沟通、高效融资等创业必备的能力；培养青年学生拥有创业企业家的素质和建立创业文化的能力，包括独特的领导才能、善于化解各种矛盾、独有的管理风格、获取团队成员信任等。

美国马里兰大学成立了专门的“创新班”，一半是商学院的学生，另一半是工学院的学生，并把他们放在同一个宿舍里。每周请一位创业有所成就的人给他们讲创业经验，有成功的经验，也有失败的经验。每个学期要求学生写一个如何组建企业的计划书，然后参加学校组织的竞赛。这个计划书帮助学生了解公司如何创业、有什么特别的技术、什么产品适合市场发展等。学校组织的商业竞赛前三名可以得到5万~10万美元的奖金，这对学生鼓励很大，激发了他们创业的精神。现在学校大概有10多家公司，有些公司已经赚钱。好一点的企业会有些补助，还有些是要自己找投资，当然学校也会帮助这些企业去找外面的投资。

创新思维

学习创业时要学习如何捕捉市场的机会，需有先见的触角、胆识，发现机会的途径可以是先前的工作经验，也可以是自己的社会网络。在面对社会时，创业家要学会如何策略性地思考，从平常不易察觉的地方中发现商机；在发现机会以前，创业家还需要学会利用机会，学会如何经商、处理资源、应用人际关系等，这些都能帮助人们利用机会。

法国学者曾这样描述创业家：他们很像勇士，能迅速做出决定，具有不同寻常的精力和毅力、满怀非凡的勇气和果断的精神，他们奋不顾身地冲向广阔的经济战场，开辟出一片又一片新的领域，他们以一种灵活的应变能力和指导原则指导企业运作，他们具有青年人的好奇心、发明者的创造欲、初恋者的新鲜感、亚神经般的敏感性以及建设者和破坏者兼备的变革意识，他们紧盯着市场需求，头脑中急速地将信息组合构造出新的创造性决策。

现在，我国很多大学生没有形成自觉、理性的创业意识和创业行动。具主要表现在：第一，多年的应试教育使大学生形成了一种思维定势，墨守成规，被动服从，只要是学校安排的课就上，学校搞的活动就参加，却忽视了思考的自由和理性的判断。对待学校反复宣传的创业，仍有许多学生把它当做一门普普通通的课，认为听几堂选修课，参加几次创业实践，就算领悟了创业的真谛。第二，对市场和自我缺乏理性的分析与判断，盲目追赶创业的潮流，把创业作为攀比、竞争的手段，而不考虑自己是否适合创业，是否具备了创业的条件。第三，在创业方向的选择上，缺少对市场的深入调查分析，一味追求热门行业。

创业教育，还可以使青年学生了解当前严峻的就业形势、巨大的就业压力；了解创业成功提供的就业机会可以缓解社会就业难的问题；了解中国面临的发展机遇需要更多的人投身于创业事业，才能将众多的投资机会转变为社会财富；了解中国当前高素质人才创业的比例还很低，需要更多具有创业素质和能力的人投身于创业事业。创业教育，营造浓郁的创业氛围，使青年学生切实感受到创业的必要性和紧迫性，转变就业观念，树立起创业意识和创业精神。

商业策略

斯坦福大学共开了17门创业管理课程，除了提供许多有关创业财务与融资的课程外，也非常重视商业策略以及社会层面的议题（见表1-5）。

表 1-5 斯坦福大学的创业管理课程

课程名称	内容简述
Private Equity Investing	此课程是投资管理与创业理财（Investment Management and Entrepreneurial Finance）的进阶课程，讨论私人投资基金与基金管理方面的议题。本课程的教学包括个案讨论、讲授、参访专家
Investment Management and Entrepreneurial Finance	这门课程探讨与评估投资机会有关的工具，也讨论影响公司价值的观念性议题。越来越全球化且近年来成长迅速的私人权益基金，是这门课程主要研究的对象
Financial Intermediaries and Capital Markets	这门课程涵盖金融市场（financial markets）、工具方式（instruments）及其制度习俗（institutions），重心在于讨论资金的募集（capital raising）以及创业活动各生命周期阶段的集资活动（financing activities）。主题包括上市的决策、上市的定价、上市的机制、投资银行的角色、私有化、银行和公债市场、信用评级、垃圾债券市场、现金和汇兑风险管理，等等
Financial Issues in Venture Capital	此课程的主要目的在于探讨创投公司和私人权益基金的筹资议题。投资的流程从投入资金开始、监督、增值，一直到离开为止，同时也探讨这些议题对创业者的意义
Environmental Entrepreneurship	此课程主要讨论市场力量如何被驾驭以鼓励私人方案对环境的关心，以及环境资本主义对创业的意义，也将会讨论到代理人问题、契约问题等，教学方式主要采用个案教学
Managing to IPO：Control Systems	此课程主要探讨市场环境、技术、竞争情况、内部能力发生变化时，公司如何进化和改变它们的控制/信息系统。主要的重心是置于开创时期以及公开发行上市前的时期，主题包括目标估价（target costing）、基于活动的管理、质量和顾客满意、竞争者成本定价的分析、诱因系统的设计
Start-up Globalization Strategies	新创公司所采取的全球化策略有非常大的不同，这门课程将讨论不同的全球化方法以及它们如何适用于不同的产业和国家
The Entrepreneurs and the Investment Climate in Emerging Nations	此课程讨论新兴国家的创业发展与创业投资环境，以及相关的对策展望
Integrated Design for Marketability and Manufacturing I and II	这是一个团队教学、两段式的课程设计，由商学院以及工学院的学生组成团队，做市场分析、产品设计，并且在实验室生产制造其要推出市场的产品
Entrepreneurship：Formation of New Ventures	这是一门整合性的课程，从创业者的角度而非投资者的角度来规划创业个案，学生必须评估机会，并且依据个人的能力以及他们所面对的环境来采取具体的创业行动
Entrepreneurship and Venture Capital	由于高科技创业深受创投资金与专业投资人的影响，此课程分别从创业者的角度和创投业者的角度来探讨创业过程中所涉及的全部议题
Managing Growing Enterprises	这门课程非常强调应用导向（strong implementation focus），针对一些特定的议题做深入的探讨。课程教学采取个案研究、产业分析、专家参访以及角色扮演等方式
Evaluating Entrepreneurial Opportunities	此课程目的在于加强评估机会方面的能力，帮助学生了解如何将一个点子转变成一个完整的事业，学习相关评估创业决策的方法与知识，采取个案研究的教学方式
Strategy in Entrepreneurial Ventures	此课程探讨创业者在创业过程中有关策略冲突的议题，除了采取个案教学之外，还包括模拟创业竞赛的游戏
Social Entrepreneurship	企业在社会中扮演的角色一直没有明确的定位，这门课主要探讨创业的社会意义以及创业家的社会责任，并且从不同社会观点来规范企业策略和运作
Strategy and Action in the Information Processing Industry	此课程分为公司、公司间、产业、产业间四个不同层次，探讨信息处理产业竞争策略的制定与施行
Strategic Management of Technology and Innovation	此课程着重于探讨企业内有关技术创新的策略管理，目的在于使学生了解创新管理的观念、流程、架构和实施经验。内容包括评估企业的公司创新能力、研发功能管理、不同研发功能组织间接口的管理、科技创新策略等

课程体系

创业教育是通过由一系列必修课与选修课所构成的课程体系来完成的。

精神核心

一般认为，传统的工商管理教育呈现金字塔模式，以战略管理为塔尖，以法律等为塔身，以市场营销、组织行为、人力资源及财务管理等为塔底。与之相比，创业教育突出圆形模式，即以企业家精神为核心，所讲授的知识环绕战略联盟、资源网络、校友、企业家辅导展开。

哈佛商学院将"创业精神"定义为"追求超越现有有形资源控制下的机会之行为"，也是就说创业精神代表一种在资源限制下以创新来创造机会的行为。哈佛商学院同时还认为，创业精神隐含的是一种创新管理，而不是一项特别的经济现象或者个人的特质。哈佛大学的创业管理课程共开设了15门，其中具有代表性的8门课程内容如表1-6所示。

表1-6 哈佛大学的创业管理课程

课程名称	内容简述
Entrepreneurial Finance	促进在创业时财务操作的能力，加强学生对投资、筹资和组织决策关系的了解，以及各阶段资源需求的取得等
Entrepreneurial Management	开发创业者的知识、技巧和态度，使得他们能够在严苛的资源限制与不确定下追求机会。内容包括：机会的寻找与评估、资源取得的策略、了解应对企业成长时的挑战、如何收成等
Entrepreneurial Marketing	探讨经营管理高成长潜力公司相关的议题。举例来说，这类公司的目标可能是五年内建立5000万美元的年营业额。课程重点放在：学习营销新产品的技巧；让你置身于创业的情境，熟悉创业营销的环境和工具
Professional Services	此课程采取启发式学习方式，主要的学习工具采用个案教学，探讨专业服务公司的管理，主要针对顾问、法律、投资银行、篱笆基金、创投基金等行业
Running and Growing the Small Company	由于小公司的经营和成长具有不同的特性，此课程重点探讨生产与作业管理方面的议题，采用小组的个案学习。个案是依校友们在工作上的遭遇响应而写成的，主要探讨以下三个问题：如何应对日常工作中的主要压力？如何研拟影响竞争优势的关键策略？如何有效进行危机处理
Entrepreneurship, Creativity, and Organization	此课程强调六个重点议题：个人创意和创业创新之间的连接；激发创意；组织内的创业活动；管理成长中公司以及大公司的创意；活化成熟公司的创新能力；维持创意的伦理
Venture Capital and Private Equity	近20年来美国的基金成长迅速，从1980年的50亿美元成长到1999年的2000亿美元。此课程首先探讨这些基金的组成、法令方面的议题以及基金的特征；接着探讨它们与创业者互动的议题；最后探讨由投入到退出的基金投资管理流程
Starting New Ventures	这门课着重于探讨设立新公司时所需要的技巧和知识，以及新事业的发展。学生们组成小组，由创意概念展开，进而完成设立新公司所需要的一个完整的经营计划。在这门课程中，学生可以学习到创业理论，也能学习具体的创业技巧以及实践具体的创业行动规划

高度综合

加州大学洛杉矶分校在创业管理方面的课程总共28门，其中有14门属于例行课程，其余课程可能每年都有所变动，部分可能也会变成例行课程。该校在创业管理领域的投入十分积极，课程方面不仅面向MBA学生，还面向有志创业者，设立教学研究中心，组织创业协会，募集创业基金供学生操作，与实习厂商签约，举办创业比赛等，足见其对此领域未来发展的重视。现将其课程及简单内容整理如表1-7所示。

表1-7 加州大学洛杉矶分校的创业管理课程

课程名称	内容简述
Corporate Entrepreneurship	探讨创业精神的本质，以及如何在大公司中进行内部创业的策略
Elements of Economic Organizations: Doing Deals	从创业者的角度，探讨各种不同商业交易契约的法律和经济架构
Entrepreneurship & Business Plan Development	探讨如何将一个创意发展成为具体的创业流程，以及这一流程中所有的相关影响因素
Entrepreneurship & Venture Initiation	探讨机会的评估、新公司的建立开办以及公司的运作等方面的议题，包括筹资、进入策略、抽身策略等
Financing the Emerging Enterprise	探讨在新公司快速成长时有关财务、控制以及投资的议题
Managing Entrepreneurial Operations	探讨创业者日常碰到的各种实务上的问题，包括创业机会评估、开创时期的规划以及事业成长期的管理与控制问题
Managing the Stages of Entrepreneurial Growth	探讨公司成长期各阶段影响经营的重要因素，学习管理创业公司的各种工具，包括：策略规划、组织设计、管理发展、控制系统以及领导能力
Small Business Management	探讨中小企业经营管理的关键议题，强调针对小企业的竞争策略、财务管理、市场开发等经营管理技巧
Issues in Operating a Family Business and Closely Held Firms	探讨家庭企业在策略、运营、财务、人事，以及公司结构、权益、税法等方面的议题
Using Microcomputers for Strategic Information	教授如何使用个人计算机来帮助经营，包括决策制定、管理沟通、搜集信息等，不用假手于信息服务公司
Fieldwork in Organizations (Academic Internship)	在创业的公司或快速成长的公司实习，以得到实务经验，并视为完成创业管理学习的必要条件之一
Fieldwork in Investment Mgmt	参与管理学生创业基金或在创业投资公司进行实习
Management Field Study	对于创业中个案公司进行诊断，包括找寻问题、搜集并分析资料，最后开发一套具有可行性的建议方案
Research in Management (Independent Study)	在指导之下，完成一个创业研究项目或者撰写一个创业个案

面向未来

芝加哥大学商学院研究所在它的网站这样描述创业课程：“将善用其热忱、技巧和知识来‘制造’最佳的创业者”，“创业课程的设计让学生置身于未来企业面临的情境，包括设计经营模式、分析竞争策略、运营管理、募集资金、创建新公司相关的法律和税务问题等”。芝加哥大学共开了23门创业管理课程（见表1-8）。

表1-8 芝加哥大学的创业管理课程

课程名称	内容简述
Entrepreneurial Finance and Private Equity	采用个案教学方式，课程目的在于了解基金市场的运作概念与机制、制度和习惯，以及了解创业财务的议题。课程2/3谈的是创投基金，1/3谈的是买断（buyouts）
Developing New Products and Services	这门课程的主要目的在于让学生对新产品开发策略的流程和组织有深度的了解。内容包括：最佳新产品开发的操作、关键成功因素、适合创新的文化和心智情境、流程步骤、顾客需要的发现、点子的产生、观念的开发、产品的开发、试销和商业化以及绩效衡量的基准等
Business in the Electronic Economy	此课程主要探讨以电子商务为主的未来经济社会——电子经济，学习电子经济下全球化、政府的管制、技术发展、风险评估、公司架构等议题
Strategy and the Information Economy	此课程主要探讨电子商务活动的策略议题，包括定价策略、顾客区隔策略、产品策略、技术标准的管理与响应、先占优劣势、转换成本、网络效果、策略联盟以及反托拉斯议题等

（续）

课程名称	内容简述
Internet Ventures	此课程主要探讨如何运用网络新科技来创业的相关议题
Leadership in the New E-Business Economy	电子化企业正在改变着全球经济的基础，电子化也将强化企业的竞争力以及创新的能力。此课程主要探讨电子化企业对领导者、管理者以及一般员工的影响，例如应如何领导与管理知识员工
Internet Marketing Strategy	学习如何利用互联网与顾客和其他公司互动，探讨互联网对营销的产品、定价、促销策略的影响
Marketing Strategies in High Technology Industries	此课程先分析高科技市场的特质、如高度的创新、技术的变动快、产品的生命周期缩短等，进而研拟企业在管理和营销方面需要有的一些策略，以因应市场不断变动的需求模式
Technology Strategy	此课程主要探讨科技策略的形成，以及创造竞争优势的策略模式，同时也涵盖外部竞争、公司定位、专利、市场变迁、公司能力等方面的议题
New Enterprise and Small Business Management	此课程探讨衔接新旧经济间的桥梁，并由行动导向、实践观点来探讨策略层面和战术层面的议题，包括如何经营小企业和新企业、如何善用小企业的优势和如何补救劣势
New Venture Strategy	此课程着重于事业机会的分析，借由个案的学习过程，让学生能快速地评估创意、比较利益、确认问题、设计经营模式甚至预测绩效
Special Topics in Entrepreneurship	这是一门实务性课程，指导与协助学生参与创业竞赛活动，将他们的创业构想具体发展成为完整的事业计划。课程中，将广泛地与创投公司、创业者以及律师座谈，并探讨过去的创业案例
Entrepreneurial Internship Seminar	这也是一门实务性课程，学生将被要求实际研究创业个案，深入探讨其中的关键议题，并进而归纳关键成功因素
Lab in New Product & Strategy Development I	这门课程由实务出发，具体地探讨新产品开发流程与策略的问题，目的是要能使学生清楚了解产品经理人的角色功能以及管理流程。许多学生完成此课程后，都觉得他们更加清楚企业如何从事新产品的创新活动，以及如何面对过程中的决策问题
New Venture and Small Enterprise Lab	学生将会被分成三四人一组，在指定的公司研究新事业开发策略和创新管理的问题。学生将与公司的管理者一起工作，并被要求提出项目分析报告
Private Equity Lab	这是一门实务性课程，目的是要让学生对创投公司以及其他形式的私人投资公司的实务操作有亲身接触与第一手的研究经验
Entrepreneurship（Law）	此课程探讨创业过程中相关的法律问题
Structuring Venture Capital & Entrepreneurial Transactions（Law）	此课程探讨创投基金和创业交易过程中相关的法律面问题
Computing Technology for the General Manager	此课程目的是培养具有足够技术知识、能够因应数字处理的总经理人才，使其拥有足够的科技常识，能做出正确的判断和决策。例如，知道某个软件用什么语言处理较佳，知道现在可用的技术有哪些等
Taxes and Business Strategy	教授学生有关税务规划，并发展一个用来分析企业税务的策略架构
Sales Force Management	此课程内容主要针对业务管理，讨论的议题包括：工作说明书设计、人才招募、候选人的条件、面试、时间管理、销售技巧、客户管理、应收账款管理、薪酬、激励等
Applied Strategic Management/INTOP	此课程目的在于培养学生的事业洞察力、谈判技巧、创业策略的制定、一般管理能力、团队运作技巧等，并强调如何整合所学的各项知识于未来创业活动中
Special Topics in Operations Management	此课程重点探讨企业的价值网络，包括企业内部网络、供应链的最佳化、科技整合等。这是一门和麻省理工学院（MIT）合作的课程，同时也提供远程教学

开放教育

除了美国以外，欧洲国家的高等学府最近也开设了创业课程并创办了专门的创业方面的杂志。Leo Paul Dana[21]对欧洲的创业教育和美国的创业教育做了比较，发现了四个方面的趋势（见表1-9）。

表1-9 欧洲和美国创业教育之比较

维 度	欧 洲	美 国
课程关注点	欧洲创业教育的项目很实际，实践性很强	美国的创业教育重在阅读、案例分析、请客座教授和其他演讲者做报告
学校地理位置	欧洲将创业和企业家精神课程传播到了非大型城市的学校	在美国，创业课程更多地依赖于客座教授，由于在大型城市里会有更多的客座教授，因此，美国的创业教育集中在大城市里
课程多元化程度	欧洲关注并且努力为中小企业培训管理者，这样做导致过度关注管理技能而忽视了创业技能；而且课程针对的企业类型局限在中小企业	课程多元化程度高，许多学校不仅开设创业课程，而且像NYU、UCLA和威奇塔州立大学等很多学校还教授内部企业创业课程
授予学位情况	欧洲的创业教育授予的学位还不是很高，很少或者说几乎没有学校授予博士学位	美国的学校有很多可以授予创业博士学位，而且这类学校的数量还在快速增加

英国埃塞克斯大学创新与创业管理学院（SEB）成立于2005年，是英国独一无二的“创新与创业”学院。创新与创业管理学院充分将创业研究和管理理论的传授同反复的商业实践结合起来，让学生在掌握管理知识的同时，充分培养必要的创业精神，深入地理解它在商业经济发展中的重要作用。通过创业教育，培养青年学生独立思考、自主抉择、富于创新，善于与客户、顾客、公众媒体、销售商、内部员工等沟通、交流、合作的心理品质；培养青年学生敢于行动、敢冒风险、敢于拼搏、勇于承担行为后果，善于克制个人欲望，防止行为冲动，能够用积极的态度看待来自工作和生活的压力，百折不挠、坚持不懈的意志品质。通过创业教育，能够健全青年学生的创业心理，促进青年学生的自我调节，保持青年学生的良好心理和适应性。

【讨论】大学是培养创业者的地方，还是扼杀创业者的地方？大学可以教人理论知识，教人如何分析市场、如何建立品牌、如何管理财务、如何管理人力资源……应该是一个培养创业者的摇篮。但为什么当今商界的泰斗，有的在大学期间中途辍学，比如比尔盖茨、史蒂夫·乔布斯，有的甚至未能踏入大学校门，比如理查德·布兰森。这是一个值得思考的问题，是否当今的教育制度的确在某些方面扼杀了创业的萌芽？教育制度又应该如何与创业相协调、相符合？

创业学习

创业教育的学习具有很强的独特性，强调方法，注重教育目标的实现结果。

课堂学习

课堂学习是创业学习的基本层面。创业的课堂学习要针对创业的智力特质，善于激发学员的创意性思维。

问题讨论

由于创业管理跨越学科较多，具有综合性，同时实践性也很强，而且学生大多已具备良好的学科知识基础及实践经历，因此该课程宜采取“全程互动式”案例教学，即以课堂讨论、分组讨论为主促进互动交流。教学中宜引用、提供充足的中外创业实例。

在课堂讲授中，可根据上一次讲授以及作业中的突出情况，列出重点问题进行课堂讨论，以学生为主，教师负责引导并加以总结。

团队学习

强调学生要以团队的形式进行协作学习，学习者之间是协商、合作的。

现代企业家应该知道有限知识和特定角度具有局限性；他们明白人在真空中工作和思考问题可能会导致短视行为。“协同”（synergy）这个词对智力企业家绝不仅是一个时髦词，它的真正意思是指，如果人们能形成统一的思想，那么就会产生总体大于部分之和的效果。在企业家精神项目的授课过程中，学生们逐渐明白，在现实中，没有哪一门学科能单独解决复杂问题。协同小组经常鼓励来自不同学科、不同组织的参与者在设计问题解决方案时能够反映统一的思想。

> 得克萨斯大学奥斯汀分校的智力企业家精神项目（the intellectual entrepreneurship program，IEP）是由研究生院与教务长办公室合作，为促进在校研究生利用专长在所学学术科目和所在社团内取得有意义的长期成就，而在全校范围内开展的一项活动。这项活动为研究生提供16个跨学科的授予学分的选修课和实习；以社区为基础的“协同小组”；9个博士和硕士集锦课程；一项咨询服务；一个培养未来师资的项目；多种形式的讨论。
>
> 自从1997年开始实施，IE项目的目标一直是希望通过学生自主学习和要求他们为自身接受的教育承担责任等形式，将研究生教育对学生自身和社会整体的价值最大化。IE哲学认为，研究生教育为终身发展和学习打开了一扇门，向学生提出了挑战，使他们能够为学术内外的专业生活勾勒一幅图景，使他们能够获得实现、保持和改善这幅图景所需的工具和资源。在过去的3年里，有来自将近90个学术领域的3 000多名学生参加了这个项目。其中一位社会学博士研究生的评论代表了广大学生对这个项目的评价：“IE项目使我对自己掌握的技能及它们的价值有了更加全面的理解。它使我重新评价未来，使我开始为真正想从事的职业而努力。”
>
> IE的核心由16门跨学科课程组成，这些跨学科课程又构成了其他所有IE活动产生的基础。这些课程建立在学生们已有的关于教学、研究、服务的认识和看法基础之上。这些课程对学生来说是一种挑战，要求他们就自身价值以及研究价值进行大胆而富有想象力的思考。每门课程经常是在第一次上课时就向学生提出这样的问题：这样的专长为什么有价值？对谁有价值？这些课程涉及的主题代表着各种技能、资源和思考方式。其他IE活动则是依据这种模式建立起来的：要求学生确定感兴趣的内容，然后帮助他们关注这些内容，并为他们提供实现自己抱负的渠道。协同小组成了一个跨学科、多机构和整体性的创造与学习途径，它们是包含了多种目标的“行动—研讨会”（action-seminars）形式。
>
> 在这种哲学思想的熏陶下，参与企业家精神项目的学生会以新奇的方式进行思考，力图抓住新的机会。一位心理学博士研究生说：“我在保健协同小组中获得的经历比我所学的学科教给我的东西还要多，这使我更加清楚地认识自己，更明确毕业后应该干什么。单就这一点而言，这种经历就是无价的；当它与成为社区积极一员的机会并存时，这种结合就更加无懈可击。”

合作与团队这种理念和上面描述的过程是一致的。人与人之间的关系是使统一思考和合作成为可能的智力资本。尽管想法或者观点是学术机构的商品，也就是传统教育一直关注的东西，但企业家们却认为，只有把人与人之间的关系看成主要的资源，才会产生创造性和新观点。在企业家精神项目和协同小组中，学生们合作进行研究活动，合作解决复杂问题。他们很快就明白，学术领域内外的很多障碍源自于人们不能够决定是谁在真正控制资源，而这些资源是新观点和新活动能够得以持续所必需的。他们可能有生以来第一次意识到他们“并不孤单”，共同迎接一些最令人困惑的挑战。

主题辩论

教师将创业中的某一观点作为辩论主题，组织学生分成正反两队，经过课下的充分准备再在课堂上辩论，运用所学知识陈述自己的观点，反驳对方，既达到在情境中学理论的目的，同时培养了思辨能力。

实践学习

创业管理既不是一门艺术也不是一门科学，而是一种实践。创业贵在实践，最提倡“做而行道”。

管理的本质不是一个纯粹的理论，而是一个活生生的实践。英文中经常提到的“back to basic”或“back to fact”，用中文来诠释就是“返璞归真”或“从事实出发”。我们千万不可为了理论而理论来学习管理，重要的是如何领会和执行这些非常基本却又切中要害的朴素原则和实践。有人说追求卓越不是说你要成为一个绝顶聪明的人或具有超常人的能力才可以，关键在于脚踏实地，从细节做起，在每一个工作环节都能追求卓越，这样才能成就企业的卓越。这对每一个希望成就一番不平凡事业的企业家来说，都是一个很好的启示。

方案大赛

创业者和非创业者的界限是“行动”。世界上永远会有脑子比你聪明的人，尤其是只说不做的那种。有人整日、整月、整年幻想，想象可以永无止境、永远美好。但现实总和想象有出入，创业路上险象丛生，一不小心就会摔得粉身碎骨，可能很刺激很辉煌，也可能很残酷很丑陋……

实践教学是创业管理课程重要的教学环节，直接决定着学生实际操作能力的培养与锻炼。从实际的教学效果来看，越“实践”就越“精彩”。

创业方案大赛是创业管理教育的重要手段，正成为国际教育的重要发展趋势。

> MIT有一个有奖创业项目（50K Competition）。这一项目开始于十多年前的10K Competition，就是在学生当中开展商业计划的比赛，第一名奖励1万美元（10K），现在第一名奖励5万美元（50K）。学生的创业公司的商业计划是由风险投资专家、创业者和校外的有关人士评定，而不仅是学院人士打分，第一名将获得5万美元的奖励，第二名则获得2.5万美元，第三名获得1万美元，每一个取得资格的选手则可获得几百美元。在50K创业比赛中，至少有500名学生拟定自己创建公司的计划，而他们都知道哪些计划仅仅因为趣味，哪些能真正带来财富，这样可以为他们在以后开办自己的企业打下良好的基础。在过去的一年中，发展最快的领域是互联网技术方面的企业，都是50K计划中的赢家和学校的其他成员。

角色扮演

在角色扮演（role-playing）的教学中，教师给一组学生提出一个创业企业管理的情景，要求一些学生担任各种角色并出场演出，其余人在下面观看，表演结束后举行分析总结，扮演者、观看者和教师共同对整个过程进行讨论。角色扮演给学生提供了一个机会，在一个逼真而没有实际风险的环境中去体验、练习各种技能，而且能够得到及时的反馈，可以提高学生灵活地运用专业知识的能力。

还可以举办企业经营模拟对抗大赛（沙盘模拟）。这是对传统实践教学的开拓性创新，每学期定期举办，让学生置身于对抗的环境中，学生分别组成五六个小组，互相竞争，每个小组的成员分别担任公司的重要职位（CEO、CFO等），每组要亲自经营一家企业，连续从事6~8个会计年度的经营活动，企业结构和财务运转状况将全部展示在模拟沙盘上，使学生在对抗环境中进行企业经营决策。学生根据模拟企业的运转情况，运用课堂上学到的相关管理知识实际运作企业资源，从而加深对课程内容的体会，同时加强实际动手操作能力，最大限度地挖掘其创新能力。

只有身临其境，溯源经济变革与实践，解读商业真相，才能为学生打开一个全新的商业世界、一个与世界相连的视野。

管理实验

随着管理实验室的建立和投入使用，模拟企业管理系统（managing games and simulation）、ERP系统、电子商务系统等教学软件可以更多地运用于教学过程中。这些软件包含了战略管理、物流管理、运营管理、市场营销、人力资源管理、会计和公司财务、行政管理等多个大型模块，可以帮助学生通过模拟创业企业运作，增进对现实中创业企业管理方式的认知，从而更好地掌握现代商务技能。

经验学习

创业需要导师，前人的实践经验及教训对创业者来说最具启发性。

实地参观

在课程教学中，组织学生到企业进行调查研究是理论联系实际最有效的形式。管理理论的本质特点是“从实践中来，到实践中去”，结合专业课程的特点，选择两个以上比较研究的对象，引导学生深入到“比较对象”内部进行企业管理有关问题的参观与调研活动，无论是对教学内容的巩固，还是培养学生的创业能力，都是非常有益的尝试。

教师组可以与一些具有创业特征的企业建立长期合作关系，定期组织学生到企业相关工作岗位上去实习、实践，由企业和教师组根据实践的目的拟定实践教学内容，以便培养学生企业管理实践能力。校企联合共建基地可以实现学校、企业资源互补，企业在共建过程中可以挑选合适的学生，可以从教师和学生这里得到新知识和信息；教师和学生则可以从企业那里获得实际的管理经验。

专题演讲

要积极关注企业管理实践，丰富体验式教学环境，还可以邀请有创业经验的企业家进行演讲，就该企业创业过程中遇到的问题进行讲解；邀请相关学者举行专题讲座和学术前沿报告，让学生了解和认识企业创业管理中的实际问题，从而使学生可以借鉴他山之石。

2008年12月18日，在湖南卫视“致敬三十年”的晚会上，“商业教父”柳传志给“未来的企业家”写了一封信，根据其公布在该晚会上的信件[22]，柳传志如此动情地写道：

> 可能你们有的已经在路上了，有的还没在路上，就像30年前，我只是个普通的科技人，根本没有想到我们开创的企业会是今天这个样子。在过去的30年里，我们有幸走上了一条创业的道路，更有幸亲历了一个伟大的时代。我自己快要退出这段路途了，对你们充满了羡慕和期待。羡慕的是，你们一上路就已站在一个全新的起点；期待的是，你们会把我们的祖国带向世界的中心。

创业聚会

创业初期，很少有人是万事俱备的。大多数创业者只是拥有某一方面的优势，或是技术，或是经验，或是资金，或是合作伙伴……然而，对创业者来说，创业“资本”自然是越多越好，于是各类网上创业论坛成为其招商引资、呼朋唤友的渠道之一。但是，毕竟是隔了一层网络屏障，让创业者很难在现实中互动，他们更需要面对面的交流。在这种情况下，“创业聚会”开始浮出水面。

聚会宗旨在于：积累创业人脉资源，交流创业成败经验，共享创业供求信息，实现创业互助梦想。参与会议的各位创业者，有问题的准备好问题，没问题的准备好自己的经验，以便于交流。

【主题示例】 创业聚会现场可请两位创业者做主题发言，比如：

- 如何寻找自己的客户？
- 客户是企业收入的来源，没有客户的认可，新创企业便没有价值，为什么？
- 客户如何细分，如何寻找最适合的渠道，以低成本接近他们？
- 不同的企业有不同的客户管理制度，为什么？如何做？
- 如何处理与不同层次客户的关系？
- 如何降低维护客户关系的成本？

由此可见，创业聚会本身提供了一种平台，帮助创业者或者志在创业的人士获得交流的机会，实现资源共享。这种聚会还能有助于创造一种生态环境，萌芽中的创业者可以在这里接入现实世界的企业家网络，能和来自全球各地的人分享经验，允许犯错而不会担心被归入低人一等的商贾阶层。这种方式既可以为各类公共部门、咨询企业采用作为特定活动定期推出，也可以作为创业教育中能够加以运用的方式。

本章概要

作为创业管理的导论部分，本章介绍了与本书有关的基本内容，即创业特质、创业管理、创业教育、创业学习。

首先，分析了创业的价值回报、失败风险、创业难度和机会源地。同时，指出创业的回报相对较高，但失败的风险也较高。目前，中国的创业机会比较多，但创业的难度也被高估，创业能力低于世界平均水平。

其次，根据新创企业从建立到成长的过程，对企业的价值性管理、生存性管理、成长性管理和企业家管理做了详细的解析，对于在不同时期的创业管理的重点指明了方向，并对企业家提出了应有的要求。

再次，借鉴了美国创业教育的经验并引用了很多的调查资料，指出我国加强创业能力的培养应特别值得社会的关注。

最后，提供了几种可供教师与学生参考的创业管理课程教学方法，主要包括问题讨论、方案大赛及创业聚会等。

思考练习

1. 安徽徽州黟县有一副对联："读书好营商好效好便好，创业难守成难知难不难。"你是如何理解这副对联的？中国历史有哪些宝贵的创业经验与文化？
2. 创业管理具有什么样的特质？与一般企业管理有什么本质区别？创业管理的学习与一般企业管理的学习应该有什么样的不同？
3. 与国内培养学生就业的职业选择相悖，大多数海归派留学生都选择了创业的职业模式，这是为什么？
4. 试对"学而优则仕"与"学而优则商"这两种道路进行人生价值比较。在安徽省，很多家长要孩子好好读书的目的，是要其做公务员；而在浙江省，家长恐吓孩子，如果不好好读书，将来就去做公务员。对于这两个省的教育导向及其社会风气，如何做深层理解？
5. 创业难还是就业难？创业人生风险大还是就业人生风险大？请分析与辩论。
6. 什么是"创业指数"？如何界定并分析创业指数？
7. 如何分析与把握学生所在地区的创业机会和创业环境？比如安徽的创业机会多还是浙江的创业机会多？请分析与辩论。
8. 为什么创业（企业）家和小企业如此吸引人？在现代工业社会，规模经济就意味着有效率，但为什么又有大量的小企业存在？

9. 对“边就业边创业”这种模式展开分析，分析内容包括意义、模式、方法，多结合一些案例。

10. 创业从什么时候开始？创业与自身素质有什么关系？创业倚重实践，还是倚重学习？创业最靠谱的人群当属MBA，那么他们为什么创业，又为什么最靠谱？

参考文献

[1] Jeffry A. Timmons New Venture Creation: Entrepreneurship for the 21st Century [M]. 4 ed. Irwin: McGraw-Hill, 1994.

[2] Murray B. Low, Ian C. Macmillan Entrepreneurship: Past Research and Future Challenges [J]. Journal of Management, 1988, 14 (2): 139-161.

[3] 约瑟夫·熊彼特. 经济发展理论：对于利润、资本、信贷、利息和经济周期的考察 [M]. 何畏，易家详，张军扩，等，译. 北京：商务印书馆，2000.

[4] Arthur H. Cole An Approach to the Study of Entrepreneurship: A Tribute to Edwin F. Gay [J]. Journal of Economic History, 1946, 6: 1-15.

[5] Howard H Stevenson, Michael Roberts, Harold Irving Grousbeck. New Business Ventures and the Entrepreneur [M]. Homewood, IL: Irwin, 1989.

[6] Wendy Wang. 处于财富金字塔顶端的人 [EB/OL]. BWCHINESE中文网，[2011-01-26].

[7] 罗伯特·清崎，莎伦·莱希特. 富爸爸，穷爸爸 [M]. 杨君，杨明，译. 北京：世界图书出版公司，2000.

[8] 丁栋虹. 扭曲的企业家财富观 [J]. 董事会，2010，(6)：111.

[9] 乔治·吉尔德. 重获企业精神 [M]. 2版. 林民旺，李翠英，译. 北京：机械工业出版社，2007.

[10] Niels Bosma, Kent Jones, Erkko Autio, Jonathan Levie. Global Entrepreneurship Monitor: 2007 Executive Report [R]. Babson College, London Business School, and Global Entrepreneurship Research Consortium (GERA). 2008.

[11] 佚名. 世行行长称缺乏就业和经济机会导致西亚北非动荡 [EB/OL]. 新华网，[2011-03-22].

[12] 佚名. 世界银行发最强警告：全球经济危机就在眼前 [EB/OL]. BBC，[2011-04-17].

[13] 张滨. 就业与创业 [N]. 广州日报，2007-03-30.

[14] 邓海珠. 硅谷传奇：看谁称霸科技王国 [M]. 台北：圆神出版，1998.

[15] 江海寄余生. 不同的人生路：毛泽东时代的我和尼克松时代的盖茨 [EB/OL]. 凯迪网络，[2006-05-06].

[16] 马云. 带着仇恨的竞争一定会失败 [N]. 新华日报，2011-01-05 (B070).

[17] 小艾尔弗雷德·钱德勒. 看得见的手：美国企业的管理革命 [M]. 重武，译. 北京：商务印书馆，1987.

[18] Jerome A Katz. The Chronology and Intellectual Trajectory of American Entrepreneurship Education-1876-1999 [J]. Journal of Business Venturing, 2003, 18 (2): 283-300.

[19] Markus Perkmann. 帮助学者创业，是商学院面前的一个机会 [N]. 金融时报，2011-01-04.

[20] 拉里·法雷尔. 创业时代 [M]. 杨晓非，李政，译. 北京：清华大学出版社，2006.

[21] Leo Paul Dana. Entrepreneurial Education In Europe [J]. Journal of Education for Business, 1992, 68 (2).

[22] 王思璟. 联想三要素：人、企业、产权 [N]. 21世纪经济报道，2008-12-22 (J17-J18).

第一篇

创意开发

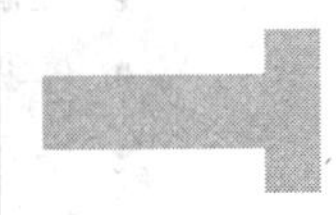

创业从梦想开始，但任何挂云帆、济沧海的伟大梦想，无不需要经过现实打拼的路径，成功创办企业并不是一个简单的过程。

创业者对即将进行的创业过程有一个全景式的了解，不仅可以激发创业意识，还可以鉴定自己是否具备创业的条件，是否适合创业；通过分析，创业者能够根据自己的特长和市场要求去寻找自己的创业机会，产生一个现实可行的想法，而不是为做创业计划而在自己的脑海里臆想一个创业想法；创业者还能根据这个确实可行的想法，寻找资源，构建团队，制定创业计划，进行注册，并最终走向创业实践。

创业的过程本身就包含着巨大的精神财富。

【提示】对企业家而言，企业创建期的核心主题是“创意”，关键是“开发”，着力于商业思维，建构未来。

第2章 CHAPTER 2

创业团队

事实上我们全都是些集体性人物，不管我们愿意把自己摆在什么地位。

——［德］歌德[1]

学习目标 >>>>>

- 理解创业团队配置的素质及其要求；
- 掌握创业团队管理的方法与工具；
- 学习创业团队领导的思路与导向。

创业需要多种多样的资源和机会，单靠个人是很难满足这些条件的。越来越多的证据表明，创业活动越来越多地基于一个创业团队而非一个单独的创业个体。大量实证表明，由创业团队创立的创业企业的创业绩效都要显著高于由单个创业者创办的创业企业，尤其是高新技术企业。创业团队主要是指投入企业创业过程的一些人，他们对企业的成立和成长起着至关重要的作用。开始创业的企业家通过他们现有的社会关系，以及在获得知识、资源和支持的过程中所获得的新关系，来实现他们的项目[2]。一般来说，由创业团队组建的公司比由个人开办的公司更容易成功[3],[4],[5]。因为，创业团队的成员由各种不同的人格特性、知识、技能和能力组成，他们之间可以存在整合和互补的优势[6],[7]。

一个高效团结的团队是当今这个日渐复杂的商业社会所必需的。对创业者来说，在一个公司还只是处在新创阶段的时候，唯一能够有效评估一个创业者领导才能的工具就是他是否能够组织起一个高效团队。通用电话电子公司董事长查尔斯·李指出："最好的CEO是构建他们的团队来达成梦想，即便是迈克尔·乔丹也需要队友来一起打比赛。"越来越多的研究表明，把商业机会变成商业现实，需要有创业者或创业团队在运用一定的资源下完成。对美国20世纪60年代高成长企业的调查显示，其中83.3%属于团队创业的形态，证明团队创业型企业的成长速度高于个人独自创业形态。对美国波士顿地区新创企业的调查也显示，成功的新创企业中有70%属于团队创业的类型。许多调查证明，团队创业成功率要远远高于个人独自创业的成功率。在知识型创业的个案中，个人独自创业成功的比例已越来越低。同时，风险投资者通常不愿意考虑成长较缓慢的个人创业型的投资方案，他们普遍相信，虽然团队创业成功的概率未必高，但团队创业成功后所产生的回报价值一定相对较高。所以，团队因素被投资者列为重要的评估指标之一。

什么是团队？人们经常混淆三个概念，即人群、群体和团队。人群指的是结合在一起的、没有共同目标的人员；群体是指为共同的目标结合在一起做事的一伙人；而团队则是指比较优秀的群体，其特点有四：必须两人以上；规模有限，成员之间充分了解并且互相发生影响；成员之间互相依赖；团队在时间上有一定的连续性，其成员之间的关系是一种历史的连续并可延至可以预期的未来。

Under Armour公司的凯文·普朗克（Kevin Plank）遵守自己所称的“伟大事业的四大支柱”（four pillars of greatness）：“创造伟大的产品”（build a great product）、“讲述伟大的故事”（tell a great story）、“服务于商业”（service the business）以及“建设伟大的团队”（build a great team）。普朗克说：“我的激情是建立地球上最大、最时髦的品牌；我的视野是要集中精力，确保没有任何东西阻碍我们为打造品牌做想做的事；最后，我们希望能有最优秀的人才——团队、团队、团队。这一点再怎么强调也不过分。”

团队配置

在进行创业活动之前，创业者都会面临创业团队的配置问题。Hambrick等人[8]认为：“企业的战略性绩效并不简单地取决于CEO个人的个性、行为和背景，而取决于全体高层执行团队成员的个性、行为和经验，以及他们合作共事所发挥的优势。”所以创业团队的配置对于团队能否成功、创业能否顺利，起着至关重要的作用。

创业素质

进行创业，必须具备创业者的素质。什么是创业者？从词源来看，创业者英文为entrepreneur，和企业家为同一单词，意为在没有拥有多少资源的情况下，锐意创新，发掘并实现潜在机会的价值的个体。而素质最基本的原意是指生命有机体天生所具有的生理特性，主要包括神经系统和脑的特性以及感觉器官和运动器官的特性。素质是能力发展的基础。但是，在更普遍的意义上，素质是指人的思想与行动的潜在要素和势能，素质的外在化就表现为各种认识世界与改造世界的能力。所谓创业者的素质就是指在创业行动中创业者所需要具备的各种特性的总和。伊布拉辛与古德温（Ibrahim、Goodwin）认为，创业者的人格特质、管理技巧、人际关系以及环境因素，才是影响中小企业创业成功最主要因素。

专栏 **经营自己的长处**

中国太太药业董事长朱保国从5000元起家到2010年太太药业的市值250亿元。他的成功经验是经营自己的长处。20世纪80年代，朱保国作为专业人才受到河南新乡市政府领导器重，在走仕途与办企业两种机遇之间，朱保国选择了办企业，到全市效益最差的化工厂当了几年厂长。朱保国说，我这个人对看不惯的东西喜欢说，这一点在仕途上是大忌，但办企业却是长处。

因为发现并经营好这个长处，官场上少了一个平庸的朱保国，而企业家队伍中却多了一个有个性的朱保国。后来朱保国又投身深圳，在这个属于敢说敢干者的天地里，他实现了自己创办企业王国的梦想。

素质模型

对于创业者的素质，可以借助RISKING模型（见图2-1）加以分析与描述。

（1）Resources：充分的资源，包括人力和财力，创业者要具备充足的经验、学历、流动资金、时间、精神和毅力；

（2）Ideas：可行的想法，生意想法不怕旧，最重要的是可行，有长久性，可以继续开发、扩展；

（3）Skills：适当的基本技能，不是行业中的一般技能，而是通常性的企业管理技能；

（4）Knowledge：有关行业的知识，不能只陶醉于自己的理想；

（5）Intelligence：才智，创业者不一定要有高智商，但要能够善于把握时机做出明确的决定；

（6）Network：关系网络，创业者需要有人帮助和支持，不断扩大朋友网络和处理好人际关系会带来不少方便；

（7）Goal：确定的目标。

非常巧合的是，将七大条件的首个英文字母串在一起，恰好是“risking”（冒险）一词，这也反映出创业的风险。

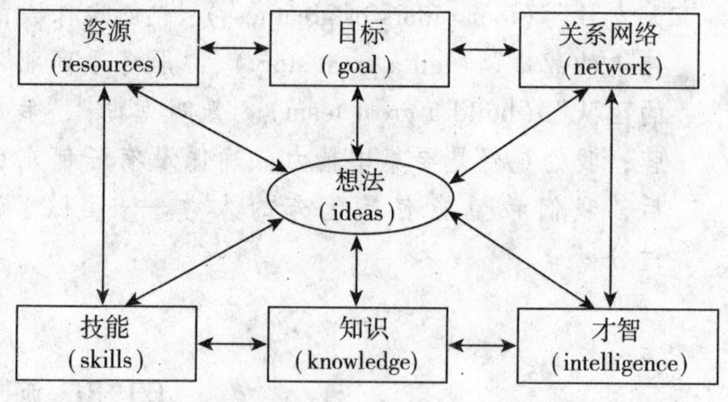

图 2-1 成功创业者素质 RISKING 模型

【提示】讲创业素质是针对团队而言的，即一个创业团队整体必须具备的素质基础。对于其中某个具体的创业者而言，经常以具备某一项条件或一个因素为基础。

1. 资源

创业不是引“无源之水”，栽“无本之木”。每一个人创业，都必然有其凭依的条件，也就是其拥有的资源。创业资源包括人力、物力和财力在内的一切能应用于创业中的有形或无形的力量。

2. 想法

创业的想法即创意是创业的前提，创意应具有如下基本特征：

- 创业的想法应具市场价值，能在一定时期内产生利润；
- 具有现实可行性，能付诸实践；
- 应具新意，有创新，能抓住市场空间。

一个优秀的创业者最需要、最有价值的能力，是创意能力以及将创意完美实施并产生高品质结果的能力。

3. 技能

创业者是否拥有独特的知识或能力，与创业成功有关：创业者拥有的能力愈广，则成功概率愈高。

创业技能的要求是：

- 一定是实用的，可以是专业技能或其他技能；
- 包括管理技能和行动能力；
- 团队成员技能互补。[⊖]

【提示】最好的创业是从已知开始，从已有开始，从所长开始，从兴趣开始。而绝不是反过来，一味寻求无知、看重所缺、追求补短、抹杀兴趣。

⊖ 这方面涉及的一个经典命题是：“谁领导世界一流的科学家？”20世纪的第二次世界大战中，美国研发原子弹的曼哈顿工程，对于包括爱因斯坦在内的科学家团队，是由三流的科学家奥本海默（J. Robert Oppenheimer）领导的。

专栏

实践能力单项评测

本测试用于测量你是否具备创业者的实践能力。

导语

在25个问题中，1、2、4、5、6、7、9、10、12、14中每题的分值为2分；3、8、11、13、15、16、20、21、25每题分值为4分；17、18、22、23、24每题分值6分。如果回答为“是”，则相应加上该题分值，回答为否，则该题不得分（第19道题的分值单独计算）。

试题

1. 你喜欢负责某项工作，并能独立自主地做出决定吗？
2. 你喜欢竞争激烈的商业环境吗？
3. 你是一个很有自制力、非常有主见且很能自我激励的人吗？
4. 你办事是否都能实现做个计划，并总能达到这些目标？
5. 你是否能掌握自己的时间，并且能够按时完成计划？
6. 你是否对创业之后，初期的困难有思想准备呢？
7. 你是否有健康的体魄并能长时间工作？
8. 犯错误你能勇于承认，并接受他人的劝告吗？
9. 创业失败时，你是否对失去所有财产做好准备呢？
10. 你能承受过度紧张和工作重压吗？
11. 你能否适应迅速变化的环境，并在需要时做出迅速的调整？
12. 你是否有较强的独立性而不依赖他人独立工作吗？
13. 你能否迅速做出决定并绝不后悔？
14. 你能相信别人并让他们相信你吗？
15. 你知道怎样迅速有效并充满自信地解决问题吗？
16. 你能否在困难和挫折面前保持积极乐观的态度？
17. 你是否善于和别人交流，并用他们所能接受的语言阐述自己的想法？
18. 开办企业的合伙人都是你根据需要安排的吗？你们是否实现了优势互补？
19. 你是否清楚每个合伙人的专业技能和他们的局限性？（附：表2-1专业技能测评表）
20. 你是否有一个所有合伙人都满意的补偿分配方案？
21. 如果其中一个合伙人忽然离开，你有预备的积极措施吗？
22. 你开办的企业是否独一无二？你的产品是其他产品不能替代的吗？你的产品是否是目标市场所必需的？
23. 你知道开创企业所需资金吗？有没有具体筹措资金的方案？
24. 你是否清楚未来的竞争对手是谁？你有多套备用竞争方案吗？
25. 你的家人赞同你开办企业吗？他们是否准备为此做出牺牲呢？

表2-1 技能测评表

专业领域	较高	一般	较差	在经营活动中的重要性
财务				
市场开发				
产品和服务开发				
直接与间接销售				
广告与推销				
会计				
人事管理				

在表 2-1 列出项目中有过实际经验，并且有不错的成绩，则可以选择较高，如果连基本原理和常识都不懂，则选择较低。可以用 1～8 这些数字表达所掌握的程度。1 表示达到很高的水准，8 表示掌握的程度很低。测评表中，每个小项目的分值为 2 分，如果答案在 1～3 可以选择加 2 分；答案在 4～6 可以选择加 1 分；答案为 7～8 则该题不得分。

结果

分值在 85 分以上，表明企业创业者有较高的创业实践能力，创业成功的机会通常较大；分值在 65～85 之间的，表明该企业家的实践能力在某些方面有着缺陷，但并非是致命的。只要再得到一些有利条件或者选择时机恰当，也有相当高的成功机会；而测评分值低于 65 分的，表示被测者的企业家实践能力有限，似乎并不非常适合单独开办创新企业。

4. 知识

创业过程的管理因其不等同于一般的企业管理，有着各种特殊的问题需要解决，从而要求创业者具备相当全面的知识。

创业的知识涉及：

- 行业知识和专业知识；
- 创业必需的商业、法律、财务等知识；
- 创业者的眼界和思考领域。

专栏

创业知识单项评价

你知道哪些力量在影响着市场景气程度吗？具体地说，你对经济指标有多少了解？（1，2，3，4，5）

你做计划和预算的能力怎样？（1，2，3，4，5）

你对财务管理及控制有何了解？（1，2，3，4，5）

你是否能亲自进行日常管理工作？（1，2，3，4，5）

你对进货和存货控制的了解程度如何？（1，2，3，4，5）

你对市场分析、预测是否在行？（1，2，3，4，5）

你认为自己对市场需要哪些产品（或服务）有没有敏锐的感觉？（1，2，3，4，5）

你对促销方法、广告巡视类的了解怎样？（1，2，3，4，5）

你对员工建立良好互助关系有没有把握？（1，2，3，4，5）

你对定价有多少把握？这需要对客户需求、进料价格、竞争状况有较全面的考虑。（1，2，3，4，5）

在上述回答中，如果完全不懂则答 1 分，非常清楚地了解则答 5 分。

如果你的自我评估在 45 分以上，你已有充分准备，可以放手一搏。如果在 35～44 分的话，你可以小试一下，并就薄弱环节尽快补课。假如你自我评估的分数在 34 分以下，或许你最好再加一把力，例如，找一些书籍自学，针对自己的不足，在他人公司里工作一段时间；或去修一些课程，包括有系统地向个人请教。

5. 才智

创业需要才智，才智是观察世界、分析问题、思考问题和解决问题的独特思维。

才智产生思想的敏感。创业者需要敏感。创业者的敏感是对外界变化的敏感，尤其是对商业机会的快速反应。有些人的商业感觉是天生的，如胡雪岩；更多人的商业感觉则依靠后天培养。如果你有心做一个商人，你就应该像训练猎犬一样训练自己的商业感觉。良好的商业感觉，是创业者成功的最好保证。

6. 关系网络

创业者需要良好的人际亲和力和关系网络，包括合作者、服务对象、新闻媒体甚至竞争对手。网络意味着其能调动的资源的深度和广度。但良好的网络并不狭隘地等于搞关系、走后门。

7. 目标

创业者的个人目标与创业目标是分不开的，因为创业本身就具有极为强烈的个人色彩。创业者与专业经理人的目标基本上是不同的，后者凭借个人的专业素养为股东创造利润以换取回报，前者则为实现个人的理想，是为个人的目标而奋斗。成功的创业者必须是目标感非常强的人。

创业目标既可以是现实的，也可以是理想的。但创业者必须对于创业目标深思熟虑，太含糊或太抽象地描述目标，只会造成事业策略规划与决策风险评估上的困难，导致创业行为失去焦点，无法诉诸具体行动。

创业者的创业目标常常受到个人目标的影响，比如创业者的个人目标将决定其准备开创的企业规模。通常，一位重视个人生活品质的创业者，常会将企业规模控制在不影响个人休闲生活的程度，要不然就必须建立充分授权的制度，以避免事必躬亲。

评价方法

根据上述素质模型，应用不同的评价方法，可侧重评价创业者素质的不同方面。

1. 绝对评价

本方法主要评价创业者素质的全面程度。它是应用分程度评分的定量分析法对于一些基本的创业素质进行测评，如表2-2所示（1~5，程度逐步加重）。

表2-2 成功创业素质全面程度评价

素质	1（差）	2（可）	3（中）	4（良）	5（优）
资源					
目标					
想法					
技能					
知识					
才智					
关系网络					
合计					

总体来说，得分若在：

- 35~25分：十分适合创业，具备良好的创业素质。
- 24~15分：有基本的创业素质，但仍需针对不足努力补足。
- 14~5分：不是十分适合创业，可以开发其他方面潜力。

根据上述得出的结果，可以进一步画出一张直观饼图，可以看到素质是否全面，哪里还有欠缺。两者结合，可以得到较客观的结果。

2. 相对评价

本测试用于测量不同创业者能力的相对程度。测试题由一系列陈述语句组成，将会从想法、技能、知识、才智、目标、资源和关系网络七个方面进行考察。请测试者根据自己的实际状况，选择最符合自己特征的描述，选择时请根据自己的第一印象，不要思虑太多。本测试要求在5分钟以内完成所有的题目。

每个题目均为单项选择题。答案选择标准如下：A. 非常符合；B. 比较符合；C. 无法确定；D. 不太符合；E. 很不符合。

Ⅰ. 题目

如果对这个测试的规则已经明白，可以开始做题目。

A. 想法

- 具有丰富的想象力，并能把这些想法准确而生动地表达出来。
- 我的想法通常比别人来得有价值，更具有创造性。
- 我的想法通常并不是天马行空，泛泛而谈，而是切实可行的。

B. 才智

- 每天早晨我都是怀着积极的态度醒来，感觉今天又是崭新的一天。
- 我知道如何控制自己的生活、性情和脾气，并做到自律。
- 当我开始创业时，我的家人能够处理我的不自由状态并支持和鼓励我。
- 当我失望时，我能够处理问题而不是逃避放弃，能以积极的状态重新投入到工作中去。
- 我留心观察周围的事物，注意细节性问题，把握身边的契机，并把不利局面转化为机会。
- 我更倾向于主动地去把握和解决问题，而不是处于被动局面。
- 我不是一个风险规避者。

C. 知识

- 对我即将涉及的领域，有很好的专业背景和技术。
- 了解该行业目前的市场运作和竞争水平，并熟悉相关的法律政策条文，做好充分准备。
- 我具有良好的学习性，能够不断吸收新的知识与方法。

D. 技能

- 我有本行业的从业经历，并且具有良好的职业表现。
- 我曾经有过管理经验，并擅长组织活动。
- 眼光长远，更加看重的是一种持续发展而不是短期盈利。

E. 资源

- 能够发现理想的合伙人或经理人士，雇用理想的专业人员和员工。
- 有雄厚的资金来源和稳定的财物系统，至少可以保证第一年的正常运营。
- 通过合理的途径以自己能够接受的成本募集资金，以获得充沛的资金流。
- 可以获得对自己有利的物质来源，如原材料等，能够很好地控制成本。

F. 目标

- 与给人打工相比，我更渴望有一份属于自己的事业。
- 我有一个很明确的创业目标，并可以为实现这个目标而奋斗，哪怕付出代价。
- 我有勇气和耐心去实现这个目标，即使需要承担风险。
- 我有信心我最终能完成这个目标。

G. 关系网络

- 我喜欢合作胜于凭一己之力完成工作。
- 别人认为我是一个值得信赖的人，并且充满活力、积极向上。
- 我善于和陌生人打交道，人际交往并不局限于熟人圈内。
- 我具有影响他人的能力，并使人信服。
- 我善于向媒体公众推销自己的公司，吸引别人的注意力。
- 能够和上下游行业保持紧密地合作关系，相互扶持，共同发展。
- 同利益相关团体，如民间及政府机构、金融机构形成良好的关系。
- 同行业内的竞争者更容易实现竞合而非竞争。

测试完毕后，请按照你所选的答案统计出选项的数目，选项个数最多的那类就是你所属的类型。找出自己是属于哪一类人，适不适合创业。你的创业素质和他人比较出于何种水平。

Ⅱ. 类型

A——你适合创业和守业。如果你能全身心地投入到一项激动人心的创业事业中效果会更好，受益会更多。不是所有人都适合做企业家，而即使你恰好具有这种素质，在前行的路上也需要别人的帮助。打开自己的视野，记录下自己的梦想。机会无限，就看你如何把握了。

B——你适合创业且比较符合创业的要求，你所需要的是一种守业的能力，来保证公司的长期发展和完善。同时你应该不断地去完善自己，使别人更加信赖你，增加个人的魅力。

C——你具备一定的创业素质，但是由于缺乏信心的关系，你没能认清楚自己的这种能力。也许对你来说，外界的影响力会左右你的选择。

D——你有创业的意识但不愿意创业，在风险和安稳之间你更倾向于后者。

E——你不适合创业或根本就没想过创业。你规避风险，倾向于安定的生活，并且不善于利用自己的网络去开拓事业。你的生活圈子只局限于你所熟悉的那个圈子，因此你更适合做一个普通的上班一族。

Ⅲ. 结果

请参照以下答案，对自己的选择进行计分，计分方法很简单，分别地计算在你的答案中：

选择A的数目——（A）；选择B的数目——（B）；

选择C的数目——（C）；选择D的数目——（D）；

选择E的数目——（E）

接着按照下面的公式计算出原始分数：——（R）

$$R = (A \times 5 + B \times 4 + C \times 3 + D \times 2 + E) \times \frac{2}{3}$$

最后，请按照表2-3所列的规则，根据测试者的原始分数（R），找出相应的排名值（P），比如测试者的原始分数（R）是73，那么表2-3对应的P值就是76。

表2-3 创业能力常模对照表 （%）

R	P	R	P	R	P	R	P	R	P	R	P
20	0	35	2	50	18	65	56	80	89	95	99
21	0	36	3	51	19	66	58	81	90	96	99
22	0	37	3	52	21	67	61	82	91	97	99
23	0	38	4	53	24	68	64	83	92	98	99
24	0	39	4	54	26	69	67	84	93	99	99
25	0	40	5	55	28	70	69	85	94	100	100
26	0	41	6	56	31	71	72	86	95		
27	1	42	7	57	33	72	74	87	96		
28	1	43	8	58	36	73	76	88	96		
29	1	44	9	59	39	74	79	89	97		
30	1	45	10	60	42	75	81	90	97		
31	1	46	11	61	44	76	82	91	98		
32	1	47	13	62	47	77	84	92	98		
33	2	48	14	63	50	78	86	93	98		
34	2	49	16	64	53	79	87	94	99		

排名值（P）是一个百分数，对于P值的理解是这样的：假如你得到的P值是78，那就表明你的创业能力要比78%的人好，反过来也就是说，你的创业能力要比22%的人低，结果显示你在这方面的能力表现还算不错。

【练习】 哈佛商学院相信“理想的”企业家素质并不存在。这里设计上述几套评量方法，希望互相补充，更加全面。

在学习上述创业素质的评价方法 RISKING 模型后，读者应该加以练习与实践：

（1）请分别采用上述创业素质的评价方法，对自己的创业素质进行定性与定量的评价，并对不同方法的评价结果进行比较，看是否趋于某种程度的一致性？

（2）你对自己的测评结果有何看法，赞成还是反对？为什么？

配置模型

创业团队组建时如何选择成员才能达到最佳组织绩效？创业团队成员之间的关系或权力如何分配才能使团队更加稳定？创业团队成员的加入与退出应遵循什么规则等问题都是创业研究的重要问题。创业团队的研究是一个系统工程，包括创业团队的组建、结构、解散等相关问题，要解决这些问题，揭示新形势下创业团队及其成员的各种最优特征，是创业成功的关键，也是帮助中小企业实现创新的重要方面。

创业团队的组配，不仅要看成员个人的创业素质，还要看相互契合的程度。因此，在对创业活动各影响因素的分析基础之上，还需要进一步考察不同影响因素之间的关系，也就是说要运用系统的观点，而不是孤立地看待创业影响因素。团队的组成者不一定是“最优秀”的，但一定要是“最合作”的。若为团队创业，则合伙人彼此协调配合愈佳，成功概率愈高。

典型类型

CAP（corresponding assessment of partner-competencies）评量的含义：创业机会与创业者、创业伙伴之间的契合程度或相互搭配程度；它是选择创业伙伴的评估工具，它的理想状态、现实状态及残缺状态分别如图 2-2、图 2-3、图 2-4 所示。

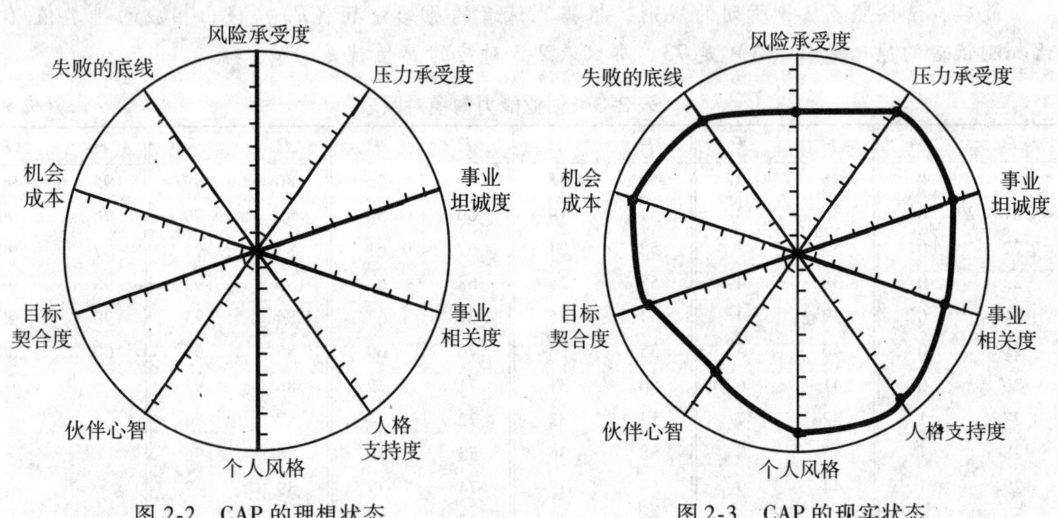

图 2-2 CAP 的理想状态　　图 2-3 CAP 的现实状态

维度分析

创业团队成员的物色一般从沟通开始，重点在于了解彼此的创业契合程度。从实践来看，很多创业团队的成员源于同学、同事与好友，其实质就在于既往的经历为这种创业契合奠定了基础。

1. 目标契合度

对于创业团队来说，最重要的是共同的创业兴趣或创业驱动力，也就是对未来创业愿景有共同的希望，并对这个目标愿意尽自己最大的努力去取得成功。创业机会与个人目标的契合度愈高，创业成功率也愈高。这就需要对创业伙伴的创业动机进行审核，并判断他为创业活动付出代价的意愿度。

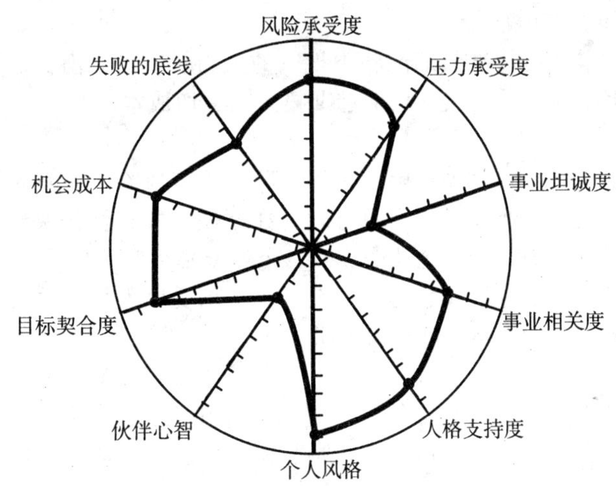

图 2-4 CAP 的残缺状态

创业团队之所以会与众不同，是因为任何人才不管其专业水平多么高，如果对创业事业的信心不足，都将无法适应创业的需求，而这样一种消极的因素，对创业团队所有成员产生的负面影响可能是致命的。创业本来就是一个极为艰苦的弱势行为，有太多无法用团队能力解决的问题，团队能力的平衡只能使很多困难简单些，但最终解决问题的是团队的凝聚力、毅力，而这必然来自于共同的创业兴趣或创业驱动力。创业兴趣或驱动力若能与企业的使命相结合，就能比较容易地取得创业成功。创业团队共同的创业兴趣或创业驱动力也将会体现在成员对团队的信任上，这样就有利于促进创业团队成员之间的融合，有利于创业团队做出能被团队成员广泛理解和接受的决定，并形成合力来完成成员间相互依赖的任务，最终必然有利于企业绩效的提高。

大部分创业团队组成时，他们第一考虑的往往是团队成员的共同创业兴趣或创业驱动力，也就是共同的兴趣支撑他们共同完成创业任务，之后才会考虑团队之间成员的能力能够互补。Gaylen N. Chandler 和 Steven H. Hanks [9] 针对 12 个创业团队进行的研究表明，创业团队多以共同的创业兴趣相投为选择成员的标准，而很少以创业团队的能力互补去主动寻找成员，在这 12 个团队中，只有两个团队在组建时考虑了成员的能力互补问题，其余的团队更多的是因为相互之间的兴趣而成立创业团队。而且，这两个创业团队的核心成员之前都有过执掌企业的经历。因此，整体而言，只有很少的团队从一开始就考虑成员间的能力互补性。

在组建团队以前，一定要弄清楚，成员加入进来是为了什么？是因为相信你，因为你的个人魅力？OK，恭喜你，起码证明了你是个不错的人。但这却是组建团队绝对应该避免的问题。一个成员要加入创业团队，一定要有至少 50% 的因素是来自于对这个项目的认可。如果不是对事情，而是对人，那这个成员在工作过程中所产生的任何消极反应都有了理由——因为你。事情是公平的，人永远没有公平的时候。

2. 机会成本

什么样的人可以去创办公司呢？在成功的创业者中，勇于承担风险、企求心旺盛、自信心强的人居多。所以，需要明确参与创业人员所需放弃的机会成本损失。

通常，一个人现在的起点越高，创业的机会成本越大。机会成本一致或接近一致，容易达成创业团队成员心理的均衡。

3. 失败的底线

创业能够承受失败的底线是什么？创业伙伴参与创业活动是否理性？其在创业活动中最后

的“青山”是什么？能否东山再起？

创业者除了教育成本，还付出前期准备中投入的人力、物力和财力。一旦失败，就业者并不会丧失教育成本，但创业者会损失在创业前期投入的一切成本。

4. 风险承受度

创业的风险涉及成就风险、声誉风险、财富风险、决策风险。尤其是决策风险，创业过程中常会遭遇两难的决策，而企业家必须在短时间内独立做出关键性的决定。许多决策所需的信息相当不足，但结果却可能决定新创企业的成败，企业家必须要独自承受决策风险的压力。

风险承受度太高，企业容易陷入赌博的险境；风险承受度太低，决策保守容易失去创新机会。不敢或不能承受大风险者，不可能成就大事。

5. 压力承受度

一个企业家所付出的代价、所经历的艰辛和承受的压力甚至挫折，是常人想都不敢想的。吃非常之苦，冒非常之险，忍非常之辱，容非常之谤，立非常之志，淡非常之荣，承非常之重，才能干非常之事，成非常之人。

被誉为石油大王的保罗·格蒂的三条成功秘诀是：“第一，不管从事的是什么，只有一个方法能挣到大钱，那就是拥有自己的公司。公司的业务必须是创业者所熟悉的。他在最初的时候可能对这个行业并不完全了解，但是他必须对之有一个全面的、基本的认识。第二，必须节俭，不管是在公司管理上，还是在个人生活上。必须有耐心，等待公司慢慢成长。第三，给自己打工不能和给别人打工一样，不能早上9点开门、晚上5点关门。成功的企业家总要在晚上和周末加班。”由此可以看出，创业需要良好的心理素质、工作强度承受力、大工作量承受力，需要有坚韧力。

专栏

企业家的创业代价

需要长时间的工作

创业比一般工作族所需投入的时间要多出数倍，大多数人每日投入的工作时间高达15小时以上，并且是每周7天的工作。而这种长时间工作对于身与心两方面，都会造成一些负面的后果。

利益冲突增加

创业过程中的股权安排、职位配置、借贷筹资、策略联盟等，经常涉及利益冲突，也会使人际关系更为紧张与复杂。

财富安全得不到保障

很多老板，有了钱比没钱更痛苦。特别是新创企业的老板，考虑到财富的安全，穿的和吃的并不比以前更好。有的老板，逢年过节头皮都发麻了，因为变相的敲诈随时都在发生。

额外性事务增加

企业家除了要负责日常的经营活动外，凡有关人才延揽、公共关系、筹资、董事会业务、与政府部门交涉等都必须要一肩挑起，工作复杂度要远高于一般专业经理人。

承受必须成功的压力

企业家在创业过程中曾向无数参与者做出极多的承诺，因此也要承受必须成功的压力。但创业成功的概率其实不到十分之一，而这种高比例的失败风险将造成企业家极大的心理压力。

恶化的家庭生活品质

创业必然会打断原有的生活方式与工作步调，企业家必须全时间地投入于创业活动，因此家庭生活品质、亲子关系等，当然也会受到严重的影响。

彼得原理的挑战

“彼得原理”（Peter Principle）提到每一个人的发展都有一定限度，当发展达到极限值，他就将成为该组织继续成长的主要瓶颈，而许多企业家也难以避免“彼得原理”的挑战。新创企业是因为企业家的企图心与能力而成长，同时，新创企业的成长也将受限于企业家的企图心与能力。

事实上，许多企业家仅是创业发展初期的推手，当新创企业达到一个阶段之后，企业家反而无法胜任新创企业的后续发展，这时候企业家就需要以理性的态度走下台阶，将自己的角色由企业的领导者转换为投资者。创办人自新创企业的领导者的舞台退下，本应该视为是一件正常的现象，这将有助于新创企业的持续成长，许多成功公司的企业家往往不是该公司的原始创办人。尤其当新创事业董事会是由创投公司所主导的时候，董事会基于股东利益最大化原则，通常也会毫不留情开革该企业的原始创办人，并寻觅更适任的专业企业家。不过无论是自愿或被迫离开自己一手所创立的公司，总是一个令人极为伤感且难以承受的心理打击。

6. 事业坦诚度

创业互信需要成员的坦诚：不否认自己的缺点、不掩饰问题、不推诿责任、理性坦诚面对质疑等。

对企业家而言，基于职业的需要，应当培养推销自己的能力，在领导或同事面前要善于表现自己的优点。要想把握住转瞬即逝的机会，就必须学会说服他人，向别人推销自己，展示自己的观点。

30年前，在工业社会里，每位员工是企业机器里的一个齿轮。因此这些公司最喜欢的人才是：一个有专业知识的、能够埋头苦干的人。斗转星移，今天人们对人才的定义已经发生了很大的变化，因为在现代化的企业中，大多数人的工作不再是机械式的重复劳动，而是需要独立思考、自主决策的复杂过程。所以，今天大多数优秀的企业对人才的期望是：积极主动、充满热情、灵活自信的人。在公司里，经常得到晋升机会的人，大多是能够积极推销和表达自己的有进取心的人。当他们还是公司的一名普通员工时，只要和公司利益或者团队利益相关的事情，他们就会不遗余力地发表自己的见解、提出自己的主张，帮助公司制定和安排工作计划；在完成本职工作后，他们总能协助其他人尽快完成工作；他们常常鼓励自己和同伴，提高整个队伍的士气；这些人总是以事为本、以事为先——他们都是最积极主动的人。因此，在全球化和信息化的时代里，那些能够积极推销自我的人更容易脱颖而出。

7. 事业相关度

创业需要基础。创业者最好具有创业需要的相关基础：行业相关经验与了解程度、专业背景与专业能力、创业的兴趣方向和信心。

8. 人格支持度

做事要先做人。尤其在中国做生意，除了双方要互信、遇到问题协商解决之外，更重要的是人与人之间要投缘。

人格是团队合作的基础，要考察成员：做人处世的原则，如是否诚信、正直、不自私、公正公平等；在业界的良好声誉；是否关注内部争权夺利。

合作创业需要合作者能够“门当户对”才好，所谓的“门当户对”不是说一定要你投多少钱他也投多少钱，而是说你的道德品质和个人素质的水平如何也要与同样品质和素质的人合作。否则你谨守诺言，他背信弃义；你有福同享，他唯我独占；你生物高科技，他回家多种地；你雍容大度，他小肚鸡肠。

很多时候企业家都渴望拥有能够一起联手打天下的黄金搭档，但亲密战友是一定要慎重选择的。慎重是对彼此而言并非只针对单方，而亲密战友一定要符合下面这些前提条件：其一，他和你一定需要在一个战壕里一起战斗过至少一年；其二，在你没有负他的前提下，他对你所说的每一句话都能负责任；其三，他必须是个实在而且能踏实干事的人；其四，他考虑得更多的是你们之间共同的利益（无论是短期的还是长期的），而这个共同利益高于个人利益；其五，关键时刻他没有躲开，更没有出卖你或者大家——在他能获得比合作利益还大的更大利益的前提下。五点缺一不可，否则彼此之间的合作不会长久。[10]

9. 个人风格

由于个性、教育、经历等方面的不同，成员的个人风格会有不同，这需要成员了解自己的主导特质和非主导特质，会更知道创业伙伴对自己的看法；了解创业伙伴的主导特质和非主导特质，可用对方容易接纳的方式沟通或处理事情，提高效率；自己和创业伙伴的个人偏好：与新企业的内容和运作方式是否相适应，如工作地点、时间和工作氛围等。

有研究显示，比起已经建立关系的团队，一个全新的团队，尤其是大多数成员都彼此陌生的团队，更难以形成协作性的团队[11]。这样的团队首先要花费大量的时间来彼此熟悉、建立关系，而如果团队中的一些成员在团队形成之前业已了解或熟识，并对彼此有一定的信任感，那么他们就可以省却建立关系的环节，从而提高团队成功的可能性和团队效率。

10. 伙伴心智

如何看待同伴或同伙？伙伴心智涉及个人是否有英雄主义、共同进退、合作观、集体智慧观等。

价值观决定创业。绝大多数创业团队的核心成员很少，但是都有自己的想法，有自己的观点，更有一股藏于内心的不服管的信念。因此，对创业团队中的每个成员都不能报以轻视的态度。

契合评估

评测作图

评测作图主要结合创业伙伴的情商特征来评估创业资质的契合程度。方法如下。

1. 个人风格、人格支持度、伙伴心智

（1）假如我知道这件工作必须完成，那么工作的压力和困难并不能困扰我。

（2）我的适应能力非常强，知道什么时候将会改变，并为这种改变准备。

（3）我有些嗜好花费很高，而且我有能力去享受。

（4）我以能够正确地表达自己的意思为荣，但是我必须确定别人是否能正确了解我。

（5）大体来说，常识和良好的判断对我来说，比了不起的点子更有价值。

（6）我是一个团体的成员，让自己的团体成功比获得个人的认可更重要。

（7）我宁愿看到一个方案推迟，也不愿无计划、无组织地随便完成。

（8）我非常喜欢别人把我看成是个身负重任的人。

2. 目标契合度、机会成本、失败的底线、风险承受度

（1）一旦我下定决心，就会坚持到底。

（2）快乐的意义对我来说比钱重要得多。

（3）我很小心地将时间和精力花在某一个计划上，如果我晓得它会有积极和正面的成果。

（4）我的名誉对我来说极为重要。

（5）我对犯错误非常严厉。

（6）有时候成败的确能论英雄。

3. 压力承受度、事业坦诚度、事业相关度

（1）我的工作情绪是高昂的，我有用不完的精力，很少感到精力枯竭。

（2）我曾经从事过相关的工作

（3）我很看好这个行业

(4) 我能承担失败带来的所有损失

(5) 我会为了自己的行业奋斗到最后一刻。

以上各问题，请选择 A. 非常同意；B. 有些同意；C. 有些不同意；D. 不同意。评价的方法为选择“非常同意”得4分，依次递减，计算累计得分。通过计算，可以画出相关的 CAP 评估图。

【练习】 请读者根据已有的团队，或自己构建一个虚拟的团队（7人左右），采用上述 CAP 模型的评估方法，测评团队的创业素质契合度。

(1) 各种方法的测评结果一致吗？

(2) 你认可这种评估结果吗？为什么？

定量评分

1. 评估设计

创业团队的契合度包括“协同度”与“异质度”两个因素，某些方面“协同度”过低会导致团队稳定性降低，而“异质度”过低则会影响团队的整体实力。

本评估的基本思想在于通过对团队各成员的考评，从创业目的、价值理念、知识结构、个性等四方面着手，测量个人素质与整体配合程度，其结果将体现两个维度的综合水平。

(1) 创业目的影响组织的目标与宗旨，参考“马斯洛需求层次理论”，通过不同层次的选项设计，可以测出创业者的需求层次。该部分方差越小，契合度越高。

(2) 价值理念牵涉企业运行机制与企业文化，一个人的价值观念很难改变，因此，在创业团队形成之前，必须通过深入的交流和充分的了解，价值观念相近、个人素质较高的人在一起组成的团队，创业的成功性更大。

(3) 在一个创业团队中，成员的知识结构越合理，创业的成功性越大。因此这方面方差越大，契合度越高。

(4) 个性方面，最理想的情况是“大同小异”：即在比较重要的价值取向和主要兴趣方面保持相似，在一些小细节方面略有差异，进行互补。这里参考希波克拉底关于气质的古典分法，即将气质分为多血质、胆汁质、黏液质、抑郁质。

2. 问题选项

请阅读下列问题与选项，并为每个选项打分（1～5分，分别表示“不赞同——十分赞同”的程度变化）。

(1) 创业目的。

1) 加入创业团队，我最希望得到的是丰厚的物质报酬。

2) 创业的价值在于可以有一份事业，为之忙碌，充实生活。

3) 创业者不必为他人打工，可以得到更高的社会地位。

4) 创业是一个施展抱负的舞台，可以实现自己的兴趣与能力。

5) 创业也是对社会的一份责任，不仅仅是个人的事情。

(2) 价值理念。

1) 企业的责任在于为顾客提供优质的产品与服务。

2) 企业应该重视员工的福利与发展。

3) 企业应具有一定的社会责任感。

4) 企业的本质在于“赢利”，只有赢利的企业才是成功的。

(3) 知识结构。

1) 我在专业技术方面是专家，研究能力强且拥有相当深厚的行业背景。

2) 我比较擅长统筹规划，领导经验丰富。

3) 我拥有出色的市场敏锐度，善于把握商机。

4）我喜欢与人打交道，沟通能力强。

（4）个性特征。

1）我认为人可以控制自己的命运，并愿意接受任何挑战。

2）我是个自信的人，倾向于说服别人同意自己的观点。

3）我不太善于控制自己的情绪，喜欢随心所欲。

4）我喜欢新鲜的事物与热闹的地方，讨厌一成不变。

5）我不喜欢与人争辩，宁可为此放弃某些利益。

6）我倾向于沉浸在自己的世界中，不愿被人打扰。

7）我擅长深入地思考与分析，并以此为乐。

8）我通常保持平静而良好的心境，能理智地处理大部分事宜。

3. 结果分析

（1）每位成员独立完成上述问卷，将他们的得分记录在以下这张记分表上（见表2-4），然后求出需要的统计数据，比如均值 U 和标准差 E。

表2-4 创业团队契合度记分表

		成员1	成员2	成员3		均值 U	标准差 E	总分 S_1
创业目的	1.							
	2.							
	3.							
	4.							
	5.							
		成员1	成员2	成员3		均值 U	标准差 E	总分 S_2
价值理念	1.							
	2.							
	3.							
	4.							
		成员1	成员2	成员3		均值 U	标准差 E	总分 S_3
知识结构	1.							
	2.							
	3.							
	4.							
		成员1	两项总分	类型	成员2	两项总分	类型	总分 S_4
个性特征	1.							
	2.							
	3.							
	4.							
	5.							
	6.							
	7.							
	8.							

（2）每一大部分都有一个总分（以下简称 S），这是形成最终测评结果的基础，其计算方法每部分不同，具体为：

第一部分：创业目的

$$S_1 = \frac{U_1 + U_2 + U_3 + U_4 + U_5}{5} - \frac{E_1 + E_2 + E_3 + E_4 + E_5}{5}$$

第二部分：价值理念

$$S_2 = \frac{U_1 + U_2 + U_3 + U_4}{4} - \frac{E_1 + E_2 + E_3 + E_4}{4}$$

第三部分：知识结构

$$S_3 = \frac{U_1 + U_2 + U_3 + U_4}{4} - \frac{E_1 + E_2 + E_3 + E_4}{4}$$

第四部分：个性特征

先将1与2（胆汁质）、3与4（多血质）、5与6（抑郁质）、7与8（黏液质）各自两项的记分写入“两项总分”，四者中取最高作为最终定型，填入“类型”。

$$S_4 = \frac{一致类型的人数}{总人数} + 4$$

（3）最终结果。

定量：将4部分总分简单累加，分数越高，契合度越好。

定性：将S_1、S_2、S_3、S_4标在“结果示意图”上，即可对创业团队的契合度特点有所了解，便于取长补短。

结果示意图如图2-5所示。

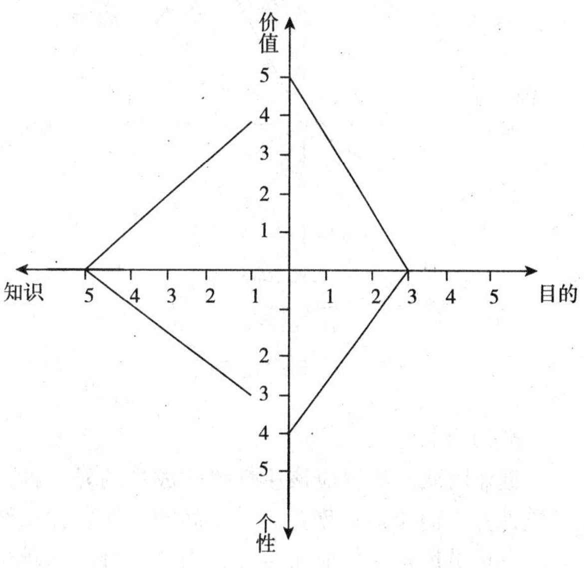

图2-5 创业团队契合度评分结果

团队管理

创业团队既是管理的团队，也是被管理的团队，而且只有在实现了良好的被管理（本质是自我管理）之后，才能健康地行使管理的职能。

SAT模型

创业团队资质评量（start-up's assessment of teamwork-competencies，SAT）是对创业团队进行衡量的有力手段，它的特点是：①以创业团队运作水平为基准的创业团队综合资质的评量；②目的是评量成功创业团队12项特征性基准的运作能力；③组建和管理创业团队的评量工具。

SAT理想图、现实图和残缺图分别如图2-6、图2-7、图2-8所示。

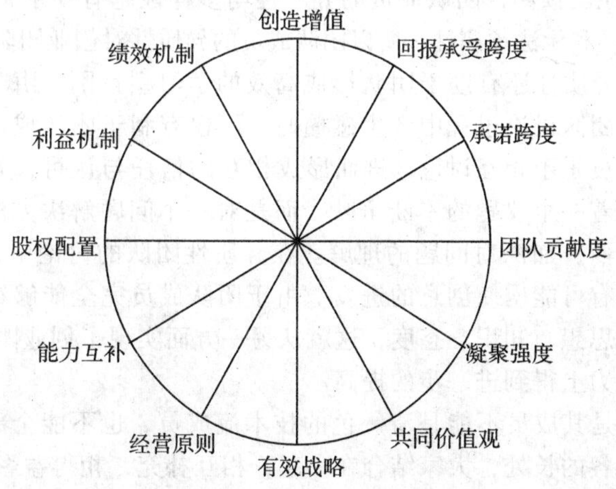

图2-6 SAT理想图

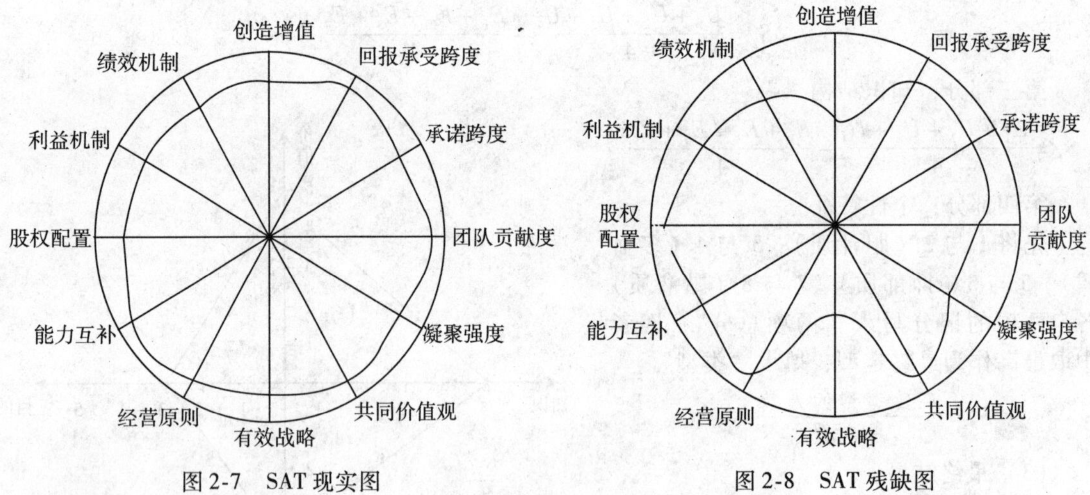

图 2-7 SAT 现实图

图 2-8 SAT 残缺图

能力互补

创业团队的配置应该注意团队成员的异质性，这能体现出团队创业降低风险的优点。这种异质性并不简单地指创业团队之间的技能、知识结构等的互补，而更多的是指团队成员在思维方式、成员风格、创业角色等方面的互补。简单地来讲，就是要建立一个平衡的团队，以适应纷繁变化的创业环境。

首先，平衡的团队往往能够始终保持稳定，不骄不躁，不过分地冒进，所有成员一旦达成统一以后，即使遇到突发问题，也能够相对稳定地解决。因为不同思维方式的队员对团队面临的问题有不同角度的看法，团队内部提前出现对于如何解决问题的冲突，并在冲突中充分考虑问题的复杂性，并对解决的难度进行充分的预估，这样就更加容易制定适合的问题解决方法。尤其是面对重大决策的时候，能够有效提出不同的观点供团队思考，并在相互的沟通中理解对方的思路，从多角度思考所面临的问题，这就降低了犯大错误的可能性。众所周知，创业是一个高风险的行为，一次重大错误就有可能前功尽弃，所以互补性在降低风险方面的作用对于创业团队的生存起着重要作用。

其次，平衡的团队由于相互之间的牵制，还可以避免团队中部分成员一意孤行造成团队的重大损失，充分保证团队的稳定性。Michael D. Ensley 和 Allen C. Amason 在考察 88 家高成长公司的高管团队构成时发现，高管团队成员异质性越低，企业营业收入及其成长性就越低；企业的外部环境变化越大、越无法预测，团队成员的异质性与多样性越有助于企业的成长和创造价值。由于创业过程的高风险性和无法预测性，所以团队成员的异质性对创业团队成长的作用很大。

再次，创业团队的异质性还有助于团队形成高效的学习型氛围。由于团队成员之间的巨大差异，当不同的理念在团队讨论过程中产生碰撞时，不仅有利于团队成员全面地了解问题的实质，而且有利于团队成员乐于相互讨论，进而形成相互的信任与认可，并相互学习。因为所有人都会发现讨论不是对着一个议题的不断争吵，而是对一个问题解决方法的不断补充，每个人都能在其中学到很多东西，加深对问题的理解。在异质性团队的讨论中，不同思维、能力、风格的人的创意冲突，极有可能诱使创意的迸发。由于团队成员完全能够在异质性团队中学习到更多和自己不同的人的思想、知识、态度，这就从另一方面实现了创业团队不断优化发展目标，帮助创业团队在整体能力上得到进一步的提高。

创业团队虽小，但是其成员不能是清一色的技术流成员，也不能全部是搞终端销售的。优秀的创业团队成员各有各的长处，大家结合在一起，相互补充，相得益彰，例如思维方式互补、成员风格互补、专业技能互补、创业角色互补等。

从人力资源管理的角度来看，建立优势互补的创业团队是保持创业团队稳定的关键。太阳微系统公司就是一个非常值得借鉴的例子，创业初期维诺德·科尔斯勒找来的三个人分别是软件专家、硬件专家和管理专家，SUN的创业团队非常稳定，稳定的团队为太阳微系统公司带来了稳定的发展。

一个优秀的创业团队应该包括以下几种人：一个创新意识非常强的成员，这个人可以决定公司未来发展方向，相当于公司战略决策者；一个策划能力极其强的成员，这个人能够全面周到地分析整个公司面临的机遇与风险，考虑成本、投资、收益的来源及预期收益，甚至还包括公司管理规范章程、长远规划设计等工作；一个执行能力较强的成员，这个人具体负责下面的执行过程，包括联系客户、接触终端消费者、拓展市场，等等。此外，如果是一个技术类的创业公司，那么还应该有一个研究高手（甚至是研究领导者型人物），当然，这个创业团队还需要有人掌握必要的财务、法律、审计等方面的专业知识。唯有如此，团队成员才能算是比较合适的。

在一个创业团队中，不能出现两个核心成员位置重复的情形，也就是说，不能有两个人的主要能力完全一样，比如，两个都是出点子的人，两个都是做市场的，等等，出现这种情况是绝对不允许的。因为只要优势重复，职位重复，那么今后必然少不了有各种矛盾出现，最终甚至导致整个创业团队散伙。这样的例子不胜枚举。

股权配置

创业的成功是创业者艰苦努力的成果，是对创业者能力的肯定，更是创业者自身价值的体现。创业团队如何配置股权？其基本原则应该是：

其一，不是平均主义，但透明和公平；以创造价值和贡献度为基准。

其二，以法律文本的形式确定一个清晰的利润分配方案，把最基本的责权利界定清楚，尤其是股权、期权和分红权，此外还包括增资、扩股、融资、撤资、人事安排、解散等与团队成员利益紧密相关的事宜。

其三，在合作之初确定好进入和退出的机制。其实所谓的进入和退出机制从道理上大家都理解，但是往往在实际中没有可操作性，所以关键是要解决进入和退出机制的可操作性。进入好说，无非是有人出人、有钱出钱，大家认可签字画押。复杂的是如何退出？当合作者们在治理和运作企业上存在不可调和的矛盾的时候，最好的是非控股方的退出，理想的当然是由控股方收购非控股方的股份。

没有最初的一致同意当然也就无法合作，但是在创业的过程中，绝对不可能有永远的一致同意，那么如何处理不同的意见，就是合作的关键。实行控股制是唯一的办法，不能统一的意见由控股方拍板定案。

专栏

创始人的股份授予[12]

公司发行2 000 000股，创始人甲乙两人，各有1 000 000股。其中，每人的20%，即200 000股，在公司创始时，就马上授予，公司以后不能回购。剩下800 000股，分四年授予。

如果甲一年后离开的话，他会拿到200 000股，加上创始时的200 000股，共400 000股。剩下的600 000被公司以象征性价格回购。公司总股份量变为1 400 000。甲占有4/14≈29%；乙占有10/14≈71%。和和气气，公公平平。

如果没有事先谈定股份授予的话，甲离开时，会与乙有很大的争吵。甲会说：“我已为公司做了很大的贡献，我的1 000 000股应该都是我的。”乙一定反对。最后甲会说：“反正已经是我的了，看你怎么办”。乙会说，“这样太不公平，那我也不做了”，或“那我把这个公司关掉，重起炉灶。”争吵继续升级，还会出现偷公司公章、抢钥匙、上法院，等等。可以想象，公司的员工和业务会受到多大的影响。

股份授予还有另外一个好处：如果甲乙出现股份多少的纠纷（比如一年以后，乙的贡献或重要性比甲多），也比较容易解决。董事会与甲乙商量后做决议，把双方的还没有授予的股份重新分配。甲乙都会比较容易接受，因为已经 vest 的股份不变。而且如果一方不接受的话，离开公司，也有一个明确公平的已经 vest 的股份。

授予是一个很公平的方法，因为创业是一个艰苦的多年过程，而不是一个主意。主意本身，没有相信它的人充满热情，放弃一切地做，是没有什么价值的。

没有经历过股份纠纷的创业者，即使了解上一段，同意它是公平的，但都不喜欢股份授予，因为怕被投资者炒鱿鱼，失去股份。经历过股份纠纷的创业者，会在投资者进来以前，就和合作伙伴商量好股份授予。

创业团队有的成员间股权分配是一个敏感、困难，但又十分重要的议题。创业团队有的成员不懂得分享，不舍得将股权出让给能够提升事业价值的新伙伴；也有的是创业者不愿放弃对于新创企业的控制权，因此不愿意用股权交易来发展可以增加新创企业价值的策略联盟。

利益机制

合作者只有责任做合作协议中规定的责任和义务。如果对方做出了超出责任和义务的贡献，就要给予对方利益上的补偿，否则将来在权利上可能发生重新分配的需要。同时，尽可能避免贡献与报酬不一致的不公平现象，对创业过程中具有显著贡献的成员，应有弹性的利益分配机制，其有效的做法可以是：创立企业时可以保留10%盈余或股权，用来奖励创业过程中有显著贡献的创业成员。

绩效机制

新创企业要注意形成下列理念与机制：经营绩效理念；员工分享理念；绩效激励机制。

团队在创立初期没有确定一个明确的利润分配方案，就不能对创业团队成员起到明确的激励作用，更为严重的是，随着企业的发展、利润的增加，在利润分配时出现争议容易导致创业团队解散。这种情况在民营企业中是非常普遍的，很多新创企业的创业团队在发展初期，或者是没有考虑到，或者是碍于面子，没有明确提出未来具体的利润分配方案，等到企业规模扩大后就开始为利润怎么分配而争执了。

【提示】不能共患难的团队不能创业，不能共繁荣的团队不能成长。

创造增值

只有创造增值才能创业成功。新创企业要以创造价值原则作为创业导向，所有人的工作都要创造增值。

创业团队成员经常会过于执著创业构想，极力维护自己的主张，但同时又掩饰自己的缺点。有的成员非常在意自己的地位与利益，将自己凌驾于团队之上，感性凌驾于理性之上。尤其初期就参加创业的成员，很难接纳比自己更为优秀的新成员加入团队。实行创造价值原则的团队管理，有助于化解矛盾，达成一致。

回报承受跨度

回报承受需考虑的问题包括：团队成员获得回报的时间性强不强？是否愿意牺牲短期利益换取长期成果？是否能够不计较眼前的薪资、福利、津贴？是否有很高的成功忍耐度？

承诺跨度

团队成员对创业的承诺性包括：是否对创业成功有长期承诺？是否不会因一时利益或困难而退出创业群体？是否同意将股份集中管理？特殊情况提前退出团队者，是否承诺以原始价值将股权出售给创业团队其他成员？

团队贡献度

新创企业要始终强调团队整体的重要作用，要做到：没有个人英雄主义；团队成员的价值表现在其对团队整体价值的贡献；团队利益大于个人利益。

凝聚强度

要提高新创企业的凝聚力，企业要做到：团队的一体感，成败由整体承担而非仅仅由个人承担；对外一致的形象并维护共同形象；给员工显示的坚强凝聚的经营团队形象；公开合理地分享经营成果。

共同价值观

企业的成功创立与发展还离不开共同价值观的形成，即要建立以实现战略目标为共同行为准则的创业文化。作为价值观的创业理念的认同是创业团队信任机制形成的基石。

创业团队的理念、能力、经验，也是影响创业成败的关键因素。成功的创业必须有一群具有共同愿景、理念、价值观的成员所组成，因此创业者必须要有人格魅力，才能吸引优秀人才组成经营团队。

【提示】小公司最怕股权分散。创业公司一定要有一个能话事的大股东。Google的辉煌，很大程度上是因为风投找来的CEO尽力做好分内的日常管理工作，把技术方向和市场方向这两个舵把让给两个创始人。

有效战略

创业团队要确立有效的战略，主要体现在：创业团队不仅能抓住短期机遇，更重要的是考虑了长期战略；对战略目标达成了充分的共识。

经营原则

新创企业要强调并树立起下列一些观念：顾客观、质量观、员工观、诚信观……

创业团队成员的经营理念与方式不一致，团队思想没有统一，有些成员不认可公司的目标和策略，价值观有冲突，会导致创业团队解散。这种情况是非常普遍的，一个典型的例子就是联想的倪光南和柳传志。柳传志是一位有科技背景的企业管理者，而倪光南是一名科学家，他们的分歧是经营理念的不一致，柳传志是市场导向，而倪光南是技术导向，这一根本的分歧导致了曾被誉为“中关村最佳拍档”的联想创业组合的分裂。

评测方法

优秀的管理团队可以通过直接看“面相”的方法测得。什么样的企业家和团队才算得上“面相”好呢？

领导

企业成功的因素有很多，但有“一根筋”并且爱面子的领导是其中重要的一个。“一根筋”的意思是执著，不轻易放弃。对于爱面子的人来说，你说他做不好，他偏要做好给你看，做不好他自己会羞愧得无地自容。

还有就是如何做人的问题。好的企业家应该有宽广的胸襟、领袖气质，可以让不同的能人来帮助企业发展。如果一个企业家不大方，他自己一个人拿了99%的股权，别的伙伴只有1%；或者他管理上不相信团队，经常炒人，企业人员流动性高，不能知人善任，那都是不行的。

团队

成功的创业团队运作应该具备的特征：形成内聚力与一体感；团队利益第一；坚守基本经营原则；对企业的长期承诺；成员愿意牺牲短期利益来换取长期的成功果实；全心致力于创造新事业的价值；合理的股权分配；公平弹性的利益分配机制；经营成果的合理分享；专业能力

的完美搭配。

【讨论】根据SAT模型，如何设计出定性甚至定量的评估问卷？

团队领导

在企业管理和市场营销中，经常谈论领导者的核心竞争力；事实上，在创业团队中，带头人作用更加重要。优秀的创业团队，独独不可缺少胜任的带头人！许多创业团队在很短的时间内就消亡了，很重要的原因在于创业团队的带头人其实根本不是一个合格的领导者。而领导者的作用，说得直白点，就是“决定一切”！

领导素质

领导者应该具有卓越的领导素质。

崇高人格

领导者的崇高人格特质，对于创业成败影响至巨。因为领导者在资源上需要依赖投资股东，在实践创业理想方面又要依赖其团队成员，如果在人格情操上无法获得充分的信任，那么必会大幅提升所有参与者的风险意识。原因是创业的风险极高，如果没有崇高的人格情操，将所有资源依托于领导者，将是一件非常危险的投资。

价值观念

企业成立之初，可能主要由同学、校友、同事、朋友或同乡合伙而成。而随着企业成长，领导集体构成逐渐改变。领导集团成员的去留，主要取决于其是否认同核心领导者确定的企业发展目标及价值观。

其实，企业发展目标在创业初期并不必要特别远大，但要很明确；而关键是主要领导者的价值观要很明确。领导者的价值观明确，就能够让和他一起工作的员工做出明确的选择，与之产生共鸣，方便企业的文化形成和发展。共同的价值观和追求的目标，是领导团体成员的主要“黏合剂”。核心领导者树立的企业目标、其自身的价值观和道德感召力不仅在形成领导集体中起着决定性的作用，而且还为形成企业的核心理念奠定基础，对企业的长期发展起着举足轻重的作用。

与团队成员相关的另一个至关重要的因素是团队的稳定性。如果某人一时达不到团队的标准，管理者应该仔细考虑，是替换此人，还是给予辅助让他达到应有水准，或者让他更好地融入团队。那些表现不佳或尚未适应团队的员工总是被过快抛弃，人们会对团队失去信心，而管理者也毁掉了应有的和谐氛围。

行为典范

我们常说某某领导者很有领袖风范、个人魅力，我们也经常可以发觉一个企业的风格往往包含并体现着其高层管理团队的风范。这就是所谓的魅力型领导者，他们是企业的一号模范榜样，他们的行为为企业全体员工所共同瞩目和效仿。因此，如果企业想要让来自不同领域的专家们协同工作，来完成一个目标，那么高层管理者的示范行为就是鼓励他们的首选招数。

示范就是要求管理者把团队的协作性切切实实地体现在日常行为中，而不能只是叶公好龙般的喊喊口号。

如果公司老总整天坐在独属一人且大门紧闭的办公室里，纵使其不断倡导团队协作、日日苦恼团队冲突、专家低效，抑或是他把团队协作的标语张贴在公司的各个角落，刊登成册让每个员工死记硬背，但是员工们体会最深的还是公司管理者的实际行为，也最可能仿照着独坐在自己办公桌前的管理者的示范去践行。

真正具有示范性的团队协作行为，从渣打银行（Standard Chartered Bank）的管理者身上可以窥见一斑。渣打银行是一家跨国性的大型商业银行，其业务遍布各个领域。金融行业、制造行业、房地产行业等，都有他们的服务对象和客户。针对行业不同、性质各异的服务者，渣打银行的管理层采取团队协作模式，每个人负责自己最为精通的专业领域的业务，但同时他们又经常互相学习、更换服务领域，以使自己更全面地了解公司发展情况。而他们的这种行为就为员工树立了很好的榜样，在公司的各个团队内部以及团队之间都弥漫着协作共进、互学互助的气氛。

领导职能

领导者必须行使领导者的职能。

决策职能

企业需要有权威的主管，同样地，创业团队要成功也必须有强势的领导人。但大家一同创业，应该谁是主导者？谁来做最后决定？当发生严重利害冲突或彼此意见不一致的时候，由谁来仲裁决定呢？

专栏

领导能力的自测

要让成功人士加入你的创业团队，首先要进行领导能力的自我评估。

- 你是否具有一个能够振奋人心的愿景？这个愿景必须是远大且清晰的，除了能使自己兴奋，还能激发他人追随你一起创业的意愿。
- 你是否具有强烈的创业企图心？唯有强烈的企图心才能化为持久的行动与坚持的毅力，没有强烈企图心的人恐怕不太适合创业，这点创业者自己必须先要三思。
- 你是否勇于承诺愿意承担风险与愿意吃苦耐劳？能够勇敢地在公开场合向大众做出承诺的创业者，他的决心与行动力就不会令人质疑。
- 你能否看到一个具有潜力的市场机会？必须是一个潜力够大，且在可见的未来能够被实现的市场机会，当然也需要能够大略估计实现市场潜力所需要的时间与资源条件。
- 你能否提出一个明确可行且能够结合市场机会的创业构想？这个创业构想也必须具有一定程度的创新以及能带来市场竞争优势。
- 你能否发展出一个能够创造利润的创新经营模式？而且也需要能够描述经营模式中顾客接口、核心策略、资源能力、价值网络各要素的内涵与创造利润的可能方式。
- 你是否拥有足以判断产业相关技术与产品发展的专业能力？
- 你是否拥有足以经营管理一个新生企业发展的经验与能力？
- 你是否拥有足以带领团队前进的领导与沟通能力？
- 你是否拥有能够协助企业取得各项必要资源的网络关系能力？

指挥职能

在建立远大抱负的过程中，领导者的任务是了解自己和员工的动机与价值观，把不同动机驱动的员工安排在相应的职位。对于高效的团队而言，应识别团队成员的优势和劣势，并把他们安排到最能发挥其潜能的位置上，在团队中一般有9种角色定位。[13]

（1）创造者。产生创新思想，一般来说，此种角色要求富有想象力，善于提出新观点或新概念，独立性较强，喜欢自己安排工作时间，按照自己的方式、节奏进行工作。

（2）倡导者。倡导和拥有所产生的新思想，他们乐意接受、支持新观念，在创造者提出新创意之后，他们擅长利用这些新创意，并找到资源支持新创意。

（3）开发者。分析决策方案，他们有很高的分析技能。

(4) 组织者。提供结构，他们会设定目标，制订计划，组织人力，建立起种种制度，以保证按时完成任务。

(5) 生产者。提供指导并坚持到底，他们坚持按时完成任务，保证所有的承诺都能兑现，他们引以为荣的是自己生产的产品合乎标准。

(6) 核查者。检查具体细节，他们善于核查细节，并保证避免出现任何差错。

(7) 支持者。处理外部冲突和矛盾，他们在支持团队内部成员的同时会积极地保护团队不受外来的侵害，他们能够增强团队的稳定性。

(8) 建议者。寻求全面的信息，他们在团队作决定之前充分搜集信息，而不是匆忙决策。

(9) 联络者。倾向于了解所有人的看法，他们是协调者，是调查研究者，他们不喜欢走极端，而是尽力在所有团队成员之间建立起合作关系。

通常人们只愿意承担两三种角色，因此，管理者必须要进行个人优势分析，将人格特质、个人偏好和角色要求适当匹配，打造一辆能高效运转的“团队战车”。

教练职能

高效团队领导者往往担任的是教练和后盾的角色，他们给团队提供指导和支持，但并不试图去控制它。很多管理者已开始发现这种新型的权力共享方式的好处。在新创企业业务略有起色时，领导者要对自身角色进行重新定位，考虑起用专业人员来分担自己的任务；即使创业成功，领导者也不能简单沉溺于做老板，而要不断给自己充电。

沟通职能

要保证团队成员间通畅的沟通渠道，进行持续不断的沟通。团队开始工作时要沟通，遇到问题要沟通。解决问题时也要沟通，有矛盾时更要沟通。沟通的时候要多考虑团队的远景目标和未来的远大理想，多想有利团队发展的事情。

创业成员之间因为性格、个性、兴趣不合，导致磨合出现问题，创业活动难以正常开展，创业团队解散，群体性的创业团队中容易出现这种情况。群体性的创业团队是由一些因为私交很好而在一起的伙伴来共同创业，例如朋友、同事、同学、校友、亲戚等，多是由人际关系来寻找共同创业的伙伴，或是有相似的理念和观点，例如具有相近技术研发背景的人，基于对某一技术的狂热而结合在一起。可以说，在人际上的交集是成为群体性创业团队成员最重要的条件。在这种情况下，团队成员在性格上的差异和处理问题的不同态度就容易被掩盖，有些团队从表面上看，好像大家都在努力工作，但真正全身心投入者只有一到两个人，同时团队内又缺乏真正的沟通，那么该团队实际上并未形成真正的团队，充其量只是几个人力量的加总而已。若团队成员间目标不一致，造成的结果就是 $1+1<2$，这种情况必定会导致创业团队的解散。

领导方式

领导者必须采取适当的领导方式。

协作领导

有的人认为关系导向的领导者比较适合于协作性团队，因为他们善于分享经验和知识，能够营造一种信任与和谐的团队氛围。也有人说任务导向的领导者更适合复杂的团队，因为他们能够清晰地规划愿景和目标、界定各自的工作范围，更重要的是，能为团队成员提供指导和反馈。

然而，实际情况是，胜任的团队的领导者介于二者之间，两方面都具备，他们能够在一个项目中，根据项目进展阶段的不同而调整转换领导方式。比如说，在项目开始阶段，他们展现出任务导向的一面，明确目标，做出承诺，界定每个团队成员的个人职责。当项目进行到一定阶段，团队成员认同了组织目标，担当起了各自的责任，并且随着知识分享的蔓延，最初的紧张气氛缓和下来时，领导者就会转向关系型。总之，成功的领导者会根据项目的进展程度，随机应变，采取适合进度的领导方式。

专栏

沉默的船最快

帆船比赛中，交流特别重要，但这种交流只在陆地上或训练中出现。在训练中，负责战略和战术的人员遵循确定的流程。清理风帆则需要通过简洁指令使人快乐地学习，固定岗位的船员、舵手和战术家通过齐心协力达至默契。

当比赛来临的时候，整个团队不需要什么指令就能按部就班地完成计划流程。如果需要交换意见，也主要在战术家、战略家、驾驶舱和前甲板的几个关键人物之间进行。否则的话，全船保持沉默，这样也避免被附近的竞争对手偷听到重要信息。

理想意义上，船长也说得极少。当船长一言不发时，就意味着一切正常。如果比赛中相互咬得很紧，当要进行一项操作或者需要纠正一项错误时，船长神态自若并快速、精确地下达指令。他们这种看起来的内向并没有削减其权威，因为只有掌舵的人知道在任何情况下船只的真实反应，只有他们拥有最终的话语权。

船队成员的航行技巧并不能单独决定比赛结果，让整个团队稳定发挥比在船上17个岗位配置17名世界一流的高手更为重要。

文化领导

创业团队一定要有碰撞后形成的一致的创业思路，成员要有共同的目标远景，认同团队将要努力的目标和方向，同时还要有自己的行动纲领和行为准则。这些其实就涉及团队文化的建设问题了。

文化要包含契约规则。

虽然，很多公司意识到文化在构建协作性团队中的重要性，但是他们依旧苦恼不堪，因为他们不具备实践这种协作性文化的技能。他们被鼓励着要合作，也确实想要合作，但就是不知道究竟该如何在一个团队中协作共事。这时就需要人力资源部门的支持与帮助，因为他们的角色之一就是业务部门的服务者。

学习领导

配置创业团队必须考虑的是要建立团队良好的学习型氛围，即能够对团队的问题进行公开的辩论与冲突，容忍并理解相互的意见，这样就有助于团队能够在创业的过程中共同学习。在学习型的氛围下，大家都相信团队不会为难、拒绝或者惩罚勇于发表意见的人，这是团队能够学习的关键，Edmondson [14] 把这种共同的对于支持、尊重和信任的感受称之为心理安全。因为如果团队没有良好的学习型氛围，即使有共同的创业兴趣或创业驱动力，一旦团队的内部出现意见不同或者矛盾，由于缺乏相互学习，相互合作沟通的氛围，就很容易产生相互埋怨和不信任，这样就会对团队的绩效形成相当大的影响。Edmondson 认为，那些能够高效学习的团队会得到更好的绩效。对于一支高水平绩效的团队，它的成员必须能够积极地提问、讨论失误、进行尝试和反省，并且寻求外界的反馈。

具有领导素质、能力与艺术的人，容易实现突破性的创业，尤其是冒险型创业[⊖]。

专栏

复星集团的团队角色分配 [15]

分工

复星多年团队不散，其原因来自多年来团队的分工明确。

郭广昌能稳坐复星头把交椅，从复星集团团队二把手梁信军的说法来看，郭广昌无疑具备了一个团队领导者的综合素质：第一，情商高，具有较大的包容性，能很好地整合团队，并让团队的每

⊖ 参阅本书“商业模式”中的有关业务模式及其冒险型创业的内容。

个人都能畅所欲言；第二不独裁，能给大家适当分权，很好地进行协调，满足了团队成员的参与欲望；第三有较强的使命感，在战略愿景上，每次当一件事达到一个水准，觉得可以歇一口气的时候，他都能提出重新创业，提出一个新的目标；第四，个人决策能力最强，看问题比较准，而且年长几岁，威望最高，善思辨，新奇的想法从来不断。由此可见，相比团队中梁信军、汪群斌、范伟等复旦遗传学毕业的人，专业性不强但综合素质和情商高的郭广昌反而占了优势，成了最具领导力的一把手。

目前在复星多元化的产业链条中，郭广昌是整个企业集团的灵魂；梁信军是副董事长兼副总裁，成为复星投资和信息产业的领军人物；汪群斌是复星实业总经理，专攻生物医药；范伟掌管复星地产；谈剑负责体育及文化产业。

虽然复星董事会的人数已由最初的5个增加到7人，但是新增的是财务、法律方面的专家。“当年分工时就考虑到汪群斌、范伟和谈剑可能更适合做产业，做具体事情，”梁信军说，“如果没有汪群斌、范伟和谈剑他们兢兢业业地去操劳，再好的战略也等于零。”

执行

在五人之中，汪群斌最早和研究部门的技术人员成功开发了复星第一个核酸试剂乙肝DNA核酸试剂盒，为复星进军医药行业打下了坚实基础，后来他提出的“生物医药新经济”概念也引起了业界广泛关注，1995年，PCR乙型肝炎诊断试剂的成功为复星的“五剑客”赚到了第一个1亿元。可以说汪是复星从1 000万到1亿的关键推手。

而5人中唯一的女性谈剑的优势则在政府公关等事务，同时她还是上海星之健身俱乐部总经理。从2000年复地房地产在开发楼盘时，为了制造卖点，在小区内建设了一个足球场的无心插柳开始，目前“星之”已有了12家门店。

郭广昌的“一哥”地位也体现在宏观调控以后的考验中。

复星投资的宁波建龙项目被央视曝光后，复星遭到媒体和政府的双重压力。作为领军人物，郭广昌在风口浪尖上展现了其领袖魄力。舆论一度猜测宁波建龙可能成为“铁本第二”，同时对复星集团的资金链一度产生疑问。

面对这次危机，郭广昌果断地采取了两条应对措施——聘请著名国际会计师事务所安永对复星集团（包括非上市部分）进行了全面的财务审计，把有关的报告提供给利益关系人；对战略进行了调整，提出适度的多元化，但要坚决贯彻经营的专业化，同时请权威的国务院发展研究中心对复星集团的竞争力作评估。

郭广昌把这一场风波看成是对复星的“体检”：检查民营企业的心态是否健康、体质是否健康。事实证明，复星集团经受住了宏观调控的考验，顺利度过了危机。

梁信军称他们5个人就像5根手指，哪根也少不得。5根手指攥紧，就是一只拳头。复星强调的是团队管理。

决策

为了避免外行领导内行，也为了解决集体领导下最不熟悉情况的人在作决策，而专业化的意见无法得到及时采纳的问题，复星采取了分工授权的团队管理方式，决策权下放给了最专业的人士。这使得团队决策都是由团队里智商最高、最熟悉情况的人拟定，真正实现了决策的群体智商高于个人智商。这就是使复星失败的绝对值尽可能小的重要原因，也是“复星系”茁壮成长的根源所在。

在复星的团队决策机制中，专业人士和一把手的权重比较大，采纳的是最专业那部分人的意见。目前复星董事会有7人，对于房地产3人是内行，4人是外行。若一人一票，决策某块已经经专业人员鉴定过的需购买的土地，投票结果可能是4:3，有4人投反对票，最后结果表现为在这次决策上尊重了非专业人士的意见，实际上就是决策不明。

而复星实施的是团队决策机制，同样一块需购买土地，4个非专业人士先讲出自己认为存在的问题，说出自己反对的理由。再由3位专业人士中的两人回答这些疑问，并反思自己在做决策时，是否考虑到了这4个人所提的意见，自己采取了什么对策，最后再由一把手拍板。这一决策机制中，最大地尊重了专业人士和一把手的决定，同时又兼顾了专业外的风险，考虑了可能的解决方案。

“做重大决策我们从来不举手表决，遇到矛盾时通过充分沟通以达成共识，没有形成共识的就放弃，以做到科学决策。”梁信军说。

本章概要

团队创业的成功率明显高于个人创业的成功率。本章从创业团队配置、创业团队管理以及创业团队领导三个方面介绍了创业团队的相关内容。

本章创新性地将理论陈述和模型评测结合起来，使读者不仅能够形象地理解新创企业在管理团队方面的知识，而且可以结合相关评测模型对自己的团队创业素质进行分析；作者还突破了传统的就管理论管理的平面思路，分析和解释了领导力理论在新创企业团队管理中的应用。

思考练习

1. 运用一种测试方法分析小组成员成为创业团队的可能性，并对测试结果加以分析说明。
2. 在一页纸上列出你的特质，总结自身优势，你适合创业吗？
3. 如何吸收优秀的成功人士加盟创业团队？请结合本章提出的框架，进行理论与实证（结合案例）的分析与探讨。
4. 如何设置创业团队的股权及其结构？请结合定性因素及定量的角度，加以细致分析，并结合实践的情况加以说明。
5. 聪明的企业家经常娶聪明的妻子，仁慈的知识分子经常娶恶毒的女人。中国很多的知名企业管埋层采用“男一号，女二号”的模式，取得了巨大的成功，像张瑞敏和杨绵绵（海尔），周厚健和于淑珉（海信），任正非和孙亚芳（华为），朱江洪和董明珠（格力），史玉柱和他的总裁刘伟（巨人），甚至马雪征在联想时之于柳传志，以及“夫妻档”潘石屹和张欣（SOHO中国）、李国庆和俞渝（当当）等，都是中国企业领导层“男女搭配”的典型例子。你如何看待这种管理方式的成功性？
6. 有企业家在寻找人才时提出了四个条件：即“三个A一个I”。第一个A是Ability（能力），第二个A是Ambition（企图心），第三个A是Activeness（积极性）。一个I是Innovation（创新）。你对这个人才条件的合理性及适用性有何分析？试结合实例说明。
7. 人的一生有很多时间与精力是在开会中度过的，尤其是作为管理者，开会可能是主要的日常工作。但人们善于开会吗？尤其是中国人，这一点可能更是一个问题。如何创设一个以会议管理（咨询、服务、承办、培训）为业务内容的商业服务机构？请提出你的商业计划书。
8. 团队管理与组织管理有何相同点，又有何不同点？优秀的团队领导者是否一定是优秀的组织领导者？为什么？反过来，优秀的组织领导者是否一定是优秀的团队领导者？为什么？请结合实例加以分析说明。
9. 有分析指出，创业存在五大误区：①创业者必须比别人来得聪明；②创业者得有充足的资本；③创业者先有好的构思；④创业必须不择手段；⑤创业者需要良好的教育背景。你对此有何理解？
10. 你能否将本章阐述的团队配置与团队管理的评估方法程序化，设计成软件，进行自动测试与评估？甚至将软件上网，实现在线评估？⊖

参考文献

[1] 爱克曼．歌德谈话录［M］．朱光潜，译．北京：人民文学出版社，1978.

[2] Howard Aldrich, Martin Ruef. Organizations Evolving [M]. CA: Sage Publications Ltd, 2006.

[3] Thomas Lechler. Social Interaction: A Determinant of Entrepreneurial Team Venture Success [J]. Small Business Economics, 2001, 16 (4): 263-278.

[4] Arnold C Cooper, F Javier Gimeno-Gascon. Entrepreneurs, Processes of Founding, and New-Firm

⊖ 如果你能够成功地开发本软件，请与作者联系（ddh188@gmail.com）拓展商业合作。

Performance [M] //SEXTON D L, KASARDA J D. The State of the Art of Entrepreneurship. Boston, MA: PWS Publishing Company, 1992: 301-340.

[5] J A Timmons. New Venture Creation: Entrepreneurship in the 1990s [M]. Homewood, IL, Irwin, 1990.

[6] J B Roure, M A Maidique. Linking Prefunding Factors and High-Technology Venture Success: An Exploratory Study [J]. Journal of Business Venturing, 1986, 5: 201-220.

[7] Vesper. New Venture Experience [M]. Seattle. WA, Vector Books, 1990.

[8] Marta A Geletkanycz, Donald C Hambrick. The External Ties of Top Executives: Implications for Strategic Choice and Performance [J]. Administrative Science Quarterly, 1997, 42: 654-681.

[9] Gaylen N Chandler, Steven H Hanks. An Investigation of New Venture Teams in Emerging Businesses [M] //REYNOLDS P D, BYGRAVE W D, CARTER N M, MANIGART S, MASON C M, MEYERS D, SHAVER K G. Frontiers of Entrepreneurship Research. Wellesley, MA: Babson College, 1998: 318-330.

[10] 水木芙蓉．一位浙江商人的经商秘诀 [EB/OL]．凯迪网络, [2005-08-15].

[11] Lynda Gratton, Tamara J Erickson. 八招构建协作性团队 [J]. 管理@人, 2007, (11): 20-22.

[12] 邵亦波．Vesting 创始人股份兑现 [EB/OL]. Bo's Blog 邵博客, [2008-03-10] http://shaoblog.com/category/build-%E5%88%9B%E4%B8%9A/.

[13] 安静．动机倾向决定你的领导力 [N]. 每日经济新闻, 2005-06-29.

[14] Amy Edmondson, Bertrand Moingeon. From Organizational Learning to the Learning Organization [J]. Management Learning, 1998, 29 (1): 5-20.

[15] 李小宁．团队不散，生意就能长久 [J]. 环球商业评论, 2007, (7): 108-109.

CHAPTER3 第3章

商业思维

商业就是摄取智慧。

——［美］杰克·韦尔奇

学习目标 >>>>>>

- 掌握现代商业机会思维的理念与方法；
- 学习资源整合的分析模式与策略技巧；
- 认知基于能力管理的思路与指向。

没有创新，就没有新创企业的成长。分析和解决问题的思路如何，思维方法是否正确，是企业家创业成败的关键。中外创业的心智模式有何区别？强势企业与弱势企业的差异何在？企业成长能力的DNA何在？比如：企业家的战略（决策）能力是如何形成的？如何评价企业家的战略能力？如何增强企业家的战略能力？中外企业家的战略能力有何不同？中国企业家战略能力现状如何？都是值得通过研究分别回答的序列问题。

每个人都有自己一定的思维方法。查尔斯·汉迪（Charles Handy）[㊀]指出：人们心里都有一些“未曾表达、未加梳理，但却根深蒂固的组织模式”。获得这些模式的地方可能是他们有生以来参与的第一个组织，比如学校、军队或家庭，或者也可能是他们早年看过的书籍和电影。这些经历让人们了解到什么是权威、怎样待人接物以及怎样自我表现。企业家们的价值观之所以不同也在于他们运用了自己特有的知识结构来过滤信息环境。

有形的束缚易挣脱，无形的牵挂系一生。一定的思维方法一旦形成，它就具有相对的独立性和稳定性。这种思维“框架”，对人们的思维活动起着规范作用，引导人们对外界的信息进行选择、过滤、吸收、加工处理，进而形成结论。创新性的思维方法能帮助企业家发现真实，开阔思路，增强思维的敏感性，提高思维的效率。有的企业家为什么总是成功？就是因为在他的脑子里有一种思考问题、处理问题的创造性思维模式。基于这种创造性的思维模式，优秀的企业家能够在无成见地去感觉和行事，而这，是一个领袖级企业家最重要、最根本的能力。汉迪更警告：“这些在无意识中潜藏的模式，一旦摆错了地方，就有可能造成危险。”错误的思维方式则是一种最强大的力量，它会驱使一个企业家和一个企业往明知错误的方向走。

英国人胡润和他每年发布的中国大陆百富榜，10年来共有48名上榜富豪发生重大变故（其中被判刑的16人，尚未宣判的3人，正在被调查的10人，下落不明的7人，曾被调查过的7人，去世的5人），“百富榜”一度被大多数人看做是“杀猪榜”。而

㊀ 查尔斯·汉迪（Charles Handy，1932—），英国当代最知名的管理大师，被誉为“大洋彼岸的德鲁克”。

相比于中国富豪们的大起大落，却是微软总裁比尔·盖茨曾经连续13年登上世界首富的宝座，“股神”巴菲特也常年在福布斯世界富豪排行榜位列前茅。尽管美国富豪中也有许多人经历过起起落落，但美国富豪却远没有中国富豪这么起伏跌宕。

2003年，丁磊之所以能够成为中国首富，原因只有一个，那就是纳斯达克回暖。其后的两位女首富——张茵和杨惠妍，都是因为其名下的玖龙纸业和碧桂园在香港联交所挂牌上市。戴上首富桂冠时，张茵的财富为270亿元人民币，而杨惠妍更高达1300亿元人民币。而2009年，王传福之所以能够成为中国首富，主要原因也是股市的推动作用，由于巴菲特效应带来的比亚迪股价暴涨。巴菲特旗下伯克希尔－哈撒韦公司于2008年9月以18亿港元收购比亚迪10%的股权，引发全球关注。在巴菲特“股神”光环的照耀下，比亚迪的股价也开始了一路走高。而到胡润百富榜公布的时候，比亚迪的市值已经达到1200亿元，王传福拥有27.83%的股份，身价达到350亿，一跃成为中国的新首富。

中国医药产业目前非常薄弱，中国近5 000家药企不敌美国辉瑞制药一家公司，2005年所有药企总产值加起来不足400亿美元，而美国一家辉瑞公司销售额就达450亿美元，超过了中国药企产值的总和[1]。

中国和美国国力的区别在于企业的区别。美国的强大在于企业的强大，与中国的区别在于中国的企业不够强大，为什么？为什么中国的富豪们总是像过山车那样上上下下，而美国的富豪们却相对能做到“基业长青”？中国的企业家除了缺乏企业家精神，深层次的原因也涉及商业思维方式的重大差异。仔细研究当前中国顶级富豪问鼎“首富”的各个案例，不难发现他们由富豪走向超级富豪过程，都是一系列偶然事件的叠加，而不可能像比尔·盖茨与巴菲特那样始终有一个明确的价值理念作为支撑。中国的富豪们之所以能够成为首富，大多数是借助于股市波动所带来的外部效应，而比尔·盖茨与巴菲特等美国首富之所以能够长期在世界首富榜排名前列，则更多是因为他们能够凭借着独一无二的价值理念并有效避免外部环境波动造成的个人财富的巨幅缩水。从某种意义上来说，中国首富是股市制造的“市值首富”，而比尔·盖茨与巴菲特等美国首富却是由理念创造的“价值首富”[2]。

比尔·盖茨在1999年撰写了《未来时速：数字神经系统和商务新思维》一书，向人们展示了计算机技术是如何以崭新的方式来解决商业问题的。盖茨也是凭借着这一独特的商业理念使得微软能够始终在商海沉浮中屹立不倒；而“股神”巴菲特能够在1965～2006年的42年间，让自己旗下的伯克希尔公司净资产的年均增长率达21.46%，累计增长361156%；同期标准普尔500指数成分公司的年均增长率为10.4%，累计增长幅为6479%，靠的也是理念的独特魅力。只不过，前者的理念来自于自身对商业世界的独特洞察，而后者的理念来自于对恩师格雷厄姆“价值投资”理念的灵活继承。

中国企业一直以来的思维习惯是“市场份额第一”，追求最高的市场份额，追求做大，在此思维引导下，一股追赶世界500强之风吹遍中国大江南北，无论是国有企业还是民营企业，无不把规模作为企业成长的目标。实际上，对于一个企业而言，规模并不意味着什么，最关键的是需要一个明确而清晰的价值定位，而这个定位所能回答的问题就是企业未来的价值点在哪里，凭什么竞争？价值定位的思维让企业关心自身存活的依据，有能力更清楚地界定收益和增长来源，更明白企业自己能够做什么不能做什么，对做不做什么做出选择。由此看来，中国的首富们要让自己的财富更加稳定，需要的不仅仅是提高对有形的物质世界的掌控，更需要加强对无形的思想世界的深入挖掘。

【提示】目前，为什么中国制造的转型乏力？其难以走向中国创造的真相，其实并不是技术层面的，甚至不是员工素质层面的，真正的难点在于企业管理的价值层面。企业经营者是怎样来看待自己的客户、员工、合作伙伴、竞争者？把价值管理当成一种与资本、技术一样变化的要素，把其中的“政治化”味道打掉，才能真正做到“从价值战略中要效益”。

为什么中国企业家难以创造价值呢？其商业思维存在哪些方面的误区呢？

机会思维

创业过程首先就是围绕着机会进行识别、摄取、开发的过程。

机会识别

梅切尔[3]指出：“专家，之所以被认为是稀缺的，不是由于先天遗传，而是因为他们具有来自于实践经验的知识结构。”优秀企业家之所以成功，既不是因为好的运气，也不是因为上天的馈赠，很重要一点归因于他们根据自己的知识结构所具有的成功分析新的商业机会的能力。

如何正确地识别创业机会是创业者应当具备的重要技能。在变革时代，创业机会日益增多，但竞争也越演越烈。创业者要在复杂多变的环境中发现机会，并识别出哪个或哪些机会适合自己的发展。

【提示】领导者创造机会，追随者利用机会。

差异化

知识经济社会是一个全新意义的社会发展阶段。在生活资料的产生领域，产品的使用寿命质量标准已不是制约生产的主要因素，换句话说，当人们能很容易生产出某种经久耐用的产品时，产品的耐用性就不再成为人们追求的目标。一种追求个性、追求新功能享受的全新消费观念就会取而代之，突出表现在产品的更新换代时间大大缩短。

随着知识经济与网络时代的发展，人们现在越来越趋向差异化，而这些差异是他们之前无法表现出来的，现在却能借助互联网的手段得以自由、充分地展现。既然现在人们能够充分表达自己的意愿和选择，就能展示一个更清晰、更真实、有更多细微差别存在的社会。这种以个性追求为标志的当代人的差异化强化趋势，源于人对差异性的追求由被动接受样态向主动需求样态的转化。对差异化特点的认识，有助于创新创业的思路，正确捕捉创业机会。

中国企业总是追求量上的第一，明基董事长李焜耀[4]指出：“电子制造业的成功给台湾企业筑了一个很高的心理门槛，认为一定要70%、80%的占有率才算是成功，但这是错误的。”一定要先追求唯一，才能追求第一。

【提示】傻子过年看邻居。

小趋势

如果想在商业、政治或是社会变革领域抢得先机、拔得头筹，仅仅依靠这些“大趋势”的指引是不行的，那只会使你越来越滞后。然而众多“小趋势”却能够帮助你始终保持领先地位。

马克·佩恩（Mark J. Penn）在《小趋势》[5]（*Microtrends*）一书中明确传达了自己长期观察得出的重要判断：“若干大趋势决定美国和世界发展方式的整个想法，正在逐渐失去说服力……相反，美国和世界正在被一些错综复杂的选择拉开距离，这些选择大量存在于‘小趋势’之中——这是只涉及1%的人口，但正在有力地影响着我们社会的那些小的、雷达都探测不到的力量。”在他看来，“小趋势是一种只有细心观察才能发现的正在成长的群体，他们有目前众多公司、销售商、决策者和其他将影响社会行为的人或机构不能满足的需求。”虽只涉及1%的人口，但小趋势“会对电影、畅销书或新的政治运动产生影响”。所以，他将《小趋势》的副标题定为“决定未来变革的潜藏力量”。

马克·佩恩将小趋势的临界点定为1%。尤其对美国这样的国家来说，300万人这个数字能够决定企业是否开始某种生意或结束一门生意。当然，某些小趋势可能规模较大，某些可能更小，但不论怎样，1%都是一个很好的指导准则。就中国的人口来说，有可能小于1%的规模就能算得上形成了一个“小趋势”。但1%仍然是一个确定小趋势的标准。

逆倾向

大多数的小趋势同时都属于“逆倾向”（countertrend）。

从这种意义上说，人的需求并不是天生形成的，也不会是“成规化”、“典型化”的。正如我们通常所认为的那样，每个人身上都具有“反叛”因子，所以这些逆倾向往往最令人吃惊、却最不可能被注意到。

挖掘出这些逆倾向，然后用以指导和调整商业或创业策略，这过程当中必定蕴含着巨大力量。

【提示】 成功企业家的经验一再证明：做别人不想做、不能做、不屑做的事情，经常是其创业成功的基本理由！

内隐性

绝大部分人总是醉心于大机会、外显性机会、完整机会和直达式机会。正因为这些机会价值巨大且众目睽睽，所以在一个信息发达、竞争激烈的时代，投机取巧的机会主义者、懒汉、寻求暴利者总是感到机会难寻。而具有积极心态的人，不仅在意那些大的、直观性的机会，他们更在意那些别人不屑一顾的小机会、尚需付出巨大努力的非直达式的内隐性的机会（见表3-1）。这里所谓内隐性机会是指其外表与内在原因有相当的距离，原因不易被人发现的机会。

表3-1 机会的分类

标准	类型
机会的价值大小	大机会
	普通机会（中等机会）
	小机会
机会的隐蔽性和直观性	外显形机会/直接机会
	内蕴性机会（隐性机会）/间接机会
机会所含要素的具备程度	完整机会
	非完整机会
机会价值兑现所需付出努力（成本）的大小	直达式机会
	非直达式机会

机会更多地表现为一种内隐性的，使得对于任何一个人或任何一个企业，只有在做好（做出品质、做出价值、做出品牌）一件事情的基础上，才有真实的属于自己的机会。也可以说，只有先做好一件事情，才有机会；只有不断地做好事情，才有不断的机会。因此，机会绝不是一种外在的客观存在或发现，而是一种内在的主观获得或结果。也正因为如此，对于不同的人或企业来说，机会是完全不相同的，既有数量上的巨大差异，更有质量上的巨大差异。

马云[6]指出：“不要抱怨没有机会，机会永远存在，每5年到10年就有伟大杰出的公司出来……更不要抱怨经济形势，伟大的企业都是在经济不好的时候诞生的。”

【讨论】如上所阐述的创业机会来源似乎都与“变化”有关，请分析：为什么“变化”会产生创业机会？

从另一个方面来讲，“变化”的对立面是“静止”。试问：“静止”会产生创业机会吗？

机会摄取

机会摄取涉及可行的改变、喜好的方向与达成某一渴望的未来状态。可行与技术及经济因子有关，渴望则是主观的偏好。在企业创建时期，创业者学会快速估计某种机会是否存在商业潜力，以及决定该在其上面花费多少时间和精力，是一项重要的技能。

简洁性

为了生存，企业必须更加简单。简洁性将成为商业技术成功的最重要因素。

开发或使用功能丰富的服务看似很有吸引力，但实际上这意味着消费者选择了永远得不到升级的技术，意味着郁闷的终端用户，意味着人们不愿意离开那些投入很多时间和人力才部署到位的工具。

CEO及经理人员通常不愿意以一种简明的方式行事，他们担心这样会被别人说“太简单”。这其实混淆了简明和简单化。简明是一种难以企及的境界（通常为设计人员所向往），而简单化通常意味着缺少价值。如果受到了别人的质疑，经理人员往往会提高事情的复杂度，他们这样做只是为了安全，而这常常是不必要的。要做到简明需要勇气。最简单的解决方案通常都是最好的（虽然并不总是如此）。

开发简洁技术并不容易，你需要投入更多精力化繁为简。简洁性需要通过用户体验来驱动产品管理，通过出色的设计来解决问题。而且简洁性还意味着你有时要说“不”。你要有远见：如果你没有清晰的产品战略，你的用户和竞争者会让你晕头转向。

的确，有些复杂问题需要复杂的解决方案。但在95%的情况下简洁的方案就足够了。如果必须使用复杂的解决方案，那么通过自定义来解决复杂问题。找出产品最核心的部分，保持其简洁性，其他的则交给开发者和用户定制。世界上最好的产品是按需定制，厂商无需干涉。

有些公司先于你存在，不要按照它们激发的用户期望去开发产品，也不要试图立刻改变它们。而是找一些市场，开发非常简单的产品，通过更少的功能给用户提供更大的帮助。从一个部门和终端用户做起，解决它们的问题，然后扩大。或者看看你的产品已经能够解决的问题，然后把它们推广到全新的未饱和市场中去。比如，目前中型企业市场对商业软件的需求大为增加。员工在50~1000人之间的公司面临着不少问题，但这些年来他们或者缺乏解决问题的技术，或者不得不购买超出自身需求的、更加昂贵的解决方案。

MySQL通过一个更加简单的数据库重新定义了数据库市场。他们没有和甲骨文进行正面竞争，并获得了很多市场份额。GoodData、Zendesk、Assistly、Workday都通过云计算开发出了更加简洁的解决方案，在充斥着庞大、臃肿、过于复杂的系统的市场中找到了自己的位置。Salesforce.com的市值已达150亿美元，该公司证明通过向大量顾客卖出一点点东西也能打造一家大型企业：Salesforce.com的客户是平均只有15~20名员工的公司[7]。

专栏

如何打造精简企业[7]

如果你在IT部门：通过检查公司找出占用员工过多时间或给员工带来问题的地方。解决这些问题可以给公司带来很多好处。在员工之间进行试验，或者在部署之前找出他们已经使用的产品或服务，很可能他们已经在使用更加简单的解决方案了。别忘了简洁技术带来的好处：更少的支持，更少的维护，更少的麻烦，更高的效率。

如果你开发软件，尤其需要重视设计、可用性和软件工程。通过创建透明的反馈循环确保产品的成功。不断测试产品，不断收集用户数据。减少功能集，允许自定义，坚持你的远见。以问题的复杂性和解决方案的简洁性为切入点销售你的产品。

如果你是一名经理或终端用户：跟你的IT管理员谈谈。解释一下为何现有软件无法满足你的要求，并要求他们提供更好的产品和服务。把IT部门当做知识和创新的源泉，而不仅仅是一个支持中心，这样他们更有可能部署更加简单易用的创新产品和服务。

简洁性将非常有用，并且非常具有颠覆性。那些因为懒惰而没有远见的技术厂商将成为输家；而那些使用出色技术的工作者，以及提供这些技术的厂商将成为最后的赢家。

业务模式的战线拉得太长，就不能集中优势兵力。史玉柱一再强调，公司的业务要简单再简单，要能用一句话，最好是不带标点符号的一句话，把公司的业务说清楚。不太了解的事不要做，要做你擅长的事、最喜欢做的事。对未来10年做一个大致清楚的规划，比如我将做什么，做到什么程度，然后据此规划，把与此目标不相关或关系不大的业务，该砍的砍，该甩的甩，集中精力攻克一点。认准一个行业，十年、二十年，甚至一生，专注于此，不要三心二意[8]。

分析通用电气（GE）公司伊梅尔特2010年的新近举措，也是坚持了其突出核心业务的原则，GE全球化过程中遵循着类似的路线：GE明确了“必须首先是一家工业公司”，削减了金融业务的规模，将部分资本从金融服务业中抽回，减少了所拥有的NBC环球公司（NBCU）的股份，使GE聚焦于发展工业产品领域的核心竞争优势，2010年其工业产品收入中的5%被用于研发[9]。

新创企业尤其是中国的新创企业极容易犯这样一个错误，在创业里“想吃的东西太多、太长”，价值链从头到尾都想要自己做。例如，软件行业的，不仅软件要自己做，集成要自己做，营销也要自己做。

如果有人建议选择生产指甲钳来创业，你可能以为是开玩笑，生产指甲钳这样的“小商品”能赚钱？事实却证明你错了，小商品照样可以做成大产业、大市场，挣大钱。这就是所谓“小题大做”的创业路径。

2002年，创业成功人士、中国指甲钳大王梁伯强，已经把平均单价只有两元多的耐用消费品指甲钳的年销售额做到了2亿多元，其中一半以上来自国际市场。“小题大做”的创业路径早被温州民营经济快速发展的实践所验证。

“小题大做”为什么会成功？梁伯强说，大老板不愿干、小老板干不来。因为市场规模小，容不下大资本，所以大老板瞧不起，正好“山中没老虎，猴子当大王”；小老板一般只会小打小闹、急功近利，没有产品创新、品牌建设与维护等意识或能力，因而干不来。这就形成了一个市场空缺。

生活中的“小题”几乎到处都有，市场缺口永远是存在的。问题是，创业者要转变观念，不能以为抓“小题”没出息，要坚信市场是开发出来的。做小生意需要不懈坚持，小商品量大了，不仅成本下降，还能产生集群效应。比如，即便是一款小的音乐播放器iPod，在乔布斯眼里，也是“以微小方式改变世界”的工具。实际上，“小题大做”也十分不易，“大做”要有一股“杀鸡用牛刀”的精神。

专栏

奥卡姆剃刀[10]

奥卡姆剃刀（Occam's Razor），又称“奥坎的剃刀”，由14世纪逻辑学家、圣方济各会修士奥卡姆的威廉（William of Occam，约1285－1349年）提出。奥卡姆位于英格兰的萨里郡。威廉在《箴言书注》2卷15题说：“切勿浪费较多东西，去做‘用较少的东西，同样可以做好’的事情。”

哲学

奥卡姆剃刀原理可以归结为：若无必要，勿增实体。作为著名的唯名论者，奥卡姆以此反对实在论，认为没有必要在个别事物之外设立普遍的实体，因为这些实体既无逻辑自明性，又缺乏经验证据。这一观点促进了经验科学摆脱神学的束缚，并为后来的逻辑经验主义，特别是外延论者所重视。

应用

今天，奥卡姆剃刀常用于两种假说的取舍上：如果对于同一现象有两种不同的假说，我们应该采取比较简单的那一种。

科学

对于科学家，奥卡姆剃刀原理还有一种更为常见的表述形式：当你有两个处于竞争地位的理论能得出同样的结论，那么简单的那个更好。这一表述也有一种更为常见的形式：如果你有两个原理，它们都能解释观测到的事实，那么你应该使用简单的那个，直到发现更多的证据。对于现象最简单的解释往往比复杂的解释更正确。如果你有两个类似的解决方案，选择最简单的那个。需要最少假设的解释最有可能是正确的（或者以这种自我肯定的形式出现：让事情保持简单!）注意这个原理是如何在上述形式中被加强的。严格地说，它们应该被称为吝啬定律（law of parsimony），或者称为朴素原则。最开始的时候我们使用奥卡姆剃刀原理区分能够做出相似结论的理论。现在我们试图选择做出不同结论的理论。这不是奥卡姆剃刀原理的本意。我们不用检验这些结论吗？显然不是这样，除非我们处于理论的早期阶段，并且还没有为实验做好准备。我们只是为理论的发展寻求一种指导。

许多科学家接受或者独立地提出了各领域的奥卡姆剃刀原理，例如莱布尼兹的“不可观测事物的同一性原理”和牛顿提出的一个原则：如果某一原因既真又足以解释自然事物的特性，则我们不应当接受比这更多的原因。奥卡姆剃刀原理以结果为导向，始终追寻高效简洁的方法，600多年来，这一原理在科学上得到了广泛的应用，从牛顿的万有引力到爱因斯坦的相对论，奥卡姆剃刀原理已经成为重要的科学思维理念。

管理学

奥卡姆剃刀原理进一步发扬光大并广为世人所知的，则是在近代的企业管理学中。在管理企业制定决策时，应该尽量把复杂的事情简单化，剔除干扰，抓住主要矛盾，解决最根本的问题，才能让企业保持正确的方向。对于现代企业而言，信息爆炸式的增长使得主导企业发展的因素盘根错节，做到化复杂为简单就更加不易。

经济学

面对复杂的投资市场，应拿起奥卡姆剃刀，把复杂事情简单化，简化自己的投资策略，对那些消耗了大量金钱、时间、精力的事情加以区分，然后采取行动去摆脱它们。

日常生活

作为一种思维理念，当然并不仅仅局限于某一些领域，事实上，奥卡姆剃刀在社会各方面已得到越来越多的应用。奥卡姆剃刀同时也是一种生活理念。这个原理要求我们在处理事情时，要把握事情的本质，解决最根本的问题。尤其要顺应自然，不要把事情人为地复杂化，这样才能把事情处理好。

消费力

任何一位营销人员都能脱口说出营销的所谓“4P”，即产品（product）、价格（price）、地点（place）和促销（promotion）。同样，创新者也应该迅速背出能抓住他们创意潜力的“4P”：人数（population）、渗透率（penetration）、价格（price）和购买频率（purchase frequency）。

致力于实现特定收入目标的公司，只需将可以接触到的人数、该人群的客户渗透率、每次购买的价格以及购买频率相乘，就可以得出年收入数字。通常，先尽可能精确地计算出目标人群的数量，根据市场类推对定价和购买频率做出最接近的估算，然后再确定实现目标所需的客户渗透率。

这种看似简单的计算方法巧妙地从一个创意的商业模式中捕捉到许多要素。该创意针对的是某个缝隙市场，还是大众市场？购买行为是偶然的，还是经常性的？哪种渠道能支持目标价位？以目前的购买频率来看，必须提供哪种支持？

计算完4P（当然，如果你加入第5个P，即利润率，你就可以考查利润而不是收入）之后，你就要把重点转向寻找系统性的方法，来确定计算背后的假设是否有希望成为现实。

2010年，中国内地就有17家与人们衣食住行直接相关的企业欲登陆A股[11]。

这17家公司中，服装制造业企业有5家，分别是浙江梦娜袜业、凯撒股份、浙江步森服饰股份有限公司、希努尔、广东东莞市搜于特服装股份有限公司；食品与饮料行业的公司最多，有6家，分别是黑牛食品、珠江啤酒、双塔食品、广东佳隆食品股份有限公司、重庆市涪陵榨菜集团股份有限公司、金字火腿股份有限公司；而家电和装饰工程类企业共有5家，分别是爱仕达、圣莱达、广田股份、中顺洁柔纸业股份有限公司、杭州老板电器股份有限公司；交通运输设备制造业的企业只有一家——力帆实业（集团）股份有限公司。

广东和浙江两省是这些公司最主要的聚居地，17家公司中有7家在深圳和广州、汕头、东莞、中山、普宁等地，还有6家在浙江的杭州、宁波、义乌、诸暨、金华、温岭等地。其余有2家企业在重庆，2家在山东。不仅如此，这些企业大部分都是由家族控制，17家公司中只有涪陵榨菜一家国企，有希努尔、珠江啤酒和广田股份三家企业非家族性质，其余13家都是家族企业。浙江更甚，6家公司都是家族企业。

这类公司靠着老祖先传下来的手艺吃饭，它们缺乏想象力但脚踏实地，它们无法高速成长但能靠着薄利多销的战略慢慢发展壮大。这些企业生产的都是普通消费者日常生活所需的产品，售价相对低廉，像洁柔这样1块钱一包的手帕纸，扣除原材料、生产、销售、宣传等成本，能有多少利润可拿？2009年，这17家公司产品的综合毛利率的平均水平为33.56%。其中，毛利率最高的公司是老板电器，其产品综合毛利率为55.06%，最低的为广田股份，仅有12.21%。所以，大部分公司上市募集资金投资的项目是建设或扩大营销网络，相反，选择扩大产能的公司则相对较少。

价值链

价值链（value chain）是由迈克尔·波特（Michael Porter）在1985年在《竞争优势》一书中提出的。波特指出企业要发展独特的竞争优势，要为其商品及服务创造更高附加价值，商业策略解构企业的经营模式（流程），使之成为一系列的增值过程，而此一连串的增值流程就是“价值链”。

由于价值链的存在，产业的前景与本身的条件是创业的重要因素，能提供某些价值活动或价值单元是创业的先决条件，而自己所能提供的价值单元，对产品有重要贡献是创业成功的条件。

创业的首要目的是在产业价值链上找出新的生存空间。创业者一是要搞清楚市场是什么？

再一个企业是在市场中的价值链的哪一端？如要给企业提供一个管理软件，或叫管理方案，是软件的集成商，还是套装软件商，或是平台提供商？确定自己的市场在哪里，才能知道你和谁竞争，你的机遇在哪里？

由于价值链存在“薄弱环节”或“缺失环节”，过程需要（process need）是创业机会开发的重要形式。处于价值链过程中的人们都知道，可经由分析作业程序，来发掘创业机会。例如，在全球生产与运筹体系流程中，可以发掘极多的信息服务与软件开发的创业机会。

需要指出，价值链处于不断变革之中。正如信息技术在过去几十年里改变了整个世界一样，纳米技术在未来几十年里也会深刻地改变人们的生活。随着纳米技术的发展，公司越来越不能依靠制造能力和实物资产来取得竞争优势。总之，当最终用户能够自行完成目前由其他商业组织所完成的任务时，价值链中的大量环节将不复存在。未来的竞争优势应当来自对客户的了解，以及对制造图和制造软件的设计工作。

还有一点要注意的是，新创企业每年要达到的目标是不一样的，要在时间轴上进行设计。从时间轴上看，新创企业目前只能做系统集成商，这是第一步，但三年后可能要进入成套的软件制造商领域，这是一条战略道路。价值链肯定会有变化。对新创企业来讲，第一步是先把市场占住，这需要大量的合作伙伴，但随着公司的发展，自有的知识产权会越来越多，价值链会越来越长。这些是要逐步做到的。

基于价值链，如果企业能够充分了解自身的核心优势，即使是在看起来不起眼的利基市场，只要有合适的商业模式和丰富的市场想象力，依然可以发掘到广阔的利润区。

例如，作为硬件制造商，苹果一直是商业模式创新的标杆，当年一款备受大众宠爱的iPod，不仅将苹果从衰退之路上拯救回来，更通过结合 iTunes 对音乐下载收费的模式，为苹果开启了互联网时代新的利润源泉。凭借着苹果品牌的巨大影响力，苹果还将业务的触角延伸到了配件产品产业链中，通过授权与配件厂商进行收入分成，赚取丰厚的回报。2011 年 1 月 3 日，在新年美股首个交易日中，苹果（APPLE）早盘涨 1.62%，报每股 327.78 美元，市值首度突破 3000 亿美元。苹果公司由此成为继美孚石油公司之后，第二个市值突破3 000 亿美元的美国公司，其3006.7 亿美元的市值也仅次于美孚石油，为美国公司中市值第二，科技股中市值第一。

专栏

一支铅笔的用途[12]

纽约里士满区有一所贝纳特牧师创立的穷人学校。1983 年，一位名叫普热罗夫的捷克籍法学博士在做毕业论文时发现，50 年来，该校出来的学生在纽约警察局的犯罪记录最低。

普热罗夫展开了漫长的调查活动。凡是在该校学习和工作过的人，只要能打听到他们的住址或信箱，他都要给他们寄去一份调查表。问他们：圣·贝纳特学院教会了你什么。在将近六年的时间里，他共收到 3756 份答卷。在这些答卷中有 74% 的回答是他们知道了一支铅笔有多少种用途。

当普热罗夫看到这份奇怪的答案时，他决定马上进行研究，普热罗夫首先走访了纽约市最大的一家皮货商店的老板，老板说：“是的，贝纳特牧师教会了我们一支铅笔有多少种用途。我们入学的第一篇作文就是这个题目。当初，我认为铅笔只有一种用途，那就是写字。谁知铅笔不仅能用来写字，必要时还能用来做尺子画线，还能作为礼品送人表示友爱，还能当商品出售获得利润。铅笔的铅芯磨成粉后可作润滑剂，演出时也可临时用于化妆；削下的木屑还可以做成装饰画，一支铅笔按相等的比例锯成若干份，还可以做成一副象棋，可以当做玩具的轮子。在野外有险情时，铅笔抽掉芯还能被当做吸管喝石缝中的水；在遇到坏人时，削尖的铅笔还能作为自卫的武器……总之，一支铅笔有无数种用途。它让我们这些穷人的孩子明白，有着眼睛、鼻子、耳朵、大脑和手脚的人更是有无数种用途，并且任何一种用途都足以使我们生存下去。

普热罗夫后来又采访了一些圣·贝纳特学院毕业的学生，发现无论贵贱，他们都有一份职业，并且都生活得非常乐观。

普热罗夫再也按捺不住这一调查给他带来的兴奋。调查一结束，他就放弃了在美国寻找律师工作的想法，匆匆赶回捷克。目前，他是捷克最大一家网络公司的总裁。

利润池

往往每一个行业都有一条价值链，从原材料的生产、供应到产品的设计、生产再到品牌的打造和销售，就形成了一条完整的产业链条。而在这条产业链条里，有着好多个利润区，而且每个利润区的利润高低不同，有的利润区利润高，有的利润稍高，有的利润则很低。作为企业，就是要准确把握产业链的最高利润区，然后根据这个利润区去设计自己的赢利战略和模式。除此之外，在任何产业价值链中，利润区不仅不是均匀分布的，而且还会随着产业的成熟而不断漂移，只要任何一个环节出现产品和服务的同质化，利润就会离开那里。

毕业于哈佛商学院并获得最佳毕业生荣誉、现任全球著名咨询公司贝恩公司（Bain & Company）的董事会主席的奥里特·加迪什（Orit Gadiesh），在管理领域一直不断探索。在1998年5月份的《哈佛商业评论》上，她和James L. Gilbert发表的《利润池：战略新视角》（*Profit Pools: A Fresh Look at Strategy*）[13]一文，使“利润池”成为今天的一个通用管理概念，以及一种旨在帮助公司管理者更好地聚焦于利润增长而非营业收入增长的战略模型。所谓“利润池”（profit pools），是指在行业价值链上，行业在各个环节所赚取的利润总和。而那些视角独特的公司，最容易掘取到行业内的高额利润。

公司管理者在制定公司战略时，往往只关注营业收入的增长，并想当然地认为利润会随之而来。这种方法是极其危险的，今天深深的收入池完全有可能变为明日的枯池。因此，管理者需要透过表面现象去了解：价值链上哪些细分市场的“池水”会比另一些细分市场深？各个细分市场内部的“池水”深浅如何？当客户群体、产品种类、区域市场或分销渠道改变时，如何影响各个细分市场的利润率？利润池理论的结论是，管理者要努力思考公司在传统价值链上的位置和角色，在低利润行业里识别新的利润来源，在纷繁芜杂的利润池中将重心重新转到利润源。

那些理解利润池的公司最有可能在行业竞争中长盛不衰。例如，U-Haul公司在低利润家用卡车出租行业里识别出新的利润源，默克公司超越传统供应链中的角色以捍卫自己在制药行业的利润，戴尔公司重新将重心转回传统的利润源，AB公司通过高明的产品策略、定价和经营决策，使自己主宰啤酒业的利润池。

专栏

杜比的利润区[14]

在企业的财务报表上，赢利的来源并非仅仅是产品的销售收入。在这方面，一直以为人们提供“好声音”服务为己任的杜比公司，就是一个善于运用市场想象力和设计匹配的商业模式的赢利高手。尽管在当下复杂多元的娱乐产业，“解构好声音的能力”不过是参与的一分子，但是杜比却能够立足于自身的优势进行全产业链管理，不但得以保持技术的领先性，而且使得技术应用的效果最大化，同时还在不断地以开放的模式探求新的产业应用环境，寻找新的利润来源。

那么，如何扩展业务的广度与深度的呢？

管理生态系统

大多数企业都是根据自身的能力和资源来选择合适的产业定位，应对明确的需求，完成明确的订单。通常，技术领先的企业会占据产业的上游，而下游则多数为低成本的大规模制造商。可是，杜比却另辟蹊径，与全产业链的各个相关方分别做生意，从而实现了对整个生态系统的管理。尽管在庞大的娱乐产业中，每个细分的行业都包含着众多的参与角逐者，杜比却能够纵向地切入整个产业链条，通过为不同的产业相关方提供不同的技术、产品或服务来创造价值。而这样的模式也保证了从内容制作的源头到最终消费者接触的终端，都能够以同样的标准或能力提供杜比制式的“好声音”体验。

尽管杜比最早的发展得益于其降噪技术和设备，但真正让杜比公司大发展的是在电影业的全产业渗透，而与电影业的合作模式，也成为日后杜比进入其他相关行业的参考样本。电影是现代娱乐中最高端也最复杂的形式之一，每年奥斯卡颁奖典礼中有诸多不同的奖项，无一不在说明一部电影的成功需要太多参与者的努力，音效就是其中之一。早在20世纪60年代末，杜比公司的创始人雷·杜比就准确地预见，电影业有着比音乐更光辉的前景。杜比公司甚至在1976年干脆将总部从英国搬迁到电影业最发达的好莱坞，以求更贴近最核心的客户。

杜比的先见之明让杜比公司找到了一批最佳的新技术早期采用者（early adopters）——为了让观众获得绝佳的观影体验，电影制造商们从来都不惧怕尝试新技术，更是乐于成为最新技术的体验者。紧贴这样的电影巨头，杜比公司不断地发现潜在的应用需求，从而激发技术创新，杜比也因此获得了奥斯卡最佳声效奖。

例如，在2010年上半年发布的杜比最新推出的7.1环绕声技术上，电影巨头们依然是这一新技术的最先应用者，从《玩具总动员3》到《舞出人生》再到《精武英雄·陈真》，为了让观众体验到更逼真的环绕声效，制片商们总是争先恐后地将最新锐的声音技术应用到内容的制作中。

在电影制片商的应用带动下，为了确保最终消费者的体验效果与电影导演设计的初衷一致，杜比还主动地切入到产业链的中游和下游，来确保整个产业链能够尽可能地呈现出同样的音效品质。这样的做法也使得杜比拓宽了自身的业务领域。

对于电影产业的下游环节，杜比为它们提供了最新技术产品。例如，在震撼全球的3D电影《阿凡达》首映时，英国帝国电影院莱斯特广场就采用了杜比3D大荧幕系统，而借着《阿凡达》的热映，杜比的3D影院系统随后被广泛地应用到更多的数字院线中。

虽然是一家长期隐身于产业链中的B2B公司，但是杜比仍在一项全球娱乐品牌的排行榜中位居前十，也是唯一上榜的B2B品牌，与索尼、苹果等为消费者所熟知的品牌排在一起，由此可见杜比的品牌在消费者中具有广泛的影响力。

电影业是杜比进行全产业链渗透的一个成功范例。在一个产业生态系统中，杜比会将产业相关方分为三个方面，第一部分是内容的制作者，第二部分是内容的传送和传输方，第三部分则是内容回放方。面对生态系统内部上、中、下游，或是不同层面的参与方，杜比通过为它们提供差异化的技术、产品或服务而深入到全产业链。这样的商业模式，也保证了杜比最终能够为终端消费者提供最佳的音效。

全产业链覆盖的赢利模式

作为一个技术中间商，杜比公司并没有将技术的应用专注于某个具体的行业，或是产业链条中的某个环节，而是与整个娱乐行业不同的生态系统、不同的产业链进行合作，也因此形成了一个基于生态系统中不同角色的、差异化的赢利模式。

同样以电影产业为例，在产业链上游，杜比将电影制片公司作为新技术的领先运用者，主要是通过设备的租赁和咨询来收费；在产业链下游，面向院线这类发布商，他们通过出售产品而获得收入。而由于电影产业的带动作用，在消费电子等相关娱乐产业中，对于众多终端设备制造商，杜比则通过对它们进行技术授权来收取认证服务费用。

1975 年，杜比以立体声技术进入电影音频领域。在为制片商们开发出了含杜比声道的编码设备后，杜比并没有按照常规向这些愿意尝试最新技术的“梦想家”们收取昂贵的费用，以平摊技术开发高额的投入，而是以不高的价格租赁给好莱坞的电影巨头们使用，并全程提供设备的维护保养及技术支持，同时还为电影公司制作人员提供各种可能的培训计划。

尽管这块业务投入大产出低，但是，与电影制片商共同推进技术创新的方式，让杜比占有了产业上游的高地，越来越多的电影原声带录制都开始采用杜比的编码设备，让杜比公司在好莱坞赢得了良好的口碑和长期稳定的合作关系。

而真正为杜比带来大规模收益的，则是利用知识产权进行技术授权认证的收费。杜比对电影行业的深入渗透，让它得以在电影的周边产业中获得丰厚的回报。由于杜比始终保持着与电影制作商的良好关系，它可以成为音效技术创新潮流的引领者。随着消费电子产品的普及，从立体声录像带，到 VCD 和 DVD 影碟，再到时下最新潮的蓝光影碟都应用了杜比的音效技术。杜比通过技术认证或授权的模式，与消费电子制造商进行收入分成。

截至 2010 年 3 月，全球共有将近 43.56 亿件消费类产品、10.5 万个已售杜比影院处理器、5700 万台视听接收器解码器、2.7 亿台机顶盒、85 个芯片厂商等，运用了杜比技术。

杜比的全产业链覆盖模式，为杜比带来了三个方面稳定的收入来源：硬件设备销售、咨询服务以及技术授权，在杜比实验室 2009 财年中，三种收入的比例分别为 13%、4%、83%。

想象下一个应用场景

当一项领先的技术甚至是超前的技术出现时，公司应该如何寻找愿意尝试新技术的早期客户？而随着技术的逐渐普及，这项技术的拥有者又应该如何进行技术生命周期管理？作为技术的拥有者，公司应该如何想象技术的下一个应用场景，延伸技术应用的范围，让它不断在新的领域中重获新生呢？

对杜比来说，通过主动地进行全产业链覆盖，让作为技术中间商的杜比找到了在产业链的不同环节上所能够获取的差异价值。不仅如此，杜比还凭借着自身的产业想象力和理解力，在娱乐产业这样形式复杂、内容丰富的领域中，不断地进行市场的横向延伸，为自己的技术寻找到更多的应用场景。从电影制作到院线、广播电视、消费电子、移动平台、手机、游戏、个人电脑等，在娱乐产业电子化、个性化的变革中，杜比逐渐将业务的触角延伸到每个新兴的娱乐消费领域。

例如，随着智能手机的出现，手机成为移动的个人信息娱乐的新终端，而杜比很早就开始与国际上主要的高端智能手机厂商合作，将杜比的“移动环绕技术”或“杜比数字+”集成到了新一代的手机中，像诺基亚、LG、夏普等都在杜比的客户名单上，现在全球已经有超过 60 款手机运用了杜比移动娱乐体验技术。

【**提示**】单一技术的拥有者不一定非要固守某个利基市场，如果具有丰富的想象力，尝试着与产业链中的每个环节进行合作，就有可能创建一种基于产业生态系统中不同角色的、差异化的赢利模式，从而成为全产业链覆盖的赢家。

机会开发

在创业的机会开发方面，一定要有创新。只有创新，才能有前途。只有具有社会价值创造然后才有市场价值的实现。

按照熊彼特的理论，所谓创新，通常有五种情况：引入一种新的产品或提供一种产品的新用途；采用一种新的生产方法；开辟一个新的市场；获得一种原料或半成品的新的供给来源；实行一种新的企业组织形式，例如建立一种垄断地位或打破一种垄断地位。

创业的创新定位向企业家提出了更高的要求。它所涉及的是新技术和新知识，通过创造提供一项全新的产品或服务，既要求有敏锐的眼光，又要求有系统的“项目研究”。所以，通过创新获得机会比依靠直觉识别机会和通过系统分析发现机会难度更大，风险也更高。同时，如能够成功，其回报也更巨大。

新知识

可以经由新知识（new knowledge）的产生，来发掘创业机会。例如，当人类基因图获得完全解决，可以预期给生物科技与医疗服务等领域必然带来极多的创业机会。

新技术

技术型创业的创业者是技术专业性强的人才。Greenberger 及 Sexton[15]提出的创业者创业的原因中有两种和技术型创业相关：他们拥有的专长能发展成为一项新事业及他们已完成新产品开发或服务。国内高科技企业多是因为发现新技术或新构想才创业的。

长期以来，关于技术创业企业（technology-based new firms，TBNFs）的研究一直被认为是熊彼特[16]技术创新理论的分支领域。熊彼特认为技术是经济变革与成长的关键驱动力，并提出了技术创新理论模型。他指出：与成熟稳定的大公司相比，中小技术企业具有更高的生产效率和创新动力，同时技术创业企业具有高度的技术密集性，在研发和技术创新方面更具有经济规模性，因此更容易发展为高成长公司。

新模式

对新创建的一个企业而言，它所经营的产品或许是市场上已有的产品，但如果它采取了一种有别于其他厂商的市场营销或服务等经营模式，有可能给消费者带来更为高效的满足，则同样能够实现成功创业。

新的经营模式可能会充分利用各种资源，为企业获得更大利润，如，把简单、大量、重复的工作外包；实行网络营销（降低成本，扩大顾客群）等。一般而言，改进现有经营模式比创造一个全新的经营模式更为容易。许多创业者都可以从过去任职公司的经验中，发现大量可以立即改进的缺失，包括：未被满足的顾客需求、产品品质上的瑕疵、作业程序上的不经济，等等。事实上，大部分离职创业者的动机，都是以为自己能够做得比原有公司更好，因此才有离职创业的把握。美国国际独立企业基金会对商业创意来源的研究表明（见图3-1）：来自以前工作经验的新意念占45%。

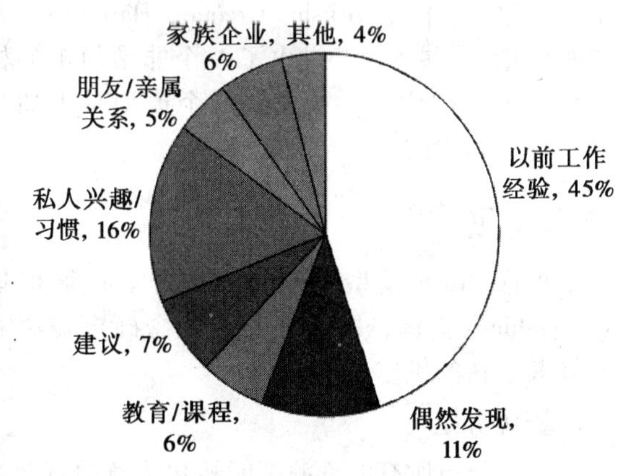

图3-1 商业创意来源

新网络

不少研究现在正在把社会关系网络视为创意的一种重要来源[17]。研究发现创业者一贯利用他们的社会关系网络来获得创意，并收集信息以识别创业机会[18]。有些学者认为，创业者的社会背景在机会识别过程中起到支持作用[19]。Birley[17]进一步认为在机会培育期间，创业者利用网络关系来获得可利用的信息、好的建议、经营担保、设备、土地和资金。De Koning[18]证明了机会根植于社会环境，每一种认知行为似乎都有与之相对应的社会背景。许多研究关注于机会识别过程中特定社会角色的作用，例如风险投资家的作用、大学的作用、区域发展代理机构或孵化器的作用。

资源思维

创业需要资源。著名管理学大师彼得·德鲁克认为："企业家就是赋予资源以生产财富的能力的人。"基于认知视角，史蒂文森曾对企业家与管理者在战略导向、机会识别、资源获取、企业决策等不同维度的认知倾向进行过比较研究，提出企业家资源配置能力与企业成长在外部市场环境相同的情况下，有些企业的成长表现超越其他企业，是因为企业家在资源配置方面的能力是不同的。

企业家能力强调了资源的下列特点：资源并不是无中生有的，所有资源都来自于现有的经济或者技术领域中的资源和能力的整合。企业家能力所表现出来的直接结果就是一种稀缺性资源通常就是现有资源、技能和能力的整合。造成资源稀缺性的原因，就是特定资源束缚在特定时间和地点的一种异质性的整合[20]。

企业家能力本身并不产生资源，但它却传递了新的资源整合中最基本的两个因素：价值和稀缺性。新的资源整合通过提供企业差异化能力，改善成本定位，以及有利于企业的其他一些有益的战略而增加价值。关键是，价值是根据目前资源产生的服务和产品的可替代性而决定的。资源整合所产生的价值只要超过其发展或者获得的成本，就可以产生经济租。

在许多文献中，建立一个资源平台被认为是新创企业成型的一个重要过程。美国著名创业管理专家蒂蒙斯[21]㊀将创业（new venture creation）视为"机会、资源、团队"三大要素的结合，并针对创业过程管理提出一套蒂蒙斯模式理论（见图3-2）。

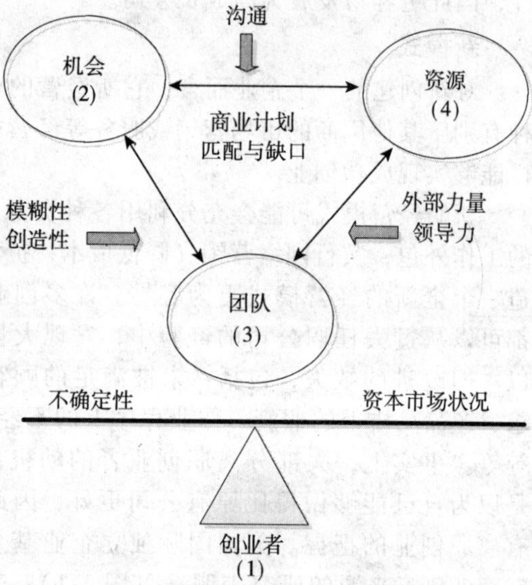

沟通
机会 (2)
资源 (4)
商业计划
匹配与缺口
模糊性
创造性
外部力量
领导力
团队 (3)
不确定性
资本市场状况
创业者 (1)

图3-2 蒂蒙斯创业过程模式

然而，这些文献没有具体描述建立资源平台的实际过程，除了Brush、Greene、Hart和Haller撰写的论文[22]，后者提出了一个非常简单的构造资源平台的说明性模型。这个模型是由如下几个部分构成的。

资源聚焦

根据Brush模型，首先，企业家必须聚集（assemble）资源，即根据商业概念确定资源需求及其潜在的供应者。

资源界定

并非公司所有的资源都能转化为竞争优势，只有当这种资源是有价值的、稀缺的、难以模仿的、无法替代的时候，它才有可能成为竞争优势。成为资源的条件：①有价值。只有当公司可以借助某种资源或能力挖掘外部机会或避免威胁的时候，这种资源才是有价值的。②稀缺。只有现有的或潜在的少数竞争者掌握它们的时候，它便是稀有的。③难以模仿。其他公司无法获取这种资源时，或是需要付出更多的成本才能得到时，它便是难以模仿的。④无法替代。没有与其类似的资源或能力时，这便是无法替代的。当资源达到以上四个标准时，它们便可能成为企业核心竞争优势的基础。

㊀ 杰弗里·蒂蒙斯（Jeffry A. Timmons），富兰克林·欧林创业学杰出教授与百森学院普莱兹-百森项目主任，科尔盖特大学文学士，哈佛大学商学院工商管理硕士、工商管理博士，有"创业教育之父"称号。

提出资源基础理论（RBV）的著名学者巴尼[23]认为界定企业的资源主要根据以下四个特点，即VRIO框架：价值（value）；稀缺性（rareness）；不可模仿（inimitability）；组织倾向性（orientation）。澳大利亚西部大学管理学院的荣·桑切斯教授[24]在此基础上提出有关资源柔性（resource flexibility）及协调柔性（coordination flexibility）的重要观点：用三个维度定义了资源柔性和另外三个维度定义了协调柔性。为了近期的生存，企业必须通过运用现有的竞争力去实施现有的最佳战略选择而对目前环境中的机会和威胁做出反应。同时，为了适应未来的不确定环境，组织也必须创建新的竞争力，形成新的战略选择方案。因此，桑切斯教授提出必须建立一种创建竞争力的有效的循环圈（见图3-3）。其中，竞争力的建立和发展是建立在资源柔性和协调柔性基础之上的，其建立要通过创造资源柔性和协调柔性的合适的种类和范围而实现，而其发展也是在使用目前组织的资源柔性和协调柔性中而实现的。学者们[25]已经澄清了资源、协调柔性、竞争力和可替换战略选择方案的逻辑性。

资源类型

创业的资源主要在于四个方面。

（1）人才。开创事业，本钱首先是人。对于个人创业者来说，是你的父母、兄弟姐妹，是你的亲戚、朋友，是那些与你志趣相投的人。围绕着你的这些人际关系，就是你创业的本钱。你自身的人际关系网络，对你个人创业都会有很大影响。

（2）客户。一家年轻的企业需要的不仅仅是内部资源，企业家还必须考虑客户资源。企业启动时所拥有的客户，是能最快被企业所吸引的，但并非是其最终需要的。

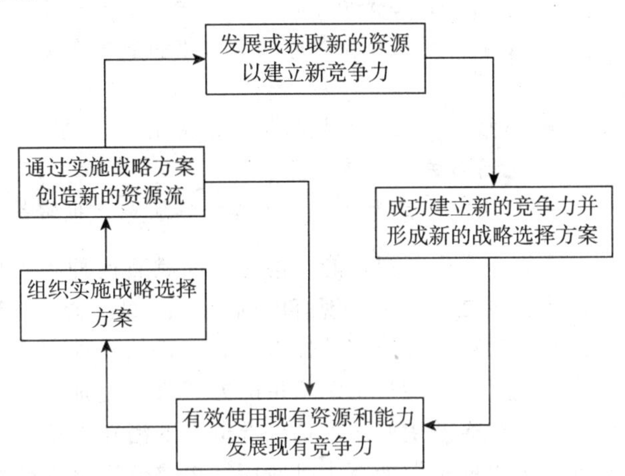

图3-3 建立竞争力的有效循环圈

（3）资本。企业家还必须考虑资本资源。创业时通过自筹资金，从朋友、家人、银行或其他各种渠道寻找更雄厚的资金来源，以建立持久性的企业。

（4）技术。建立创新公司的关键在于拥有科技创新。然而开发新技术要耗费巨大的物力和财力，所以高新技术的开发要求通过法律来保护其新技术、新产品不被他人盗用。在今天激烈的市场竞争环境下，加强保护知识产权才能维护公平竞争的市场经济秩序。知识产权包括专利、版权、商标、商业机密和专利授权。

需要指出的是，专有性的有价值资源是企业争夺的主要资源，如技术、专利、优秀的管理者等，企业家在动员这些资源时要强调前瞻性、动态性，避免争夺资源的价格战。在资源价值被低估或尚未被开发出来时，企业家若能先行一步获取，再加以培养和部署，所产生的租金将会远高于市场平均租金。

资源评估

在现代企业成长理论中，彭罗斯（Edith Penrose）的研究占有举足轻重的地位。在早期的论文中，彭罗斯指出，融资困难或不良的需求环境可以成为企业不能成长或失败的原因，而经济或技术的变革也可以用来解释企业的持续成长，但是这些都只是影响企业成长的速度或方向的外部因素而已。1959年，彭罗斯写成《企业成长理论》（*The Theory of the Growth of the Firm*）一书，从企业内部管理约束的角度来解释企业的成长，该书被认为是20世纪具有广泛影响的经济学著作之一。彭罗斯的主要观点是：企业是在一个管理性框架内组织起来的生产资源的集合体，而且该管理性框架部分地决定了资源所产生的服务的数量和类型。随着生产经营的进行，企业

（更准确地说是企业的管理团队）对于资源所产生的服务的知识不断增加。这一学习过程带来了两个结果：首先，企业的“生产机会集合”（也就是企业管理团队能够发现和利用的机会）得到扩充；其次，过剩的管理资源得到释放，可以用于其他紧密相关的经营领域。由于使用过剩管理能力的机会成本为零，企业产生了扩大经营领域的内在动机，由此推动了自身的成长。然而，企业累积的管理资源及其运用范围毕竟有限，而新招聘的管理人员与原有管理团队之间的磨合又需要时间，因此使企业成长的速度受到限制。也就是说，由于管理资源的约束，一个迅速发展的企业极可能面临管理能力瓶颈，因而在随后的一段时期处于低成长状态，这就是著名的“彭罗斯效应”（The Penrose Effect）。

基于彭罗斯效应理论，机会识别和必要资源的评估是互相补充的。对创业而言：

- 过去所累积的知识能够转移的比率越高，则成功的概率越高。
- 自有资金或从外部获得的资金需能支持本身价值单元的门槛规模。
- 要与其他互补资源的拥有者维持良好关系。越重要的互补资源拥有者，越应与其维持更强联结。
- 与原有厂家若产品相似，则应有不同的市场（或地区）；或提供不同的产品，以有利过去网络关系之转移。
- 以原有厂家为客户，为其提供服务，也常是有效策略。

不管一个企业家在能力构建方面具有何种高超技能，如果缺乏实际资源的支撑，只能是巧妇难为无米之炊。企业现有的内部资源如资金、管理总是有限的，因此，引入新的管理、技术资源是突破彭罗斯效应、促进企业成长的一种方式。这就需要企业家以包容开放的心态对待外部资源的引入，通过资源增量的方式来不断地培育新的能力。企业家在挑选外部资源时，能否较之于其他企业更好地评估外部资源的潜在价值并为己所用是企业成功的关键因素之一，这不仅要辨别哪些资源能够为己所用，更要分清哪些资源是妨碍企业租金创造的。

【提示】 企业家主导的资源挑选机制对创造经济租金的意义不是一个简单的时间点的对应，更多的是一个跨时期的资源后续创造过程，是企业家能力的一种体现。

资源摄取

根据 Brush 模型，在资源聚焦的基础上，企业必须参与摄取（acquiring）必要资源的交易过程，整合（combine）看中的资源，推动商业概念转换成可销售的产品或服务。在这个阶段，企业家拥有的不再是一个商业概念，而是一种现实产品或服务。

若把企业家视为资源的组织者和协调员，社会网络在资源摄取这一步中起到重要作用。

资源投入

在具备资源后，企业需要寻找与自身资源相匹配的“切入口”。企业家必须在资源投入的恰当程度与潜在收入这两个因素间做出正确的决定。

其一，要决定每种资源需要多少。

- 经验表明，一个新企业的成功往往需要 3 倍于其计划的时间和 2 倍于其计划的资金。
- 降低固定成本可以减小投资规模和降低经营风险（减小退出障碍）。
- 是否留有必要的资源储量应付可能发生的意外事件。

其二，搞清在企业创建与成长的不同阶段，所需要的资源类型和数量会发生何种相应的变化。

（1）针对创业的发起阶段，最重要是获得金钱、财务规划、组织领导、建立系统、雇用人员和市场、产品的发展。当过了发起阶段后，所需面对的问题便转移到存货系统、指导方针、财务会计和人才训练等议题上，当然取得资本和资金的管理也很重要。

（2）在企业续存阶段，将面对包括授权、技术研发、人事激励与管理系统的发展等议题，当然还包括取得新资金以扩张新资产，增添新厂房与设备。

（3）最后一个阶段伴随着正式的预算制度与技术流程、回馈社会、正式结构与建立组织政策等，当然还包括组织文化与非正式组织的形成。在这个阶段，管理的责任落在愿景、激励与未来方针上，新注入的资金往往都用在地理上的扩张与多角化的经营。

创业的每个阶段都是连续的，而资源在此扮演的角色就是帮助企业由一个阶段延续到另一个阶段，无论是财物资源、人力资源、管理、领导天分、发展组织系统、流程、政策，都需协助完成每个阶段性任务。

其三，除了投入资源的多寡之外，资源投入的时点也是影响成功与否的因素。因应时代的快速变迁（新形态的竞争者、新市场、新技术），资源必须在不同的阶段分批地投入，才能更有效地运用。

对企业家而言，一次投入所有的资源已不合时宜，而投入资源的压力主要来自于环境因素。

- 预期资源需求的短缺：时代的快速进步使得技术预测的风险越来越大，预测消费者经济状态、通货膨胀、市场反应变得越来越困难。逐步投入资源才有弹性，允许企业家针对环境的变化做适度的修正。
- 外部控制的限制：所有的公司都不能承诺，它们拥有不虞匮乏的资源，可以随心所欲地投入资源做他们想做的事，管理者必须将环境的限制列入考量范围。例如20世纪70年代的石油短缺，有时因为国际环境限制，资源并不能顺利地获取。也就是说，企业家必须了解，在国内获取资源与自国外获取资源有不同的考量。
- 社会需求：逐步投入资源使企业家能针对某项特定任务决定最合适的资源投入程度。

成功的企业家会追求稳定的成功，在试着得到更多资源的掌控以及追求更多机会之前，他们会先巩固已获得的成果。他们也希望能投入更多的资源，但是如果资源不够，他们会量力而为，以较少的资源做更有效能的事。

对大公司而言，倾向于一次且大量地投注资源，原因如下：

- 降低风险：经理人员为了降低风险，总是在一开始就将手头上聚集到的资源全部投入欲开发的机会。这样的做法往往能增加早期成功与降低最后失败的可能性。
- 管理职位不易维持：在大公司，管理人员每隔一两年就要依据其管理成效被评等级，因此管理人员必须在短期内做出优异成绩，否则得不到升迁，职位还可能不保。
- 管理人员对业绩的考虑：将资源集中投入往往能快速得到易被考量的成果，这些成果能直接转变成管理人员的红利回馈。
- 资本配置的考量：大公司常常假设未来一年内的不确定性极小，所以资本预算配置不倾向资源逐步投入，以免造成预算系统的困难。

【提示】 新创创业所面临的许多危机，往往是因为投入不恰当的资源（过多或不够）。

资源部署

企业家的另一个重要的资源职能在于对各种物质资源、人力资源进行有效的组合与协调。这就类似于不同的厨师面对同样的材料可能炒出不同的菜一样，其差别的原因在于厨师的配料能力和炒菜技能。企业家就如同厨师一样，需要在各种资源之间进行组织、协调，只有如此，才能产生资源经整合后的放大效率。在这一过程中，包含了对资源价值的识别与评价、资源的部署等内容。

资源部署实际上是企业能力建立的过程。企业家通过长期资源的互动，将各种有形、无形的资源以特定的方式组合起来，当这种组合沉淀为其他企业难以模仿的组织惯例并在环境发生变化的情况下仍表现出一定的灵活性时，企业的竞争能力就形成了。如南海的一家民营企业家借助信息技术，按照价值链的要求重组了设计、生产、销售、营销等基础性活动与财务、人力资源管理等支持性活动，并严格按照设定的程序运作，从而形成了特有的组织惯例，一方面，提高了企业的资源组合效率；另一方面，企业家的管理资源被大大释放出来，可以从事其他战略性的管理活动，企业经营取得了较好的效果。对各项资源价值进行客观的评价是部署资源的前提。尽管不同的资源只有组合起来才能发挥作用，但由于资源在稀缺性、可替代性以及流动性等特征上是有区别的，在性质上也是不一样的，如表现为通用性资源、专用性资源和专有性资源等，它们由此在企业租金创造过程中的实际贡献率也是不同的，其价值是差异化的。这就需要企业家根据资源的性质及其贡献程度进行区分，并实施差异化的部署与激励，确保资源潜力的发挥和企业能力构建过程的效率。整个资源部署的过程如图 3-4 所示。

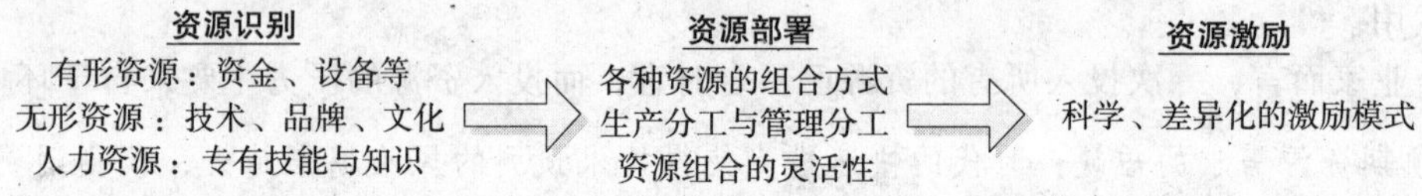

图 3-4　资源部署的过程

当然，资源部署是以企业具有资源为基础的。以发展的视角来看，企业家要实现由从内到外式的资源组合方式向从外至内式的资源组合过渡，因为企业家的能力不仅限于占有多少资源，更多的是体现在能够动员多少资源。也只有在占有资源这个基础上，部署资源才会显得更有效率。企业家在组织内部资源时还需通过调整组织结构，以集权或分权的方式，确保内部管理的有效性。为了保证企业整体资源的协调运作，使企业能持续、有竞争力地发展下去，在企业的成长过程中，企业家还需适时地调整产权结构，特别是对人力资源的协调整合，实施企业产权制度创新和治理结构的创新。

资源协作

受历史、出身的影响，与国有企业相比，民营企业在动员政府资源（如资金、政策等）方面处于劣势地位。另外一个民营企业要重视的问题是，政府是难以谈判的。政府的某项政策一旦实施，单个企业是无法改变政策方向的，而当这种政策的变动可能对企业经营产生短期冲击时，企业家与其做被动的调整，不如先期主动自我调整。

因此，借助长期隐含契约及各种非正式渠道，企业需要通过互相补货、市场订单分享与管理能力交流等在各个领域内从事着广泛的协作。以企业家为中心的组织间协作能力的培养对企业成长的影响要优于企业内部资源培育、发展所产生的效果，因为这种协作所产生的网络正效应是成倍数递增的。对网络外成员，这种资源更具有排他性，从而产生阻绝效果。企业只有进入、融入到这个网络中，才能分享其特有的社会资本等资源。因此，企业家能否在这个协作网络中占据更多的节点，发挥更大的主体作用，就成为支撑企业成长的一项重要资源，也成为企业家能力较量的新焦点。

资源掌控

新创企业的成功，依赖于企业家控制必要的关键技能、关键资源和关键关系的能力。

外界掌握

现代社会的企业家在选择要将何种资源作为公司核心资源的同时，也要学习如何利用外界的资源。这在今日快速变迁的商业环境下，越来越有价值，原因如下：

- 更大的资源限定：比如VLSI（very large scale integration，超大规模集成电路）设计工程师、专利律师对一家电子公司可能是很必要的资源，但并不是经常性地被用到。只是去用这种资源而非拥有它，可以减少公司的风险与固定成本。
- 废弃的风险：快速改变的技术会让拥有资源的企业家面临资源快速贬值的风险，从而负担昂贵的替换成本；如果用租赁的方式将可减低这类风险。
- 更有弹性：使用而不拥有资源可以降低项目抽离的成本。

以出版公司为例，当提到出版公司，通常会联想到这家公司是由许多的编辑、排版工人、宣传人员、印刷人员、销售人员所组成。这的确是一个出版商应有的编制，但现今许多年轻的新创出版公司，常常只由两三个人组成，他们依赖的是外界的专家与供货商。多年来当纽约的知名大出版商为了财务问题努力挣扎生存的时候，许多新创的小出版公司正茁壮成长着。传统上，筛选出版内容与行销手法是决定出版商成功与否的因素，但现代影响出版商存亡的有另外两个关键要素：减少经常费用的能力、通过运用外界资源的方式来利用尖端科技以减少成本的能力。

公司掌控

相较于新创企业，大公司的管理阶层因为以下原因而要求拥有更多的资源。

- 效率：若管理者拥有资源，就可节省因缺乏某项资源而与其他利害关系者的协调时间，从而快速地决策和执行。
- 稳定度：有效能的经理常被认为能将生产的技术核心与外界的变动隔离开来。为了达到这个目的，往往需要更多的存货、物料、通路的控制来作为隔离的缓冲。
- 产业习惯：如果某些产业习惯拥有资源，那么要违反这样的习惯是很冒险的一件事。

组织设计

任何企业都有规模经济的导向。规模经济的优点是，企业可以在一个组织里获得更多更广的资源。例如花旗集团这样一个全球性的事业体，一向以他们遍布各地的事业单位所拥有的人员、知识、产品或是外部关系等各方面的资源为傲。不过要整合这些资源去服务企业客户，却需要更多可以跨越科层体制、更灵活的横向操作配合。企业当然不愿意在规模经济与市场反应之间牺牲任何一方，因为他们知道这两者都能为公司带来利益。只是，要怎么做才能兼顾这两个看似背道而驰的经营方向呢？机会导向的组织设计就是答案[26]。

通常我们都只将企业视为一些事业单位的组合，所谓的“机会导向”就是先以企业获得的发展机会为根据，再适当地配合、运用旗下各个事业单位的资源。这种机会导向的组织设计提供了一种弹性，让企业可以将最有价值的资源运用在最有希望的机会上。不过，组织也将因此变得更加复杂，面临更新的管理挑战。为了开发这样的机会，不论在公司里担任什么样职位的相关企业家都被授权机动调配他们需要的资源。这种机会导向的设计，让那些既有的公司可以在不牺牲规模经济利益的前提之下，取得新创企业能反映市场需求的优势。

例如ABB（Asea Brown Boveri AG），这个长久以来以其分权结构闻名的电机工程集团，就拥有许多联结在一个精简企业总部之下的准自治型事业单位。如今ABB遍布全球的事业计划中的资源与范畴，均是这些事业单位跨际合作的成果。

1994年，挪威政府突然通过执行一个规划已久的奥斯陆新机场计划。为此，ABB的国家区经理立刻指派一位项目领导人，负责指挥在挪威境内超过20个事业单位及其外部关系网络，提供这个机场企划案所有需要的资源。因为这个项目领导人，也就是“机会拥有者”（opportunity owner），获得了充分的授权去整合资源；而ABB各事业单位的主管，亦即“资源拥有者”（resource owner），也愿意尽全力去配合这些大家认同的好机会；结果 ABB 赢得了70 项总额高达3 亿美元的机场工程合约。

然而，为了有效利用发展机会，一个机会拥有者不但要与资源拥有者磋商协调，还要和其他项目或事业单位竞争资源。每面对一个新的企划案，这些事情就要再重复一次。所以许多习惯于旧秩序的人们经常会对新秩序缺乏结构的特性感到不适应。可是，太多的结构和控制会妨碍组织发展，而太少又会产生过多冲突，消耗组织资源，所以机会导向组织的领导人必须维持一种微妙的平衡。

在一个传统组织里，所有的事情不管是事业发展、责任分配或是决策过程，都和组织结构直接相关。然而在机会导向的组织设计中，鉴于机会和资源拥有者这两个不同的导向，企业组织必须分成两个层次来管理。位于基层部位的负责主导公司例行事务，例如开发、行销个别产品等，是稳固的事业单位；位于上层的则是那些机动性的“机会型单位”（opportunity unit），它们负责整合基层各事业单位的专长，以满足各种特别企划案的需求。在这样的情况下，员工必须分别完成各个独立指派的任务，向上、同时向外发展事业，以扩展人力互动的网络，并且改变对授权者一味的依赖，自己找出一套解决冲突的办法。而公司则必须注意以下四个重点，以展现组织的最佳执行成效。

（1）瞄准正确的机会。传统事业单位通常都将焦点放在它们可以独立达成的机会上。相反的，机会导向的组织却鼓励它们的员工先去追求更丰富、多样性的机会，而不管他们单位能否独立完成，然后再来考虑公司有哪些资源和优先策略可以和这些机会做最好的搭配。特别是那些能够看到顾客第一手需求并且洞悉公司能力与资源的企业家团队，更能够观察到一些特别的机会。

例如，在 Spaarbeleg（荷商全球（Aegon）保险公司的一家附属机构），每个有点子的员工都可以承担发展这些想法的责任，因为公司管理高层的四人团队拥有决定采用哪些构想的绝对权力，所以员工很快就能将之付诸实行。

另一个例子是 IBM。所有 IBM 的员工都有权将他们认为的机会，录入公司的“电子机会管理系统”（electronic opportunity-management system）。而 IBM 的资源拥有者也会接到指示，要想办法找出从他们单位的智能财产里提炼出更多价值的方法。结果，从这些智能财产权及授权所获得的利润，自 1994 ~ 1998 年间就增加了一倍，高达10 亿美元。

当然，这些公司必须确定它们的企业家所追求的机会与它们可得的资源以及策略方向一致。因此，维持高阶和低阶经理人之间的沟通管道畅通是非常必要的。

（2）结合机会与资源。当科技降低了交易成本，并且在日益复杂的外部关系与结盟网络的经营变得更加可行的时候，组织在跨部门与企业界限整合上的自由度也随之增加了。

结合适当的资源与机会并不是件容易的工作。经常会出现许多不同的机会在寻求同样缺乏的资源，而这些资源多半都掌握在一些功能性、地区性的资源拥有者，或是那些不愿意跟别人分享资源的事业单位手中。所以对机会拥有者而言，他们面临的挑战就在于如何快速地找到他们职责所需的最佳资源，并且说服这些资源拥有者，他们就是运用这些资源的最佳人选。

（3）多样资源通力合作。在传统组织中，大部分的互动都是发生在各事业单位之内，发生在那些具有相同观点和目标的员工之间。不过在机会导向的组织里，人们经常被短时间集中到一个充满潜在冲突的情况当中。例如，同时服务许多项目团队的员工，要面对的老板可能跟手上的项目一样多，而这些老板所下的命令可能又会相互冲突。所以，太过投入于某个企划项目，可能会对员工在资源拥有者单位的生涯发展产生负面的影响；而太过忠于所属事业单位又可能对机会拥有者造成困扰。除此之外，从企业的角度来看，这也会导致难以判断员工个人的整体表现，造成个人责任感下滑，因而波及公司的营运绩效。

为此，一个典型的资深经理人经常花费很多精力来激励员工的团队精神。他们领导公司的政策方针就体现在团队合作以及从事对全公司有利的这两件事之上。他们坚持决策必须基于事实根据，避免政治考量，并且把评量与擢升的基础标准放在员工与别人合作的能力上。

另外，为了在机会中建立责任感，许多公司都成立了一个常设的机会型单位，如顾客团队、项目团队或是解决方案团队等。这些公司让机会型团队的经理人享有很高的地位，并且授权他们评量外借人员的表现绩效。而为了确保员工仍然处于新、旧主管的管辖范围内，资源拥有者单位的经理人也会评量他们的员工。

（4）发展能灵活运用的世界级资源。机会导向组织的企业家们都乐于向其他单位借用资源，降低拥有这些资源的成本。即使是一个拥有资源的经理人，他思考的方式也应该像个服务员而不是一个拥有者。经理人有责任去确认他们的资源是否用于符合组织最佳利益的地方上，以及这些资源（包括人员、专业知识、设备以及外部关系）是否受到良好的维护与持续发展。公司可以通过“资源移转估价系统”（transfer-pricing and costing system）的建立，让出借资源的一方获得相当的报酬。更重要的是，要招募具备合适个性的人。例如，以推动跨单位合作知名的 DMC2 公司的汽车触媒转换器部门就偏好那些具备合作精神、有良好的人际关系、能够容忍模糊关系、善于解决冲突以及热爱旅行的人选。他们要找的是那些可以跨越科层体制、发现机会并且具有创业精神的人才。

从现今灵活变化的企业管理趋势来看，机会导向的跨部门组织设计确实有助于企业掌握商机。不过因为成就这些机会相当困难，所以，能够成功转型为机会导向的企业，将更能奠定长期发展的竞争优势。

价值思维

优秀的创业应该是价值定位，不是成本定位。在价值定位的基础上，好的创业及其产品溢价可以非常高。创业者应当关注的是，使产品与服务具有超出各部分总和的价值，这样自然就能获得高利润。一个成功的商业模式应该建立在一个核心价值之上，这就是改善生活或者改变世界。

核心能力

20 世纪 50 年代的产业以制造为主，谁能做，谁就赚钱；60 年代的产业发展到以成本为主，“会做”已经不够，成本必须更低；70 年代进入到注重品质的年代；80 年代则除了会做、成本低、高品质，同时还要求速度快；90 年代演变到以能力为主的竞争；进入 2000 年以后的知识管理的时代，强调的是程序组织的观念。这样的演变，使许多策略管理的典范，例如 SWOT 分析、BCG 分析、五力分析与关键成功因素等，在今天都不那么管用。新的策略管理典范强调的是能力管理。

电动打字机被打印机取代，电动打字机行业应该怎么转型？它应该做打印机，还是与机电有关的产品？从 SWOT 分析来看，它的优势在机电，但是发展打印机又显得比较有机会。结果有的朝打印机发展，死得很惨；有的朝刮胡刀生产，很成功。这就在于你选择的是以机会为主的成长策略，还是要以能力为主的成长策略，两者在观念上完全不同。

> 我们中国每个企业人在想什么呢？天天想的是打败竞争对手。每个人都希望把自己的企业越来越强大，越来越壮。

新创企业能否实现市场生存与成长，关键也在于能否从机会管理转向能力管理，实现能力的不断增强——能力增强需要积小成大，积少成多，用小砖块耐心地构筑大厦。

有的学者认为核心能力除了“价值性、异质性、稀缺性、难于被仿制、难于替代”[25]等特征外，还有一个重要特征：组织性。还有的观点认为，个人是流动性大的资源，依赖个人资源的优势无法持久。据此，企业家不能作为核心能力资源。我们认为，以规范形式存在于组织环境中的核心能力主要是指企业文化、心智模式、组织视野等，其核心能力最终还是由企业自身来体现，尤其受到企业家的影响。其他大量的核心能力也主要体现在主要员工身上。

知识能力

梅切尔（Mitchell）认为企业家的专业知识结构，为企业家成功的行为提供了很好的注解。知识结构是一种“个人对所处的信息环境的内容和形式的概括以及认识的智力框架”，而企业家行为和管理行为本质上就是一种将复杂的信息简化，并帮助自己认识、储存和使用相关信息的一种信息处理的过程[3]。

进入知识管理的时代之后，知识是新的核心能力。知识管理就是要把你会的东西和别人会的东西有机地结合起来，成为一个制度。企业如果能够建立和运用核心能力，就代表能够获得和运用知识。此外，企业还要想办法把知识延伸到其他产业，这些都是知识管理的内涵。

> 欧洲一家药厂发现申请新药上市费时间太多，于是利用知识管理，将申请程序标准化，结果一天就节省了100万美元。波士顿有家以心脏绕道手术著称的医院，最好的三名医师观摩彼此的技术之后，患者的死亡率就减少了24%。

知识性管理是企业管理最重要的环节。任何企业具备学习的能力，并能够将所学到的知识迅速地应用，那么它在竞争中就有优势。人、文件和数据是微软公司知识性管理最重要的资产，而知识性员工又是公司的中心和主人，所以，不同部门、地区员工间的互相合作在这家跨国公司至关重要。知识性管理意味着对员工的充分信任，让员工无后顾之忧地使用企业信息。员工将知识带入企业，知识性管理也必须为员工创造更多的知识。此外，知识性管理要善于进行商机分析研究，合理运用数据，以取得更多的潜在知识。

知识管理的程序是创造、编码、分享、应用与再造。首先，组织必须有一个以流程为基础的环境。举个例子，每个公司的请假都有一个流程。企业最基础的流程就是作业流程。另外还有一个流程是功能性流程，新产品的发展过程就是一个功能性流程。最好的新产品点子都来自行销人员，所以流程不能从研发开始，而要从行销开始。企业必须要有一个流程，让员工愿意把新想法说出来。

组织必须有以流程为基础的环境，此外，它的企业文化、信息科技、管理阶层、人事部门与控制中心都要支持这个流程。如此一来，企业才会了解它所需的知识有哪些，接着才能找出所需知识，创造、保存、分散与应用知识，这就是过程。企业通过这些过程，企业的资源才能重新组合，变成一种能力。这个能力才是企业的竞争优势，有了优势再来谈策略才有意义。企业没有过程，策略都是空谈。因此，企业成功的关键因素是文化，文化主导组织的过程。

隐性知识是隐含的、未编码的和高度个性化的知识，通常只有通过长时间的实践，个人和组织在“干中学”和“用中学”才能成功地获得隐性知识。隐性知识的挖掘和利用能力，将成为个人和组织成功的关键。

经验能力

经验能力强调能力应建立于对事物的观察上。经验在一般概念上包括了知识、技巧，是体验或观察某一事物或某一事件后所获得的心得并应用于后续作业。而这些以前获取的知识技巧，对于工作或教授学问，掌握就相当重要和关键。事实上，现今各领域的专家大都是以可观察的经验来评判。经验能力主要包括四方面的经验：专业经验、项目管理经验、领导经验和跨文化的经验。

经验能力就是一条共通的线，贯穿企业不同事业部门，让企业具备竞争力。

> 台湾的笔记本型计算机排名前三名分别是广达、仁宝与英业达。这三家的总经理都是来自仁宝的母公司金宝公司，为什么？因为金宝是生产计算器的，擅长小零件，这就是经验能力。
>
> 网络创造全球竞争，你要卖DRAM的消息如果发布在网络上，全球厂商都看得到。但是尼日利亚的商人跟你买，你敢卖吗？通过银行交易太麻烦，联邦快递却可以很好地解决这样的麻烦。联邦快递天天送货，了解对方的状况，于是它负责送货收款，赚取佣金。联邦快递从一家运输公司变成征信贸易公司。
>
> 戴尔（Dell）创立了接单后生产（build to order，BTO）模式。计算机业的存货折损率很高，任何人留存货都是不明智的。但是为什么只有戴尔能做，别人不能？因为这是它的核心能力，即对品质的掌握，就是它基于经验的对品质的掌握。戴尔发现，在组装计算机时，只要避免手接触零件，就可以把瑕疵品减少1/4，因此，自动化程度越高越好。

在经济危机的形势下，企业领导者面临着比以往更加严峻的挑战。很多人试图选择最简单的方式使自己摆脱困境，他们或者很快改变企业的战略，或者重组公司，寄希望于发现一种平安度过经济衰退时期的全新模式。然而，在经济危机期间，领导力就意味着坚持到底。

挺过经济衰退的战略需要公司固守诚实和合作的核心价值观。坚强的领导力以及对长期目标的全神贯注，有助于自己的公司和其他人平安度过这场经济风暴。

> 美国联合包裹运送服务公司（UPS）的首席执行官斯科特·戴维斯（Scott Davis）[30]指出："我一直专注于公司的长期目标。其结果就是，当美国的经济轰然倒塌时，联合包裹运送服务公司的财务基础仍然坚如磐石。"
>
> 在他的领导下，联合包裹运送服务公司扩张到了新的业务领域，这些新业务是全球包裹递送业务的补充，其中包括多种方式的运送服务、全新的物流科技、国际贸易管理、供应链咨询服务以及金融服务等。那么，在动荡多变的时期，戴维斯是怎么激励员工的呢？"在危机时期，你一定要和人们交流。"戴维斯谈到，"我们的送货司机每天都和客户见面，他们很清楚，自己的角色就是帮助我们的客户取得成功。"当经济衰退降临时，戴维斯开始四处巡视，并和公司的40多万名员工面对面地交流。就在他来沃顿商学院发表演讲的当天，戴维斯还拜访了联合包裹运送服务公司在费城的分支机构。"公司确实有不安情绪，"他谈到，"但是，我们的企业哲学是，为了后代要把工作做得更出色。人们确信，联合包裹运送服务公司一定会变得更强大的。"
>
> 公司怎么才能保持灵活性，而且在出现重大危机的时候能快速转向呢？为了应对这个问题，联合包裹运送服务公司采取的措施是在科技上大力投资。公司的解决方案是采用"双向"（two-pronged）策略，也就是信息和科技并重的策略。过去25年来，联合包裹运送服务公司每年在科技上的投资都有大约10亿美元[27]。

智慧能力

智慧能力可以指思考分析、通情达理或寻求真理的能力。它和智力、聪明不同，智慧更重视哲学思维上的能力。

智慧经常是策略的基础。新创企业策略创新要求：是否能建立新的商业模式，在产业重新洗牌时能否制定新的游戏规则。这种策略创新一定程度上是对企业智慧能力的考量。

> Priceline. com 创立了一个独特的商业模式。过去，买卖的交易模式是卖方出价，买方决定要不要买。美国国内班机主要服务商务人士，但是每天几乎有一半以上的座位是空的，相当于50万个空位。Priceline. com 从中看到了机会，于是找来一名顾客，问他要去哪？假设该顾客要到芝加哥，且愿意支付60美元购买机票。Priceline. com 于是去找联合航空，对方只愿意卖120美元。Priceline. com 支付了120美元，但卖给该名顾客60美元，它疯了吗？不，因为该顾客会告诉各位亲友，会有更多人来运用网站。下次 Priceline. com 集合了一百名顾客，它带着这些顾客的需求，与航空公司交涉，航空公司当然会降价。这就是典型成功的策略创新，而它依托的是智慧能力。

卓越的公司会执著于与其核心价值保持一致的战略性增长目标，会去追求企业的运营效能，并进行全球性思考。其结果是，这些公司会与全球经济的复苏同步学习、调整和发展。

在全球商业理念上，掠夺性的野蛮扩张终将消亡。苍狼的消失仅是一个时间性问题，游牧民族会在最后一片水草的那个地方停下来。华人企业要立足全球经济，竞争的核心在于管理能力，要有能力管理竞争而来的水草资源，并努力发展使其成为繁华的都市。

波士顿咨询公司（BCG）曾经在《100家新全球挑战者》的报告中，提醒GE这样老牌跨国企业要注意可能的行业格局变化，并采取四项措施应对全球性竞争：增强传统跨国企业的实力，比如大力投资于品牌和产品创新；利用快速发展经济体的机遇，提高企业核心业务的成本基础；使业务模式适应新兴市场的环境；大胆变革全球业务，甚至可以考虑将整个业务部门搬迁到新兴市场。

在通用电气（GE）全球副董事长、亚太区总裁约翰·赖斯（John G. Rice）[9]看来，要成为全球公司，首要的就是将全球产品的优势——不管是飞机发动机、能源设备、水处理技术——和本地的需求结合在一起，GE在100多个国家都有业务，最重要的就是要把商业活动贯彻到各国最基本的层面。即便在中国，GE也会区别不同地区的需求，所以在中国建立了七个地区总部。

在一国成功的业务模式并不能简单复制到其他国家，消费者需求、监管环境和竞争格局的差异要求全球化公司采用量身定制的竞争方法。公司即便再强大，也无力独自应对本地化过程中技术与商务执行层面的挑战，如果公司真正期望全球化，很多情况下需要本地合作伙伴的帮助，使自己具备一些自身无法获得的能力，一切都由自己来做或许是20年前比较流行的一种做法。GE为中国大飞机C919提供的发动机，实际上是其和法国公司斯奈克玛（SNECMA）共同合作的成果，两家各自生产发动机的一部分，然后共同将产品推向市场，这种合作关系已经持续了30年[9]。

在中国，GE和中国南车开展了类似有趣的合作：双方拟在美国建立50/50的合资公司，参与佛罗里达州和加利福尼亚州若干高速客运铁路项目的竞标，推动高铁技术在美国市场的推广。由于美国一样青睐“国产”品牌，关心当地就业，而GE自身又不具备客运高铁技术，两家的联合为各自扩展了商业机会。无疑，在中国香港的新办公室，赖斯将有更大的活动空间，主导类似合作项目的开展，以响应全球不同的需求。

客户价值

商业是不用暴力而从其他人的口袋里掏出钱来的艺术。优秀创业者的思维不是顺向思维（从自己出发推及顾客与市场），而一定是逆向思维（从顾客及市场出发推及自己）。成功的创业是要首先立足于客户的，而绝不是立足于自己所有的技术等其他因素。

【提示】 中国企业喜欢告诉用户他们的需求，而不是听取客户的需求。多数企业主要根据经营内容来确定企业发展方向，而不是思考“我们能为客户提供什么价值?”

需求识别

与李彦宏、丁磊、马化腾这些技术出身的网络公司掌门人相比，马云是地道的技术盲。阿里巴巴就是这样一家由一个完全不懂技术的人创立并领导的公司。在四大城市之外的杭州做起他的网站，网站的名称“阿里巴巴”听起来不中不西，网站的内容也有点不伦不类，它服务的对象是一帮边缘人群，很多主流互联网用户对阿里巴巴只是听说，连上去浏览一下的兴致也没有。然而就在被身居“中心”的“主流用户”的忽视中，阿里巴巴悄然成长。

事实上，阿里巴巴惊人的成长速度和骄人的绩效，始于它的“另类”和“倒行逆施”[28]。

身处外向型中小企业云集的浙江，马云不懂网络技术，但他深知小商人们做生意的苦衷。苦衷有多普遍，有多大，商机就有多大。独特的客户价值主张呼之欲出：能“让天下没有难做的生意”的生意，一定是最好、最大的生意，虽然它同时也可能是做起来最难的生意。马云知道他的客户要的不是电子商务，是商务——用他们的话说就是生意，如果你能帮助他们更容易、更有效率地做生意，解决他们生意中常常遇到的种种难题，他们就一定会对你的服务趋之若鹜，如果你提供的服务不能让他们更好地赚钱，你提供的“电子”只能让他们避退三舍。

生意是一连串的事件，做生意的苦衷和困难也是成系列的，有时甚至是层出不穷的，一愿既偿，他愿即起，一苦未消，又生新苦。一个企业有无创新能力，首先在于它有没有对于客户的“苦”与“难”敏锐的感同身受的能力和解读能力（因为很多时候，客户只是笼统地、隐约地有病痛的感觉却不知道痛从何来，病灶何在），然后是对于客户的种种苦处和难处给出卓有成效的解决方案。企业客户可能是因为找不到销路来找阿里巴巴，但当企业找到了客户时，一大堆难题接踵而至，怎么与客户谈判（包括“谈判时做翻译的人都不知道在哪里”“必不可少的商务礼仪有哪些”“合同怎么签”之类的问题）？怎么发货？怎么报关、清关？出口退税怎么办？大订单来了，购买原材料的资金一下子紧张起来，怎么能迅速借到钱？另外还有一些离奇的问题（阿里巴巴经常有客户提这些问题）：什么叫鼠标？做什么用？昨天刚做好的报表在电脑里找不着了，怎么办？邮件里出现了乱码怎么办？

也正是在与那些在某些方面极精明，而在另一方面又极幼稚且很难伺候的客户打交道的过程中，阿里巴巴找到了创新的方向感和原动力。在帮助客户做供应链的过程中发现了一条完整的客户需求链，并进而打造出一条业务范围跨网络服务、软件服务、虚拟物流、准金融服务、商业秩序的监管、维护、仲裁等诸多领域的“护理链”。从客户的广度到客户服务的深度两个方向不断拓展，不断扩大市场份额到扩大单个客户的“钱包份额”，从赚客户现在的钱到赚客户未来的钱，阿里巴巴在业务增长、赢利性、未来定位、持续性和稳定性方面实现了高绩效。更重要的是，它提供了一种不是凭借移植外来的商业标杆，而是凭借对本土碎片市场的深切理解而创立的成长模式，一种全球互联网巨头看不太懂更无法与之竞争的商业模式。

产品定位

不善于放弃，就决不会得到。企业要明白企业使命到底是什么，不能跟着别人的屁股跑。跟在别人屁股后边跑的企业永远没有出头的那一天，也永远没有自己的性格和使命。

一个好的产品应该是能解决“一个问题”的。它首先解决“一个问题”，进而再考虑解决其他问题。如果一开始就考虑解决所有问题，那这个产品对于用户来说就太复杂了。为何人人似乎都爱苹果公司？首先就因为它规模“小”、产品“具体”。

一个清晰的定位是非常重要的。我们的产品究竟是什么、为谁而做。一旦路线确定了，就按照这一条路做下去，除非这条路没有解决用户需要解决的问题。例如，Twitter 将自己定位于介于博客与 SNS 之间的传播工具。

如果确定了某条路线，却在路上左右摇摆，连自己都不知道自己在做什么、为谁而做，这个产品最终不会成功。

漫步者从1996年起步，十几年来一直专注于音频行业，回顾漫步者的发展历程，总裁张文东[29]认为有两个关键词：一个是坚持，他们十几年如一日心无旁骛地坚持在音频行业中拓展钻研，这使得他们的发展能不断深入，持续积累；另一个是尊重——对用户的尊重，对品牌的尊重，对员工的尊重，这使得他们保持了良性的稳健的成长。

目前，国内在移动互联网领域的创业者，还是以抄袭为主。比如，做Foursquare类的应用就有玩转四方、在哪、蘑菇团、多乐趣、街旁等几十家。如果你仔细对比这些创业者的作品，你看不到有任何创意。

仅仅抄袭是可耻的，国内创业者抄袭的仅仅是外在的样子，而更核心的内容，丝毫看不到。

专栏

成功的秘密

Facebook成功的最大秘密是什么？创始人马克·扎克伯格回答：勇气、速度和专注。

勇气：马克的灵感并非精心准备的。当灵感来临时，马克认为最有意义的事情就是保护它，即使自己哪怕面临被退学的危险，甚至面临自己退学后因为项目不成功而一无所有的危险，他也拿出了最大的勇气来保护自己的灵感，让它最终得以蓬勃发展。

速度：马克没有双胞胎Winklevoss兄弟㊀的划船速度，但他如果将实现自己点子的行动再放慢点，Facebook可能还跟今天的Facebook一样红火，但其主人却不一定是马克了。

专注：刚起步的Facebook并不急于放广告，不急于赚钱，马克也不急于将其卖出，他只是想要一个很酷的应用。至于赚钱，那是迟早的事情。

组建公司初期，马克出的是力，出的是灵感，而让这些灵感得以变成产品的是出钱的萨维瑞恩(Saverin)。后来，萨维瑞恩企图从这个“很酷”的产品中赚钱，马克觉得不能破坏它“酷”的特性，所以不让。正是这点坚持，让马克牢牢抓住了产品，把握了产品的方向，摆脱资本的束缚。继而在以后的发展中既能不断地融资，又能让Facebook不断地变“酷”。

小即是美

以一人的智慧或力量，成为亿万财富之主，除古代开国君主，则属当代“股神”——沃伦·巴菲特。巴菲特价值投资的实际表现就是抓住一个有价值的企业（即“寻找价值相对于价格具有一个显著的安全边际”），买入股票后长期持有，甚至把握市场波动的机会不断增持，最终获得超额回报。巴菲特最著名的投资案例是可口可乐，总共赚取了100亿美元，至今仍然是伯克希尔-哈撒韦公司的主要投资品种。巴菲特的这个滚雪球的思想，不仅适用于股票投资，而且适用于所有企业，甚至人生。

乔布斯指出：“对一千件事说不，才能对一件事情真正说是，把事做大。”在很多时候，如果你的产品只有一个卖点，用户可能更容易记住这个产品。苹果为iPhone 4拍的广告强调了视频通话功能——Facetime，或许对于一些人来说，多任务、高清屏幕、A4处理器更重要，但苹果却一直强调Facetime，乔布斯还在iPhone 4发布会上即时演示了Facetime。对于苹果来说，iPhone 4的推广重点在Facetime。当Chrome刚推出时，很多人都说，Chrome很快。“快”是

㊀ 卡梅伦·文克莱沃斯（Cameron Winklevoss）和泰勒·文克莱沃斯（Tyler Winklevoss）是一对双胞胎兄弟，他们是美国社交网站ConnectU的创始人。在2008年北京奥运会的男子双人单桨赛艇中，这两位年轻人最终挺进决赛，并以7分5秒58的成绩获得第六名。

Chrome的重点，也是大多数用户最关心的一点。

专栏

小即是美[30]

从1999~2010年的12年间，中国共有1882位企业家进入“胡润百富榜”，其中包括入狱、已出狱或是尚未被判刑的“问题富豪”共有23位，所占比例是1.2%。

这23名问题富豪出事，资本运作、政商关系、偷税漏税是前三大主因。在被判刑的20人中，有8人涉嫌行贿，占四成。20人罪名共52条，其中行贿（包括公司行贿和个人行贿）为12条，占比超过两成。

上述23位“问题富豪”是以法律上的定罪来定义的。事实上，12年间，胡润百富榜上发生变故的企业家数量，远超23位。

无论是23位“问题富豪”，还是众多“变故富豪”，留意一下你会发现，他们鲜有因为企业正常倒闭（即法律意义上因经营上的持续亏损而关门）而出事或落马的，相反，他们要么是因为资本运作失败或政商关系牵绊，要么是自己欺诈在先、纸包不住火。这一点和欧美落马富豪的情形大不相同。

中国每天破产的中小企业可能有很多，但是百富榜上这种亿元、十亿元甚至百亿身家的企业家们，他们“正常破产”的可能性则要小得多，从这个层面上，你可以说“钱越多越安全”；与此同时，他们又要面对复杂的政商关系等，而这是未必能用钱来搞定的局面，于是他们私下常会感慨“钱越多越没有安全感”。

这听起来像是个悖论，但是却是现实。

如何走出上述悖论呢？有一个办法：小即是美。西方不少家族企业、百年老店，口碑佳，赢利能力强，但并没有天天想着并购，它们能够控制自己的扩张欲。或许可以说是商业价值观使然，但是中国人不一样，大且富丽堂皇才叫美，上的是规模，要的是气派和宏伟。

产品品质

一个企业想做大、做持久，一定要做好的产品，负责任的产品，否则这个公司根本做不起来，至少做不持久。漫步者总裁张文东[29]指出：“我做企业是在打井，有些企业是在淘金，这里没有淘到就换个地方淘。做百年的品牌就需要去打井，要耐得住寂寞，说不定打深了还能打出油来。还要尊重消费者，暴利是不长久的，消费会逐渐回归理性，互联网的发展也会逐渐使价格透明化。”

简单设计

产品的设计必须足够简单、学习成本足够低，除非它本身就为专业人士打造。例如，Twitter很简单，用户花很少的时间“自学”就能使用。Facebook看起来有点复杂，但除了“中国国内上Facebook教程”之外，鲜见其他教程，这说明用户在Facebook上也不需要花大量时间来学习如何使用。

现在，CEO及经理人员通常喜欢“创新”这个词更甚于“设计”。他们认为，创新涉及工程、研发、市场、管理的范畴，他们通常更愿意谈起六西格玛、精益等流行的管理理论。而设计只是对墙纸、窗帘、包装等外形的美化，做设计的人就是美工。这种对于设计的理解已经不合时宜，设计已经不再只是美化外形，而是新的思维模式，它涉及产品、服务甚至组织的方方面面，比如用户体验、客户体验以及员工体验等。

专栏

产品设计的DICEE原则

“D”（deep）代表有深度，应当设计出不同寻常的产品功能。

“I”（intelligence）是指智能。比如松下公司设计的BF－104手电筒，鉴于人们家里总是有各种型号的多余电池，因此公司设计出可以适配三种不同规格的电池的手电筒。

“C”（complete）是指全面，即不只是产品，还包括技术支持与服务的全面。

第一个“E”（elegance）是指优雅。产品的美观很重要，公司应当有CTO（chief taste officers，首席品位官）。

第二个“E”（emotive）是指情感。卓越的产品往往带有强烈的情感要素：比如哈雷摩托、苹果麦金塔电脑。

中国企业不懂得美和设计会使它们的产品在与同行的竞争中脱颖而出。可能的原因在于现实中，中国的顾客不能承受美和设计的附加价格，价格是唯一的取胜途径。再加上中国缺乏对知识产权的保护，使得企业不愿意在设计上投入过多，因为设计很快就会被抄袭。中国企业尤其不善于使用“简单而高雅的设计”[31]。中国企业被困在复杂的传统和空白的现代中国精神的夹缝中。

质量卓越

竞争力来自客户的满意度。不要与竞争对手同期，而要与客户同期。研究你的客户的抱怨，不断地从客户角度看流程，为客户创造价值。

$$客户满意度=\frac{(品质+速度+服务)}{价格}$$

品质是一种竞争力：要和客户购买前对产品的要求和期望值一样，然后分解到流程上，比如采购、生产、销售等。高了浪费成本，低了客户不满意。

速度是一种竞争力：企业流程的优化，速度是重要的要素。如果整个行业都存在问题，先下手去改正的人，往往就能够改变行规，让对手陷于被动。

服务是一种竞争力：产品服务要不断满足客户的需求，无论是现在，还是未来。当系统不变的时候，系统的外部环境变了，服务必然衰退。现在客户不断地变，企业也要不断地变。要与客户同期。

价格是一种竞争力：要提高客户满意度，品质提升，价格也会增加，所以品质做到多好要适应客户购买前的需求，也即客户预期花多少钱。他花4 000，那么4 000那个程度的品质就是最好的。

美国联合包裹运送服务公司的首席执行官斯科特·戴维斯（Scott Davis）[27]这样说过：“我们的企业哲学是，为了后代要把工作做得更出色。”

注重品质的理念贯彻在国际著名企业的实践中，即使就教育而言，也不例外。一个商业的“全球世纪”（global century）正在到来，有人认为，作为美国顶级商学院之一的哈佛商学院即将开办一所功能齐全的海外分校。但哈佛大学商学院（Harvard Business School）出生于印度的新任院长诺里亚（Nitin Nohria）排除了在亚洲开设分校、满足该地区生源巨大需求的可能性。但诺里亚说，“我觉得这没有必要，我们也没有那种野心，我们做的是追求知识，而不是追随需求。”诺里亚说，哈佛更希望采取的策略是通过研究中心和经理人教育项目，在亚洲保持一种“小规模的身体足迹”（physical footprint），这会为哈佛商学院提供一种“非常大的智力足迹”（intellectual footprint）[32]。

中国有些企业过于关注短期利益，不重视品质提升，而后者是维持长期发展的必要条件。中国要成为精品的产地，还得解决许多问题。

技术研发

创业需要一定的累积。在创业过程中，需要看清整个产业的方向，在正确的时间做正确的事情。产品品质的不断提升是一场“持久战”（running battle）。在这场“持久战”中，企业的研发能力能否形成可观察、可复制的路径，是技术创新能否实现的重要要求，也是企业核心能力的重要标志。

从现实背景来看，我国创业活动具有明显的发展中国家转型经济的特征，如创业环境的动态性和复杂性程度远远高于发达国家。转型期间会出现大量的不确定因素，环境不确定性是导致创业活动倍增的重要原因，变化、创新、机会认知、快速响应、灵活性、不确定性、风险和动态能力等诸如此类的概念，成为当下管理理论与实践的关注焦点。环境日益加剧的不确定，如环境变动的高频率、新的竞争背景、全球化，已迫使学者重新考虑经济分析的一些基本假设。创业并不只是一种天赋，创业可以是有组织的，并且是需要组织的系统性工作。

中国从理想上来说倾向于长期成功，但社会、经济和政治在过去一个世纪的巨大变化使得中国人的长期思考能力陷入瘫痪——必须在下一个剧变（可能是信贷政策、工业标准或者顾客兴趣的改变）到来之前尽量地填满荷包。很多中国企业过于关注结果（赚钱），因此它们牺牲了专业性而难以获得长期成功[33]。

专栏

明基董事长李焜耀：从容竞争力[4]

十年前我总是觉得自己可以赢日本人，因为我们速度快、他们决策慢。现在，我发现日本人不是不愿意快，而是他们觉得太快也可能犯错，犯错之后要付出重新修正的高额代价。

真正凶猛的不是两三年的快，而是表现在10年、20年还能够维持这样的增长以及企业的健康成长，这才是真正的快。

坦白讲，我十年前看到日本那些经理人，我就总觉得怎么那么老、那么慢呀。现在我比较能够体会，要有这样的智慧才能管理一家百年公司。这个智慧是来自于他经历过春夏秋冬的历练，来自于他不追求短时获利或者短期成就的诱惑。

我们过去合并西门子手机也有这样毛躁的一面，这种百年基业的思维很值得我们去学习。对一个中国企业来讲，现在最大的竞争、最大的挑战并不是成为一个大企业，而是能够成为一个百年生存的伟大企业。

现在一个企业家管理一个企业的时间了不起才二三十年，完美接棒才能够流传100年，日本企业是有很多独到的地方。

中国处在一个爆发性成长的市场，这里面任何的机会几乎都是在其他国家不容易看到的。但是，真的要去思考一个百年企业所必须具备的要素，中国企业家最需要的是心理的改变，就是把这个企业当商品，还是把它当成根植自身的文化？

一个伟大的文明，能够吸引它的子民，最重要的是能带来富足的生活以及富裕的心灵。一个不够富裕的文明，人们比较倾向于急功近利的思维，而中国非常需要这种从容的态度。在欧洲和日本，我们看到一个清洁工扫一辈子的地，人家做得很从容，任何一点一滴的空间都把它做到完美，这种从容的态度是一个成熟的社会或者富裕的文明才能孕育得到的。急功近利对社会的总体成本而言是一个更高的代价。

一个伟大的品牌不可能通过两三年的追求而成功，这是一个要追求10年、20年“不积跬步”的过程。对一个伟大的企业而不是单纯的大企业而言，诚信才是最为关键的。从容的市场心态、卓越的商业理念以及细致的人性关怀，才能铸就品质为金的诚信品牌。

中国企业现实呈现的主要问题是无止境的价格战、剥夺消费者话语权的商业环境、缺乏技术和工艺。而在另一方面，学校和高校鼓励学生创新也十分不够。

14世纪，荷兰的人口不到100万。当时约有20万人从事捕鱼业，小小的鲱鱼为1/5的荷兰人提供了生计。但是，鲱鱼是一种自然资源，造物主并没有给荷兰人独享的权利。生活在北海边的其他民族，都组织了捕捞鲱鱼的船队。为了争夺渔场，荷兰人和苏格兰人之间曾爆发过三次战争。是什么力量使得荷兰在激烈的竞争中脱颖而出呢？难道是荷兰的国家战略和强大的军事力量一举定乾坤？不是。改变大局的是一把小刀[34]。

1358年，在荷兰北部的一个小渔村中，一个名叫威廉姆·伯克尔斯宗的渔民发明了只需一刀就可以除去鱼肠子的方法。把鲱鱼的肚子剖开，内脏取出，鱼头去掉，然后把盐放在里面，这样可以把鲱鱼保存一年多的时间，那时候没有冰箱，这种方法很独特，所以，那就是为什么荷兰的鲱鱼能够在全欧洲特别是英格兰畅销。

荷兰渔民的一把小刀，将一种人人都可以染指的自然资源，转化为荷兰独占的资本。直到今天，许多荷兰人在食用鲱鱼时，仍刻意保持着这种几个世纪前形成的饮食习惯，鲱鱼被去除内脏之后，不经过任何烹调，直接提着鱼尾一口吞下。

本章概要

成功创业需要正确的商业思维，中外创业绩效之间的巨大差异也根源于商业思维方面的差异。本章着重阐述了商业思维的三个重要方面：机会思维、资源思维、价值思维，立足于中外比较视角下的中国创业者的误区，强调对正确思维的梳理与把握。

本章的分析内容在国内外的创业管理教程中具有突破性，强化了本书的思想性、思维性特色，也为后续的内容分析奠定了思想基础。

思考练习

1. 是关系重要，还是人才重要？国外与国内企业对此问题是否有不同的答案？当出现一个优秀的人才而同时他与自己关系并不牢靠时，该如何选择？
2. 如何从会计学角度进行资源的价值评估？
3. “资源”与“资本”有何不同？如何将“资源”转变成“资本”？企业家资源整合能力的反映指标有哪些？如何对企业家的资源整合能力进行评估？
4. 隐性机会大于显性机会。如何识别隐性机会？
5. 企业家应该如何管理掌握企业商业机密但人品有严重问题的下属？
6. 在企业的什么阶段以及什么情况下，企业家的资源整合能力具有最大的紧迫性和价值？
7. 为什么说在商业上“小即是美”？
8. 资源对创业及其发展是否存在负面效应？如何减少资源的负面效应？中国存在“富饶的贫困”的典型现象，即资源越富集的地区（如西部），经济发展水平越落后，而资源越贫瘠的地区（如浙江），经济越发达？你如何理解这种现象？
9. 资源的商业化与产业化开发价值何在？自然资源的商业化与产业化开发与其保护是什么样关系？如何进行资源的商业化与产业化开发？请从理论与实证结合的角度进行分析。
10. 马云指出过：“给年轻人最好的机会就是不给他机会。如果一个年轻人今天和你说他要做什么，三年后依然说他要做这个，而且坚持在做，那你就一定要给这个年轻人机会。”王石也指出：“实际上我们不是没有机会，而是机会太多，不是你会失败，而是你会获得各种各样的成功，做什么都赚钱，这时候你反而会发现那些进入世界500强的公司，它们的成功是它们取舍的结果。万科曾经做过进口录像机的生意，利润达到200%~300%，这种超额利润使得许多公司都挤进这个行当，供过于求，利润急转直下。这也说明市场很公平，之前你怎么暴利，之后你都要给我吐出来。”在王石看来，万科的稳健发展得益于取舍之道，他提出万科超过25%的利润不做，同时在1998年，万科开始了一个舍弃的过程，退出了很多赚钱的行业，而现在被房地产界广泛提及的“减法”，万科早在7年前就已经开始了。你是如何看待马云与王石的观念与实践的？

参考文献

[1] 李宗品. 五千药企收入不及一个“辉瑞”[N]. 文摘周报, 2006-05-08 (02).

[2] 张小平. 从“市值首富”到“价值首富”[J]. 南方人物周刊, 2009, (43): 22.

[3] James P Walsh. Managerial and Organizational Cognition: Notes from a Trip Down Memory Lane [J]. Organization Science, 1995, 6 (3): 280-321.

[4] 郑迪. 李焜耀: 中国需要“慢”下来 [N]. 21世纪经济报道, 2010-12-27 (93).

[5] 马克·佩恩, 金尼·扎莱纳. 小趋势——决定未来大变革的潜藏力量 [M]. 刘庸安, 贺和风, 周艳辉, 译. 北京: 中央编译出版社, 2008.

[6] 马云. 带着仇恨的竞争一定会失败 [N]. 新华日报, 2011-01-05 (B070).

[7] Aaron Levie. 打造精简企业 [EB/OL]. 21世纪网, [2010-11-08].

[8] 马海邻. 听史玉柱说创业戒律 [N]. 解放日报, 2009-02-07 (09).

[9] 陈晓平. GE的“二元”架构 [N]. 21世纪经济报道, 2010-12-24 (23).

[10] 奥卡姆剃刀 [EB/OL]. 维基百科, [2010-12-31].

[11] 王薇薇. 把小产品做成大生意的17家中小板徘徊在“双低”风口上 [EB/OL]. 理财周报, [2010-10-25].

[12] 马田. 一支铅笔的用途 [J]. 视野, 2005, (3): 62.

[13] Orit Gadiesh, James L Gilbert. Profit Pools: a Fresh Look at Strategy [J]. Harvard Business Review, 1998, 76 (3): 139-147.

[14] 柴文静. 发现“利润链”[J]. 21世纪商业评论, 2010, (10): 90-93.

[15] David B Greenberger, Donald L Sexton. An Interactive Model of New Venture Initiation [J]. Journal of Small Business Management, 1988, 26 (3): 107-118.

[16] Joseph A Schumpeter. The Theory of Economic Development [M]. Cambridge, MA: Harvard University Press, 1934.

[17] S Birley. The Small Firm-set at the Start [M] // RONSTADT R, HORNADAY J A, PETERSEN R, VESPER K H. Frontiers of Entrepreneurship Research. Wellesley, MA: Babson College, 1985: 267-280.

[18] A. J. De Koning Conceptualising Opportunity Formation as a Socio-Cognitive Process [D]. Fontainebleau: INSEAD, 1999.

[19] S. L Jack, A. R Anderson. The Effects of Embeddedness on the Entrepreneurial Process [J]. Journal of Business Venturing, 2002, 17 (5): 467-487.

[20] Janice A Black., Kimberly B Boal. Strategic Resources: Traits, Configurations and Paths to Sustainable Competitive Advantage [J]. Strategic Management Journal, 1994, 15 (Strategy: Search for New Paradigms): 131-148.

[21] 杰弗里·蒂蒙斯, 小斯蒂芬·斯皮内利. 创业学 [M]. 周伟民, 吕长春, 译. 北京: 人民邮电出版社, 2004.

[22] C. G Brush, P. G Greene, M. M Hart, H. S Haller. From Initial Idea to Unique Advantage: The Entrepreneurial Challenge of Constructing a Resource Base [J]. Academy of Management Executive, 2001, 15 (1): 64-78.

[23] Jay B Barney. Firm Resources and Sustained Competitive Advantage [J]. Journal of Management, 1991, 17 (1): 99-120.

[24] Ron Sanchez. Preparing for an Uncertain Future: Managing Organizations for Strategic Flexibility [J]. International Studies of Management & Organization, 1997, 27 (2): 71-95.

[25] Ron Sanchez, Aime Heene, Howard Thomas. Dynamics of Competence-Based Competition [C]. Oxford: Elsevier Science & Technology, 1996.

[26] Russell Eisenstat, Nathaniel Foote, Jay Galbraith, Danny Miller. 跨越科层结构的组织潮流 [J]. 麦肯锡高层管理论丛, 2001, (1).

[27] Scott Davis. 破解复苏迷局 [EB/OL]. 沃顿知识在线, [2010-09-01].

[28] 吴伯凡. 阿里巴巴：市场想象力——阿里巴巴的“倒行逆施” [J]. 21世纪商业评论, 2007, (9): 40-43.

[29] 施维, 陈贤丽. 漫步者张文东：4万到14亿, 我会超越罗技 [J]. 理财周报, 2010, 151: 13.

[30] 胡润. “问题富豪” 12年跌落何处 [N]. 南方周末, 2011-01-13 (D20).

[31] Dan Harris. 中企败走美国的10大原因 [EB/OL]. 东西网, [2010-09-08].

[32] Bob. 哈佛商学院诺里亚：我们追求知识而非需求 [N]. 华尔街日报, 2010-08-04.

[33] 爱范儿, 李楠. 离你最近的陌生人 [EB/OL]. 21世纪网, [2011-01-18].

[34] 王育琨. 中国为什么缺乏世界级品牌 [N]. 广州日报, 2007-02-01 (12).

CHAPTER4 第4章

商业模式

当今企业之间的竞争，不是产品之间的竞争，而是商业模式之间的竞争。

——［美］彼得·德鲁克

学习目标 >>>>>

- 理解商业模式的内涵、结构和类型；
- 分析不同商业模式的特点及其适用性；
- 把握商业模式设计与评价的方法与技巧。

世界上绝大多数的事情或项目，都是可以通过商业手段加以运营的，或者更准确地说，可以由成本项目转变为收益项目。同是音乐，古典音乐家（如作曲家）经常收入微薄，甚至入不敷出，生活凄凉，而现代音乐家则经常有亿万家财，这是有无商业运作结果的差异。同是举办奥运会，传统的运作是政府投资，经常亏损，而自洛杉矶奥运会始，奥运会变成了企业投资、能够产生赢利甚至有巨大盈余的项目，这是不同商业运作结果的差异。

做同一类产品的企业很多，但却有的成功，有的失败。甚至，产品质量差的企业会生存，而产品质量好的企业会被淘汰。新创企业新在哪里？不是新在技术上，不是新在产品上，而是新在商业模式上，也就是新在满足顾客需求、创造价值和赚钱的不同方式上。新创企业要超越已有的竞争对手，一定要探索到新的成功的商业模式，这是创业管理的本质所在。而在没有找到可靠的商业模式之前就大量投资，成为众多风险投资损失惨重的基本原因。同时，大多数处于早期阶段的连续创业者都明白无论自己第一年做什么，五年之后的状态都可能会与之大相径庭，这可能意味着完全不同的行业或全新的商业模式。即便如此，你必须有一个商业模式，因为它是你前进的方针和策略，但你会在头两年频繁地修改它。关键在于，你必须懂得专注于产品和运营收支，能在产品不赚钱时随机应变，能快速地创新并与客户形成互动。

商业模式（business model）是一个比较新的名词。Osterwalder、Pigneur 和 Tucci[1] 在翻阅了大量文献后给出的定义为："商业模式是一种包含了一系列要素及其关系的概念性工具，用以阐明某个特定实体的商业逻辑。它描述了公司所能为客户提供的价值以及公司的内部结构、合作伙伴网络和关系资本（relationship capital）等用以实现（创造、推销和交付）这一价值并产生可持续赢利收入的要素。"

人们在文献中使用商业模式这一名词的时候，往往模糊了两种不同的含义：一类作者简单地用它来指公司如何从事商业的具体方法和途径，另一类作者则更强调模型方面的意义。这两者实质上是有所不同的：前者泛指一个公司从事商业的方式，后者指的是这种方式的概念化。后一观点的支持者提出了一些由要素及其之间关系构成的参考模型（reference model），用以描述公司的商业模式。商业模式的概念化有很多版本，它们之间有着不同程度的相似和差异。Osterwalder（2004）[2] 在综合了各种概念的共性的基础上，提出了一个包含九个要素的参考模型。

这些要素包括：

- 价值主张（value proposition），即公司通过其产品和服务所能向消费者提供的价值。价值主张确认了公司对消费者的实用意义。
- 消费者目标群体（target customer segments），即公司所瞄准的消费者群体。这些群体具有某些共性，从而使公司能够（针对这些共性）创造价值。定义消费者群体的过程也被称为市场划分（market segmentation）。
- 分销渠道（distribution channels），即公司用来接触消费者的各种途径。这里阐述了公司如何开拓市场，它涉及公司的市场和分销策略。
- 客户关系（customer relationships），即公司同其消费者群体之间所建立的联系。我们所说的客户关系管理（customer relationship management）即与此相关。
- 价值配置（value configurations），即资源和活动的配置，涉及不同环节。
- 核心能力（core capabilities），即公司执行其商业模式所需的能力和资格，如技术、营销或服务。
- 合作伙伴网络（partner network），即公司同其他公司之间为有效地提供价值并实现其商业化而形成的合作关系网络。这也描述了公司的商业联盟（business alliances）范围。
- 成本结构（cost structure），即所使用的工具和方法的货币描述，如固定成本与变动成本。
- 收入模型（revenue model），即公司通过各种收入流（revenue flow）来创造财富的途径，涉及收入的时间配置等。

无论是新兴的服务、TMT（technology，media，telecom）、能源、环保还是传统的制造业，只要模式和机制的创新能够带来爆发力，都能使企业具备很大的成长空间。

不光是新建的企业需要一个好的商业模式，一个运行中的企业也必须对自己的商业模式有清醒的认识。从某种意义上说，只有了解了自己的商业模式，才能知道公司为什么会作为一个独立的企业而存在。

（1）价值。如果企业的成员了解企业的运营性商业模式，很清楚是什么使企业与竞争者不同，就能自觉地为企业的赢利做出贡献。

（2）冗余。既然商业模式是一个有内在联系的结构，那么任何放不进这个结构中去的元素及将之去掉也不影响整个结构完整性的部分就成为多余。将这些多余部分找出来对公司来说有两种含义，或者公司的业务本来就应该分为两块，或者可以考虑卖掉这些业务。

（3）变化。商业世界瞬息万变，包罗万象的、一成不变的年度商业计划在今天已经变得不现实。要使员工知道他们怎样跟上变化的节奏、抓住机会，战略性的商业模式能起到指导作用，如从价格策略走向品牌策略。

（4）寿命。运营性的商业模式和战略性的商业模式都有风光不再的时候，一段时间以后，它们所能创造的价值也会随着独特性的消失而减少。了解了你自己的商业模式，就会主动去发现它的弱点，评估或者努力延长它的寿命，如电子商务对门店销售的冲击。

如果没有清晰的商业模式，任何企业很快会销声匿迹。《科学投资》历时数月，将多年建立的《科学投资》创业企业案例库中的数百家企业进行统计，得到了这样一组数据：在创业企业中，因为战略原因而失败的只有23%，因为执行原因而夭折的也只不过是28%，但因为没有找到商业模式而走上绝路的却高达49%。

很多人往往可以发明出革命性的产品，但是却不能使市场接受他们的发明。菲洛·法恩斯沃斯（Philo Farnsworth，1906—1971）在1927年就发明了电视，但把黑白电视带给消费者的却是在1937年创建了电视广播的戴维·萨尔诺夫（David Sarnoff，1891—1971），因为他创造了一种成功的商业模式，把电视、录像机、广播电台、节目内容和广告结合在了一起。法恩斯沃斯只是发明了一台机器，而萨尔诺夫则建立了一个新的产业。2009 年中国电影票房收入 62 亿元，但一部《阿凡达》上映一个月就超过了这个票房收入[3]。

模式比较

任何一个商业模式都是一个由客户价值、企业资源和能力、赢利方式构成的三维立体模式。由哈佛大学教授马克·约翰逊（Mark Johnson）、克里斯滕森（Clayton Christensen）和 SAP 公司的 CEO 孔翰宁（Henning Kagermann）共同撰写的《商业模式创新白皮书》把这三个要素概括为：

- “客户价值主张”，指在一个既定价格上企业向其客户或消费者提供服务或产品时所需要完成的任务。
- “资源和生产过程”，即支持客户价值主张和赢利模式的具体经营模式。
- “赢利公式”，即企业用以为股东实现经济价值的过程。

长期从事商业模式研究和咨询的埃森哲公司认为，成功的商业模式具有以下三个特征。

第一，成功的商业模式要能提供独特的价值。有时候这个独特的价值可能是新的思想；而更多的时候，它往往是产品和服务独特性的组合。这种组合要么可以向客户提供额外的价值，要么使得客户能用更低的价格获得同样的利益，要么用同样的价格获得更多的利益。

第二，商业模式是难以模仿的。企业通过确立自己的与众不同，如对客户的悉心照顾、无与伦比的实施能力等，来提高行业的进入门槛，从而保证利润来源不受侵犯。比如，直销模式（仅凭“直销”一点，还不能称其为一个商业模式），人人都知道其如何运作，也都知道戴尔公司是直销的标杆，但很难复制戴尔的模式，原因在于“直销”的背后，是一整套完整的、极难复制的资源和生产流程。

第三，成功的商业模式是脚踏实地的。企业要做到量入为出、收支平衡。这个看似不言而喻的道理，要想年复一年、日复一日地做到，并不容易。现实当中的很多企业，不管是传统企业还是新型企业，对于自己的钱从何处赚来、为什么客户看中自己企业的产品和服务乃至有多少客户实际上不能为企业带来利润反而在侵蚀企业的收入等关键问题，都不甚了解。

埃森哲提出的三个特征与 SAP 提出的三个要素是相互印证的。

一个完整的商业模式由业务模式、运营模式、赢利模式、竞争模式四个层级结构组成。成功的商业模式是全功能的，体现商业过程的整体性，从而具有一种内在的加速机制。

业务模式

创业之初第一个重要选择就是寻找一个适合自己的业务模式（professional model）。对一个创业者来说，一个真正好的业务模式应该是适合自己的，即其有能力操作而且能把现有的资源有效整合进入的，在此基础上才能实现真正的创新，促成企业的逐步发展。

【提示】 业务模式的核心目的在于建立创业的价值定位，即新价值的创造。

业务模式的视角是外向视角，主要考虑企业与企业之间的关系，是指企业在所处行业产业链中的位置（如软件的研发、销售或服务），以及与产业链其他各环节在整个产业生态中的相互关系（如软件产业与 IT 行业）。从价值链角度来看，业务模式往往以围绕价值链单一优势环节和整体整合两种方式展开。拥有创新型业务模式的企业，其价值链（如研发）围绕着企业核心能力（如技术），与行业中传统的价值链存在着显著差异。

业务模式主要分为复制型创业、安定性创业、模仿型创业和冒险型创业（见图4-1）。

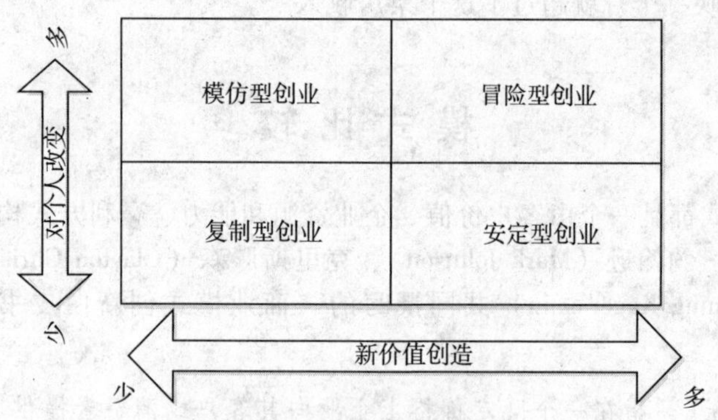

图4-1 业务模式的四种类型

复制型创业

复制型创业（entrepreneurial reproduction）模式是在现有经营模式基础上的简单复制。现实中这种复制型企业的例子特别多，且由于前期生产经营经验的累积而使得新组建公司成功的可能性更高。但这种类型的创业模式，创新贡献较低，也缺乏创业精神的内涵，并不是创业管理研究的主流。

专栏

附属创业

“公司附属创业”指由一家已经相对成熟的公司创建一家新的附属企业。

谢国雄[4]在其所研究的台湾中小企业“黑手变头家”的现象过程中，指出员工在母厂数年的工作学习，培养建立与工厂老板之间的关系，然后集资创业成为原任职厂的外包代工厂，完全依赖母厂的定单生存；然后慢慢积累资本与关系，并扩展自己的规模，降低对母厂的依赖；最后终于成为与母厂平行互助的较大型厂或发展成可以独立接受国外订单的中型厂。这种创业是一个由任职学习、创业当家，进而进入成长独立阶段的过程。

员工附属创业的现象在企业是相当普遍的。事实上，在高科技发展时代，员工远比以前更有弹性。

模仿型创业

模仿型创业（entrepreneurial imitation）虽然也很少给顾客带来新创造的价值，创新的成分并不算太高，但对创业者本身命运的改变较大。如某煤矿公司的经理辞职后，模仿别人新组建一家网络公司。相对来说，这种创业具有较大的不确定性，学习过程较长，经营失败的可能性也比较大。不过，如果那些具备创新精神的创业者，能够得到专门的系统培训，注意把握市场进入契机，创业成功的可能性也比较大。

创建新企业也可能是出于先前的工作经验、独立或自由的需要等个人原因。但是，Gartner、Shaver 和 Gatewood[5]发现创业者创办企业和一般的职业人员一样也是出于职业选择的原因。Stan Davis 和 Jim Botkin（1996）[6]在《企业推手》一书中特别指出，在工业时代，员工如果被解雇，就没有工具或资源可以继续发挥生产力，然而在知识经济时代，由于知识成为经济体系中最关键的资源，因此，被解雇的员工可以带着有弹性的知识去开创新事业，例如美国科诺克公司（Conoco）为缩减规模而资遣两名项目经理，该两位经理人利用遣散费当做种子基金，创立新公司，一方面把项目研究成果租给科诺克公司，另一方面也出售给其他公司。此外，如康宁玻璃公司协助离职员工独立创业的办法，是允许他们把公司已不再使用的科技出售给其他公司。

创业者还可以通过购买迅速地进入模仿创业的状态。

安定型创业

安定型创业（entrepreneurial valorization），创业者个人命运的改变并不大，所从事的仍旧是原先熟悉的工作，但他的确不断地在为市场创造新的价值，为消费者带来实惠。

安定型企业所强调的是个人创业精神的最大程度实现，也就是创新的活动，而并不对原有组织结构进行重新设计和调整，企业内部创业即属于这一类型。

专栏

内部创业

所谓“内部创业”（Intrapreneurship），是由一些有创业意向的企业员工发起，在企业的支持下承担企业内部某些业务内容或工作项目进行创业，并与企业分享成果的创业模式。这种方式不仅可以满足员工的创业欲望，同时也能激发企业内部活力，改善内部分配机制，是一种员工和企业双赢的管理制度。

相对于另立山头、自力更生的创业方式，内部创业在资金、设备、人才等资源利用方面的优势显而易见。由于创业者对于企业环境非常熟悉，在创业时一般不存在资金、管理和营销网络等方面的困扰，可以集中精力于新市场领域的开发与拓展。同时由于企业内部所提供的创业环境较为宽松，即使是创业失败，创业者所需承担的责任也小得多，从而大大地减轻了他们的心理负担。

从另一方面来说，建立企业的内部创业机制，不仅可以满足精英员工在更高层次上的“成就感”欲望，留住优秀人才，也有利于企业采取多种经营方式，扩大市场领域，延续企业的发展周期。充满活力与创新思维的内部企业往往可以对组织结构臃肿、拘泥于传统工作方式的大企业带来强烈的观念冲击，从而彻底转变企业的经营理念，保持不断的创新和持续发展。

根据创业活动的主体差异，创业活动可以分为个体创业和公司创业。个体创业主要指与原有组织实体不相关的个体或团队的创业行为，而公司创业主要指由已有组织发起的组织的创造、更新与创新活动。虽然在创业本质上，公司创业和个体创业有许多共同点，但是由于起初的资源禀赋不同、组织形态不同、战略目标不同等，在创业的风险承担、成果收获、创业环境、创业成长等方面也有很大的差异，两者的主要差异点如表4-1所示。

表4-1 个人创业和公司创业的主要差异点

个体创业	公司创业
• 创业者承担风险	• 公司承担风险，而不是与个体相关的生涯风险
• 创业者拥有商业概念	• 公司拥有概念，特别是与商业概念有关的知识产权
• 创业者拥有全部或大部分事业	• 创业者或许拥有公司的权益，也可能只有很小部分
• 从理论上而言，对创业者的潜在回报是无限的	• 在公司内，创业者所能获得的潜在回报是有限的
• 个体的一次失误可能意味着生涯失败	• 公司具有更多的容错空间，能够吸纳失败
• 受外部环境波动的影响较大	• 受外部环境波动的影响较小
• 创业者具有相对独立性	• 公司内部的创业者更多受团队的牵扯
• 在过程、试验和方向的改变上具有灵活性	• 公司内部的规则、程序和官僚体系会阻碍创业者的策略调整
• 决策迅速	• 决策周期长
• 低保障	• 高保障
• 缺乏安全网	• 有一系列安全网
• 在创业主意上，可以沟通的人少	• 在创业主意上，可以沟通的人多
• 至少在初期阶段，存在有限的规模经济和范围经济	• 能够很快地达到规模经济和范围经济
• 严重的资源局限性	• 在各种资源的占有上都有优势

冒险型创业

冒险型创业（entrepreneurial venture）模式，有可能会改变个人的命运，从事一项全新的产品经营，个人前途的不确定性也很大，并且由于是创造新价值的活动，失败的可能性也很大。尽管如此，因为这种创业预期的报酬较高，对那些充满创新精神的人来说极富有诱惑力。克里斯滕森的研究表明，采用打破现状式而非渐进型战略时，创造一家成功增长企业的机会就从6%猛增到37%[7]。但是，它需要创业者具备较强的个人能力、把握适当的创业时机、设计合理的创业方案、进行科学的创业管理才有可能获得成功。

专栏

完全创新

完全创新项目可以给企业注入新的生命力，也能让一个新创企业获得良好的发展前景，重要性不言而喻。怎样的项目才能算完全创新？完全创新项目应当具有以下一个或多个标准的潜力[8]：

- 具有一整套全新的绩效特征；
- 改善已知的绩效特征5倍或5倍以上；
- 能节约30%或30%以上的成本。

完全创新项目在管理上面临诸多挑战，要求的能力又多又复杂（见表4-2）。

表4-2　应对完全创新过程中的挑战[8]

管理挑战	能力要求	应对办法
抓住“前景模糊”的创新构想	产生优秀构想	高层制定战略意图，刺激员工完全创新构想的产生；组织机制：头脑风暴、研讨会、完全创新中心
	识别并确认机会	初始评估：技术、市场、实施性、竞争者、利润、企业能力……
管理完全创新项目	克服不确定性	对不确定性进行分类：组织、资源、技术和市场；分别进行追踪
	计划的开发和遵循	“完全创新学习曲线”
	招聘精英人才	项目精英，技术精英，业务部门精英，完全创新团队、精英团体
	组织之间相互关系的有效管理	非正式网络，交流
研究完全创新市场	针对不同创新类型提出市场研究问题：企业现行发展战略之外的创新；居于企业现有业务之间“空白地带”的创新；现有业务部门的技术或市场领域内的创新	研究市场潜力、技术可行性、创新为客户带来的利益，样机制造，选择最初运用领域
	用新方法进行市场研究	与潜在客户联系；与最新技术进行比较；完全创新中心、经验论证；同时寻找多个应用领域；训练项目小组成员预期市场研究
在商业模式中解决不确定性问题	企业应该外包生产什么、发展什么能力	选择目标客户，周密考虑把创新技术传递给这些客户的价值链要素，在价值链中找自己的位置（长期潜力、有利可图），选择合适的合作者，协作完成价值传递
	商业模式对研究结果的适应性	业务开发人员加入到创新项目组，有利于消除技术创新发展和成功经营的障碍；在应用创新技术前，选择必须具备的支持性基础条件

（续）

管理挑战	能力要求	应对办法
弥补资源和能力差距	资源获取	内部资源，外部资源（双刃剑）
	内部和外部合作关系的建立与管理	市场研究和商业模式开发，技术合作，价值链细分中的所有权，知识产权的控制，建立合作协议
从完全创新项目向实际运行状态转移	精确评定创新项目和接收部门的转移准备	选择新业务的归属：已有部门？新部门？抽资分离公司？……
	为成功转移发展人力、实践和结构	建立转移小组：必须有转移过程双方的人员；制定转移计划
	在组织部门之间建立联系的能力	人力资源问题；及时反馈市场反应；及时做出调整、最终确定商业模式和市场切入口
调动个人积极性	有效确定高级管理人员、关键个人和项目小组的角色	项目开发精英，重要项目的资助者，完全创新活动的启动者和支持者，文化形成者
	建立合适的报酬制度和职业生涯路径	财务激励创新
	促进非正式网络	构建和培育内部网络，发展外部网络

完全创新不仅仅限定于现有企业，对于一个创业者而言，完全创新更为重要。创新的完全创新只是把大企业的创新规模和投资缩小了比例，科学的管理却必不可少。当完全创新在一个创业团队中有条不紊地进行着，很可能意味着一匹商业黑马将要驰骋商场。

中国的原创技术不够，政府也非常希望能够发展出本国的专利和技术，改变受制于人的局面。但现实是，好的技术往往性价比不好，应用成本过高。因此好的技术还必须要有市场化能力。作为成长型的企业，商业模式和管理体制的革新，更有助于提升它的商业竞争能力。商业化的能力越强，企业投资技术的能力也就越强，从而促进技术的创新。比如华为和中兴通讯这样已经具备很强商业实力的企业，才能够去做大量的技术投资。

运营模式

运营模式（operating model）是在业务模式的框架下，基于工作流、物流、资金流和信息流层面建构的，向市场提供独特产品和服务的企业运转机制。运营模式主要立足于企业内部的运营与管理创新。将商业模式实施到公司的组织结构（包括机构设置、工作流和人力资源等）及系统（包括IT架构和生产线等）中去是商业运作（business operations）的一部分。

专栏

3G移动数据业务商业运营模式

不同的移动数据业务，产业链不同，具体的商业运营模式也不同。不同的3G移动数据业务是提供给不同的用户的，提供的服务因客户的差异性不同，从而导致生产过程中企业产业链的不同。也就是说，不同的移动数据业务应对应不同的产业链。确定某项移动数据业务的商业模式，需要考虑四个方面的因素：业务的因素、客户因素、合作伙伴因素、自身因素（见图4-2）。

（1）直销型模式——控制。第一象限：市场潜力大，应用单一。移动运营商自己完全控制产业链的全过程：自行研发产品、自行推广销售、自行服务。

（2）响应型模式——认证。第二象限：市场潜力小，应用单一。移动运营商向应用/内容提供商提供“认证”，移动运营商作为新业务协调者/促成者角色。合作伙伴提供客户化的技术改造、客户攻关、客户服务等工作。移动运营商做好网络与计费支持工作，配合合作伙伴一同满足客户需求。

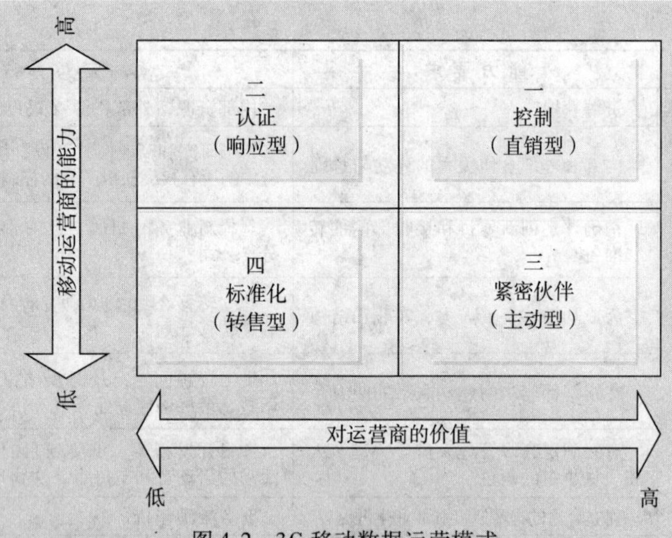

图4-2 3G移动数据运营模式

（3）主动型模式——紧密伙伴。第三象限：市场潜力大，合作伙伴分散，用户需求复杂，应用分散。移动运营商联合合作伙伴，直接面向客户提供全面解决方案，签约关系一般体现在客户与移动运营商上。

（4）转售型模式——标准化。第四象限：市场潜力比较小，应用比较分散。移动运营商不面向客户，合作伙伴或者业务代理商将移动运营商的资源批发或承包下来，自行开发，自行发展客户，自行服务。

业务模式强调企业本身和外部价值链的构造与关系，运营模式阐述的是企业提供产品和服务的方法与特点。运营模式涉及做什么、如何做、怎样做好的问题，其实质是一种创新形式。企业的创新形式贯穿于企业经营的整个过程，贯穿于企业资源开发、研发模式、制造方式、营销体系、市场流通等各个环节，也就是说在企业经营的每一个环节上的创新都可能变成一种成功的运营模式。

【提示】 运营模式的核心目的，在于实现创业的价值创造。

渠道销售

一般地说，服务业的运营模式要比制造业和零售业的运营模式更复杂。最古老也是最基本的渠道运营模式就是“店铺模式”（shopkeeper model），具体点说，就是在具有潜在消费者群的地方开设店铺并展示其产品或服务。

渠道赢利的公司搭建通往用户的渠道，只要所搭建的渠道是畅通的、有效的，就可以在这个渠道中销售相应的产品来获得收入。把人抓牢以后，借助平台与人之间的渠道，很多产品顺流而下，拦都拦不住。

渠道销售的要求是：渠道必须是封闭的、通畅的。只有封闭，才能防止杂质进入，保证产品线畅通。国美创始人黄光裕指出：“倒闭的企业都是些没有长大的企业或缺乏特性的企业，说明不了实质性的问题。中国零售企业规模化、集团化发展才是出路，而不是散兵作战。自主创新和规模化发展是零售企业不可或缺的两大武器。中国零售企业规模化发展是一个大的趋势。当然，仅有规模是不够的，还要实施精细化管理，整合优势资源，共同形成战略合作。同时应更加注重市场分析，通过数据分析准确判断和控制市场的变化和发展。”

专栏

国美电器的运营模式

- 商家和消费者直接接触，经营中始终站在消费者这一边
- 中国老百姓收入还不高，要坚持给消费者让利，薄利多销
- 采用世界上通行的“专营”、“连锁”、“超市”模式
- 利用自有资金大批量、低价格买断厂家产品，再以低于市面的零售价卖出
- 甩开中间商，搞包销制
- 根据自己对市场的研究向企业提出产品开发要求，进一步影响生产领域

随着互联网技术的大规模应用，“硬平台”走向了“软平台”，但是其商业灵魂并未改变，还随着互联网这一更开放的信息平台而扩大，同时也由于互联网低价广众的特点，竞争更加激烈。在这样的商业环境下，能否充分发挥平台降低成本的商业价值尤为重要。目前互联网上的信息服务平台比比皆是，相信能够把握平台搭建的商业灵魂——成本降低，并结合市场需求环境进行创新和发挥的模式一定能够获得成功。

特许经营

选择特许经营模式，也是很多创业者开始自己创业实践的手段之一。所谓特许经营，指的是根据双方协议，特许经营人被授予按照授权方指定的私营方式经营企业的权利。

特许经营（business format franchising）可以定义为在特许人与受许人之间的一种持续性的契约关系，根据契约，特许人授予受许人营销其产品或服务的权利，包括使用特许人的商标，经过验证的运营模式和系统以及特许人的诀窍。

第一家特许经营店是美国的 Singer sewing machine Co. 在 1893 年建立的。加拿大是特许经营最普遍的国家。

专栏

汉堡王的商业模式

汉堡王（Burger King）是全球第二大快餐汉堡公司，1954 年创立于美国迈阿密，在世界六十几个国家拥有 11 000 多家餐厅，2005 年进入中国。

- “少样，快速，价廉”，未来的市场一定是朝这个方向发展
- 设计在最短的时间内把食物送到顾客手里的作业系统
- 在蓬勃的餐饮市场里，获取儿童的认同是不变的金科玉律
- 将全部的经营重心放在加盟事业的拓展上
- 不授予区域代理权，避免把加盟店卖给无心深入经营的投资人
- 不断地利用加盟店的押金作为头期款，买下或承租土地建造餐厅，运用租金支付分期款

特许经营的基本类型有：

- 商标型特许经营
- 经营模式特许经营
- 分支特许经营

特许经营的特征是：

- 清晰定位的品牌
- 成功的、经过检验的经营模式
- 高度的一致性和标准化作业

特许经营与其他相关商业形式的区别是：特许经营是连锁经营的一种形式，属于特许连锁（franchise chain）或合同连锁（contract chain）。连锁经营还包括正规连锁（regular chain）和自愿连锁（voluntary chain），前者为同一资本所有，后者是独立零售商的联盟或合伙组织。

特许经营是创业选择的一种手段，这种模式拥有自己的优缺点。特许经营的优点主要包括：特许经营具有较高成功率，能够帮助创业者获得正式的培训、资金的帮助，并在经营方面的受益（知名产品和服务、完善的营销和管理）。而特许经营的缺点则体现在这种模式需要创业者支付较高特许经营费用，此外，企业的增长往往受到一定的限制，企业的独立性有所丧失。

服务革新

一个传统的行业，经历了几十年的风雨，已经拥有了一套固有的运作模式，处在这个模式下的人很难从原有的模式框架中跳出来。而那些拥有全球眼光的创业者，会从国外或从别的行业的某一要素中汲取灵感，进行变革，取得成功，再在把这独特的运作模式推向全球。服务革新模式适合用于任何一种行业，现代主要是通过对传统行业进行革新，发现创业的机会。

专栏

戴尔模式：大规模定制服务

美国戴尔计算机公司在1999年《商业周刊》评选的“信息技术公司100强”中名列榜首。该公司火箭般的成长速度令所有同行瞠目结舌。

戴尔公司是企业家、网络技术和企业软件汇集在一起的完美例子。戴尔公司的高速增长可归结为戴尔模式的充分运用——精简客户订货流程，精简产品从供货到制造流程的复杂，体现企业管理软件、网络技术以及了解新技术发展情况的企业家的结合。

要实现大规模定制的设想，就必须掌握各个客户订货以及自己企业各种资产的全部信息。戴尔公司每年生产数百万台个人计算机，每台都是根据客户的具体要求组装的。戴尔公司的立足之本是以低于竞争者的成本向客户提供有价值的个性化的服务。他们最关键的竞争武器就是掌握信息。戴尔公司的后勤服务软件非常全面和先进，因此它能够以较低的成本开展大规模的定制服务。戴尔模式证明，通过技术和管理的结合，可以达到特色战略和成本战略兼而有之的效果。

服务业基本上没有什么技术壁垒，而且现在越来越难想出还有人的什么需求在可以实现的前提下没有得到提供，这时那些脑子灵活、对现有服务业的本质了解深刻而且对人的本性需求有洞察能力的创业家可以有所作为，他们可以把现有的某一服务行业提供给特定的消费群体，进而制造差异化，如果这个特定消费群体足够大，那么这个创业就会成功并且获得大量的先行者优势，如果这是世界范围的消费群体，那么这个创业在它刚刚诞生就实现了它的国际化。

轻型资产

按照麦肯锡的说法，企业的品牌、人力、经验、客户资源、价值观、治理制度、管理流程都属于“轻资产”的范畴。以“轻资产”的方法扩张，将获得更强的赢利能力、更快的速度与更持续的增长力，是用最少的资金去撬动最大的资源，赚取最多的利润。企业的“轻资产”已经成为商业运作的新主角[9]。

1. 客户深耕

从一个顾客身上赚到10倍的利润，这就是对客户资源进行深耕的神奇。开发一个新顾客的成本是留住一个老顾客成本的5倍，这就是客户资源深耕的理由。

企业不能只对市场占有率情有独钟。有时候，市场占有率将诱使企业为了营业额而不顾一切，掉进“重资产运营”的陷阱。对“轻资产”的使用而言，企业要考虑的是客户占有率，即增加每一位客户的营业额。客户占有率往往是轻资产运营点石成金的关键。

事实上，商业竞争已经出现了从以市场为中心向以顾客为中心转变的趋势，优秀的企业把客户作为企业的一个重要资源，通过以客户为中心的有效运作，来提升企业竞争力和获利能力。营销理论从“4P”到“4C”的转变，就是从“产品本位”到“客户本位”的转变。

在企业所有的浪费中，罪过最大的当属客户资源的浪费。记住美国富国银行总裁尼格的商业名言吧：“一旦你拥有了一个客户群，对你能销售什么的唯一限制就是你自己的想象力。”

2. 虚拟经营

原台湾宏碁集团董事长施振荣有个著名的“微笑曲线”理论：1990年以前，在一个产业中，制造环节往往是利润最高的，但在1990年以后，利润已经转移到了两头，上游的研发和下游的销售、售后服务等环节利润最高。

利润稀薄的制造环节，往往又是资产要求最重的环节。而虚拟经营的高明之处，就在于集中一切资源经营品牌，把生产等重资产环节外包。如今，虚拟经营在保健品、服装行业非常常见。

值得一提的是，通过贴牌生产（OEM）来为资产“减肥”的做法已经司空见惯了，近年来，西方企业还有更酷的“减肥”方法：许多公司把客服中心（呼叫中心）、后勤甚至财务报账等工作都外包到印度等地，以减少员工人数，结果，害得不少美国人不得不捏着鼻子欣赏“印度风味”英语。

虚拟经营以外包为基础，那么，如何以自己的核心竞争力来掌控产业链，就是虚拟经营的关键。美特斯邦威借助信息化管理系统，时刻监控着上下游1000多家合作伙伴的一举一动，就是一个很好的方法。

3. 水平分工

在长三角和珠三角，经济已经呈现出高度专业化分工、集群化发展的明显态势，看似不起眼的一粒纽扣、一条拉链，都可以做大一个企业。而这也正是提高资产利用率，使资产“轻”下来的一个重要途径。因此，在“小狗经济”中，围绕一个产品心无旁骛地专业化发展，就是一种典型的轻资产生存策略，几乎适用于各个行业。举例来说，当男士坐在椅子上，有时裤子上的拉链自己会鼓起来，让主人非常尴尬，正是解决了这个问题，泉州一家拉链企业获得了比同行多无数倍的订单。

产业集群

所谓集群，是指某一特定领域内相互联系的公司和机构在地理位置上的高度集中。集群包含一系列相互关联的产业和其他对竞争十分重要的实体，比如，零部件、机械和服务等专业化投入品的供应商、互补品的制造商、渠道与顾客、相关行业（技术、技能相关或需共同的投入品）内的企业，甚至可以包括政府和大学、咨询公司、培训公司等提供专门服务的机构。

集群代表了一种新的组织形式，它既不同于通过“看不见的手”调节的市场，也不同于传统的科层组织，而是介乎两者之间的一种价值链的组织形态。威廉姆森（1985）把组织结构区分为一体化组织或企业、关系契约或中间组织、市场等三种制度形式，从这层意义上看，企业集群实质上是一种中间组织。与发生在分散、随机的买卖者之间的市场交易相比，由于集群内企业和机构在地理位置上比较接近，发生交易的频率又远远高于外部市场上单次的随机交易，因而协调与信任之风盛行，机会主义与道德风险大大降低，有效地降低了交易成本。而与传统的科层组织相比，集群内的企业虽然交易频繁，合作紧密，效率很高，却依然不失彼此的独立性，远比一体化的科层组织灵活。

专栏

世界上著名的产业集群地

好莱坞的娱乐业：世界的造梦场，一个影星，只有来到了这里，才算取得了世界范围的认可。世界各国的影星、导演，都想挤进这里，因为这给予了他们更大的发展空间。好莱坞的大片风靡全球，得益的不仅是这里的大电影公司，还有集群里所有的小公司、创业公司。

华尔街的金融业：世界金融的中心，这里的人拿着世界最高的薪水，这里的数字波动影响着世界的经济。

硅谷的IT业：世界计算机科技的尖端全在这里，一家具有国际化视野的相关行业公司是不会忽视这里的，这里的新创企业备受青睐。

浙江制造：这里有大量的产业集群，如杭州的电子通信、家电、医药产业群；宁波的服装产业群；温州的塑料、皮革、包装印刷、仪表仪器等产业群等。中国被称为世界工厂，浙江的制造品具有全球的竞争力，不仅源于廉价的劳动力，而且源于我们的一个个产业集群。

企业联盟

选择新创业模式可以找到与大行业或者大企业的共同利益点，主动与其结盟，将强大竞争对手转化为依存伙伴，借船出海，借梯登高，以达到争取利润的第一目标，并使企业快速壮大。这种“借用外力”策略的本质在于，大企业有通畅的产品流通渠道，有广大的客户群体，就像一条庞大凶猛的鲨鱼，而新创企业无论在资金、技术还是在人才等方面，都存在着诸多先天不足。如果新创企业能找到与大企业的利益结合点，与大企业结成联盟，就可以有效弥补自身的短板，自然也就可以分享大企业的利润大餐。

新创企业要认识到策略联盟对一家企业成功的重要性。在如今合作竞争的大环境下，企业单打独斗闯出一条金光大道来，是不现实也不符合市场规律的。不要对做产业配角有偏见，产业配角做好了，同样可以成为一流的企业。目前，成熟企业的空前发展为新创企业带来新的发展契机。这些企业与成熟企业结成某种稳定的协作关系，与成熟企业的配套关系明确之后，不但可以为企业的成功营造一个很好的开始，而且可以降低成本和经营风险。

专栏

“傍　大　款”

小企业与大企业的合作有三种基本的方式：将大公司视为战略投资者寻求投资、向大型企业集团出售自己的企业、为大企业提供配套服务及产品（以合作深入程度划分，则可分为三层：简单的常规业务外包、专利买卖、涉及产品业务的较核心层面的合作）。

简单的常规业务外包早已是红海，而卖专利、深度合作则门槛甚高，“傍上大公司”对于小公司的创业者来说，是一件既考验意志力，又考验技巧，同时还需比拼内功的任务。

大公司思考的维度其实很简单，就是你的东西是否能直接、有效地刺激它在某一方面的增长，换句话说，要抓住大公司，首先要抓住大公司的用户。为此，小公司要具备适当的变形能力。

小公司要动态地看待自己的发展，当你们合作的业务在大公司的总业务中所占的份额足够大，或者你有可能在局部业务上成为它的竞争对手时，你需要考虑让它做你的投资人。

很多成功的企业，都是通过策略联盟的战略逐步走向成功的，而且是从配角开始做起。当今的世界首富比尔·盖茨当年就是通过策略联盟才使得微软公司迅速走向成功。在盖茨刚刚发现了软件对硬件的支配力量时，他就通过多次请求、磋商、谈判，和IBM公司签订了一份合作意向书。他向IBM公司允诺在五个月之内为IBM的PC开发出一套操作系统。其实那个时候盖茨已经将一个PC操作系统从别人那儿买来了，而那个发明操作系统的人已经在一次酒吧斗殴当中身亡了。所以，盖茨正是通过乘上IBM公司这辆快车而让微软公司迅速成功的。与其说他是个技术天才，倒不如说他是个商业天才。

新创企业在策略联盟上不仅要注意与自己处于同一产业或相关产业的大企业的合作上，而且也要注意将自身并不精通的业务环节转包给其他企业以及技术合作上。因为从价值链的角度来看，世界上无论是大企业还是小企业，没有一家会在所有的业务环节上都精通，都具有竞争优势，所以为了保持和强化核心业务，使企业更具竞争力，企业可以只保留最关键的核心业务环节，其他在本企业资源有限的约束下无法做到最好的环节，可将之外包出去，这样可以以更低的成本来换取更高的价值。

由上述不同运营模式的分析可以发现，运营模式实质是一种创业价值的实现模式。

专栏

商业模式具有生命性

商业模式具有生命性，一个世纪前，金·吉利通过赠送产品来赢得财富，创造了一种新的商业模式，而今天当各商家都用打折或买一送一的方式来促销时，这就不再是一种商业模式（运营模式）。企业家随着环境变迁而动态调整创业模式的能力是创业管理成功的关键（见图4-3）。

例如，苹果iPhone是颠覆性的产品，除了设计、体验与操作等方面，以及苹果习惯性的自然革命以外，更伟大的颠覆在于它改变了移动通信领域过往的游戏规则，改变了传统的运营商与手机制造商的角色定位。iPhone在研发期就完成了颠倒手机制造商与运营商关系的战役，上市以后，从机器本身到其激活，再到其通话与上网，哪里还有美国第一大通信公司AT&T的影子？苹果仅仅以一个手机设计者身份，就把过去人们习以为常的运营商垄断与制定游戏规则的“命”给“革”了。

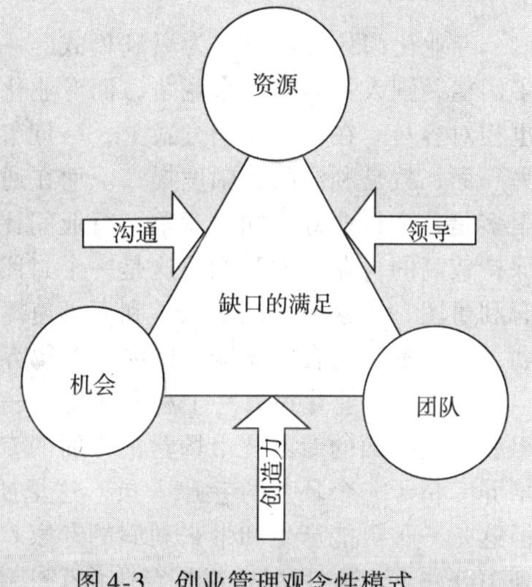

图4-3 创业管理观念性模式

赢利模式

创业成功的关键在于能够快速地实现赢利，产生稳定的、不断增长的现金流。要达到上述要求，则要求企业有一个赚取利润、谋取发展的“赢利模式”（profit model），它是企业运营的核心与实质。纵观当今成功的创业企业，几乎每个企业都有属于自己的一套“赢利模式”。它们有的为创业者所独创，有的则是在前人的基础上加以总结改进，但无论哪种来源都是这个赢利模式决定了企业的成败。

企业存在的目的就是为了赢利。企业要实现赢利，首先必须知道自己的赢利点在哪里。赢利模式就是准确判断价值链利润区所在，并且根据利润区的转移，迅速调整战略，将客户群的选择、价值的获取、产品差别化和业务范围的确定等各方面的战略措施，都围绕最高利润区来进行配置。

创业不是投资，一般没有更多的资金或者说难以长时间地占用资金，初期的赢利对一个创业过程是相当重要的。很多成功的企业，都是把高赢利的一个部分抽出作为主营业务来做，以此降低风险。美国著名投资商罗伯森曾经告诉亚信公司创始人田溯宁，商业模式就是一块钱在你的公司里转了一圈，最后变成了一块一，这增加的部分就是商业模式所带来的增值部分。

赢利模式是企业实现利润的方法和途径，包括两层含义：一是企业在提供产品和服务的运营过程中的成本结构和收益环节，好的赢利模式往往能产生多点收益，产生更多的过程利润；二是业务层面上，企业与价值链中相关主体的利益分配格局。通过整合资源形成共赢的价值网，使商业模式中各参与主体在新的赢利机制下，可以获得直接或间接的更高利益水平。

【提示】 请记住：任何一个产业只有投资人赚了钱它才能成为一个健康产业。赢利模式的核心目的，在于赢得创业价值的回报，获取利润。

专业化模式

“专业化”的意思就是专精一门，也就是俗话说的“一招鲜，吃遍天”。企业的核心能力与竞争优势本质上是一种专长，要想别具一格，就必须专业化。在这样一个诱惑多多的年代，要静下心来，专精一门是不容易的，要不然就不会有几年来“多元化”在国内企业界的甚嚣尘上了。

专业化为什么可以成为赢利模式？一个最简单的解释是，因为它精，所以它深，深就提高了门槛，别人不容易进来竞争，而专业化的生产，其组织形式要比复合式生产简单得多，管理也相对容易。在市场营销方式上，一旦市场打开，后期几乎不需要有更多的投入。成本降低的另一面，就是利润的大幅度提高。而在通常情况下，专业化生产一般最后都会形成独占性生产，至多是几个行业寡头同台竞争，行业间比较容易协调，从业者较易形成相互保护默契，有利于保持较高的行业平均利润。这是一个封闭或半封闭式市场，不像开放市场上的产品，一旦见到有利可图，大家便蜂拥而入，利润迅速摊薄，成本迅速攀升，本来有利可图的产品很快变成鸡肋，人人都觉得食之无味，同时又觉得弃之可惜。

另外，专业化还有一个利润来源——专家，企业不但要有研发方面的专家，还要有生产和组织管理方面的专家、市场营销方面的专家。专业化生产是一个反复重复的过程，有利于迅速培养专精于一个环节的专业人员。这里所说的专家与人们通常意义上所理解的专家有所不同，但这是一种更能产生和带来利润的专家。一般来说，这种专家型员工会比普通员工给企业多带来10%～15%的利润，这是专业化生产独有的好处。

许多跨国公司深知，专业化的公司在专业领域提供的解决方案经常是最好的。也正因为跨国公司的显性需求，所以不管走到哪里，后面总跟了一大批诸如毕马威、德勤、麦肯锡、奥美等专业顾问机构。

专栏

西门子：战略发展的加法和减法

西门子公司已经有150年的发展历程。今天，西门子公司成为在全球处于技术领先地位的巨型跨国公司，员工总数约43万名，业务遍布190多个国家和地区。西门子公司发展的动力之一是不断重组业务，不断调整组织结构。每20年西门子公司就要进行一次较大范围的业务重组，每年也都有一些业务调整。最近一次重大业务重组是在1989年。西门子根据市场不断细分的形势，把6大业务部门重组为14个业务部门。西门子公司的成功之道在于根据客户的需求和市场的变化确定自己的主营业务，坚决削减非主营业务。在西门子的历史中，他们也曾把注意力转向其他领域，生产过汽车、飞机发动机等产品，但很快就进行了调整，果断地放弃了与内燃机有关的制造业。在最近进行的业务调整中，西门子公司准备撤销其原有的电子管部门、西门子利多富零售和银行系统公司以及信息、通信和工业部门的一些机构。市场的细分也促使西门子的业务不断细化。为了使一个细分化市场的顾客得到最好的服务，公司需要对业务和员工的服务对象细分。西门子在确定战略发展的加减法时，都会把朝阳产业放在自己主营业务中。这些年，西门子的经营重点放在能源、工业、信息和通信、医疗、交通、照明等核心业务上。由于电子业的迅猛发展，电气工程领域的市场销售增长率将继续高于整个行业的平均水平，因此西门子公司的经营战略重点放在了不断扩展的全球电子电器市场上。西门子公司经营准则的重要一条就是“客户决定我们的行动”。公司十几个业务部门都设有市场部，它们随时追踪市场信息，根据顾客的需求提出业务改进的建议。在企业成长过程中，每一个企业都面临着产品多元化还是核心化的选择。20世纪80年代以来，西方大公司发展的一个普通趋势是“归核化经营”，主要是发展相关业务，剥离非相关生产。西门子公司战略发展的加减法正是这一做法的具体体现。

金字塔模式

金字塔模式又称层压式推销模式（the pyramid scheme business model）。按照金字塔模式，一个企业最有价值的部分是“行业本质金字塔”。它的顶层就是“体验”，抓住它就更容易成功。因为单靠产品的功用，在这个竞争激烈的时代已经很难取胜了（见图4-4）。

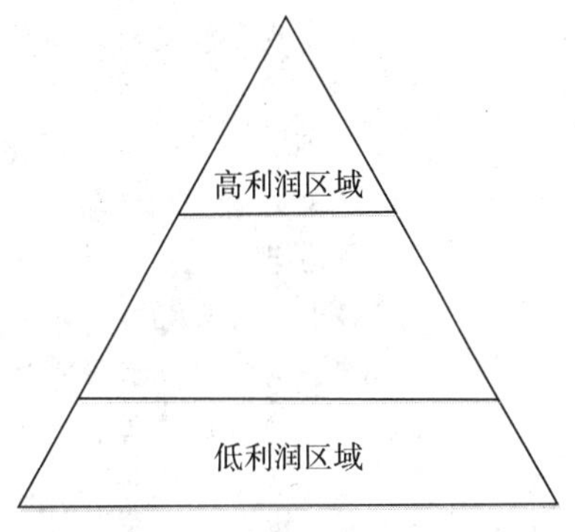

图4-4 产品的金字塔模式

产品按照利润率的高低形成金字塔结构，大多数利润集中在金字塔顶部。但处于金字塔底部的低利润产品也具有重要的战略作用，它们可以起到“防火墙”的作用，以阻碍竞争者的进入，保护金字塔顶部产品的丰厚利润。为了满足不同客户对产品风格、颜色等方面的不同偏好以及个人收入上的差异化因素，从而达到客户群和市场拥有量的最大化，一些企业不断推出高、中、低各个档次的产品，从而形成产品金字塔，在塔的底部，是低价位、大批量的产品，靠薄利多销赚取利润；在塔的顶部，是高价位、小批量的产品，靠精益求精获取超额利润。

专栏

环球轮胎的商业模式

1990年，环球轮胎的运营性商业模式主要向客户提供三方面的价值。

其一，针对高端顾客。公司用高档品牌的轮胎吸引看重产品质量的顾客，其主要渠道是提供高水平服务的、独立的或公司所属的经销商，并辅以强化公司优质品牌的积极广告攻势。由于公司在研究开发方面的力度，这一品牌在技术上优于业界的其他品牌，环球轮胎因而也能卖出一个好的价格。

其二，做OEM。公司也把同样的轮胎卖给汽车制造商，用于新出厂的高档轿车。这一板块的价格和产生的利润要比卖给高端消费者的低得多，但其大大增强了环球轮胎的品牌形象。

其三，针对低端客户。环球轮胎同时通过分布很广的面向大众的销售点推出另一个低端品牌。这一板块的利润率同样不高，但是其带来的额外的量足以使公司在生产和物流方面保持有效的规模。

这一模式的结果是，通过把优质品牌的轮胎卖出高价和保持所有产品的成本优势，环球轮胎获取可观的利润。

从环球轮胎的例子可以看出，运营性的商业模式不但要有内在联系，而且这些内在联系还是互动的，一环扣一环的，环环呼应。去掉任何一个环节或者对其做出改变，都会使整个结构发生大的变化。

环球轮胎的战略性商业模式利用的就是公司所达到的生产规模，围绕通过扩大生产规模、降低成本来做文章。在过去十年中，面向大众的低端商场不断增加市场份额。随着行业质量标准的普遍提高和奉行低价策略的连锁经营，消费者只想买到价格最低的产品，品牌的重要性日益减弱。为了在利润率下降的情况下保持赢利水平，环球轮胎公司进行地域扩张以扩大生产量，并且对已有的生产设施进行整合，使每个厂都能经常达到85%～90%的运转率。这一战略性商业模式的核心是把成本结构和公司作为供货商的强势地位加以发挥，最终成为行业整合后生存下来的两到三家大轮胎制造厂商之一。

金字塔模式的运用必须有一个前提条件，就是在一个成系统的产品线或者领域中运用，而且必须要与客户的市场定位紧密联系，并且高中低档商品的客户群之间都必须拥有一定的联系因素。其关键是构建的金字塔不仅仅是不同价位产品的简单罗列。一个真正的产品金字塔是一个系统，较低价位的产品的生产和销售将为企业赢得市场和消费者的注意力。对于拥有完善产品线的企业来说，其竞争对手根本不必指望可以依靠比其更低的价格抢走创业者的市场份额。

专栏

追逐利润区的模式[10]

波力食品公司，原本是一家主要生产销售海苔、蛋卷、糖果、果冻、香菇片等各类绿色休闲食品的公司。

波力食品发现了鲜奶市场最终将是上海这样的大城市的消费主流的市场之一，而且，鲜奶的利润区主要集中在奶源的控制和冷链的建设上。于是，波力食品就从奶源、鲜奶产品提供和自建冷链销售模式等方面展开了地方性鲜奶品牌的实践。

波力的这种新的“商业模式”，第一，就是把“波力”品牌的优势运用到了乳品上。波力首先投入巨资建立自己的乳牛饲养和乳制品加工基地，引进优良的乳牛及先进的挤奶设备和一流的乳制品生产、包装线，并开始在江苏昆山和上海销售牛奶，取名为“波力牧场”。

第二，波力向上海、昆山消费者提供新鲜的牛奶产品。昆山到上海的短距离，保证了牛奶运输的较小半径，波力牧场凭借自己圈养的奶牛和短距离运输保证了奶源质量和产品的新鲜，突出了牛奶的口感和营养成分的优势。

第三，波力发现，交通和冷链是鲜奶产品最大的成本产生点，但是，反过来说，如果解决了这两个问题，也就发现了新的利润区。于是，在销售模式上，波力摒弃了单纯的“经销代理 + 卖场终端”的模式，却转而采用“专卖店 + 卖场”的模式进行销售。专卖店模式既节省了中间环节的成本，同时又解决了冷链问题，产生了比进卖场更大的利润。

第四，波力食品在一个专卖店里销售公司所有系列产品，包括乳品、面包和其他休闲食品，实现了利润的扩大化。

互联网行业的“行业金字塔”中，最底层是“产品定位”，第二层是“功能”，顶层就是“售卖体验或注意力”。做好前两层很重要，但是很难赚到钱，只有到达行业本质金字塔的最高层——售卖“体验”或“注意力”，才能真正赚到钱（见图4-5）。

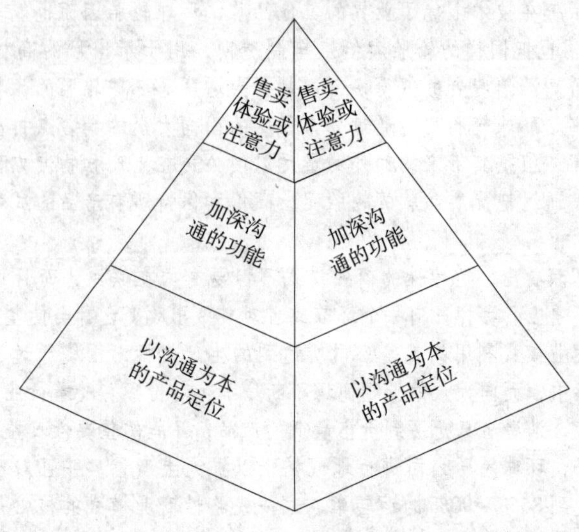

图4-5 互联网行业金字塔

由于中国IT界整体赢利能力的低下，最大限度地付出身体代价成为这个产业司空见惯的现象[11]。

次利润模式

次利润模式又称第二利润模式，受如下资料[12]的启发而形成。

如果您是生意人，您会赔钱邀请别人观看水牛群吗？如果您是建筑师，您会免费给别人建房子，还免费为其购买建筑材料吗？您可能会说这样的人是傻子，其实他们一点也不傻，而且还十分精明。

布发罗水牛行走在美国草原的景色壮观而诱人，但它们是流动的，常常可遇而不可求，于是一个年轻人就想出了一个赚钱的主意，每天在报纸上刊登，一美元销售观看水牛的邀请函。邀请函包括预测水牛群出现的时间和若不能如期看到水牛群的将获得2美元信息赔偿。

这份独特的销售函吸引了很多人。有人看到了壮观的水牛群，也有人没能如愿，但没看到水牛群的都如约获得2美元的赔偿。有人替年轻人算了一笔账，发现没看到水牛群的人比例更大，也就是说年轻人赔多赚少，但他没中止的意思，且邀请函的销售量日渐趋多。

就在人们疑惑不解时，突然发现到达观看水牛群的地方，必须经过一条河。因地处荒僻，渡河的唯一途径就是乘坐河边的小木船。每乘坐一个客人，往返需要付5美元船票钱，而小木船主就是出售邀请函的年轻人。他超越了生意场上单纯的第一次利润，赚取其中的“第二利润”。

> 第二次世界大战结束后不久，战胜国决定成立一个处理世界事务的联合国。可在什么地方建立这个总部，一时间颇费思量。地点理应选在一座繁华城市，可在任何一座繁华都市购买可以建设联合国总部庞大楼宇的土地都需要很大一笔资金，而刚刚起步的联合国总部的每一分钱都肩负重任。就在各国首脑们商量来商量去的时候，洛克菲勒家族听说了这件事，立刻出资870万美元在纽约买下一块地皮，在人们的惊诧中无条件地捐赠给联合国。
>
> 联合国大楼建起来后，四周的地价立即飙升起来，洛克菲勒家族在买下捐赠给联合国的那块地皮时，也买下了与这块地皮毗连的全部地皮。没有人能够计算出洛克菲勒家族凭借毗连联合国的地皮获得了多少个870万美元。

机会窗模式

机会窗（windows of opportunity）是指市场存在的发展空间有一定的时间长度，使得创业者能够在这一时段中创立自己的企业，并获得相应的赢利与投资回报。在信息经济时代，速度是大多数产业成功的关键要素，能够抢先进入市场，抓住机会窗，将为创新者带来超额利润（见图4-6）。

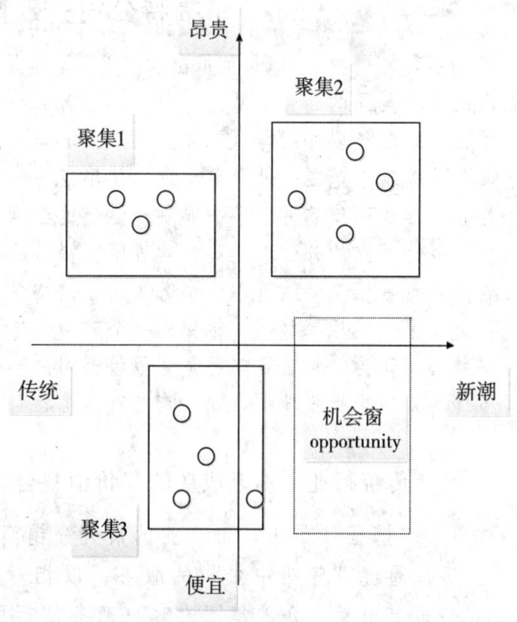

图4-6 机会窗与定位

机会窗只存在一个较短的时间。为了保留在高利润区中，只有持续的创新。

专栏

英特尔公司的商业模式

- 按照摩尔定律确定公司的技术战略和经营战略，确定新产品开发时间表
- 有节奏地推出换代产品，而不是延伸原有产品。主动地、系统地放弃旧产品，始终保持市场主导地位
- 推出完整的产品系列，使模仿者无隙可乘
- 确实掌握电脑产业的游戏规则：市场决定一切。利用定价策略、战略结盟策略等使新产品席卷市场
- 产品开发与工艺开发结合，坚持自己投资设厂，形成大批量生产能力，确保及时交货，以支持积极的行销攻势，抢夺市场天机

价值链模式

在许多产业（如计算机、化工、消费品、汽车等产业），利润集中在价值链的某些环节，而其他环节利润率很低。识别产业价值链的高利润环节，把业务和资源集中在这些环节，可以获得更高的回报。

新事业开发所遭遇的最大挑战，就是如何将此价值转化为商业利润。不过，优异的技术并不等同一定能够获得利润，例如英特尔要将 WiMax 转化为商业利润，就要涉及极多有待解决的商业营运问题。

在商业活动中，价值是一个链条，所以，利益与利益往往也是相伴而生的。社会上每一种“热”都是一种金矿，但是金矿不是只有一种挖掘方式。对于一个企业而言，在你的经营目标之外，看一看与你的目标伴生的价值链条，也许会有意外的惊喜。

专栏

福特公司：延伸汽车行业的价值链

亨利·福特于1908年推出的“T”型车是为美国中产阶层生产的第一辆车，它普及了汽车，彻底改变了美国的社会生活。而今天，在首席执行官雅克·纳赛尔的领导下，福特公司正在筹划积极扩大汽车制造以外的与汽车相关的服务。虽然汽车制造仍将是福特公司的主要收入来源，但是它将增加业务覆盖范围，涉及整个汽车使用期——从组装到销毁。作为整体战略的一部分，福特公司已经在大西洋两岸购并了不少非制造性质的企业。此外，福特公司将附属于它的零部件供应商分离出去，成为独立的分部。这些行动表明，福特决心更好地利用汽车行业的价值链。自1999年初以来，首席执行官雅克·纳赛尔尝试着重新塑造福特公司，使之从传统的汽车制造商——仅仅将汽车零件组装起来，然后销售——转变成一个较为适应消费者需求的公司。这一战略被称为“消费者耳机”。福特公司认为，经营战略不是由福特公司总部决定的，而是由消费者的需求决定的。如果福特公司不能为消费者提供他们喜欢的产品和服务，那么它就不可能有赢利。

其实传统行业也不乏成功的“价值整合者”。

“携程”是中国酒店业的最大分销商，起初整合了成千上万家酒店每天所闲置的客房，通过“呼叫中心”的服务，以相对优惠的价格提供给任何一位想住酒店的旅客；公司上市后，介入集团大客户商务旅行服务市场，以集约服务供应商的角色给大企业提供年度的酒店、机票等商旅管理。

“如家”是中国经济酒店业的整合者。如家发现，200元一天的经济型酒店是开房率最高的酒店。“如家”租赁现有的小酒店、招待所，再统一改造，统一营销，整合了分散的社会招待所，并将整合的模式在全国复制，成为了纳斯达克市场上中国酒店第一股。

中国大多数企业处在价值链的低端。制造业仍是中国的代表，充斥着廉价劳动力、高消耗、高污染、低效率。虽然改变不了全局，但部分企业需要转型，去争夺微笑曲线的两端，进行产业升级，这是未来中国企业不得不面对的长期挑战！

乘数型模式

乘数型模式是指从同一种产品、特色、商标、能力或服务，重复地获取利润。利润乘数模型对那些大量消费产品是强有力的利润机器。

一种最为有利可图的乘数型赢利模型是能够带来后续业务的基础产品模型。企业首先建立一个可以扩展的基础产品，用户购买了这种基础产品后，会不断购买它的派生产品。企业实际是在靠基础产品的派生产品赚钱。

利润乘数模式的利润来源十分广泛，可以是一个卡通形象，可以是一个伟大的故事，也可以是一个有价值的信息，或者是一种技巧，甚至是其他任何一种资产。而利润化的方式，则是不断地重复叙述它们，使用它们，同时还可以赋予它们种种不同的外部形象，如世界上最昂贵的一只猫——Hello Kitty（凯蒂猫）、世界上最著名的一只狗——Snoopy（史努比）、世界上最受欢迎的一只熊——Winnie Pooh（维尼熊）等卡通形象，都是利润乘数模式最经典的案例。一旦投入巨资建立了品牌，公司可以将这一品牌赋予一系列的其他产品。

专栏

NBA在中国赚钱的四种办法[13]

NBA目前在中国最大的赢利来自与各大商业企业的合作。在中国，NBA的官方合作伙伴包括联想、海尔、蒙牛、李宁、匹克（篮球器材提供商）等中国品牌。此外，还包括可口可乐、耐克、阿迪达斯等国外品牌。

第二项收入是电视、网站、广播、报纸等媒体的内容授权。目前，NBA中国与中央电视台及20多个地方电视台签订了内容授权合作协议。NBA在中国采用了中国式的做法：20年前，NBA刚进中国时，中国的广告市场还没有起来，中国的电视台付不起授权费，就采取广告分成加部分授权费的模式。由于中国的消费能力提高，广告市场迅速成长，通过广告分成加部分授权费的模式比单纯的授权模式赚得更多。除了电视媒体，在中国，NBA还与新浪、搜狐等网站合作，此外还与多家广播电台、平面媒体进行内容的授权合作。同时，NBA已经在中国开通官方网站。

第三项收入来自于NBA球赛。2004年，NBA就在中国上海举行了中国有史以来的第一场NBA联赛，对阵双方分别为火箭队与国王队，一方拥有中国球员姚明，另一方拥有中国球员刘炜。

第四项收入来自运动员的收入。姚明、易建联这样的运动员与NBA有两种合作方式：一种是广告由NBA代理，一种是个人的经纪公司代理。不管是前一种合作方式还是后一种合作方式，NBA都会得到一定的广告分成。这是一笔巨大的生意，姚明2007年个人收入达2.7亿元，易建联去年个人收入达420万元。以2007年收入比较，1个姚明（2.7亿元）=4.48个刘翔（6000万元）=14.4个章子怡（1900万元），由此可见NBA的价值。

美国迪士尼公司也是这一模式的缔造者和忠实实践者。它将同一形象以不同方式包装起来，米老鼠、米妮、小美人鱼等卡通形象出现在电影电视、书刊、服装、背包、手表、午餐盒、主题公园、专卖店上，每一种形式都为迪士尼带来了丰厚的利润。

> 华谊兄弟影业董事长王中军[14]指出：“我们影视作品的主流收入（影院票房、电视台播出版权）来源占95%左右，这个情况跟美国是倒挂的，美国大概主流收入30%，70%是其他后续授权（网络授权等）收入。”

品牌化模式

一些行业，其原始投资规模较小，市场竞争在现在或不久的将来将非常激烈，企业拥有一定的领先技术，但产品很容易被模仿。在这种情况下，一些企业创业初期资金有限，企业的规模和业务量可能非常小，尤其是那种资金不到100万元的公司，面对这种情况，企业往往会忽视对自身品牌的建设，认为只有企业做大做强后才开始打造自己的国际品牌，这是传统的国际之路。

另外一种思路就是要与传统背道而驰，在企业赚到它的第一桶金后，先不扩张追求规模效应，而是全把钱砸在品牌全球推广和技术完善上。当国际品牌基本确立后，再开始进行生产规模的扩大。

专栏

运动鞋行业的品牌化发展

运动鞋行业的世界巨头是耐克和阿迪达斯，让我们回到这两家公司初期创业时期看看当时的情况，然后再来看看后来者的表现。

阿迪达斯：初期规模小，通过打造世界品牌取得成功

阿迪达斯1920年诞生于纽伦堡。创始人阿迪·达斯勒不但是位田径运动员和体育爱好者，也是位推崇工艺、品质和热衷于创新的企业家和发明家，他发现田径运动员对运动鞋有较高的需求而成立了一家小生产作坊。初创时，虽然还只是一个作坊式的小企业，但其眼光已瞄准了世界大市场。初期的运动鞋市场很小，普通消费者没有这样的需求，公司的规模始终很小，阿迪·达斯勒并不在意企业的规模，而是把品牌和知名度作为企业发展的关键点和源泉，他把时间和精力花在以下两个方面：提升自身产品和向世界各地运动员推销自己的产品。通过不断的努力，公司的品牌和知名度逐渐上升。企业扬名世界始于1936年在德国柏林举行的奥运会上，此届奥运会前夕，阿迪找到极为希望夺冠的美国短跑运动员杰西·欧文斯，并向他保证钉鞋对其比赛肯定大有帮助，但当时被欧文斯拒绝了。于是阿迪又建议他可以在赛前训练中试穿。结果，使用效果使欧文斯如获至宝，并在正式比赛中使用了阿迪达斯的钉鞋，结果他连夺四枚金牌震惊了世界。虽然欧文斯本身的实力是毋庸置疑的，但他毕竟在众多跑鞋中选择了阿迪达斯跑鞋参赛。这成为了阿迪达斯体育用品帝国的基石。

耐克：创业初期条件艰苦，仍致力于品牌的建设

20世纪60年代初的美国，还没有为运动员特制的鞋，也没有哪个厂家愿意生产销售量非常有限的运动员专用鞋。耐克创始人比尔·鲍尔曼，一个事业心极强的田径运动教练员，将设计生产运动鞋作为一项为所有运动者造福的伟大事业。创业初期困难重重，在取得了一定成绩后大制鞋厂纷纷杀入，并通过雄厚的资金实力使得更多的奥运会等重大赛事的运动员穿上自己的鞋，虽然竞争不过大的生产厂商，但比尔·鲍尔曼始终宣扬“一切为了运动员”的企业理念，通过这一理念建立了自己的品牌，最终赢得了市场。

韩国和中国台湾的运动鞋生产企业

韩国和中国台湾的运动鞋生产企业在创业初期凭借生产的低成本曾经占据了较大的市场份额，拥有自己的产品和设计，但5~10年之后，这些厂商却沦为耐克和阿迪达斯的外包生产供应商。这些企业失败的原因就在于缺少持续的技术创新和国际品牌的建设，在国际市场上的知名度基本没有，当耐克和阿迪达斯把生产转移到中国时，这些公司的成本优势已经不再，丧失了竞争力。

中国的双星

中国的双星集团面对与耐克和阿迪达斯等大品牌的竞争，坚决避免走韩国和中国台湾的道路，坚持进行品牌的维护，在中国低端市场站稳脚跟。

品牌建设是任何一个创业者必须注重的东西。把集中品牌建设作为创业的一种模式，是因为大多数创业初期的公司在资金不够充裕的时候不进行品牌的建设，把更多的资金和精力放在扩大规模或降低成本等方面。很少有企业像耐克和阿迪达斯一样，在创业初期，就注重了品牌的建设。这种模式的关键就在于尽快建立品牌，最适用于资金初期投入不足的小企业。创业初期，市场暂时处于空白，由于产品很容易被模仿，很快大的投资商就会进入，他们有更强的资本运作，更加容易创建品牌。所以小的创业者若想生存下去就要在市场处于空白期就着重创建品牌，否则就有创业果实被别人吞掉的可能性。

大客户模式

根据帕累托法则（pareto principle），占企业客户群总数20%的客户群，为企业创造的销售收入和利润一般占全部销售收入或利润的80%。因此企业应将经营和服务的重点锁定在这20%的大客户群上，彻底掌握这些大客户的需求，针对性地提供它们需要的产品或服务。

专栏

沃尔玛的商业模式

- 顾客都希望买到价廉物美的商品
- 索价越低，赚得越多。越与员工共享利润，公司的利润就越多
- 扩张的方式是，先向外抢占据点，再向内填满，最后全面占领市场
- 开店的原则是必须先有分销中心，每家分店与分销中心的距离不能超过一天的车程
- 对分销系统以及计算机系统和卫星通信进行大量投资，使大规模分销能力和实时监控每家商店的交易成为竞争优势的基础

竞争模式

好的商业模式会使企业经营达到“事半功倍”的效果，且更容易被资本市场欣赏，从而推动企业持续快速发展；而差的商业模式则往往使企业经营“事倍功半”。在过去50年中，出现了不少商业模式，成为促进竞争和商业发展的重要动力。竞争模式（competition model）的核心目的，在于建立创业价值的持续优势。

以无形垄断为基础的商业模式（the monopolistic business model）主要有以下三种表现形式[15]：增值型垄断、中心辐射型垄断和卖断型垄断。

增值型垄断

增值型垄断的特征是针对产品或服务的主要增值功能建立保护性的无形垄断空间。该模式的目标是阻止其他竞争者提供那些价值增值功能，以此作为独有的营销卖点支持溢价定价。以此模式运作的公司经常会在销售中使用这样的词语，比如“全新、改进过的X”或“现在加入更多的Y”等。增值型垄断空间可以由各种不同类型的知识产权界定，比如技术方面具有增值潜力的专利、品牌方面具有增值作用的商标或者作品内容方面能够帮助实现增值的著作权等。

采用这一模式的公司不会遇到什么太大的威胁，也就是说不会经历“大悬崖”。但是它们却要翻过一连串的“小山坡”。这类公司因为由价值增值功能所筑起的进入壁垒，完全取决于在市场上独家提供这些功能所带来的市场优势。为了保持竞争中的领先地位，这类公司必须不断进行创新，不断地开发出新颖的、改进过的、受市场欢迎的并能起到保护作用的增值功能。

> 一项并不复杂却独一无二的增值功能就能带来巨大的市场优势。想一想宝洁（P&G）公司好自在（Always）品牌的女性卫生用品吧！20世纪80年代，它率先在产品中融入了现在已经普遍采用的“侧翼”技术。这项独特且受专利保护的技术为“Always”品牌卓有成效的营销活动以及为它在最短的时间内发展成为全球著名品牌奠定了基础。

事实上，增值型垄断已成为消费品领域的主要商业模式。到任何一家超市的任何一个货架或过道里，你都会看到增值型垄断模式的例子。以咖啡区为例，不同的品牌受不同商标的保护。货架上的瓶瓶罐罐可不是随便摆放的；它们都有严格的顺序。主要的架位上摆放的是主导品牌，它们利用其增值垄断的优势从超市那争得了一席好位子。另外你很有可能看到有一种或几种咖

啡在进行优惠销售，十有八九这又是主导品牌在率先进行让利活动，它们希望通过具有吸引力的定价和广告促销将顾客吸引到店内。综合以上因素，你将得到一个消费品市场的利润结构。对于品牌所有人而言，主导品牌的赢利性要远远大于处于第二位的品牌，而处于第二位的品牌本身又在赢利性上遥遥领先于其余的品牌。这样一种赢利结构都是增值型垄断模式所直接导致的。加以保护的增值功能为主导品牌赋予了更大的优势，这些优势反过来又会带来更多的赢利机会。

微软在无形垄断方面运用了许多不同的商业模式。它的这种能力是其强大实力的一种表现。微软当然也采用了增值型垄断模式。比如，微软公司出品的 Office2000 软件，它虽然不是市场上唯一的办公室工具软件套装，但却占据了增值垄断的地位，因为它有受各种商标保护的品牌和受版权保护的软件原代码。这使微软可以赚取超额利润，获得有利的分销和销售渠道并发展客户的忠诚度。但是，它同样需要不断的创新，需要与各种各样的盗版做斗争。微软近十年来的净收入和利润如图 4-7 所示。

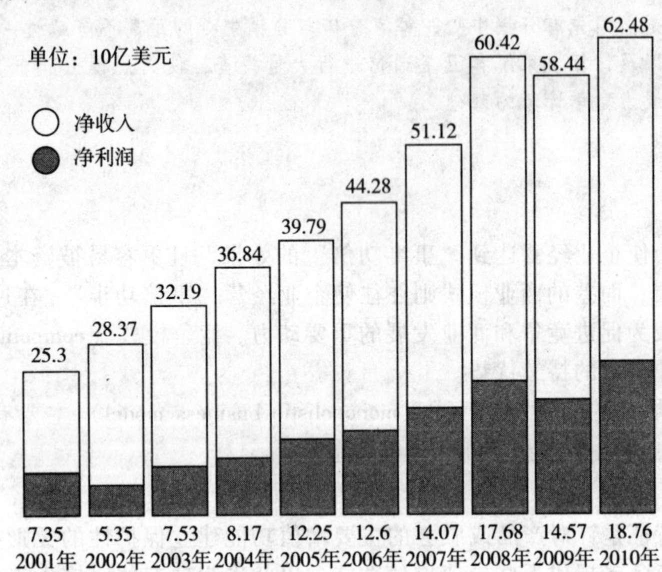

图 4-7 微软近十年的净收入和利润

中心辐射型垄断

中心辐射型垄断的基础是一个界定良好的“中心”平台（比如，一个技术平台）。这个平台必须有多种应用潜力，而且必须有多家公司愿意将这一平台应用于自己的产品和服务。如果这个平台是一项广泛认同的技术标准，比如一个操作系统或一个用于研究工业标准的工具（如数据库），那么该商业模式的效果会更理想。“中心”平台的技术主要是受专利保护的，但其他一些权利，如保护软件的版权、保护芯片设计的集成电路设计权以及保护数据库的数据库权也都与之相关。“中心”平台的使用权是以许可的形式提供的。任何人都可以获得许可，但是为了鼓励尽早推广，行业中的大公司可能会得到更优惠的许可条件。

中心辐射型垄断模式的一个重要特点就是：“中心”平台的价值将随被许可方的数量、最终用户的数量以及“中心”技术用途的增加而增加。技术的用途和用户越多，其潜在价值就越大。因此，如果一项技术具有广泛的用途和用户基础，那么它将使收入迅速增长，收益曲线呈现向上弯曲的形态。

迄今为止，最成功的中心辐射型垄断模式是安谋国际公司的模式。这是一家从事微处理器设计的公司。微处理器是芯片的引擎，它们并被广泛用于从移动电话到数码相机以及到个人数据助理等一系列电子设备之中。安谋国际公司只负责设计，并不生产实际产品。该公司的首席技术官迈克·马勒曾这样描述他们的业务：

“我们设计（微处理器）引擎。这些引擎设计受知识产权保护，比如说，受专利权和半导体集成电路设计权的保护。我们将设计好的引擎许可给差不多40家芯片生产商。这些生产商不但向我们支付入门费，而且还答应每卖出一个使用我们（引擎）设计的芯片，就向我们支付少量的提成费。我们设计的引擎用途多样，它们可以广泛用于从除草机到汽车仪表盘再到移动电话等一系列产品的芯片之中。每家芯片制造商都会将我们设计的引擎用在不同产品所需的差不多100多种芯片之中。”

试想一下，每个引擎设计许可给40多家芯片制造商，每家制造商再用其生产100多种不同的芯片！你知道这源源不断的提成费加起来有多少吗？你能想象出安谋国际公司是如何在40多个被许可方的100多种产品之间分散其提成风险的吗？这的确是个了不起的商业模式。

安谋国际公司商业模式不仅可以实现近期收益——以入门费的形式，而且可以实现远期回报——以提成费的形式。除了对外许可之外，安谋国际公司还有一些附加的赢利手段，比如，它还提供技术咨询、系统开发以及一些辅助服务等。现在，公司又在开始朝着品牌化的方向迈进，它希望将“ARM动力”（ARM - powered）标识发展成为一个品牌。最初，它只是计划在芯片开发领域确立其品牌的认知度。但是随着英特尔公司推出“英特尔内核”（Intel Inside）标识之后，它认识到即便是消费者难以见到的高科技零件仍然可以发展消费者品牌认知度。

卖断型垄断

卖断型垄断与中心辐射型垄断的基础有些相似，但它们实现收益的方式却大不相同。卖断型垄断的基础是一项界定明确、具有实际商业价值的创新优势。而且，这项创新优势应该至少可以吸引一家资金雄厚的公司将其用于某种明确的产品或服务。此外，为了确立无形垄断地位，该创新优势还必须受到相应的知识产权保护。卖断型垄断模式正是通过向第三方出售或独家许可这种垄断地位来实现收益的。

卖断型垄断模式正在被越来越多的专业技术咨询公司所采用，比如PA技术咨询公司。专业咨询公司在特定行业具有丰富的市场经验，并对市场走势有深入的洞察。它们一旦辨别出市场动向就会拿出具有创新优势的解决方案，并将这些方案以出售或独家许可的方式提供给行业中的主要竞争者。即便不能达成交易，咨询公司也会在尝试推销其解决方案的过程中，通过渗透了解到企业的内部信息。而这些信息将帮助咨询公司制定出更有针对性的解决方案。在创新方面的资金投入是这些公司面临的一个主要挑战。除了主动提供解决方案之外，咨询公司也经常会接受委托做一些研发项目，或者提供一些管理咨询服务。这些业务不仅可以创造收入，而且有助于建立与本行业公司的关系。

上述三种竞争模式特点鲜明，各不相同。但有些公司的竞争模式可能正处于由一种模式向另一种模式过渡的阶段，或者有些公司正在尝试同时采用几种竞争模式。对于已经将知识产权深深融入其企业构架的公司来说，以上模式都是适用的。那些充满活力并已占据强大无形垄断地位的公司，将获得通往无形垄断新经济的通行证。

模式设计

商业模式的设计需要三个紧密联系的环节：模式策略、模式定位、模式建构。需要说明的是，模式设计是一个动态发展的过程，需要不断的完善、修正和变革。

模式策略

商业模式设计的起点，是明确模式策略。

掌握需求

如果新事业的价值要在市场端与顾客端才能被呈现出来，那么设计商业模式显然需要先了解市场中各种不同顾客的需求。施乐公司的顾客主要是大型企业与专业影印公司，因此它看不到个人客户对于影印便利的需求，所以失去了开发桌上型复印机的先机。但是佳能在资源规模上无法与施乐竞争，因此采取差异化策略，进行市场区隔分析，发掘需求尚未被满足的特殊顾客群，最后才产生开发简便型桌上复印机的创新构想。

经由市场区隔分析（market segment analysis）来明确掌握顾客需求，并寻求产品在市场中的最佳定位，是设计商业模式的一项重要工作。一般而言，大众市场都已经为现有厂商以各种功能十分近似的产品（或标准规格产品）所占有，一项创新的差异化产品想要立即挑战大众市场，这在新事业开发初期几乎是不可能的。因此，在设计商业模式时需要进行比较深入的市场区隔分析，设法发掘尚未满足的需求，并以差异化产品来应对这类市场需求。

如果新事业开发投入的是新兴科技领域（例如2000年前的Internet、e-commerce、无线上网等新产业），由于市场尚未成形，顾客需求还不明确，很难发掘新技术的价值将如何在新市场中具体呈现。因此许多公司的商业模式，大都欠缺具体的顾客需求信息，只能以网际网络科技的发展趋势，来描绘未来市场的美景。但这正是一些企业投入于新兴科技市场所遭遇的主要风险：新技术具有创造价值的高度潜力，但新事业却持续大幅亏损。

如果商业模式无法自市场区隔分析中找到相对明确的利己市场需求，那么这项新事业开发将会遭遇无法创造利润的潜在风险。例如，JVC与Sony在20世纪60年代投入于录放机新事业开发，事先也无法掌握潜在的顾客需求，因此只得不断推出新产品到市场上进行测试，直到20世纪70年代，在大致掌握顾客对于这项新产品的需求后，才成功开发出VHS与Beta规格的产品。

创造价值

一般而言，创新幅度越大的新事业开发项目，将具有越高的价值创造潜力。不过，所谓价值创造的难度并非在技术与产品端，主要还是在顾客端。“我们的销售职员出去时不要紧盯着客户口袋里的5块钱，你们负责的是将客户的5块钱转变为50块钱，再从中拿走5块钱。”马云说。也就是说，创新幅度大小属于次要问题，主要还是究竟这项创新技术（产品或服务）可以为顾客创造哪些价值？这些价值是否是迫切需要的？是否无可取代的？

例如，维生素是补充体力所必需的，但对于一位遭受疼痛折磨的病人，维生素的价值却远远不如一粒止痛药。顾客很难评断维生素的价值，因为它的效果很难立即显现，但顾客却十分容易知道止痛药的功效。所以当一项产品的需求是明确的、迫切的、难以取代的，那么这项产品的价值相对较高，也比较容易呈现。这是为何在设计商业模式的时候，需要进行市场区隔分析，目的就是要为产品寻找能够比较容易呈现创新价值的顾客群。

有时纵然是很小幅度的创新，也可能经由适当的商业模式运作，从而产生巨大的顾客价值。

复印机市场的后进厂商佳能在1976年推出简便型桌上复印机。这项新产品的技术创新程度较为落后，不但影印速度慢，影印品质不佳，提供的影印功能也极为有限。不过对于市场端它却是一项能带来重大顾客价值的成功创新产品，因为它能提供经理人与个人工作者在工作上极大的方便，这些顾客不需要为影印一页文件专程跑到影印中心，只需要简单的操作，在家中或个人办公室中即可满足影印需求。

因此，商业模式中创新价值的实现是在市场端与顾客端，而不是在技术端与产品端。如何将技术端的创新成果，在市场端与顾客端呈现显著的价值，将是设计商业模式的一项主要挑战。

建构能力

如果我们想要使创新技术产品能够满足区隔市场需求，并进而创造顾客价值，那么就需要清楚知道所谓创造价值的内涵，也就是需要建构能实现顾客价值的活动流程——价值链（value chain）。

建构价值链的目的有两个：显示价值可在流程中被实现出来，并陈述价值是如何在关联流程中被创造出来；指出企业本身在价值链中的定位，并显示价值链定位对于价值创造扮演关键角色，因此才能分享较多的利润。

企业如果想要分享价值链中的主要利润，则必须要掌握其中对于创造价值有重大贡献的关键流程与资源。也就是说，企业必须掌握价值链中的重要核心能力，以保障利润的实现。

在迈克尔·波特提出的价值链分析与五力分析架构中，同样也指出价值链各个环节对于利润的贡献不一，企业应将自己摆放在最有利的市场地位，掌握关键资源与关键能力，以获得更多的利润。因此一个好的商业模式，必须将企业定位在有利于创造利润的地位，并使企业本身所拥有的核心能力与价值链中最重要的环节紧密搭配，以明确显示企业具备创造利润的能力。

模式定位

中国的企业在经历了要素驱动与投资驱动两个阶段后，开始向更高境界迈进，现在已经不是企业靠单一产品或者技术就能打天下的时代，也不是靠一两个小点子或者一次投机就能决出胜负的时代了。要想使企业有生存空间并能持续地赢利，必须依靠系统的安排、整体的力量，即商业模式的设计。

商业模式的定位是商业策略（business strategy）的一个组成部分，指的则是在公司战略层面上对商业逻辑（business logic）的定义。随着资本市场的发展，主动定位商业模式，经过试验成型后，进行复制和升级，非常必要。

下面以房地产行业为例，分析商业模式设计的基本思路。要确定房地产企业的商业模式，必须回答三个问题：做什么？在哪里做？怎么做？即选择什么样的产品和业态、进入什么样的区域和选取什么样的价值链定位，如图4-8所示。

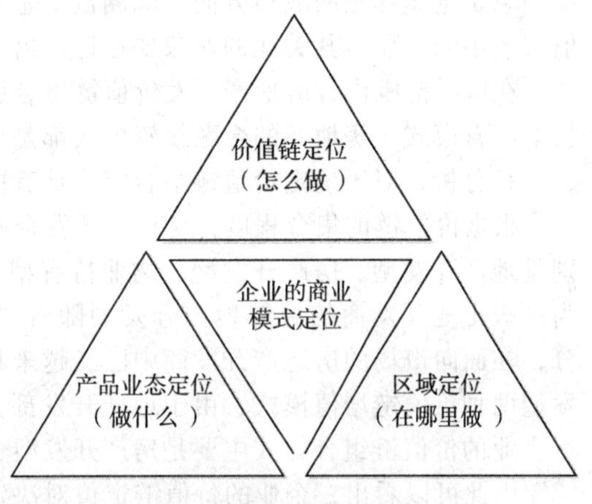

图4-8 房地产企业的商业模式定位

房地产企业的商业模式定位可以通过这三步来确定[16]。

价值定位

“价值链”这一概念，是哈佛大学商学院教授迈克尔·波特于1985年提出的，波特认为，“每一个企业都是在设计、生产、库存、销售、发送和辅助其产品的过程中进行种种活动的集合体。所有这些活动可以用一个价值链来表明。”波特的“价值链”理论揭示，企业与企业的竞争不只是某个环节的竞争，而是整个价值链的竞争，整个价值链的综合竞争力决定企业的竞争力。

“定位”，是确定企业的“顾客价值主张”。也就是说，首先要选择那些“最有潜力提供长期利润增长的目标客户”，即选择“最高利润区”；然后，为了解决这些目标顾客的某个重要问题或重要需求，为他们提供不同的“价值主张”，即解决问题或满足需求的一种产品或服务，它的内涵不仅包含销售的内容，同时包括销售的方式。

凡是成功的公司都能够找到某种为客户创造价值的方法，即帮助客户解决某个需要解决的根本问题。客户需要解决的问题重要性越高，同时客户对行业原有的解决方案满意度越低，解决方案比其他对手的越好，那么，客户价值主张就越卓越。

如果客户价值主张不明晰，建立或重塑商业模式就无从谈起。印度塔塔集团推出10万卢布的汽车，就是建立在清晰的价值主张基础上的。

一次偶然的机会，塔塔集团的拉丹·塔塔站在印度孟买雨中的路边，看到马路上有许多摩托车在汽车之间摇摇晃晃地穿来穿去，而且这些摩托车上往往都载着一大家人——父母和几个孩子。

拉丹·塔塔就想，为什么不能为这些摩托车家庭提供比摩托车更安全的交通工具呢？他知道，这些骑摩托车的家庭是买不起汽车的，因为当时印度最便宜的汽车也比摩托车贵4倍。

为这些摩托车家庭提供一款更安全、可以遮风挡雨、价格跟摩托车差不多的廉价汽车，就成了一个有力的价值主张。这一价值主张的潜在客户是千百万尚未进入汽车市场的广大民众。

基于这样的价值主张，塔塔集团推出了价格在2500美元左右的廉价汽车，这个价格比市场最便宜的汽车还要便宜一半多。

在此要说明的是，此处所说的战略定位，跟杰克·特劳特在《定位》[㊀]一书中所说的定位是有差别的。杰克·特劳特所说的定位，是指让品牌或产品要在消费者心智资源当中占据一个位置，它至多只能算是产品定位或者至多只能叫品牌定位，它关注的往往仅是一个产品或一个单一品牌。

而我们此处所说的战略定位，其范畴既包括了品牌定位，也包括了那些品牌定位不能涉及的范畴，如行业利润区和行业属性等，而且，战略定位还要为企业战略配置资源和组织业务系统，它是企业真正的战略方向，既涵盖了企业本身的定位，又涵盖了企业在整个行业和整个价值链当中的定位，其关注的对象要远远超出一个品牌和一个单一的产品关于自身定位的范畴。

在国际范围内，房地产开发价值链组合已经有很多成熟的经验可以借鉴，比如持有物业的长期经营模式、房地产的金融投资模式都是房地产业的重要组成部分。对这些不同的价值链组合进行分析，对于确定价值链组合定位具有重要意义。

根据价值链的集合程度，房地产开发企业的价值链组合可以分为五种类型（见图4-9），分别是地产开发型、房产开发型、物业持有型、金融投资型和综合开发型。在这五种类型中，作为一级土地开发商的纯粹地产开发型随着“招拍挂”的全面实行，已经成为政府职能的一部分，在面向市场的房地产开发商中已经越来越少；而综合开发型是综合了地产开发型和房屋开发型两种价值链增值模式，由于地产开发部分少了，所以该种模式也相应减少。所以目前房地产企业的价值链组合方式主要是房产开发型、物业持有型和金融投资型。

由此可以看出，企业的价值链定位对决定企业的综合竞争力至关重要。分析房地产开发的价值链，一方面可以了解房地产开发价值链的各个环节的增值情况，根据不同环节的增值情况，

㊀ 本书中文版机械工业出版社已出版。

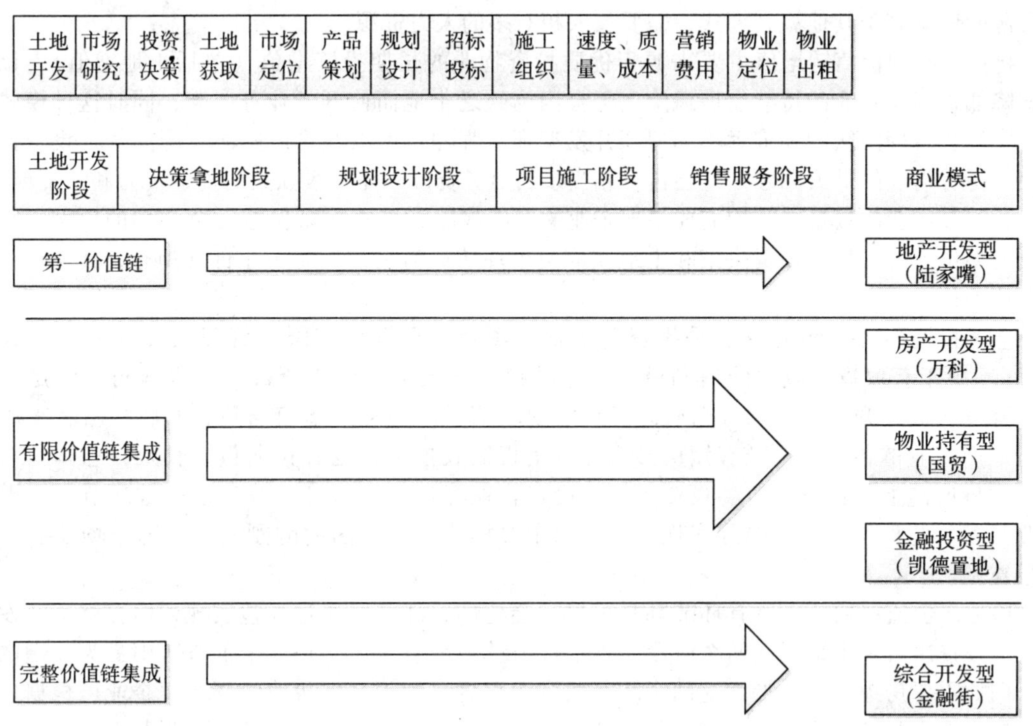

图4-9 房地产企业价值链类型

对这些环节采取相应的战略举措，对需要加强的环节进行强化，对于增值幅度有限或不擅长的环节，完善业务外包管理；另一方面，可以通过分析不同价值链组合，了解其增长和赢利特点以及对资源的需求状况，为确定房地产企业的战略定位服务。

三种典型的价值链组合的主价值链的比较如下（见图4-10）。

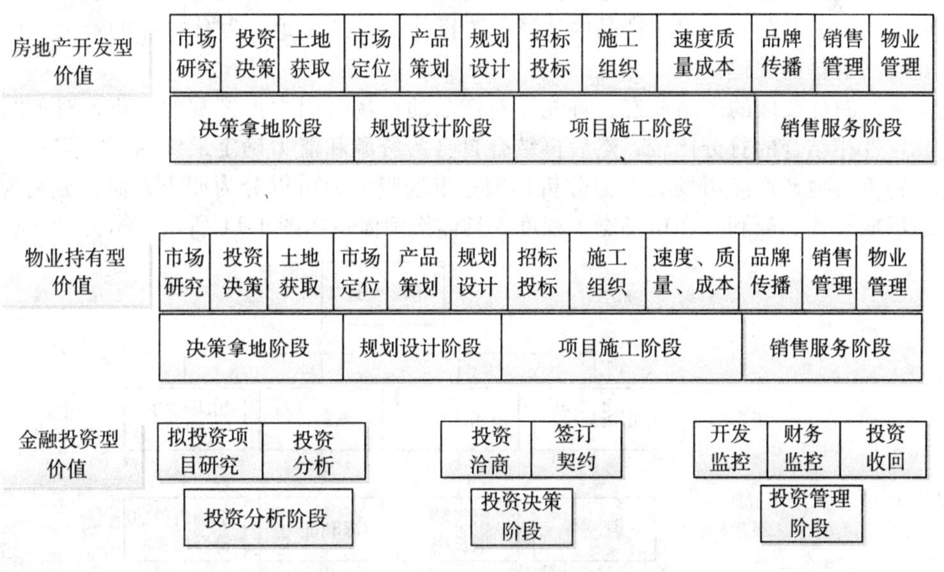

图4-10 房地产价值链的比较

房产开发型价值链包括决策拿地、规划设计、项目施工和销售服务四个阶段。在四个阶段中，决策拿地和规划设计阶段的增值幅度最大；在各价值链环节中，投资决策和土地获取环节最为关键，企业必须自己拥有，其他环节原则上均可以选择外包；同时由于环节比较多，对组织资源的依赖高于其他赢利模式，需要投入相对多的人力资源。

物业持有型价值链增值主要来源于优质投资物业的长期投资增值（包括土地增值），该种模式降低了开发企业的持续发展风险，不会因为缺乏土地而使开发业务中断；同时这种模式对组织资源和管理团队的要求远不如房产开发型那么强烈，可以在更广阔的范围内选择投资持有对象；持有物业的最大问题是它会占有相当多的财务资源，需要极强大的资金实力和筹资能力，因此，持有物业的数量、结构需要根据企业的发展战略、投资战略保持一个合理的比例；与房产开发型价值链一样，投资决策和土地获取两个环节最为关键，需企业自己拥有，其他环节可以选择外包。

金融投资型价值链的特点是投资于房地产项目，只派出有限的管理人员（如财务人员等），着眼于获取投资收益的赢利模式，这种模式大大节省组织资源，从资本角度涉足于房地产开发，通过开发外包与经营管理外包实现增值，注重资产增值与现金回收。赢利来源贯穿房地产产业链各环节，既有短期参与开发销售回收投资，也有长期租金收入，总体赢利丰厚。主价值链上的投资分析、投资决策和投资管理等各个价值链环节都是关键环节，都需要企业具备。此种价值链是国外房地产运营的主要模式之一，国内刚刚起步，随市场发展未来前景宽阔。

房地产价值链的几乎所有环节都是可以社会化的，都可以通过外包实现，但在整个开发过程中，投资决策和土地获取两个阶段在整个价值链中增值最大，是整个价值链中最为关键的环节，因此需要房地产企业加大这两个环节的资源配置。对于其他价值链环节，企业可根据自身的资源和能力与处于价值链上的其他企业共同合作，构建最有效的价值链，强强合作，弥补自身资源和能力的不足，共同完成价值创造的过程，这不仅能够大幅度地降低成本，实现更多的利润，还能提高企业的核心竞争力。

业态定位

在协议出让土地时代，一块土地究竟是用来做住宅、做商业还是做写字楼，产品选择更多的是一种机会主义，有什么样的土地，就做什么样的产品。随着土地招标挂牌政策的实施，土地的获取变得越来越公开，对于产品的选择，选择什么样的土地，做什么样的产品，已成为房地产企业战略选择的关键。

企业选择做什么样的产品业态，首先要对产品的市场吸引力做客观的分析，对不同产品进行定量和定性相结合的打分比较，然后再结合自身的资源和能力确定最终的产品定位。根据新华信正略钧策房地产产品市场吸引力分析模型，市场吸引力可以分为四个方面，分别为：市场规模、市场成长性、赢利性和市场竞争程度，具体指标体系如图 4-11 所示。

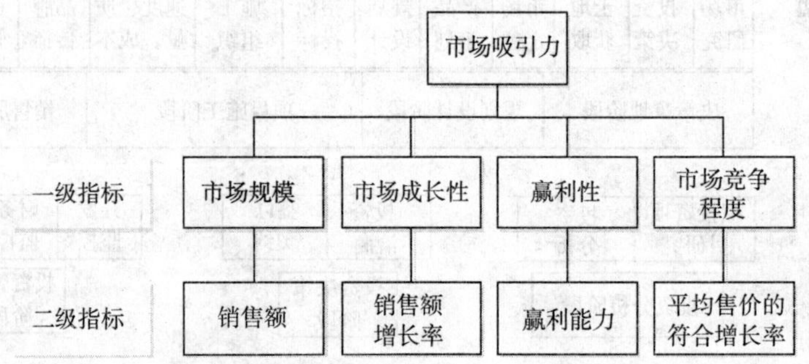

图 4-11 房地产产品市场吸引力指标体系

例如，经过实际打分对比分析可以看出，住宅产品在市场规模和市场成长性指标上得分均是最高，同时也有较强的赢利能力，市场竞争程度较弱，是三种产品中吸引力最高的产品；商业营业用房在市场成长性和赢利性上得分最高，尤其在赢利性上，是三种产品中最好的一种，从综合评分来看，得分仅次于住宅；办公楼在三种产品中得分最低，市场规模最小，而且市场竞争程度较高。

而从住宅的三种细分产品来看，中档住宅在市场规模和市场成长性上得分均是最高，赢利性也较强，市场竞争程度较弱，在三种产品中吸引力最强；别墅和高档公寓的市场规模较小，但赢利性最高，而且未来的成长性也较好；低档商品房和经济适用房在市场规模、市场成长性和赢利性上得分均是最低，市场吸引力较差。

当然，在选择产品时，除了对产品的市场吸引力做客观的定量分析外，还要结合企业自身的资源和能力，以及从平衡企业经营风险角度（比如增加持有型物业比例）考虑，合理确定产品业态组合。

区域定位

随着房地产行业的日益规范、市场需求的持续旺盛以及市场对未来增长的看好，特别是国土资源部11号令在各地相继实施，土地交易公开化为房地产企业跨区域发展扫清了最大的障碍。房地产企业不再受区域的限制，企业可以自由选择进入哪个城市，但同时，土地招标挂牌也是一把双刃剑，企业在资源和能力有限的情况下，不可能盲目扩张，进入哪个区域、哪个城市，已成为企业一项重要的战略选择。

从区域看，中国目前形成了长三角、珠三角、环渤海三大经济区域，三大都市圈所辖城市众多，既构成了当前经济增长的核心，也是城市建设和社会发展的核心区域。就房地产市场份额讲，三大经济圈所在的东部地区所占比例接近80%，足见房地产市场的地域性；从各主要城市房地产销售额来看，各城市差异很大，因此，进行区域和城市定位对于房地产企业做出正确的战略决策尤为重要。

根据新华信正略钧策多年房地产咨询经验，对于城市定位可以用新华信正略钧策区域定位评价体系进行选择，如图4-12所示。通过对区域定位评价的各个指标设置不同的权重，并用定量和定性相结合的方法对城市进行打分，进而为区域定位提供参考。

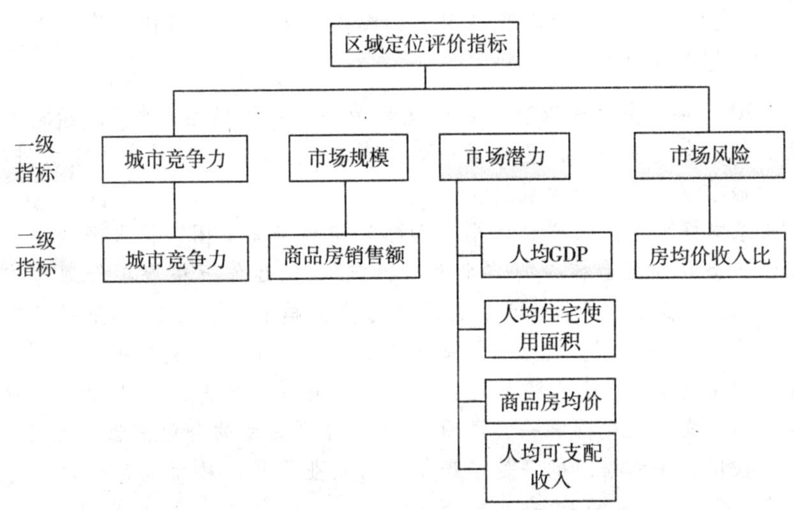

图4-12 新华信正略钧策区域定位评价体系

区域定位评价体系可以分为四个一级指标，分别是城市竞争力、市场规模、市场潜力和市场风险。其中，城市竞争力参考《中国城市竞争力报告》中对中国200个城市综合竞争力的排名结果；市场规模指标中，商品房销售额是市场规模最直接的表现，是区域市场中供求关系均衡的结果，也是当地经济增长率、流动人口等这些决定城市化速度及新移民的住房需求等因素的综合体现，这里选择商品房销售额作为衡量市场规模的二级指标；市场潜力反映区域市场未来的发展空间，对于企业的投资决策具有更大的价值，在这里我们选取人均 GDP、人均住宅使用面积、商品房均价和人均可支配收入四个指标作为市场潜力的二级指标；市场风险是基于当前市场均衡的状况，具体考察需求被满足的情况，预测未来市场风险，房价收入比反映了居民对房价的承受能力，房价收入比可以大致反映城市房地产价格水平的相对高低，并衡量房地产市场的风险。

综上所述，房地产企业商业模式的确定由三步组成，即价值链定位、产品业态定位和区域定位。当然，企业确定自己的商业模式定位，除了对价值链、产品业态和区域做客观分析外，还要结合自身的资源和能力，进行合理选择。相信那些想继续留在这个行业里面的企业在明确了自己的商业模式定位后，不仅能解决生存问题，还能有更好的发展。

【提示】现在，那些在中国市场能够大获成功的商业模式，一定是那些在客户价值主张、资源与能力和赢利模式这三个维度之中，针对中国本土市场现实进行了精心调校的企业所创造的。

模式建构

商业模式的建构重点在价值网络、利润结构与竞争优势三个环节。

价值网络

企业需要思考应如何在产业网络中寻求最具有优势的地位，如何运用产业网络来创造显著的价值效果，并进而能够创造丰厚的利润。但在产业的价值网络中有许多供货商、顾客、周边配套厂商、竞争者等，它们与企业所形成的竞合关系，将可能严重影响创新机会与利润实现。因此在设计商业模式的时候，需要先清楚认识这些潜在竞合者（coopetitors），然后运用五力分析与竞合分析的架构，一方面采取策略联盟手段建立伙伴关系；另一方面采取专注策略，依据自身的核心能力寻求最佳的定位，以求在价值网络中建构有利于创造竞争优势与实现利益的竞合关系。

“定位”解决之后，企业就应该要制定赢利模式，从哪里去赢利，并以什么样的模式去赢利，而且制定的赢利点要更多。

比如，2006 年，金六福以善营销的优势荣获“中国驰名商标”，标志着金六福品牌塑造的成功。在此基础上，金六福并没有满足和止步，而是对赢利模式进行了重塑。因为，金六福希望挖掘更多的赢利点。

其模式基本框架是：以“金六福”为核心组建华泽集团，将未来的业务业态分为四块，以销售金六福酒为核心的“金六福销售”，以运作五粮液年份酒为核心的“华致酒业”，以运营湘窖、邵阳大曲、刀郎酒等中低档酒为核心的“金六福投资“和以运营诸如“古越龙山”、“无比古方”等有色酒为核心的“华悦酒业”。

这种新的商业模式将金六福从过去的产品经营模式逐渐向规模化、品牌化的投资商业模式转型。成为“中国第一卖酒商”，就是华泽集团的企业信念。为消费者提供许多美酒，不仅仅是金六福，也将是华泽集团的企业愿景，从而也为金六福打造了更多的赢利机会。

利润结构

一个完整商业模式需要能清楚陈述成本与收入结构（cost & revenue structure）以及计划实现的利润目标（target margins），并且让股东知道未来投资可能回收的方式。为实现利润目标，商业模式中有关成本与收入结构设计的内容将需要包括：定价方式、收费方式、销售方式、收入来源比重、价值链中各项活动的成本与利润配置方式等。

可由前述市场分析、价值链分析、能力分析获得企业拟提供的创新产品与服务内涵，然后据此规划能实现利润的成本与收入结构。例如，报纸发行的收入有多少比例来自于广告、订户、零售、内容提供、出版收入；航空公司针对不同销售渠道所设计的定价策略；计算机厂商在设计开发、零件生产、组装、代工、库存、运送、广告、门市等的各种成本结构组成与价值创造贡献，收入中有多少比例来自于门市销售、网络销售、租赁收入、代工收入、零件销售、售后维修服务等，并规划最合适的成本与收入结构，以实现利润目标。

专栏

中外企业商业模式的差异[17]

在中国和其他亚洲传统社会，家族企业历来是企业的主要形式，其合伙人和股东一般是同姓同族人，他们的商业模式基本都是以收入现金流的最大化为最终经营目标。

在判断什么项目可做不可做的时候，中国企业往往看每一项目本身能否直接赢利，而且最好是短期内能赢利（因为没有人愿意等很多年）；每个项目必须单独赢利，否则不可取。

相比之下，虽然在19世纪末期之前，西方公司特别是美国公司也以家族公司为主旋律，普遍的商业模式也以现金流的最大化为最终经营目标。但今天的美国公司已基本走出了家族特色，由众多公众分散持股，在商业模式上已从现金流的最大化转向企业价值的最大化。

换言之，美国企业可以在一些单个项目上出现亏损，只要这些项目能在总体上增加企业价值就行。美国公司如今都追求以“企业价值”为轴心的商业模式，而不是追求简单的近期利润收益。

以当年的互联网书商公司——亚马逊公司（Amazon. com）为例，1997年其股票在纳斯达克上市时引起了一场关于商业模式的大讨论。

该公司以“烧钱”而出名，创始人杰夫·贝佐斯敢于大手笔做广告，花大钱扩展市场份额。当时许多学者和业者都嘲笑贝佐斯只会“烧钱”吸引眼球，而不考虑赢利。尽管如此，它的股价却从1997年5月的18美元上市价疯涨到1998年7月的220美元。

人家当时都把亚马逊股票看成是互联网股票泡沫最形象的典范。可是，在贝佐斯看来，他不在乎短期内亚马逊是否赢利，而是要通过占领市场份额并使公司品牌成为质量的象征，他的目标是让人们一考虑要买书时就首先想到亚马逊公司。如果能达到这种品牌效果，在未来无限多年里，亚马逊公司的销售会源源不断地增长，其未来的收益流能无限地增长下去。因此，作为体现公司未来收益流总现值的企业价值才是贝佐斯所关心、所追求的，他愿意为了企业价值的最大化而无所顾忌地“烧钱”。

亚马逊公司的故事或许最能展示基于现金流的传统商业模式与基于企业价值的现代商业模式的根本差别所在。到2005年，亚马逊公司实现毛利润20.4亿美元，净利润3.3亿美元，2005年的股价是1997年上市时价格的24倍，9年期间共涨了23倍。

竞争优势

一个好的商业模式应该要能明显呈现竞争优势，而优势将呈现在差异化，专注于利己市场，以及具有以低成本创造高价值的能力。也就是说，一个成功的商业模式能将波特提出的三种创造竞争优势策略：成本（cost）、差异（differentiation）、专注（focus on niche），加以充分地融合运用。总之，商业模式需要显示企业能在利己市场有效率（低成本）地提供差异化产品，创造价值满足顾客需求。竞争优势的关键在于企业是否掌握与创造顾客价值密切相关的核心能力与关键资源，而且这些资源能力还需要具有一定程度的专属性，以阻碍潜在的跟进者。

同时商业模式还需显示维持竞争优势的能力，包括运用网络效应与学习效益，来扩大领先差距，或能够锁住顾客，制造先进者的优势。知识经济产业领域的新事业开发，商业模式大多能呈现正向回馈的效应，随着市场规模扩大，领先创新者的价值/成本效益将越加显著。

商业模式也是一种企业创造利润的思维方式，虽然有许多不同的创造利润方式，但每个企业最终只会从中选择一种，而企业的主导思维架构将是决定商业模式的主要因素。许多技术创新面对的是一种不确定性极高的未来环境，而市场信息也无法全盘取得，因此没有一个商业模式能确保未来利润一定能实现，也没有所谓最佳的商业模式。经理人在设计与执行商业模式的时候，一定要保持未来需要弹性调整的心态。也就是说，商业模式的内涵需要因应环境变动，在执行时保持高度的弹性。

总之，如何设计有效的商业模式，往往是经理人在新事业开发规划过程中面对的最大难题。有前景、有志向的企业一定要了解中国的产业地图。如果你在商界混迹多年，还不清楚自己的市场定位，不了解产业的上下游，你就只是个生意人，而不是企业家。不了解产业地图，就不可能有长期战略和资本战略，就不会获得私募股权基金的认可。所以，了解产业地图，建立产业价值链，也就有了核心竞争能力的表达。

专栏

风投为什么选择了这家企业[18]

广东有一家文具制造企业。公司是15年前创立的。起初只是宝安县城的一家小小文具店。现在有两大制造基地：广东潮阳和深圳观澜。潮阳工厂有七万平方米厂房，近2 000名职工，观澜工厂也有几百人，之前的销售额不到4亿人民币，利润接近3 000万元。一家境外著名风险投资机构调查了近半年时间，决定以极高的估值对公司投资。这是为什么？

中国是文具制造大国，全国文具制造业的规模达3 500亿元。但没有一家文具制造商市场占有率超过1%，说明这个行业规模巨大，但行业集中度极低。

行内有两家企业获得了融资。一家是“浙江贝发集团”，是中国最大的书写笔出口商，2004年销售收入已超过6亿元，“恒生（中国）投资公司”在2005年对其投资了1 800万美元。该公司以产品出口为主，借助2008年奥运赞助商的角色，加大了国内市场的品牌和渠道推广。另一家是2007年1月在中小企业板上市的“浙江广博股份公司”，它是中国最大的相册出口商，借助上市募资了3亿元，2006年利润达5 000多万元，公司市值已达30多亿元。

相对这两家竞争对手，广东的这家企业的竞争力何在？公司的持续增长性如何？

公司年轻的董事长一语道破天机——公司定位于文具行业的“价值整合者”！

公司经营内销市场已有十几年，销售渠道已建到县城，而且产品品牌有极高的美誉度。企业正在实施哑铃型的“商业模式”：一头抓品牌市场渠道，一头抓新产品研发，除了已有的产品自己生产，新产品都以OEM方式外包。

实际上，公司几年前已尝试为大企业集团作办公文具的“集约供应商”，康佳集团、中兴通讯都集中向该公司采购。

正因为文具行业集中度低，进入终端门槛不高，才形成渠道较高的利润率；正因为文具行业产品技术含量不高，门类众多，决定制造的利润率极低，大量的外包生产才成为可能。

广东的这家文具企业，有产品品牌，有内外销渠道，有新产品的选择和设计能力，它最有能力成为该行业的“整合者”，而整合的一分投入可以带来三四分的产出，这是企业持续增长的奥妙之处。

模式评价

企业的成功是指预期计划的实现，也就是说，企业的竞争力取决于企业的发展思路——发展策略与重点领域、企业短期规划等。所以，根据完整的评价体系，谨慎地评价商业模式是一个重要的任务。科学评价体系的设计首先应该从系统的角度出发，重视评价框架的全面性和可操作性；其次综合客观因素与主观因素，平衡效益因素与公益因素，考虑现实状况与发展潜力；最后要重视可量化指标的采用，尽量减少非量化指标的使用。

评价因素

对商业模式进行评价选择的主要因素有如下几种。

市场分析

市场分析考虑的项目包括客户、附加价值、市场结构、市场规模、可达成的市场占有率等。一个好的新商业模式，必然是具有特定市场利基，专注于满足顾客需求，同时能为顾客带来增值的效果。因此，选择新商业模式的时候，可由市场定位是否明确、顾客需求分析是否清晰、顾客接触是否通畅等，来判断创业可能创造的市场价值。新事业能带给顾客越高的价值，则创业成功的机会也会越高。

经济因素

经济因素考虑的项目包括达成损益平衡所需时间、投资报酬潜力、资本需求、毛利、销售成长等。合理的损益平衡时间应该能在两年以内达成，但如果 3 年还达不到，则恐怕就不是一个值得投入的新创业模式。不过有的创业确实需要经过比较长的耕耘时间，并经由这些前期投入，创造进入障碍，并因此保证后期的持续获利。在这种情况下，可以将前期投入视为一种投资，而较长的损益平衡时间就可以获得容忍。

考虑到新创业开发可能面临的各项风险，合理的投资回报率应该在 25% 以上。一般而言，15% 以下的投资报酬率，将不是一个值得考虑的新创业模式。资金需求量较低的创业，一般会比较受投资者的欢迎。事实上，许多个案显示，资本额过高其实并不利于创业成功，有时还会带来稀释投资回报率的负面效果。通常，越是知识密集的创业模式，对于资金的需求量越低，投资报酬反而会越高。

毛利率高的商业模式，相对风险较低，也比较容易达成损益平衡。反之，毛利率低的商业模式，风险则较高，遇到决策失误或市场发生较大变化的时候，企业很容易遭受损失。一般而言，理想的毛利率是 40%。当毛利率低于 20% 的时候，这个商业模式就不值得再考虑。

收获条件

收获条件考虑的项目包括潜在附加价值、价值评估模式、退出机制和策略、资本市场环境等。所有投资的目的都在于回收，因此退出机制与策略就成为一项评估新创业模式的重要指标。企业的价值一般也要由具有客观鉴别能力的交易市场来决定，而这种交易机制的完善程度也会影响新创业企业退出机制的弹性。由于退出的困难程度普遍要高于进入，所以一个具有吸引力的新商业模式，应该要为所有投资者考虑退出机制以及退出的策略规划。

竞争优势

竞争优势考虑的项目包括固定及变动成本、进入障碍等。产品的成本结构，也可以反映该项新事业的前景是否光明。例如，由物料与人工成本所占比重之高低、变动成本与固定成本的比重以及经济规模产量的大小，可以判断这项新事业能够创造附加价值的幅度以及未来可能的获利空间。

个人标准

个人标准考虑的项目包括目标和适合性、机会成本、正面与负面相关议题、欲望、风险与报酬承受度、压力承受度等。创业过程中遭遇的困难与风险极大，因此有必要了解创业者的创业动机，以利于判断他愿意为创业活动付出代价的程度。一般认为，新商业模式与个人目标的契合程度越高，则创业者投入意愿与风险承受意愿自然也会越大，新创业目标最后获得实现的概率也相对越高。因此，一个具有吸引力的新商业模式，一定是一个能充分与创业者个人目标相契合的创业计划。

要做到客观、公正、真实地对商业模式进行评价是一件比较困难的事情，因为任何一种科学评价体系的建立和完善都是一项长期而艰巨的工作。尽管现在有很多采取比较系统的科学研究方法建立的一些评价体系，但是由于理论体系和实践操作的种种问题，这些体系仍存在一些问题有待改进。为了更完整地做到商业模式的评价，可以考虑指标取舍的理论科学性和实践操作性的平衡，从统计方法上弥补指标之间的相关性，尽量考虑量化指标数据的可获得性。这样，可以更准确并合理地评价每一项商业模式。

评价方法

从技术上讲，商业模式的评价方法有很多种。

标准打分矩阵

通过选择对创业成功有重要影响的因素，并由专家小组对每一个因素进行最好（30%）、好（20%）、一般（10%）三个等级的打分，最后求出对于每个因素在各个商业模式下的加权平均分，从而可以对不同的商业模式进行比较。表4-3列出了其中10项主要的评价因素，在实际使用时可以根据具体情况选择其中的全部或者部分因素来进行评估。

温斯汀豪斯法

温斯汀豪斯法（Westinghouse）实际上是计算和比较各个商业模式的优先级。公式如下：

$$\frac{\text{技术成功概率} \times \text{商业成功概率} \times (\text{价格}-\text{成本}) \times \text{投资生命周期收入}}{\text{总成本}} = \text{创业优先级}$$

在该公式中，技术和商业成功的概率是以百分比表示（0～100%），成本是以单位产品成本计算，投资生命周期收入是指可以预期的所有收入，总成本包括研究、设计、制造和营销费用各个环节的成本之和。对于不同的商业模式将具体数值带入计算，特定商业模式的优先级越高，该创业越有可能成功。

表4-3 标准打分矩阵（10分制）

标准	专家评分			
	最好（30%）	好（20%）	一般（10%）	加权平均分
易操作性	8	2	0	2.8
质量和易维护性	6	2	2	2.4
市场接受性	7	2	1	2.6
增加资本的能力	5	1	4	2.1
投资回报	6	3	1	2.5
专利权状况	9	1	0	2.9
市场的大小	8	1	1	2.7
制造的简单性	7	2	1	2.6
广告潜力	6	2	2	2.4
成长的潜力	9	1	0	2.9

珀泰申米特法

珀泰申米特法（Potentionmeter）可以通过让创业者来填写针对不同因素的不同情况，预先设定好权值的选项式问卷方法，来快捷地得到特定商业模式的成功潜力指标。对于每个因素来说，不同选项的得分可以从－2～＋2分，通过对所有因素得分的加总得到最后的总分，总分越高说明特定商业模式会成功的潜力越高。只有那些最后得分高于15分的商业模式才值得创业者进行下一步的策划，低于15分的都应被淘汰，如表4-4所示。

表4-4 珀泰申米特法

评估因素	因素分值（-2～+2）
对于税前投资回报率的贡献	
预期的年销售额	
生命周期中预期的成长阶段	
从创业到销售额高速增长的预期时间	
投资回收期	
占有领先者地位的潜力	
商业周期的影响	
为产品制定高价的潜力	
进入市场的容易程度	
市场试验的时间范围	
销售人员的要求	

贝蒂选择因素法

在贝蒂（Baty）选择因素法中，通过对11个选择因素的设定来对创业模式进行判断。如果某个创业模式只符合其中的6个或更少，这个创业模式就很可能不可取；相反，如果某个创业模式符合其中的7个或者更多，那么这个创业模式将大有希望（见表4-5）。

表4-5 贝蒂选择因素法

备选因素	符合因素
初始的产品生产成本是否可以承受	
初始的市场开发成本是否可以承受	
产品是否具有高利润回报的潜力	
是否可以预期产品投放市场和达到盈亏平衡点的时间	
潜在的市场是否巨大	
你的产品是不是一个高速成长的产品家族中的第一个成员	
你是否拥有一些现成的初始用户	
是否可以预期产品的开发成本和开发周期	
是否处于一个成长中的行业	
金融界是否能够理解你的产品和顾客对它的需求	

本章概要

商业模式的制定对于一个企业有着至关重要的作用，企业之间的竞争不是产品的竞争，而是商业模式的竞争，优秀的企业一定有好的商业模式，差的企业其商业模式或多或少都存在一些问题。好的商业模式是企业成功的必要条件。

本章从商业模式的概念出发，首先介绍了业务模式的类型、内涵与实证，界定了业务模式本质上是创业的组织模式。其次分析了运营模式的类型及实证，界定了运营模式本质上是创业的价值模式。接着，分析了赢利模式，界定了赢利模式本质上是价值的实现模式。随之，分析了知识产权的竞争模式。在此基础上，本章初步分析了商业模式的设计以及商业模式的评价等方面的问题。

成功的商业模式来自于企业对市场的探索和把握程度，来自创业者在市场经营中的不断创新和经验总结。每一次商业模式的革新都能给公司带来一定时间内的竞争优势。但是随着时间的改变，公司必须不断地重新思考它的商业设计。随着（消费者的）价值取向从一个工业转移到另一个工业，公司必须不断改变它们的商业模式。一个公司的成败与否最终取决于它的商业设计是否符合了消费者的优先需求。

思考练习

1. 什么是商业模式？商业模式的本质是什么？你对商业模式的本质有何自己的理解？
2. 你所在企业的业务模式、运营模式、赢利模式、竞争模式各是什么？思考你自己在商业模式选择与发展上存在哪些制约因素？
3. 怎样把一个看似公益性质的东西真正做成一个有商业价值的东西？陈光标如何利用慈善作为一种商业模式？这种模式具有什么样的借鉴价值？
4. 运营模式的选择依据何在？请尝试给出运营模式选择的分析框架。
5. 赢利模式与商业模式有什么样的内在区别？中外创业的赢利模式有何差异？你所熟知的赢利模式有哪些？请给出详细的实例及分析。
6. 对商业模式如何进行产权保护？
7. 商业模式为什么重要？其重要性体现在哪些方面？请结合实践进行阐述。
8. 商业模式变化与发展的基本趋势是什么？
9. 微软与英特尔公司的商业模式是什么？请详细分析，并区别相互的异同。
10. 谷歌公司与Facebook公司的商业模式是什么？

参考文献

[1] Udo Staber. Networking Beyond Organizational Boundaries: The Case of Project Organizations [J]. Creativity and Innovation Management, 2004, 13 (1): 30 - 40.

[2] Alexander Osterwalder. Understanding ICT - based Business Models in Developing Countries [J]. International Journal of Information Technology and Managemen, 2004, 3 (2 - 4): 333 - 348.

[3] 雷晓宇，丁伟. 冯小刚 & 王中军：商业片之王 [J]. 中国企业家，2010，(14)：42 - 44.

[4] Julie M Hite. Evolutionary Processesand Paths of Relationally Embedded Network Ties in Emerging Entrepreneurial Firms [J]. Enterpreneurship Theory and Practice, 2005, (January): 113 - 147.

[5] W B Gartner, K G Shaver, E J Gatewood. Doing it for Yourself: Career Attributions of Nascent Entrepreneurs [M] // Frontiers of Entrepreneurship Research. Wellesley, MA: Babson College, 2000: 1 - 14.

[6] Stan Davis, Jim Botkin. 企业推手——从学习中创造利润 [M]. 台湾：天下文化出版，1996.

[7] 罗伯特·霍夫. 不革新就灭亡 [J]. 商业周刊，2003，(11)：84.

[8] 理查德·利夫. 顶尖企业成功秘籍：完全创新的公司才能脱颖而出 [M]. 罗仲伟，林禾，译. 北京：经济管理出版社，2002.

[9] 屈腾龙. 轻资产方法 [J]. 商界，2005，(7)：40 - 48.

[10] 沈志勇. 商业模式规划路线图 [EB/OL]. 第一营销网，[2009 - 08 - 26].

[11] 朱翊. 中国的IT民工不如狗 [EB/OL]. 21世纪网，[2010 - 06 - 08].

[12] 冯晓寒. 巧赚“第二利润” [J]. 读者，2009，(16)：39.

[13] 侯继勇. NBA中国新东家陈永正融资记 [N]. 21世纪经济报道，2008 - 01 - 17.

[14] 杨颖桦. 华谊是中国娱乐产业的急先锋 [EB/OL]. 21世纪经济报道，[2010 - 12 - 15].

[15] 佚名. 从商业手段到商业模式 [EB/OL]. 瞧这网，[2010 - 02 - 03].

[16] 佚名. 房地产企业商业模式定位三步走 [EB/OL]. 瞧这网，[2010 - 02 - 03].

[17] R P Singh, G E Hills, G T Lumpkin, R C Hybels The Entrepreneurial Opportunity Recognition Process: Examining the Role of Self-perceived Alertness and Social Network; Proceedings of the Academy of Management Meeting Best Paper Proceedings, Chicago, Illinois, F August 10, 1999 [C].

[18] 罗飞. 为何我投资这家文具企业？因为它是价值整合者 [J]. 深圳特区科技，2007，(5)：17.

CHAPTER 5 第5章

商业计划

战略规划不是要消除风险，而是要承担应该承担的风险。

——［美］彼得·德鲁克

学习目标 >>>>>>

- 了解创业商机的分析方法；
- 掌握商业计划书的结构与写作方法；
- 理解商业计划书的评价标准、评审项目与完善指向。

创业需要创意，但创意不等同于创业。在一定程度上，创意仅仅是个“点子”，如果仅凭“点子”贸然行动，基本上是行不通的；创业还需要在创意的基础上，融合技术、资金、人才、市场经验、管理等各种因素，进行创业规划。同时，新创的企业要顺利地从婴儿期过渡到发展期、成熟期进而到壮大期，也必须要基于一个高瞻远瞩的创业规划。熊彼特[1]指出创业精神是一种创造性的毁灭，其作用在于实现社会资源的新组合，社会经济能否不断创新与成长，创业活动在其间扮演着关键角色。

新创事业的风险性往往很高，如何预知创业成败的影响，进而于事先加以有效规划与控制，来提升创业成功之概率呢?

“计划—行动—检验”三步骤是美国创业学家常挂在嘴边的“口头禅”。当你独立创业时，这三点比其他任何事情、步骤都更为重要，千万别小看它们，否则你的商业计划就难以实现。有了商业计划，你就可以按“计划”逐项进行工作，并努力付诸实践，在实践中调整修订计划以臻完善，使之真正成为整个创业过程中的“行动指南”。

很多创业者以为商业计划书是写给投资者看的，因此总是想如何能打动对方，在内容和形式到装帧设计都非常讲究。商业计划书其实不仅仅是写给投资者看的，它首先必须是真实情况的反映，一份好的商业计划书是对自己或企业未来计划的真实反映，而不是编出表面上的美景去忽悠投资商。

商业计划书会因为需求对象的不同，而有不同的内容重点与撰写方式，并大致可以区分为三种类型。

第一类是为吸引投资家的注意，称之为简报摘要（executive summary for elevator pitch）；

第二类是为满足投资评估上的需求，称之为评估用经营计划书（business plan for assessment）；

第三类则是作为创业者事业发展规划的自我参考蓝图，称之为营运管理用经营计划书（business plan for operation decision）。

商业计划书可以为企业的发展定下比较具体的方向和重点，从而使员工了解企业的经营目标，并激励他们为共同的目标而努力。更重要的是，它可以使企业的出资者以及供应商、销售商等了解企业的经营状况和经营目标，说服出资者（原有的或新来的）为企业的进一步发展提供资金。

内容结构

计划摘要

商业计划书中的计划摘要十分重要。计划摘要是最后要完成的一部分内容，但却是投资者首先要看的内容，它将从计划中摘录出与筹集资金最相关的细节：包括对公司内部的基本情况、公司的能力以及局限性、公司的竞争对手、营销和财务战略、公司的管理队伍等情况的简明而生动的概括。如果公司是一本书，它就像是这本书的封面，做得好就可以把投资者吸引住。它必须能让读者有兴趣并渴望继续看下去，它将给读者留下长久的印象。它会给风险投资家有这样的印象："这个公司将会成为行业中的巨人，我已等不及要去读计划的其余部分了。"

包括的内容

计划摘要列在商业计划书的最前面，它浓缩了的商业计划书的精华。计划摘要涵盖了计划的要点，以求一目了然，以便读者能在最短的时间内评审计划并做出判断。

计划摘要一般要包括以下内容：公司介绍、主要产品和业务范围、市场概貌、营销策略、销售计划、生产管理计划、管理者及其组织、财务计划、资金需求状况等。

回答的问题

在计划摘要中，企业还必须回答下列问题：①企业所处的行业，企业经营的性质和范围；②企业主要产品的内容；③企业的市场在哪里，谁是企业的顾客，他们有哪些需求；④企业的合伙人、投资人是谁；⑤企业的竞争对手是谁，竞争对手对企业的发展有何影响。

公司概述

概述是投资者看到的第一个部分，它给予投资者对你和你的计划书最初的印象，因此应该正确无误，表述清楚明白。

这部分涉及大量有助于投资者了解你的业务的关键话题。每一处都很重要，但总贯全局还要有一个综合概要，如果不是明确精细的话，尝试去展示你的业务是怎样的独特，向读者展示是什么使你的业务有独到之处。阅读这一章节时，投资者将尽力确定这个产业"成功的关键"。换句话说，他将尽力证明某两三件事是在你的业务情况下必须及时做好以达成功的。

地址

开始的一段以这样的句子起头，"公司的注册地址为……"，并列出公司办公地址、电话号码和联系人。

业务的实质

在这一部分要给出你所从事的业务的纲要。举个例子，你可以说，"我公司设计、生产、销售、维修微型计算机基础软件，这些软件用于监看门诊病人的医疗诊断设备。"最好用一个精练的句子阐述你的公司是干什么的。接下来，你要以概括的语句来描述你的产品或是服务。你需要尽可能的简练。

业务的历史

你在这部分要说出公司何时组成，特别要说清楚第一件产品或服务始于何时，以及公司经历过的最重要的里程碑式的事件。报告的业务历史部分必须短小精要，最多两页。要是公司有特别精彩的经历，那也许可以作为一个特别的理由来囊括大段的历史，但无论如何都要简洁。

业务的前景

说清楚公司的年次发展计划并指出其中的分界线。实际上，投资者需要了解你如何在五年内从现在所处的状况发展到你想要达到的状况。尽管计划书的这一部分必须要简洁，但在格式上有相当大的自由度。你可以简单地说明在接下来的五年里你打算继续生产两种基本产品，到第三年的时候你将引入另一个类似的产品。另外，如果你预料在达到稳定点前要经历许多变化，你应该指出会发生哪些变化。投资者需要准确地了解公司要获得成功必须做些什么。

独特之处

给投资者的每份商业计划书都应该有一些独特之处。管理层独特？产品或服务独特？生产过程独特？有独特的金融基础？所有的这些都可以囊括在内。重要的是要有一些东西使你的公司在和别的对投资者来说同样可得的投资机会的对比中凸现出来。投资者们不喜欢投资于“人云亦云”的公司。他们想要有独特的商业地位的公司。在整篇商业计划的各章节中，你要着重强调你公司的独特之处。如果你的业务里有一个新产品、一个生产的专利，或是别的特别不寻常的方面，那么应该在单独一章里列出。除了要包括这部分之外，企业主还应在商业计划书中间接地突出公司。

诉讼

说明现阶段牵涉到公司的诉讼，包括别人向公司提起的诉讼和公司向别人提起的诉讼。一定要说明可能发生的诉讼。

政府法规

说明管理公司的政府机构以及公司和它的关系。在这个部分你要说明你打算怎样来遵守由各类管理机构制定的规章。

利益冲突

说明潜在的利益冲突，比如一个董事同时又是你的供应物品的所有者，或者是从事类似业务的公司的董事或所有者。说明和公司管理层人员进行的交易，在这些交易中，管理层向公司推销了一些东西，价格也许是合理的，也许是不合理的。如果你不揭示利益冲突而且投资者发现了这一点，你会立刻失去信用。

定单

在这一部分，你应指出公司尚未完成的定单数量。列出定单所要求的东西和数量，列出最大的三四个主顾和他们的定单，可以让投资者对定单有更好的了解。用分栏的格式来做，第一栏列出订货公司的名称，第二栏列出定单的价值，第三栏列出订购的数量。

专栏

定单与订单的区别

定单的定义：书面供货单。订单的定义：企业采购部门向原材料、燃料、零部件、办公用品等的供应者发出的定货单。二者基本可以通用。但是，物流术语里把这两个词语定义一下。大多数情况下，订单是指预期数，向供货商发出采购要约，拟向供货商提出订货数量和技术要求的一种书面文件。而定单是指买卖双方对订货数量达成一致协议后，确定供应方应向采购方提供实际应交货数量的一种书面的文件。从法律角度上来说，是有区别的。建议使用订单，减少使用定单，避免风险。

保险

列出公司已买的保险和将要买的保险，包括火灾险、伤亡险、产品责任险、水灾险、关键职员的人寿险等。不过，只需列出对公司运营有重要影响的保险，而不是健康险或类似的东西。

税收

说明对公司征收的特别的税收。如果你已经在做这项业务，说明未付的税款，如工资税、收入税。

公司结构

在这部分里，你要说明公司是股份公司还是合伙公司。说明公司是否为独立法人，从何处得到授权经营业务以及所使用的商标名称。要说明它是否有子公司。如果情况比较复杂，母公司拥有部分或全部的子公司，你应使用框图，说明个别的法人，在它们之间划上线并标明百分比。

同业公会和出版物

在信息方面，投资者会对你所在的行业的同业公会感兴趣。他想知道哪些商业杂志和商业报刊比较好，他可以利用以前的报刊来更多地了解你的业务。

公用事业

在这部分要说明水、电等不可缺少的资源的可得性，通信设备的可得性，通向工厂和办公室的道路和其他设施。

技术研发

对于投资者来说，投资于一个已不可能开发出什么产品的研究项目是一件非常可怕的事情。有的企业主花费数百万元来开发新产品或者对已有产品进行改进变异，只有这样的企业主才值得投资，因为这样才能带来利润。

研发开支

在这里你要指出花在研究开发上的开销，包括过去已经支出的以及将来打算支出的。

开发项目

你应准确说明你打算研究开发些什么。

专利和商标

你要说清楚公司持有或打算申请的专利或商标。你可说一下被授予专利的原因以突出产品的独特性。在这里你要向投资者提供专利证书的副本，可让他来测定你的专利或商标为何独特。在商业计划书里最好不要放商标的副本，除非这对说明其独特性很关键。

高科技领域内技术分析需要非常注意的三个特点：

第一，独创性。独创性问题往往是投资者第一关心的问题，是占领市场的关键。一个好的创业技术，最好是专利性的技术，不要是低水平的重复建设。一定要推敲自己的差异性所在，不要模仿别人，要有独特性。

第二，先进性。商品在相关领域里要能够领先。做相似的东西不是不可以，但要做得比人家先进，要能够了解同类产品的状况和竞争实力。

第三，可靠性。就是说你的作品要经得起推敲。你的产品要有一定的技术壁垒，要让人家不能轻易攻破。此外，医疗行业类的作品，要注意相关的“审批”、“鉴定”等行业和政策要求(无鉴定、无批号是不能生产的)。

专栏

常见的技术分析问题

- 技术的“成熟度不足”或“过度夸大”技术的应用前景
- 重复的技术，或“简单重复”的创意
- 没有参与技术的研究，对技术和工艺“不甚了解”
- 忽略传统工业的技术改造项目

产品介绍

产品介绍是商业计划书中必不可少的一项内容，通常应包括以下内容：产品的概念、性能及特性；主要产品介绍；产品的市场竞争力；产品的研究和开发过程；发展新产品的计划和成本分析；产品的市场前景预测；产品的品牌和专利。

主要问题

产品介绍必须要回答以下问题：①顾客希望企业的产品能解决什么问题，顾客能从企业的产品中获得什么好处？②企业的产品与竞争对手的产品相比有哪些优缺点，顾客为什么会选择本企业的产品？③企业为自己的产品采取了何种保护措施，企业拥有哪些专利、许可证，或与已申请专利的厂家达成了哪些协议？④为什么企业的产品定价可以使企业产生足够的利润，为什么用户会大批量地购买企业的产品？⑤企业采用何种方式去改进产品的质量、性能，企业对发展新产品有哪些计划等。

分析要求

在这部分你要精确描述你的产品或服务，要求是不给读者对于你所生产的或是计划生产的东西留下疑问。如果你有好几种产品或服务，用单独的段落来叙述其中的每一种。你应叙述产品的价格，价格如何确定以及毛利数目。要花足够的时间来考虑所有影响产品定价的因素，确信你能够用坦率而有逻辑的话来解释定价背后的道理。是因为竞争迫使价格趋向于那个方向吗？价格定得高是因为你能侥幸成功吗？你必须准备回答这些问题。

还要详尽地叙述产品的消费者：哪些人使用它们，用它们来干什么，为什么要用你的产品或服务。他们购买你的产品是否只是因为价格，还是也出于其他什么考虑？对消费者而言你的产品或服务满足了哪方面的需要？在这部分里你还要列出你的产品最大的三个主顾，以及价值和他们各自购买的数量。这可以用分栏的形式来做，第一栏是公司，第二栏是价值，第三栏是购买的数量。如果投资者对你的公司感兴趣，你就给他开一张客户清单。在你和投资者接触的开始阶段，计划书的这一部分会给他一个关于你的业务的印象。

产品介绍的内容比较具体，因而写起来相对容易。要对产品（或服务）做出详细的说明，说明要准确，也要通俗易懂，使不是专业人员的投资者也能明白。产品介绍都要附上产品原型、照片或其他介绍。

管理团队

企业管理的好坏，直接决定了企业经营风险的大小。而高素质的管理人员和良好的组织结构则是管理好企业的重要保证。在管理团队这部分，你要说明管理人员、董事和其他对业务运营有重要影响的人。通常，在一个非常小的机构里核心人物不超过三个，稍大一点不超过六个。

企业的管理人员应该是互补型的，而且要具有团队精神。一个企业必须要具备负责产品设计与开发、市场营销、生产作业管理、企业理财等方面的专门人才。在商业计划书中，必须对主要管理人员加以阐明，介绍他们所具有的能力、他们在本企业中的职务和责任、他们过去的详细经历及背景。

此外，在这部分商业计划书中，还应对公司结构做一简要介绍，包括：公司的组织机构图；各部门的功能与责任；各部门的负责人及主要成员；公司的报酬体系；公司的股东名单，包括认股权、比例和特权；公司的董事会成员；各位董事的背景资料等。

把一个思想转化为一个成功的新创企业，其关键的因素就是要有一支强有力的管理队伍。这支队伍的成员必须有较高的专业技术知识、管理才能和多年工作经验，要给投资者这样一种感觉：“看，这支队伍里都有谁！如果这个公司是一支足球队的话，他们就会一直杀入世界杯决赛!”

管理者的职能就是计划、组织、控制和指导公司实现目标的行动。在商业计划书中，应首先描述一下整个管理队伍及其职责，然而再分别介绍每位管理人员的特殊才能、特点和造诣，细致描述每个管理者对公司所做的贡献。

董事和高级职员

列出所有高级职员、董事和核心职员，应包括每个人的完整姓名、职位和年龄。

关键雇员

在这部分里，你要证实三四个属于是关键雇员的人员，给出他们背景和工作的简历。证明这些关键雇员勇于进取是很重要的。

勇于进取者对企业主很重要。有人认为勇于进取者天生如此，尽管别人认为勇于进取者的品质是可以学习的。在你所处的情形中，这方面则很简单。你必须向投资者表明你就是个勇于进取者，否则你将拿不到钱。进一步来说，你在你的行业里赚得越多，就越能激发投资者去投资于你的公司。

管理层忠诚度

从书面上难以判断忠诚度。但像下面这样的真实表述将受到欢迎：公司没有任何一名管理人员、董事或主要投资者曾被逮捕、宣判有罪或被控有重大罪行；进而，没有人曾经破产过或和任何破产业务有关联。个人信用报告要证明所有个人有良好的信用记录且无大额未偿债务。

薪水

这部分你要列出所有从公司支取薪水的核心雇员、董事或官员。你应用表格形式列出每个人的姓名、职位、领取或将要领取的薪水。在薪水一项里，你要把所有费用都列进去，董事费、顾问费、佣金、津贴、薪水等——换句话说，即是公司总的报酬支出。

股票购买权

你应给所有股票购买权做一个列表。除了每个人的姓名之外，还应指出已经享有的股票数目、平均的预购价格、自授予购买权以来已购买的数额以及尚余的数额。公司的购买权尚未偿付，应说明原因。

股票购买权计划

这部分要说明公司已有的总的股票购买权计划，里面有多少购买权或是在以后某日将会有多少购买权。

主要股东

这部分用表格列出每个人的姓名、直接拥有或只有使用权的股票数额、股票购买权份额、在所有未行使购买权中的比例以及购买权行使之后的股权比例。同时说明购买股权的价格。

雇佣协议

详细列出公司和雇员的雇佣协议并特别注明和每个雇员签订的是什么协议。如果你有订立雇佣合同的合理解释，把它写入这一部分。

利益冲突

这部分被一再列出以确保所有违背公众利益的交易得到了充分的披露。这一节你应揭示管理层和公司进行的交易。例如，一位董事也许向公司提供过服务，作为回报，这位董事拿到了公司的股票或股票购买权。

顾问、会计师、律师、银行家及其他

这部分你要说明顾问的姓名，会计师、律师和银行家以及他们的电话号码。如果支付给他们任何专门费用，或公司每月支付聘用费用，在这一部分加以说明。

【提示】在大学生创业计划书的撰写中，管理团队的分析经常出现的问题，一是分析不够专业化：描述性的多，主观的多，模型化分析的少；二是缺乏经验背景的团队成员。

市场竞争

不了解市场、不了解客户、不了解需求、不了解竞争对手，是撰写商业计划书的大忌。

市场预测

当企业要开发一种新产品或向新的市场扩展时，首先就要进行市场预测。在商业计划书中，市场预测应包括以下内容：市场现状综述、竞争厂商概览、目标顾客和目标市场、本企业产品的市场地位、市场价格和特征等。

市场预测首先要对需求进行预测：市场是否存在对这种产品的需求？需求程度是否可以给企业带来所期望的利益？新的市场规模有多大？需求发展的未来趋向及其状态如何？影响需求的因素都有哪些？其次，市场预测还要包括对市场竞争的情况——企业所面对的竞争格局进行分析：市场中主要的竞争者有哪些？是否存在有利于本企业产品的市场空当？本企业预计的市场占有率是多少？本企业进入市场会引起竞争者怎样的反应？这些反应对企业会有什么影响？等等。

新创企业对市场的预测应建立在严密、科学的市场调查基础上。应尽量扩大收集信息的范围，重视对环境的预测和采用科学的预测手段和方法。

新创企业家应牢记的是，市场预测不是凭空想象出来的，对市场错误的认识是企业经营失败的最主要原因之一。

对于多数创业计划来讲，没有可遵循的东西，尤其是新创行业的创业计划，一般都是外延式的，而不是传统的、有模式可寻的。比方说自行车市场、汽车市场，这些传统行业的市场大家都是很清楚的；但一些新创的服务性市场，市场到底是什么？大家都还搞不清楚。如许多高科技公司在做软件，是套装软件还是服务性软件？要界定出你是做的哪一块。

商业计划书要给投资者提供企业对目标市场的深入分析和理解。要细致分析经济、地理、职业以及心理等因素对消费者选择购买本企业产品这一行为的影响，以及各个因素所起的作用。

商业计划书中还应包括一个主要的营销计划，计划中应列出本企业打算开展广告、促销以及公共关系活动的地区，明确每一项活动的预算和收益。

商业计划书中还应简述一下企业的销售战略：企业是使用外面的销售代表还是使用内部职员？企业是使用转卖商、分销商还是特许商？企业将提供何种类型的销售培训？

此外，商业计划书还应特别关注一下销售中的细节问题。

在这里你要描述产品的总的市场情况：总的市场价值，成长的速度，对产品或服务的总的需求。市场规模的前景预测是必要的。你可以用下面这样的表格形式（见表5-1）。

表5-1 销售预测表

年份	产业销售额	增长率（%）
第一年实际值	100 000 000	—
去年实际值	120 000 000	20
今年计划值	150 000 000	25
明年计划值	200 000 000	33
后年计划值	280 000 000	40

说明产业销售额时，绝对不要把整个市场的数额都说成是你的，而实际上，你的产品只是此行业中的一小部分。典型的例子是打算生产计算机磁盘驱动器的公司，在它的商业计划书中，

它把整个计算机磁盘驱动器市场列为它的市场。实际上，它打算生产的计算机磁盘只和一个厂商相匹配。那个厂商只占10%的市场份额。投资者急于了解行业销售的细节和你的产品在此行业中的深入程度。在这个地方你要做个行家才行。

行业分析

在商业计划书中，应细致分析竞争对手的情况。竞争对手都是哪些？他们的产品是如何销售的？竞争对手的产品与本企业的产品相比，有哪些相同点和不同点？竞争对手所采用的营销策略是什么？要明确每个竞争者的销售额、毛利润、收入以及市场份额，然后再讨论本企业相对于每个竞争者所具有的竞争优势。要向投资者展示，顾客偏爱本企业的原因是：本企业的产品质量好、送货迅速、定位适中、价格合适等。

商业计划书要使它的读者相信，本企业不仅是行业中的有力竞争者，而且将来还会是确定行业标准的领先者。在商业计划书中，还应阐明竞争者给本企业带来的风险以及本企业所采取的对策。

这里你要说出所有竞争的产品和生产它们的各家公司。特别要注意它们销售的货币价值、它们所占有的市场份额、对手的经济实力。你还要准确说出你的产品和它们的产品不同在哪里。

如果没有人和你竞争，那么说出为什么没有竞争。没有竞争的原因之一可能是你的专利权。要是你觉得将来可能会有竞争，你应指出每个可能的竞争者以及它们何时会进入。大部分企业主对它们的竞争了解得不够。如果你不清楚你所面临的竞争，投资者不会相信你的分析。要知道绝大多数投资者都认为每一种产品都存在一些竞争。

为了写出一份非常出色的商业计划书，特别要强化如下几方面的工作（见表5-2）。

表5-2　创业方案关注3C

关注对象	关注内容
顾客（customers）	潜在的顾客是谁？为什么会想购买我们的产品或服务 能否将顾客细分为人数更少的群体 这些群体各自有什么特点 是否应该对他们区别对待 产品或服务究竟有多大的市场 这个市场的扩张速度有多快 我们能夺取其中多大份额 我们能对自己出售的产品或服务要价多高 顾客愿意对我们的产品或服务付款多少
本企业（company）	我们的成本（含投资资本的代价、生产成本、分销成本、售后服务成本、人力成本等）有多高 经营保本点在多大的销量上 产品或服务要具备什么样的特点，才能降低其主要成本 核心业务实力方面：要经营成功，需要具备哪些核心业务实力 在这些核心业务方面是否有能力和效率压过竞争对手 我们的竞争优势何在 能否持续支持高速发展
竞争对手（competitors）	竞争对手有哪些 他们的产品是什么 他们的发展谋略怎么样 他们的竞争力如何 他们的成本有多高 要进入他们的市场，他们会有什么样的反应 如何他们群起反击，我们能否抵抗得住并幸存下来

【讨论】在进入一个行业之前，要对该行业了解到什么程度，比如说市场规模偏好、资金运作、风险等？如何进行系统性的分析？对于一个高风险的行业来说，要满足哪些条件才可以进入？

竞争对手

要对主要竞争对手以及潜在竞争对手进行详细而深入的分析。

营销策略

在商业计划书中，营销策略应包括以下内容：①市场机构和营销渠道的选择；②营销队伍和管理；③促销计划和广告策略；④价格决策。

营销是企业经营中最富挑战性的环节，影响营销策略的主要因素有：①消费者的特点；②产品的特性；③企业自身的状况；④市场环境方面的因素。

最终影响营销策略的则是营销成本和营销效益因素。经常的情况是：对新创企业来说，由于产品和企业的知名度低，很难进入其他企业已经稳定的销售渠道中去。因此，企业不得不暂时采取高成本低效益的营销战略，如上门推销，大打商品广告，向批发商和零售商让利，或交给任何愿意经销的企业销售。而对成熟企业来说，一方面可以利用原来的销售渠道，另一方面也可以开发新的销售渠道以适应企业的发展。

专栏

市场需求分析常见问题

- 市场需求调研不足，没有充足的资料证明市场需求；
- 市场需求预测过于简单，缺乏需求量与价格之间关系分析；
- 目标市场定位不清，消费者和购买者区别不清；
- 缺乏行业现状、趋势和行业新老竞争者分析；
- 缺乏需求（销售）量、价格和成本形成的分析和论证。

建议：一定要认认真真做好市场调查和分析。

就是要舍得花很大一部分的业余时间，好好去做市场调查分析！

制造计划

商业计划书中的生产制造计划应包括以下内容：产品制造和技术设备现状；新产品投产计划；技术提升和设备更新的要求；质量控制和质量改进计划。

一般地，生产制造计划应回答以下问题：企业生产制造所需的厂房、设备情况如何；怎样保证新产品在进入规模生产时的稳定性和可靠性；设备的引进和安装情况，谁是供应商；生产线的设计与产品组装是怎样的；供货者的前置期和资源的需求量；生产周期标准的制定以及生产作业计划的编制；物料需求计划及其保证措施；质量控制的方法是怎样的；相关的其他问题。

应尽量使生产制造计划更加详细、可靠。

企业的行动计划应该是无懈可击的。商业计划书中应该明确下列问题：企业如何把产品推向市场？如何设计生产线，如何组装产品？企业生产需要哪些原料？企业拥有哪些生产资源，还需要什么生产资源？生产和设备的成本是多少？企业是买设备还是租设备？解释有关产品组装、储存以及发送方面的固定成本和变动成本的情况。

你要说明生产过程的所有步骤和所有对生产有影响的东西。关键一点是生产费用。销售时的这笔费用，是怎样一步一步得来的？

生产特征

这部分应着重于生产特征。生产过程是困难还是高度发达？有许多部件还是只有一些？公司实际上给产品增加了多少价值？部件花了多少钱？对生产过程而言什么部件是至关紧要的？

投资者需要测定生产过程的困难。是标准的生产过程还是许多有难度的工序？如果是个复杂的过程，需要有特别技巧的人员来操作吗？

供应商

这部分描述了供应你公司原料或其他必需品的公司。在计划书的这个地方，你要列出三四个最大的供应商及他们所供应的东西。你要用分栏的形式来做，第一栏列出供应商，第二栏列出供应的总价值，第三栏列出所供应的物品。接下来，你要向投资者开列一张主要部件供应商的清单。投资者会用清单联络供应商加以验证。

转包商

在你的产品走向市场的过程中，如果转包商或别的什么人做了部分工作，列出他们并说明和他们的关系。这部分里你要列出几个签约转包商和工作的货币价值。然后你要提供转包商的清单，包括名称、地址、电话号码及数量，使投资者能和这些转包商进行接触。

设备

详细地说明你已经购买或打算购买的设备。概述固定资产和它们的转售价值。描述用现有设备你能生产的产品数量和货币价值。确认获得机器的时间。这里投资者要了解你的设备是否难以买到。如果真是如此且你的生产容量已满，公司就必须等上一段漫长的时间来获得多余的设备以提高产量。投资者需要知道设备是否是复杂的，并且知道是否需要特殊的技巧来进行操作。如果是这样，你就需要特别的工作人员来操作机器。问题是，“找一个特殊的雇员来操作机器有多大难度？”最后，如果机器是专用于一个目的的，将难以出手。因此，其抵押价值大打折扣。所有这些对于投资者来说都是很重要的。

所有物及设施

描述公司拥有的房产，或公司所有的办公室和工厂的租约。说明你已有的和打算买的设备；详细地说明固定资产的情况。投资者想要知道厂房对于公司的发展来说是足够的。

财务规划

你要列出自己对于公司以前营运历史以及对将来预测的分析。

综述

你要根据你公司的金融数据列出一些总的盈亏信息。例如，最近三年和将来三年的净收入、销售成本、营业开支、利息支出和利润。预测以后的情况并给出历史资料，让人对于公司已处的状况和将来的情况一目了然，如表5-3所示。

表5-3 财务预测总表 （万元）

	前年实际值	去年实际值	今年预测值	明年预测值	后年预测值
净收入	100	400	1 000	4 000	10 000
销售成本	100	200	500	2 500	6 500
营业开支	100	100	200	400	800
利息支出	100	100	100	200	300
净收入	(200)	—	200	900	2 400
流动资产	20	40	400	1 400	4 300
机器、设备	100	400	600	1 000	1 000
土地和建筑物	—	—	—	—	—
其他资产	10	10	10	10	10
流动负债	20	240	100	400	1 000
长期债务	100	400	400	600	—
净资产	10	(190)	510	1410	4 310

比率分析

这部分中列出净收入、销售成本、营业开支、利息支出和净利润并计算它们的百分比。也就是说，拿净销售额作为100%，然后计算销售成本占销售额的百分比，以此类推。把这些百分数分栏列出，便于察看百分比，如表5-4所示。

表5-4 财务比例预测表 （万元）

百分比	前年实际值	去年实际值	今年预测值	明年预测值	后年预测值
净收入	100	100	100	100	100
销售成本	100	50	50	63	65
营业开支	—	25	20	10	8
利息支出	—	25	10	4	3
净利润	—	—	20	23	24

营运成绩

你应详细叙述营运成绩和预测。为什么成绩上升或下降了？说出它们将来会上升的理由。说明为什么百分比可能变化并叙说重大事件，如哪一年开发出了新产品或是将来你会支出大量费用用于研究开发。换句话说，你要解释前一章节列出的数字，应说明你打算在计划书的下一章节中叙述的附加的金融和预测。

财务状况的预测表在商业计划书占有重要的地位，一份合理而有吸引力的财务预测往往能够成为说服投资者的有力工具。下面给出标准的几种财务状况预测表的范式，供写作商业计划书时参考（见表5-5、表5-6、表5-7）。

表5-5 损益预测表

	第一年	第二年	第三年	第四年	第五年
总收入					
减去：流转税等					
净收入					
减去：销售成本					
毛利润					
减去：间接成本					
工资支出					
外部人士酬劳费用（如专家咨询费等）					
办公用品					
修理和维护费用					
广告费用					
差旅费用					
会计和法律费用					
租金					
电话费					
其他事业收费					
保险费					
利息					
折旧					
其他成本					
总成本					
净利润					

表 5-6 现金流量预测表

	第1年 第1月	第1年 第2月	第1年 第3~12月	第2年	第3年	第4年	第5年
1. 现有现金（起始月）							
2. 现金流入							
销售收入现金							
从应收账款账户收入现金							
贷款或其他现金注入							
3. 总现金收入							
4. 总可用现金							
5. 现金付出							
采购							
总工资（扣除提留）							
税费等支出							
外部人士酬劳费用支出							
办公用品支出							
修理和维护费用支出							
广告费用支出							
汽车、递送和差旅费用支出							
会计和法律费用支出							
租金支出							
电话费用支出							
其他公用事业费用支出							
保险费支出							
税收支出							
利息支出							
其他支出							
零星支出							
6. 总现金付出							
7. 现金头寸							
重要经营数据（非现金流信息）							
A. 销售总额							
B. 应收账款							
C. 坏账							
D. 存货							
E. 应付账款							
F. 折旧							

表 5-7 资产负债预测表

	第1年	第2年	第3年	第4年	第5年
流动资产					
现金					
应收销售账款					
其他应收账款					

（续）

	第1年	第2年	第3年	第4年	第5年
短期投资					
存款					
预付款					
关联公司未来账户					
存货					
其他流动资产					
流动资产总计					
固定资产					
长期投资					
不动产					
工程物资					
设备					
机动车辆					
无形资产					
其他固定资产					
固定资产总计					
资产总计					
流动负债					
银行透支					
其他短期贷款					
应付采购账款					
一年内到期的长期负债					
应付税款					
应付股息					
往来账户					
其他应付账款					
流动负债总计					
长期负债					
长期借款					
递延税款					
其他非流动负债					
非流动负债总计					
负债总计					
净资产					
法定股本（总股份数和面值）					
股东权益					
股本					
股份溢价					
留存收益（亏损）					
资产再评估准备					
一般储备					
股东权益总计					

金融条件

1. 资产负债表

你应详细叙述现在的资产负债表，说明公司的流动性，说明特定项目如应收账款、应付账款等为何有重大增加。

2. 或有负债

说明公司的或有负债如未备基金的养老金计划，或是因一个公司坚称它以前的雇员现在为你工作带去了它的机密而引起的诉讼案。

财务报表

这并非完全是一个支持性数据的集成。它应完全由财务报表组成。如果你的报表没有得到独立审计师的证明，它们应交由独立的审计公司审查。你应有合并了的资产负债表、合并了的利润报表、合并了的股东持股报表、合并了的财务状况变动表。你还应给财务报表添上合适的注释。这部分应包括最近几年的财务报表以及目前的财务报表。它们可以由会计师事务所来审计，也可以不通过它们审计。这些应该作为财务报表附加，并且你的商业计划书应提到这些。

不管你是干什么的，都不要提交没有目前的财务报表的商业计划书。太多的商业计划书带着旧的（六个月或更久以前）的财务报表交上去。你若想证明自己经营较稳定的业务，就应提交目前的财务报表。有些商业计划书列出的财务报表是一年前的，叫人如何凭已成为历史的财务报表决定对公司投资？一些企业主还没有意识到这样的事实即财务报表在管理业务上的高度重要性。不用说，这样的企业主得不到风险资本公司的垂青。

财务规划

这部分应由对以后五年的年度财务规划组成，还要有一个具体的接下来 12 个月的月度现金流量表。任何人看了表的情况，就能准确地判断现金流动状况。现金流量表应能把财务方面的流入表现为现金流入。这些表应附加在商业计划书上并标做财务规划和现金流动。发起人退股，以及应由公司承担的费用如薪水、车费、招待费用等，都应给出完整的细节。

财务规划一般要包括以下内容：①商业计划书的条件假设；②预计的资产负债表；③预计的利润表；④现金收支分析；⑤资金的来源和使用。

财务规划需要花费较多的精力来做具体分析，其中就包括现金流量表、资产负债表以及利润表的制作。流动资金是企业的生命线，因此企业在初创或扩张时，对流动资金需要有预先周详的计划和进行过程中的严格控制；利润表反映的是企业的赢利状况，它是企业在一段时间运作后的经营结果；资产负债表则反映在某一时刻的企业状况，投资者可以用资产负债表中的数据得到的比率指标，来衡量企业的经营状况以及可能的投资回报率。

财务规划是对商业计划书的支持和说明。因此，一份好的财务规划对评估新创企业所需的资金数量，提高新创企业取得资金的可能性是十分关键的。如果财务规划准备得不好，会给投资者以企业管理人员缺乏经验的印象，降低新创企业的评估价值，同时也会增加企业的经营风险。

如何制订好财务规划？这首先要取决于新创企业的远景规划，是为一个新市场创造一个新产品，还是进入一个财务信息较多的已有市场。着眼于一项新技术或创新产品的新创企业不可能参考现有市场的数据、价格和营销方式。因此，它要自己预测所进入市场的成长速度和可能获得的纯利，并把它的设想、管理队伍和财务模型推销给投资者。而准备进入一个已有市场的新创企业则可以很容易地说明整个市场的规模和改进方式。新创企业可以在获得目标市场的信息的基础上，对企业头一年的销售规模进行规划。

事实上，财务规划和企业的生产计划、人力资源计划、营销计划等都是密不可分的。要完成财务规划，必须要明确下列问题：①产品在每一个期间的发出量有多大？②什么时候开始产品扩张？③每件产品的生产费用是多少？④每件产品的定价是多少？⑤使用什么分销渠道，所预期的成本和利润是多少？⑥需要雇用哪几种类型的人？⑦雇用从何时开始，工资预算是多少？等等。

【财务分析常见问题】

- 分析思路和逻辑不太清晰
- 会计、财务和税收等政策的依据不足

筹资说明

商业计划应该是一本论据，证明“值得投资”这一论点。商业计划书就是在讲“故事”，其目的是来说服投资者：我的计划是可行的，我的项目是值得投资的。所以商业计划书一定要有大量的论据来说明“值得投资”这个论点。

- 创办企业的目的：为什么投资人值得为此投钱？换句话说，为什么要冒风险、花精力、时间、资源、资金去创办这个企业？
- 创办企业所需的资金：为什么要这么多？在这部分说明你想采用的筹资类型和相关条款。

拟用筹资

首先你要说明你想卖给投资者的普通股、优先股或是可转换债券。要提供足够的细节使你要卖的东西不至于让人产生疑问。

如果你想卖普通股，普通股是否有红利？要是你忘了领取红利它是否会累积？一段时间以后会赎回股票让投资者取回资金吗？要投资者为普通股付怎样的价钱？对股票会有何限制？普通股股东的投票权如何？普通股股东享有怎样的注册权？也就是说，投资者会误以为你公开上市，而这样做使你成为公开发行股份公司吗？

如果你销售优先股，你将支付怎样的红利？红利会累积吗（意味着如果你有一年或一季度没有支付，你必须在别的年份或季度做出补偿）？优先股怎样赎回？例如，在五年以后，你是否需要跨年度赎回股票返还投资者的资金？可以转换成普通股吗？如果可以，转换价又是多少？这些股票有何限制，优先股是否有投票权？它控制董事会吗？会有什么优待吗？

如果是可转换债券，解释一下条款，是五年期还是十年期的？是否有一段只支付利息的时期？你给的利率是多少？利率是固定的还是浮动的？可以转换成普通股或优先股吗？这些条款都要有。如果你还未决定用何种结构，在这部分注明这重要的一点。

如在以上任一条件下提供股票购买权，你要考虑当投资者购买你公司的股票购买权时他会出的价钱。要考虑投资者会支付多少钱来把购买权转换为普通股或优先股。购买权将转换成多少股票？购买权何时终止？五年？十年？你要说清楚所有这些有关股票购买权的事情。如果筹资类型或筹资条款是可变通的，在这儿说明你的协商意愿。

资本结构

这里你要说明普通股、优先股和未付长期债务，以使投资者能了解公司的大致资本结构（见表5-8）。

筹资抵押

很明显，如果涉及普通股，无须抵押。如果是附属信用债务，列出优先于它的债务。说明这笔债务的抵押物。

表 5-8 资本结构分布表 （万元）

	筹资前	筹资后
长期债务	100 000	—
可转换债务	—	500 000
优先股	—	—
普通股	100 000	100 000

担保

在这里指出给投资者投资作担保的个人或公司。如果存在个人担保，你要提供担保人的个人财务报表。

条件

说明筹资条件。举个例子，公司是否必须在董事会为投资者的代表设一个座位？公司要靠财务比率来生存吗？公司必须达到怎样的里程碑？

报表

说明你打算向投资者提供的关于筹资的报表。例如，你要提供每月盈亏表、资产负债表和年度审计表吗？

使用进程

说明你打算把钱用在何处。不要使用不合规定的名称，但要说明如何使用资金。尽量详细一些。

所有权

这一章说明尚未支付给每个股东的股票数额和一旦筹资成立投资者将拥有的股票数目。说明所有权支付额/将支付额，以及各股东对公司所有权的百分比。如果发起股东收到或将要收到的是股票而不是现金，给出具体细节，例如是拿什么股票作为回报的，也就是说，是土地、建筑物还是设备、发起股等，给出资产现在的市值（见表 5-9）。

表 5-9 资产市值表 （万元）

	筹资前	筹资后	百分比	支付价格
现有股东	800 000	800 000	80	50 000
投资者		200 000	20	200 000

资本稀释

这里你要说明就账面值而言，新投资者的稀释程度。

支付的费用

在这里你应说明你是否要支付什么咨询费用，是否要支付终止投资的法律费用。

投资者加入

投资者想拥有参加董事会议的权利并成为董事会的成员。投资者会要求一到两个位置（投资者控股的除外）。你也许会让投资者更为活跃地加入。在这部分中你要说明你寻求的投资者加入量或是想要从投资者那里得到的数量。

风险资本机构可能有其他机会向你的较小的公司提供服务。你也许希望在这一章对此加以阐述。例如，你会需要风险资本机构在金融领域向你提供帮助并为此服务而支付酬金。你会需要一种特别的筹资类型。为了私下转销你要向投资者支付酬金，如，转销额的2%。一般来说，这部分解决你期望的投资者将来提供服务时的加入类型。

【提示】 筹资说明是商业计划书的重要方面，也是创业者在撰写中经常表现为薄弱的方面，在中国的企业家中表现尤为明显。这说明了中国企业家在资本、金融知识、工具、方法及其经验方面的明显不足。

风险因素

这一章节中你要说明投资于你的公司的最主要风险。这部分要说清楚所有缺点。不提供积极的意见，除了在每段的结尾处。你所要考虑的一些地方有如下几方面。

有限的经营历史

如果公司是新成立或最近成立的，缺少经营历史将是个特别值得讨论的地方。

有限的资源

公司也许会，也许不会，拥有足够的资源来保持持续的生产，如果事情并非如计划那样发展。说明这是个潜在风险。

有限的管理经验

如果这个行业的管理是幼稚的或是全新的，你要说明管理的经验水平。

市场不确定性

你要说明和销售有关现存市场的不确定性。

生产不确定性

这里你要说明任何可能存在的生产不确定性。也许一种模型从来不能在生产装配线上做出来，因此对于是否能生产有一定的不确定性。

清算

这里你要列出你的公司的清算分析。那也就是说，万一公司陷入困境不得不清算，一定要清楚拍卖股票能值多少钱?

对核心管埋人员的依赖

在风险投资商考察企业时，“人”是非常重要的因素。在某种意义上讲，风险创业者的创业能否成功，最终要取决于该企业是否拥有一个强有力的管理团队，这一点特别重要。全面介绍公司管理团队情况，主要包括：公司的管理机构，主要股东、董事、关键雇员、薪金、股票期权、劳工协议、奖惩制度及各部门的构成等情况都要以明晰的形式展示出来；要展示你公司管理团队的战斗力、独特性及与众不同的凝聚力和团结战斗精神。

什么可能发生错误

这里投资者想让你为他考虑，尽量把业务看做是投资。他希望你能提出这个问题，“什么可能发生错误?”用来回答的相关问题是，“投资者如何会失去他的钱?”投资者希望你用你自己的客观分析技巧来分析你的业务状况。他希望你能指出来，你必须说明你会如何去解决。

其他条款

你要说明这样的条款，如你估计的财政储备，股票缺少公开市场，经济控制或其他政府法规，非投资者股东对公司的控制以及无红利等。如果它们很重要的话你应加以说明，不要等到投资者来提出这些问题。

退出方式

如何退出是投资商最关心的问题。很多人只想到了如何拿到投资人的钱，而没有想到投资人应该怎么退出，以及创业者如何在企业运营过程中去保障投资者的利益。这一点如果想到了，商业计划书将能得到更高的分值。而这部分对于很多创业者而言并不擅长。

在这部分里，你要说明风险资本投资者最终将如何在公司拿到他投资所带来的回报。投资者想拿到全部的钱而不对你的公司作任何投资。一般来说有三个可以接受的办法给投资者提供流动性。你应考虑全部这三个方法，但也应指出对你的投资者来说可能是最好的那种方法。

公众股份

公司通过向公众发行股票而变得公开化。投资者拥有的部分股份或全部股份可以在公开市场上销售。

销售

公司可以卖给一个大公司——通常是大的集团企业。这种情况下，你要真实地说明你认为会对收购你的公司感兴趣的大集团企业或大公司。

回购

公司发展渡过资金瓶颈之后，投资方可要求公司创始人回购公司股份，相应条款可以在签订融资协议时写明。

专栏 **投资回报**

你要说明如果他按你的要求投资所能期望的回报。例如，你可以说，如果一个投资者以300 000元购买公司30%的股份，4年后公司上市且有300万元的税前收益，300万元乘以这个行业的价格收益乘数8就是2 400万元，这就是公司的价值。取其中的30%你就得到720万元，而你的投资不过30万元。假定这30%的股份在4年后售出，不打折扣的投资回报是拿30万元和4年去除720万元，这也就是每年每元钱具有6元的投资回报。

投资回报率（ROI）对投资者来说是很重要的，指通过投资而应返回的价值，计算公式为年利润或年均利润/投资总额×100%。风投计算收益的方法有多种，复杂的还要考虑复利、贴现率以及机会成本等。这里的计算是最简单的一种，即用总的回报除以初始投资额和年数，这里720万元扣除初始投资30万元，再除以30万元初始投资额和4年投资期，其投资回报率是（720万元－30万元）/4/30万元×100%＝575%。

附录材料

写作商业计划书不要忘记附录的特殊作用，实际上，一组高质量的附录对于融资的成功常常具有特别重要的意义，有时候可以起到关键的作用。因此创业者在写作商业计划书时还需要做好附录的工作。

常用的附录

有用的附录包括：企业的组织结构图示、利润预测表、现金流量预测表、资产负债预测表。

其他的附录

通常为人们采用的附录主要有以下几种：

（1）主要经理人员的个人简历；

（2）详尽的预测表格；

（3）报纸杂志对本公司、个人或有关事项的报道剪辑；

（4）公司简介和项目说明书；

（5）市场调查资料；

（6）项目选址的地图；

(7) 行业专家的报告;
(8) 按顾客分类的销售资料(例如主体客户分析);
(9) 产品成本资料;
(10) 财产估价证书和租约的细节资料;
(11) 专利的具体情况和技术规格;
(12) 已经审计过的财务报告;
(13) 产品宣传资料、小册子、报道和图片。

你应把产品图片和有关公司的宣传资料都放进去,它们可以展示你的产品或服务。商业计划书的书面表述是必要的,但图片同样有助于推销你的计划书。一篇关于行业或和你的产品相竞争的产品的概要性报道是十分有用的附录。

以上所列的商业计划书代表了完整的途径。你不必把列出的每样东西都放进去。你必须列入商业计划书的是有关你业务的重要的和关键的因素。如果只有两个关键雇员,你就不必列出最关键的十个人。如果你从事服务业,就不必叙述生产问题。你的计划书不必叙述业务中那些微不足道的细节。应把那些不仅投资者也包括你在投资于此项业务前想要了解该业务的方面列入。

当你开始写商业计划书时,你应具体地考虑到以上所有这些方面。那表示你会有一个巨大的计划书草稿。一旦你完成了草稿,你应除去那些不能增加计划书重要性的部分。商业计划书的主要目标是列出业务的主要方面,避免或者仅仅触及业务不重要的方面。

撰写方法

撰写商业计划书是一门艺术。它应该是一个项目拿到融资的最佳机会,因此,应当小心翼翼对待这项任务。但需要指出的是,创业本身比仅仅撰写商业计划书复杂得多,也具有更大的主动性、挑战性。选择合适的创业路径,不仅能够实施商业计划,更能够弥补商业计划的不足,最终实现创业的成功。

写作方法

编写原则

撰写商业计划书的主要目的,一是为创业者自己提供一份创业活动蓝图,使创业活动有条不紊地进行;二是为投资人或贷款人提供决策依据,借以筹集资金。商业计划书的撰写要紧扣其目的,否则,就如同射击一样,没有目标或偏离目标都不会收到预期效果。具体撰写商业计划书时应把握以下原则:市场性原则、客观性原则、一致性原则、实施性原则、竞争性原则。

1. 市场性原则

要充分认知企业的利润是来自于市场的需求,未依据明确的市场需求分析所撰写的商业计划书将会是空泛的、无意义的。因此,商业计划书应以市场导向的观点来撰写,要充分显示对于市场现状的掌握与未来发展的预测;要明确指出企业的市场机会和竞争威胁;同时要说明市场需求分析所依据的调查方法与事实证据等。

2. 客观性原则

商业计划中的一切数字和分析要尽量客观、实际,要尽量用实际资料作证,切忌主观臆断地估计。撰写商业计划最容易犯的错误是凭主观意愿高估市场潜力和报酬,低估经营成本和风险,从而盲目乐观,最后往往以失败而告终。

3. 一致性原则

所谓一致性是指商业计划书前后的基本假设和预估要相互呼应，保持一致，也就是说前后逻辑要合理，不能自相矛盾。例如编制财务计划必须与市场分析和技术分析的结果相一致。

4. 实施性原则

商业计划是创业者拟定的创业行动蓝图，因此，它必须具有很强的可操作性，以便于实施，达到“按图索骥”的效果。特别是其中的营销计划、组织结构、管理措施、应对风险的方法与策略等，必须具有可行性和可操作性。

5. 竞争性原则

撰写商业计划书的重要目的之一是为投资人或贷款人提供决策依据，借以筹集资金。因此，整份商业计划书要呈现出具体的竞争优势，并明确指出投资者可望获得的报酬。具体应主要从市场机会、产品特点、营销措施、竞争状况、组织管理、投资回报、风险评估等方面的分析说明中来体现。

撰写要求

商业计划书的分析与撰写是一项高智力的工作，商业计划书要体现智力上的挑战性。

1. 形式简洁

商业计划书的读者对象主要是企业家、商人与投资者，他们重视结论，时间与精力都极其有限。

商业计划应当简洁明了。人们在阅读一份自己特别感兴趣的商业计划时，应能立即找到问题及其解决办法，这需要一个相当清晰的结构。并不是纯粹的数据分析便可以使读者信服，但以一种简明的方式，按重要程度给出直接的结论却可以做到这一点。任何被认为可能会引起读者兴趣的主题都应该被全面而简洁地讨论。

在写作中，运用一些技巧是很有帮助的。比如说，一条一条地罗列出自己的观点，突出表现交叉应用的资料，精心排版和使用表格形式等都会起到一定的帮助作用。以 Word 版本为主，多用图表，文字上要言简意赅。

2. 内容具体

以展示结论、结果为主，避免对理论、方法、过程作过多陈述（有些完全不要进行陈述）。这一点与咨询报告具有类似性。

3. 方法专业

要用专业的方法去分析每个版块的内容，避免简单的文字描述。例如，技术与产品的分析要多用比较的方法，尽量定性与定量化；市场的分析要建立在调查的基础上；团队的分析要建立在团队理论与分析工具的基础上，切忌平铺直叙。

为了实现专业化的分析，可邀请相关的专家（特别是有实际经验的专家）加盟或支援。

4. 逻辑清晰

要侧重回答商业计划书的读者（主要是投资人）关注的问题，尤其是带有普遍性的焦点问题。以对问题的回答作为分析的逻辑主线。切忌有什么资料说什么话，自己有什么问题就写什么内容。

一个商业计划总是沿着基本的商业概念逐步完善的。开始，计划只强调几个关键性的因素，随着分析的深入，新的条目不断地被补充；随着新的情况出现，计划还需要重新评估并加入反映这些新情况的条目。可以想象，项目和结果势必会经过不断的协调以使计划的主旨不会发生错误。

5. 文字明了

切忌文字堆砌。有三类文字可以坚决去掉：①用了以后会造成读者形成歧义或错误认知的；②重复性的描述；避免对图表的内容作重复性陈述。③可有可无的。

鉴于人们在阅读商业计划时一般不会有作者在旁边回答问题或给予解释，所以应尽量采用通俗的语言以避免产生误解。在计划中不涉及人也不失为一种好办法。商业计划应用事实说话。有时，人们会因为自己本身的狂热，而在描述什么是一个好想法时失去判断能力；当然，同时有些东西又的确需要热情渲染。你可以尽可能让你的语调显得客观，以使读者可以仔细掂量你的说法。像广告一样的计划并不能起到很好的吸引读者的作用，反而会引起别人的逆反心理，它引起读者的怀疑、猜测，从而使他们无法接受。

商业计划应当做到让外行也能看懂。一些企业家认为他们可以用大量的技术细节、精细的设计方案、完整的分析报告打动读者，但大多数时候并不是这样。只有少量的技术专家参与商业计划的评估，许多读者都是全然不懂技术的门外汉，他们更欣赏一种简单的解说，也许用一个草图或图片做进一步的说明会效果更好。如果非要加入一些技术细节，你可以把它放到附录里面去。

常见问题

商业计划大赛中，评委发现许多创业者无法把自己的创意准确而清晰地表达出来，缺少个性化的信息传递，对目标市场和竞争对手情况缺乏了解，分析时采用的数据经不起推敲，没有说服力，等等，这些无一不反映出大学生创业知识的缺乏。

商业计划书的编写问题有如下几种。

1. 求多求全

商业计划最佳长度为30页，上下不超出5页为好。

商业计划并不要求必须在20页以上，不是越多越好、写得越厚越好。很多时候，简单明了更能说明你的底气很足，说明你能把握好关键点。

2. 空话太多

很多创业者的商业计划书一开头就是大话连篇，从宏观经济说到世界形势。其实不然，大家别小看投资人的智慧，他能投资你，一定是了解你的行业的，因此你就不用做市场基础教育培训了，直接进入主题，简单明了，反而更能说明问题所在。

3. 固化呆板

商业计划书最需要数字与图表，而不是像本小说。写小说可以写得密密麻麻，但商业计划书要的是简单明了，最忌讳的是写得太正规，全是字，能用图与数字表示是最好的形式。

4. 闭门造车

商业计划要公司全体团队来写，一份好的商业计划书绝对不应该是CEO一个人的闭门造车，应该是整个团队讨论与沟通后的结果。分工协作永远都是效率最高的体现，而团队讨论也会降低企业的整体风险。

5. 目标过大

经验不足、热情有余的人或野心勃勃、急于求成的人一般说来易把创业目标定得过大，创业目标不同于你的理想，理想可以是当一个亿万富翁，但你不能指望一开始就创办一家规模很大、投资数百万或数千万的工厂（以特别的创新产品争取到风险资本例外）。所以创业目标对于你的理想而言只不过是一个短期目标，是实现远期目标（理想）的一个阶梯。创业目标过高、过大的危害性很大。因为过高过大的目标离创业者本身的现实基础太远，所以在实施过程中会遇到难以想象的困难，这也是创业者开始创业初期容易失败的一个重要原因。

6. 平铺直叙

作计划不一定要长篇大论，要具体问题具体分析（因地制宜），但一定要突出重点、照顾全面，重要因素不能遗漏。

7. 起点太高

把创业起点树得太高有害无益。高起点就是高门槛，对于白手起家的人，自树高门槛显然不利于创业，高起点使你迟迟不能下决心去开创自己的事业，使你在犹豫中白白浪费青春、错失机会。即使你有决心能筹集到足够的资金，在一个高的起点去开创自己的事业，由于新手创业经验不足、业务不熟，在一段不短的时期内，很难使业务发展到令你不至于失望的规模，所以会面临巨大的精神压力，这种压力往往会动摇你的意志和信心。当然，只要你坚定地在创业路上走下去，你一定会成功，但当你回首创业起点，会发现你的第一次创业的确是有些好高骛远了！创业者都免不了或多或少地走一些弯路。但无数个成功人士的创业经验可以令后来人少犯一些同样的错误：目标过大、起点过高不利于创业。

8. 核心不明

部分创业者完全是凭一股热情、一种冲动开始自己创业的。选择一个产品开始创业的人一般没有这方面的问题（因为生产和卖出这一产品便是其核心业务）。但选择服务业开始创业的人易犯此类错误。创业者往往是在没有明确的目标业务时，便急急忙忙地把全套手续办齐了，把公司的招牌挂上了，然后就等业务上门，也不知道往哪个方向去寻找业务、挖掘机会，很多信息咨询公司、投资咨询公司、广告代理公司等中介服务公司便是这样匆匆忙忙上马的，只看到别的公司很赚钱，便以为自己开一个同样的公司也能跟着赚钱，却不知别人有支撑公司的核心业务——通常有固定的长期性客户。

当然，我们不能说光凭热情而没有好的赢利点的创业者都会失败，可以先开业再去慢慢寻找业务、寻找机会，而且的确也有不少人就是这样开始创业的。可以肯定的是，这样创业比那些准备比较充分的创业者要付出更大的代价——更多资金损失、更多的精神压力等。当然这种大胆行动的人比起那些谨小慎微、害怕冒险、力求准备工作十分完美（试图把所有的问题都考虑进去，不愿面对一丝一毫不确定因素）的胆小鬼和懒汉要强上一百倍！因为前者可以在创业过程中边行动边思考来获得经验，并最终获得成功，而后一种人直到老还在原地未动——有的已经变得怨天尤人、愤愤不平，有的还在思考究竟该怎么办。

9. 难以操作

计划内容都是泛泛而谈，没有具体内容，重点不突出或抓不住要点，缺乏起码的数据。这样，行动时便缺乏基本的依据，难以开展工作。

10. 过于细琐

计划做得太粗糙、太简单便没有指导意义，太烦琐也没有意义甚至有害。因为过于详细、似乎无所不包的计划对创业行动有阻碍作用，因为创业过程是以创造性行动解决一系列实际问题直至最终把事情办成的过程，所以过于僵硬死板的计划和一些实施细则往往成为创造性思维的抑制因素，特别是风险资本参与或合作伙伴较多时，过于详细的计划中那些预先凭猜想设置的条款便成了束缚创业者的绳索。

制订计划时最易犯的毛病就是把未来几年内每一个月的营业收入、各种费用安排得很详细，并据此得出很“详细”的利润预测，而未来充满很多变数：原料供应渠道或方式可能发生变化，成本可能升或降；销售比预想的困难，要投入更多的人力和广告；生产过程控制比预想的要复杂等。所以做计划时只能根据自身经验和同业相关产品的生产情况对生产成本、销售收入和利润做一个大致的估计，做过多的深究无疑是纸上谈兵，浪费时间，关键要看实施时采用哪些合适方法和手段尽可能降低成本、提高效率、销出更多的产品，这就要靠决策者和每位员工发挥其创造性和艰苦奋斗的精神了。

计划修改

计划检测

如何评价商业计划书？一份有冲击力的经得起考验的商业计划书的评价标准是什么？布鲁斯·贾德森（Bruce Judson）给创业者提出：用11条检验标准测验你的商业计划书。

1. 电梯测验

你能在大约上一层电梯的时间里——用最多两个短句告诉我，你的生意如何获利吗？电梯测试是广为人知的电梯销售演讲的版本。你需要一个“电梯商业演讲”。为什么？你必须清楚你如何赚钱。这个简单道理看似不言自明，但实际上很多公司刚成立时关于最终如何赢利的概念非常模糊。所以，商业计划必须简单明了。

我们经常用来检验新公司的一个测验就是看公司被解释的难易程度。如果一个人能在他的名片后面概括他的公司计划的话，通常这意味着他能向员工、顾客和利益相关者描述公司的目标。一份需要一段文字或者 10 分钟来解释的商业计划是含糊不清的。思科公司的创始人桑德拉·勒纳（Sandy Lerner）和雷纳德·波萨科（Leonard Bozak）以惊人的明确性解释了他们的事业，整个使命只用了三个单词："思科连接网络。"这是一个经受住时间考验的描述。

2. 最多三件事情测验

成功有赖于创业者将其能力集中在有限的几个关键领域的能力。当你审视一个商业创意时，你需要问自己如下问题：这里决定我成功的三件事是什么？下一个显然的问题就是我具备在这个范围内成功的必备能力吗？如果没有，如何获得？

3. 假如你是顾客测验

把你放在潜在顾客的位置上。问你自己一系列的问题：

1）在已有选择的基础之上，我会买这个公司的新产品和服务吗？

2）如果买，为什么？

3）作为一个潜在的买家，我是独一无二的吗？还是很多人和我一样？

4）我会以现在的全价购买产品和服务吗？

5）购买服务有多快？多容易？我会立刻购买，还是先了解一下？

然后，回到企业家的角色，问：现在的商业计划允许适当的时间和精力吗？

从这开始，你必须去找潜在顾客，现场收集实际市场经验。

4. 差异化和市场领导权测验

无论何时，假如有人说"这是一个巨大的市场，我们只需占有一小部分就能成功"，你要赶紧转身离开，远走高飞，不惜一切代价避开这个陷阱！成功需要你的生意与众不同并能统治一些东西。当小池塘里的大鱼比当大海里的小鱼要好得多。

定义你的市场——即使它只是一个更大市场的一小部分，这样你才有与众不同之处吸引这部分顾客，让你统治这个领域。与众不同者必胜，千篇一律者必败无疑。

5. 包围测验

在创业之前，你必须估计很常见的现象带来的风险，以及妨碍你长期成功的可能性。公司有一些结构特性让供应商和合伙人难以竞争。从一开始你就要考虑你是否能有效构建你的公司，阻止合伙人和供应商复制你向顾客提供的价值的企图。

6. 成本翻番测验

正像电梯演讲测验一样，"成本翻番"测验也被广为使用。事实是这样的：你预料到会出现问题，每件事都比预期的费用要高，通常需要更多的时间实现收益流。这个测验测试你犯错误的回旋余地，很显然余地越大越好。看一下你的利润计划（你预期的花费，预期收益，取得收益的时间）问你自己如下的问题：

如果成本翻番，这还是一份好的商业计划吗？

如果第一年的收益只有预期收益的一半，成本又翻番，这还是一个好创意吗？

7. 留下犯错误空间的测验

好的商业创意通常留给你很大的犯错误的空间。并且记住，你最后挣的钱不一定来自于打算挣钱的地方，所以留下试验的空间。在你投入时间和精力检测你的公司前，使用这个测验最有价值。一旦你已经完善了你的业务模式——继续白天工作的同时，你就没必要选择如此大胆的假设，因为你有亲身体验告诉你什么管用。

8. 依赖性测验

任何公司的重要风险来源之一就是对某个供应商或者顾客的巨大依赖。首要法则就是单一顾客不能占据一个公司销售额的35%。所以，问问自己：

1）如果环顾四周，我的公司是否严重依赖某个公司？

2）如果答案是肯定的，有办法减少这种依赖性或者减轻潜在的损失吗？

3）如果你打算创立的公司严重依赖某个公司，要考虑如下两个问题：

4）这种依赖性会榨取我的利润吗？

5）如果我依赖的公司停业或者不再同我做生意，将会发生什么事情？

6）要花时间仔细构思一个详细的权变计划，用笔写下来。你或许从来不会用过它，但是写下来，你强迫自己真正思考这个问题，你什么时候需要就能马上找出来参考。

值得注意的是，在当今激烈的竞争环境中，不幸的现实是公司不再像以前那样具有同样的价值了。过去，一个公司在一年中获得特定收入，下一年（管理良好的情况下）也会得到类似的收入。今天，很有可能没有持续创新，一个公司的收入将迅速下滑。当今的买家要购买的是一个能够不断自我更新的平台，而不是一个一成不变的东西。

9. 多股收入流测验

尽可能控制你的风险。控制风险的传统方法之一就是多样化。涉及公司收入，就是说公司从多个来源获得收益的能力。

10. 脆弱性测验

“脆弱性”测验，或者说用来分析商机的“最坏的情况是什么”的方法，是在开始时问这样一些问题：

1）如果公司开业运转了，什么事情会让我的公司瞬间倒塌？

2）我如何预测现有的和潜在的竞争者对我的公司做出的反应？

3）是否有竞争者，作为对我这个潜在威胁的反应，竞争者是否有能力将我的公司立刻扫地出门？

4）为什么现有竞争者不会对我的进入做出反应？

11. 不只是一条路测验

创始人找到了迅速低成本扩大产品线的方法。这种低廉简单的测试并启动新产品和服务的能力通常反映了在职经验。但仍然有可能在启动公司之前了解能否并如何扩大你的产品线。

如果你的公司或者你将使用的技能能够灵活地朝多个方向发展，你将更有可能成功。但是如果你知道你正在启动一个只有一条路可走的公司，那么停下来，反复思考，你没有多少犯错误的机会。

计划补充

很多创业者认为一旦商业计划书写好后，就不需要改变了，这是不对的。三个月前的商业计划书与三个月后的商业计划书，肯定是不一样的。因为市场与环境随时在变化，创业者的想法也在变，而创业者跟投资人谈完之后所知道的缺点与不足也会促使计划书被修改，所以商业计划书也是一个动态的东西，处在变化当中，需要不断添加一些新的市场数据，不断加入一些新的元素，这样的商业计划书更能得到投资者的持续关注，让创业者的计划书“动”起来很重要。

方案使用

撰写了优秀的商业计划书，并不代表就一定能够被有效、合理地使用。

计划陈述

一次 PowerPoint 陈述，应该只有10页幻灯片，持续时间不超过20分钟，字体不小于30磅。

这一原则适用于任何能达成协议的陈述，比如募集资本、推销、建立合作关系等。

1. 10张投影

10是PowerPoint陈述中最理想的幻灯片页数，因为一个普通人在一次会议里不可能理解10个以上概念——风险资本家也是普通人。如果你必须要用超过10页的幻灯片来解释你的生意，你可能就没生意。

专栏

风险投资家关注的10个主题

1. 问题	2. 你的解决方案	3. 商业模型
4. 潜在力量/技术	5. 市场营销	6. 竞争
7. 团队	8. 起始点和里程碑	9. 地位和时限
10. 概要和行动呼吁		

2. 20分钟

你必须在20分钟里介绍你的10页幻灯片。当然，你可能有一个小时的预约，但是你要使用一个笔记本电脑，这可能会花去40分钟让它和投影仪正常工作。即使安装非常顺利，人们也可能会迟到，又不得不早退。在一个完美的情况下，你在20分钟内完成你的介绍，就可以留下40分钟时间进行讨论。

3. 30磅字

人们使用小号字体的原因有两方面：第一，他们对自己的材料不够熟悉；第二，他们认为更多的文本会更有说服力。

方案大赛

竞赛内容一般采用国际上新创企业、产品更新、风险投资和招商引资领域普遍应用的创业方案（business plan），通常以5~7人为一组，组成团队进行参赛。

在策划、设计和拟就创业方案时，需要参赛团队具备有关技术、市场和管理方面的专门人才和专门知识，需要参赛团队围绕某一创新科技、创新点子、创新思路，分析市场需求与发展趋势，找准本团队切入市场的机遇、优势与方式，拟定创业内容、经营计划、成长规划，预算短中期资本投入和成本消耗，预测各年销售额增长与利润大小，并评估创业风险高低，拟就防护措施。

1. 初次答辩

按照国际上通行的对创业方案的评估标准，优秀的创业方案应该具有书面写作的规范性、新创业务的创新性、新创业务的赢利性、付诸实践的可行性。指导教师将按照这些标准，对各个团队做出的创业方案进行评审，并按照百分制打分。

咨询小组举行答辩时，首先由团队CEO介绍团队成员5分钟，介绍团队项目10分钟，然后由以指导教师构成的咨询小组成员针对各种虚拟职务提问，当场回答，以核定团队成员完成项目的真实性。咨询小组最后按百分制给分。

在各组答辩完成之后，组委会将按照0.3:0.7的加权对审评得分和答辩得分进行加总。70分以上成绩的小组，将获得通过的资格。

2. 最终答辩

组委会将按照30%的比例，从高到低从创业方案中筛选10个最终参加大奖赛的方案。参加筛选的将是专门的评审专家和指导教师，将依据项目真实性、创新性、经济性、风险性、可操作性的综合情况进行筛选，筛选出来的方案要有优劣排位的先后顺序。

最终答辩时，参赛团队队员必须全部到场，坐到答辩席上。首先由虚拟 CEO 用 5 分钟介绍团队，10 分钟介绍创业方案，然后由全体队员用 30 分钟接受大赛评审团专家的提问并立即做出回答，最后由评审团全部专家当场各自打分，工作人员减去一个最高分和最低分后算出平均分，并当场报告答辩团队的平均得分。

答辩赛的胜出者将按最后得分从高到低确定。

3. 大赛奖励

大赛奖励将视参赛团队的多寡而定，奖金来源主要依靠社会各界的赞助支持，同时给予大赛冠名权和对创业方案优先注资权。

上述的创业大赛方案也可以作为教学方式加以参考，充分发挥“创业管理”作为实践类课程的特色。

专栏

创业方案大赛的取胜诀窍

（1）组建一个包括技术人才和管理人才在内的具有综合性技能的团队；组建起来的团队成员每人都能力十足，堪称企业家，同时又能灵活、协调、有效地工作，这是历届胜出团队的经验总结。

（2）开发出一种赢利模式，而不仅仅是一项发明。“仅仅说明你的产品或服务的性质还不够，还要清楚地阐明谁、为什么、在哪里、什么时候、如何这些关键问题。技术方面的东西不论如何具体，都不能取代清楚明确的市场营销方案。”这是往届胜者的经验之谈。“你这是一件技术发明，而不是一种赢利模式”，评审专家在淘汰一项创意时如是说。

（3）从各方面人士那里获取忠告，不论他们是同学、教师，还是竞争对手或家庭成员。

（4）分析顾客：他们在寻找什么？

（5）分析竞争对手：你有什么他们不及的长处？

（6）展示你有能力获得一种持续的、有竞争力的优势，例如你能够设立市场进入障碍，或是拥有自主知识产权，使得对手们无法夺取你的市场。“千万记住告诉评审专家们，哪些人是你的顾客，他们如何能够从你的产品或服务中得到好处，”一位往届评审专家如是说。

（7）写作的文字要直接、中肯，记住评审专家们会认真阅读你提交的文字。“要花费足够的时间和精力来撰写你的创业方案提要和创业方案全文，要竭尽全力，要严肃认真对待之”，这是另一名往届胜出者的体会。

（8）制定你的创业方案和时间安排时一定要实事求是、有根有据，注意避免好高骛远、不着边际。

（9）不要刻意在技术、质量和价格方面展开竞争。

（10）评审专家们就如潜在投资者，能够吸引他们的是你如何分析出一大片市场空间，他们喜欢的是潜力巨大、增长快速的业务。“如果你正在学到的是如何创造一项业务，那你就已获胜了。”

创意评估

创业是建立在机会基础上的。机会被定义为与现状不同的且被视为是可行（feasible）的渴望（desired）的未来状态。斯蒂文森等[3]强调了机会在创业过程中的核心地位：“创业是一个人——不管是独立的还是在一个组织内部——追踪和捕获机会的过程，这一过程与其当时控制的资源有关。”斯蒂文森还进一步指出：有三个方面对创业是特别重要的，即觉察机会、追逐机会的意愿及获得成功的信心和可能性[4]。

创业过程总是表现为一个机会识别、机会评价、决定开始并以资源获取而结束的连续过程[5]。De Koning[6]发现机会识别过程和必要资源的评估是相互交叠的。实际上，机会识别就是把一个一般的泛泛而谈的创意打造成一个较具体的商业概念的过程（见图5-1）。在这一转变过程中，创业者开发必要的资源并引进自己控制的资源。创业就好像十月怀胎，创业构想在创业者心中不断地思索酝酿、反复钻研，一直到创业者感觉时间到了开始行动。开发创意概念的实质是，怎么使自己与众不同，怎么与竞争对手形成差异。创意开发过程如图5-2所示。

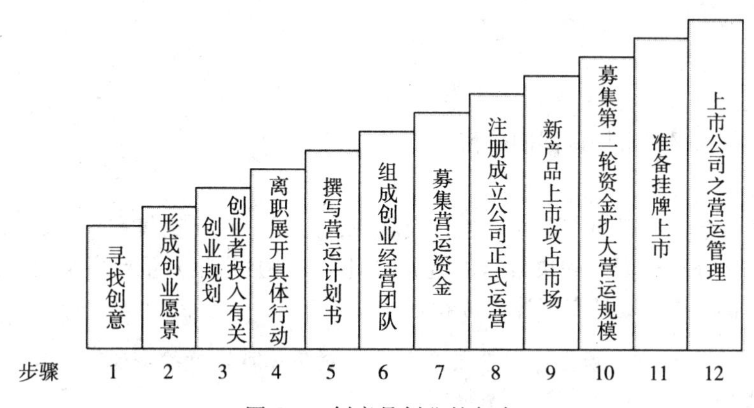

图5-1 创意是创业的起点

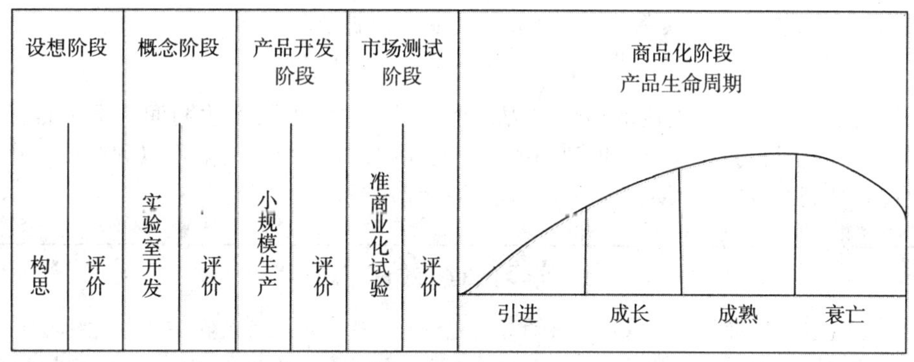

图5-2 创意开发过程

爱因斯坦的相对论指出，在能力的形成中，速度比质量更重要：

$$E = Mc^2$$

式中，E代表能量；M代表质量；c代表光速。

借用相对论的思想，企业家的创业成功也可以表达如下：

$$创业 = 实践 \times 稀缺要素^2$$

也就是说，创业的成功不仅在于实践，首先和更重要的在于对稀缺要素的把握。

根据经济环境的不同，上述的稀缺要素也会发生变化：在传统经济的背景下，这个稀缺要素经常是知识；而在现代经济的背景下，这个稀缺要素则是创意。美国教授沙利尼·文特雷利也强调说，“人类首次来到了这样一个时代，其社会的根基再也不是农业、自然资源或者制造业，而是不断地创新。在这个时代，新理念、新的表达方式不断涌现，成为最有价值的社会根基。”

美国马里兰大学教授刘全生指出：当今的中国大学最需要的是“三创”，即创意、创造、创业。创意要有新观念、新设计；创造是指动手能力，有新发明、新技术；创业是指开创事业。创意和创造是创业的必要条件，如果前两项比较弱，创业就几乎不可能。

好的创业概念必须经过筛选、评价、再筛选，正如蒂蒙斯[7]所指出的，机会的识别包括：①认真评估潜在的机会本身；②评估自己的能力是否与机会匹配；③确保自己有足够的资源来创业。在实践操作中，最初的创意必须首先通过一个快速的可信度检测。机会评价在机会筛选过程中或者在初始想法培育成成熟的商业机会的过程中是重要的一步。

【讨论】如何评价一个创业创意的优劣程度？以及当达到什么程度时可以考虑将该创意投入到实际操作中？

价值评估

创意必须具有能够被市场认同的价值。

获利性

创意能带来丰厚的利润和潜在的增长，或者说，边际利润（销售利润率）和投资回报（投资回报率）足以弥补运行误差和决策错误造成的损失，并且产生有重要意义的经济利益。

一个好的创业机会一般具有下述财务特征：

- 在明确定义的细分市场上，在最初几年中，销售额可以持续增长。
- 顾客需求是重复发生的。
- 存在学习曲线效应。
- 内部产生的现金流和收益基本上可以支持企业的扩张。
- 企业从开办到转入正常经营所需的时间较短。

企业利润最大化是企业生成的初始动力，企业必须以获取最大化利润为根本目标。不过，企业的利润最大化目标只有通过合理利润或满意利润的方式才能实现。不以利润最大化为目标，以及不通过合理利润方式来实现，企业不可能可持续发展。

专栏　学习曲线效应

越是经常地执行一项任务，每次所需的时间就越少。这个关系最初在1925年在美国怀特－彼得森空军基地量化，使得航空效率加倍，而所需劳动时间下降了10%～15%。随后在其他行业的经验研究得出了不同值：从百分之几到30%。但在大多数情况下这是一个常量值，它不随行为规模的变化而变化。

持久性

创意必须代表一种渴望的未来状态，要有长期获利性，或是经过改进可保持较长时间的利润。

持久性涉及两个因素：

其一，获得期限。什么时候获得机会？企业家和机会必须相适应。企业家有相应的技能和管理经验，必须能够获得必要的资源以利于冒险活动的开展。

其二，利润堵塞的可能性。创意必须是可以实现的。冒险活动无致命的缺陷，即内外环境及其变化都不能使企业损失利益。

扩张性

- 机会是否具有潜在的扩张、多元化和一体化经营的可能性。
- 企业经营的灵活适应性。机会是否在经营方式、技术、服务方式、地点、规模经济性等方面提供了多种选择？能否灵活地转向其他项目？（一旦失败）能否在多领域（范围）内应用？一旦失败，退出成本有多少？

成长评估

创业应该处于增长性的市场，而非逐渐萎缩的市场。

市场规模

产品必须有清楚、明确的市场需求，并且进入市场的时机选择恰当。

创造产品或服务是创业者应对在机会识别过程中感知到的市场需求的一个办法。Bhave[8]把产品和服务描述为用来连接供应方（新创企业）和需求方（消费者）边界的一座桥梁。由此看来，创业者必须思考潜在的消费者、销售价格、退出渠道等问题。简而言之，一个具体的营销计划应该概念化并且被执行。它将用于指导企业与消费者的具体交易，从而创造出价值。

在机会开发过程的任何时刻，如果有越来越明显的迹象表明创业者不能有效组织供应方（适当的资源组织）或弥补需求差异（市场营销），那么商业概念就很有可能被修改甚至放弃，这可能最终导致将创意转让给其他人。

增长动力

关键是搞清到底是什么变化、什么力量创造了机会？可能是新产品（为顾客提供在别的市场业已存在而在自己所在地市场还未出现过的产品或服务的创意）、新业务（戴尔）、新技术（涉及新的技术进步，即发明创造）、新管理（纯粹的管理形式的创业）、新利益（以该创意方式开办企业的人数比例最大，其特点是以更高级服务和更便宜的成本完成旧的职能，相当于技术改进或革新）。

> 纯粹管理式的创业，是一个简单的广告公司或者营销公司，或者干脆就是点子公司。但是这种形式的创业大概最大的问题就是对自己的营销。良好的声誉和成功经验相对来说在这个领域会重要得多。这种类型的创业，先期的投入虽然不一定很大，但若要见到成果，需要的时间却不短，而且一定是一个先难后易的过程。而耐心和经验又通常是一个新公司或者是新企业最缺乏的，所以这种形式的创业也许不容易成功，但是一旦成功则能够有相当延续发展的空间。

持续时间

机会能够维持多长时间？搞清创业机会的经济寿命周期、产品的生命周期以及当前处在寿命周期的哪个阶段上，成长期和成熟期到来得是否太快（慢）？

专栏

影响机会评价标准的三个重要因素

创业经理

很多研究指出，创业者和管理者的个性特征有差异。而且有研究认为，创业者和管理者在信息处理方式上存在显著差异。所以，在机会评价标准的经验分析上，有创业经历的管理者的意见比没有创业经历的管理者的意见更值得重视。

工作年限

企业工作经验对创业者能否做出正确判断有重要的影响作用。因此，在机会评价标准的经验分析上，企业工作年限超过10年的创业者的意见比工作年限较短的创业者和管理者的意见更值得重视。

管理经验

在进行机会识别和评价时，创业者的事前知识结构起到重要的影响作用。担任高级管理职务，意味着其可以掌握更多的决策经验和资源控制能力。因此，在机会评价标准的经验分析上，担任企业高层管理职务的创业者的意见比担任中层管理职务的创业者的意见更值得重视。

风险评估

风险何在？机会是否转瞬即逝？创造机会的力量是否是一种偶然因素？是否存在如下情况（主要的）？

市场风险

- 前景不明朗，市场预测未必与现实相符。
- 一段时间内，可能不被市场接受，如何渡过这一困难时期？
- 进入障碍低，竞争对手既多且强。
- 缺乏优秀的生产和销售渠道。

成本风险

- 投资大，获利时间长，周转慢。
- 规模小，成本高，达不到规模经济。
- 进入障碍高，进入后现金所剩无几。

技术风险

- 技术性不是太强，容易模仿。
- 技术研发能力弱，产品深化无力。
- 是否有替代品出现。

资源评估

把商业机会变成商业现实，需要由创业者或创业团队在运用一定的资源下完成，不仅包括金钱，还包括人际关系、客户关系等。许多新创企业的夭折，就是因为创业者没有资源能力实施其战略。例如，企业可能资金用尽，创业者可能无法实现销售额或者无法完成订单。

机会识别和必要资源的评估也是互相补充的。创业者逐渐有机会开发的意向，表明开发决定并不总是一个正式的或有意识的行为。不管是有意识的还是无意识的、正式的还是非正式的，寻求机会的意向在企业创建中起到重要的作用[8]。在发现创意和构建资源平台之间的任何时候，这种意向都可能是决定性的。有些创业者可能在仅有一个基本的创意时就有开创企业的意向，有些则详尽地描述创意，并且在机会培育和资源获取不再有障碍的时候才完全有开创企业的意向。

自有资源

- 过去所累积的知识能够转移之比率愈高，则成功概率愈高。
- 自有资金或外部获得之资金需能支持本身价值单元之门槛规模。

整合资源

- 要与其他互补资源之拥有者维持良好的关系。越重要的互补资源拥有者，应与其维持更强的联结。
- 与原有东家若产品相似，则应有不同的市场（或地区）；或提供不同的产品，以有利过去网络关系的转移。
- 以原有东家为客户，为其提供服务，也常是有效策略。

竞争评估

目标企业必须能成功地保持持续的、稳定的竞争优势。

关键因素

成功关键因素是竞争优势的主要来源。创业者应该找出产业或生意成功的关键因素，将企业有限的资源集中配置上去，在资源配置强度上超过主要竞争对手，从而逐步建立起竞争优势，在产业成功关键因素上积累和形成自己的核心能力。

成功关键因素的例子有：

- 百货零售业：位置，品种结构，采购成本
- 快餐业：位置，标准化，口味
- 零件和元器件制造业：专业化，设备
- 软件业：研发管理
- 时装业：设计
- 家电业：渠道，品牌，质量，工业设计

生存能力

生存能力是竞争优势的基石，包括：

- 投入承诺（commitment）
- 创造力（creativity）
- 核心能力（competence）
- 外部变化（change）

围绕生存能力，需要分析的问题是：

- 创业必须克服什么样的竞争障碍？
- 创业寻求建立的优势的数量与质量维度是什么？
- 企业家的创造力和能力有什么特别的？为什么特别？

吸引能力

现金流贴现法（discounted expected cash flow，DCF）是评估财务吸引力的标准方法。

- DCF方法不完全适用于创业的企业家。目前的理论工具大多针对大企业的管理实践，有些并不适用于对创业活动的指导。例如，DCF被特定地应用于大公司对多个项目进行挑选的情况，而实际生活中，创业者并没有多少可供选择的项目，所以传统的DCF并不适用。一个更为有效的方法是，将OPM（期权定价模型）应用于创业情况，使创业者了解项目特定阶段不可预期事件对整个项目的影响。因此，注重复杂性问题的研究，开发有针对性的理论工具是创业研究的根本。
- 不能恰当地估计风险与回报。企业家更倾向于——高回报，低退出成本，战略灵活性。
- 投资组合可以分散风险，但对创业阶段的企业家却不适用。

需要分析的问题：

- 能否获得持续的资金支持？还是一次性投资？
- 可承受的沉没成本？
- 需要获得多少外部投资，以补充内部资金的不足？
- 投资能够被阶段化吗？
- 运营和技术如何复杂？
- 回报周期多长？
- 竞争优势具有可持续性吗？
- 内部资金能够支持的增长速度是多少？

综上所述，可对各个创意进行五个维度的评价，如果设置每个维度的评价分值为1～5分，

则不同项目的评价设计表如表5-10所示。

表5-10 创意项目评估设计

评价维度	分值（1~5）			
	创意一	创意二	创意三	创意四
价值性评估				
成长性评估				
风险性评估				
资源性评估				
竞争性评估				
总分				

可对不同创意按照评价分值由高到低进行选择。

【**提示**】从提高成功率角度出发，创业应该从实处做起，从身边做起，从小事做起。

本章概要

本章着重介绍了商业计划书的内容及分析要点，以及商业计划书的审查和商业计划书存在的问题，接着分析了商业计划书及创意的评价。

一般而言，制订商业计划书大致包括如下基本内容：计划摘要、产品（服务）介绍、人员及组织结构、市场预测、营销策略、制造计划和财务规划。同时，要写好商业计划书，要从如下六个角度着手：关注产品、敢于竞争、了解市场、表明行动的方针、展示你的管理队伍以及出色的计划摘要。最后，还需要在商业计划书写完之后，仔细检查一遍。

思考练习

1. 有很多创业者不知道什么是“创业经营计划”，然而他们成功了，这种现象怎么解释？
2. 你创业会制定类似计划吗？为什么？
3. 撰写一份以商务投影（PowerPoint）制作辅导、公司模板设计及技术培训为主要业务的商业计划书。
4. 请撰写一份猎头网的品牌建设与市场拓展的商业策划方案。
5. 撰写一份以商业模式策划、设计及评估为主要项目的管理咨询企业的商业计划书。
6. 在与风投或者天使投资人进行融资谈判时有哪些谈判技巧？或者如何才能以最小的代价获得尽量多的投资？
7. 请撰写一份以品牌管理咨询（包括策划、评估与培训）为主要的非赢利机构发展的商业计划书。
8. 如何设立一家提供“商业计划书”服务的公司，提供诸如模板设计、编写指导与培训、计划书评价、计划书策划、组织商业计划大赛、为优秀商业计划书提供风险资金、计划书收集（成立计划书银行）等之类的业务。请写出你的提供“商业计划书”服务的创业公司的“商业计划书”。技术层面可考虑如何将商业计划书的撰写网络在线化。
9. 请撰写以在线提供管理咨询业务的管理咨询公司的商业策划方案。
10. 你有什么样的投影制作与演讲的经验及教训值得与大家分享？

参考文献

[1] 约瑟夫·熊彼特．经济发展理论：对于利润、资本、信贷、利息和经济周期的考察［M］．何畏，易家详，张军扩，等，译．北京：商务印书馆，1990.
[2] 丁栋虹．管理咨询［M］．北京：清华大学出版社，2006.

[3] Howard H Stevenson, Michael Roberts, Grousbeck Harold Irving. New Business Ventures and the Entrepreneur [M]. Homewood, IL: Irwin, 1989.
[4] Howard H Stevenson, J Carlos Jarillo. A Paradigm of Entrepreneurship: Entrepreneurial Management [J]. Strategic Management Journal, 1990, 11 (4): 17.
[5] William D Bygrave. The Entrepreneurial Process [M] //BYGRAVE W D. The Portable MBA in Entrepreneurship. New York: John Wiley & Sons, 1994.
[6] A J De Koning. Conceptualising Opportunity Formation as a Socio - Cognitive Process [D]. Fontainebleau: INSEAD, 1999.
[7] Jeffry A Timmons. New Venture Creation: Entrepreneurship for the 21st Century [M]. 4 ed. Irwin: McGraw-Hill, 1994.
[8] M P Bhave. A Process Model of Venture Creation [J]. Journal of Business Venturing, 1994, 9 (3): 223 - 242.

第6章 CHAPTER6

企业注册

体制内无喜剧，体制外无悲剧。

学习目标 >>>>>

- 从创业环境角度，分析注册选址；
- 掌握注册的内涵，如组织、命名、程序等；
- 了解企业变更的情形及选择。

企业作为一个法人组织，是注册的产物。理性、科学、有远见的企业注册选择有助于企业健康成长，是创业管理的重要方面。

企业注册的结果是产生公司。为什么把私人“公司”取名叫“公”司，而不叫“私”司呢？其实根本原因就是它赚的每一分钱都是属于公司里的，而不是老板个人的，如果公司倒闭了，只能拿公司里面的钱来还账，而老板私人的东西，比如不属于公司的老板自己的房产，那是真正的个人的，无须拿来还账，所以也叫有限公司或有限责任公司，如果老板要把钱从公司的钱变成自己私人的，那叫分红，获得红利，这就是个人收入，必须缴税。

企业注册涉及哪些商业智慧、策略与技巧呢？

创业环境

为什么美国的创业者要比中国多那么多？为什么浙江一带的创业者要比上海多那么多？创业和外在环境究竟有什么联系？除了常说的政策法规、经济基础、市场驱动、教育体制等因素外，创业风气浓厚与否究竟还受到哪些因素影响？

文化环境

一个伟大的商业城市，它的魅力不只在于让那些已经强大的公司愿意在这里建立分支机构或总部，更在于它有机会，能让丑小鸭变成白天鹅，让平凡人做成不平凡的事。

创意阶层

理查德·佛罗里达[1]缔造的一个新词“创意阶层”，代表着科学家、工程师、艺术家、音乐家、设计师等知识型专业人士——“他们主要以从事创意性劳动谋生”。在20世纪，美国创意阶层的劳动人口比例仅从世纪初的10%增长到1980年的20%，但在新世纪之交这一数字已经增长到美国劳动人口的1/3。更重要的是，创意经济已经超过美国乃至其他发达经济总量的一半！超过所谓的实体经济（制造业+服务业）的总和[1]。

创意阶级的兴起，他们的工作和活动不是跟着计划走的，而是他们自己决定，走不走，要往哪里走。什么地方最能让创意阶级集中到这里？他们没有社会的负担，他们的生活也丰富多彩，怎样的城市能吸引他们呢？三大要素：技术（technology）；人才（talent）；宽容（tolerance），宽容的文化氛围，容纳各种生活方式的多姿多彩的人。

创意中心

伴随着创意新贵们的崛起，美国涌现出一个个地理上的创意中心——“簇群地带”。而它们成为世界财富中心的同时，也依次成为在美国收入不均程度最大的地方：北卡拉里—杜汉姆高科技区、旧金山、华盛顿地区、得克萨斯州奥斯汀、纽约市等。好莱坞是另一个这种创意簇群的完美例子。好莱坞巨子大亨已是创意人才的代表人物——斯皮尔伯格和卢卡斯。在好莱坞里闪烁精灵的是各国导演、编剧、演员、摄影等创意人士，其中外国人士人数上远超过美国本土人士。2007 年外国演员囊括了奥斯卡所有男女表演四项奖项。好莱坞成了影视创意的“联合国”。

全球化下的“以想法为核心的巨型跨国公司”（idea-based mega corporation）越来越据守在创意人才集中的地方，当扩展全球业务所需要的供应链和物流随着世界的平坦而不成问题时，价值创造便回归到最核心的产生想法和创意。越是如此，巨型跨国公司越是需要簇拥在世界的创意中心。这些中心目前依然主要在美国[2]。

创造力

创造力代表一个国家和地区的创新企业和新产品开发的情况。为了评估国家和地区的创造力，在世界经济论坛和哈佛大学联合进行的一项研究中，研究人员调查了 59 个国家和地区的 4000 多家公司，被调查的公司总裁对所在国家和地区的三个领域进行评估：新创企业的创业环境、研究和开发力量以及接受外国新技术的程度。研究人员专门开发了计算公式，然后使用以上的调查数据进行计算，得出“创造力指数”这个量化结果。

研究[⊖]结果显示，美国以其敢于冒险的学术氛围、充足的研究开发经费和雄厚的风险投资名列第一；位居第二的芬兰的主要特点是优惠的税收政策和政府对新企业成长的支持；新加坡鼓励外国投资、具备世界上最好的基础设施，其创造力指数排名第三；卢森堡依靠强有力的知识产权保护体系和政府干预较少，成为创造力指数第四位的国家。进入前十名的国家和地区还包括中国香港、丹麦、德国、加拿大、澳大利亚和日本，其中中国香港虽然缺乏本地研究开发经费，但也吸收了大量外来投资和自由资本。

在《地区优势》（*Regional Advantage*）里，安纳利·萨克斯宁（Annalee Saxenian）分析了 20 世纪八九十年代，硅谷和马萨诸塞州 Route128 之间关于高科技经济的领导力竞争。他的结论是，人们之间良好的沟通联系形成的开放环境是硅谷胜出的原因。

2010 年福布斯中国富豪榜，128 位身家超过十亿美元的顶级富豪中，深圳以 17 名富豪居于首位，北京、上海分别为 15 名和 10 名。而在中国最富有的十个人中，海普瑞老总李锂、腾讯公司马化腾以及比亚迪王传福三人均来自深圳，“深商”占据了其中三席，分别排在榜单的第五、第九和第十，成为中国“顶级”富豪最多的城市。

人才环境

创业需要良好的人才环境。

创业人才

创业首先需要创业人才。一个地区创业的成功，不重在资本的堆积，而在于创业人才的引

⊖ 《青年参考》，2001 年 12 月 27 日。

进、兴起与发展。

施正荣的例子给无锡决策层一个启示——招商引资的观念应该改变，变抓项目为抓人才，引进高端创业创新人才，人才带动项目，进行科技成果转化。

早在2006年5月，无锡出台了《引进领军型海外留学归国创业人才计划》，即在“十一五”期间，5年内引进30名领军型海外留学归国创业人才，简称“530”计划。“530”计划包括了“3个100”和“2个300”（100万元创业启动资金、100平方米工作场所、100平方米住房公寓；提供不低于300万元风险投资和不低于300万元的商业担保）；并规定以技术成果入股投资的，经评估，其技术成果可按注册资本不少于30%作价入股。对引进国内三类高层次人才分别给予100万元、70万元、50万元的安家费补助；对引进海外博士、硕士则分别给予50万元、30万元的安家费补助等。

安家费和启动资金这些实实在在的政策，是归国创业人才最需要的，再加上无锡各方面的服务意识和当地配套齐全的产业，以及相对北京、上海等地偏低的企业运营成本，让他们选择无锡作为“创业梦开始的地方”。

集合人才

创业不仅需要创业人才，还需要相关优秀人才的汇集，包括投资者、律师、艺术家等。

硅谷实际上并不像人们所说的那样快速向前发展。相对于成为杂志封面人物洋洋得意的年少得志者来说，更多企业家艰难拼搏了30年时间才等来公司在纳斯达克上市。硅谷花费数十年时间才建立起风险资本家、律师、商业条款等一套复杂体系。

政策环境

知识产权

创意是对智力成果的概括表达，一部分智力成果可以转化为受著作权保护的作品，或者受专利权保护的外观设计、发明或实用新型技术，但也有相当数量的智力成果，比如独特的分析技术、策划方案、营销计划、商务模式，虽然也属于知识产权的范畴，却无法适用著作权法、专利法、商标法等法律的保护，企业必须以商业秘密的保护方式来保护。

创意产业主要是以创意为核心的产业，这些产业主要是以作品的传播和版权的流通实现其市场运作。其实作品的传播往往都伴随着版权的流通。作品的传播主要包括但不限于作品的编辑、印刷、发行、出租等方式。创意作品的产生是伴随着版权产生的过程，因此经常将创意产业称为“版权产业”。

创意产业的版权保护主要分为两个方面和两个层次。

版权保护的一个方面就是版权的自我防护，主要是权利人防止以赢利性为目标的恶意复制，包括权利人从技术方面防止恶意的破解程序等技术措施。权利人需要做到以下两点，首先就是采取技术措施（例如水印、密码等形式）防止侵权者侵权行为的实施。其次就是建立完整完善作品所有人的权利证据链，一旦著作权受到侵害，就有足够的证据对侵权者采取行动。而目前来说最主要的证据就是作品的著作权登记证书，尽管目前我国著作权权利的取得是原始取得的方式，但是随着网络的发展以及传播速度的加快，著作权登记证书显得越来越重要。

版权保护的另一方面就是尊重他人的作品版权。只有相互尊重他人的版权，才会形成一个秩序，形成尊重版权的环境，从根本上减少版权纠纷和侵权的发生。同时由于作品的创作都是来源于生活，在创意产业企业产生作品的每个环节都需要不同的素材进行提炼，怎样合理利用现有的素材对自己的作品进行创作，而不侵犯他人的作品版权，这也是创意产业企业应该把握的问题。同时怎样合理利用现有的作品而减少潜在著作权侵权诉讼也是企业应该思考的问题。

两个层次首先是企业需要有版权保护尊重他人版权的意识；其次企业要认真学习深入理解《中华人民共和国著作权法》（以下简称《著作权法》）及其《实施条例》，根据企业所在的不同行业领会《著作权法》及其《实施条例》的立法宗旨，从而规范著作权的管理和保护。

专栏

美国如何对创意进行法律保护

（1）财产权方法。在创意上建立财产权的方法来保护创意的方法，就是创意保护的财产权理论。财产权理论为创意的创造者提供未经创意人许可，就不能使用或披露该创意的专有权。

（2）准合同或不当得利方法。在英美法律中，准合同、不当得利和恢复原状被交叉使用。准合同大体和大陆法系的不当得利相当。在准合同方法下，法院考虑很多事实，包括创意的性质、双方的关系和交易、公共政策考虑以及双方的预期。法院并不要求特定的关系或秘密的披露，而要求新颖性和具体性。

（3）合同方法。合同方法（包括明示合同和默示合同）是创意保护的最有力和在实践中最有效的方法。因为它不服从和准合同或财产权理论一样的政策考虑。对思想的垄断将预先排除，对科学和技术中的进步的恐惧在明示合同下是不存在的，因为合同仅仅约束当事人而使他人能免费使用该创意。

（4）信任关系方法与反不正当竞争方法。信任（秘密）关系法和反不正当竞争法实际上是性质上相同的法律，信任（秘密）关系即我国法律所称的商业秘密。在美国，对于创意保护来说，相对于前述的几种保护方法，信任（秘密）关系法和反不正当竞争法的保护是较弱和不太确定的。

（5）著作权方法。这是一种在著作权法框架内保护创意的方法，创意一旦获得著作权法保护，那么其获得的权利将是一种非常强大的权利。因此，这是一种对创意人最为有利的创意保护方法。但这种创意保护理论面临着巨大的障碍：一是传统著作权法上的一项重要原理“思想/表现两分”的障碍；二是创意著作权保护对传统著作权法的冲击。因为在美国法律中，以某种有形形式固定是受保护的条件之一，因此美国不保护没有以有形形式固定下来的舞台表演、口述作品等。而创意本身则不一定是已经以某种有形形式固定下来的。

税收政策

世界各国一般都比较重视扶持中小企业。各国的做法不完全一样，有的通过财税优惠政策，如日本，有的采取各种方法为中小企业的发展筹集资金。美国的中小企业约占企业总数的99.7%，其产出占所有企业收入的40%，在经济发展中起了非常重要的作用。美国前总统里根曾把小企业比喻为“美国经济制度的心脏与灵魂”。金融危机发生以后，美国许多中小企业受到很大冲击。2009年11月1日，受总额高达649亿美元的巨额债务所迫，美国最大的中小企业商贷机构CIT申请破产保护。尽管如此，在美国长期支持中小企业发展政策的影响下，美国的中小企业依然充满活力。为缓解国内的就业压力，美国中小企业的作用更加受到重视。在总统奥巴马宣布新政策提案之前，中小企业管理局已在美国经济复苏资本（America's Recovery Capital）的支持下，以中小企业管理局504贷款（SBA 504 loan）的形式，对中小企业提供帮助。

美国的小企业之所以非常活跃，一个重要原因就是美国的税收制度有利于小企业的发展。举例来说，假设你是一个为微软公司提供咨询服务的独立签约人，专门为微软公司的客户提供技术支持服务。那么只要你在自己家里注册一家公司，自己既当老板又当伙计，那么你从技术服务中获得的收入就可以在扣除你的经营费用（其实就是你自己家庭的日常开支）后再去纳税。这样你的应税收入就相应减少，而需缴纳的所得税收也就降低了。

专栏

中国创业的税收制度

越是复杂的东西，效率往往越是低下。中国的税收体系复杂，税收环境较为混乱，既推高了税收成本，又阻碍了公民的纳税热情。我国现行的税制共有20多种税，总额绝不是一个小数目。从北京市地方税务局网站可以看到，中国的税收制度共设有25种税。在我国香港地区，本土税种不足十种，主要包括利得税、物业税、薪俸税、厘印税、增股税、印花税、遗产税，对于五种特殊产品涉及进口关税（烟、酒、化妆品、汽车、燃油）。税种越多，纳税人的纳税成本越高。香港每个企业平均每年在纳税上所花的时间大约是80个小时（以8小时为一个工作日，约10个工作日），而在内地需要花872个小时（接近100个工作日）。前者差不多只占后者的1/10。税种繁多导致的严重后果，就是重复征税。我国对生产、流通、交易、保有等多个环节征税，纳税人备感税负压力沉重。

国税、地税两套机构分设，是我国征税系统的一大特点。企业要向两个机关去申报，有些报表是共同性的，像资产负债表等，报表都要多打印一份，税务机关每年都要对企业进行年检，有的税务干部还要亲自到企业去调查，两套税务机关的年检内容可能大同小异。这样，既增加了税务部门的管理成本，也增加了企业接待应付的成本。我国征税成本超过10%，也就是说纳税人每纳1元钱的税，其中就有1毛钱被税务机关花掉。而美国的征税成本在1%以下。如果把征税、纳税这两块成本节省下来，每年很可能会给中央财政再增加1万亿的财政收入。它导致征税成本和纳税成本“两高”，还造成社会资源的巨大浪费。

流转税和所得税是目前世界上普遍采用的两大主体税种。流转税，又称流转课税、流通税，是指以纳税人商品生产、流通环节的流转额或者数量以及非商品交易的营业额为征税对象的一类税收，是按照纳税人取得的销售收入或者营业收入征收的。在我国，具体包括增值税、消费税和营业税等。所得税，又称所得课税、收益税，是指对法人、自然人和其他经济组织在一定时期内的各种所得征收的一类税收，是按照生产、经营者取得的利润或者个人取得的收入征收的。在我国，主要包括企业所得税和个人所得税。流转税的特点是，无论企业赚钱与否，只要有交易和服务发生，国家就要收税。我国目前施行的税收体系以流转税为主体，而不是所得税。流转税在我国税制结构中一直处于主导地位，占到税收总收入的70%以上。目前在国际上，发达国家多选择以所得税为主体的税制体系，比如美国。不少国家税收收入组成恰恰与我国相反，将近70%税收来源是所得税，只有30%是流转税等。

从现行税收制度来讲，中国内地企业纳税占到总利润的70%以上。具体到税率，增值税的基本税率为17%，企业所得税税率是25%，比周边一些国家都高。

投资保障

美国的信任是写在纸上的，更多的是对制度的信任。大家对什么可以做，什么不可以做，以及做错事和犯法的后果和惩罚都比较清楚。而中国是人情社会，信任是个人之间的事情，是通过个人的不断接触建立起来的。很多事情的成败取决于个人关系，合理与不合理，甚至合法与不合法可以在不同情况下有不同解释。

依传统的FDI（foreign direct investment）理论主张，企业先具备自己的竞争力才能决定到国外发展，但无法说明，往往施行逆流的FDI（upward FDI）的现象，从韩国到美国、欧洲，描述如图6-1所示。

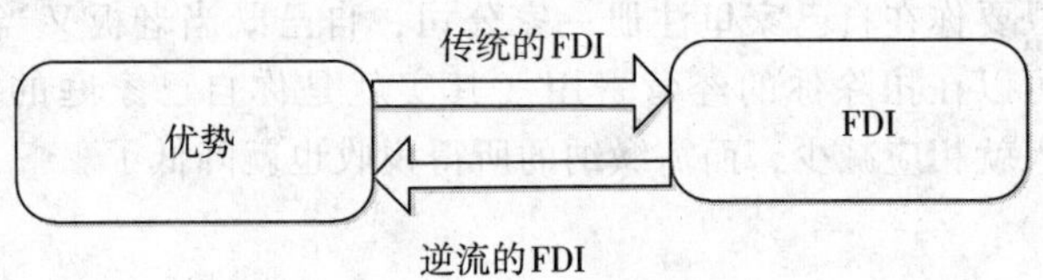

图6-1 传统的FDI与逆流的FDI

从实践的角度出发，我们首先要明白，所谓公司行为，既可能是注册一个法人公司，也可以是自然人身份的公司或个人经营行为，从此出发，来理解以下境外公司的优势。所谓境外公司就是把母公司或子公司注册到境外去，或在境外注册独立公司，或以自然人身份在境外经营活动，或综合兼有。

海外注册公司及其运营优势在于以下几个方面。

（1）公民资格。在海外某些国家注册公司，不一定必须是这个国家的公民，也就是说外国人也可以去注册公司。

（2）股东保密。在某些国家注册公司，公司的内容如股东股权分红机制等都受到保密法保护，一般外人很难窥视其内容，而在一般欧美大国则相反，注册公司的内容都公开发表在联邦统计公告上，外人可以随时在法院或公共媒体上查询。这对于需要保护秘密的公司就不利了，所以有些公司需要保密法，因此也需要这样的能提供公司注册内容保密的国家。

（3）税收优惠。某些国家的注册公司，不征收通常公司要缴纳的公司营业税、公司销售税，甚至不缴纳个人收入所得税，在这些国家的公司和个人只是缴纳一般营运的手续费而已，这些国家靠的是个人或公司的日常开销的消费和一般的官方手续费。这对于很多大国和中等国家来说是不可能的。能够到这样的国家注册公司，特别是母公司所在地，其好处不言而喻。

（4）外汇自由。在这些公司注册地天堂，一般没有外汇管制，外汇可自由兑换、自由出入境等。这是很多发展中国家所不具备的。

（5）资本运作。原来本土的公司在国内的发展受到种种限制，到海外注册可以方便资本重组和分离，如去粗取精、好坏分离等，提高资信，也方便“曲线”上市，如英美系国家之间的互相认可上市资格等，如在百慕大注册了公司，就方便进入香港股市。

（6）市场进入。以海外公司名义进入一些国家市场，还有保护自身利益的特殊功能。例如外资公司在中国的注册和投资股份，在进入和退出、转股等方面都有较为宽松的待遇，这对于需要获利后安全退出的人是很有意义的曲线防御经营。

（7）政治中立。拥有以上优势的国家和地区，大多数是西方阵营国家，欧美大国或欧美属系国家地区长期政治稳定，有些国家和地区从未经历过世界大战或大大小小的战乱；司法制度和社会文化以及金融经济服务体系现代化与传统兼具。

公司注册

组织选择

企业的形式很多。新创企业合法组织形式的选择，影响到企业所有者的所有权、决策与控制、债务责任和利益的分配。

独资企业

个人独资企业（soleproprietorship）是由一个自然人投资，财产为投资者个人所有，投资人以其个人财产对企业债务承担无限责任的经营实体。

1. 优势

（1）注册手续简单，费用低。个人独资企业的注册手续最简单，获取相关的注册文件比较容易，费用比较低。

（2）决策自主。企业所有事务由投资人说了算，不用开会研究，也不用向董事会和股东大会做出说明，所谓“船小好调头”，老板可以根据市场变化情况随时调整经营方向。

（3）税收负担较轻。由于企业为个人所有，企业所得即个人所得，因此只征收企业所得税而免征个人所得税。

（4）注册资金随意。《中华人民共和国个人独资企业法》对注册资金没有规定，极端的说法是一元钱可以当老板。

2. 劣势

（1）信贷信誉低，融资困难。由于注册资金少，企业抗风险能力差，不容易取得银行信贷，同时面向个人的信贷也不容易。

（2）无限责任。这是最大的劣势。一旦经营亏损，除了企业本身的财产要清偿债务外，个人财产也不能幸免，加大了投资风险。

（3）可持续性低。投资人对企业的任何事务具有绝对的决策权，其他人没有决策权，这加大了个人的责任，如果投资人有所闪失，企业本身就不可能存在。而且个人决策也有武断的一面，带有很强的随意性，对企业不利。

（4）财务有限。企业的全部家当就是个人资产，财务有限，很难有大的发展。

（5）缺乏企业管理。这是个人独资企业的一个大问题。

非公司制

非公司制企业法人指拥有法人资格而与公司有别的企业。非公司制企业法人与公司的明显区别是注册资本的不同，公司的最低注册资本是 3 万元，非公司制企业法人是 1 万元。

1. 优势

（1）有限责任。由于拥有法人资格，天大的责任由法人承担，股东个人承担的责任仅仅以所出的股本为限，其他个人资产不受牵连，降低了个人投资风险。

（2）运行稳定。注册非公司制企业法人时，要求拥有完善的管理和财务制度，同时股东入股后不得抽回资金，这就在法律上保证了充裕的资金和健全的运行机制，不会因为个别股东的变故而使企业生产动荡。

2. 劣势

（1）注册手续复杂、费用高：注册非公司制企业法人必须经过严格审查，费用比较高，主要是获取相关的注册文件和验资费用。

（2）税收较高：一方面要缴纳企业所得税，另一方面还要缴纳个人所得税。

（3）不能撤回资金，转让困难：股东一旦出资就不能撤回资金，股东只能享受收益，不能随便转让股本。

（4）信贷信誉不高，发展空间有限。

私营合伙

合伙企业（partnership）是由各合伙人订立合伙协议，共同出资、合伙经营、共享收益、共担风险，并对合伙企业债务承担无限连带责任的营利性组织。

专栏

合伙协议的主要条款

各自投资的性质和数量；

经营利润和亏损的分配（不一定按出资比例分配，按契约分配）；

每个合伙人的工资和提取项目；

每个合伙人的管理责任和权限；

合伙人的退休、丧失能力及死亡的处理；

合伙的解散和清算方式。

中国最高立法机构已表决通过修订后的《中华人民共和国合伙企业法》（以下简称《合伙

企业法》）关于合伙企业的生产经营所得和其他所得，按照国家有关税收规定，由合伙人分别缴纳所得税。修订后的《合伙企业法》规定，有限合伙企业的合伙人最多不能超过50人。法律还规定，有限合伙企业由普通合伙人和有限合伙人组成，普通合伙人对合伙企业债务承担无限连带责任，有限合伙人以其认缴的出资额为限对合伙企业债务承担责任。

1. 优势

（1）注册手续简便，费用低：注册方式与独资企业类似，关键在于合伙人之间的共同协议，合伙企业运行的法律依据就是他们之间的协议。

（2）有限合伙承担有限责任，易吸引资金和人才：合伙企业最大的风险就是无限责任。有限责任有效地解决了这个问题。一方面合伙企业通过普通合伙人经营管理并承担无限责任，保持合伙组织的结构简单、管理费用较低、内部关系紧密及决策效率高等优点；另一方面，可以吸引那些不愿承担无限责任的人向企业投资，也可以吸引企业所需要的人才。

（3）税收较低：和独资企业一样，只需要缴纳企业所得税，不用缴纳个人所得税。年营业额3万元以下的，税率18%；年营业额3～10万元，税率27%；年营业额10万元以上的，税率33%。

2. 劣势

（1）无限责任：合伙企业最大的风险就是无限责任，同时还有连带责任。一旦合伙人中某一人经营失误，则所有合伙人都被连累。因此合伙人的选择和合伙协议的拟定就相当重要。有人认为连带责任可以在合伙协议中用相应的条款规定分担比例，减少个人风险，但中国的法律规定合伙人之间的分担比例对债权人没有约束力，债权人可以根据自己的清偿权益，请求合伙人中的一人或几个人承担全部清偿责任。

（2）易内耗：公司形式下是资本说了算，而合伙企业各合伙人却平均享有权利，这是它的优点，但也会带来问题。合伙人一旦有隙，企业决策就难以达成一致意见，互相推诿，业务开展困难。如果合伙品质有问题，则后患无穷。

（3）合伙人财产转让困难：由于合伙人的财产转让影响合伙企业和合伙人的切身利益，因此法律对此要求严格。向外转让必须经全体合伙人同意，而不是采取少数人服从多数人的原则。退伙也存在这个问题，除非在拟定合伙协议时有明确规定，否则很难抽身而退。

专栏

合伙人

合伙人是指投资组成合伙企业，参与合伙经营的组织和个人，是合伙企业的主体，了解合伙企业首先要了解合伙人。

概念

合伙人在法学中是一个比较普通的概念，通常是指以其资产进行合伙投资，参与合伙经营，依协议享受权利，承担义务，并对企业债务承担无限（或有限）责任的自然人或法人。合伙人应具有民事权利能力和行为能力。

在对合伙人的身份方面，多数国家规定合伙人可以是自然人也可以是法人，即允许法人参与合伙；少数国家或地区则禁止法人参与合伙。在对合伙人的行为能力方面，所有国家都禁止无行为能力人参与合伙，但对限制行为能力人参与合伙的问题，有的国家予以允许，有的予以限制或禁止。

责任形式

合伙人的责任形式，指合伙人对合伙企业债务承担责任的方式，是合伙企业区别于法人类企业的基本特征。对于合伙人的责任形式，不同国家的法律有不同的规定，有的要求所有合伙人都承担无限责任，有的规定合伙人可承担有限责任，有的允许部分合伙人在有人对企业债务承担无限责任的基础上承担有限责任，有的还要求承担无限责任合伙人对企业债务负连带责任。中国合伙企业法规定，合伙人应对合伙企业债务承担无限连带责任。

权利义务

作为合伙企业的投资人，合伙人在企业享有权利，也负有义务。一般而言，合伙人的权利为经营合伙企业，参与合伙事务的执行，享受企业的收益分配；义务为遵守合伙协议，承担企业经营亏损，根据需要增加对企业的投入等。

由于合伙企业是人合性企业，合伙人的权利义务主要由合伙协议予以规定，对于一些特定的权利义务也可以在事后由全体合伙人共同确定。但对有些合伙人的特定权利义务，法律也进行了一些必要的规范。

公司企业

按1993年12月29日第八届全国人民代表大会常务委员会第五次会议通过，1999年12月25日第九届全国人民代表大会常务委员会议第十三次会议对公司的规定和修正，所谓公司企业，是指依照该法在中国境内设立的有限公司和股份公司，两者均为企业法人。

有限责任公司，股东以其出资额为限对公司承担责任，公司以其全部资产对公司的债务承担责任；股份有限公司，其全部资本分为等额股份，股东以其所持股份对公司承担责任，公司以其全部资产对公司的债务承担责任。公司股东作为出资者按投入公司的资本额享有所有者的资产受益、重大决策和选择管理者等权利。公司享有由股东投资形成的全部私人财产权，依法享有民事权利，承担民事责任。

以上两种形式的企业为中国现有公司制企业的重要组成部分，它们的概念和运作形式虽然各具法律规定，但有三点是相同的：①无论何种经营方式，都以赢利为目的；②必须合法经营，从事商业牌照内指定的经营范围；③三者都要以企业的资产承担债务关系。

1. 有限公司

即有限责任公司（corporation）是企业法人，股东以其出资额为限对公司承担责任，公司以其全部资产对公司的债务承担责任。

Ⅰ. 设立条件

设立有限责任公司，应当具备下列条件。

（1）股东符合法定人数。法定人数是指法定资格和所限人数两重含义。法定资格是指国家法律、法规和政策规定的可以作为股东的资格。法定人数是《中华人民共和国公司法》（以下简称《公司法》）规定的设立有限责任公司的股东人数。《公司法》对有限责任公司的股东限定为两个以上50个以下。

（2）股东出资达到法定资本的最低限额。公司必须有充足的资金才能正常运营。股东没有出资，公司就不可能设立。股东出资总额必须达到法定资本的最低限额3万元。

《公司法》允许对公司的注册资本实行分期缴付；有限责任公司的注册资本为在公司登记机关登记的全体股东认缴的出资额，全体股东首次认缴的出资额不得低于公司注册资本的20%，并不得低于法定最低注册资本，其余部分由股东在公司成立之日起2年内缴足，其中投资公司可在5年内缴足。

股东可以用货币出资，也可以用实物、工业产权、非专利技术、土地使用权作价出资。有限责任公司全体股东或者股份有限公司全体发起人的货币出资金额，不得低于公司注册资本的30%。

2005年版《公司法》第二章设专节对一人有限责任公司的设立做出了特别规定，即一个自然人股东或者一个法人股东可以设立一个一人有限责任公司。

（3）股东共同制定章程。制定有限责任公司章程，是设立公司的重要环节，公司章程由全体出资者在自愿协商的基础上制定，经全体出资者同意，股东应当在公司章程上签名、盖章。

（4）有公司名称、建立符合有限责任公司要求的组织机构。设立有限责任公司，除其名称应符合企业法人名称的一般性规定外，还必须在公司名称中标明“有限责任公司”或“有限公司”。建立符合有限责任公司要求的组织机构，是指有限责任公司组织机构的组成、产生、职权等符合《公司法》规定的要求。

专栏 **股 东**

股东和董事

股东是股份公司的投资者，董事由股东选举产生，属于公司的管理者，董事会主席是董事会的负责人。香港公司要求至少有两位股东和董事。多出两位股东的，不一定每个股东都成为董事，但董事至少是两位，其中有一位可以是董事会主席。当然，更多时候，股东就是董事。

代理股东和代理董事

中国香港（及某些国家或地区）的法律要求在当地注册成立之公司向公司注册管理部门提交公司董事和股东的资料，然后，有关部门会把该资料存档，并且公开该资料，以供公众人士查阅。某些投资者或经营者为了达到隐藏身份之目的，于是委任他人（朋友或亲戚或本公司之类的专业机构）出任董事和股东一职，这样一来，只有被委任人士的资料会出现在公司的法定文件上面及公开供公众人士查阅。这类受委任人士就叫做代理股东和代理董事，也叫做代任股东和代任董事。

就代理股东而言，为了保障公司真正拥有者的利益，在正式委任时，双方会签署一份信托协议书和预先签妥的股份转让书等，这样一来，公司真正拥有者可以随时证明其身份。而且，在其认为有需要时，可以随时把代理股份转给自己或其指定的第三者。

就代理董事而言，双方会签署代理协议书，而且说明代理董事须按照公司真正拥有者（即幕后董事）之指示行事，公司真正拥有者的利益从而得到保障。当然，为了保障代理董事的利益，公司真正拥有者（幕后董事）需签署一份保证不会令代理董事受损的担保书。

（5）有固定的生产经营场所和必要的生产经营条件。

Ⅱ．注册文件

有限责任公司设立登记，应向公司登记主管机关提交下列文件。

（1）公司董事长或执行董事签署的《公司设立登记申请书》。《公司设立登记申请书》由申请人到公司登记机关领取，并按要求填写。

（2）全体股东指定代表或者共同委托代理人的证明。它是指全体股东在股东成员中指定某个成员作为到公司登记机关申请设立登记的代表，或者全体股东共同委托股东以外的人来代理股东进行申请登记注册活动的证明文件。该文件的形式应是委托书，该委托书应由全体股东盖章或者签字。股东是法人的应加盖印章，股东是自然人的，应签署姓名。委托书应附有被委托人的身份证复印件。

（3）公司章程。公司章程是公司设立的重要文件，其内容应齐备，符合《公司法》规定的各项要求。《公司法》第二十二条规定有限公司章程应当载明的事项有十一项，股东应当在公司章程上签名、盖章。

（4）具有法定资格的验资机构出具的验资证明。法定验资机构出具的验资证明是表明公司注册资本真实、合法的证明。具有法定资格的验资机构应是经工商行政管理机关登记注册的会计师事务所或审计事务所。验资证明由验资报告及附件组成。验资报告应明确载明公司名称、股东姓名、出资方式、出资额、公司在银行开设的临时账户、股东缴纳出资情况等，验资报告须由注册会计师签字或者盖章、会计师事务所或者审计事务所加盖公章后方为有效。验资证明的附件包括银行出具的入资凭证、验资机构的执照复印件等。以实物、工业产权、非专利技术或者土地使用权出资的，应在验资报告中载明相关内容，在附件中附以相关的权利证明等文件，并应同时提交经注册的资产评估事务所出具的资产评估报告。

（5）股东的法人资格证明或者自然人身份证明。股东的法人资格证明是指具有法人资格的单位或企业能证明自己的法人资格的文件。股东是企业法人的，提交《企业法人营业执照》复印件，并需登记机关在复印件上盖章；股东是事业法人的，提交《事业法人登记证书》；股东是社团法人的，提交民政部门核发的社团法人登记证；股东是工会法人的，提交工会社团法人登记证。能证明自然人身份的，应当是居民身份证或其他合法的身份证明。

(6) 载明公司董事、监事、经理姓名、住所的文件以及有关委派、选举或者聘用的证明。载明公司董事、监事、经理的姓名、住所的文件，是其居民身份证或其他合法的身份证明的复印件。公司的董事、监事、经理的产生方式及其有关委派、选举或者聘用的证明，应根据公司章程而定。董事、监事如果是股东委派产生，应提交经委派股东盖章的对董事、监事的委派书；如果是选举产生，则应提交股东会的任命书，该任命书由股东盖章或签署姓名。经理由董事会聘任，应提交董事签署的任命书或董事长签署的聘任书。董事会成员人数为3～13人，监事会成员人数不得少于3人。如公司不设董事会，则应设一名执行董事。如公司不设监事会，则应设一至两名监事。

(7) 公司法定代表人的任职文件和身份证明。有限责任公司的法定代表人为公司的董事长或执行董事，其任职文件应根据公司章程的规定而定。由股东委派的，应提交股东的委任书，由股东会选举产生的，应提交股东会的任命书，由董事会选举产生的，应提交董事会的任命书。公司法定代表人的身份证明应提交其居民身份证复印件或其他合法的身份证明。

(8)《企业名称预先核准通知书》。设立有限责任公司，首先应当由全体股东指定代表或者共同委托代理人向公司登记机关申请名称预先核准，对于符合规定准予使用的名称，公司登记机关发给公司《企业名称预先核准通知书》。预先核准的名称保留期为6个月。申请名称预先核准请查阅“企业名称登记”部分。

在公司名称保留期内，《企业名称预先核准通知书》是供公司开设临时银行账户，股东存入其货币出资后，公司到验资机构办理验资证明使用的。公司在申请设立登记时，应当将该《企业名称预先核准通知书》的原件交回公司登记机关。

如果其他有关部门需要公司提交《企业名称预先核准通知书》的，公司可向登记机关申请在该《企业名称预先核准通知书》复印件上加盖登记机关印章，向有关部门提交该复印件。

(9) 公司住所证明。公司住所证明是指能够证明公司对其住所享有使用权的文件。公司住所是租赁用房的，需提交房主的《房屋产权登记证》的复印件或有关房屋产权归属的证明文件、使用人与房屋产权所有人直接签订的房屋租赁协议书或合同。公司的住所是股东作为出资投入并作公司住所使用的，则提交股东的《房屋产权登记证》或有关房屋产权证明的文件及该股东出具的证明文件。

除上述九种文件外，法律、行政法规规定设立有限责任公司必须报经审批的，还应当提交国家有关部门的批准文件。如设立国有独资公司的，需提交国家授权投资的机构或者国家授权的部门的证明文件及对设立公司的批准文件。

此外，经营范围中有法律、行政法规规定必须报经审批的项目的，还应当提交国家有关部门的批准文件。如建筑工程需提交建设部门的资质证书，经营饮食需提交卫生部门的卫生许可证，经营旅行社需提交旅游部门的旅行社业务经营许可证。

2. 股份公司

Ⅰ. 设立条件

(1) 发起人符合法定的资格，达到法定的人数。发起人的资格是指发起人依法取得的创立股份有限公司的资格。股份有限公司的发起人可以是自然人，也可以是法人，但其中须有过半数的发起人在中国境内有住所。

设立股份有限公司，必须达到法定的人数，应有5人以上的发起人。国有企业改建为股份有限公司的，发起人可以少于5人，但应当采取募集设立方式。规定发起人的最低限额，是设立股份有限公司的国际惯例。如果发起人的最低限额没有规定，一则发起人太少难以履行发起人的义务，二则防止少数发起人损害其他股东的合法权益。对发起人的最高限额则无规定。

（2）发起人认缴和向社会公开募集的股本达到法定的最低限额。股份有限公司须具备基本的责任能力，为保护债权人的利益，设立股份有限公司必须要达到法定资本额。中国的股份有限公司的资本最低限额不得低于500万元人民币，并允许对公司的注册资本实行分期缴付；采取发起设立方式设立的股份有限公司，注册资本为在公司登记机关登记的全体发起人认购的股本总额，全体发起人首次出资额不得低于注册资本的20%，其余部分由发起人在两年内缴足，其中投资公司可以在5年内缴足；以募集方式设立的股份有限公司，其注册资本为在公司登记机关登记的实收股本总额。股份有限公司可以采用向特定对象发行股份的方式定向募集设立。

发起人可以用货币出资，也可以用实物、工业产权、非专利技术、土地使用权作价出资。发起人以货币出资时，应当缴付现金。发起人以货币以外的其他财产权出资时，必须进行评估作价，核实财产，并折合为股份，且应当依法办理财产权的转移手续，将财产权由发起人转归公司所有。

（3）股份发行、筹办事项符合法律规定。股份发行、筹办事项符合法律规定，是设立股份有限公司所必须遵循的原则。

股份的发行是指股份有限公司在设立时为了筹集公司资本，出售和募集股份的法律行为。股份的发行是设立发行，是设立公司的过程中，为了组建股份有限公司，筹集组建公司所需资本而发行股份的行为。设立阶段的发行分为发起设立发行和募集设立发行两种。发起设立发行是指由公司发起人认购应发行全部股份的行为；募集设立发行是公司发起人只认购公司应发行股份的一部分，其余部分向社会公开募集，并由社会公众认购该股份的行为。

股份有限公司的资本划分为股份，每一股的金额相等。公司的股份采取股票的形式。股份的发行实行公开、公平、公正的原则，且必须同股同权、同股同利。同次发行的股份、每股的发行条件、发行价格应当相同。

以发起方式设立股份有限公司的，发起人以书面认定公司章程规定及发行的股份后，应即缴纳全部股款。

以募集方式设立股份有限公司的，发起人认购的股份不得少于公司股份总数的35%，其余股份应当向社会公开募集。发起人向社会公开募集股份时，必须依法经国务院证券管理部门批准，并公告招股说明书，制作认股书，由依法批准设立的证券经营机构承销，签订承销协议，同银行签订代收股款协议，由银行代收和保存股款，向认股人出具收款单据。招股说明书应载明下列事项：发起人认购的股份数；每股的票面金额和发行价格；无记名股票的发行总数；认股人的权利、义务；本次募股的起止期限及逾期未募足时认股人可以撤回所认股份的说明。

（4）发起人制定公司章程，并经创立大会通过。

股份有限公司的章程，是股份有限公司重要的文件，其中规定了公司最重要的事项，它不仅是设立公司的基础，也是公司及其股东的行为准则。因此，公司章程虽然由发起人制订，但以募集设立方式设立股份有限公司的，必须召开由认股人组成的创立大会，并经创立大会决议通过。

（5）有公司名称，建立符合股份有限公司要求的组织机构。名称是股份有限公司作为法人必须具备的条件。公司名称必须符合企业名称登记管理的有关规定，股份有限公司的名称还应标明“股份有限公司”字样。

股份有限公司必须有一定的组织机构，对公司实行内部管理和对外代表公司。股份有限公司的组织机构是股东大会、董事会、监事会和经理。股东大会是由股东组成的公司权力机构，公司的一切重大事项都由股东大会做出决议；董事会是执行公司股东大会决议的执行机构；监事会是公司的监督机构，依法对董事、经理和公司的活动实行监督；经理由董事会聘任，主持公司的日常生产经营管理工作，组织实施董事会决议。

（6）有固定的生产经营场所和必要的生产经营条件。

Ⅱ. 注册文件

股份有限公司设立登记，应当由董事会向公司登记主管机关提交下列文件。

(1) 公司董事长签署的《公司设立登记申请书》。《公司设立登记申请书》由申请人到公司登记机关领取，并按要求填写。

(2) 国务院授权部门或者省、自治区、直辖市人民政府的批准文件。募集设立的股份有限公司还应当提交国务院证券管理部门的批准文件。

(3) 创立大会的会议记录。股份有限公司的创立大会是指以募集设立方式设立的股份有限公司成立之前，由认股人参加，决定是否设立公司并决定公司设立过程中的重大事项的会议。创立大会的决议事项应包括：审议发起人关于公司筹办情况的报告；通过公司章程；选举董事会成员；选举监事会成员；对公司的设立费用进行审核；对发起人用于抵作股款的财产的作价进行审核。创立大会有权依法作出不设立公司的决议。

创立大会对以上事项作出决议，必须经出席会议的认股人所持表决权的半数以上通过。

(4) 公司章程。《公司法》第七十九条规定股份有限公司章程应当载明的事项有十三项。

(5) 筹办公司的财务审计报告。发起人在筹办公司的过程中所使用的费用，出自公司财产。如果发起人虚报或滥用筹办费用，会使公司财产减少，损害其他投资者的利益，因此，应当对筹办公司的财务进行审计。该财务审计报告由具有法定资格的经工商行政管理机关登记注册的审计师事务所出具。

(6) 具有法定资格的验资机构出具的验资证明。具有法定资格的验资机构为经注册的会计师事务所和审计事务所。其验资证明是会计师事务所或审计事务所出具的验资报告，验资报告中应当载明股东名称或姓名、股东的出资方式、出资额、公司实收资本额、公司在银行开设的临时账户等内容。其中以实物、工业产权、非专利技术或者土地使用权出资的，应同时提交有关的财产评估报告和依法办理财产转移手续的有关文件。以工业产权、非专利技术作价出资的金额不得超过股份有限公司的注册资本的20%。

(7) 发起人的法人资格证明或者自然人身份证明。发起人的法人资格证明是证明发起人法人资格的文件。发起人是企业法人的，应提交加盖其登记主管机关印章的执照复印件；发起人是其他法人的，应提交能够证明其法人资格的有关文件，如社团法人需提交社团法人登记证。发起人是自然人的，应提交其居民身份证复印件或者其他合法身份证明。

(8) 载明公司董事、监事、经理的姓名、住所的文件是其居民身份证，因此应提交其居民身份证复印件或其他合法身份证明。股份有限公司的董事、监事由股东大会决议，由符合法定表决权的股东签名或盖章。公司经理由董事会聘任，因此应提交董事会的聘任书。

(9) 公司法定代表人的任职文件和身份证明。股份有限公司的法定代表人为公司的董事长，由董事会以全体董事的过半数选举产生。因此，公司法定代表人的任职文件应提交董事会的任命书。公司法定代表人的身份证明应提交其居民身份证复印件或其他合法身份证明。

(10)《企业名称预先核准通知书》。股份有限公司在发起设立或募集设立时，首先应向公司登记机关申请名称预先核准。公司登记机关对符合规定、准予使用的名称，发给《企业名称预先核准通知书》，预先核准的名称保留期为6个月。申请名称预先核准请查阅“企业名称登记”部分。

(11) 公司住所证明。股份有限公司的住所是租赁的，应提交房主的房产证明文件和租赁协议。房产证明文件应是《房屋产权登记证》复印件，在建房也可以是有关房产的投资证明、开工许可证等证明文件。住所是发起人作为股份投入使用的，应提交发起人的《房屋产权登记证》复印件及其他有关房产证明文件，并应提交发起人出具的出资说明。

(12) 股份有限公司的经营范围有法律、行政法规规定必须报经审批项目的，应提交国家有关部门的批准文件。

企业的三种合法组织经营形式的比较如表6-1所示。

表6-1 三种合法组织经营形式的比较

比较项目	个人独资企业	合伙企业	有限责任公司
设立	简单	较简单，签订合伙协议	略复杂，有出资额限制
管理	决策制定的完全自主 所有权与经营权合一 个人能力知识有限	集体决策 个人技能互补 有利于控制关键人才	管理集中化 所有权与经营权分离 依靠治理结构控制
收益分配	收入归己，不与他人分享	按合伙协议分配 不限于出资多少、不按贡献大小分配	红利，派息分红 按出资比例分配
偿债责任	无限责任	无限责任 每个合伙人都对所有债务承担无限责任	有限责任 仅限于投资的数量
借贷	由于个人可抵押财产数量较少，不能获取大量贷款	多个合伙人集资数量较大	筹资途径多样化 普通股、优先股、债券 对新创企业，有限责任会影响公司借贷
纳税和避税	个人所得税，一次征税 通过从个人收入中减除亏损避税 所有者退休金、保险费、医疗费等不能在收入中减除	同个人独资 避税缺乏灵活性 合伙人分配的是收入，不是利润	双重征税 在避税上较灵活 股东管理者的工资、保险费、医疗费等可纳入期间成本 所有者借钱给公司或购买公司债券收取利息，避税，代替分红
公开性	无须向外界报告财务和经营状况	同个人独资	需要向外界报告公司的财务和经营状况
所有权转让	重新注册	企业会因任何合伙人的死亡、丧失能力或撤出而终止	对有限责任公司，所有权可转让，但需根据公司章程
适用性	会计、律师事务所，咨询公司，风险投资公司等	同个人独资 （有限责任合伙企业不受规模限制）	普遍适用 受创办出资额限制，不适于规模过小的小企业

中国有2/3的企业采用公司的形式，其他几种类型较少。如果考虑到综合成本与收益，一般营业额3万元以下选用个体或独资企业；营业额3万～10万元可以采用合伙企业；10万～50万元，可以选择合伙企业、非公司制企业法人和公司。

公司命名

企业及企业产品的名称对消费者的选择是有直接影响的，所以每一位企业家，无一例外精心设计企业的名称，深深认识到它在竞争中所起的作用。索尼公司创始人盛田昭夫曾经说过："取一个响亮的名字，以便引起顾客美好的联想，提高产品的知名度与竞争力。"这句话在一定程度上指出了企业以及产品名称的重要性。具有高度概括力和强烈吸引力的企业名称，对大众的视觉刺激和心理等各方面都会产生影响。一个设计独特、易读易记并富有艺术和形象性的企业名称能迅速抓住大众的视觉，诱发其浓厚的兴趣和丰富的想象，使之留下深刻的印象。

商标虽只是几个汉字的组合，但表现的绝不仅仅是几个汉字所固有的含义。作为企业标识，它储存着企业资信及其产品的市场竞争力等信息，这就使其成为商誉的载体而具有财产价值。如"万宝路"的商誉已高达440亿美元，相当于其年营业额的两倍；家喻户晓的“可口可乐”，其商誉已值334亿美元。早在1967年，可口可乐公司就宣称，即使公司一夜之间化为灰烬，照样可以起死回生，因为凭商誉，立即就有大银行找上门来贷款，这就是著名商标所独有的魅力。

命名依托

企业名称不是随便取的，经常有一定的依托。经常使用的命名依托有如下几种。

1. 地名

起名时致力拓展企业名称的历史潜能；比如长江企业公司、黄河集团公司、泰山集团公司、嘉陵摩托公司、珠江集团公司、张家界旅游公司、峨眉山矿泉饮业公司等。此种取名，在中国企业中较为常见。

2. 富贵

此类企业用名又可分为含蓄与直白两类。

(1) 比较直白的企业名竭力显示自己不同凡响的气派，如金利来、银利来公司、富绅公司、富贵鸟皮鞋公司、小霸王电脑公司、皇家度假村、帝王大酒店等。

(2) 含蓄的有红都影业公司、新时代广厦、天龙沙发厂、巨人树制衣公司、高雅丝织品有限公司等。

3. 吉祥

此类名称旧时中国最为盛行。如源丰票号、大庆元票号、福康钱庄、顺康钱庄、汇丰银行、瑞康盛颜料号，等等。这类企业名称，大都是用带有吉利、吉祥的汉字组合而成，取其经营生产吉利之意。

4. 标志

(1) 应强化标志性和识别功能，避免雷同。字音念起来会不会很顺口、容易记得？例如，一间叫“飞龙”，另一间叫“鼎毓”，你比较容易记得哪个？和别的公司名称有没有类似？会不会混淆？例如，同一条街上有“富林”、“永林”、“青林”，那岂不混乱？

(2) 应加强企业命名与品牌、商标的统一性。名称和所从事行业形象会不会让人感觉矛盾。例如，公司名“圣文”，卖的产品却是健身器材，就给人感觉很矛盾。

(3) 应避免无特征的企业名称，要突显名称的“个性”。一秒钟之内，马上让人知道在卖什么商品，例如“慈航公司”、“普济公司”，很容易联想到佛教用品。

5. 现代

起名时致力开发企业名称的时代内涵。外国人容易发音，容易以英文字表达（如“维那公司”可翻译成“Vena Company”）。一些企业为顺应时代趋势，迎合现代消费者的审美情趣，注意选用现代意味的名字。如北京燕莎商厦、赛格商城、百盛集团、协和集团、美琪美发、海韵健美中心、奥丽斯化妆品公司、美加净化妆品有限公司等。应该看到，借鉴外国语译音，追求“洋味”的企业用名越来越多，许多名字只注重字的表面的华丽意味，由几个颇有现代意味的字组合而成，至于名称的含义，则不再予以注意。这种企业用名，最终会逐渐失去文化内涵，而成为一种符号。

【讨论】Google名称是如何形成的？中文名“谷歌”又是如何起源的？由此有什么样的启发？

命名要求

1. 传播力

在品牌的经营上，一个成功的品牌之所以区别于普通的品牌，其中一个很重要的原因就是：成功的品牌拥有家喻户晓、妇孺皆知的知名度，消费者在消费时能够第一时间回想起品牌的名称。因此，对于品牌的命名来说，首要的是要解决一个品牌名的传播力的问题。也就是说，不管你给产品取一个什么样的名字，最重要的还是要能最大限度地让品牌传播出去！要能够使消费者尤其是目标消费者记得住、想得起来是什么品牌！只有这样，品牌的命名才算得上是成功的；否则，就算你给产品取一个再好听的名字，但传播力不强，不能在目标消费者的头脑中占据一席之地，消费者记不住、想不起来，这也只能算是白费心机。

品牌的传播力强不强取决于品牌名词语的组成和含义两个因素，两者相辅相成、缺一不可。在保健品里面，脑白金就是一个传播力非常强的品牌名。脑白金这三个字朗朗上口、通俗易记，而且这三个字在传播的同时将产品的信息传递给了消费者，使人们在听到或者看到脑白金这个品牌名时，就自然而然联想到品牌的两个属性：一个是产品作用的部位，另一个是产品的价值。正因为如此，有了这个传播力极强的品牌名的广泛传播，脑白金能在一个月里卖掉2个亿也就不足为奇了。当然，脑白金的成功还有很多因素，但假如把脑白金命名为：××牌复方褪黑素，或者叫脑×健、×××青春口服液诸如此类的名字，那情况又会怎样，结果当然是不言而喻了。所以说，给品牌命名，传播力是一个核心要素。只有传播力强的品牌名才能为品牌的成功奠定坚实的基础。

2. 亲和力

是不是只要品牌名有了较好的传播力，品牌就能很好地传播出去呢？同样是国际知名香皂品牌，同样有传播力很强的品牌名，舒肤佳的品牌知名度和市场占有率与力士就显现出了截然不同的差异；同样是治疗更年期综合征，太太静心口服液却异军突起，后来者居上，赢得了更多的市场份额。这是为什么呢？

其实，除了品牌名的传播力因素之外，这里面还有一个品牌名亲和力的问题。品牌名的亲和力取决于品牌名称用词的风格、特征、倾向等因素。力士这个品牌名虽然传播力强，但在亲和力上却远不如舒肤佳来得直接。力士给人的感觉生硬、男性化，但我们知道，一般情况下，在家庭中采购香皂的大多数是家庭主妇，因此力士这一名称和目标消费者的喜好显然是格格不入的。所以，在给品牌命名时，不但要注意品牌名的传播力因素，同时也要注意把握品牌名的亲和力因素，只有这样才能使品牌的传播达到最佳效果。

3. 保护性

在谈到品牌名的保护性之前，先让我们来看一个例子，这是2001年发生在广州的一桩鲜为人知的营销事件。事情发生是这样的：2001年年初，吉林九鑫集团代理了济南东风制药厂的扬帆牌新肤螨灵霜之后，决定进军广州市场。于是投入了几百万的资金进行了市场运作。由于扬帆牌新肤螨灵霜是国内第一个提出“杀螨益肤”概念的产品，加之其广告宣传到位，因此扬帆牌新肤螨灵霜进入市场之后，很快在广州走俏，甚至一度出现过断货现象。

然而，好景不长，在看到扬帆牌新肤螨灵霜热销的市场现象之后，广州的部分化妆品厂打起了歪主意。它们相继向市场推出了与扬帆牌新肤螨灵霜外包装相似但价格却便宜得多的妆字号新肤螨灵霜，进行终端拦截。在针对消费者的低价和针对药店的高折扣率的双重作用下，消费者和终端药店纷纷弃扬帆牌新肤螨灵霜而走。一时间，扬帆牌新肤螨灵霜受到巨大的冲击，销量一路下滑。由于长时间滞销，一些终端药店纷纷要求退货。由于济南东风制药厂在给产品命名时采用的是注册商标+通用名的方式，因此从法律意义上来讲，受保护的只有注册商标扬帆牌，而通用名新肤螨灵霜是不受保护的。因此，眼看着张三牌新肤螨灵霜、李四牌新肤螨灵霜在市场上肆虐，吉林九鑫集团和济南东风制药厂也只能哑巴吃黄连——有苦说不出了，最后扬帆牌新肤螨灵霜只好落得个收缩市场的苦果。

从以上这个例子我们可以看出，企业在为产品命名时缺乏对品牌名的保护意识，使企业自己酿成了严重的后果。一直以来，我们的市场中都不乏处心积虑的市场追随者，“螳螂捕蝉，黄雀在后”就是所谓追随者的竞争策略。他们有着敏锐的商业嗅觉，时时都在打探着钻营的机会，而企业不注意保护自己的品牌名恰恰就给他们提供了这样的机会。因此，在给品牌命名时，企业有必要考虑品牌名的保护性，最好采用注册商品名来给产品命名。脑白金、泰诺、曲美这些成功的品牌都是以注册商品名来给产品命名的，而消炎药利君沙不但用注册商品名给产品命名，而且为了防止相似品牌的出现，还进行了与注册商品名的近似注册，以全面保护品牌不受侵犯。所以，给品牌命名不能只讲传播力、亲和力，能否不被仿效、侵犯也是品牌命名重中之重的问题。

【提示】中国著名小说《狼图腾》的作者姜戎就没有能在商业领域里对“狼图腾”进行保护性的商标注册，从而失去了开发“狼图腾”品牌获得新的收益的机会。

命名来源

1. 名牌来源

奥迪（Audi）：公司创始人奥古斯特·霍希曾开办过一家名为“霍希”的汽车公司，然而在离开该公司5年后，霍希想重操旧业，碍于原公司还在，他给新公司起名“奥迪”。奥迪是“霍希”这个姓氏德文原意的拉丁文形式。

家乐福（Carrefour）：这家著名超市的前身是位于法国阿纳西市内一个十字路口的小店，Carrefour 意为“十字路口”。

思科（Cisco）：该词并非首字母缩写，而是取自 San Francisco（旧金山）一词的最后5个字母。思科的广告标志便是闻名世界的旧金山金门大桥。

可口可乐（Coca-Cola）：得名于主要原料中的古柯叶（coca leaves）和可乐果（kola）。发明人约翰·彭伯顿把 kola 中的 k 变成 c，目的是让名字更好看一些。

康柏（Compaq）：意为“紧凑型计算机”。com 为 computer（计算机）的字头，paq 意指 pack（紧凑）。

达能（Danone）：伊萨克·卡拉索在巴塞罗那生产他的第一批酸奶时，给产品冠以自己儿子的昵称——达能。

哈根达斯（Haagen-Dazs）：与一般人的理解相反，这个冰激凌品牌并非源自欧洲，而是地道的美国货。Haagen 与 Dazs 是编造出来的两个单词，目的是让美国人觉得它像是欧洲舶来品。

孩之宝（Hasbro）：这家玩具公司创始人是亨利·哈森费尔德与赫拉尔·哈森费尔德两兄弟，Hasbro 是由 Hassenfeld brother（哈森费尔德兄弟）两个字的字头合并而成。

柯达（Kodak）：这个名称是公司创始人乔治·伊士曼的发明。K 是伊士曼最喜欢的字母，他觉得字母 K 给人感觉强劲有力而且直截了当。他考虑过以 K 开头和结尾的各种排列组合，认为 Kodak 这个名字有三个好处：一是它具有商标的特质；二是发音不会被读错；三是拼写方式上不会与其他商标混淆。有些人以为 Kodak 源于按照相机快门时发出的“咔哒”声，但那是误解。

微软（Microsoft）：公司创办人比尔·盖茨取 Micro computer software（微型电脑软件）两个单词的词头，起初定名为 Micro-Soft，后来中间的“-”被去掉了。

摩托罗拉（Motorola）：公司前身是一家产品颇受欢迎的收音机工厂，唱机品牌为 Victrola（维克多）。而当创始人保罗·加尔文开始生产汽车收音机之后，公司名字便改为 Motorola，motor 意为“汽车”，rola 则是原名 Victrola 的词尾。

甲骨文（Oracle）：公司创始人拉里·埃利森与鲍勃·奥茨为中央情报局做过一个咨询项目，该项目的代号即为“Oracle”（神谕）。

百事可乐（Pepsi-Cola）：因配方中含有可乐果成分，以及宣称能治疗消化不良（dyspepsia）而得名。

锐步（Reebok）：Reebok 是 rhebok（非洲短角羚羊）一词的变体拼法。这家体育用品商的广告标志就是羚羊角。

壳牌（Shell）：荷兰皇家－壳牌石油公司成立于1907年，由荷兰皇家石油公司与贝壳运输贸易公司合并。后者是在19世纪末由塞缪尔商业公司组建成立的。塞缪尔公司从事日本贝壳进口生意，后来的壳牌石油公司也因此得名。

星巴克（Starbucks）：得名于赫尔曼·梅尔维尔的小说《大白鲸》中的人物名称，书中爱喝咖啡的大副就叫Starbuck。

施乐（Xerox）：静电复印机发明人切斯特·卡尔森如此命名公司，是为强调其复印方法是干法复印，区别于当时广泛采用的湿法复印。在希腊语中，Xer这个字根表示“干燥”。

阿迪达斯（Adidas）：创始人阿迪·达斯勒（Adi Dassler）的姓名词头合并而成。

乐高（LEGO）：丹麦文“leggodt”组合而成，意思是“玩得好”，而这也正是这家世界著名塑料玩具厂商所追求的目标。

梅赛德斯－奔驰（Mercedes-Benz）：“梅赛德斯”是戴姆勒汽车公司主要经销商埃米尔·耶利内克的小女儿的名字。1899年耶利内克驾驶以梅赛德斯命名的戴姆勒汽车参加法国汽车大赛一举夺魁，1902年戴姆勒公司将梅赛德斯注册为商标。1926年戴姆勒公司与奔驰公司合并，组成戴姆勒－奔驰公司，翌年将Mercedes和Benz两个品牌统一为Mercedes－Benz。

耐克（Nike）：公司名称源自希腊胜利女神奈基（Nike）。

诺基亚（Nokia）：这家世界电信业巨头的前身是芬兰一家纸浆厂，该厂就坐落于诺基亚市。

沃尔玛（Wal-Mart）：由创始人萨姆·沃尔顿（Sam Walton）姓氏中的Wal与“市场”的英文mart组合而成。

2. 专业命名

真正名头响亮的企业，并不是由专门为企业取名称的机构想出来的，有些甚至是误打误撞出来的。

最有名的例子就是Google。原来英文里并没有Google这个字，当年Google的创办者在为新成立的搜索引擎公司取名时，想到的其实是数学名词googol，googol的意思是十的100次方，即数字“1”后面跟100个零，但因为googol这个字极少用，在用电脑输入googol这个字的时候，错误地写成Google，而在互联网域名库中，google. com这个名称并没有人登记，将错就错，现今的互联网巨头就用了Google这个名称。

由于Google的名气太大，新字Google也成了英文中的一个常用动词，比如说要搜寻某件东西，就说Google一下，意思等同搜寻。

Google的中文名称“谷歌”，据说是经过员工多次脑力震荡得出的结果，意思是“来自硅谷的歌声”，同时发音也比较接近英文。

3. 更改名称

夸张地讲，一个好名字便成功了一半，日本索尼公司便是最好的例证。日本索尼公司原名为东京通讯技术公司，英文译名为“Tokyo Telecommunications Engineering Company”，盛田昭夫发现，这个名字很不中听，好像是绕口令，便决定要为公司改名。他翻遍了字典，无意之中在拉丁语中见到“souns”这个词，其意思是“声音”。在当时的日本，有人把聪明伶俐的小孩叫做“sonny”，即“快乐的小子”。“sonny”与拉丁词根“souns”颇相似，都有乐观愉快之意。然而，“sonny”这个词按照日文的罗马字拼写与“sohn-nee ”同音，意思是输钱。便把一个重复的字母去掉，变成为“Sony”（索尼）。这个名字的特点是在任何语言中都没有真正的含义，而且发音都一样，它既易记，又表达了设计者需要的含义——体现产品与声音相关。此外，“Sony”一词是用拉丁字母书写的，很多国家的人们都以为它是出自本国语言，这对提高“Sony”产品的认知大有好处，容易获得认同感。“Sony”的命名可以算是经典杰作，与此相似的有可口可乐等。

注册程序

企业注册的具体过程是有一定程序的。

名称登记

名称登记是企业登记的第一步。几个值得重视的问题如下。

1. 结构

企业名称应当由行政区划、字号、行业、组织形式依次组成，其中，行政区划是本企业所在地县级以上行政区划的名称或地名。即“江苏省……房地产开发有限公司”是指注册在江苏省的房地产公司。

2. 外资

外商投资占注册资本85%以上的，允许企业名称中的行政区划置于字号之后、行业之前或行业之后、组织形式之前，例如“汇丰数据处理（上海）有限公司”。

3. 中国

使用“中国”字样的，需到国家工商总局申请。

开业登记

在国际上，许多市场经济国家允许大量的自由职业者和非登记企业存在。在英国和德国，这种非登记企业在150万~200万之间，所解决的就业人口在1 000万以上。自由职业者更不用注册登记，只要根据营业收入依法纳税即可。在中国，创业的登记注册程序比较复杂，手续繁多，按照现在的企业登记制度，几乎一切自然人性质的工作都必须登记注册，如图6-2所示。

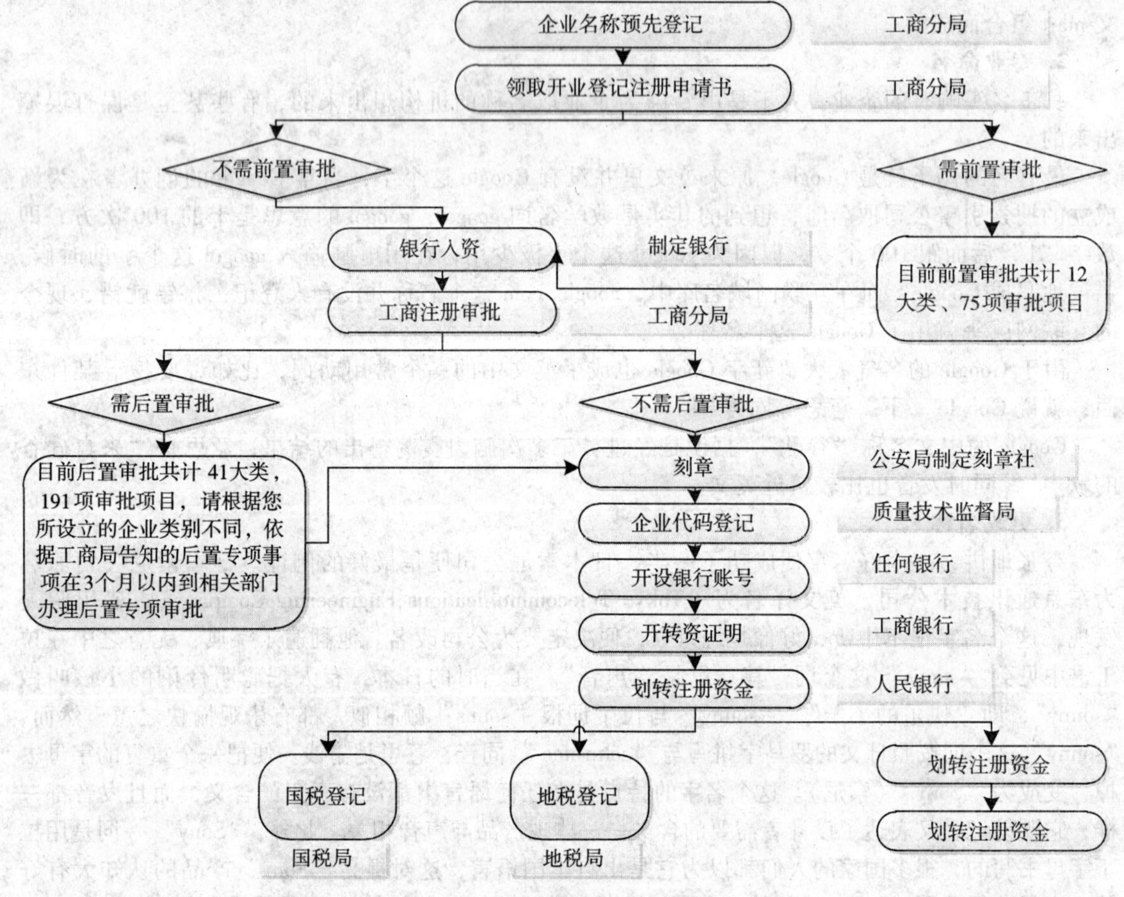

图6-2 企业开业登记流程

在中国，企业注册时，申请人向企业住所所在地的区县工商分局申请开业登记，申请开业登记须提交以下资料。

1. 股东身份

股东身份内容包括：

（1）身份证原件及复印件。

（2）在公司中担任董事、监事、总经理的人员，应提交户籍所在地公安机关出具的《企业负责人审查函》，证明其不属于《公司法》第五十七条所列人员。

（3）公司股东或从业人员是外省市人员的，还应提交加盖健康合格章的暂住证，育龄妇女应提交计划生育证明。

法人股东应提交《营业执照》复印件、股东会或董事会决议。

2. 公司住所

（1）利用自有私房的，应提交房产产权证明。

（2）租用他人私房的，应提交房产产权证明、租赁协议。

（3）利用自用公房的，应提交使用权证和房地产管理部门的批准件；租赁他人公房的，还须提交租赁协议。

（4）利用自有产权房的，应提交房屋产权证明。

（5）租借他人自有产权房的，应提交房屋产权证明及租赁协议。

（6）租赁单位房屋的，应提交租赁协议和该单位的产权证明。

（7）租赁旅馆、宾馆、市区商务楼的，应提交租赁协议。

企业经营场地原属居住用房的，须提交房地产管理部门的“居住用房改经营用房”的批准证明。

3. 公司章程

公司章程内容应包括：

（1）公司名称和住所；

（2）公司经营范围；

（3）公司注册资本；

（4）股东的姓名或者名称；

（5）股东的权利和义务；

（6）股东的出资方式和出资额；

（7）股东转让出资的条件；

（8）公司的机构及其产生办法、职权、议事规则；

（9）公司的法定代表人；

（10）公司的解散事由与清算办法；

（11）股东认为需要规定的其他事项。

股东应当在公司章程上签名、盖章。

专栏

公司章程范本

第一章　总则

第一条　为规范公司的行为，保障公司股东的合法权益，根据《中华人民共和国公司法》和有关法律、法规规定，结合公司的实际情况，特制定本章程。

第二条　公司名称：

公司住所：

第三条　公司由×××××××、×××××××、×××××××共同投资组建。

第四条　公司依法在×××××××工商行政管理局登记注册，取得企业法人资格。公司经营期限为××年。(以登记机关核定为准)。

第五条　公司为有限责任公司，实行独立核算，自主经营，自负盈亏。股东以其出资额为限对公司承担责任，公司以其全部资产对公司的债务承担责任。

第六条　公司应遵守国家法律、法规及本章程规定，维护国家利益和社会公共利益，接受政府有关部门监督。

第七条　公司的宗旨：××××××。

第二章　经营范围

第八条　经营范围：×××××××

(以登记机关核定为准)。

第三章　注册资本及出资方式

第九条　公司注册资本为人民币×××××××万元。

第十条　公司各股东的出资方式和出资额为：

(一) ×××××××以××××出资，为人民币××××元，占××××%。

(二) ×××××××以××××出资，为人民币××××元，占××××%。

(三) ×××××××以××××出资，为人民币××××元，占××××%。

第十一条　股东应当足额缴纳各自所认缴的出资，股东全部缴纳出资后，必须经法定的验资机构验资并出具证明。以非货币方式出资的，应由法定的评估机构对其进行评估，并由股东会确认其出资额价值，并依据《公司注册资本登记管理暂行规定》在公司注册后×个月内办理产权过户手续，同时报公司登记机关备案。

第四章　股东和股东会

第十二条　股东是公司的出资人，股东享有以下权利：

(一) 根据其出资份额享有表决权；

(二) 有选举和被选举董事、监事权；

(三) 有查阅股东会记录和财务会计报告权；

(四) 依照法律、法规和公司章程规定分取红利；

(五) 依法转让出资，优先购买公司其他股东转让的出资；

(六) 优先认购公司新增的注册资本；

(七) 公司终止后，依法分得公司的剩余财产。

第十三条　股东负有下列义务：

(一) 缴纳所认缴的出资；

(二) 依其所认缴的出资额承担公司债务；

(三) 公司办理工商登记后，不得抽回出资；

(四) 遵守公司章程规定。

第十四条　公司股东会由全体股东组成，是公司的权力机构。

第十五条　股东会行使下列职权：

(一) 决定公司的经营方针和投资计划；

(二) 选举和更换董事，决定有关董事的报酬事项；

(三) 选举和更换由股东代表出任的监事，决定有关监事的报酬事项；

(四) 审议批准董事会的报告；

(五) 审议批准监事会或者监事的报告；

(六) 审议批准公司的年度财务预、决算方案；

(七) 审议批准公司的利润分配方案和弥补亏损方案；

(八) 对公司增加或者减少注册资本作出决议；

（九）对发行公司债券作出决议；

（十）对股东向股东以外的人转让出资作出决议；

（十一）对公司合并、分立、变更公司形式、解散和清算等事项作出决议；

（十二）修改公司章程。

第十六条 股东会会议一年召开一次。当公司出现重大问题时，代表四分之一以上表决权的股东，三分之一以上的董事或者监事，可提议召开临时会议。

第十七条 股东会会议由董事会召集，董事长主持。董事长因特殊原因不能履行职务时，由董事长指定的副董事长或者其他董事主持。

第十八条 股东会会议由股东按照出资比例行使表决权。一般决议必须经代表过半数表决权的股东通过。对公司增加或者减少注册资本，分立、合并、解散或变更公司形式以及修改章程的决议，必须经代表三分之二以上表决权的股东通过。

第十九条 召开股东会会议，应当于会议召开15日以前通知全体股东。股东会对所议事项的决定作出会议记录，出席会议的股东在会议记录上签名。

第五章 董事会

第二十条 本公司设董事会，是公司经营机构。董事会由股东会选举产生，其成员为××××人（三至十三人，单数）。

第二十一条 董事会设董事长一人，副董事长××××人、董事长和副董事长由董事会全体董事选举产生。董事长为公司的法定代表人。

第二十二条 董事会行使下列职权：

（一）负责召集股东会，并向股东会报告工作；

（二）执行股东会的决议；

（三）决定公司的经营计划和投资方案；

（四）制订公司的年度财务预、决算方案；

（五）制订公司的利润分配方案和弥补亏损方案；

（六）制订公司增加或者减少注册资本的方案；

（七）拟订公司合并、分立、变更公司形式、解散的方案；

（八）决定公司内部管理机构的设置；

（九）聘任或者解聘公司经理，根据经理的提名，聘任或者解聘公司副经理、财务负责人，决定其报酬事项；

（十）制定公司的基本管理制度。

第二十三条 董事任期×年（每届最长不超过3年）。董事任期届满，连选可以连任。董事在任期届满前，股东会不得无故解除其职务。

第二十四条 董事会会议每半年召开一次，全体董事参加。召开董事会会议，应当于会议召开十日以前通知全体董事。董事因故不能参加，可由董事或股东出具委托书委托他人参加。三分之一以上的董事可以提议召开临时董事会会议。

第二十五条 董事会会议由董事长召集和主持，董事长因特殊原因不能履行职务时，由董事长指定副董事长或者其他董事召集主持。

第二十六条 董事会议定事项须经过半数董事同意方可作出，但对本章程第二十二条第（三）、（八）、（九）项作出决定，须有三分之二以上董事同意。

第二十七条 董事会对所议事项作成会议记录，出席会议的董事或代理人应在会议记录上签名。

第二十八条 公司设经理，对董事会负责，行使下列职权；

（一）主持公司的生产经营管理工作，组织实施董事会决议；

（二）组织实施公司年度经营计划和投资方案；

（三）拟订公司内部管理机构设置方案；

（四）拟订公司的基本管理制度；

（五）制定公司的具体规章；

（六）提请聘任或者解聘公司副经理、财务负责人；

（七）聘任或者解聘除应由董事会聘任或者解聘以外的负责管理人员；

（八）公司章程和董事会授予的其他职权。经理列席董事会会议。

第六章 监事会

第二十九条 公司设监事会，是公司内部监督机构，由股东代表和适当比例的公司职工代表组成。

第三十条 监事会由监事三名组成（不得少于三人，单数），其中职工代表×名。监事任期为三年。监事会中股东代表由股东会选举产生，职工代表由公司职工民主选举产生。监事任期届满，连选可以连任。

第三十一条 监事会设召集人一人，由全部监事三分之二以上选举和罢免。

第三十二条 监事会行使下列职权：

（一）检查公司财务；

（二）对执行董事、经理执行公司职务时违反法律、法规或者公司章程的行为进行监督；

（三）当董事和经理的行为损害公司的利益时，要求董事和经理予以纠正；

（四）提议召开临时股东会。

监事列席董事会会议。

第三十三条 监事会所作出的议定事项须经三分之二以上监事同意。

第七章 股东转让出资的条件

第三十四条 股东之间可以相互转让其全部出资或者部分出资，不需要股东会表决同意，但应告知。

第三十五条 股东向股东以外的人转让出资的条件：

(1) 必须要有半数以上（出资额）的股东同意；

(2) 不同意转让的股东应当购买该转让的出资，若不购买转让的出资，视为同意转让；

(3) 在同等条件下，其他股东有优先购买权。

第八章 财务会计制度

第三十六条 公司应当依照法律、行政法规和国务院财政主管部门的规定建立本公司的财务、会计制度。

第三十七条 公司应当在每一会计年度终了时制作财务会计报告，依法经审查验证、并在制成后十五日内，报送公司全体股东。

第三十八条 公司分配当年税后利润时，应当提取利润的百分之十列入公司法定公积金，并提取利润的百分之五至百分之十列入公司法定公益金。当公司法定公积金累计为公司注册资本的百分之五十以上时，可不再提取。但法定公积金转为资本时，所留存的该项公积金不得少于注册资本的百分之二十五。

第三十九条 公司法定公积金不足以弥补上一年度公司亏损的，在依照前条规定提取法定公积金和法定公益金之前，先用当年利润弥补亏损。

第四十条 公司弥补亏损和提取法定公积金、法定公益金后所余利润，按照股东出资比例分配。

第九章 公司的解散和清算办法

第四十一条 公司有下列情况之一的，应予解散：

（一）营业期限届满；

（二）股东会决议解散；

（三）因公司合并和分立需要解散的；

（四）违反国家法律、行政法规，被依法责令关闭的；

（五）其他法定事由需要解散的。

第四十二条 公司依照前条第（一）、（二）项规定解散的，应在十五日内成立清算组，清算组人选由股东确定；依照前条第（四）、（五）项规定解散的，由有关主管机关组织有关人员成立清算组，进行清算。

第四十三条 清算组应按国家法律、行政法规清算，对公司财产、债权、债务进行全面清算，编制资产负债表和财产清单，制订清算方案，报股东会或者有关主管机关确认。

第四十四条 清算结束后，清算组应当制作清算报告并造具清算期内收支报表和各种财务账册，经注册会计师或执业审计师验证，报股东会或者有关主管部门确认后，向原工商登记机关申请注销登记，经核准后，公告公司终止。

第十章 附则

第四十五条 本章程经股东签名、盖章，在公司注册后生效。

第四十六条 本章程修改时，应提交章程修正案或章程修订本，经股东签名，在公司注册后生效。

第四十七条 本章程由全体股东于××××签订。

××××××××（盖章）代表签字

××××××××（盖章）代表签字

××××××××（盖章）代表签字

年 月 日

4. 验资证明

申办自然人设立的科技型有限责任公司应具备一定的注册资本。

申请人应提交具有法定验资资格的审计事务所或会计师事务所出具的验资报告。

5. 前置审批

申办自然人设立的科技型有限责任公司，应提交科委出具的科技企业资质证书。

6. 核发执照

申请人填妥《公司设立登记申请书》，并由公司法定代表人签名盖章后，将《公司设立登记申请书》与其他有关证明材料一并向区县工商分局提交。区县工商分局对申请材料进行审核，符合条件的，予以核准登记，发给《中华人民共和国企业法人营业执照》。

票章登记

申请人凭《中华人民共和国企业法人营业执照》，向企业所在地技术监督管理部门办理企业代码证；向税务机关办理税务登记，领取税务发票；开设银行账号，刻制企业公章。分项阐述如下。

1. 税务登记

新创企业注册后应当向主管国家税务机关申报办理税务登记。税务登记程序如下：

第一，持工商行政管理部门核发的营业执照到国家技术监督部门办理企业统一代码证书（个体工商户免办代码证书）。

第二，自领取营业执照30日内主动向税务机关提出办理税务登记书面报告，即填写《申请税务登记报告书》。

第三，根据《税收征管法实施细则》的规定，提供相应有关证件和资料：

（1）营业执照（复印件）。

（2）有关合同、章程、协议书。

(3) 企业代码证书。

(4) 银行账号证明。

(5) 居民身份证（复印件)、护照或者其他合法证件。

(6) 税务机关要求提供的其他有关证件、资料。

第四，如实填写《税务登记表》。

第五，税务机关审核后发给税务登记证，纳税人凭税务登记证办理以下税务事项：

(1) 申请办理减税、免税、退税。

(2) 申请办理外出经营税收管理证明。

(3) 领购发票。

(4) 申请办理税务机关规定的其他有关税务事项。

如果税务登记内容发生变化，企业还要办理变更登记手续。

2. 银行开户

企业可以在银行申请基本存款账户、一般存款、临时存款、专用存款账户。基本存款账户是企业办理日常结算和现金收付的账户，企业的工资和资金等现金的支取，只能通过基本存款账户办理。企业的基本存款账户只能选择一家银行的一个营业机构开立，不得在多家银行机构开立。

企业在银行开立基本存款账户时，必须填制开户申请书，提供当地工商行政管理机关核发的《企业法人执照》或《营业执照》正本等有关文件，送交盖有企业印章的印鉴卡片，经银行审核同意，并凭中国人民银行当地分支机构核发的开户许可证开立账户。

一般存款账户是企业在基本存款户以外的银行存款转存、与基本存款户的企业不在同一地点的附属非独立核算单位的账户，企业可以通过本账户办理转账结算和现金缴存，但不能办理现金支取。

临时存款账户是企业因临时经营活动需要开立的账户，企业可以通过本账户输转。企业申请开立一般存款、临时存款、专用存款账户，应填制开户申请书，提供基本存款账户的企业同意其附属的非独立核算单位开户的证明等证件，送交盖有企业印章的卡片，银行审核同意后开立账户。

3. 企业代码

新创企业在办理工商注册登记之后，再到技术监督部门办理组织机构代码证书。申请企业组织机构代码证书应提交的文本有：企业营业执照原件（正本、副本均可）（核对)；企业营业执照复印本（正本、副本均可）（备案)；法定代表人（负责人）和经办人身份证复印件；申报表等。

4. 社会保险

根据《社会保险费征缴暂行条例》，新创企业注册后还必须办理社会保险。我国社会保险包括基本养老保险费、基本医疗保险费、失业保险费等。根据《社会保险登记管理暂行办法》，对从事生产经营的单位自领取工商营业执照之日起 30 日内、非生产经营性单位自批准成立之日起 30 日内，到所在地社会保险经办机构申请办理社会保险登记；跨地区的单位，其社会保险登记地由相关地区协商确定。意见不一致时，由上一级社会保险经办机构确定登记地；缴费单位具有异地分支机构的，分支机构一般应当作为独立的缴费单位，向其所在地的社会保险经办机构单独申请办理社会保险登记。社会保险登记程序如下：

第一，单位提交申请，填写《社会保险登记表》和提供证件资料。证件资料包括：

(1) 工商行政管理机关注册的工商营业执照、批准成立证件或其他核准执业证件。

(2) 国家质量技术监督部门验发的组织机构统一代码证书。

(3) 企业法定代表人身份证。

（4）税务登记证。

（5）劳动和社会保障部门审批的劳动工资手册。

（6）职工工资发放表。

（7）职工与企业签订的劳动合同书。

以上资料均需原件和复印件。

第二，社保经办机构审核单位要求报送的资料。

第三，社保经办机构经审核无误后，建立参保单位、人员基础档案，核发《社会保险登记证》。

境外注册

全世界注册公司总数及其注册资本的50%以上是在海外公司注册地，也就是说，不是在公司原来的本土。如某家公司原来来自美国，结果把公司注册地放到海外某国，然后以外国公司身份回到美国经营或投资入股。

谁能相信按照人口比较世界上最富有的国家不是那些超级大国，而是一些只有数万人口的国家或地区，这些国家或地区大多数正是世界注册公司的天堂所在地：卢森堡、列支敦士登、瑞士、百慕大、英属维尔京、开曼群岛、摩洛哥、新加坡等数十个国家或地区。既然这些注册地并非是经济要地或大国枢纽，那为什么很多大大小小的公司要走迂回曲折的道路呢？

总结起来，海外注册可以罗列如下原因。

选址分析

境外注册可以带来很多好处，选择境外注册地也有特定的要求。以下进一步把确定选址要点或思维角度概括为两点：一是从公司经营的好处选择境外注册地，二是从与常驻国关系来确定个人境外经营活动的变通可能。

1. 公司经营

在选择海外注册时，会涉及国际税收的问题。国际税收协定一般是指国与国之间签订的避免对所得和资本双重征税和防止偷逃税的协定。通过国际税收协定弥补国内税法单边解决国际重复征税问题存在的缺陷以兼顾居住国和来源国的税收利益。

出于税收的考虑，在确定公司注册地以及确定公司经营所在地时，可从以下三方面考虑：

（1）双边税收缔约国，优势在于推延预付税，增加诸如股息、利息收益、所得税收益等，如很多大中型国家。

（2）非双边税收缔约国，优势在于减轻税负或全免通常的税务等，如很多著名的避税国。

（3）来源国，优势在于减轻或全免通常税务，如一些著名国家或地区只对在本国经营赢利收税，对境外经营活动赢利免税。

2. 国家关系

在理解以上境外注册公司或境外个人经营活动的多种优势时，还要分清，以上所有优势只是针对公司经营活动所言，并没有特别指出企业家个人的国籍或常驻地问题。

公司是法人公司时没有国籍或常驻地的问题，税收完全取决于公司经营活动及其所在地关系，但是，如果属于个人在境外的经营活动，则要特别注意自己的国籍或常驻地及其所属国家的税收法规，如很多国家讲究来源国税，如德国个人所得税就是如此，只要纳税人常驻德国（每年超过6个月以上居留），那么是无限制纳税人，即不管在哪个国家的收入，都要在德国报税，相反，对一个有德国国籍的人如果他常驻境外，长期在境外国家工作，则一般是在所工作的地方纳税；还有中间状态的纳税情况，即在两个国家都部分纳税。所以要是想利用这个政策，在拥有德国国籍的情况下，不妨常驻某个对境外收入不纳税的国家，同时在经营所在国又无税或低税，但对于无德国国籍的人而只有职业性居留签证的人，长期每年不满6个月在德国居住，则可能影响延签证甚至影响未来长期绿卡或入籍。刚刚在德国办了公司并因此获得公司性职业居留的人，应该知道，德国政府给的居留签证是规定要在德国每年超过6个月以上的居留，在税务方面，是要纳税人申报全球收入的居留性质，所以，如果隐瞒不报在德国外经营赢利，则不仅影响居留签证，也有可能引起税务麻烦。

各欧美大国联合对避税国的抨击合围，正是由于这些国家的税收政策是根据纳税人来源国定的，像美国这样的国家，甚至要求自己的公民不论是否常驻美国，都要申报境外收入，罚起来相当严厉。但欧美大国对境外来的投资者则大多有双边税收合约的好处。

注册形式

经常使用的海外注册的若干形式有如下几种。

1. 贸易公司

在低税区组建公司的最普遍用途是进行国际贸易。在国际贸易中引入海外公司能够获得大幅度减税的机会。如果一家公司想在某一国家生产产品，并将它销往另一个国家，那么由此产生的利润可积累在该海外公司，达到减免税务的好处。

2. 投资公司

海外公司往往用来掌管对子公司和联合公司、公开上市公司和不上市公司以及合资项目的投资。在许多情况下，因特殊投资所带来的资本增值可无须交税。另一方面，利用在同缔约国有双边税收协定的无税或低税司法管辖区建立的公司，可以把股息的预扣税大大降低和推延。这同样适合个人行为。

3. 控股公司

许多大公司希望在有合适条约的司法管辖区组建中间公司，方便它们在投资国当地和投资者所在国家之间没有双边税收协定的国家进行投资。

4. 金融公司

集团可以通过建立海外金融公司来实现集团间资金的管理。集团公司的利息支付有可能需支付预扣税（预扣税往往不同于通常征收的公司税）。海外金融公司和个人金融投资或者利用双边税收协定优势推延在来源国赋税，或享有在金融投资国家的低税或无税优势。

5. 个人公司

在工程、航空、金融、计算机、电影、娱乐业、旅游业、咨询服务等方面提供专业服务的个人，通过建立海外个人服务公司，可以获得大幅度减税的利益。利用海外公司，可以在个人通常居住国以外的地方提供多种个人服务，所得的酬金可以存在国外，不必纳税或低税。以这种方式构成的个人收入可降低个人所得税。但需要注意的是，上述优势要根据创业者个人来源国以及常驻国的相关税收规定，如果常驻的是欧美国家，就没有这个优势。

6. 雇佣公司

许多大型跨国公司利用海外公司雇用在国外的工作人员，这样做有助于减少工资和差旅费用，为雇主提供节省税款和社会保险缴款的便利。

专栏

离岸公司

世界上一些国家和地区（多数为岛国）近些年纷纷以法律手段制定并培育出一些特别宽松的经济区域，这些区域一般称为离岸法区。而所谓离岸公司就是泛指在离岸法区内成立的有限责任公司或股份有限公司。

很多人，包括企业家、商人、高级管理人员、演员、作家等在内的富豪群体热衷于注册属于自己的离岸公司。这是因为，所有的国际大银行都承认离岸公司，并愿意为其设立银行账号及财务运作提供方便。而在运作的过程中，一方面这种离岸公司可以帮助富人群体减少纳税额度，另一方面，离岸公司不受外汇管制，这也可以使他们的海外投资、转移财富计划更为隐蔽和自由。

英属维尔京群岛是世界上企业注册数量最多的三大离岸公司注册地之一。有数据显示，全球注册的离岸公司有70多万家企业，其中50多万家在英属维尔京群岛注册。而在这50多万家离岸企业中，有20多万家公司与中国有关，占英属维尔京群岛离岸公司的40%以上。

通常来说，在得到公司注册代理机构出具的证明后，离岸公司的设立手续一般可在24小时内完成。而在英属维尔京群岛注册一家离岸公司，最少只需要交纳300美元的费用，最多也不过1000美元。

法律体系

境外注册公司或个人经营行为，除了注意国家之间有无双边税收合约，注意自己的常驻国的特殊税收规定，还要注意的就是公司所在国的法律体系。不同的法律体系具备不同的特征，从企业创建开始到长期都影响着经营的程序和方式，即使不是直接涉及实质经营内容。

一般而言，公司法在世界上大约分成三大体系。

（1）英属普通法系。英属普通法系建立在1948年的英国公司法基础上，适合除了英国外，还包括巴哈马、玻利兹、英属维尔京等。

（2）欧洲大陆民法系。欧洲大陆法主要区分为两种股份公司，一种如有限公司，如德国GmbH，要求注册金很少；另一种如股份公司，如德国AG，股份公司可以上市。

欧洲法系与英属普通法的不同还在于：

- 规定的注册金必须在申办公证时进入公司申办账号；
- 公司的内部结构根据的是公司股东共同建立的公司章程；
- 申办过程比较复杂（公证、法院审批、商业局审批等），需时一般1~2个月；
- 欧洲公司内部一般分成股东会、经理层、大公司还有监事会等；
- 注销公司的过程同样较复杂、需时较长（一般一年左右）。

（3）美国综合法系。美国公司法兼具以上两种法系的特征，在某些概念和解释上又有所不同，美国公司法与英属普通法的不同主要在于：

- 美国公司法规定在公司成立时就应确定公司的Officer；
- 公司成立后也可以加进地方法规；
- 股东可被授权改变地方法规。

南美等国以及利比里亚、巴拿马等国受到美国公司法影响。

从以上选择境外经营活动的分析可以看出，首先，欧美大国便于发展，是公司直接的纵深市场，同时也是公司企业家乐于居留的地方；免税、低税、保密安全的小国，则是合法避税的地方，却不便于居住生活，一般也很难发放居留许可。其次，欧美大国也不一定没有低税或免税的好处，如以上提到的双边税收缔约国合约等。最后，公司经营和个人经营活动可以处于这样两类国家之间，获得税务“两不着边”的状态，如某个国家只对在这个国家产生的赢利征税，创业者如果常驻在这个国家，但经营活动及其赢利却在另外一个或多个公司低税国或免税国或在具有双边税收缔约国国家和地区实现，那么就实现了一种较好的国际经营活动模式。

专栏

自由引致繁荣[3]

从管理体制上看，美国不但没有全国统一的政府出版管理机构，也没有地方管理机构，可以说，图书出版完全处于“放任自流”状态。只有出版社的编辑老总才掌握图书的生杀大权。因此，美国的出版社多如牛毛，按2008年的统计，全美约有6.3万家出版机构，其中除了每年出书100种以上的大型出版社150家左右、每年出书50~100种的中型出版社1000家以外，都是小型出版社或者个人出版社。

在美国登记成立出版社与成立其他私人公司一样，手续十分简单，一般在所在州、郡或市登记后，交数十美元即可。一些中国来美的文化人，就是此类出版社的“老总”，实际上是光杆司令一个。不过，正是这种宽松的环境，造就了美国出版业的大繁荣。

出版物如果涉及国家安全或带有诽谤性内容，或有版权争议，则按法律途径解决。任何出版物如欲申明版权，须向设在国会图书馆内的美国版权办公室（United States Copyright Office）申请，同时，根据1870年通过的版权法律，任何出版物出版后，都必须向美国版权办公室提供两个备份。正是根据这个法律，国会图书馆才成为全球藏书量最大的图书馆。美国版权办公室则对出版物给以注册，遇有争议，以国会图书馆的注册版本为准。

在知识产权得到法律严格保护与政府不干预出版的良好环境下，美国的出版业发展迅速，根据美国出版商协会（Association of American Publishers，AAP）的统计，图书销售额2009年达到239亿美元，平均每人年度购买图书80美元。

企业变更

创业的过程不可避免地会遭遇各种企业变更的情况，包括破产、变更与注销等。

公司破产

建立百年老店，是大多数企业家孜孜以求的理想。但是，市场体系不相信眼泪，优胜劣汰是市场经济的生存法则。企业家在努力寻求可持续发展的经营过程中，任何环节的失误都可能使其陷入难以为继的境地。

破产法律制度，就是对没有挽救价值的失败者强制出局的游戏规则。所谓破产，是指当债务人的全部资产不以清偿到期债务时，债权人通过一定程序将债务人的全部资产供其平均受偿，从而使债务人免除不能清偿的其他债务，并由法院宣告破产解散。

破产程序

公司破产要经以下法定程序：

（1）破产的申请：破产申请，是指当事人向法院提出的宣告公司破产的请示。

（2）破产的受理：法院裁定或受理公司破产案件后，应当在10日内通知债务人和已知的债权人，并发布公告。债权人应当在收到通知后的30天内，未收到通知的债权人应当自公告之日起3个月内向人民法院申报债权，说明债权的数额有无财产担保并提交证明材料。逾期申报债权的，视为自动放弃债权。

（3）破产的和解协议。

（4）破产的宣告：法院对债权人或债务人提出的破产申请进行审理，确认其具备法定条件的即可宣告破产。

（5）破产的清算：公司法规定，公司因不能清偿到期债务，被依法宣告破产的，由人民法院依照有关法律的规定，组织股东、有关机关及有关专业人员成立清算组，对公司进行破产清算。

（6）破产终结：破产终结是指法院裁定的破产程序的终结。

破产保护

《破产法》管辖着公司如何停止经营或如何走出债务深渊的行为。当一个公司临近山穷水尽之境地时，可以援引《破产法》第十一章来“重组”业务，争取再度赢利。破产公司，也就是“债务人”，仍可照常运营，公司管理层继续负责公司的日常业务，其股票和债券也在市场继续交易，但公司所有重大经营决策必须得到一个破产法庭的批准，公司还必须向证券交易委员会提交报告。

如果依据《破产法》第七章申请破产，公司全部业务必须立即完全停止。由破产财产托管人来“清理”（拍卖）公司资产，所得资金用来偿还公司债务，包括对债权人和投资人的债务。一般来讲，如果公司申请依据《破产法》第七章破产，股民手中的股票通常变成废纸一张，因为如果破产法庭确认债务人无清偿能力（负债大于资产），就可不归还股东投资。此外，公司资产经清算优先偿还有担保债权人和无担保债权人后，往往所剩无几。

多数上市公司会按照《破产法》第十一章申请破产保护，而不是第七章直接进行破产清算，因为他们仍希望继续运营并控制破产程序。第十一章规定了一些复兴公司业务的程序，也确有一些公司重组计划成功，重新开始赢利。但有些公司最后还是以清算告终。

破产清偿

破产清偿是指清算组在法院的指导下，在债权人会议的监督下，按照法定程序和分配方法，将破产财产公平地分配给各债权人的程序。破产清偿适用于对那些经营极差、前景不好、负债过度、资不抵债、扭亏无望的企业。破产清偿可以通过破产、拍卖的手段收回一部分贷款，其余无法收回的予以核销。企业破产有利于及时清偿债务，保护债权人的利益，有利于形成优胜劣汰的企业竞争机制。但在实际实施企业破产中，债权往往难以收回，债权企业往往承受较大的损失。

破产财产的处理和分配，由清算组织提出方案，经债权人会议讨论通过，并报人民法院裁定批准后执行。根据《民事诉讼法》第204条的规定，破产财产须优先拨付破产费用，破产费用包括：①破产财产的管理、变卖和分配所需要的费用，以及聘用工作人员的费用；②破产案件的诉讼费用；③为债权人的共同利益而在破产程序中支付的其他费用。

破产财产在优先拨付破产费用后，按下列顺序清偿：

（1）破产企业所欠职工工资和劳动保险费用；

（2）破产企业所欠税款；

（3）破产债权。

破产财产不足以清偿同一顺序的清偿要求的，按照比例进行分配。

新企业破产法公布后，破产人将优先清偿企业担保人、职工工资和其他福利仅能从未担保财产中清偿。

公司变更

任何企业企业注册完成以后，为了适应市场变化或人事变化的需要，都可以作出适当的资料变更。

变更内容

公司的变更是指公司设立登记事项中某一项或某几项的改变。公司变更的内容，主要包括公司名称、住所、法定代表人、注册资本、公司组织形式、经营范围、营业期限、有限责任公司股东或者股份有限公司发起人的姓名或名称的变更。

（1）公司名称变更登记。公司变更名称的，应当自变更决议或者决定作出之日起30日内申请变更登记。

（2）公司住所变更登记。公司变更住所的，应当在迁入新住所前申请变更登记，并提交新住所使用证明。

（3）公司法定代表人变更登记。公司变更法定代表人的，应当自变更决议或者决定作出之日起30日内申请变更登记。

（4）公司注册资本变更登记。公司变更注册资本的，应当提交依法设立的验资机构出具的验资证明。公司增加注册资本的，有限责任公司股东认缴新增资本的出资和股份有限公司的股东认购新股，应当分别依照公司法设立有限责任公司缴纳出资和设立股份有限公司缴纳股款的有关规定执行。股份有限公司以公开发行新股方式，或者上市公司以非公开发行新股方式增加注册资本的，还应当提交国务院证券监督管理机构的核准文件。公司法定公积金转增为注册资本的，验资证明应当载明留存的该项公积金不少于转增前公司注册资本的25%。

公司减少注册资本的，应当自公告之日起45日后申请变更登记，并应当提交公司在报纸上登载公司减少注册资本公告的有关证明和公司债务清偿或者债务担保情况的说明。

公司变更实收资本的，应当提交依法设立的验资机构出具的验资证明，并应当按照公司章程载明的出资时间、出资方式缴纳出资。公司应当自足额缴纳出资或者股款之日起30日内申请变更登记。

（5）公司经营范围变更登记。公司变更经营范围的，应当自变更决议或者决定作出之日起30日内申请变更登记；变更经营范围涉及法律、行政法规或者国务院决定规定在登记前须经批准的项目的，应当自国家有关部门批准之日起30日内申请变更登记。

公司的经营范围中属于法律、行政法规或者国务院决定规定须经批准的项目被吊销、撤销许可证或者其他批准文件，或者许可证、其他批准文件有效期届满的，应当自吊销、撤销许可证、其他批准文件或者许可证、其他批准文件有效期届满之日起30日内申请变更登记或者依照《公司登记管理条例》第六章的规定办理注销登记。

（6）公司类型变更登记。公司变更类型的，应当按照拟变更的公司类型的设立条件，在规定的期限内向公司登记机关申请变更登记，并提交有关文件。

（7）股东和股权变更登记。有限责任公司股东转让股权的，应当自转让股权之日起30日内申请变更登记，并应当提交新股东的主体资格证明或者自然人身份证明。有限责任公司的自然人股东死亡后，其合法继承人继承股东资格的，公司应当依照前款规定申请变更登记。

有限责任公司的股东或者股份有限公司的发起人改变姓名或者名称的，应当自改变姓名或者名称之日起30日内申请变更登记。

（8）公司合并、分立变更登记。因合并、分立而存续的公司，其登记事项发生变化的，应当申请变更登记；因合并、分立而解散的公司，应当申请注销登记；因合并、分立而新设立的公司，应当申请设立登记。公司合并、分立的，应当自公告之日起45日后申请登记，提交合并协议和合并、分立决议或者决定以及公司在报纸上登载公司合并、分立公告的有关证明和债务清偿或者债务担保情况的说明。法律、行政法规或者国务院决定规定公司合并、分立必须报经批准的，还应当提交有关批准文件。

依照公司法第22条规定，如果公司股东会或者股东大会、董事会的决议无效，或者被人民法院撤销的，而公司根据上述决议已经办理了变更登记，则在人民法院宣告上述决议无效或者撤销上述决议后，公司应当向公司登记机关申请撤销变更登记。公司申请撤销变更登记时应当提交下列文件：①公司法定代表人签署的申请书；②人民法院关于宣告决议无效或撤销决议的裁判文书。

变更登记

公司变更设立登记事项，应当向原公司登记机关即公司设立登记机关申请变更登记。但公司变更住所跨公司登记机关辖区的，应当在迁入新住所前向迁入地公司登记机关申请变更登记；迁入地公司登记机关受理的，自原公司登记机关将公司登记档案移送迁入地公司登记机关。未经核准变更登记，公司不得擅自改变登记事项。

公司申请变更登记，应当向公司登记机关提交下列文件：①公司法定代表人签署的变更登记申请书；②依照公司法作出的变更决议或者决定；③国家工商行政管理总局规定要求提交的其他文件。公司变更登记事项涉及修改公司章程的，应当提交由公司法定代表人签署的修改后的公司章程或者公司章程修正案。变更登记事项依照法律、行政法规或者国务院决定规定在登记前须经批准的，还应当向公司登记机关提交有关批准文件。

专栏 公司变更手续

1. 申请报告；
2. 公司委托代理人的证明（委托书）以及委托人的工作证或身份证复印件；
3. 公司法定代表人签署的变更登记申请书；
4. 依照《公司法》股东会或董事会作出的变更决议，涉及章程变更的应相应修改公司章程；

(1) 名称变更：需办理企业名称预先核准通知书以及公告；

(2) 经营范围变更：法律、行政法规规定必须报经审批的项目，国家有关部的批准文件；

(3) 注册资本变更：出具具有法定资格的验资机构出具的验资证明或国有资产管理部门出具的《国有资产产权登记表》；减少注册资本需公告三次；

(4) 住所变更：住所证明，租赁房屋需提交租赁协议书，协议期限必须一年以上（附产权证复印件）；

(5) 法定代表人变更：股东会决议或董事会决议或任命书（国有独资）、身份证、暂住证（指外省市身份证）复印件；

(6) 股东变更：需重新提交公司章程、股东会决议、董事会决议、投资协议或股权转让协议、新股东执照复印件（加盖发证机关印章）、重新提交验资报告；

5. 法律法规规定必须经审批的，国家有关部门的批准文件；
6. 本局所发的全套登记表及其他材料；
7. 提交《企业法人营业执照》正副本和IC卡。

公司注销

注销原因

公司因下列原因之一的，公司清算组织应当自公司清算结束之日起30日内向公司登记机关申请注销登记：

(1) 公司被依法宣告破产；

(2) 公司章程规定的营业期限届满或者公司章程规定的其他解散事由出现时；

(3) 股东会决议解散；

(4) 公司因合并分立解散；

(5) 公司被依法责令关闭。

公司申请注销登记，应由公司指定或者委托公司员工或者具有资格的代理机构的代理人作为申请人办理注销登记。

注销文件

公司申请注销登记，应当提交下列文件、证件：

(1) 公司清算组织负责人签署的注销登记申请书；

(2) 法院破产裁定、公司依照《公司法》作出的决议或者决定，行政机关责令关闭的文件；

(3) 股东会或者有关机关确认的清算报告；

(4)《企业法人营业执照》正、副本；

(5) 清算组织成立后在60日内在报纸上公告三次的报样；

（6）税务部门出具的完税证明；

（7）指定（委托）的证明；

（8）法律、行政法规规定应当提交的其他文件、证件。

注销步骤

先要成立清算小组，对公司进行清算，然后向税务机关提出注销税务登记申请，税务机关会对公司进行清查后，出具允许注销意见书，这时就可以到工商局去申请公司注销，工商局会要求公司在公开媒体出具清算公告，在规定时限内，无其他单位对注销提出意见，工商局会给办理注销手续。

公司注销的具体步骤：

（1）先到国税拿表格，按国税的要求填写、签字、盖章、缴销发票、补税后，它会收回国税税务登记证，给出一张国税注销税务登记通知书。

（2）拿着国税的注销税务登记通知书，到地税拿表格，补税后，它会收回地税税务登记证，给出一张地税注销税务登记通知书。

（3）拿着两张通知书，销银行账户。

（4）拿通知书到工商局拿表格，然后交回工商局，它会收回营业执照（注意工商注销前要先在媒体上公示三次注销公告，报样要给工商局的）。

专栏

公司注销申请

一、提前终止的申请报告（一式两份）。

注：1. 抬头：XX公司

2. 正文内要写明注销的具体原因及内容；

3. 落款：企业名称、日期并加盖公章。

二、经各董事签名确认并加盖公司公章的董事会决议。

注：须有时间、地点，并由全体董事同意并亲笔签名。

三、投资各方加盖公司公章确认或公司董事长签名确认的董事会成员名单。

注：落款须含日期并加盖公章。

四、注明时间、地点的提前终止经营的协议（原件，独资企业不需要）。

五、已年检的企业批准证书正本及副本二原件、法人营业执照副本（复印件）。

六、经中国法定验证机构出具的验资报告、近年审计报告（如皆为复印件，须加盖企业骑缝章）。

七、资产负债表、财产清单、债权人名单、债务人名单。

八、债权、债务处置情况说明，财产处置情况说明，公司员工安置情况说明。

到所在地的工商局办理手续。

本章概要

企业注册是成立企业的第一步，是企业迈向成功的第一步。企业作为一个法人组织，是注册的产物，理性、科学、有远见的注册选择有助于企业的健康成长。

本章首先从文化、人资、政策、地域等方面入手分析了创业环境；然后详细介绍了公司注册的章程和注意事项，包括组织形式选择、商标设计、注册程序和选址分析；最后介绍了包括公司破产、变更、注销等在内的企业变更事项。全章从创业角度出发，详细分析了新企业在注册时的有关注意事项，为企业注册提供指导意义。

思考练习

1. 创意与创业的产权之间如何关联？即如何界定创意提出者的产权或创业股权？
2. 如何给一家以企业家为核心特质的网络公司取个特别富有创意的名字？请将结果发给本书作者。
3. 从中外比较的角度，如何评价中国创业注册的门槛过高？如何分析中国民营企业创业的税收结构与水平及其改革指向？
4. 从增强创业成功、节省创业成本的角度出发，应该是先注册还是先创业？如何增强创业之前的经验体验，以确保创业成功？
5. 根据自身现有的条件，谈谈你能组建什么样的公司？
6. 中国财经杂志《新财富》“2009新财富地区首富榜”上，各地首富的身家排名，江苏、上海、广东、山东分列前四，排在首位的江苏首富沈文荣身家相当于安徽首富余渐富的近14倍，地区首富身家悬殊仍然显著。这种情况说明了什么内在问题（如创业环境、创业方式、创业能力等）？
7. 什么文化素质背景的人适合创业？或者说，适合创业的人在文化上有什么共同特质？
8. 商业环境与创业环境在本质上有什么差异？上海适合商业还是适合创业？什么样的文化环境最有利于创业？中国的商业环境有什么样的特殊性？结合中国国内不同城市及地区的文化特点进行比较分析。
9. 为什么很多富豪认为创业没有安全感？你认为企业家的安全感应该包括哪些方面？中美两国在企业家的创业安全感方面有什么实质性差异？
10. 你敢与一个没有明确办公地址、办公电话（不是家宅电话）的公司从事交易吗？国外公司经常利用假日或晚上给公司打电话，如果有人接电话，则断定对方一定是一个没有品质的公司，从而不愿与之从事业务交往。这是为什么？

参考文献

[1] 理查德·佛罗里达．创意新贵：启动新新经济的菁英势力［M］．邹应瑗，译．台北：宝鼎出版社有限公司，2003.

[2] 陈晓民．“平坦而高耸”的世界［N］．21世纪经济报道，2009-09-22（23）.

[3] 雾谷飞鸿．美国出版业的“无为而治”［EB/OL］．21世纪网，［2010-08-26］.

第二篇

管理控制

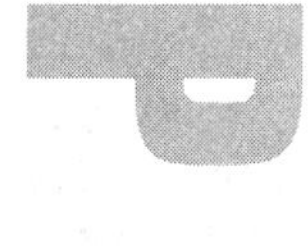
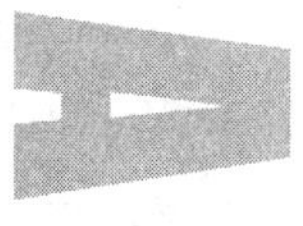

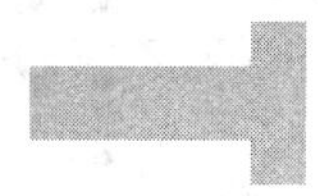

对新创企业而言，企业所拥有的能力和资源都非常有限，创业者头脑中最根本的、最直接的想法首先就是“如何生存下去”。在“生存期”中，如何让企业有效运转起来以及如何存活下来，是创业者一切工作的核心。

新创企业生存的需要远远重于发展的需要。但在中国一些新创业的创业者那里，经常能听到“发展成行业龙头”、“在本地区领先”、“科技领先”、“国际化经营”、“多元化经营”等宏大口号，由此引致的“大战风车”式的盲目跃进成为众多新创企业快生快灭的重要原因。

【提示】对于企业家而言，新创企业市场生存期的核心主题是“管理”，关键是“控制”，着力于新创企业的有效运转，确保市场生存。

第7章 CHAPTER7

人才机制

我在找人，找那些喜欢赢得胜利的人。如果我没找到，我就找那些憎恨失败的人。

——［美］罗斯·佩罗㊀

学习目标 >>>>>

- 掌握甄别、考察人才的价值；
- 把握人才的职业管理；
- 了解人才的激励方式；
- 掌握人才的能力机制。

企业最根本的力量源泉，就是人的力量。如果说人的问题解决好了，这个企业其他方面的问题就都解决好了。曾经有人采访比尔·盖茨，想知道他成功的秘诀，比尔·盖茨说："因为有更多的成功人士在为我工作。"陈安之在其《超级成功学》中也提到："先为成功的人工作，再与成功的人合作，最后是让成功的人为你工作。"

真正的企业家是要依靠运作组织也就是企业去赚取利润的，也就是说他是这个企业的所有者，他一定要聘请在不同领域里更聪明的员工来组成一个团队，他的职责就是选人、用人、留人、协调、决策，通过专业的人才运作这个系统来为他赚钱。他所追求的目标是使这个企业具有组织思维能力，进而达到"无为而治"。

但新创企业的人力资源管理具有自己的特点，尤其是企业此时的人力资源使用受到很多方面的约束，缺少优秀雇员往往是新创企业成功实施某项战略的首要障碍，许多新创企业无法吸引一流的员工，创建者只能自己承担多数关键任务，并尽己之所能招募雇员来帮忙。新创企业的人力资源管理因此具有更大的挑战性。

施正荣说过："我们花大代价，招聘国内外一流的人才。我过去跟他们开玩笑，以前是没钱，雇不起人，做了一年都没有结果。现在招到了合适的人，甚至一个星期就把事情做好了，无论是定量的，还是定性的。所以我觉得人才非常重要。""你可以把宝洁公司所有的东西都拿走，只要把我们的人留下来，我们10年以后就能创造另外一个同样的宝洁出来。"这是宝洁公司前CEO雷富礼对外强调的宝洁的价值观。因此，以人为本的理念，也渗透到招聘、培养员工的过程当中。

华谊兄弟董事长王中军[1]说："华谊为什么通过十几年就能做大？我觉得这个里面确实有着运气色彩。人是有缘分的，如果我没有认识冯小刚，我现在可能就不做电影这个行业了。"在华谊发展的路径上，"贵人"众多，美林证券中国区主席刘二飞、中国国际金融有

㊀ 罗斯·佩罗（Ross Perot）：电子资讯系统公司（EDS）、佩罗系统公司（Perot Systems）的创始人。

限公司总裁朱云来等金融界的风云人物曾为王中军打通金融思路，华谊的股东中更是冠盖云集，阿里巴巴的马云、分众传媒的江南春和万向集团的鲁伟鼎皆榜上有名。

雇员失败，创业一定失败。不善于识别人才、使用人才、激发人才与培养人才的企业家，创业不可能成功，更不可能创造优秀的企业。基于新创企业的特质，可建立起其人力资源的管理层级机制（见图7-1）。

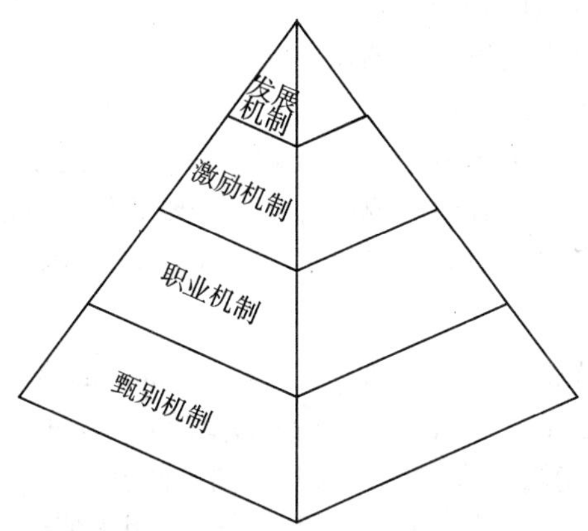

图7-1 人力资源的管理层级机制

甄别机制

苹果计算机公司的史蒂夫·乔布斯说，他花了半辈子的时间才充分意识到人才的价值。他曾经在一次讲话中说过："我过去常常认为一位出色的人才能顶2名平庸的员工，现在我认为能顶50名。"由于苹果公司需要极具创意的人才，所以乔布斯说，他大约把1/4的时间用于招募人才。从人力资源开发的角度来说，他之所以这样做的原因是——以实际行动重视人才。沃顿商学院负责职业开发的安德鲁·亚当斯说："公司不能只在口头上说引进人才有多重要，却不采取实际行动。公司的高层主管应当参与人才招聘活动。"领导的参与能使求职者从心理上感到一种满意和欣慰，这对消除他们对老板的心理障碍大有好处，另外可以选择更优秀的人才。由高层甚至老板亲自出马，能在招聘会上引起许多人的关注，当然也能吸引更多的应聘者，而且这样可以使员工感受到老板的亲和力。

成功的管理者都应是伯乐，伯乐的责任在甄选、延揽"比他更聪明的人才"，但绝对不能挑选名气大但妄自标榜的企业明星。高度竞争的社会中，高效组织的企业无法负担那些滥竽充数、唯唯诺诺和灰心丧气的员工，同样也难负担只以自我表演为一切出发点的"企业大将"。挑选团队，有忠诚心是基本，但更重要的是要谨记，光有忠诚但能力低的人和道德水平低下的人迟早会累垮团队、拖垮企业，是最不可靠的人。

【讨论】严介和指出："一流人才是天生的，二流人才是发现的，三流人才是培养的。"你如何理解这个人才命题？试从理论与实践的结合角度加以分析。

价值观察

世上的人虽然各种各样，但是以企业家用人的眼光去看，大致可分为三类：一是可以信任而不可大用者，即那些忠厚老实但本事不大的人；二是可用而不可信者，这是那些有些本事但私心过重，为了个人利益而钻营弄巧甚至不惜出卖良心的人；三是可信而又可用的人。作为企业家，都想找到第三种人，但是这种人不易识别，往往与用人者擦肩而过。为了企业的发展，企业家对各种人物都要用，只要在充分识别的基础上恰当使用，扬长避短，合理配置，就能最大限度地发挥他们的作用。

行为细节

一个人的行为方式能够体现其思想道德水平，价值观等。曾经有一个企业招聘，故意在面试地点的大门外放置了一个倒地的扫把，进出面试的人很多，但对倒地的扫把都熟视无睹，这令在暗处观看的老总感叹当今人们思想素质的日益低下。后来，终于有一位应聘者在进门时捡起扫把放在了墙角处。再后来，这位捡扫把的人成为面试的唯一合格者。这其实是一个很普通的例子，但就是通过这样一个举手之劳的行为反映了一个人的思想道德水准。我们在识别人才时要识别人才的行为方式，不仅要看他所说的怎样，更要看他所做的怎样，看其是否言行一致，那些只说不做、光说不练或者口是心非、表里不一的人绝不是我们需要的人才的表现。

价值观念

塔塔钢铁公司总经理兼首席执行官穆瑟拉曼（B. Muthuraman）[2]指出："我们非常看重员工的智慧和价值。记得我曾经面试过五六个申请管理塔塔钢铁实习生职位的候选人。我只问他们一个简单的问题：谁是20世纪最伟大的印度人？得到的回答会让你吃惊——宝莱坞明星阿米塔布·巴沙坎、板球运动明星沙奇·德鲁卡……最后，我聘用了那位回答'甘地'的女孩。"

品德素养

德才兼备称之为"圣人"，无德无才称之为"愚人"，德胜过才称之为"君子"，才胜过德称之为"小人"。挑选人才的方法，如果找不到圣人、君子而委任，与其得到小人，不如得到愚人。原因何在呢？因为君子持有才干把它用到善事上，而小人持有才干却用来作恶。持有才干做善事，能处处行善；而凭借才干作恶，就无恶不作了。愚人尽管想作恶，因为智慧不济，气力不胜任，好像小狗扑人，人还能制服它。而小人既有足够的阴谋诡计来发挥邪恶，又有足够的力量来逞凶施暴，就如恶虎生翼，他的危害难道不大吗？

有德的人让人尊敬，有才的人使人喜爱；对喜爱的人容易宠信专任，对尊敬的人容易疏远，所以选拔人才者经常被人的才干所蒙蔽而忘记了考察他的品德。一个正直、品质端正的人，即便他在经验方面稍微欠缺一些，他却是一个你可以信赖的人，一个值得你在他身上投资的人。马云[3]说："我选择平凡的人。什么是平凡的人？就是没把自己当精英的人……平凡的人有平凡的梦想，没有伟大的理想，而只是买房、买车、娶老婆、生孩子，这是人最基本的梦想。这些梦想真实。为自己干，我觉得这样的员工我喜欢、实在。阿里巴巴创业18人都是平凡的人，平凡的人在一起做一件不平凡的事。什么是伟大的事？伟大的事就是无数次平凡、重复、单调、枯燥地做同一件事情，就会成为伟大。我们相互影响，相互激励，一路走下去，一切就会变得不平凡。"

> 漫步者总裁张文东[4]说："我们用人有三点：人品第一，能力第二，学历参考。人品不好的人表面做得特漂亮，但另外方面肯定露出马脚。比如说对领导点头哈腰的人，领导转过身去他立刻会找平衡，相信他在背后又是趾高气扬，人性是平衡的。所以我们这里没有这样献媚的人。在中国目前的教育体系下，也不能只看学历，我们更注重一个人的可成长性。"

现代人都很懂得如何包装自己。在面试的时候可以尽量提出一些具有压迫力的问题，对于对方的每一句回答都会继续进行"刨根问底"似的穷追猛打，有时候这种心理战甚至可以用"恐怖"来形容，还可以做很多很多的测试；有些测试的难度可以很大；还可以做一些背景调查，当对一个面试者有了初步的使用意向之后，可以让他提供自己以前老板、周围同事等人的资料。

> 华硕在选拔人才时，注重五大指标——谦、诚、勤、敏、勇。华硕的面试一定会

把谦、诚、勤、敏、勇的考察指标放进去。

面试时，他们最喜欢问的一个问题是：请给出我十个非用你不可的理由。

应聘者说："我这个人很勤快。"

"请问你怎么证明？"

应聘者说："我这个人反应很快。"

"请问你怎么证明？"

应聘者说："我这个人很敬业。"

"请问你怎么证明？"

就这么反复问来问去，一些应聘者开始否定自己，开始他认为自己有很多优点，但一个一个证明下来，他把自己认为的优点一个一个又推翻了。就这样可能等问到第五六个问题的时候，有的应聘者就没有继续的勇气和能力了。

其实用这么一个问题，就能测验一个应聘者：第一，看他是不是勇于突破自己，勇于坚持；第二，看他是不是勤于思考，勤于挖掘自己，是否对自己有清楚的认识；第三，看他是不是够机敏，反应够灵敏，一旦一个优点被主考官否定了，是不是可以迅速找出另外的，把面试进行下去；第四，看他是不是诚实，特别是在业绩、经验方面，应聘者在面试过程中谈到任何一个有关问题，都会被记录下来，会被调查；第五，看他是不是谦逊，有时因为一个个优点被否定后，有的应聘者就开始急了，其实那只能说明他不是一个合格的职业人。

领导才能

2001年诺贝尔经济学奖得主、斯坦福大学名誉教授、增长与发展委员会主席迈克尔·斯宾塞（Michael Spencer）曾经提出教育的筛选功能假想，他指出，系统性的教育其实也许并不能提高人的能力禀赋和工作表现，但却能够成为分辨人的能力的一个筛选器。在教育中表现出强烈学习能力和适应性的人在工作中往往也表现出色，因此，学院中的学习成绩能够作为将隐性的人力资源显现出来的标志，从而大大降低组织选拔人才的试错成本。将候选人在受教育阶段所体现出的学习成绩作为判断其能力的主要指标，在西方的商业界也是十分普遍的现象。

不过，除了学历之外，国外商界还拥有大量其他标志体系。以美国企业的遴选机制为例，是否曾是大学橄榄球队的四分卫、是否曾担任军事组织中的长官身份、是否曾有非商业组织中的领导经历等，都是企业甄别和选择领导人的重要依据，其重要性甚至可能远远超过学历。这是因为，他们认为这些经历所表现的能力和素质，跟领导力的联系相关更加紧密。

才智面试

人才的重要内涵，是聪明才智和延展性。一个人，或许他对某一行以前的状况非常有经验，而且做得很好，但是这并不能代表他同样具备优秀的拓展性。尤其是IT行业，这是一个飞速变化着的行业，所以一个人可挖掘的潜力对于公司来说就更加重要。从某种意义上讲，人才的本质就是创新，就是让人"大吃一惊"。很多大企业多年来之所以人才辈出，固然有其多方面的经验，但这种以"智"取才的做法不能说不是一个重要原因。[5]

专栏

李开复的观点[5]

一流的人雇一流人才，二流的人雇三流人才。如果你是很厉害的人——不是说整个人一流，也许你拥有一流的管理、一流的技术、一流的沟通等，但这种一流的人自己很自信、很受人尊敬，不会在乎雇另外一流的人，因为"我有足够的自信雇很棒的人"。也许他IQ很高，但没有关系，我经验比他丰富，我技术比他强。一流的人往往因为自己一流所以自信，会雇一流的人。但二流的人会不自信，一般的经理大部分都不是一流的人，这是一个事实。非一流的人更喜欢雇一些自己管得住的人，这并不只是经验比自己差，而是样样都不如自己，非常听话，可以管得死死的，叫他做什么就去做，我叫他跳起来，他就跳多高。但是这样的人就把公司搞砸了，公司就开始走下坡路。

两难境地

有些面试的题目真可谓“千奇百怪”，让不少求职者常常陷入两难境地。例如：“如果你一个人在外地出差，要处理一件非常紧急的事件，刚好这时你家里人打来电话说老父亲病重，需要你尽快赶回家，这时你会如何处理?”

其实，考官绝不是要故意难倒你，而是千方百计地通过问题看到求职者深层次的优缺点或性格特点，确定求职者究竟是否适合公司需求。

刁钻古怪

要加盟谷歌并非易事，至少你要有能力回答一些刁钻古怪的问题，例如，一辆学校巴士可以放多少个高尔夫球？擦遍西雅图所有窗户能挣多少钱?

近年来，越来越多的硅谷科技公司开始在面试中提出类似的问题。这些公司感兴趣的并不是正确答案，而是应聘者解决问题的方式和能力。当今的商业世界瞬息万变，企业更需要有独立思考能力的人才，而不仅仅是高智商、高学历的工程师。早在20世纪80年代末，微软就在面试中引入了一些开放式的逻辑问题，例如“波音747有多重?”微软招聘经理华伦·阿什顿（Warren Ashton）表示：“我们希望通过这一方式考察应聘者的创造力。”

“为什么下水道的盖子是圆的?”，这是阿什顿在面试中最经常问到的一个问题。阿什顿表示，最常见的答案是：“在任何角度下，圆的下水道盖子都不会掉落到下水道中，而方的则不然。”但是，一些人也提供了其他答案，例如“圆的下水道盖子容易从一个地点搬运到另一个”，或者“圆的下水道盖子加工成本较低”。他说：“我们希望应聘者充分发挥自己的思维和想象力，给出更多答案。”

在硅谷高科技公司的面试中，经常会出现这类问题。谷歌前员工马克·简（Mark Jen）表示：“雇主希望了解你在一定数量级之内能否做出准确的预计。”一般来说，优秀的应聘者会做出有根据的推测，而不是计算准确的数字。事实上，面试人员也正是通过考察应聘者估算的方式，来确定最合适的人选。例如，亚马逊就经常在面试中提出这样的问题，“美国有多少个加油站?”，或者“全世界有多少位钢琴调音师?”

当然，现在的面试远不止估算这么简单。作家、设计顾问布鲁克·埃克尔（Bruce Eckel）经常会让应聘者用程序语言来描述一只小鸡；eBay面试人员经常会提出一个著名的逻辑问题——“强盗分金币”：5名强盗（A、B、C、D、E）分100个金币。他们决定从A开始提出分配方案，如果不能获得半数以上的支持，A将被处死，然后由B提出分配方案，依此类推。如果每一名强盗都足够聪明，那么A提出什么样的方案才能保证自己获得最多的金币，而且不会被处死?

并非只有应聘者需要适应这种全新的招聘方式，雇主也同样如此，他们必须面对很多从未遇到过的问题。Linked In创始人雷德·霍夫曼（Reid Hoffman）要为自己的公司寻找一位CEO。在这一过程中，他采用了一种全新的方式来查看简历。他并没有将目光锁定在某一个特定的候选者，而是使用LinkedIn网络查找最合适的人选。

解决方法

千里马之所以能成为千里马，是因为它日行千里，速度惊人，有其他马无法比及之优势，也就是我们传说的独特性。我们在识别人才时，一定要看其独特的地方，无论是在性格上的、能力上的还是在境遇上的等。就像日本电产公司在识别人才时，看一个人饭吃得快，很可能办事效率高；一个人说话声音洪亮，很有可能胆子比较大一样。当然，我们在识别人才时，并非要像日本电产公司识别人才一样看谁饭吃得最快，看谁说话声音最大，这里只是说明识别人才要看其独特优势，任何人才都有其独特优势，关键是我们怎样利用方法的问题。

专栏

微软公司选聘人才的标准

微软公司选聘人才的主要方式是面试，其主要目的在于抽象地判定一个人的智力水平，在对新雇员的素质要求中，智商被放在首位，被测试的人员的答案通常无关紧要，而重要的是看他分析解决的方法。

比尔·盖茨认为：聪明就是能迅速地有创见性地理解并深入研究复杂的问题。

- 反应敏捷，迅速接受新事物
- 迅速进入一个新领域
- 提出问题一针见血
- 及时掌握知识并博闻强记
- 富有创新精神和合作精神
- 能把原来认为互不相干的联系在一起并使问题得到解决

善于营销及服务的人才，一定是会善于换位思考的人才，是会善于从对方（顾客）角度考虑问题，同时善于自我营销的人才。

优秀人才的标志，就是能够不断创造高品质的创意！

创造能力

人类的智力最终体现在创造力上。现在的所谓智商测试题基本上都是逻辑推理方面的，没有考察想象力和创造力的题，根本无法客观反映真实的智力水平！逻辑推理能力强的人做现在的所谓智商测试题当然会得到很高的分数，但是并不等于说真正具有高智力！逻辑推理能力只是人类全部智能的一个组成部分而已，用它来评定智力水平显然是荒谬的！

美国心理学家尤金·劳德赛，设计了下面的测验题，指出试验者只需10分钟左右的时间，就可测出自己的创造力水平。

试验时，只需在每一句话后面，用一个字母表示同意或不同意，同意的用A，不同意的用C，不清楚或吃不准的用B。回答必须准确、忠实。

（1）我不做盲目的事，也就是我总是有的放矢，用正确的步骤来解决每一个具体问题。

（2）我认为，只提出问题而不想获得答案，无疑是浪费时间。

（3）无论什么事情要我发生兴趣，总比别人困难。

（4）我认为合乎逻辑的、循序渐进的方法，是解决问题的最好方法。

（5）有时，我在小组里发表的意见，似乎使一些人感到厌烦。

（6）我花大量时间来考虑别人是怎样看我的。

（7）我自认为是正确的事情，比力求博得别人的赞同要重要得多。

（8）我不尊重那些做事似乎没有把握的人。

（9）我需要的刺激和兴趣比别人多。

（10）我知道如何在考验面前，保持自己的内心镇静。

（11）我能坚持很长一段时间来解决难题。

（12）有时我对事情过于热心。

（13）在特别无事可做时，我倒常常想出好主意。

（14）解决问题时，我常单凭直觉来判断“正确”或“错误”。

（15）解决问题时，我分析问题较快，而综合所收集的资料较慢。

(16) 有时我打破常规去做我原来并未想到要做的事。
(17) 我有搜集东西的癖好。
(18) 幻想促进了我许多重要计划的提出。
(19) 我喜欢客观而有理性的人。
(20) 如果我在本职工作之外的两种职业中选择一种，我宁愿当一个实际工作者，而不当探索者。
(21) 我能与我的同事或同行们很好地相处。
(22) 我有较高的审美感。
(23) 在我一生中，我一直在追求着名利和地位。
(24) 我喜欢那些坚信自己结论的人。
(25) 灵感与成功无关。
(26) 争论时使我感到最高兴的是，原来与我观点不一致的人变成了我的朋友，即使牺牲我原先的观点也在所不惜。
(27) 我更大的兴趣在于提出新建议，而不在于设法说服别人接受建议。
(28) 我乐意自己一个人整日“深思熟虑”。
(29) 我往往避免做那种使我感到“低下”的工作。
(30) 在评价资料时，我觉得资料的来源比其内容更为重要。
(31) 我不满意那些不确定和不可预计的事。
(32) 我喜欢一味苦干的人。
(33) 一个人的自尊比得到别人敬慕更为重要。
(34) 我觉得力求完美的人是不明智的。
(35) 我宁愿和大家一起工作，而不愿意单独工作。
(36) 我喜欢那种对别人产生影响的工作。
(37) 在生活中，我常碰到不能用“正确”或“错误”来加以判断的问题。
(38) 对我来说，“各得其所”、“各在其位”是很重要的。
(39) 那些使用古怪和不常用语词的作家，纯粹是为了炫耀自己。
(40) 许多人之所以感到苦恼，是因为他们把事情看得太认真了。
(41) 即使遭到不幸、挫折和反对，我仍能对我的工作保持原来的精神状态和热情。
(42) 想入非非的人是不切实际的。
(43) 我对“我不知道的事”比“我知道的事”印象更深刻。
(44) 我对“这可能是什么”比“这是什么”更感兴趣。
(45) 我经常为自己在无意中说话伤人而闷闷不乐。
(46) 纵使没有报答，我也乐意为新颖的想法花费大量时间。
(47) 我认为“出主意无甚了不起”这种说法是中肯的。
(48) 我不喜欢提出那种显得无知的问题。
(49) 一旦任务在肩，即使受到挫折，我也要坚决完成。
(50) 从下面描述人物性格的形容词中，挑选出 10 个你认为最能说明你性格的词。

精神饱满的	束手无策的	性急的
有说服力的	足智多谋的	高效的
实事求是的	自高自大的	乐意助人的
虚心的	有主见的	创新的
观察敏锐的	有献身精神的	泰然自若的
谨慎的	有独创性的	渴求知识的

坚强的
老练的
有克制力的
热情的
时髦的
自信的
不屈不挠的
有远见的
机灵的
好奇的
有组织力的
铁石心肠的
思路清晰的
脾气温顺的
爱预言的
实干的
好交际的
善良的
拘泥形式的
不拘礼节的
有理解力的
有朝气的
严于律己的
精干的
讲实惠的
感觉灵敏的
无畏的
严格的
一丝不苟的
谦逊的
复杂的
漫不经心的
柔顺的
孤独的
不满足的
易动感情的

答案：

	A	B	C		A	B	C		A	B	C
(1)	0	1	2	(18)	3	0	-1	(35)	0	1	2
(2)	0	1	2	(19)	0	1	2	(36)	1	2	3
(3)	4	1	0	(20)	0	1	2	(37)	2	1	0
(4)	-2	1	3	(21)	0	1	2	(38)	0	1	2
(5)	2	1	0	(22)	3	0	-1	(39)	1	0	2
(6)	-1	0	3	(23)	0	1	2	(40)	2	1	0
(7)	3	0	1	(24)	-1	0	2	(41)	3	1	0
(8)	0	1	2	(25)	0	1	3	(42)	-1	0	2
(9)	3	0	1	(26)	1	0	2	(43)	2	1	0
(10)	1	0	3	(27)	2	1	0	(44)	2	1	0
(11)	4	1	0	(28)	2	0	1	(45)	1	0	2
(12)	3	0	1	(29)	0	1	2	(46)	3	2	0
(13)	2	1	0	(30)	2	0	3	(47)	0	1	2
(14)	4	0	-2	(31)	0	1	2	(48)	0	1	3
(15)	1	0	2	(32)	0	1	2	(49)	3	1	0
(16)	2	1	0	(33)	3	0	1				
(17)	0	1	2	(34)	1	0	2				

下列每个形容词得2分

精神饱满的
观察敏锐的
不屈不挠的
柔顺的
足智多谋的
有主见的
有献身精神的
有独创性的
感觉灵敏的
无畏的
创新的
好奇的
有朝气的
热情的
严于律己的

下列每个形容词得1分

自信的
有远见的
不拘礼节的
一丝不苟的
虚心的
机灵的
坚强的

其余：得0分

将分数累计起来，分数在110~140：创造力非凡

85~109：创造力很强

55～84：创造力强

30～54：创造力一般

15～29：创造力弱

-21～14：无创造力

【提示】管理人员聘人时，必须聘用比自己能干的人。

不招比自己能干的人，下属今后又怎么能够帮助你成功？

适用考察

人才本身的内在气质是否契合新创企业的现状与文化。任何一个大型公司都不会希望公司中充斥着一些所谓的异类，与整个大环境格格不入。

《德鲁克日志》[6]提出挑选人才的决策步骤：简单而实用。马歇尔将军的经验：第一步：仔细考虑任务是什么？第二步：有哪些人选；第三步：那些人适合；第四步，证实谁最适合；第五步，帮助他们计划与实施。

专栏

柳传志：如何寻找可堪重用之人

如果我真是打算把谁调往更高层次去用的话，考察的时间一般会很长，从多方面去了解这个人的德行。比如他如何对待同事，对待家人，对待一般人，甚至吃饭时对服务员，各个方面的态度，我都会漫不经心地留意，已经形成一种习惯了。对德的方面，我的要求还是比较高的：要有事业心，对公司负责任，对员工负责任，这个事本身不是很多人都能做的。然后看他的学习能力，就是他每做一件事情，我会特别喜欢跟他谈，听他谈他做事情的原因经验等。真的重用的话，那得观察两三年，但是两三年以后，并不见得机会就到了，就放在那里长期等着了，等到机会合适的时候再启用。

实干人才

企业的初创期、发展期和成熟期用人的标准和方法是不同的。初创期要的是“跨马能够闯天下”的人才，而发展到一定的程度后就需要“提笔能够定太平”的人物了。企业在发展过程中，只有在保持基本稳定的同时，不断地“吐故纳新”，企业才能保持旺盛的生命力。这种“吐故纳新”有时是残酷的，但却是企业发展所必需的。对于创业时的“开国元勋”可以用金钱、股份、闲职去安抚，却不可以为了这些人的情绪和“面子”而影响企业的健康发展。

新创企业的人才需求如表7-1所示。

表7-1 新创企业的人才需求

人才分类	职业内涵	主体需求	人才特质	主要来源
实干型	营销、项目、生产、运营	营销人员、生产人员	外向、运动、事务	实践、部队、低学历者
技术型	技术、工程、软件财会	技术员、会计	内向、专业、经验	有经验的工程师、高校优秀毕业生
创智型	策划、管理、决策	管理者	知识、才智、创意	博士、教师、研究人员

对于新创企业而言，上述三类人才的结构及其需求比例是不一样的，基本的特点是形成“金字塔形的人才结构”（见图7-2）。

根据图7-2，对于新创企业，大量需求的是实干型人才，其次是技术型人才，最后才是创智型人才。数量上的比例是——实干型人才：技术型人才：创智型人才＝5：3：2。

需要着重指出的是，上述金字塔形人才结构是针对新创企业的一般情况而言的。不同的行业及企业的不同运作方式下，情况会有不同。软件企业的人才结构中，大量的应该是技术员和工程师，而实干型人员比例相对较小；而对营销外包的企业来说，实干型人才的比例也可能很小，甚至为零。

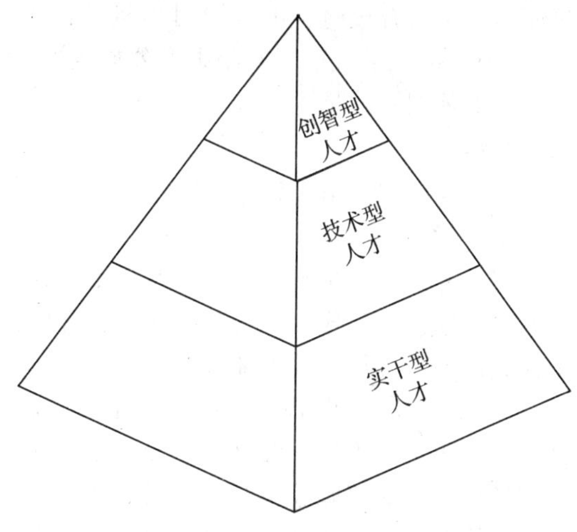

图7-2 新创企业的人才结构

内在人才

真正成功的人都很谦逊。凯雷集团（Carlyle Group）创始人之一兼董事、总经理戴维·鲁宾斯坦（David Rubenstein）就曾说过："考虑到每一个投资决策的作出都要经历很艰难的过程，因此谦逊比其他任何美德都重要。因为你可能犯很多错误。"鲁宾斯坦更进一步认为，一个PE公司倘若要成功，"去掉运气的因素，那么保持一个谦逊的姿态，确定一个可实现的目标很重要"。之前红杉资本莫里茨也说道，一个好风投的品质，第一是要"谦逊（humble）"[7]。

真正有能力的人都很实在，依托的不是外在（相貌、文凭、出身等），而是内在（能力、实绩、才智）。

专栏

诗人和农民

欧莱雅是一个开放的公司，对每一个有才能的人，欧莱雅都提供机会和空间让他们进行尝试。因此，要进入欧莱雅，首先要有诗人般的想象力和创造力。尤其是像市场、销售这样的岗位，应聘人员要有对化妆品市场极强的领悟力和敏感度。员工首先要热爱所处的行业，这是追求事业成功的原动力。兴趣是激情的源泉，有激情才能既富有想象力又具有实干精神。同时，又要像农民那样吃苦耐劳，脚踏实地。农民精神的可贵之处就是一步一个脚印，根据四季和环境的变化及时播种、浇灌和收割。

表7-2是一位中国营销业民营企业家聘用员工的条件。

表7-2 一位中国营销业民营企业家聘用员工的条件

限用的	重用的
太漂亮的 本地的 家庭条件太好的 有靠山的 不早起、不晨练的	一般大学的顶尖学生 家庭弟妹靠其抚养的

在法国葡萄酒业中有一个公开的秘密：越是贫瘠的土地，越能种植出酿造高品质葡萄酒的葡萄，因为贫瘠的土地能够促使植物根系更深更牢固地扎入土壤深层，并且结出符合要求的果实。酿造用的葡萄不需要很甜、硕大、多产的果实，反而是量少、果粒小而紧实的葡萄更能集中精华，更符合酿造优质葡萄酒的要求。

经验人才

经验包括失败的经历。成功是失败的代名词。没有失败过的人谈不上成功。有四种人被希望可以向Google投递简历：个人曾经做过极有创意的网站；发表过非常好的论文；编写过10万行以上的代码；在优秀的互联网团队工作过。“一个人后天的经历对他起到决定性的作用。那些只懂出了家门奔校门、出了校门奔机关门的人我们不要，一般来说，他们这一辈子做不了大事。”浙江沪杭甬董事长耿小平说公司重视人的素质，十分看重员工的经历，他认为有复杂经历的员工处理问题就是不一样。

个性人才

人才有用不好用，奴才好用没有用。聪明的领导用“人才”，少用“庸才”，慎用“鬼才”，绝不用“奴才”。

领导者大多喜欢顺从自己的人，而对那些爱自作主张、顶撞自己、不好用不好管的“逆才”常有意疏远，从而导致一些确有才华、有作为、有发展潜力的“逆才”得不到发现和重用，甚至遭到压制，最终造成人才资源的浪费。

作为领导者，对于“逆才”应有一个正确的认识。领导者应意识到：那些敢于发表不同意见、敢于跟自己争得面红耳赤甚至让自己下不了台的“逆才”，不一定就与自己志趣相悖。在许多情况下，能够倾吐逆耳忠言者，往往正是表里如一、襟怀坦荡、才华出众的人才。

谏议大夫魏征就是一个典型的“逆才”，他经常对唐太宗的缺点和不足犯颜直谏，多次让唐太宗威仪扫地。他于贞观十三年所上的《十渐不克终疏》，尖锐地指出唐太宗十个方面的过错和缺点，令唐太宗非常尴尬。可唐太宗一贯将魏征作为难得的贤士善待之，重用之，甚至于尴尬之后，将《十渐不克终疏》列诸屏风，朝夕瞻视，并作为其当朝执政的座右铭。正因有魏征之类的“逆才”和唐太宗善待“逆才”的雅量，才会有大唐基业的稳固和贞观盛世的出现。

古往今来的无数事实已经证明，大凡真正有本事有作为的人才，多是有主见、有思想、有傲骨的刚正不阿者。他们对领导者的指示特别是不合实情的指示不会盲目遵从，要么据理抗争，要么犯颜直谏，总会表现出“逆态”、“逆性”。美国著名的五星上将麦克阿瑟曾经发出“人才有用不好用，奴才好用没有用”的慨叹。

职业机制

基于新创企业的特点，人才的使用必须具有自己的原则。真正的人才是通过市场机制吸引来的，而不是仅仅靠伯乐发掘的。茅于轼[8]指出：“我反对韩愈千里马的那篇文章，它的错误在于假设存在一个永远正确的伯乐，却没想到从哪儿去找一个永远正确的伯乐。发现千里马固然难，找伯乐一样难。用找伯乐的难代替找千里马的难，问题一样没解决。韩愈的这篇文章中国人念了1200年，谁也没发现它逻辑上的毛病。”

业务导向

新创企业的战略核心是业务，一切行为均体现出明显的业务导向。由于规模和实力的限制，“生存”是新创企业最紧要的问题，活下去是硬道理，企业必须死死抓住销售、生产等命脉领域的工作，紧紧围绕市场、研发等业务功能来配置资源。新创企业一般较少关注纯粹的职能工作。新创企业的人力资源管理因此必须基于并坚持业务导向和战略目标导向，围绕企业的安身立命之本——业务展开，而不是专注于职能和专业的细化操作。

能力匹配

坚持业务导向，切不可“大马拉小车”或“小马拉大车”。所谓“大马拉小车”就是小企业用了大才之人。如三国的庞统当了知县，非百里之才到任后终日饮酒作乐，消极怠工。但是，“大马”一旦跑起来小车就有被颠覆或摧毁的危险。“小马拉大车”虽然没有这个危险性，但是，由于“小马”气力太小，拉而不动，企业也就无法前进。因而，“多深的水养多大的鱼”

是企业选人用人的明智选择。

每个人的能力特点有所不同，人才的不同特点对他从事什么样的工作以及工作绩效如何，都有着极其重要的影响。只有当能力和工作相匹配的时候，才能充分地发挥人的能力以及潜能，才能真正做到人尽其才。

如果企业选用的人其“能”与所要完成的“事”不对称，这些人就很难发挥应有的作用。几年后，这类员工就会成为一般企业所称的“冗员”。而企业一旦冗员过多，无所事事，就容易造谣生非，搞得组织内“乌烟瘴气”。在这样的情况下，人员的素质就一代不如一代。

职业规划

在宝洁内部，每个人都有自己的工作和发展计划。员工每年都要写自己过去一年的成绩、业绩，其他人会根据他的业绩进行评估。做完这个以后，就把下一年度的工作计划制订出来。与此同时，有一个工作是要同时进行的：所有的老板会聚集在一起和所有的员工交谈，不是谈明年做什么、后年做什么，而是谈这个人的职业兴趣在哪里，然后研究这个人在未来3~5年都要做什么东西，有一个长远的规划在那里，还有一个短期的规划，短期的规划要根据长远的规划做。在宝洁，每6个月，员工都有机会和公司讨论自己职业的发展。例如有哪些方面可以改进，哪些方面可以不断地加强，员工都能与管理层进行交流互动，并得到正面的反馈。

在宝洁的中国研发中心，员工的平均年龄在30岁左右，工作时间大约在5年。在这里，7年是最“出活”的，因为公司会根据员工的实际情况来提供相应机会，而经过5~7年的培养，这个时候往往最容易出成绩。[9]

绩效管理

所有新创企业的管理者都必须具备的第一项技能就是绩效管理——为员工设定清晰的目标，时刻关注员工的绩效表现并适当地给予反馈。

激励体系

一个良好的绩效管理体系应该能折射出企业独特的经营战略与管理方式。要取得高绩效，公司必须改变传统的绩效管理观念，为员工创造出能最大限度发挥潜力的环境，更为重要的是给予不同业绩的员工差异化的评价与激励。

促进高绩效的激励体系分为两种，一是内在激励，二是外部激励。内在激励是员工的自发行为，这种自豪感有利于发挥他们的创造力，提高他们对企业的忠诚度。与此同时，企业还要辅以一定的外部激励，以奖金的形式与员工分享公司的成绩。只有二者相辅相成，激励才能更加持久。其中，外部激励与个人绩效表现必须充分挂钩，因为薪酬的差距可以激发员工内在的潜力，对持续创造良好的业绩十分必要。

但值得一提的是，随着当前的组织结构越来越扁平化，那些为企业创造高价值的员工并不一定能获得晋升。从这个角度看，管理者需引导员工将注意力集中到各种工作经历及自身能力的拓展上。公司要做的就是从内在激励入手，以因人而异的方式提升人力资本，包括为员工采购定制的培训项目、制定个性化的发展机会等，让他们拥有一定的成就感。

目标设定

现实的情况是，人们在很多时候往往只求“不犯错”，对实现高绩效的愿望却并不强烈。究其原因，在许多组织内，获得最高评价的往往是那些能按时完成目标的人，而那些虽然设置了“宏伟”目标，却因个人能力未达到预期的员工，会因为这些目标而受到指责。平心而论，那些受到指责的员工很可能是为公司付出最多的人。这种职场文化渐渐演变为人们倾向于将目标放低，来提高实现目标的可能性。这种“不求最高，只求最稳”的状态显然与高绩效的环境背道而驰。

出现这种现象的问题主要出在目标的设定上。企业必须要让目标的设定具有挑战性，确保员工沿用过去谨小慎微的方式后完全达不到预期目标，这样才能促使员工不断创新。在诸如宝洁这样的跨国公司中，具有潜力的员工往往会被推向“关键职位”，这些职位对应着充满机会与挑战的工作任务。在这种“刺激”的环境下，员工不得不尝试用各种批判性、创造性的思维应对挑战，这也使得宝洁成为闻名世界的“创新中心”。换言之，工作的艰巨性与成就感是实现高绩效的重要推动力。与此同时，为适应高绩效的氛围，企业文化也要进行相应的转型。比如，企业要学会宽容，允许员工在好的出发点上犯一些小错误，只要试验的方法是正确的，那些追求创新和高目标的人就不应受到惩罚。

需要指出的是，企业在追求高绩效的过程中，不应将注意力仅仅锁定在目标的完成情况上。一方面，它要求管理者改变惯性思维，以更宽广的视角来看待业绩，除了财务指标外更多地关注员工承担的风险及解决困难的勇气；另一方面，管理者不能“舍本逐末”，在追求高绩效的同时忘记了“以客户为中心”的观念。毕竟，只有提高客户的忠诚度，更好地挽留与发展客户，高绩效才能得以实现。

专栏

员工排名的误区

我们生活在一个充斥着各种衡量指标和各类排名的世界里。消费者使用它们来比较最新的精巧产品，父母和决策者分别依靠它们来评估学校和其他公共机构，而球迷则喜欢用这些指标和排名来品评自己最喜欢的球队。但是，当排名被用来评价员工表现时，结果又会如何呢？

许多管理人员认为，向员工反馈他的绩效表现与同事对比的排名结果，能激发员工变得更具竞争精神——也就是说，他们会更加努力地工作，以便赶上甚至超越别人。但事实是，结果恰恰相反。有的员工会变得越发自满，而有的员工则会因此而消沉。那些在排名中名列前茅的人认为：“我已经是第一名了，干嘛还要更加努力？”而那些排名远远落后的人在工作中则会变得抑郁消沉，并放弃努力。

不过，大量记录显示，与奖品、奖金和职位提升挂钩的员工排名竞赛，确实对工作的效率和工作表现起到了激励作用。当综合研究这两个现象时，我们可以从中得到一个启示[10]：①在工作场合中，如果排名和业绩评价即使在没有管理层干预的情况下也能做到非常透明……那么，根据排名进行金钱奖励就是个更好的方法，因为如果没有奖励，员工间的比较可能就会导致工作努力程度的减退。②而在无法评估和比较员工表现的工作环境中，只是公布一个没有与奖励措施挂钩的排名结果可能毫无用处。

对于雇主来说，至关重要的一个环节是，要考虑每个员工对排名的反应，然后确定发布排名信息是否对涉及的所有人都有好处。优秀的雇主非常了解自己的员工，并对员工将会对排名作何反应很清楚。重要的一点是，应该多花时间思考是否应该为员工提供排名反馈，以及每个员工对排名结果会做出什么样的反应。作为雇主，如果你认为某位员工会对排名做出积极回应，并因此受到激励而更加努力地工作，那么，你当然可以这么做。但是，至关重要的是，你必须根据个人的情况区别对待。

绩效教练

很多人会说人人都知道绩效管理。那么为什么绩效管理仍然是很多领导者所面临的巨大挑战呢？原因在于时间。领导者未能留出足够的时间来对直接下属的绩效表现进行充分管理。由此带来的结果就是，员工并不能在其关键目标任务和实际表现上获得领导者及时恰当的反馈。要帮助员工成功，管理者就必须关注他们表现的细节所在，而掌握细节的关键在于与员工进行频繁且非正式的沟通，无论是表扬还是批评，不要等员工淡忘了以后才提起。

在此过程中，管理者们发挥着不可小觑的作用，因为绩效的落实很大程度上取决于持续的沟通，管理者们需要从传统的“发号施令者”变为“绩效教练”，帮助员工理解目标，并开发他们最大的潜能。要具备良好的绩效指导能力，领导人需要做两件事：一是将公司的战略转化为平衡计分卡上的指标，或可以量化的员工目标，二是要多次频繁地向员工进行战略的传达，确保员工心领神会。

要达到每日绩效管理要求的管理者，就必须想办法增加与直接下属在一起沟通的时间。成功的一线管理者与员工进行更加频繁且非正式的沟通。这样彼此间的对话才能更生动，管理者所提出的建议才能更及时有效。成功的一线管理者不是等到一年一度的正式绩效面谈时，才把所有的表扬或批评说出来，而是与其直接下属每两个月、每周甚至每日进行沟通，讨论他们的绩效表现、发展的需要和未来的目标。

知识管理

越来越多的岗位（不管名称是什么）体现出“知识工作”（knowledge work）的特征，组织中的各级人员必须既有某些高度专业化的技术，又有进行团队协作的能力，必须与客户建立良好的关系，并批判地反思和改变组织的经营行为。这是管理的难题。不论是精力充沛的咨询顾问，还是勤勤恳恳的服务代表，也不论是高层管理人员，还是工厂技术人员，管理越来越依赖于对专业人员的独立却又相互联系的工作进行指导和整合。

延续管理

企业为降低成本采取裁员的方式情有可原，但因此对公司造成的负面效应却不容忽视。员工离职实际是公司资源的变相流失。因此，正确处理员工离职事件及其影响，将公司的损失降到最低限度，应当是公司管理高层亟须重视的问题。企业如何才能做到延续性管理，某资讯公司高级顾问吴先生提出了六个建议[11]：

（1）成立知识延续评估小组。这其实是一种风险评估，要找出企业里最不能流失的营运知识，也就是找出企业的核心竞争能力。通过计算离职率、离退休的人数以及公司里有哪些职务需要参与延续管理，评判现任员工与继任员工知识延续与否的程度。

（2）决定延续管理的计划范围与目标。主要包括广度（有多少职务牵涉到重要的营运知识）、深度（每一个职务所获得的营运知识是多少）、技术的复杂程度以及支援程度（组织文化或奖励制度是否支持延续管理）。

（3）成立协调小组执行延续管理。

（4）规划延续管理的执行方案。分析竞争环境，找出迫切需求；成立延续管理的指导团队；展望延续管理的远景和相关人士沟通远景；分析策略与需求；消除障碍；奖励短期成功；找出可以推行延续管理的人。

（5）制定获得、转移重要营运知识的方法，即建立组织内部知识库。对照知识库，企业可以找出即将流出组织的关键知识，并了解接任员工是否已掌握重要的营运知识。

（6）转移营运知识。找出重要的关键知识后，必须转给接任者，并创造知识交换的机会。

延续管理可以说是企业的脑力保险箱，保住离职员工脑袋里的知识，就等于为企业留下了大笔可用资源。即使留不住优秀的员工，也一定要把他们脑袋里的知识留下来，绝对不能让他们将属于公司的知识一并带走。这就是“人走茶不凉”的管理道理。

知识旅程

在塔塔钢铁内部有一个知识管理运作系统，并不是只为高层管理者设定的，每个人都要参与[2]。每隔一两个月，不同部门都要召集40～50名员工参与聚会，做一个“知识旅程”的项目。方式通常是：在3个小时内，围绕一个话题展开讨论。话题可以非常具体，比如解决机器漏油的问题，由不同部门的相关员工来发表意见。通过这些很小问题的讨论，塔塔钢铁内部形成了共同解决问题的方式，这也有助于前面提到的运营流程的持续改善，每个员工都能够在一定的高度上思考问题。参与这样的项目，也能够让员工受到激励。如今，持续完善已经成为了塔塔钢铁的DNA，深深融入了公司的运营和管理中。

导师系统

在我国，刚毕业的大学生要从事高科技行业，往往有一段较长的培训期。也就是说，大学生要经过整整一年的实践才能对公司做出真正贡献。这对资金充裕的跨国企业来说或许不是问题，但对本土公司却意味着巨大的成本。倘若这些新员工在一年后流失，那么企业的成本将进一步放大。

塔塔钢铁公司还有一个导师系统（mentorsystem）。在这个系统中，每一个高级管理者都被指派联系3位员工；包括总经理在内，也被分配到了3名员工，总经理会经常与他们互动。这种系统，就是在组织中分享价值观的好途径。

激励机制

用人不在于如何减少人的短处，而在于如何发挥人的长处。在最出色的公司中，个人的成长和公司的发展互为补充，相辅相成。新型公司的最突出的特征在于，它是雇员经历成长的场所[12]。某咨询公司所做的全球员工调查发现，只有20%的员工在工作中全心投入。也就是说，80%的人没有尽力[13]。这是人类能力的浪费，因此可以解释，为什么拥有很多能人的组织却业绩不佳。可以想象，曾经有一段时间、在一些地方，将订单数量消极地与头等雇员的资格挂钩。但是，在知识型经济中，员工的想法和创造力至关重要，而它们只能从愿意奉献的员工身上得到。

薪酬激励

管理学家德鲁克说："企业只有一项真正的资源——人。"如果企业不是把员工视为一种资源，而是一种成本，对待员工在"管"和"控制"上下工夫，就会造成对员工缺乏信赖，企业内部沟通不畅，员工的打工意识很强，对企业的认同感不强，企业也就缺乏凝聚力。也许对传统产业来说，劳动来源似乎不欠缺，员工的这种不稳定行为对企业构不成威胁，但对高技术企业来说，员工的离心力对企业的发展是致命伤。

岗位薪酬

新创企业成立伊始，规模比较小，创业者对每个岗位的要求比较清楚。因此，创业者应该首先确立各岗位的岗位价值以及胜任该岗位的基本条件：学历、工作经验、技能要求等；基本职责，如该岗位的工作内容、应负责任、担当的权利；同时，明确岗位基本的晋升发展途径，如薪资加薪、职位提升、所需培训知识等；还有工作环境、心理要求等。

这样既使企业形成明确的各岗位的价值比，根据价值比为各个岗位配备报酬，同时也使得员工对自己的职位发展有更加直观的认识。

尽管每个企业经理对岗位的薪资有个基本的心理价位，但由于招聘的员工来自企业外，他们不同于企业的家族成员，因此在制定薪资时参考市场行情是很有必要的，既可以纠正自己心理价位，也可以了解外部薪酬的趋向变化，对员工的定薪从短期到中长期心中有数。

看市场行情不仅仅看薪资总额，更要看薪资的组成部分、薪资的稳定性、薪资所涵盖的岗位要求（不同企业、不同行业对同名称岗位的要求相差悬殊）。只有了解市场薪酬行情了才可以做到知己知彼，既可以应付每一位应聘者的薪资谈判，又可以从薪资行情及结合自身企业的定位找到最合适自己企业所需要的员工。

一般地，在外企，都有非常明确的工资结构。公司会根据职位范围的大小、工作的复杂度等来确定工资的级别，工资的增长跟员工的业绩是紧密相连的。多数外企薪资的制定，是按照3P+2M的原则，既实际业绩（performance）、岗位职责（position）、个人能力（people），参照行业市场（industrymarket）和人才市场（talentmarket）而制定。

刚成立的民营企业要了解薪资行情，可能因为职位有限、实力有限等原因也不必一定要像大型的外资企业、国有企业那样花较多的费用请咨询公司做薪资调查或者购买薪资调查报告。通过如下途径也可以大致了解以下信息。

（1）对通过招聘收集来的应聘资料进行分析，如同岗位多份应聘者的学历、技能、工作经验、业绩、报价的比较，可以分析出一般应聘者的心理价位，由于现在应聘者的简历有一定的包装成分及报价是其期望值，因此综合分析后可以假设为其百分之多少为水分，再以去掉水分部分作为薪资谈判的起价。

（2）现在人才中介机构比较多，根据本企业需要招聘的岗位及要求咨询中介机构此类岗位薪资行情的幅度区间，并以“容易寻找”、“不容易寻找”或“很不容易寻找”来判断市场行情。

（3）一般当地的劳务中介部门会提供近期的生产类、技术类及基本管理类的薪资行情，电视媒体及人才市场报有相关行情及指数资料。

（4）专业的人才网站（如中华英才网）有较多的薪资行情的信息。

（5）可以经常浏览当地的招聘广告及人才招聘市场，甚至可以应聘者的身份问讯招聘单位的薪资、薪资组成部分、薪资晋升政策等。

绩效薪酬

考虑到自身的实力和实际条件，新创企业应制定一套有自己特色的灵活的薪酬制度，一般可以采取“底薪+奖金”的模式：“底薪”可以与企业原有的薪酬制度统一，基本上差距不大，而“奖金”可以根据工作性质和人才层次的不同采取不同的计量标准和评价方式。采取这种模式主要从以下两方面来考虑。

首先，这种模式可以满足人才日常生活的基本需要，使他们可以安心专注于本职工作，也提供了充分调动人才积极性所必需的物质激励。这样既有利于增加新创企业对人才的吸引力，也符合新创企业的能力和条件。

其次，新创企业的特点决定了企业内部人与人之间密切的配合对企业的生存和发展至关重要。所以在吸引人才的同时，企业也应重视协调新老员工的关系。而这种模式由于采取了和原有工资制度基本一致的“底薪”，可以保护原有职工的工作积极性，而且由于制度和观念的变化，大部分人也都可以接受“人才为企业做出突出贡献就应获得高额报酬”的观点。这样企业在引进新人才后不会引起组织内部的不稳定，甚至引起原有人才的流失。同时，针对不同工作性质和处于企业组织不同层次、不同岗位的人才，企业应采取不同的评价标准和方式来评价人才的绩效和确定“奖金”的数额，以保证公平和效率的原则。

大部分外企，年底都是双薪，基本工资为13个月。年终视工作表现发放年终奖，年终奖金的多少，主要根据公司的绩效和每位员工的业绩来考核。

根据激励对象特征不同，薪酬福利制度的设计也有不同的特点。

（1）对于从事技术工作的人才：可以根据他参与的项目为企业所带来的效益，以项目提成的方式给予奖励；而对于一般的技术员工或工人可以采取一次性奖金，以鼓励他在具体生产或研发过程中的小发明或小创新。

（2）对于从事管理工作的人才：可以采取“目标管理”的方式。制定一定的管理目标，并根据目标完成程度以及效果来确定奖金数额。对于目标的制定和考核标准可以由企业来制定，也可以由企业与人才双方协商制定。

（3）对于从事市场方面工作的人才，可以采取以市场业绩为依据来确定报酬，同时可以辅以“目标管理”方式来鼓励人才在开拓新市场，创造潜在消费市场以及推广企业知名度等不能直接计量的工作。另外，企业应积极参与社会福利制度的改革和建设，按照法律的规定，根据自身条件，努力建立较为完善的福利保障制度，并尽可能地为人才解除后顾之忧，例如帮助解决配偶就业、调动、子女教育等问题，以增强人才对企业的归属感。

专栏

纽柯㊀独特的薪酬体系[14]

一个富有经验的钢铁工人在其他公司能毫不费力地每小时挣16～21美元，而在纽柯，则只能保证10美元左右的基本收入。余下的收入来自工效挂钩的奖金在一个班次中产品如果无缺陷，他们的税后实得工资就会是行业平均水平的3倍。

纽柯公司在2005年向普通工人发放了2.2亿美元的职工分红和奖金。纽柯一个普通工人当年得到的平均年收入为7.9万美元，外加2000美元的一次性业绩达标奖金和1.8万美元的职工分红。效力于纽柯，工作出色有奖，工作不力则罚。奖金按订单计算，按周支付。如果工人出了一批质量有问题的钢并在出厂前发现，那他们该批次的奖金就泡汤了。而一旦次品已发运到客户手中，他们就要损失3倍于此的数目。

经理层不光要求工人以收入中的一大部分来承担风险，他们自己的税后工资也与业绩充分挂钩。部门经理的基本工资大约是行业平均数的75%～90%。而在丰收之年，同一位经理还可拿到75%甚至90%的奖金，以全厂的资产回报为计算基数。

与其他美国公司相比，纽柯的工资差距并不大。如今在美国，首席执行官的薪金一般相当于工厂工人的400倍还多。而2005年，纽柯公司首席执行官所拿到的工资和奖金则正好是普通工人的23倍。

竞争薪酬

在一个规范成熟的市场经济体中，任何一种人才都会有相对公允的市场价值。而且，人才的市场价值是透明的，这是对人才进行定价的基础。从理论上来讲，人才的市场价值不是由组织的管理者决定，而是由市场决定的。如果员工的价格（即其薪酬回报）与其市场价值发生了背离，那么员工与雇主之间的雇佣关系就不可持续。其结果要么是人心思变另谋出路，要么就是员工的价格得到调整向价值回归。从组织运营管理的角度来讲，只有向员工支付了与其价值相当的价格，管理者才能期待员工最大限度地发挥其才能，从而为组织的业务发展作贡献。从这个意义上来讲，低成本控制永远不是薪酬管理所应该追求的目标。就像其他任何投资一样，投资回报率（ROI）才是组织对人才投资的首要考量。

美国《财富》杂志2008年1月24日公布了美国25大高薪公司[15]（见表7-3），其中排名第一的是律师事务所Bingham McCutchen，员工的平均年薪为21.101 7万美元。入选这一榜单的知名科技公司包括Adobe、思科、eBay、德州仪器、雅虎等。在所有上榜公司中，思科排在第12位，员工的平均年薪为13.200 4万美元；eBay排在第15位，员工平均年薪为12.588 9万美元；德州仪器排在第17位，员工的平均年薪为11.663 6万美元；雅虎排在第19位，员工平均年薪为11.625 0万美元。

㊀ 纽柯钢铁公司（Nucor Corporation）是美国第二大钢铁生产商。

表7-3 美国25大高薪公司

排名	公司	平均薪酬（万美元）	行业
1	Bingham McCutchen	21.101 7	法律事务
2	Arnold & Porter	19.457 5	法律事务
3	Alston & Bird	19.013 5	法律事务
4	Shared Technologies	18.713 7	电信系统
5	Nixon Peabody	17.801 6	法律事务
6	Devon Energy	17.305 7	能源
7	Perkins Coie	16.286 0	法律事务
8	EOG Resources	14.673 9	能源
9	Adobe Systems	13.769 1	计算机软件
10	高盛	13.700 0	金融
11	Boston Consulting Group	13.670 6	服务
12	思科	13.200 4	电信系统
13	Network Appliance	12.968 9	计算机硬件
14	Kimley-Horn & Associates	12.716 7	服务
15	eBay	12.588 9	互联网
16	Robert W. Baird	12.380 0	服务
17	德州仪器	11.663 6	芯片
18	MITRE	11.629 1	研究机构
19	雅虎	11.625 0	互联网
20	SC Johnson Wax	11.058 7	家用产品
21	Ohio Health	10.814 3	医药保健
22	Chesapeake Energy	10.803 1	能源
23	Publix Super Markets	10.728 0	零售
24	SAS Institute	10.456 6	计算机软件
25	Google	未知	互联网

良好的激励效应的产生以及员工尊严的维护，不会因为某种一时一地的临时举措而得以实现。从根本上来说，许多公司需要建立一套持续稳定的激励机制。另一方面，仍然是由于缺乏一套持续稳定的激励机制，很多企业因为某个临时的原因而延误甚至推翻原有薪酬制度的执行，这样也会引发激烈的矛盾。

【讨论】 严介和有一句格言：“六分人才，八分使用，十分待遇。”你是如何看待这个管理命题的？

股权激励

在新创企业实行股票或股票期权制来激励核心员工，往往具有十分现实的意义。首先，因为在新创企业拥有核心技术的核心员工和组成管理团队的核心管理人员是新创企业生存和高成长的决定性力量，他们在得到充分激励的状态下能发挥既有的和潜在的能力，使新创企业有了坚实的人力资源保证；其次，新创企业的高成长性为股票期权制的实施提供了良好的条件，高成长的现状和前景可以提供巨大的利益刺激，这是成熟企业所无法比拟的。正如美国新经济中的许多成功的新创企业，在上市以后，其期股期权计划使得企业的核心员工一夜之间成为百万富翁。从这个意义上看，这将使一大批依靠智力成果和组织能力而富裕的阶层依靠智力成果迅速崛起，这能激发起全社会的创新和创业行为。对于企业内被激励的员工而言，这种巨大的利益刺激加之创业本身的精神满足，使股票期股期权制能在新创企业充分有效地发挥长期激励作用。

每个企业都有自己的特点，股权激励的形式必然各不相同。企业可以根据自身的实际情况灵活运用。

在创业初期，企业的资产一般是由投资人投资的，因而企业应该归投资人所有，但是，技术人员首先应该享有一定比例的分红权，同时，还应该享有企业期权，这一点对投资人也是有利的，因为一方面投资人可以尽快收回部分投资，另一方面技术人员成为投资股东后会提高投资人的投资安全系数。

创业企业可以选择以下几种股权分配方案。

员工持股

经营者和员工持有公司一定数量的股份，在股份升值时受益，在股份贬值时受损。创业企业强调团队认同协作，受股权激励的员工可能要占企业的大多数。因此，在创业时可实施员工持股计划，经营者和大多数员工都持有企业一定的股份。在实际运作时，经营者可直接持股。广大员工的持股计划，可由预先成立的持股会对员工持股计划进行管理。当员工离开公司时，以适当的价格回购员工手中的股份。不同于上市公司一次性、一揽子安排的员工持股计划的是，非上市企业的员工持股计划应该是与时俱进的。因为初创企业具有高成长性、资产和收益结构经常变动的特点，公司要根据收益变动、股份额度变动对员工持股计划进行相应的改变和安排。

股票期权（stock option）已成为今天大公司和网络公司激励人才的最重要手段之一。股票期权在实施中一般向核心员工倾斜。例如，华为技术有限公司是中国通信业一家著名企业，其股本结构为：30%的优秀员工持股；40%的骨干员工有比例持股；10～20%的低级员工适当持股。

股权的分配激励制度，与企业发展过程中的各个阶段有密切的关系。创业企业在不同的发展阶段，决定企业发展的关键要素不同（见表7-4）。

表7-4 企业成长不同阶段的股权配置

初创期	市场开拓期	成长期
科技人员、风险投资基金	管理人员、市场营销人员、生产工艺人员	成长性投入

因此，创业型企业在成长过程中其激励机制的制度约定应是动态的。

专栏

华为的员工持股

基于“尊重人才，而不迁就人才”价值观的华为内部价值评价体系和价值分配制度，成为华为管理制度中最具特色也最具活力的部分。而在华为的价值分配体系中，最核心也是最有激励和凝聚作用的就是从1998年开始大规模施行的内部员工持股制度（2002年后，改革为内部虚拟受限股），这个沿用至今的激励制度，成为刺激华为员工斗志最有效的一支兴奋剂[16]。

华为员工持股制度始于1990年，当时，华为刚刚成立三年，资金相当紧张，而民营企业融资又非常困难，因此，实行员工持股，可以通过内部集资方式解决企业发展的资金问题。2001年之前，华为员工以1元/股的价格购买公司股票，由此给华为的股权分配带来了很大好处。其一，员工每年分红所得的计算非常简单，不必考虑购买股票的具体时间，只需要考虑个人所持有的全部股票数量和上一年度的股权回报率；其二，对新员工，公司既不需要增资扩股，也不需要制定原有股票的稀释规则，只要拿出每年净资产的增量，对新老员工进行股权分配即可。而员工可以购买股票的数量，是根据职位责任、任职状况、可持续贡献等要素综合评价决定，与员工本人的出资能力无关，公司还可以提供贷款帮助员工购买股权；再从员工所享有的权益方面来看，持股员工享有的主要权利只有股票分红权和员工离开公司时按1元/股价格的退股权，不享受股票增值的利益。

2001年，深圳市出台了《深圳市公司内部员工持股规定》，华为意识到以前那种股权安排的潜在风险，此外，在公司管理变革的过程中，股权制度的不规范也是制约其与国际管理机制接轨的一大障碍。因此，2001年，华为与国际著名顾问公司合作，对公司的股权制度进行调整变革，仿效西方国家的做法，开始用规范的虚拟股票期权来取代原来实行的内部股权。为了解决历史遗留的问题，在2002年年初，对员工手中持有的1元/股的内部股股票，按照一定规则，有条件地转成虚拟受限股，按2001年年末公司净资产折算，转换后的每股价格增值到2.64元/股，用这种一步到位的方式，将净资产与员工股权联系在一起，成了一种接近实际意义的员工持股安排。

截至2009年12月31日，华为控股的股东包括深圳市华为投资控股有限公司工会委员会和任正非，前者的持股比例为98.58%，任正非持股1.42%。华为员工中持股人数为61 457人，全部由公司员工构成，约占9.5万名华为员工总数的64.7%。

经理期权

股份期权是以股票期权理论为蓝本变通设计的一种股权激励方案。管理人员经业绩考核和资格审查后，可获得一种权利，即在将来特定时期，以目前评估的每股净资产的价格购买一定数量的股份。届时如果每股净资产价值已经升值，则股份期权持有人获得潜在收益，反之则以风险抵押金补入差价。激励对象购买企业股份后，在正常离开公司时，由公司根据当时的评估价格回购。如果是非正常离开，则以购买价格和现时评估价格中较低的一种进行回购。

专栏

通用汽车的激励性报酬[17]

自1918年以来，通用汽车的红利计划就成为其管理理念和组织的重要组成部分。通用汽车的创始人威廉·杜兰特（William C. Durant）以及他的继任者们都坚信股东和管理人员的伙伴关系将使公司受益，这一信念促成了这项“经理人持股计划（也称红利计划）”的产生。

通用汽车的红利计划和分权管理紧密相关。分权管理给管理层提供了一个自我实现的机会，而红利计划则使每个管理者有可能获得与他自身工作业绩相当的报酬，让他们能够一直在工作中尽最大努力。公司一直执行并不断完善这一非常全面的激励计划，带领通用汽车实现历史跨越，担任公司总裁、首席执行官和董事会主席长达30年之久的阿尔弗雷德 P. 斯隆（Alfred P. Sloan）在《我在通用汽车的岁月》（*My Years with General Motors*）中对它更是非常推崇。

红利计划并不是一个全体员工参与的利润分享计划。它能够给通用汽车公司中不同层次的员工提供不同的激励，激励那些未能享受到红利计划的员工不断进步以争取早日达到参与分红的条件。因此，每一位员工都必须经过自身努力才能赢得红利授予机构考虑范围的资格，定期对他们的贡献进行公平公正的衡量，兼有精神激励的效果。

红利计划同时有助于增强员工的大局观。它能让每个参与者都敏锐地意识到他与他的工作以及他上级之间的关系，使他有责任并有动力不断关注自己和整个公司的发展。通常而言，员工特别是中层管理者会因为上级正确的价值评价而备感满意和自豪，这也会激励他们每年、每月甚至每天回顾、反思和总结自己的工作情况。

和通常的工资制度相比，红利计划还可以提供更好的弹性。单纯地提高员工工资不仅将扰乱整个相对和谐的工资体系，而且会为公司带来更高的成本束缚。而红利计划就可以根据公司的形势和员工的业绩进行灵活处理，在对杰出员工进行重奖的同时仍然维持原有工资体系、管理环境和企业发展的稳定。

当然，红利计划还有助于协助公司挽留高级执行人员。通用汽车的红利计划是以五年期分期付款的方式支付的，因此自愿离职的员工将损失掉他还未变现的红利——在某些情况下，其数额可能非常可观。这种对于"未来"的威慑和激励使通用汽车挽留了很多希望挽留的高级执行人员，尤其是高层管理人员。红利计划为比较重要的管理人员提供了一个参与收益分成的机会，而且随着个人的升迁，他所获得的红利也呈几何级数的增加。

仅1958～1962年，通用汽车总共分红33亿美元，高达总净收益的69%。直到现在，不少中国大公司刚刚进行完现代企业制度建设的第一步，不少企业尚未完成或正在酝酿经理人持股计划，相对通用汽车公司而言，这已经是50年前的事情了。

技术期权

技术创新对创业型企业发展具有举足轻重的作用，但囿于国家对有关技术持股比例限额的政策规定，同时鉴于技术这种无形资产在企业中的价值不稳定性，可专设技术股份期权。如果在一定时期内，技术骨干所提供或掌握的技术能给企业带来实现合同约定的效果，则技术股份期权可以行权；如果由于技术本身的原因无法达到合同约定的效果，则技术股份期权不可行权。

1. 范围界定

实践中用来入股的技术往往科技含量相差很大，有的是高新技术，有的仅是一般的常规技术，甚至有的企业不要求技术人员用现成的技术成果入股，仅要求负责一定技术工作。这实质上是技术劳务入股而非技术入股，属另一法律性质的问题。可见技术入股虽然具有较大的灵活性，易于促成合作，但如果对入股的技术界定不清会使技术入股缺乏法律依据，也会对技术的评估作价、技术瑕疵的责任承担、股权调整等带来不稳定的层面。

2. 技术作价

技术的作价有较大的弹性，作价有协商作价和评估作价两种。由于一方面技术成果的价值有很大的不确定性，经常没有同类参照物比照；另一方面，技术又具有时效性、相对性，会因时间的变化和竞争对手技术的提高，其价值发生增减，这都给技术作价带来困难。即使是同一项技术，不同的评估机构也可能会做出悬殊很大的评估结果。因此技术评估结果只能给当事人提供一个参考，具体折合价值仍需双方讨价还价后定夺。

技术评估作价是指专业的评估机构对出资人的技术成果的价值进行确定，即将技术价值进行量化的过程。协商作价方式是出资人不经评估，自行商定入股技术的作价金额，这种作价方式是出资各方在诚信的基础上，通过协商来确定出资技术的价值。

采用评估作价方式确定的技术价值具有较强的法律效力，其价值被确定在技术成果价值评估作价文件中，出资各方不能随意进行改动，从而能够有效防止各种纠纷的发生。但需要注意的是，我国尚未设立专门的技术评估机构，而且相关的评估人员也不一定具有较高的技术水平。通常情况下，评估机构会套用有形资产的评估方法来评估技术资产，他们所得出的评估结果很可能是不可靠的。

协商作价方式是出资各方通过协商确定技术的价值，这不仅避免了评估作价方式繁琐、复杂的作价程序，而且也无需设立专门的技术评估机构、确定专门的技术评估标准，只要通过协商方式即可确定技术价值。其灵活性不仅在于克服评估作价的困难，解决实务上的操作，更在于充分通过市场实现资源的合理流动和优化配置。

采用协商作价方式确定的技术价值可以根据企业目的，按照出资技术的"使用可能性"进行评价。这样只需要“必要性”、“有益性”、“无用性”这类标准即可确定评价额，并且此种价值评价方法无论对公司还是对出资者来说，都是一种较为适当的处置。但是，协商作价方式确定的技术价值其法律效力低于评估作价，而且还有可能出现出资人任意协商金额，以及技术出资人利用其他出资人对技术不熟的弱点而实行技术欺诈的行为。

3. 技术瑕疵

入股的技术可能存在瑕疵，如入股技术是过期专利、合同期满仍处于保护期内的专利、只提供相互衔接技术群中的部分技术等，因此应要求技术出资方提供必要担保。

如果技术成果存在瑕疵，应由技术出资的股东单独承担责任。但除技术瑕疵以外的一些问题，如该技术的使用范围、技术后续改进的成果分享、技术出资方能否向第三方再转让该技术成果，该由谁来保证该技术的先进性、实用性以及承担担保责任的时间、地域等问题，我国法律对此尚无明确的规定。因此在出资入股时，除办理权利转移手续、提供技术资料之外，还应要求技术出资方提供一些技术担保，如技术指导、传授技术诀窍等，这对合作各方都有利。

技术担保与权利担保责任应依成果的使用阶段不同，而由不同人承担。在入股前，应由技术出资者负全部责任，未达合约要求应负民事责任；在入股后，技术的实用性，包括技术的更新研究、技术价值的变动所带来的影响等，应主要由新成立的公司承担。在此期间，若发现成果出资者有欺诈或其他有违诚信原则的行为，应由其承担民事责任，对由此而给其他出资方造成的损害，应予赔偿或采取其他补救措施。在中外合营过程中，应本着引进最合适的技术为我所用的原则，同时也要求外方提供一定的技术担保。

4. 股权调整

技术作价是依据评估或协商作出的，由于技术价值的难以确定性以及技术使用方往往存有顾虑，人们不愿过高估价，技术作价与其内在价值不一定相符，而且在不同的时间、地区、不同的配套条件下，同一技术所能带来的利润不一样，因此产出的实际利益与预计的情况往往相差很大。

一种情况是，该技术成果的价值随着技术的进步而降低，甚至会因新技术的产生被淘汰而完全丧失价值。这时，以高新技术成果入股者，如果还按原股权分配方案获取利润，显然对其他出资方不公平。实践中有人采取由技术入股方提供技术担保的做法，由其保证该技术能达到要求的水平，否则由技术成果出资者承担责任，这种办法可以解决实际问题，但由于没有法律的明文规定，该做法缺乏必要的法律依据。在目前我国技术成果转化率较低、技术成果拥有者的市场竞争力还较弱的情况下，其利益难以保证和实现，有可能过多增加技术成果入股者的负担。

另一种情况则相反，入股之高新技术成果会随着相关技术的出现或者市场的发展和成熟，或者成果拥有者在该技术基础上进行改进而开发出更为先进的新技术，从而使该技术的价值增加。一般而言，在技术转让合同中，都有更新技术应优先转让给技术受让方或无偿提供给受让方使用的条款，这也是技术转让中受让方的基本策略之一。因此，可借鉴这一做法，在技术成果拥有者开发出更先进的技术时，应以此技术无偿替换或联结原入股之高新技术，当技术成果市场价值增加时，技术成果入股者之股权收益应相应增加。

5. 入股合同

签订技术入股合同时，要避免一些常见的错误，如重复性入股、非产权人入股、公知技术入股等。因此，在技术入股时，应当在入股合同中明确约定以下内容。

（1）技术入股者应为技术的合法权利人。技术入股方应当在入股合同中保证其是该技术的合法所有人，没有权利瑕疵；如果入股后被第三人指控侵权成立，技术入股方应承担全部侵权责任。

（2）技术成果具有一定的法律状态，比如是专利技术、专有技术或公知技术等。因为以技术入股组建股份制企业的前提是以赢利为目标，即只有入股技术能够给企业带来预期的利益时，才可能被股份制企业所接受；同时入股技术作为企业资产的一部分，对企业其他出资方来说承担了较大的风险。所以技术股的法律状态对企业非常重要，对入股技术提出一些必要的条件和限制是十分必要的。

（3）明确约定技术入股的方式。由于技术本身的无形性能够在同时间、不同地点被多个主体同时使用，而其他有形财产却不能。因此，技术入股各方在签订入股合同时，一定要注意在合同中明确约定技术入股的方式，即：是以入股技术的所有权出资入股，还是以入股技术的使用权出资入股。如以入股技术使用权出资入股，还应明确是何种许可使用方式（指独占许可、排他许可、普通许可）。

（4）其他。专利技术入股合同的期限一般应当与专利权的有效期限相一致。另外，还应当约定在合同履行期间，如果专利权被宣告无效或者技术被公开应如何处理。

为确保合同合法有效，在签订技术入股合同时，可参照有关方面的规定，如《中华人民共和国合同法》、《公司法》、《关于以高新技术成果出资入股若干问题的规定》等。

专栏

技术入股协议书（协议书范例）

甲方：

乙方：

各现有股东：

甲乙双方在平等自愿的基础上经充分协商，特订立本协议，以资遵照履行。

第一条：甲方以其所合法持有的电子商务平台技术作为无形资产入股××信息有限公司，双方同意：

以协商作价的方式确定该技术价值人民币××××元，占公司注册资本的百分之××（或者：经评估，该技术价值人民币××元，占公司注册资本的百分之××）。

第二条：甲方应及时办理权利转移手续，提供有关的技术资料，进行技术指导、传授技术诀窍，使该技术顺利转移给××有限公司并被公司消化掌握。

第三条：乙方各协议人承诺对甲方因本次技术入股而提供披露的任何技术秘密及专有资讯承担严格的保密责任，不会以任何方式提供给任何第三方占有或者使用，亦不会用于自营业务。

第四条：技术成果入股后，甲方取得股东地位，电子商务平台技术由××信息有限公司享有。

第五条：违约责任约定：（省略）

第六条：凡因履行本协议所发生的或者与本协议有关的一切争议双方均应当通过友好协商的方式解决；如协商不成，应在合同签订地人民法院诉讼解决。

第七条：本合同经协议各方签字盖章后生效，本合同正本一式××份，协议各方各执一份，报审批机关一份，每份具有同等效力。

甲方： 乙方：

各现有股东（签章）

合同签定地：

合同签定日期：

文化激励

人性激励

“80后”等新生代员工渐成中国企业员工的主体。中国新生代员工的基本特质是：注重追求个人兴趣目标和价值实现，维护自我权利，淡化权威和权力，厌恶规则约束自我意识强；而另外一方面，他们更为灵活、心态开放。新生代员工注重自我目标的实现，不愿意为了企业目标牺牲自身利益。传统的价值观倡导员工以组织目标为核心，“为了大我、牺牲小我”，这已经不再符合新生代员工的需求。华为的“床垫文化”、富士康的“半军事化管理”在面对新生代员工时出现了众多前所未有的问题，一个很大的原因就是这些管理方式强调对组织规则的遵守，忽略了员工个体的需求和个性，但新生代员工更在乎自己的得失。这类现象并非仅仅出现在受过高等教育或生活在城市的新生代员工身上，新生代农民工也表现出相似的变化，他们已经具有一定的民主思想，追求平等，反感管理者高高在上，对权威也敢于挑战，对于命令式的领导方式接受度不高。

漫步者总裁张文东认为，自己最看重的是对人性的尊重[4]。“我们为工人提供网吧、太阳能热水器，大食堂里面有空调，吃完之后空调不关，工人在里面可以用笔记本无线上网。有人说现在年轻人不好用，我说你们把人家当奴隶了当然不好用，年轻人需要的是尊重。”

在惠普，对人苛刻但对己更苛刻的帕卡德㊀开始了后来广为人知的“走动式管理”（management by walking around），他要求员工参与、倾听并且相信组织中的每个人都想干好。帕卡德大部分时间都待在工厂，但不是去发号施令。他问工人工作得怎么样，惠普还有哪些需要改进以提高效率。在巡视的时候，他和休利特㊁给外人留下惠普实施集体管理的印象——这在小公司是简直不可能的。不过，帕卡德和休利特在大事情上非常相信自己的判断。他们实行了目标管理，同所有的员工清晰地沟通所有目标，允许员工自由决定实现目标的最佳方式。在红杉树大楼里，休息室和管理人员的办公室都没有门，这就是著名的开门政策（Open Door Policy），旨在营造一份相互信任和相互理解的氛围。有意见的员工可以随时出入管理人员的办公室，不必担心被穿小鞋。

公正激励

对“80后”的管理需要管理者调整领导方式。建立程序公正的制度化管理，且保证制度的“取之于民、用之于民”，避免管理制度带上太强的领导者个人色彩。避免英雄式、权威式领导风格，多采用参与式的、授权式的领导风格，提高员工参与度，激发其工作活力，也可以加强员工对于组织的忠诚，降低离职率。例如，在做建议方案时，主管们可考虑让员工多参与，因为这些员工并不是要求在多大程度上采纳了他们的意见，而是在多大程度上他们可以参与到决策制定的过程中。

中国传统价值观的变化如图7-3所示。

各种各样的人才、各种各样的性格和脾气都有，这才是一个优秀的、文化灿烂的公司。得道者多助，失道者寡助。好的企业文化，在同等待遇下，能够吸引更多更好的人才，这么看来，企业文化具有商业价值。

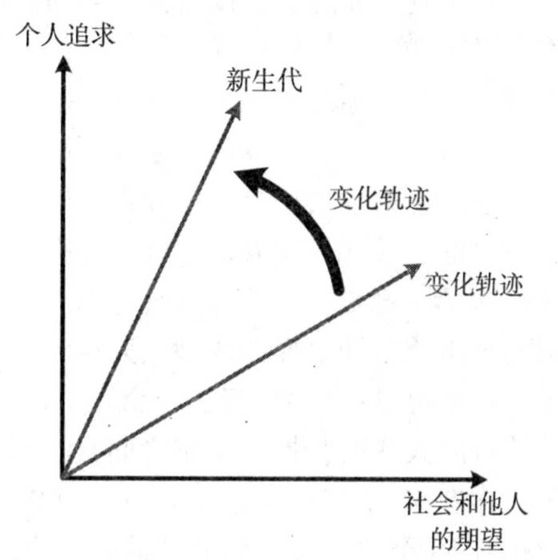

图7-3 传统中国人和新生代在价值取向上的变化

㊀ 戴维·帕卡德（David Packard，1912—1996），惠普公司的创始人之一。

㊁ 比尔·休利特（Bill Hewlett）和戴维·帕卡德被尊为硅谷之父，不仅因为他们在1939年建立的惠普公司掀开了在加州硅谷创业淘金的历史进程，近60年来一直长盛不衰，而且他们创造的独特企业文化和管理方式被硅谷，甚至全世界的其他公司奉为学习的楷模。虽然帕卡德于1996年去世，休利特也已垂垂老矣，但“以人为本，奉客户为先，提供高质量的产品和服务”作为“惠普之道”（the hp way）的核心仍将是硅谷的企业管理精髓。

专栏

韦尔奇的人才战略[18]

基于他传教士似的个性，对简练标语的偏爱，以及要求每位经理人成为一位好导师的严格管理系统，韦尔奇把一个内部文化各异的集团大企业变成一个全球性的教育培训组织。他认为优秀的人才和优秀的产品至少应该一样重要。在他的管理中，他向世人展示了一个机构庞大复杂的公司怎样在完全超越竞争对手的情况下依然保持灵敏和进取。

1960 年，韦尔奇获得化学工程博士学位后进入通用电气公司，1981 年他成为公司的首席执行官。对他来说，几乎没有什么是神圣不可侵犯的。他定期清理掉表现不佳的部门，而且每年辞退业绩最差的 10% 的经理。但是韦尔奇非常注重对顶尖人才的管理和培养，并以此作为他的使命。每年 4 月，他会推掉所有的安排，访问各个部门，用严格的 Session C 标准考核上千名深具潜力的雇员的工作表现。崭露头角的领导会被调到这个拥有 30 多万员工的公司各部门任职，然后通过其他一些方面的表现来考察他能否很好地领导和培养其他人。当一项工作圆满完成时，韦尔奇会发出雪片般的便条，督促和称赞他们；或者给他们的配偶送去香槟。密歇根大学管理学教授诺埃尔·蒂希说："杰克把他的时间和精力都用在培养人才上了。"蒂希教授曾经帮助韦尔奇使通用电气位于纽约哈得逊河谷的克劳顿村培训中心重现生机。该中心每年吸收 8000 多名员工进行领导才能培训。韦尔奇把例行会议变成辩论会，并推出了一些举措，例如六个西格玛的质量标准和用于团队合作的"群策群力法"（the workout approach），这些举措几乎影响到遍布世界的每个员工。

因此，在许多人看来，通用电气公司培养了美国商界最出色的一批管理人才。韦尔奇在他 2001 年退休前的几年里协助培养了几名接班竞选人。最终杰夫·伊梅尔特当选，而落选者立刻成为 3M 公司和家得宝公司的执行总裁。

团队激励

韦尔奇[19]指出："当你成为领导，取得成功便不再是靠个人的努力，而是需要培养下属使之更精明、能干和勇敢，以增强整个团队的战斗力。个人业绩不再重要，关键是如何培养和支持你的团队，帮助他们增强自信心。只有团队取得成绩，你才会受到更高层领导的欣赏。换句话说，你作为领导的真正成功不是源于自身的作为，而是体现在你领导的团队所取得的荣耀里……身为领导，最基本的要求是具备一种全新的思维方式：如何帮助下属取得更佳的成绩，而不再总是想方设法使自己脱颖而出。"

企业里永远不会缺人才，缺的是把资源有效整合在一起的人。把员工是作为碎片还是作为整体？这是平庸与卓越的分水岭。马云很好地认识到了这一点，他不懂技术，不懂销售，但马云把一个团队很好地捏合成型，人尽其用，公司朝他设计好的轨道前进，就会达到事半功倍的效果。马云说过："如何把每一个人的才华真正地发挥作用，我们这就像拉车，如果有的人往这儿拉，有的人往那儿拉，互相之间自己给自己先乱掉了。当你有一个傻瓜时，很傻的，你会很痛苦；你有 50 个傻瓜是最幸福的，吃饭、睡觉、上厕所排着队去的；你有一个聪明人时很带劲，你有 50 个聪明人实际上是最痛苦的，谁都不服谁。我在公司里的作用就像水泥，把许多优秀的人才粘合起来，使他们的力气往一个地方使。"

走出团队合作的困境必须发挥团队领导的关键作用。领导就像政府一样，制定规则，公平落实。领导的关键作用包括：身先士卒，有效沟通；目标明确，达成共识；责任分工，又不分家；关心成员，善待下属；为成员的成长着想；严格要求，积极指导；提出要求，不多干预；勇于承担责任，争取上级支持；待人公平；追求创新等。而衡量一个团队是否卓越，包括以下因素，即优秀的领导；高度的向心力和凝聚力；良好有效的沟通；队员有明确的职责分工；团队目标一致，有共识；成员互相帮助，乐于合作；团队士气高涨，充满积极向上的气氛。

如果管理者的责任是把组织变得更灵活和更有弹性，当他们善尽职责之后，组织会如何改变呢？表7-5罗列出承袭泰勒学说传统的组织（至今仍相当普遍），以及21世纪的团队组织之间的一些主要差异。

表7-5 组织变化与管理者的责任

传统组织	团队组织
管理者决定并计划工作项目	管理者与团队成员共同决定与计划工作项目
工作内容狭隘	所做工作需要广泛技巧与知识
混合训练（cross-training）被视为无效率	混合训练是常规
大部分资讯是“管理阶层的财产”	所有阶层自由分享大部分资讯
对非管理者的训练着重在技术方面	要求所有员工接受人际关系、行政和技术方面的训练，以持续不断地学习
冒险精神受到压抑与惩罚	鼓励并支持接受经过评估的风险
工作人员单打独斗	工作人员同舟共济
根据个人表现给予奖励	根据个人表现及对团队表现的贡献给予奖励
由管理者决定“最佳作业方法”	人人都为不断改善作业方法及程序卖力

身为领导者，你不仅要帮助形形色色的员工想出具有创意的构想，还要选择性地履行他们的构想，并追踪实践这些构想会造成何种影响。通用电气公司前董事长韦尔奇表示，在团队进行复杂的互动（如讨论决策、解决问题和排解纷争）时，团队领导人是要靠“帮助并讨好大家找到使事情顺利进行的方法”，来把许多个人的观点集中起来。“如果我们没有花费大量时间，帮忙处理群体差异的问题，公司就动弹不得了。”康明引擎公司一名资深团队主管说。该公司1973年就实施团队制了。他又说：“这不单是靠改善沟通或让大家觉得满足就做得到。这个问题解决了，我们才有勇气解决工厂里发生的实际问题。”

简言之，要将团队的表现发挥到极致，必须有能力平衡不同团队成员的需要和长处。当团队成员觉得受重视和有安全感时，个体的差异就能提升团队精神、创造力、承诺、品质和生产力了。如果成员感觉受到忽视、贬低抑或污辱，个体的差异则会造成紧张状态，导致大家筋疲力尽、孤立困惑和表现拙劣。你在扮演新角色时，最棘手的工作之一就是充分利用成员差异，不管这些是遗传方面、文化方面还是专业方面的差异。

从双重意义上讲，一个真正的企业家，他的心灵深处日夜都在痛苦之中。他一方面有强烈的个人创新精神，另一方面又必须考虑到与其他人合作。他有一种痛苦，既要照顾这个人，又要顾及那个人，只有方方面面都照顾到了，才能把企业运作起来。他要把他与周边世界的关系都“磨圆乎”了，而且这些事情确实不能让“经理”去干，因为这是“摆平”各方面利益的事情，是人类合作的关键环节，是必须要企业家才能干好的。

精神激励

何为知识型员工？有研究者认为，他们有几个特征：①不是部属，而是伙伴，由于其直接掌握生产资料，即知识和经验，又有献身职业而非献身组织的特点，也被评价为企业中最难对付的人。②他们是如此出色，但他们又是如此桀骜不驯。③他们给企业带来欣喜的同时，也给企业带来烦恼。④他们具有很强的创新能力，但他们对企业的忠诚度偏低。⑤他们能帮助企业在变化万千的市场环境中赢得先机，但他们也可以因一言不合拔腿就走，不顾企业的死活。

知识型员工为何难管理？一些人力资源专家认为，这一问题的本质在于，在现代社会经济形态下，资本已不是创造财富的唯一源泉，知识同样也能创造财富。在一个现代化企业之中，企业对知识型员工的依赖，并不低于资本。从形式上看，知识型员工不同于以往的体力见长的员工，他们的工作方式主要是思维性活动，劳动过程是无形的。再者，由于劳动成果依靠团队智慧而成，个人绩效难以考核及划分。

对于知识型员工，物质的激励总是有限的，因为公司无法无限制的加薪或升迁，而“精神薪资”正可以弥补物质上的不足，因此主管运用“精神薪资”来鼓励部属是最惠而不费的方式。

下面是一份简单的测验，可以供作精神激励测试参考。

1. 开会或其他场合时，你是否会给予表现出色的员工书面或口头上的赞扬？所谓的赞扬并不是随便扔几句好听的话，而是给予员工应得的衷心赞美，这点你做到了吗？

2. 对于表现出色的员工，你是否愿让他们分享荣耀及成就？

3. 你是否容许部属表达意见、提出报告，或者将他们的名字列在报告或备忘录上；还是一手遮天，独揽众人的心血结晶？

4. 你是否会邀请部属出席重要会议，并鼓励他们在会中发言？

5. 你是否会积极地鼓励及奖赏那些有心摆脱现况，以求上进，因而向你提出建议或批评的员工？

6. 你是否鼓励员工提出个人的意见及构想，甚至鼓励他们提出和你完全相反的意见？

7. 你会抽空和部属一道吃午餐、喝咖啡或吃晚餐吗？

8. 你会花些时间和员工聊天，借此与他们建立良好关系，同时了解他们，比方说下班后做些什么活动、关心些什么、有什么嗜好兴趣等？

9. 你是否鼓励部属和你讨论他们的目标及理想？

10. 你是否会和部属讨论他们受训及升迁的机会？更重要的，你是否会尽心给予他们这种机会，以满足他们的期望？

11. 你是否会替部属制造选择任用、旅行、参与新工作目标及任务的机会？

12. 你是否会将部属介绍给公司最高层的人员，并给予部属向他人学习并获瞩目的机会？

13. 你是否会给予部属竭尽所能、力争上游的机会？

14. 当你做一项决定，派一件任务，或者进行一项评鉴时，你会不会想：这么一来有没有影响到某些人，若有必要，我是否能减弱此举对某些人的打击，或者另外补偿他们？

15. 你是否要求自己及他人都和气、诚实、公开及公正？

16. 你是否真正关心部属的感受及对事业的抱负？

17. 你是否鼓励部属由同一工作组织、社团或报章杂志吸取工作方面的知识，以发挥个人的理想？

18. 你是否了解部属在工作或成绩以外的其他表现，比方说他当选了好人好事代表？

19. 你是否鼓励部属为自己设定挑战性的目标，并协助他们完成任务？

20. 部属完成任务时，你是否会以加薪、分红、赞美或表扬等方式予以奖励？

成长激励

两个应聘者来到企业，一个说我要在你们这里扎扎实实地干，做出成绩，与企业共同成长；另一个说，我要在3年内成为部门经理，5年内我要做到副总的位置，待翅膀硬了，我就要自己创业。老总选择了后者。有人不解，问，他以后要成为你的竞争对手，你准备培养敌人吗？老总笑答，他有志气上进，能升上来就是为企业做了巨大贡献。到其准备自己干时，我们企业已经在另一个层次上了。或者他会留在这个舞台上，在更广阔的空间里大施拳脚，或者自己创业，但他的企业与我们不是一个级别的，也不能成为我们的敌人。说这话的老总的确有气魄，因而经营的企业一直在高速成长。

传统的就业契约对于每个人并不陌生。在此种体制下，人们在几十年内为一家企业勤恳工作，希望借此换取收入、福利和一生的工作保障；企业则以“父母”姿态承诺照顾自己的员工以换取员工的忠诚和服从。在当今这个以变化为特征的时代，一方面很少有企业能肯定它会给出这样一个承诺，重组、并购带来一次次裁员，工作多年的员工经常被赶出企业。另一方面，许多经济和社会因素促使员工主动跳槽离开企业。许多企业困扰于居高不下的人员流动率。据经济学人集团估计，中国香港地区和新加坡企业的员工流动率每年在20%以上，泰国为14%以上，中国内地超过12%。

如此高的人员流动率会给企业带来巨大的经营成本和负面影响。员工流动的可见成本包括招聘、选拔和培训员工所付出的时间和精力；不可见成本则包括在新员工尚未补充进来前原有员工的超额工作量、频繁的员工流动给企业组织造成的混乱以及大众媒介对人员流失所做的种种负面报道等；其他还可能包括顾客对新员工缺乏信心，由于新手技能不熟练而导致生产效率下降，原有团队协作被迫中断。据赫氏管理咨询公司（Hays Group）估计，企业每解雇一个员工所损失的培训时间、生产力和其他因素相当于员工的两个月工时，企业每流失一个员工所损失的成本相当于5万美元。

《员工忠诚效应》（*The Loyalty Effect*）一书认为，员工忠诚的内涵已经发生了变化。员工已不再是投奔一个家长式企业，而是需要一种新的秩序。这种新秩序的内涵就是企业和员工间的关系更富有专业性色彩，员工将会认识到企业所面临的竞争性挑战，他们将承担迎接这种挑战的重任以换取相应的报酬，但是他们不会承诺对企业的忠诚终身不变。这种新的契约关系既使双方在契约期内相互尊重，而又不把双方终身捆绑在一起。这种契约应建立在这样的基础上：未来是不确定的。企业应当将重点由就业转向就业适应力。也就是说，企业不仅要保证员工有工作，还必须确保员工掌握满足市场需求的最新技能，最终目的是让员工自主，或建立就业适应力保障。哈佛商学院的坎特教授认为，员工就业适应力保障来源于不断上升的声誉、日益丰富的知识以及人际关系网的日益积累，使自己总是能够就业甚至可以自己创业。

为了稳定员工队伍，企业必须愿意采取措施帮助员工建立自己的未来。坎特为此提出了一份企业社会契约。

专栏

坎特的企业社会契约

“我们承诺将为我们各种员工增加机会及权力，我们将：

(1) 寻用有潜力提高能力者，而不仅仅能满足目前所需技能的人员；

(2) 提供充足的学习机会，从正规培训到午餐讨论，每年不少于3周；

(3) 提供有挑战性的工作及轮流执行的任务以便即使没有提升也能提高技能；

(4) 不局限于财务数据衡量表现好坏，并共享有关数据以便通过工作不断学习、不断提高，使每个人都成为自我指导的专业人士；

(5) 一旦某一工种过时即对员工进行重新培训；

(6) 强调团队建设，帮助各层次员工相互了解并使用各自技能；

(7) 及时对个人及团队成就进行表彰和奖励来建立外部声誉，并提供明确的价值指标；

(8) 提供定期的教育假期、外部实习或个人休假；

(9) 在我们的供应商、客户及合伙经营者网络中找到发展机会；

（10）保证退休金及福利待遇的可移动性，这样员工即使在别处找到工作仍有将来保障；

（11）帮助员工在生产的同时承担家庭责任，这包括有灵活的休息时间、关于家中孩子生病的有关规定及主要任务间歇有短暂休息时间；

（12）像衡量建立并使用财务资本一样彻底并经常衡量人力资本的建立情况及员工的能力状况；

（13）鼓励自己开办企业——公司内部或外部新的事业有助于员工开创业务，并创造别的就业选择机会；

（14）为公司有意义的社区服务提供机会，包括领导培训和团队开发的社区服务；

（15）听取员工意见，在降低成本、服务客户及创造新市场方面不断创新。并将这作为经营及持续就业的最好基础，同时也作为对不断学习进行投资的资金源泉。

管理弹性

稻盛和夫与松下公司创始人松下幸之助、索尼创始人盛田昭夫、本田创始人本田宗一郎齐名，是日本迄今（2010年）仍在世的经营大师。他认为企业最重要的在于三个要素：专业人才、金钱、技术，只要有这三项要素，就有经营。在这三者之中，人才又是最重要的。这种重视来源于他自己的亲身经历，稻盛和夫不算是个常规意义上的聪明人，初中、高中、大学考试经常不及格，原本的理想是当一个医生，可是现实却只能到陶瓷厂打工。陶瓷厂濒临倒闭，稻盛和夫却待在实验室拼命研发，高度的关注和毅力使他在既无知识经验、又无设备的情况下搞出了世界领先的产品发明，挽救了陶瓷厂。亲身经历使稻盛和夫明白人才所发挥出来的巨大潜能，对于他而言，坚信只要能将拥有朴素、开朗的心的人才齐聚一堂，让大家团结一致，就一定能够成就大的事业。

为此，新创企业的人力资源管理必须具有足够的灵活性，策略、结构、制度等能够快速进行调整，以适应和匹配业务、战略与流程等的动态变动。

新创企业的人力资源管理不应过于追求系统化、规范化、程序化和所谓的科学化，必须保持较高的灵活性，这是新创企业优势的根源所在。当然，新创企业很有必要搭建一个战略性的弹性的人力资源管理框架，作为企业人力资源管理工作的目标和指导原则。伴随企业发展过程，不断地明晰、调整、充实框架的内容：薪资、绩效、培训、招聘以及策略、制度、程序等。

工作弹性

关于知识型员工绩效考核问题，公司可规定，技术研发部门实行弹性工作制，不硬性规定每个人或每个项目组什么时候应该完成多少工作量，而是每个星期在公司的墙上将每个人或项目组的工作进度贴出来。至于这么做的好处在于：知识型员工的自尊心很强，他们如果看到自己落后了，你不用再采取什么其他措施，他们自己就会努力赶上。而且，知识型员工更多地从事思维性工作，固定的工作场所和工作时间对他们没有多大的意义，而他们也更喜欢独自工作的自由和刺激以及更具张力的工作安排。有些公司，每天不管是上午8点来、9点来，或是10点才到公司，员工只需要通过电子邮件告诉他的主管，他已经来了，下班的时候再发一封邮件，说明工作的进度就可以了。

专栏

管理就是“不管”的理念[20]

老子说：“太上，下知有之；其次，亲而誉之；其次，畏之；其次，侮之；信不足焉，有不信焉。悠兮其贵言。功成事遂，百姓皆谓：‘我自然’。”

很多企业管理者，以管理严格为荣。惩罚措施越严密、越严厉，就代表越会管理。他们认为管理的任务就是制定惩罚措施，惩罚的力度越到位，员工犯错误的可能性就越小，企业就被他们管理得越井井有条。的确如此，采用这种管理方法管理的企业，的确井然有序，是一种死气沉沉，没有朝气和活力的井然有序。没有哪一个员工愿意在重罚之下去创新的，因为创新有可能会失败。没有哪一个员工愿意在重罚之下勇挑重担的，因为多做事情就意味着会多犯错误。在这种企业里“多一事不如少一事”就成了员工的“座右铭”了。在过去的老国有企业里这种现象就非常普遍，而在今天的家族企业和民营企业里也照样存在。

与其压制，不如放开。有很多企业界的管理者，一提到现代的年轻人，特别是20世纪80年代出生的年轻人就摇头。其实他们没有搞清楚这些年轻人最需要什么？他们最需要的是理解和机会。

各级领导都必须是导师型领导。毫无保留地把自己的知识和经验传授给他的部下们，也要求他们毫无保留地把知识和经验传授给他们的部下，这是考核各级领导晋升的重要指标。企业内部大力提倡全员学习风尚，给每一个员工以学习、实践、晋升的机会。

没有无能的兵，只有无能的将。各级领导不准越级指挥，每个员工都只有一个领导，拒绝接受其他人的指挥。各级领导不准说自己的部下无能，如果工作没有做好，一定是领导方式出了问题，与员工无关。如果有员工工作不得力，一定是没有用到别人的优点。凡用人用到其优点处，他就一定是人才；如果用到其缺点处，他就一定不得力。

中国人顾面子，一定要把面子给足。奖励一定要不失时机大张旗鼓地表彰，要尽量靠上限奖励，公布的范围要尽量大，要张贴大照片，要戴大红花，要给他们以足够的荣誉和成就感。惩罚一定要慎重，一定要先把思想工作做通以后，尽量靠下限处罚，公布的范围要尽量小，决不准许在大庭广众之下斥责员工。

中国人有头脑，不愿意受这样那样的约束。管理中国人，用不着繁杂的规章制度，连打卡机都可以取消。不用担心员工会由此涣散。中国人喜欢横向比较，只要不失时机地表彰先进分子，谁都不愿意当落后分子。

帮助计划

一般来说，新创企业在机构设置、薪酬方案、业绩考评、人事变动、员工协作等诸多方面都处于“试水”阶段，是要经过不断地“适应性”探索才能初步确定上述与每个员工都息息相关的问题的。这个时期里各种不稳定因素都在考验着新创企业非常脆弱的神经，处在决策层的企业中枢就应该考虑如何减压。

新创企业的员工，主要的心理压力有三方面：一是刚刚摆脱了就业压力的惊慌未定的心境，立刻又被一种前途未卜的新恐惧所笼罩；二是面对新环境特别是新的人际关系所产生的种种不适应，以及企业文化的陌生感所造成的心理隔阂；三是对业绩成长的忧虑，对个人发展的困惑和对企业发展走向的担忧所形成的不可名状的心理暗示。

除了这些与企业有关的“外在型”心理压力外，还有一种潜在的“背景式”压力，诸如来自婚姻、家庭的不幸和突发事件，来自酗酒和滥服药物等不良嗜好，来自法律纠纷和家庭暴力长期隐忧等问题，也是员工心理健康的隐秘杀手。这两种压力的合围，就会造成诸如高缺勤率、高离职率、效率缺失、组织效力低下等一系列心理和病理的后果，使企业无端地感染“精神病毒”甚至“死机”。

美国人率先针对以上现象发明了“员工帮助计划”，这个计划类似于“精神按摩”，通过长期的疏导和调控，可以使新创企业员工获得一种强大的心理承受能力，以应付随时随地的变革。这个计划是由企业为员工设置的一套系统的、长期的福利与支持项目，旨在帮助解决员工及其家庭成员的各种心理和行为问题，提高员工在企业中的工作绩效。

目前，世界500强企业中，有90%以上的企业都开展了“员工帮助计划”，他们将计划扩展成包括压力管理、职业心理健康、裁员心理危机、灾难性事件、法律纠纷、理财问题甚至饮食习惯、减肥等各个方面，用以“精神按摩”员工。

完整的“员工帮助计划”包括：压力评估、组织改变、宣传推广、教育培训、压力咨询等几项内容。具体地说，可以分为三个部分：第一是针对造成问题的外部压力源本身去处理，即减少或消除不适当的管理和环境因素；第二是处理压力所造成的反应，即情绪、行为及生理等方面症状的缓解和疏导；第三是改变个体自身的弱点，即改变不合理的信念、行为模式和生活方式等。

国外优秀企业在实施“员工帮助计划”时一般的做法是：进行专业的员工职业心理健康问题评估。由专业人员采用专业的心理健康评估方法评估员工心理健康现状及其导致问题产生的原因；搞好职业心理健康宣传，树立员工对心理健康的正确认识，鼓励其遇到心理困扰问题时积极寻求帮助；设计和改善工作环境，通过团队建设、工作轮换、员工职业生涯规划等手段改善工作的软环境，在企业内部建立支持性的工作环境，丰富员工的工作内容；开展员工和管理者培训，通过压力管理、挫折应对、保持积极情绪等一系列培训，帮助员工掌握提高心理素质的基本方法，增强其对心理问题的抵抗力，同时管理者也可以掌握员工心理管理的技术，能在员工出现心理困扰问题时，很快找到适当的解决办法；组织多种形式的员工心理咨询，比如咨询热线、网上咨询、团体辅导、个人面询等。

“员工帮助计划”的反馈检验有两个方面：硬性指标和软性指标。硬性指标包括生产率、销售率、产品质量、管理时间、员工赔偿、招聘及培训费用等；软性指标包括人际冲突、沟通关系、员工士气、工作满意度、员工忠诚度等。

“员工帮助计划”让新创企业从一开始就做好，这种以人为本的企业文化设计可以使企业在举一反三的意义上实现一种超常的发展，并保持健康的良性循环。美国的一项研究表明，“员工帮助计划”能够真正起到“精神按摩”作用，并能给新创企业带来巨大的经济效益，企业为该计划投入1美元，就会节省运营成本5~16美元。

创新激励

我们熟悉的既有的管理系统正在摧毁着我们的人力资源。这里说的“摧毁”，就是没有能够把人们的精神都调动起来，没有把人们的潜力都挖掘出来。如果能实现这样一个环境，让大家意识到自己所做的工作是非常有意义的，对自己的未来是非常有意义的。

尊重员工

当组织中的人力资源被视做螺丝钉，而非等待开掘和利用的“资源”时，人力资源的价值就很难真正发挥出来；而当组织中的人力资源被视为有生命的团体，被当做存储的资源时，他们的价值则能够通过学习型组织的作用，真正产生价值。

在中国文化里，从小就教育孩子要听话，听话比创造力重要，在组织中亦如此。中国有些老板很少有雅量能接受不同的想法。若员工在公司会议上提自己的想法，想法很妙，会令老板没面子；想法不好，则惹来同事一顿讥笑。这样的氛围下，公司里管理人越多，创意人越少，因为好的意见和建议都在忐忑不安中缩回去了。

如果公司里都是没有主见的员工，一切由老板定夺，公司一定会僵化。因为老板不是万能的，如果老板英明，老板会被累死；如果老板不英明，公司就会垮掉。公司雇用员工，除了雇用他的执行力之外，还要雇用他的创造力。如果雇用一个员工只雇用他的执行力，等于浪费了其一半的才能。

善纳建议

一个好员工能在发现问题、提出问题的同时，给出他的解决方案。但是在中国这样的员工可能比较少，因为他担心他提出的解决方案若跟老板想法不一致会触怒老板。与其让老板心里不舒服，不如规规矩矩听老板指示。某人B升得很快，因为他符合中国老板的喜好，聪明、诚实、正直、听老板的话，执行到底。但当B升到高位，怎么引领整个公司呢？他缺乏主见，能做的就是萧规曹随，请教更高的老板或听由心腹出主意。但萧规曹随在日新月异的高科技业肯定没有出路。

保护创意

创意是种天赋，不可培训。只见过创意人被磨成管理人，而未见管理人被训练成创意人。由此，容许组织内出现创意人并保护创意人，在创意人和管理人之间形成良性互动非常重要。

> 苹果的前CEO乔布斯是个典型的创意人，他的想法常常超越时代，且做事偏执。员工也不喜欢乔布斯，因为他很情绪化、易怒，经常设定难以实现的目标。可是苹果没有他就会垮掉，1997年乔布斯回苹果前，CEO吉尔·艾米里奥（Gil Amelio）是标准的管理人，但由管理人来主导，高科技公司越管越差。
>
> 微软的比尔·盖茨也是创意人，所以他找到史蒂夫·鲍尔默（Steven Ballmer）帮他管家。当他感到创意枯竭的时候，决定2008年退休，补充新鲜思想，由新人代替他的位置。盖茨在管理人和创意人之间拿捏得很好。

不断冒出的新想法是公司的动力之源。公司内部必须要形成一种氛围，容忍不同意见。如果创意人提出好建议，首先要做的不是打压，而是要肯定他的努力。尽管老板可能不同意，但更应该在部门经理的会议上抛砖引玉，亮出他的想法，征求大家的意见。这样显示出老板对员工意见的重视，传到员工耳朵里，他会再接再厉，保持创意热情。其次，公司不能形成帮派组织，封闭的组织通常不接受异议，小组织越多，管理人越多，创意人就会被排挤，组织会慢慢分裂，直至崩溃。

> 中国很多企业，都在“人力资源处理”的境界上，人力资源工作不外乎是处理员工的考勤、休假、绩效评估等，以规章为本，重程序和规范，轻价值和结果。只有少数进入到以绩效为本的“人力资源管理”的境界，它们就已经是中国企业的佼佼者了。也许我们暂时做不到“人力资源领导”的境界，但是至少应该有这样的眼界。
>
> 首先，人力资源工作者不懂商业。进入人力资源部的也许是些有头脑的人，但很少是有商业头脑的人。鲁齐现任美国某大公司执行副总裁，他是业界公认的既懂人力资源又懂商业的例外。他说：“当今美国的人力资源工作者，最缺乏的就是商业头脑。”
>
> 他认为人力资源工作者首先要能够回答三个问题：①谁是公司的核心顾客？“你最近和顾客交谈过吗？他们面临的挑战是什么？”②谁是公司的竞争者？“他们什么地方做得不错，什么地方做得不行？”③最重要的是，我们是谁？“就赢得顾客和击败对手而言，我们什么地方做得不错，什么地方做得不行？”
>
> 其次，是人力资源工作者重过程、轻价值。他们为自己做的事而沾沾自喜，却不清楚取得了什么成果。一家大银行的人力资源高管向董事长汇报工作，人力资源管理权威乌尔里克也在场。高管说：“80%的员工都接受了至少40小时的培训。”董事长说：“干得不错。”乌尔里克说：“且慢。你说的只是你们做了什么。我想知道，你们达到了什么效果？”
>
> 再次，人力资源工作者重规章、轻变通。员工形形色色，各不相同；人力资源工作者却力求标准化和一致性。他们既没有勇气去打破规章制度，也不愿费力气去灵活变通。
>
> 最后，人力资源工作不被公司一把手看重。这其实不全是人力资源部门的错。韦尔奇主张人力资源负责人应当是任何组织中第二号重要的人物。但是他在全世界巡回演讲时向听众做了调查，发现只有大约1%的企业做到了这一点。

发展机制

在中国商界，无论财富、权势榜单如何变换，有三个人已经无需再排座次。他们是联想的柳传志、海尔的张瑞敏和华为的任正非。三人中，柳传志是唯一早早完成交接班的，这让他获得了难得的自由：当张瑞敏和任正非仍需小心勾勒各自公司的国际化版图时，柳传志已将联想的全球扩张重任委予杨元庆，自己则抽身转型成为投资者。

> 柳传志说：假设1984年创业以后，我没有做电脑，做别的，应该一样能成功。因为我是计算所出身，我们公司里对电脑本身有造诣、有想法的人相对来说就比较多，但也有一个薄弱环节，就是到底公司应该怎么管，应该怎么做。当时外面也没有这样的书，中国也没有其他的样板，你必须自己走这条道路。所以我更多的精力是研究企业的基础管理问题，也就是"地基"部分。"屋顶"（指具体业务）这一块，因为我直接做电脑业务，也必须扎进去，但同时我很好地培养和使用了人才，所以对电脑领域的认识深度已经不是最重要的了。尤其是2000年以后，我自己更刻意地往管理方面发展。
>
> 我做企业的20多年，体会最深的还是关于人本身：什么样的人到底能起多大的作用？有些人确实能在某一个领域成为通才，是因为他对管理的基础掌握得非常厚实，而掌握管理基础不光是一个能力的问题，还有德的问题。像说"建班子"，如果第一把手不是具有特别的德行，他很难把班子建好，他要把企业利益放在第一位，还要有心胸，有肚量，有一套控制企业的人格魅力等。

核心员工

核心人力资源是成就卓越事业的根本。因此，根据"20/80法则"，我们应重点寻找、培养、关注20%左右的重点员工，这是现代人力资源管理的策略重点。

"核心员工"是近来人力资源管理中流行的一个概念。然而，究竟什么是核心员工，每个人的理解不同。是不是高层主管和技术人才就是"核心员工"？有的人认为，公司的高层和技术人才是核心员工；也有的人认为，只有创造价值的人才是核心员工。

不可代替

核心员工——创造绩效及对公司发展最有影响作用并在某方面"不可代替"的员工。这一概念有两个层次：一是创造绩效及对公司发展最有影响作用，这是"核心员工"的内容。二是不可代替性，这是甄别"核心员工"的关键。

"不可代替的员工"与职位的高低没有必然的关系，因此，不能认为只有CEO、CFO、CIO等角色才是核心员工。例如，某打字员A打字极快，还有出色的编辑修改能力，交到她手里的稿件、合同，上级从来不用再修改。由于企业没有很好地关注这样的员工，结果，她走后，单位不得不找两个人来代替原来她一人的工作。新来的员工又经常打错字，有一次竟然把合同打错，给公司造成了较大损失。相对于其他一般的打字员，打字员A就是核心员工，尽管她在公司的职位很低，然而她优秀的角色能力存在一定的"不可代替性"。

专栏

"圣才"是企业家最高境界

正是基于企业家以上的特点，笔者把能人分成四种，其中第四种的"圣才"是企业家的最高境界：

第一种是能独立做事的人称做"人才"；

第二种是能指挥、带领一群人做事的人称做“将才”；

第三种是驾驭能指挥一群人做事的人的人称做“帅才”；

第四种是具有让利、让名、让位，容人、容错、容异者的度量和胸怀，大智若愚、虚怀若谷，但不善于做具体事情的人称做“圣才”；

在一个企业里，“圣才”是统率众多“帅才”的人。

企业欲快速发展，必须借助外部的力量，不可避免地要引进高智商、高能力的企业家、职业经理人、技术、策划等专家，这就要求企业领军人物善于让名、让利、让权、让位。但真正不折不扣地做到者凤毛麟角。

对于商界顶级人物来讲，企业做强、做大的决定因素不是领军人物自身的业务能力，而是能驾驭大量将才、帅才的能力和具有圣才的度量、胸怀。实质上这是一种最难学习的商界最高境界，这正是对企业家的要求。古往今来，成大事者少，成大事而久存者更少，原因即如此。

“圣才”的另一个评判标准是：不仅自己是企业家，而且周围还有众多追随的企业家，并把这些企业家培养成为“圣才”。

和而不同

《论语》曰：“君子和而不同，小人同而不和。”优秀的管理者可以与他周围的同事及下属保持和谐融洽的关系，就在于他能够听取其他人的各方面意见，不会因为团队成员说了不中听的话或是反对自己的决策而怨恨对方，能够理解和包容其他人，同时对待任何事情都要经过自己大脑的独立思考，取长补短，从来不愿人云亦云，盲目附和；但平庸的管理者则不然，他不希望其他人否定自己的决议，哪怕是一点点不一样都不行。他喜欢看到在团队里面只有自己一个人的声音，他把这理解为权威。同时，对上司的决策言听计从，没有自己独立的见解，只求与上司完全一致，而不讲求原则。

“一言堂”——只求同而不求和的企业观已经害死中国的很多企业了，但愿现在还活得很好的企业，能够学习世界500强企业的精髓，也是我们老祖宗留下来的精华——和而不同！

专栏

团队异类的哈利·波特[21]

哈利从进入霍格沃茨第一天就是一个“异类”，他过于惊心动魄的经历对于大多数同学来说都难以置信。魔法部为了避免自身权威受质疑，不敢公布伏地魔回来了的真相，便通过报纸把哈利描述为一个骗子。于是所有的人都认为哈利撒谎，继而将他孤立，让他陷入有口说不清的困境。

或许在某一个问题上每个人都有可能遭遇这种情况，尤其是新人。原来的集体已经经过一段时间的磨合，彼此互相熟悉，形成了一个系统。某个人的突然出现或者某个“奇思妙想”不仅是对这种平衡的打破，也是对固有常规的挑战，自然容易变成被排挤的对象。聪明的做法是尽量保持心态平和，把它看成是一种历练，在工作中迅速与集体中的其他人熟识，然后虚心地向每个人求教，建立合作的关系与良好的口碑之后再逐步扭转被动局面。

正如，当哈利发现没有人相信他的解释之后，便放弃解释，一边静观事态发展，一边通过积极向同学们教授抵御黑魔法的方法重新赢得了尊敬。

人才备份

既然不能说业绩最好的员工就一定是核心员工，那么，如何建立具有实操性的甄别核心员工的工具呢？

“人才备份”是防止因员工流失引起损失的重要工具。逆向思维就可发现，能否进行人才备份是甄别核心员工的最重要工具：备份不了的就是不可代替的，就是核心员工。

例如技术经理B，在公司中没有人能比他做出更好的业绩（在相同的岗位上），在外部以大致相当的条件（薪酬水平等）也难以找到比他更合适的人。那么，B就是核心员工。如果外部能找到在人力资本的“性价比”上比B更优秀的员工，那么，B就不是核心员工。

人才梯队

在知道了“人才备份”对于甄别核心员工的重要性后，关注“核心员工”就有了明确的“聚焦点”。这不仅有助于纠正认为公司高层人员就是核心员工的片面认识，而且对发挥关键或重要角色作用员工的聚焦，会使他们认为公司重视自己的突出表现而加强了归属感。总经理和人力资源主管应该拿出更多的时间注重与核心员工的互动沟通：关注其能力发展与潜力发掘状态，降低其绩效的投入产出比，协助其优化职业发展规划，关心其工作稳定性与工作心态等。

中国很多企业缺乏专业中层管理人员。早在2005年，里昂证券首席经济学家Jim Walker就提出警告，中国由于专业中层管理人员的日益短缺及内在的结构性问题将导致其逐渐失去优势。

对于不同的人才，应使用不同的管理方式。严介和指出：“我在交代或叙述同一件事情时，有时会讲30秒钟，有时会讲3分钟，有时会讲30分钟。对基层团队，如果讲30分钟，那是资源的浪费；而面对中层团队我会讲3分钟；面对高层团队我则会讲30分钟。”

【讨论】俞敏洪[22]曾经说过：“如何留住人才这个问题，只要看看《三国演义》就知道了，没有太多诀窍。”如何理解？你有什么类似体验？

管理团队

推动变革是人们对当今企业家的真正期待。但是，如果将企业家定义成高级经理人，这种观点便导致公司不断寻找英雄式的首席执行官——这种英雄式的人物能给股东带来丰厚的回报，又能激励那些不愿变革的员工，同时还敢于作出棘手的决策。但是，这种在某些组织中盛行的思路果真是变革的关键吗？事实上，光靠一个人的力量很难找到一种更好的方式来真正实现这些既定目标。英雄式企业家的雄才伟略常常得不到实施。相反，人们将继续按照习惯行事。那些基层人员不会有什么创新思想，因为他们谨小慎微，不愿冒险。由于人们忙于相互竞争以取悦上司，也无暇顾及创造新产品或新方案，来满足客户的需要。新的危机必然随之而来，组织又开始了新的一轮寻找英雄式的企业家。结果，寻找英雄式企业家的神话导致了组织上层自我强化、恶性循环式的戏剧性改革，从而在组织内部形成对领导力的恐惧和抑制，逐渐导致新一轮的危机和对其他更具英雄色彩的企业家的渴求。

人们能否将注意力从锲而不舍地寻找英雄式企业家，转移到根据各自组织的特点将组织建设成一个不断适应环境、不断再创新的组织上？一个有高度认同感的年轻组织如何作出这样的变革呢？

内部提升

机制之一便是有系统地提升那些个人假设更适合于新的外部现实的内部成员，导入渐进的、增量的变迁过程。因为是内部成员，他们吸收了文化的许多内核，具有可靠性。不过，由于他们的个性和生活经历，或者他们职业发展的亚文化，他们所持的假设在不同程度上有别于核心假设，因此他们可以逐渐地使组织转向新的思维和行动方式。如果这种成员被安排到关键岗位上，往往能够使人们产生类似这样的感觉：“我们并不喜欢他职位改变后的所作所为，但至少他是我们中的一员。”

要使这项机制起作用，公司最高层领导必须领悟这样做会失去什么。这意味着，他们首先必须在自己的组织中尽量靠边站，以便正确感知公司文化。企业家可以从董事会成员的问题中，从管理顾问那里，从与其他领导人进行交流的教育项目中获得顿悟。如果领导人认识到变迁的必要性，那么他们可以着手从现有文化中挑选一些想提拔的代表新假设的成员担任要职。

外部招聘

仅仅依靠原有的资深员工，企业将遇到一些难以解决的问题。新创企业成长的过程，实质也是依托外来人力资源尤其是外来企业家加盟的过程。

数年前，华为的一纸全体员工“就地下岗”令，使其企业文化“狼性”十足，而正是这样的充满活力、充满压力和危机感的“狼文化”使得华为成为中国企业的一个传奇。但华为也正是因为过于注重从企业内部培训和选拔人才，核心员工的稳定性固然有了保障，却很难再从外引进高层人才。

美的企业集团CEO、董事局主席何享健已年过花甲。他高小毕业后辍学了，干过农活，当过学徒、工人、出纳。1968年，何享健集资5000元创办企业，那是一个根本就不允许有“民营企业”存在的年代，这意味着何享健不是依靠政策资源也不是凭借机会主义，而是依靠企业自身的经营能力才走到这一天。如今，美的集团2007年上半年销售额已达到443亿元。与那些个性十足、惹人注目、上头条、做名流的公司领导人相比，何享健不爱抛头露面，沉默寡言，性格内向甚至有些羞涩，曾因为“讲不好普通话”，从电视台“临阵脱逃”。然而，正是这个低调务实的顺德人创造了美的的增长奇迹[23]。

吉姆·柯林斯认为，一个战争的幸存者比任何一本管理书更能教会一家公司走向卓越。何享健无疑就是这样一个了不起的幸存者。1997年，美的遇到了历史上最大的一次危机，政府为搭建顺德家电航母，有意让科龙兼并美的，同时，美的的营收业绩在1996年突破25亿元之后，大幅下滑到20亿元左右。何享健坚决反对被兼并，正是借助这次危机，他通过事业部改制和分权经营，巧妙地劝退了一部分创业元老，组建了专业的职业经理人队伍，迅速扭转了经营危机，并且引导企业开始走向股东、董事会、经营团队“三权分立”的经营模式。何享健深知家族式经营行不通。在家里，何享健不准家人谈公司的事，两个儿子都没在公司任职，而太太作为当年23个创业者之一，1993年被他劝退时还只是一个仓库管理员。他多次强调，美的集团最后的CEO都会是职业经理人，家族只是一个股东。从1997年开始，何享健便基本上退出了对美的日常经营活动的管理，何享健认为：“只要把激励机制、分权机制和问责机制建立好了，自然就会有优秀的人才来帮你管理。”何享健不但舍得在经理人身上花钱，同时还实施了世纪人才工程，在引进外国专家的同时，每年选派500名骨干出国深造。

总裁选聘

几乎所有企业都缺能干的管理者，好的总经理更是一将难求。企业选总经理最理想的方式当然是内部培养，可惜很多企业都不能那样从容，经常会临时抱佛脚，通过各种方式从外面找能人来当总经理。

选总经理的决策具有极大的不确定性。如果谁说：我看人很准。那说明他还不知道水深水浅。不信，看看韦尔奇回忆录最后一章，他说：为GE选CEO是我一生中最难的商业决策。注意：他没说是最难的之一，而那三个候选人都曾与韦尔奇共事15年以上。

专栏

挑选总经理的八条原则[24]

三道叙述题

一、在面试时，一定要故意问一个含糊不清的问题，看应试者如何反映。

有些应试者一定会根据他对这个问题的理解，开始回答此问题；也有应试者会向面试人不太好意思地承认，他没听明白这个问题，请面试者再说一遍，或者有人会用自己的话重复一遍这个问题，然后向面试者确认之后才开始回答问题。

当候选人其他条件分不出胜负时，机会应该给那个敢向面试者说“没有听清这个问题”的人。

为什么？因为他都敢于当着可能是未来上司的面说：“我没听清楚。”这需要的不仅是勇气，而且是倾听的习惯！这样的人一旦坐在总经理的位置上，他对下属那些含糊不清的问题绝不会轻易放过。管理不就是把那些一个个含糊不清的问题尽量搞清楚的过程吗？

二、面试时一定还要问：“能否讲一件你独自做过的最难或者最让你记忆犹新的决策？”

一个真有管理经历的人，稍加思索就会把一个他或她曾做过的比较难的决策讲出来。在他叙述决策过程时，你如果也是有过管理经历的人，一定会从他讲的那些故事细节中判断出所讲是否属实。

为什么总经理一定要有独自决策的能力？因为无论用什么民主方式和团队组织进行管理，商业决策总有不确定性，有些决定只能一个人拍板！这个拍板的经历就是管理者成熟的必要条件。

如果一个候选人，讲来讲去总是讲到“我们或者我们公司”怎么样，那说明他还没有经历过独自决策的痛苦。这样的人暂时还当不了总经理，因为总经理是要经常独自作决策的。

三、在面试时，一定要让候选人讲一讲：“你犯过最大的错误是什么？”

有人听到这个问题，很可能一愣。这是因为他可能从来没想过这个问题。对这样的人，你的面试该尽早结束了！

一个有过管理经历的人，一定是做过判断的人。管理经历越丰富的人，做到判断也越多，错误的判断也越多，商场上没人是常胜将军！很多高管履历非常显赫，可是面对这个问题，竟然总是顾左右言其他，谈不出他自己犯过的具体错误。

这只能说明两点：(1) 他是个高级马仔，没有独自作过决策；(2) 他尽管独自作过决策，但没有承认错误的习惯。这两点中任何一点都不适合担当总经理的职务。

五道选择题

除了这三道面试叙述题外，选总经理还需要做下面五道选择题。

一、漂亮的候选人与难看的候选人，选谁？

尽管选总经理不是选电视播音员，可是长相好的人往往在职场竞争中会先拔头筹。美国一份人力资源研究报告称：不仅是女人，男人的长相和身高超过平均水平，收入也超过平均水平。该报告的研究结论也许不科学，但符合常识。在面试时，人们往往会对长相好的候选人加分，如果候选人条件相当，长相好的获胜的机会大。

可是长相好同管理能力强没有任何必然联系，不仅如此，长相好的人很可能管理能力弱！因为研究证明，管理者年轻时的生活逆境，同他们日后的管理能力有正相关的关系，即小时候经历越难，长大越勤奋。这也符合常识：相对于长相好的人，长相一般的人特别是丑的人在成长过程中受人重视的程度一定较差。因此长相一般的人想要获得同长相好的人一样机会，必然要付出更多的努力。于是，相貌一般特别是丑人的成长经历有助于形成他们刻苦和顽强的素质。这不正是管理者的必要素质吗？

所以，当一个相貌丑陋的人能同相貌姣好的人同台竞争总经理的岗位，那说明他或她一定有更强的潜力！

二、表达能力强和表达能力弱的候选人，选谁？

常识告诉我们，当然是选表达能力强的人，因为沟通是管理者重要的工作。

管理者的确需要超强的沟通能力，但管理者同别人最重要的沟通方式不是语言，而是行动。比如，一项人事任免，一笔特殊奖金的发放，往墙上一贴，不用任何解释，员工马上就会明白：公司鼓励的是什么，反对的是什么？一句话没说，沟通完了。

所以挑选管理者，最重要是看他的做事能力，而不是看他的表达能力；而一个人能说，并不能代表能做。其实我们都碰到过很多语言表达差，但行动能力强的人，可惜一旦当选总经理时，往往把这种人忘了。所以，选总经理要警惕那些能说会道的人，要注意选那些“茶壶里有饺子倒不出来”的人。

三、学历好和学历差的人同台竞技，选谁？

毫无疑问，好学历吃香。正因此，人们拼死往一流学府里挤。这个情况在中国尤盛，一考进北大、清华就成为天之骄子。于是，这些考入好学校的青年人在还没有真正接触社会，仅仅通过学习就已达到他们人生的最高峰。人到了最高峰，剩下的路往哪走？当然只有下坡路了。

而二三流学校的毕业生，在学生时代还没有达到人生最高峰，他们还憋着一口气。所以一毕业他们需要比那些一流院校的毕业生更加努力地证明自己。这样的人一旦崭露头角，同一流院校的毕业生同台竞技时，他的爆发力和持久力很可能比那些一流院校的强！

那些没有学历的候选者呢？其实更强！因为他们要比有学历的付出更多，才能获得同样的机会。管理毕竟是实践的艺术，千万别迷信学历，尤其是好学历。好学历最多代表读书能力强，总经理可是一个更需要情商和耐力的活。

四、业绩优秀的候选人与业绩一般的候选人，选谁？

按常理，没有人会选业绩一般的当总经理。可是仔细想一想，哪个人的成功没有偶然因素？如果把偶然因素剔除掉，那个优秀业绩的候选人还会那么优秀吗？答案是不一定。

管理企业不同于心脏手术，一个医生过去手术的成功率基本能代表下一个手术的成功率；而成功的总经理无迹可寻，管理者过去在成功，不代表他今天能成功。为什么？因为管理者的成功靠的是一群人，每个企业的一群人都是独特的，人的心态也都是不断变化的。

所以，成功的管理者必须有“归零”的习惯——把过去成功的经验扔掉，永远用一个学徒的心态来对待新职位和新公司。可是一个有过优秀业绩的人，特别是一个刚刚取得优秀业绩的人，要做到这点很难。也正是因为如此，成功者跌跟斗的故事在商场中屡见不鲜。

一个还没有优秀业绩的人，还没有自负的本钱，对新的任命一定会如履薄冰。这不恰恰是管理者最需要的态度吗?！不仅如此，提拔一个业绩并不突出的人，往往需要对候选人的管理素质和性格做出更多的考察，从而使选人变得更为慎重和客观，避免“一白遮百丑”式的粗糙做法。

五、一位50后和一位60后的候选人，选谁？

按照年轻化的原则，现在可能没人再会重用20世纪50年代出生的人了。可是当代人平均要活75岁以上，如果条件允许，一个55岁的人至少还能健康工作十年。更关键的是：管理是实践的艺术。什么是实践的艺术？就是说工作时间越长，技艺越精湛！比如韦尔奇、李嘉诚、柳传志就是管理实践艺术的最好代表。难道他们老了吗？从生理角度的确老了，但是请千万不要忘记在管理职业中，姜是老的辣！

其实，每家企业都有一些五六十岁非常能干的人，可是按照法定退休习惯，对他们不能再委以重任了。这恰恰是最大的浪费！他们刚刚犯完了足够的错误，积累了足够的经验，到了遇事不惊的年龄，少了急功近利的心态。从管理职业来说，他们正是最黄金的年龄！如果不用他们才是一个企业最大的损失！

经理授权

老板和职业经理人之间的关系从来都是管理上的一大难题。何享健和职业经理人队伍之间却能各司其职，“老板就是老板，职业经理人就是职业经理人”，一旦某个职业经理人违反规定，何享健即刻敲响警钟。何享健还是一个从不用手机的“甩手掌柜”，他认为“没有什么事情是需要用电话或者可以用电话解决的”。

职业经理人之所以能在美的取得成功，得益于何享健亲手制定的美的集分权准则：集权有道、分权有序、授权有章、用权有度。何享健认为，企业在集中关键权力的同时，要有程序、有步骤地考虑放权，激励他们，创造开放的、能释放能量的氛围，就如“蜂后”无需作决策，只需散发化学物质来维系蜜蜂的整个社会体系一样。但对于授权给什么人、这个人具体拥有什么权力、操作范围有多大、流程是什么样的，都应该有章可循。而建立内部透明的信息系统和严密的监督体系，既能防止权力过度集中，又可杜绝放权后的权力滥用和失控。

授权后，何享健拿出很大一部分时间在国外考察和在国内看市场。他即使是回到集团总部，在参加白电集团和制冷集团每个月的经营工作会议之余，也总是一个人开着车在各个事业部之间转悠，找管理层谈话。在何享健看来，CEO不应该在商务舱里喝香槟，而应该是卷起袖子找问题。由于美的执行的是滚动发展战略，每一次战略制定之后，何享健总是会每个月、每个季度听取汇报，检查各个事业单位的业绩进展情况，尤其是对于经营业绩不稳定的以及成长型的业务，何享健甚至会重点叮嘱和关注。何享健还有一个习惯，就是在开会的时候，往往会让一些中层经理列席会议，然后逐个点名询问意见，一旦他觉得正确，就会很直接地承认自己的错误，或者指出对方错在哪里。

“时至今日，我们正在研讨能否将职业经理人分为内部企业家、职业经营管理者、专业经营管理者三部分……管理者要学会自我管理，起到带头表率作用。有什么样的人才，才可以做什么样的事情，有什么样的人才，才能做出什么样的结果。”何享健说。

专栏

海底捞公司的愉快管理[25]

公司为员工租住的房子全部是正式住宅小区的两居或三居室，且都会配备空调；考虑到路程太远会影响员工休息，规定从小区步行到工作地点不能超过20分钟；还有专人负责保洁、为员工拆洗床单；公寓还配备了上网电脑；如果员工是夫妻，则考虑给单独房间……光是员工的住宿费用，一个门店一年就要花掉50万元人民币。

公司每个月会给大堂经理、店长以上干部、优秀员工的父母寄几百元钱。这些农村的老人大多没有养老保险，这笔钱就相当于给他们发保险了，他们因此也会一再叮嘱自己的孩子在海底捞好好干。此外，公司出资千万在四川简阳建了一所寄宿学校，让员工的孩子免费上学。公司还设立了专项基金，每年会拨100万元用于治疗员工和直系亲属的重大疾病。

海底捞员工的薪酬水平在行业内属于中端偏上，但有很完善的晋升机制，层层提拔。绝大多数管理人员包括店长、经理都是从内部提拔上来的。

元老退出

经过了三十多年的改革开放，中国拥有了数额巨大的所有权与控制权高度合一的家族企业。目前中国大部分家族企业都面临同样几个问题：个人独裁、任人唯亲、小富则安、缺乏创新等，使其本来就贫乏的资源困境更加明显。究其原因，在家族企业的公共产权的制度安排下，家庭成员不能经济地从企业退出是主要问题之一。

客观上讲，企业职位（控制权）无论成为家族成员的安全保障，还是捞取私利的工具，都有损企业和家族成员双方的福利最大化，导致共有产权安排的低效率。对企业而言，家庭成员使用捞取私利的办法得到的补贴，通常会与企业外合作者分享，以换取他们的忠诚，结果降低了整个企业所有权的收益水平；对家庭成员而言，只要收益比例是既定的，企业的快速发展是最后的安全保障，完全抓住控制权不放，致使其他有能力和动力的人才没有用武之地。因此，企业需要将家庭共有的产权分类安排，在家庭内部实现控制权与所有权的分离，以便家庭成员的退出。具体而言，企业主出钱（货币、期权、顾问费等）购买其他家庭成员的控制权，对应标价他们的所有权，保证他们的正常得利而剥夺他们的非正常收益。常见的方法有以下六种[26]，大体上可分为三类。

存量退出

第一种，股权溢价。所谓股权溢价，就是在家庭内部，比如一个三口之家，3个人首先将企业分为100份，通过家庭协商得到3个人的分配比例。然后，确定其中某人或某几人拥有的份额其收益高于其他份额的收益，比如高30%，但这些份额没有经营决策权。这种方法的好处是满足家庭成员对有别于企业经营权的效用的追求，而且溢价可以双方协商而定；缺点是能力低、适应能力差的家族成员通常不会轻易让出控制权。选择的结果往往是有能力、可再谋高就的人才离去，剩下的则是质量较低的成员。

第二种，终身领薪。终身领薪也可以称为全薪退休，即不考虑家庭成员的年龄等条件，只要家庭成员愿意都可以选择退休，且退休后的企业补贴不低于其上班收入。印度的塔塔集团属下塔塔钢铁公司在过去15年内裁减了一半左右的员工，被裁掉的员工可以继续领全额工资直至退休。我国的企业对待自己的亲戚元老应该有此胆识和智慧，将领薪期限扩展到终身。

增量退出

第三种，人力资本重估。将企业的资产分为存量和增量两个部分。企业分配的重心放在增量部分。增量资产的收益分配严格依照新贡献来分配，大大提高人力资本的价格，从而将企业内部的不平衡转变为权益相对比较明确的公司股份。随着企业的不断发展，增量在原来存量中的比例越来越大，那么就可以总体上把握分配结构。对发展很快的家族企业可以使用这个方法。这个方法的好处非常明显，谁勇于向前，勇于打头阵，可以开创局面，谁的收入就高，而不能或不愿冒风险的成员在风险面前一般是采取回避态度的。

第四种，并购或者多元化经营。这种方法已有不少企业在使用。目标企业通过向上、下游以及其他产业的并购扩展或多元化经营，形成多利润中心。通过内部控制权市场，家庭成员选择某一个或者一些利润中心独立经营。收益不好的子公司，家庭母企业作为不良资产剥离给或者直接将之卖给该成员作为私有财产，别人一般不得干涉其控制权。现在的希望集团大约就是走这个路子。

第五种，预期控制权认购。企业将未来可预见的发展项目，成立不同的项目公司，家族成员可以拿现在的股份换购或认购某个项目公司的预期控制权。企业根据对企业战略的重要程度，再给予不同的补贴。一旦这些项目成功，该成员就可以独自拥有该企业的控制权。对于一直没有成功项目的家族成员，则直接剥夺其在原来企业的控制权，仅仅享受所有权收益，因为他的偏好已经显示，他的目标不在企业的发展上。

整合退出

第六种，分家。因为简单而且符合传统习俗，这种方法特别受到欢迎。常见的分法是丈夫负责生产公司，大儿子负责贸易公司，妻子负责服务公司，各个单位自我结算。但是更多的企业因为分家不但失去了规模经济，而且各单位矛盾重重，致使企业衰败甚至倒闭。

通过以上方法，不变更家族成员所有权而保证了家族成员获取外界资源的原有渠道仍在，同时，失去控制权的家庭成员相应转变成为家庭内部的利益相关者。远有福特公司的自我赎买，近有辽宁志达的企业革命，不少例子都表明，家族企业选择性地购买和售出亲朋的控制权，可以有效解决家族企业的“家庭病”，使企业运行步入规范化轨道，扭转企业效益下滑的局面。

【讨论】某个下属跟随老总很长时间了，在公司起初他是有功劳的，但现在公司发展了，他不能跟公司同进步，但权力欲望比较大，待遇不能少他的。面对这种局面，老总该怎么做？

公司较大股东失去斗志又不愿意退出公司的日常管理，如何实现所有权与经营权的有效分离？

本章概要

本章关注的焦点是新创企业人力资源管理的特殊性问题。新创企业如何招聘人才、使用人才、激励人才、发展人才？第一部分甄别机制关注人才价值的甄别，包括价值观察、才智面试与适用考察。第二部分职业机制关注人才价值的使用，包括业务导向、绩效管理和知识管理。第三部分激励机制强调了激发人才潜能的手段，包括薪酬、股权、文化、成长与创新，第四部分发展机制强调公司可持续发展的人才梯队建设，包括核心员工、管理团队与元老机制三个方面。这四个部分初步建立起了新创企业人才机制的基本分析框架。

思考练习

1. 新创企业最需要行动力强的人才，如营销人才。如何物色并聘用行动力强的人才？
2. 陈安之在其“超级成功学”中也提到：先为成功的人工作，再与成功的人合作，最后是让成功的人为你工作。新创企业如何让成功的人士加盟工作？
3. 香港员工与内地员工在绩效行为上的一个典型区别是：香港员工先业绩，后报酬；内地员工先报酬，后业绩。请详细两者形成的原因，及在此基础上，如何进行相应的人力资源管理。
4. 新创企业的人力资源管理应该由谁来负责？新创企业若有过度严格的人力资源管理，会导致创造力的低下和沟通成本的上升，不利于企业的发展。如何把握管理的适度性？
5. 如何激励与约束创业元老？如何整合创业元老与空降人才？如何决定创业元老的去留？
6. 很多应聘的员工会说自己有多项才能，能适应多种工作岗位，甚至无所不能。你会聘用这类人员吗？为什么？
7. 如何认识具有优秀才能同时具有个性的“个性化人才”的价值？如何进行恰当的管理或激励？如何在创业前景不明朗的情况下，鼓舞员工工作的斗志与信心？
8. 新创企业如何最大化地提供给员工工作自由发挥的空间？目标管理有何特征？新创企业采用目标管理有何需要注意的环节？
9. 新创企业在何等规模才应该建立专业性的人力资源管理部门？不同行业及不同市场环境下的企业，这种规模有何差别？如何在企业的人力资源管理系统还未成熟或建立的情况下，合理解决企业创业阶段的绩效管理、薪酬管理等问题？
10. 初始创业的公司，不能为员工在薪酬、环境等各方面提供强的吸引力，而个人发展、未来远景也如空中楼阁，如何吸引人才加入？

参考文献

[1] 杨颖桦．华谊是中国娱乐产业的急先锋［EB/OL］．21世纪经济报道，［2010-12-15］．

[2] 穆瑟拉曼．穿越百年企业——我在塔塔钢铁的岁月［J］．中欧商业评论，2009，(8)．

[3] 侯继勇．马云：偶像的科学发展观［N］．21世纪经济报道，2010-12-27（101-102）．

[4] 施维，陈贤丽．漫步者张文东：4万到14亿，我会超越罗技［J］．理财周报，2010，151：13．

[5] 张丽萍，田玉竹．李开复：破解获取人才之道［EB/OL］．中国企业家网，［2011-04-18］．

[6] 彼得·德鲁克．德鲁克日志［M］．蒋旭峰，王珊珊，译．上海：上海译文出版社，2006．

[7] 杨杨．谦逊比任何其他美德都重要［N］．21世纪经济报道，2009-06-29（32）．

[8] 茅于轼．发现千里马难，找伯乐更难［EB/OL］．21世纪网，［2010-08-06］．

[9] 王小诺．七年之痒［N］．21世纪经济报道，2010-11-05（22）．

[10] Iwan Barankay．员工业绩排名：为什么会事与愿违？［J］．商学院，2010，(10)：87-88．

[11] Catherine．将辞职人的知识留下［EB/OL］．HR管理世界，［2003-08-27］．

[12] 约翰·奈斯比特，帕特丽夏·阿伯丹．90年代的挑战——重新创造公司［M］．杨文士，译．北京：中国人民大学出版社，1985．

[13] 牛斯狗狗．公司无法承受人类能力的浪费［EB/OL］．21世纪网，［2010-08-30］．

[14] 南妮特·伯恩斯，迈克尔·阿恩特．激励的艺术［J］．商业周刊，2006，(6)：70-74，76．

[15] 马丁．《财富》评出美国25大高薪公司［EB/OL］．新浪科技，［2008-01-24］．

[16] 丘慧慧．探路者华为：“世界级企业”命题证伪［N］．21世纪经济报道，2009-09-28（65）．

[17] 蔡宁伟．通用汽车的激励性报酬［J］．管理学家，2007，(10)：117．

[18] 戴安娜·布雷迪．管理福音的传播者［J］．商业周刊，2004，(12)：14．

[19] Jack Welch. 学会用领导的思维去思考 [J]. 商业周刊, 2006, (3): 82.
[20] 孟浩然. 管理就是"不管"的理念 [EB/OL]. 中思网, [2008-06-19].
[21] 文莉莎.《哈利·波特》: 当团队里来了异类 [N]. 第一财经日报, 2008-01-04 (C5).
[22] 俞敏洪. 培育年轻人的精神气质 [J]. 北大商业评论, 2008, (6): 40-46.
[23] 汪洋. 何享健: 不做家族企业 [J]. 管理学家, 2007, (9): 18.
[24] 黄铁鹰. 选择总经理的八道题 [EB/OL]. 哈佛商业评论中文网, [2009-11-25].
[25] 张勇. 愉快管理学 [J]. 21世纪商业评论, 2010, (11): 107-110.
[26] 李志平. 家族企业中家庭成员退出的六种经济学方法 [N]. 中华工商时报, 2006-09-01.

第8章 CHAPTER8

产品开发

我的责任就是为公众提供卓越的产品，丰富他们的生活，并带去乐趣。

——［日］松下幸之助

学习目标 >>>>>

- 了解需求分析的要点；
- 熟悉质量控制的方法；
- 掌握危机管理的要点。

从历史的角度来讲，人们会因为他们所建设的东西被人牢记。对企业家来说，最需要建设的就是产品。对创业者来说，别的都可以外包，但产品开发和人力资源管理不行。产品是一个公司的灵魂，它需要融会贯通：从市场这边了解目标用户是谁和他们的需求，平衡销售那边经常和市场部不同的意见，与技术讨论什么能做，什么不能做。其中有很多取舍，很多推动，不是创始人或CEO的话，很难做好这个工作。另外，创始人应该是最了解用户需求的人，因为他创业的激情就来自于为用户解决问题，增添价值。放眼世界上翘楚的产品：亚马逊、苹果、任天堂等，他们的CEO或创始人都很注重产品，并在产品管理上决不放权。白手起家建立QQ帝国、全球亿元富豪榜第249位（2010年）的马化腾认为自己始终是产品经理的角色，比尔·盖茨一直没有放弃的一个微软角色就是首席软件架构师。

产品开发决定创业成败。惠普创始人之一的戴维·帕卡德指出："我们为什么要办公司呢？许多人错误地认为，办公司就是为了赚钱。虽然赚钱是公司的重要成果之一，但我们必须进行更深一步的研究，找出公司存在的真正原因……我们存在的真正目的是向公众提供某种独特的、有用的东西，从而为社会做出贡献。"无数公司将它们迅速的崛起和现在的财富归因于新产品开发。例如，JVC公司几十年前还是个无人知晓的公司，几十年后在家庭录像机领域中开创了VHS制式（家用录像系统）的革命。英国葛莱素（Glaxo）公司，由一家中型的制药作坊，凭借一种治疗溃疡药物的生产，攀升到世界制药业老二的位置。微软的DOS操作系统的发展，将一个1982年还无人知晓的处于起步阶段的小公司推向了蓬勃的发展阶段；将此番胜利归入囊中后，微软公司又成功地推行了几种流行的视窗操作系统软件，成为软件行业的巨人，引领行业发展至今。人们很难相信它是从1982年的一个新产品起步的。

新产品一般定义为进入市场5年或尚不满5年的产品，包括老产品中经系列化后的新产品部分，以及经过重大革新的老产品。根据统计，新产品收入平均占公司收入的33%。也就是说，1/3的公司收入来自于5年前它们没有销售过的产品。在一些富有活力的行业中，这个数字是100%！这个数字表明：产品不创新，企业即消亡！

专栏

产品挑选人

伟大的产品挑选人。“产品挑选人”是硅谷风险资本在新创公司中识别产品高人的一个术语。根据惯例，新成立公司的第一个产品必须成功，如果第一个产品没有成功的话，这家公司必定失败。但是，很多新创公司只是一群拥有才华与想法的工程师，却没有想出要开发什么产品，这时，就必须要有一位知道该开发何种产品的“产品挑选人”来指导，他们所拥有的核心技能就是从众多想法中挑选出最关键的。

做好这个“产品挑选人”确实很难，用孙子兵法的话说，这是个“运用之妙，存乎一心”的工作。你要把握趋势，经历过N次重大失败，能搞定研发团队，还要找到合适的商业模式。盖茨和乔布斯是IT行业最伟大的两个“产品挑选人”。华谊兄弟董事长王中军[1]说：“公司上市后，现在我的脑子里头没有资金问题，我们只关注产品，产品最重要。有好的产品就一定会有回报。我们有好导演、好剧本、好概念，还会担心没有收益吗?”

一个伟大的“产品挑选人”的黄金生命周期大概也就10年左右，不断会有新的“产品挑选人”来PK你。

需求分析

产品开发需要认准客户需求。被认为是革命性产品的iPhone和iPad如今皆获得了强大的竞争力，总结起来，它们是刚好在个人PC需求衰退与移动互联网蓬勃发展的同时，找到了契合发展趋势的电子消费品。

需求属性

Rational把需求定义为“（正在构建的）系统必须符合的条件或具备的功能”。IEEE使用的定义也与此类似，其定义包括从用户角度（系统的外部行为），以及从开发者角度（一些内部特性）来阐述需求。还有一种定义认为，需求是“用户所需要的并能触发一个程序或系统开发工作的说明”。这一定义后来由需求分析专家艾伦·戴维斯[2]做了拓展：“从系统外部能发现系统所具有的满足于用户的特点、功能及属性等”。可以看出，这两个定义所强调的“需求”主要侧重在产品是什么样的，而并非产品是怎样设计、构造的。而另一种定义则从“用户所需要的产品”进一步转移到了系统特性：“需求作为用户想要被满足的欲望，是可以通过精心设计的外界因素而得到满足，这些外界因素不仅仅包括通常意义上的产品，还包括各种环境、感官效果、服务、配件、信息等。而基于这一定义的需求规格说明，就必须对整个系统的行为、特性或属性进行描述。”

质量属性

质量属性是很难定义的，并且它们经常造成开发者设计的产品和客户满意的产品之间的差异。在决定现实系统的成功或失败的因素中，满足这类需求往往比满足功能需求更为重要。优秀的产品反映了这些竞争性质量特性的优化平衡。同时还应注意，产品的不同部分与所期望的质量特性有着不同的组合。高效性可能对某些部分是很重要的，而可用性对其他部分则很重要，所以应当把应用于整个产品的质量特性与特定某些部分、某些用户类或特殊使用环境的质量属性要区分开。

有效性——指的是在预定的启动时间中，产品真正可用并且完全运行时间所占的百分比。更正式地说，有效性等于系统的平均故障时间（MTTF）除以平均故障时间与故障修复时间之和。有些任务比起其他任务具有更严格的时间要求，此时，当用户要执行一个任务但系统在那一时刻不可用时，用户会感到很沮丧。询问用户需要多高的有效性，并且是否在任何时间，对满足业务或安全目标有效性来说都是必需的。

效率——是指用来衡量产品如何优化处理其所用的各类外部或内部资源的指标。特别对软件产品而言，如果它不合理地用完了所有可用的资源，那么用户遇到的将是性能的下降，这是效率降低的一个表现。拙劣的效率性能可能激怒等待着使用该产品的用户，或者可能对产品的安全性造成威胁，就像一个实时处理系统不停地超负荷运转一样。

灵活性——就像我们所知道的可扩充性、增加性、可延伸性和可扩展性一样，灵活性表明了在产品中增加新功能时所需工作量的大小。如果开发者预料到产品将来所可能发生的扩展，那么他们可以选择合适的方法来最大限度地增大系统的灵活性。

完整性（或安全性）——主要指产品在其设计的过程中，能够包容将来在实际使用时可能遇到的各类问题，并给出了相应的处理方式。最大限度地避免由于设计和生产中的不周全而导致的使用过程中的烦琐或对外部其他产品的依赖。

互操作性——表明了产品与其他产品体系间进行合作或交换数据、服务的难易程度。为了评估互操作性是否达到要求的程度，你必须知道用户会经常使用其他哪一种产品体系与你的产品相连接，还要知道他们要进行怎样的合作或交换什么数据与服务。

可靠性——是产品无故障执行一段时间的概率。健壮性和有效性有时可看成是可靠性的一部分。衡量产品可靠性的方法包括正确执行操作所占的比例，在发现新缺陷之前产品正常运行的时间长度和缺陷出现的概率。根据如果发生故障对产品有多大影响、相应的维护费用、为达到最大可靠性所支出的费用等指标是否合理，来定量地确定可靠性需求。如果产品满足了它的可靠性需求，那么即使它还存在某些小缺陷，也可认为达到其可靠性目标。

健壮性——指的是当产品或其组成部分遇到非正常的操作、相关软件或硬件组成部分的缺陷或异常的操作情况时，产品能继续正确运行其功能的程度。“健壮”的产品可以从发生问题的环境中完好地恢复并且容忍用户在操作上的错误。当从用户那里获取健壮性的目标时，应首先全面考察产品可能遇到的错误操作的类型与条件，并且要了解用户想让产品对这些错误如何进行响应。

可用性——也称为“易用性”和“人类工程”，它所描述的是许多组成“用户友好”的因素。可用性用来衡量用户在使用产品的前期准备、操作过程和产品输出成果中所花费的努力。优秀的设计者必须权衡可用性和用户学习如何操纵产品的简易性。但这个定义只是一个简单的起点，可用性还包括对于新用户或不常使用产品的用户在学习使用产品时的简易程度、易学程度等目标，它可以经常定量地测量，并在适当程度上对该测量的费用与频度进行估算。

人们往往有数量上追求的偏好与擅长，但一直短缺对质量的追求，并且不太具有品质上的专长。

专栏

我在一个县里做事，因为工作关系，常常要用订书机订一些20张纸左右的资料，每到这个时候我就头疼：买来的订书钉根本订不下去，一订就弯，跑遍整个县城也没有买到硬点的订书钉，换了订书机也不行。想当年还在小学读书那阵子，国营厂造的订书钉厚厚的两三本作业本都能订下去，真有点感慨。

楼下自己买的那辆自行车也是这样子，新新的两三个月，就要修了。还有平时自己用的日常用品，基本上都是这个样子，恨不得全换成进口的。[3]

功能属性

我们将功能性需求看做是产品所应当完成的任务式需求，也就是说，如果您与用户或某个客户交谈时，他们会描述产品为了完成他们的某部分工作或满足他们的某些欲望所必须做的一些事情，这便是功能性需求的最根本由来。即使将来，当您对产品设计其生产方案时，您使用的技术解决方案，会引入其他的技术性需求，这些技术性需求也应当与之前客户的功能性需求结合在一起并统称为“功能性”需求，因为它们指的是对功能的设计和解决方案。然而，把技术解决方案的需求与功能性业务需求分开来要更准确，不易混淆。

功能性需求是产品真正应完成的任务，是需求规格说明书中的界定性约束，它与最终产品将使用哪种方式来满足需求无关。

每一项产品都有一些特征，把它与其他产品区别开来。比如你购买某一款手机并不是比其他手机在通信功能上有什么区别，而是具有比其他手机有更令人满意的体验，这就是客户对产品的非功能性需求的表现。

功能性的需求描述了用户在使用产品时的体验，而非功能需求是体验或功能性需求所代表的工作的特征。功能性需求是以动词为特征，而非功能性特性是以副词为特征，并不改变产品的功能。也就是说，不管你增加多少属性，功能性需求会保持不变。非功能需求增加了产品的功能——它增加了一些诸如安全性、易用性等方面的。它们不属于产品存在的根本原因，而是让产品以期望的方式运行所需的。功能性需求可看做那些完成工作的需求，而非功能需求是为工作赋予某种特征和体验。非功能需求是整个需求里最难把握的部分，因为其特征不像功能性需求那么确定，其本身是以副词的形式来表达，本身就存在着主观和不确定性。

而非功能性需求之所以重要，是因为类似的产品从功能性需求上的差异一般来讲差距并不会很大，厂商在开发之初已经会考虑以竞争产品为竞争对象的。因此在很多场合，用户会从非功能性属性上来评价产品，从而做出购买的决定。

专栏

Windows 系统开发的自我否定之路

在过去的 30 年间，微软操作系统的发展之路是崎岖不平的，经历了很多挫折和打击；然而由于其产品的可移植性和可维护性较好，使其也得到了长足的发展。

1985 年微软推出了第一款窗口式的操作系统 Windows 1. x，也是从这开始，微软的窗口式操作系统开发就从没停下过，微软以平均不到 3 年一款操作系统的速度飞速前进着。这期间有成功也有失败。但是是什么让微软的产品一直得到大家的认可和使用？本案例将从以下两个方面来讨论。

成功之后的自我否定

成功之后的自我否定是微软在操作系统开发方面不断取得突破的法宝。例如 Windows 95，这款操作系统是其里程碑式的作品，发布 Windows 95 的日子简直就是一个狂欢节，很多没有电脑的顾客也开始而排队购买软件，他们甚至根本不知道 Windows 95 是什么。短短 4 天时间，Windows 95 就卖出超过 100 万份拷贝。从顾客的反应可见这款操作系统取得了多么大的成功。巨大的成功并没有让微软停下来享受成功的喜悦，他们又马不停蹄开始了新操作系统的开发，对原有的操作系统进行更新换代。微软很注重客户的反馈，与客户之间建立信息反馈的机制，并运用这种机制从客户那里虚心听取、学习并灵活应变，从而了解客户真正的需求，开发出更被客户所接受和喜爱的操作系统。每次成功之后他们都会根据顾客的反馈进行改进，修补操作系统原有的漏洞。微软的这种自我否定其实是一种不懈的创新，这是微软再次取得成功的关键。

失败之后的自我否定

失败之后的自我否定是微软的操作系统取得成功的第二大法宝。例如，Windows Vista 由于其较差的兼容性、较慢的反应速度以及较大的内存和磁盘占用量推出后一直不能被大众所接受，但其优点还是有的，比如其新版的图形用户界面和称为“Windows Aero”的全新界面风格还是被大众所喜爱的。在产品推广受阻后，微软总结失败的经验教训，着力对用户反映的缺点改进，对优点进行保留，进行了又一次的自我否定。短短两年的时间微软的新一代操作系统 Windows 7 面市了，其在兼容性和反应速度方面都有了很大的改进，界面沿用了 Vista 的 Aero 界面风格，但其效果更华丽，有碰撞效果、水滴效果，还有丰富的桌面小工具。这些都比 Vista 增色不少。Windows 7 的推广仍在进行，成功或失败，我们拭目以待，不管成功还是失败，我们相信这样一个为用户开发操作系统会得到长久的发展。

优先属性

当客户的期望很高、开发时间短并且资源有限时，你必须尽早确定出所交付的产品应具备哪些最重要的功能。当有很多选择可以完成一个成功的产品时，应尽早设定其优先级。建立每个功能的相对重要性有助于你规划系统或产品的构造，以最少的费用来使产品具备最大的功能，这是在产品设计或生产项目中通常遇到的一种做法。更多的应用情况是，如果是进行迭代式开发，那么设定优先级就特别重要，因为在项目开发进程中，交付进度或工期往往是刚性的，不可随意改变的。

一个优秀的开发团队领导者必须权衡合理的产品属性范围、开发进度、预算、人力资源以及质量目标的约束。实现这种权衡的一个方法是：当接受一个新的高优先级的需求或者其他环境变化时，删除低优先级的需求，或者把它们推迟到下一个开发任务中去实现。如果客户事先没有以非常明确的重要性和紧迫性来对其需求进行过区分，那么团队领导者就必须自己作出决策。有时，由于客户可能不赞成这些所设定的优先级，这就必须通过市场调研、需求访谈等形式，要求客户来指明哪些需求必须包括在首发版中，而哪些需求可以延期实现。

人们心中都存在个人的想法或利益，而且他们并不总能与其他群体的想法或利益相妥协，所以让每一个客户或干系人都来决定他们的需求中哪一些是最重要的，这是很难做到的，若要在众多具有不同期望的客户或干系人之间达成一致意见就更难了。

在一种简单的模式如客户—开发者的合作关系中，设定需求优先级是客户的责任之一，尽管这种责任有时候需要开发者的适当引导才能够实现。客户和开发者都必须为设定需求的优先级提供信息。多数情况下，客户总是让可以给他们带来最大利益的需求享有最高优先级。然而，一旦开发者指出费用、难度、技术风险，或其他与特定需求相关的权衡时，客户可能会觉得他们最初所想的需求似乎变得不必要了。开发者也可能认为在早期阶段必须先实现那些优先级较低的功能，因为它们会影响系统的体系结构。

总之，设定优先级意味着权衡每个需求的业务利益和它的费用，以及它所牵涉到的结构基础和产品的未来评价。

表 8-1 和表 8-2 是对需求优先级的两个描述例子。

表 8-1 需求优先级分类（一）

优先级	意义
高	一个关键任务的需求； 下一版本所需求的
中	支持必要的系统操作； 最终所要求的，但如果有必要的话，可以延迟到下一个版本
低	功能或质量上的增强； 如果资源允许的话，实现这些需求总有一天使产品更完美
基本的	只有在这些需求上达成一致意见，产品才会被接受
条件的	实现这些需求将增强产品的性能，但如果忽略这些需求，产品也是可以被接受的
可选的	一个功能类，实现或不实现均可

表8-2 需求优先级分类（二）

优先级	意 义
3	必须完美地实现
2	需要付出努力，但不必做得太完美
1	可以包含缺陷

另一个需要指出的知识点是，每一个需求的优先级必须写入产品的需求规格说明书或使用实例的说明中。并且应当在需求规格说明书中建立一个规则，这样就可以知道分配给一个高层需求的优先级是否被其所有下层需求所继承，或者每个用户需求是否应该有它自己的优先级属性。

在设定优先级的过程中，典型的参与者有：

- 项目经理，他指导全过程，解决冲突，并且在必要的时候调整其他参与者的方案。
- 重要的客户代表，例如产品经理，他可以提供受益和损失程度。
- 开发者代表，例如开发组的技术指导者，他提供了费用和风险程度。

开发属性

在真实的工作环境中，努力探索用户隐含期望的问题可以推导出对质量目标的描述，并且可以帮助开发者制定和创建完美产品的标准。

可维护性——表明了在产品中纠正一个缺陷或做一次更改的简易程度。可维护性取决于理解产品的设计、更改产品组成和测试产品的故障点的简易程度等，可维护性与灵活性密切相关。高可维护性对于那些经历周期性更改的产品或快速开发的产品很重要。你可以根据修复一个问题所花的平均时间和修复正确的百分比来衡量可维护性。

可移植性——多数是针对软件产品而言，是度量把一个软件从一种运行环境转移到另一种运行环境中所花费的工作量。软件可移植的设计方法与软件可重用的设计方法相似。可移植性对于工程的成功是不重要的，对工程的结果也无关紧要。可以移植的目标必须陈述产品中可以移植到其他环境的那一部分，并确定相应的目标环境。于是，开发者就能选择设计和编码方法以适当提高产品的可移植性。

可重用性——从开发的长远目标上看，可重用性表明了产品的一些组件除了在最初开发的产品系统中使用之外，还可以在其他地方中得到使用的程度。比起创建一个你打算只在一个产品系统中使用的组件来，开发可重用组件的费用会更大些。因为这类组件必须标准化、资料齐全，不依赖于特定的应用系统和运行环境，并具有一般性。

可测试性——指的是测试组件或集成产品时查找缺陷的简易程度。如果产品中包含复杂的组件构成、算法和逻辑，或如果具有复杂的功能性的相互关系，那么对可测试性的设计就很重要。如果经常更改产品，那么可测试性也是很重要的，因为将经常对产品进行回归测试来判断更改是否破坏了现有的功能性。

面向可制造性的设计——（DFM）是为方便地制造而进行的产品设计。狭义地讲，DFM将注意力集中在面向装配的设计（DFA）上，DFA的重点在于使设计出来的产品易于装配。例如，将许多独立的零件组合在一个集成的零件中，从而免去装配这些零件所必需的工作。广义地讲，如我们在这里所论述的，DFM将设计工作的注意力集中在制造问题的各个方面，如制造、装配、质量、对法规的遵守、材料和供应链后勤、运输、分销、服务、维修等。DFM的主要注意力集中在从一开始就要降低产品的成本。DFM的一个关键原则是零件的通用化。零件的种类越少，越能够简化装配，进而减少零件被用错的可能性，简化零件的采购和分销环节。其结果是降低了装配成本、质量成本和材料的间接成本。

防止错误的设计——它被用来防止在制造中或在今后的维护上出现失误。以防止在设计中出现错误，这样就不会错误地安装零件，也不会制造出有问题的产品。这些特征只需要设计一次，但却能够在产品的生命周期里防止出现错误。设计对称的零件，可以避免零件被装反的可能性。将零件标准化，采用更少的零件品种，将使零件被拿错的机会大大减小。巧妙设计的特征能够真正防止错误的装配。

面向高效率的制造——在现有设备的加工能力基础上面向生产设计产品，能够节约购置新设备的开支，节约设备快速投产所需的及时运输和安装费用，并节约与新设备相关的一般调试费用。如果设计人员在设计中考虑采用最少的工艺步骤，他们就可能把加工成本降到最低。例如，对于采用复合技术的印制电路板（既具有插入式元器件，又有表面贴装的元器件），必须使用一切所需的设备才能同时保证两种工艺的实施。这就是为什么在几年以前，个人电脑全部采用插入式元器件，而后来一下子全部采用表面贴装元器件的原因。

面向服务和维修设计——可以通过设计来降低产品的服务和维修费用；可以并行地设计产品、制造工艺及其服务和维修步骤。产品应该能够独立地更换零件，至少是独立地更换那些最容易失效的零件。工具的通用化能够减少现场维修所需工具的数量。设计容易获取的工具对装配、服务和维修同样重要。可以将产品设计成为带有自检和远程诊断的能力。通用零件将简化零件的维修，并能使客户方便地获得替换零件。

面向可靠性的设计——可以利用下列技术在设计时考虑产品的可靠性。

- 概念的简化是具有内在可靠性的关键，零件、接口、互相之间的连接和程序语句条数越少，内在的可靠性就越高。
- 将达到系统的可靠性视为设计时需要考虑的主要因素。
- 使用那些以前已经使用过的、经过验证的标准零件和设计特征。
- 在经过验证的可靠性数据基础上选择零件；与新零件和新设计相比，现有零件和原有的设计具有更多可用的可靠性数据。
- 使用那些经过验证的、能够组合成合格产品的模块；重新利用那些面向对象的、经过调试的软件。
- 在设计过程的早期阶段，模拟/预测可靠性的性能。
- 使用那些受控的、已经生产出可靠产品的制造工艺。
- 利用全面质量管理，提高质量/可靠性。
- 在设计中考虑将制造、装配和安装中的失误降到最低点。
- 在设计中考虑尽可能减少运输和安装对质量的影响。
- 尽量减少带电接头的机械接触，尤其是对低压电器产品，例如：将电路板合并，以取消电缆和连接器；使用机械接触最少的连接器（如电缆）；减少插座的使用。
- 取消对电缆连接或互连电路板的手工焊接。
- 使用“老化”或“试运行”，以引起产品的早期失效，把它们当做一种诊断工具，而不是一个生产步骤，从而将问题隔离出来并加以解决。

文化和政策法规需求——如果要为不同的职业人士开发一个产品，那么可以发现他们有不同的文化需求。如，广告业或时尚传媒等非常注意最新的设计趋势，而银行、咨询、工程等则要显得稳重和专业。各个不同的国家和地区也有不同的文化需求，如手机，日本、韩国以及中国喜欢翻盖的手机，而欧美则喜欢直板的。有些需求则涉及国家和地区制定的法律，如欧洲对产品的环保要求以及电磁兼容方面的要求就显得极为严格等。

苹果的特立独行几乎让所有人既恨又爱。很少看到它有黑白之外的颜色，它的造型也谈不上花哨，但就是给人以卓尔不群的感觉。它总是在尺寸上很合你的意，在应用上又让你惊喜，都是MP3，都是手持视频，都是小本本，它推出来时就是与众不同。你在用苹果？就好像你是在超前的下一个世纪一样，恨不得上去咬一口才解恨。

由外而内

“由外而内”（outside in）的战略要求公司在制订企业战略的时候就要立足于市场，而不是以先问自己以现有的资源能做什么的方式而束缚住自己的手脚。

采用“由外而内”战略的公司，是那些以传递优异客户价值（superior customer value）的方式，创造客户群体并留住客户的企业。它们会站在客户的角度开展工作，会透过客户的眼睛来观察公司的每项工作。它们将对客户价值的思考当做检视战略的“透镜”。

而另一方面，“由内而外”的思维方式则始于提出这样的问题：“我们擅长什么？我们的潜力何在？我们的产品是什么？我们怎么才能更有效地利用自己的资源？”这是企业的一种基于资源的观念，这种观念有其固有的局限性，因为这种观念意味着公司在应对市场出现的重大变化时行动迟缓。

> 特易购是1995年开始转向这一战略的，当时，公司开始从消费者的角度来审视一切工作。针对经营、人力资源、金融以及零售等环节出现的所有问题，他们都透过企业的目标消费者是否能从中看到价值这一“透镜”来解决，举例来说，以主要商品更优惠的价格、交款结算的队伍更短甚至更洁净的洗手间等形式体现出来的价值。
>
> 此外，通过在某一特定区域的商店销售能反映当地购物者偏好的商品等方式，公司还专注于让消费者成为自己的财富。比如，在特易购购买婴儿尿布的购物者，不但会收到装有购买婴儿纸巾和玩具优惠券的信件，而且还会收到购买啤酒的优惠券。特易购进行的调查分析显示，刚刚当爸爸的先生们会在零售店购买更多的啤酒，因为新生儿的到来限制了他们去酒吧的时间。特易购重视消费者的另一个例证是：2007年，当该公司进入美国市场时，公司的英国员工住进了60个美国家庭，以了解美国消费者的习惯和偏好。举例来说，他们发现，美国人比欧洲人更频繁地在杂货店购买半成品食品。
>
> 后来，特易购还很快意识到了在英国市场中提供零售金融服务的机会，尤其是在消费者越来越不相信在最近这场金融危机期间接受救助的大型银行以后。利用规模庞大的事务处理数据库的优势，特易购开始提供信用卡，之后，还进入银行账户业务和抵押贷款业务。现在，这家公司已经成了金融产品领域不可小觑的“大玩家”，其原因就在于：他们比银行更了解自己的消费者。英国银行业对零售银行业务深表担心，因为通常情况下，银行是不会在了解自己的个人客户方面，以及为特定的市场提供定制化服务方面投入大笔资金的。而特易购则依托其1 400万消费者，把这些工作做得非常出色。

策略焦点

很多公司声称，它们会专注于客户，并从市场的角度驱动企业战略——也就是说采用“由外而内”的战略。但是，这种战略却很难实现或持续。从某种程度上来说，这只是一个听上去非常显见的策略。

为什么公司会变成“内视型”（inward looking）企业呢？很多曾经采用“由外而内”战略的企业之所以最后变成了“由内而外”的企业，首要原因在于，它们曾取得过短期正强化（positive reinforcement）的成果。如果你专心致志地提升企业的效率，你自然可以取得预期的结果——只是为时不长。这也是在经济衰退期间屡见不鲜的情形。第二个理由是：战略理论家坚持认为，资源的存在就是为了得到利用的，公司经理人的职责就是改善资源并使其得到完全的利用。毫无疑问，这是一个值得追求的目标，但是，这个目标本身却有其固有的局限性，所以，这是一种缺乏稳定性的策略。

亚马逊公司（Amazon）以在线书店起家，之后，将业务超越了图书的范畴，他们提出了这样的问题："我们的消费者到底想要什么呢?"现在，该公司已经是一家为其渠道伙伴提供云计算（cloud computing）服务和网络服务的大型服务商了，当然，公司还推出了Kindle电子书阅读器。亚马逊公司的首席执行官杰夫·贝佐斯所说的是："不要问我们擅长什么，而是要问我们的消费者都是谁，他们都需要什么。之后，我们要找到满足他们需要的方法。"显著改变关注的焦点，能为你展现范围广阔得多的机会。

"由外而内"的战略之所以表现优异，其理由就在于，这是一种更加积极主动而不是被动的战略。戴尔公司就是一个例证，公司成立的早期就曾是个卓越的"由外而内"战略的践行者。我们不妨回顾一下戴尔公司在20世纪70年代的状况，当时，迈克尔·戴尔与自己所在市场的联系极为紧密。他看到了人们对基于Wintel（Windows和Intel的联盟）性能可靠、价格富有竞争力的电脑的需求。因为戴尔并没有多少专利技术，所以，公司在供应链管理上投入了大笔资金。他们很清楚，公司大客户需要的是一次性提供数十台甚至上百台个性化配置的电脑。

第二个试金石是，你知道自己的客户是谁，以及你提供给他们的价值都是什么吗?我们再次以戴尔公司为例来说明，不过，这一次，他们没有进行适应性调整。随着戴尔公司受到来自亚洲厂商越来越严重的威胁，随着其他厂商对戴尔公司高效供应链秘诀的破解，戴尔公司开始丧失其价格优势。为此，公司不得不沿着价格曲线继续下行，但这样公司就没有多少成本优势了。因此，戴尔公司做了两件事。第一，削减了客户支持和客户服务业务，这就意味着客户的满意度在这一时刻骤然下降。第二，他们全神贯注于使供应链更简洁、高效，公司在质量控制程序六西格玛以及供应链的整合方面投入了很多资金，可这次，他们过于专注公司内部流程了。

三四年以后，随着公司采购个人电脑的市场扁平化，随着人们从苹果公司的商店、百思买以及其他零售商购买台式电脑和笔记本电脑时代的到来，市场发生了一个重大的转变——所有地方都能与公司客户建立更紧密的联系了。戴尔公司曾特别决定，不会进入零售市场，从而再一次与这个不断增长的市场——个人和小公司渴望个性化笔记本电脑使用体验的市场——失之交臂，戴尔就是无法提供这样的体验。最后一点，一旦客户开始要求要有不同颜色和不同配置的多种选择，戴尔公司的供应链就变得更加难以管理了。

第三个试金石就是：市场营销在组织中的角色是怎样的?市场营销的职能令人信服吗?市场洞察力和对市场的先见之明会促进组织取得成果吗?比如，在思科公司，首席执行官约翰·钱伯斯（John Chambers）就是通过客户的眼睛来审视公司的。他从客户那里获得了很多互联网协议语音技术（VoIP）已经出现的反馈信息，对思科公司来说，这并不是什么好消息，因为这项新技术会使公司的现有产品遭到淘汰。但是，钱伯斯意识到，他必须要满足自己客户的需求，所以，2003年，思科公司收购了一家互联网协议语音技术企业，结果表明，这是一桩获利颇丰的购并。

用户体验

商业世界流行着一个永恒的话题：如何向用户提供独特而有价值的产品或服务，以建立起对手无法复制的竞争优势?过去，许多企业可以凭借技术上的发明、革新乃至"垄断"建立竞争门槛，或是为产品增添各式各样的功能创造差异，但如今，越来越多的企业发现，在技术和产品特性上的投资回报越来越低了。首先，全球化和信息时代使得技术的获取屏障大大降低了——许多后来者可以通过购买技术或者模仿迎头赶上；其次，企业费尽心思为产品增添的多样功能同样易于被模仿；更重要的是，企业很可能在这种"特性竞争"中为消费者提供一些他们并不需要的东西，所谓的差异并不能真正转化为竞争优势。

这或许就是“以用户为中心的体验设计”如今被商业世界异常重视的原因。关注人们如何接触和使用产品，理解用户在使用产品过程中每一个步骤上的期望，并设法满足——创造高效的用户体验是建立难以复制的竞争优势的有效手段。

> “以用户为中心的体验设计”的难点在于，设计的起点是获取用户的真实需求，但现实里则存在各种各样的障碍，阻碍企业同用户进行有效沟通，譬如企业在产品研发阶段往往同用户是隔离的，即使接触到了用户，用户往往自己都很难描述清楚自己的真实需求是什么……

比起“由内而外”的战略来，“由外而内”的战略更倚重进行更多的试验，并从中发现可能的途径。每个人都在抢夺，不过，“由外而内”的公司却握有利器。

> 数年来，宝洁公司（Procter & Gamble）一直要求，每一位高管每年都要对消费者拜访三次。另一个例证是印度的高德雷吉集团，这是一个横跨家用电器、消费产品、医疗保健以及安全等多个行业的企业集团。印度的26个邦代表着26个不同的市场。企业的最高管理层每人负责一个邦，从高管到公司的秘书，每个人每年都要去自己负责的邦四到五次，向当地的客户了解当地的市场状况、竞争对手以及产品流通渠道的情况。事实上，这就意味着每一个邦都有了自己的辩护人。

用户访谈是需求收集的传统方法。但是，单独使用它可能并不是最有效的方法，因为它通常期望用户知道并能说出他们的需求。建议不把用户访谈作为唯一的需求收集方法，而是把它与其他一些技巧配合使用。研发人员可以事先草拟一份问卷。尽管这给接下来的访谈带来某种结构，但我们发现极少用户会有足够的动机在与分析师会面之前就填写问卷。建议向用户或要访谈的对象发出一份将要涉及的访谈主题和时间安排，这至少让用户有机会准备一些材料，或请一些领域专家出席访谈。

专栏

宝洁公司的产品调研[4]

宝洁产品调研的手法分两大类：一类是定性的，有入户访谈形式，到消费者家里看其真实使用产品的情况；还有团队访谈。可能会让至少五个消费者一起到一个房间里，和他们进行访谈。还有一种英文说法是“shopping along”，产品调研员会和消费者一起到商场，看其平常的购物习惯是什么样子。这样不仅能帮助了解消费者平时的使用，同时也了解其在超市里的一些行为、如何选择产品，这在将来能帮助做产品的沟通和定位。这三者是宝洁现在主要定性的手法。另一类是定量的，就是一些大型的定量测试，比如产品初期的模型出来时，让数百个消费者去使用，给出反馈意见，然后用一些统计的分析方法来做测试。

产品调研的重点，是宝洁所谓的“两个真理时间”。第一个真理时间是在货架旁，也就是消费者决定购买宝洁还是竞争对手品牌的时候。如果公司产品在第一个真理时间获胜，就有在第二个真理时间获得胜利的可能。第二个真理时间，则是指购买了产品的消费者正在使用的时候，他们要检验宝洁是否兑现了品牌的承诺。

宝洁的产品调研中，走到消费者家里的时候都不是一个队伍，有可能是两三个人到一个消费者家里，两三个人到另外一个消费者家里。通常来说，这些员工不单单是研发部门的，还可能是市场研究部的，或者是市场部的，或者是市场销售部的，还有负责生意的老板们，他们一起到消费者家里听消费者讲他的生活和他对产品的使用情况。每个部门的技术背景专长都不一样，综合各个部门听到的信息，会产生不同的创新想法。

这样的高强度调研意味着更高的成本。事实上，宝洁在消费者与购物者研究方面投入了超过10亿美元，这一数目远远超过了业内任何一家竞争对手，几乎达到了行业平均水平的两倍。

市场总监

越来越多的市场总监位居企业最高领导之列。他们有自己的价值主张，他们为企业的未来定位。企业最高管理层的其他成员会说："那是你的地盘。"但是，在很多公司中，市场总监还没有赢得人们的尊重和这一职责。在很多中等规模的组织中，市场总监往往承担着销售支持的职能，而没有承担起为企业的品牌建设、为企业发现"有机增长"（organic growth）[⊖]机会的职责。

成功担纲市场总监角色的人，都是在首席执行官和企业最高管理层其他成员那里逐渐建立起信赖的人，他们能深刻理解自己的工作，热情倡导客户价值。与此同时，他们还在研发部门和销售部门组建了强大的团队，并以自己对市场的深刻洞见为他们提供支持。

宽泛地讲，"客户"是指基于价值主张的对比做出选择的人。客户购买的是对利益的期望。他们会惠顾那些以最合理的总成本提供最佳一揽子利益的公司。乔氏公司就是一个这样的公司。这家公司在满足消费者需求方面极富想象力。举例来说，公司努力建立了一种自己是与社区生活密切相关的小型商店而不是冷漠的大型连锁店的形象。员工穿着夏威夷衬衫忙忙碌碌，他们非常友善，会和消费者聊起他们试过的店内商品。此外，商店也会倾听顾客的抱怨，比如，他们以前买过而且也喜欢的商品现在买不到了。如果有足够多的顾客抱怨某种商品缺货，那么商店就会补货。再有，乔氏商店还会给消费者寄发内有烹饪诀窍、小窍门和新闻的简报，让消费者读起来饶有趣味。

在 B2B 市场中，企业是靠提供更好的解决方案以及靠更低风险的吸引力来赢得客户的。成功的公司可以提供能帮助客户赚钱的解决方案。通用电气风力发电公司（GE Wind Power）就是这样的一个例子。2003 年，收购了安然公司（Enron）风力发电业务的残部之后，通用电气公司进入了这一市场。虽然这是一块很小的业务，不过，它却给通用电气提供了了解以及深入洞悉风力发电市场的机会。当时，最大的市场在德国，主要是因为德国政府为风力发电提供了大量补贴。那时候，市场非常零散，业界认为，自己必须制造不同规格的风力发电涡轮机，以满足不同的性能规范。有一段时间，西门子公司（Siemens）为不同的安装地区提供八九种不同规格的产品。

从根本上来说，这个行业忽略了市场的需求。业内公司从来也没有透过客户的眼睛来观照这个领域，也没有认识到可靠性（也就是机器正常工作时间的百分比）和效率（也就是将风力转化成电能的性能）才是发电公司赚钱的关键所在。为此，通用电气风力发电公司投入时间和精力去了解客户的需求，根据自己得到的结果，公司决定向整个行业发起挑战。他们只制造一种规格的风力发电涡轮机，但是，他们把这种产品制造得非常可靠。再加上公司采用了自己在制造喷气涡轮发动机方面的专业知识，从而制造出了性能最优的转子。

这个案例的关键在于，通用电气对客户需求的洞悉给了它将研发资金投向何处的强烈信心。继提供产品之后，他们还为客户提供了确保其涡轮机正常运转时间达到98%的服务保障。

"由外而内"的战略意味着以"正和博弈"（positive sum game）的角度来审视这个世界。很多有关企业战略的著作，尤其是论述竞争力策略的著述，谈到的都是强烈的竞争。它们将这个世界视为一场"零和游戏"，也就是说，"如果客户拥有了更大权利，我们就输了。"这并不是一种可取的理念，而且也不会给你带来什么帮助。你需要的是与客户展开富有合作精神的对话。

需求验证

开发团队的领导者、系统分析员或相关的企业负责人主要通过听证、评审、确认等手段控制需求的质量。

⊖ 有机增长也称为"内生增长"，是指公司依托现有的资源和业务，通过提高产品质量、销量与服务水平，拓展客户以及扩大市场份额，推进创新与提高生产效率等途径而获得的销售收入及利润的自然增长。

大多数产品开发者都经历过在开发阶段后期或在交付产品之后才发现新需求的问题。而且，以原来需求为基础的工作完成以后，要修补需求错误就必须付出更为大量的工作。有研究表明：事后的修补比起在需求开发阶段由客户发现的一个错误，然后更正这一错误需要多花 68 ~ 110 倍的时间。另外一个研究发现，在需求开发阶段发现的一个错误，平均仅需要花 30 分钟修复，但是在系统测试时发现的错误需要花 5 ~ 17 个小时来修复。

检测需求规格说明中的错误所采取的任何措施都将为你节省更多的时间和金钱。在许多项目中，包括使用典型的瀑布型生存周期法的项目，测试是一项后期的开发活动。与需求相关的问题总是依附在产品之中，直到通过昂贵并且耗时的系统测试或由客户才可最终发现它们。如果你在开发过程的早期阶段就开始制订测试计划和进行测试用例的开发，就可以在发生错误时立即检测到并纠正它。这样可以防止这些错误进一步产生危害，并且可以减少你的测试和维护费用。

图 8-1 描绘了开发活动的 V 字模型，它表明了测试活动总是与开发活动平行发展的，同时也指明了验收测试是以用户需求为基础的，系统测试是以功能需求为基础的，而集成测试是以系统的体系结构为基础的。在相应的开发阶段，必须规划测试活动并为每一种测试设计测试用例，因为不可能在需求开发阶段真正进行任何测试，因为这时产品还未被真正构建，没有一个事实存在的物理实体可供我们做全面真实的测试。

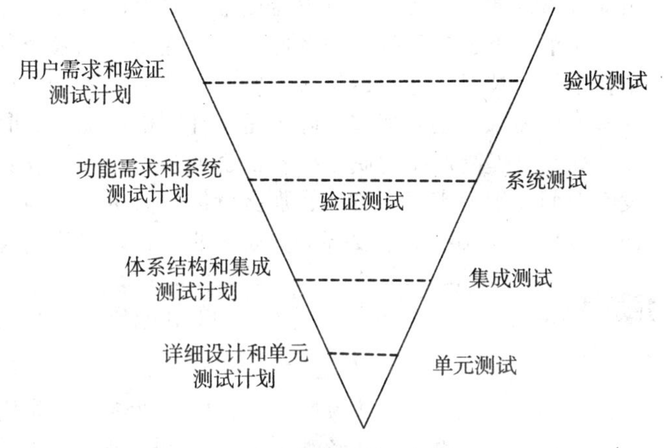

图 8-1 需求质量验证测试

测试与验证决定了开发成的产品是否能满足开始时所确定的需求。确认过渡产品或最终产品是否能够符合阶段性的目标，并且评估其能否真正为高层次的所有已经确定了的需求提供一个可靠的基础。

需求验证确保了需求符合需求陈述的良好特征（完整的、正确的、灵活的、必要的、具有优先级的、无二义性及可验证的），并且符合需求规格说明的良好特性（完整的、一致的、易修改的、可跟踪的）。当然，这阶段只能验证那些已编写成文档的需求，而那些存在于用户或开发者思维中的没有表露的、含蓄的需求则不予验证。

在收集需求并编写成需求文档后，所进行的需求验证并不仅仅是一个独立的阶段。一些验证活动，例如对一些迭代型开发模型需求规格说明的反复评审，将贯穿着反复获取需求、分析和编写规格说明的整个过程。其他的验证步骤，例如需求规格说明的正式评审，是在正式确定需求规格说明基线之前对需求分析质量进行的最后一次有用的质量过滤。当你的项目计划或实际工作中的独立任务破坏了结构性时，就要结合进行需求验证活动，并且为随后出现的返工预先安排一段时间，这通常会在质量控制活动之后进行。

有时，开发项目的参与者不愿意在评审和测试需求规格说明上花费时间。虽然在计划安排中插入一段时间来提高需求质量似乎相应地把交付日期延迟了一段时间，但是这种想法是建立在假设验证需求上的投入将不产生效果的基础上的。实际上，这种投入可以减少返工并加快产品的测试，且更好的需求将会带来更好的产品质量和客户更大的满意度，可以降低产品生命周期中的维护、减少后期保养或维修的费用。在需求质量上的投入可以使你节省更多的钱。

使用不同的技术有助于你验证需求的正确性及其质量。有两种常用的验证技术：正式和非正式的需求评审。

通常，总是由一些非开发人员进行产品检查以发现产品所存在的问题，这就是技术评审。

不同种类的技术评审具有不同的称谓。非正式评审的方法包括把工作产品分发给许多其他的开发人员粗略看一看和走查一遍。同时执行者描述产品，且征求意见。非正式评审对于培养其他人对产品的认识并获得非结构化的反馈是有利的，但非正式评审是非系统化的，不彻底的，或者在实施过程中具有不一致性。非正式评审不需要记录备案。

在多数企业中，每次获取需求的专题讨论会之后代表不同用户类的小组将对需求规格说明进行非正式评审，立刻就发现了许多错误。稍后则由一个系统分析员把来自不同用户类的需求规格说明归纳在一起，并加上许多附录。分析员、开发人员、产品经理或市场部、项目经理以及测试人员在评审会上对需求规格说明进行评审。

非正式评审可以根据个人爱好的方式进行评审，而正式评审则遵循预先定义好的一系列步骤过程。正式评审内容需要记录在案，它包括确定材料、评审员、评审小组对产品是否完整或是否需要进一步工作的判定，以及对所发现的错误和所提出的问题的总结。正式评审小组的成员对评审的质量负责，而开发者则最终对他们所开发的产品的质量负责。

需求评审也为风险承担者们提供了在特定问题上达成共识的方法。需求文档的评审是一项精益求精的技术，它可以发现那些二义性的或不确定的需求、那些由于定义不清而不能作为设计基础的需求，还有那些实际上是设计规格说明的所谓的“需求”。

如果对提高产品的质量持有认真的态度，那么就评审所编写需求文档的每一行。如果认为没有时间详细评审每个方面，那么就使用简单的风险分析模型来区分需求文档哪些部分是需要详细评审的和哪些不重要部分只要用非正式评审就能满足质量要求。

专栏

通用电气的产品经理

在通用电气的研发中心，产品经理是非常关键的岗位。产品经理需要从产品生命周期的最前端协调到最后端。从寻找市场机会、评估技术和商业可能性、定义产品规格，到产品的设计开发、投放市场、商业合作，产品经理都要一一跟进。进一步说，这个职位的重要性在于，通用电气未来要研制怎样的产品，产品经理们起到了决定性的作用。

决策程序

生产产品策略非常重要，它们建立了确定的、激发性的产生和获取构想的体系。

重点决策

许多公司的新产品方案都缺乏重点：存在太多的方案，而没有足够的资源。在早些时候，足够的资源被认为是公司的新产品性能表现的主要推动力量，但是缺乏资源却使许多公司的新产品方案毁于一旦。有时候，公司的管理层没有向该公司新产品开发方案分配所需的人员和资金。但是这种资源问题更多的是因为缺乏管理重点，是欠缺项目评估的结果，同时也是没有确定优先顺序和做出生/杀的武断决策的结果。

在新产品流程中，需要的是新产品“漏斗”，而不是一个“通道”。一个“新产品漏斗”在整个流程中都采用了严格的生/杀决策点，那些劣质项目被剔除掉了，稀缺资源被重新分配到真正有价值的项目中去——高价值的项目，其结果是新产品开发过程更有重点。

专栏

专业经营的企业必须摒弃的观念

第一，摒弃多而全的观念。现在很多企业产品型号规格动辄几千个，甚至上万个，大多数产品并非真正专业化的开发而来，所以大多囤积在仓库成了滞销品。我们曾经了解过一个企业，其现在仓库仍囤有近一半的滞销品，可想而知浪费多大。多而全的产品也给管理带来难度，损耗了很多的管理资源。

第二，摒弃顺便做做的观念。顺便做做意味着并不能针对需求开发产品，也意味着不能投入全身心去做，最终只会草草收场。大多数顺便做做的企业在顺便做做的产品上都是亏的。

第三，摒弃“你能卖好我也能卖好”的观念。每个企业每个产品成功的基础和环境都是特定的，即使有这个能力制造一模一样的产品，但双方销售基础不一样的话，也不可能取得一样的成功。专业化要避免的就是雷同。

第四，摒弃大小通吃的观念。大小通吃意味着要覆盖所有市场。现在相当多的企业还不满足于产品类别的扩充，每类产品都要有高、中、低三档，仿佛这样就能占有所有市场。现在，这种办法很难行得通了。专业化就意味着市场的细分切割，专业化也意味着只能占领某一块领地。

商业决策

在开发活动广泛铺开之前，商业决策这个阶段清楚地定义了产品以及该项目的吸引力。这也是一个重要的准备工作阶段——一个常常被执行得很薄弱的环节。

这一阶段通过实施市场调查和市场研究来确定顾客的需要、愿望和偏好，帮助定义“将要取得成功”的新产品。这一定义的因素包括：目标市场定义、产品构思定义、产品定位战略的说明、产品能够带来的好处和价值的描述、讲明白本质的和理想的产品特征、属性、要求和规格。这一阶段的结果是该项目的商业立项书：产品定义—成功的关键—达成一致，并且产生了完整的项目合理性说明和详细的项目计划。

这是开发阶段之前的最后一个入口，是进入花费巨大的全面开发活动之前项目可以被枪毙掉的最后一个控制点。

该阶段评审和决策的内容包括：

（1）有无执行该项目的项目组织？

（2）项目计划中的信息是否现实生效？

（3）已识别并得到承诺的资源是否足以执行开发和认证活动的需要？

（4）项目组织是否获得批准？

（5）产品需求是否合理？（包括非功能性需求、安全性需求、ECO以及产业化需求、可测试性、继承性。）

（6）内容基线是否发布？

（7）产品开发的培训需求是否满足？

（8）质量目标、工具识别，项目质量计划信息是否生效？

（9）所需的流程剪裁获得批准了吗？

（10）市场计划信息是否生效：市场进入策略、技术市场（路演、演示）、沟通（目标客户、媒体预算/日期安排）。

（11）已识别并得到承诺的资源是否满足执行销售准备活动（营销计划）？

（12）采购计划有否生效，包括资源策略、维护以及支持计划、风险缓解、目标价格、保险等。

（13）选定的供应商是否已写进采购计划中（部件、分包商/OEM）；单个部件供应商产生的风险是否采取缓解措施并得到批准？

（14）面向客户的产品测试计划（如果有必要的话）是否准备好？

（15）客户服务计划信息是否生效，生产计划以及技术信息是否完备？

（16）营销计划完备性：市场细分、规模、市场窗口、客户需求/利益、产品地位、竞争力、成本、价格。

（17）营销计划和销售策略有效性。

（18）一直到阶段5的所有的决策评审日期确定了吗？

（19）风险评估的结果是否可允许项目继续下去？

（20）并行工程的可选项是否生效？

（21）和以前项目的主要差距的根本原因分析得出结论了吗？

商业项目确立如表8-3所示。

表8-3 商业项目确立

工作内容	具体内容
用户需求和愿望研究	运用顾客意见调查来确定产品要求 进行面对面深入访谈 确定什么是“价值”，什么是“顾客利益” 从顾客观点出发定义一个成功的产品概念 寻求顾客的需求、愿望和偏好、选择准则、爱好、不喜欢的东西 有关产品要求和设计方面的平衡 研究顾客的使用系统和产品的使用价值 探索竞争性产品的优势和弱点
竞争分析	对竞争状况进行直接和间接的详细观察 确定谁是竞争者，产品的优势和劣势 预期的未来产品，定价情况，竞争者其他的优点和弱点 竞争者是如何进行竞争的，他们的表现如何
市场分析	确定市场规模、趋势、分割状况和比例大小 购买者行为模式 竞争者状况
具体的技术评估	把市场研究结果转化成一种技术上可行的产品设计或者概念 QFD[①]技术 描绘出技术解决方案和开发知识产权的战略 深入研究生产问题和供应来源：生产路线、成本、和资本设备的要求
观念测试	市场测试 向顾客推荐产品概念、模型和实际原型 面对面的访谈 观测兴趣、爱好、偏好、采购倾向和价格敏感性
财务/商业分析	商业原理 战略评估（适应性和冲击度） 核心能力评估并描绘合作战略 详细的财务分析：净现值、内部报酬率和敏感性分析
行动方案	提出推荐方案 设计第三阶段的行动方案 确定第四阶段和第五阶段的方案 明确上市时间

① 质量功能展开（quality function deployment）。

风险决策

风险管理中的规则一是：如果不确定性很高，保持较低的可能损失的数量。规则二是：随着不确定性减少，可以增加风险客体的数量。这两个规则使得风险可以控制。

新产品开发的风险管理——5个赌博规则。

（1）当新产品项目的不确定性很高的时候（也就是当成功的前景还很模糊的时候），要使得受风险威胁的资源数量保持在较低的水平。当你不知道该向何处走的时候，脚步要迈得小一点。

（2）随着不确定性的降低，要让受风险威胁的资源数量增加。当你对向哪里走了解得更多的时候，步子可以迈得越来越大。

（3）把新产品流程划分成一系列的步骤和阶段。把新产品流程当做一系列的期权购买，每一步都会比上一步代价高昂。

（4）把每一阶段都当做一种减少不确定性的手段。记住信息是减少风险的钥匙。在流程中产生费用的每一个步骤都必须减少相应数量的不确定性。针对项目的结果，购买一系列的观察。

（5）提供及时的评估、决策和退出的决策点。这些决策点和所有的从以前阶段取得的新的信息放在一起形成这样一个问题：“你是否要继续进行该项活动？你是否应该继续进行至下一个阶段，还是现在就终止该项目？”

华谊兄弟董事长王中军[1]在谈到华谊的电影决策时说：“每个电影在刚开始都是一个概念，我们会有一个电影决策班子先审读剧本。我们决策班子非常简单，比如冯小刚、陈国富、我，加中磊就组成一个决策班子，有A、B、C三个剧本，我们同时阅读，当大家对其中一个剧本达成共识后，电影就立项了。此外我们还有顾问班子，两个班子看完了剧本后，电影的大体方向就定下来了。我们定了方向后，就跟财务谈预算。因为我们的决策团队都是有经验的人，每个人脑子对电影的场面、演员方向都有清楚的概念，比如冯小刚说给我多少天多少资金，我可以把这个戏拍成什么样的效果，这个戏最后票房达到多少能够持平。另外我们还有国内、国际发行团队来参与研究决策。”

质量控制

质量是产品的灵魂，是企业的生命。美国著名质量管理学家约瑟夫·朱兰博士指出：“20世纪是生产率的世纪，21世纪是质量的世纪，质量是和平占领市场最有效的武器。”

中国企业家太缺乏对产品的虔敬之心了，这是导致三聚氰胺、地沟油、瘦肉精等一切产品质量、食品安全事件的根源。一个企业经营者，没有把产品做得越来越好的决心与投入，整天把扩张、利润、成本当做企业管理层的主要工作，这样的企业家让人无法理解。

在中国，质量问题不仅存在于企业界，同样存在于科技界与教育界。有分析[5]指出：“中国的学术项目尽管具备雄心和资金，但却用数量牺牲了质量。”认为中国初出茅庐的学术项目生产了水平参差不齐的工程师们。

团队控制

新产品流程是多职能的，要求从组织中的不同职能部门中选拔人员并使其积极参与活动。创新的多职能性本质和平行处理的要求意味着为了赢得一项新产品，一种真正的跨职能团队的方法是具有强制性的。

设计团队

设计团队中应该包括设计工程师、制造工程师、服务代表、营销经理、客户、经销商、财务代表、工业设计师、质量和检验人员、采购代表、供货商、法律法规专家、生产工人、专业人员以及其他项目的代表。首先，这有助于考虑到所有的设计因素；其次，这种多样化的人员构成能够从许多角度考虑问题，从而产生更好的设计方案。与仅仅由设计工程师或科学家组成的单一的设计团队相比，这种协同的合作能够设计出更好的产品。团队的所有成员都应在需求获取和分析阶段参与进来，并积极发挥作用。这样，他们就能够在设计团队中做出有意义的贡献。团队的成员不一定是专职的，但他们也不能承担过多的其他任务，以免他们不能够做出有意义的贡献。团队中所有的成员都应该积极地参加产品的开发，而不是等待“设计师”做出某些设计之后，再对这些设计做出反应。但不同的角色会对产品需求产生影响。

由于竞争以及用户对于产品的苛求，现在在产品开发中多采用集成开发环境，以加快开发的速度和成功率。产品开发团队可以通过应用或集成开发环境取得相当程度的成功。而我们把参与集成开发环境的所有相关人员都定义为干系人，因为产品开发项目和工程项目不同，当产品还未投放市场时，产品的分析、定义和设计的大部分时间是在企业内部来实施的，它承载了企业对未来的期望。因此，企业内部的各个组织，由于利益、职责等诸多原因会对产品的开发产生影响，会从不同的角度对产品提出相关的意见。

多功能的设计团队是集成开发环境的基础，最成功的产品开发团队是那些最完整的团队，各方面的专业人员在项目的开始阶段即参与进来，这其中项目经理的职责能否被成功担负起来至关重要，他应该能够要求项目小组达成一致的努力，去解决困难的协调问题，这样才能够最大限度地发挥多功能设计团队的效率。有的公司为每一种新产品都指派一位项目经理，他作为产品的总负责人，从产品的概念设计阶段一直到产品上市都参与其中。他最重要的一项任务是确认所有的问题都已被提出并得到了解决。这些意见来自于产品开发设计、采购运输、生产、市场销售、客户服务等各个部门的人员，还包括对市场、客户、竞争对手和法规等进行跟踪研究的专业人士的意见。

专栏

嘉士伯啤酒的金科玉律

嘉士伯啤酒厂酿制啤酒的长远目标，不在于赚取短期的利润，而是将啤酒酿制艺术发展到十全十美的境界，务必使嘉士伯啤酒厂及其产品能树立一个优良的规范，把嘉士伯啤酒的酿制技术保持在一个永远受人推崇的高超水准。

——J. C. 雅各森

客户合作

让客户参加到实际的产品开发团队中，这正在成为一种越来越普遍的做法。让客户参与到设计过程中来的另一个好处是，使他们与所设计的产品联系在一起，这样他们就容易变成忠实的客户。

通常意义下，客户是指直接或间接从产品中获得利益的个人或组织，即接受你的产品和服务的个人或组织。在新产品开发中，对分析和研发人员，经常面对的客户是产品经理或市场部。产品经理是研发人员和市场，或未来的客户的桥梁。客户包括提出要求、选择、具体说明或使用产品的项目干系人（stakeholder）或是获得产品所产生的结果的人。

优秀的产品是建立在优秀的需求基础之上的。而高质量的需求来源于客户与开发人员之间有效的交流与合作。但通常，开发人员与客户或客户代理人，如市场人员间的关系反而会成为一种对立关系。双方的管理者都只想自己的利益而搁置用户提供的需求从而产生摩擦，在这种情况下，不会给双方带来一点益处。

只有当双方参与者都明白要想成功的话自己需要什么，同时也应知道要想成功的话合作方需要什么时，才能建立起一种合作关系。由于项目压力与日俱增，所有风险承担者有着一个共同的目标这一点容易被遗忘。其实大家都想开发出一个既能实现商业价值，又能满足用户需要，还能使开发者感到满足的优秀产品。

团队领导

先进产品开发能否取得成功，将取决于团队的领导者如何领导这个团队。团队领导者的责任是确保由团队成员的知识和经验所带来的团队效益。团队领导者保证所有的问题都被提出，并得到尽早的解决，所以，后续的进展就非常迅速。多功能团队的管理要求有强有力的团队领导层，领导者应当理解上述的先进产品开发方法，并得到管理层的支持，以便预先做好彻底的准备工作，从而保证后续工作的成功。团队的领导者应该将团队的精力集中在这样一些方面，即：系统的产品定义、设计中各种因素的权衡、概念的简化、结构的优化以及模块化等策略。

所以，团队的领导者必须具有经过证实的能力，能够领导团队并激励团队成员以某种方式进行产品的开发，这些方式可能会是不同的、不熟悉的，甚至可能是不愉快的，例如：尽早地在一起工作、尽快地解决问题、在设计组件之前对结构进行优化，以及把注意力放在总成本和实际上市时间上。团队的领导者还应该在技术、营销和管理方面具有很好的综合能力。他们必须具有管理上的威信，具有能够成功地保护资源、工具的能力，以及拥有成功所必需的权力。选择产品开发团队领导者的趋势是，从注重资历转化为选择新的、有经验的领导者，他们应该掌握先进的产品开发方法和知识，并能够很好地理解技术和营销方面的问题。

专栏

追求残忍的完美[5]

当苹果的生态系统从一个小型高科技村落演变成一个全球帝国时，苹果公司的创始人史蒂夫·乔布斯很自然地成为主宰。

乔布斯被认为是一个喜怒无常的人，并且以“疯狂的高标准”著称。

执掌公司初期，他全然不顾华尔街的满腹牢骚，大力削减产品品种，把原有的10多个品种砍至4种。他曾要求iPhone的团队在最快时间拿出不同的封装设计，当时离面市已经为时不远，据说他走进公司说：“我就是不喜欢这个东西，我无法说服我自己爱上这个玩意儿，而这是我们做过的最重要的产品。”于是iPhone成了后来我们见到的样子。

动画公司皮克斯（Pixar）公司制作《玩具总动员》（*Toy Story*）让乔布斯花费了1000万美元，但他因为对剧本不满，将工期暂停了5个月。“我们让每个人都拿着工资放大假去了。好好琢磨了一番之后，他们做出了你所看到的《玩具总动员》。”他说。这种“停下来”的勇气使乔布斯在其他电子产品制造商中毁誉参半，但对消费者来说，乔布斯的真正秘诀是他有着对普通消费需求的直觉，而且能够很好地跟技术结合在一起。

苹果精心地选择出最好的合作者。自2003年iPod销售大增以后，苹果就开始与一些小硬件制造商合作，包括便携话筒、音乐播放器外壳厂商等。2004年，宝马首次在其年度新款车型的储物小格中加入iPod转接器，克莱斯勒、福特和本田等汽车制造商随后也加入这个潮流。超过20万家公司与苹果签署了制造与苹果相容产品的协议。70%的新款美国车都配备了iPod转接器，大约10万个飞机座位也将同样配上这东西。

乔布斯的策略是一旦被市场接受，就迅速推出各种风格品位偏好和价格优势的不同系列产品，这些产品同样拥有改变世界的魔力。

对于很多人来说，与乔布斯打交道并不容易。乔布斯强求的是一种“残忍的完美”。苹果为数不多的规定之一就是，每周一乔布斯将和整个管理体系回顾公司的运营情况，包括前一周的销售项目、每个正在开发的产品以及那些麻烦缠身的产品。

几乎每个大项目都有可能被乔布斯要求推倒重来，理由是“这不仅仅是工程学和科学，也是艺术”。

“这辈子没法做太多事情，所以每一件都要做到精彩绝伦。”这是乔布斯的名言。

客户控制

对顾客来说，产品质量不是100分就是0分。

内部测试

内部产品测试是在控制的或者实验室条件下，大量地进行实验室或者 Alpha 测试，以检查产品的质量和性能表现。

专栏

腾讯模式

腾讯以 IM 为核心依托，以 QQ 为平台，低成本地扩张至互联网增值服务、移动及通信增值服务和网络广告。其中，门户 QQ. COM 现在稳居流量第一，拍拍网业界第二，SP 排名前三，休闲游戏业界第一，网络游戏稳居前五。虽然单项业务并非都是第一，但总体实力在中国 IT 界却是无出其右。目前，基本所有优秀互联网企业所经营的网络服务，腾讯都有涉足，而且来势凶猛，甚至腾讯一度被戏称为互联网企业的“全民公敌”。

腾讯虽为互联网公司，其内部架构却好似为经营传统产品而设。腾讯公司将所有的业务产品化，实行事业部制，将收入指标分配到每个产品经理头上，让他们每个人都成为一个小老板，其收入与产品挂钩——这种机制使得腾讯成为中国互联网界上赢利能力最强的公司之一。

腾讯内部按季度考核，一个产品组每个季度的指标都不一样，大约会比上个季度增长 10% 左右——这个指标会按照产品的活跃期进行调整。而完不成任务的组将会被扣分，进而影响季度奖金和全年奖金。

腾讯的产品经理需要负责产品的规划、用户体验设计、流程设计，根据产品特点制定总体及阶段性推广策略，组织、协调产品研发、运维、客服等各部门实施活动方案，以及收集整理活动结果，评估分析推广渠道的有效性、活动质量和产品改善建议。

从腾讯近期的网络游戏、门户到 C2C、搜索的扩张脚步中，我们可以看到这样一个模式：在巩固目前业务收入、保证现金流的情况下，腾讯同时开始培养种子业务；在其他先入场者商业模式基本清晰、市场竞争基本充分的时候，腾讯建立小规模团队，试运行悄然启动；在此过程中把新业务与 IM 核心优势进行整合，而一旦该业务经腾讯改造后，到了能真正发挥腾讯社区融合特性之时，也就意味着腾讯看到了成功的曙光。

腾讯的学习周期与其他互联网企业相比，显得谨慎而缓慢。以 C2C 为例，其思路是：先依靠成本很低的平台自然滚动，绝大部分在产品和研发上，而不是推广上。其目前的 C2C 团队大概有 100 人左右，而搜索团队仅有几十人。

面对新业务，腾讯考虑的是立足于长远。未来 5 年这项业务是否会持续增长？用户的需求会不会转向其他地方？是否有新生产业对此构成威胁？随着网民数量的增长放缓和结构调整，如何应对获得新增用户的成本提升，以及产品如何更贴近结构调整后的用户群？

在腾讯的视野中，未来互联网的应用主流仍将是工作和学习，最长期、稳定的收入模式应该来自企业付费和广告收入，包括搜索付费和电子商务。除了在腾讯总收入比例已经跃升至 3. 2% 的广告业务之外，无论是刚刚起步的搜索还是电子商务，都很难在近期看到赢利前景，这些都是腾讯目前的“种子”业务。

一个可以给用户带来价值的产品模式需要执行到位，才是真正完成的产品模式的过程，它将给用户事业带来预期或超过预期的效果。

偏好测试

在偏好测试中，顾客，无论是个人或者是团体，都可以接触到最终的产品，爱好、偏好和购买意向都得到了测定。偏好测试要完成几件事情。它提供了一种比开发前的观念测试或者开发阶段的任何顾客测试都要准确的产品市场接受程度测试。

偏好测试的最终目的是确定顾客如何和为什么对产品做出反应。为了这个目的，把顾客的反应用录音带记录下来是非常有价值的。顾客在他们评论的言语中提供了该产品如何同顾客沟通的珍贵的线索。那些首先打动顾客的产品属性和特征可以被用来设计广告、宣传小册子或者销售演示。

偏好测试需要避免：

- 注意不要向顾客过分“卖弄”该产品
- 确认顾客掌握了足够的有关该产品的信息
- 在顾客偏好测试中要慎重地测量价格敏感性
- 不要死板地理解“偏好”和“购买意向”数据
- 认真解释不容易识别的偏好测试的结果

现场试用

要识别并且委任一组潜在的顾客样本（就是说他们要同意参与）；然后要将产品给或者借给顾客让他们继续在家里、办公室或者在工厂里使用该产品；之后和这些用户召开听取汇报的会议（或者个人访问或者通过电话访问）；向这些用户提出一些常见的问题，即兴趣、爱好、偏好和意向等，也可以询问有关产品的优点和缺点、产品使用的方便程度、使用的频率以及改进的建议等。

提前的市场测试（或者模拟的市场测试）是一种相对廉价但是非常有用的预测一种新的消费产品的市场份额和销售额的方法。各种各样的咨询或者市场研究公司提供了多种提前测试市场方法的商业化版本。代表性的例子包括 BASES、ASSESSOR 和 TEMP。

提前测试研究中的潜在顾客来到一种测试的设施前，他们会看到新产品的广告或者一种产品观念的描述。通过某种途径，广告被显示在电视屏幕上，顾客认为他们是在那里观看一种演示。接下来，给予顾客机会去一个虚拟商店进行模拟采购。给他们一些购物券或者信用限额来挑选一些商品。当然，新型品牌的产品摆放在商店中，和其他许多典型的商品放在一起。如果顾客选择了用于测试的产品，在使用该产品几个星期后，他将会接受一次调查访问。

提前的市场测试研究能够获得重要的信息。首先，模拟的购物行动提供了一种测量促销广告和包装的有效性的途径。其次，取得了对产品的使用、爱好和再次购买意向的信息。初始的试销比率加上后来的再次购买意向可以用来估算销售额或者市场份额。最后，这些方法产生了有价值的分类数据，得到了被研究的参与者的人口统计学方面的信息和其他相关的信息，并确定了一个定义更为精确的目标市场。每一种商业上可行的提前的市场测试技巧都会随着方法、计算和目的的不同而有所变化。BASES 主要用来预测第一年和以后年度的销售量，而 ASSESSOR 和 TEMP 用来预测未来的市场份额。

市场测试

市场测试（或者试销）是在产品全面上市之前测试新产品和它的营销组合的最后形式。在所有的测试方法中，市场测试是在正式实施全面的产品上市战略之前的最近一次测试。

实施市场测试研究通常有两个目的。最常见的目的是确定（或者验证）该新产品预期的销售额。一项对于未来销售额的可靠预测对于在入口做出最终的项目生/杀决策是至关重要的。如果市场测试中销售表现很差的话，那么该项目可能被淘汰，或许会回到前期阶段对产品进行必要的修改或者修改产品的上市计划。第二个目的是通过测试不同的处理方法来观察哪种方法可以得到更好的结果，从而评估两种或者两种以上替代性的产品“上市计划”。

顾客测试中经常忽略的一个方面是在开发过程中连续地征求顾客的反馈意见。也就是说，在新产品成型的漫长开发阶段要不停地、反复地进行产品测试。因此，意思很简单，顾客不知道他们在寻找什么样的产品。把第三阶段即开发阶段的东西尽可能早地拿到顾客面前征求意见，尽管这些东西可能还不是最终的成品。只有在这个时候，顾客才能对该种产品做出一些反应，开始提供一些有价值的反馈信息。因此在产品开发阶段要向顾客测试、测试、再测试——并且要尽早地进行测试。其要点是：把产品开发流程分解成片段和部分，快速地制作出部分的产品原型、工作模型、实验室样品或者部分产品，然后迅速用这些产品对顾客进行测试。这种不断重复的一系列的快速的产品原型和测试步骤将会使你快速通过第三阶段，达到开发出正确的产品的目标，并且是在一个比较短的时间期限内取得该目标。

技术控制

产品质量也可以通过一系列的技术方法加以控制。

行动计划

产品质量是生产出来的，不是检验出来的。质量是新产品流程的目标。更具体地说，理想的行动计划应该有如下特征。

（1）重视完整性。保证那些对取得新产品项目的成功很关键的活动得到切实地执行——没有缺口、没有遗漏，成为一个完整的过程。

（2）重视质量。保证这些环节的实施质量是一流的；也就是说，把创新活动当做一个流程，强调第一次就把事情做好，并且在流程中纳入质量控制和检查环节。

（3）重视关键环节。在新产品流程中要把注意力和资源集中到关键性的和尤其薄弱的步骤中去，尤其是前期的和市场导向的活动。新产品流程或者阶段管理体系仅仅是一种流程管理的工具。我们把实施质量问题纳入新产品流程，这类似于把质量方案成功地贯彻实施到生产的基层。

关键方法

五种用于加快新产品的关键方法如下。

（1）第一次就把它做好。保证该项目每一个任务和步骤的实施质量。节约时间的最好方式是避免回过头重新做某件事。

（2）内部工作和定义。做好前期的准备工作，并且取得清楚的项目定义可以节约该项目后续阶段的时间，它意味着清楚的产品设计目标和更少的返工。

（3）围绕一个得到授权的跨职能的团队进行。组织跨职能的团队对及时地实施项目开发至关重要，它减少了沿着垂直的组织结构上上下下的沟通活动，促进平行处理活动（而不是按顺序解决问题）。

（4）平行处理那种接力赛式的、按次序或者序列进行的新产品开发方法已经过时了。一种更合适的方法是橄榄球赛式的方法，或者说是平行处理的方法。更多的事情在同一段时间内被完成，于是该流程成为跨职能性的流程。

平行处理是一种完整的高质量流程所需要的方法，同时也可以满足当代快节奏的商业世界的时间压力。在平行处理的情况下，运动远没有接力赛那么紧张，更多的工作在花费掉的一段时间内完成了，有三四项活动由团队的不同成员同时去做。除此而外，不太可能因为缺乏时间而使某些活动或者任务遭到忽略或草草完事，各项任务被同时实施，而不是按一个序列进行，因此花费的总时间可以缩短。

（5）优化和集中。使项目进度慢下来的方法，是分散你有限的资源和人员到很多的项目中去。通过把资源集中到真正值得做的项目上，不仅可以把项目做得更好，而且能够使项目做得更快。

技巧方法

除此之外，这里还有一些缩短开发周期的技巧性的方法，可以考虑把这些方法引入你的开发流程。

（1）使用流程图。描绘出该项目中的每一项活动，然后让项目团队寻找办法去缩短每一项活动的时间，努力把每项活动的时间削减一半。消除浪费时间的因素！通过缩短每一个阶段的时间，任何一个项目或者流程都可以被加速进行。走捷径或者省略不必要的活动，可以明显地节约时间。

（2）使用规划工具。使用重要的路径规划和项目管理时间规划软件。寻找同时实施任务的机会，或者在一项任务结束之前开始另一项任务。

（3）增加项目管理的灵活性。要取得更快的速度，可以使某些阶段交叠进行；把一些活动提前到上一个阶段去做，尤其是那些具有很长交付期的活动；同时实施多个入口的审核。例如，举行入口2和入口3联合的审查会议；明智地删去一些细枝末节的活动。一旦你的进阶升级流程已经建立起来并开始运作，就可以放松对定义良好的流程中规则的要求，推进到第三代开发流程体系。

（4）时间限定必须得到保证：如果不能按照时间期限完成任务的话，那么以时间为基础的创新活动是不可能成功的。遗憾的是，大部分公司对这个原则只是嘴上说说而已。要确保遵守时间期限，就必须遵守规划中预先确定的时限，不能以任何借口拖延。应该制定出这样的计划，写明各项必须完成的任务和它们最后的完成日期。如果有延误，就要投入更多的人力和资源来弥补，而不是向后推延。

（5）灵活分配资金：储存一部分资金（或者资源），以免等到下一个预算年度取得资金后才能开始实施批准了的项目。

（6）以各种方式向前推进：入口把关者不能做出及时的决策（例如抽不出时间举行审核会议或者没有出席该会议），那么该决策就是一个自动通过的决策。要把这种情况确立为公司的一个原则。

（7）不要把项目复杂化：寻求不受限制的产品或者项目机会。例如不是实施一项包括三个发明的项目，而是把该项目分解成为三个独立的新产品项目——引入三代连续的更好的产品。这里的原则是：项目的复杂性增加一倍，项目的时间增加三倍。因此，要努力降低项目的复杂性！

专栏

细节决定成败[6]

现代商业的成败，在很大程度上已经由细节决定了。大笔的金钱投入下去，往往只为了赚取百分之几的利润，而任何一个细节的失误，就可能将这些利润完全吞噬掉。

上海的地铁一号线是由德国人设计的，看上去并没有什么特别的地方，直到中国人自己设计的二号线投入运营才知道其中有那么多的细节被二号线忽略了。结果二号线运营成本远远高于一号线，似乎至今仍未实现收支平衡。

三级台阶

地铁一号线的每一个室外出口都不是和地面齐平的，要进入地铁口，必须要踏上三级台阶，然后再往下进入地铁站。不要小看这三级台阶，在下雨天它可阻挡雨水倒灌，从而减轻地铁的防洪压力。事实上一号线内的那些防汛设施几乎从来没有动用过，与之相较地铁二号线曾发生过雨天被淹的惨剧。

转弯

地铁一号线的每一个出口都会转一个弯，不会直接通到室外，而二号线显然没有注意到这一点。这一个转弯大大减少了地铁站台和外部的热量交换，从而减轻了空调的压力，使得一号线的电费大大小于二号线。

地面装饰线

一号线的站台最外边采用金属装饰，里面又用黑色大理石嵌了一条边，再里面铺设同一色彩地砖。这样的装饰，给予乘客心理上暗示，从而使所有的人都会下意识地站在地砖所在的范围内，和地铁保持了大约50厘米的距离，保证了乘客的安全。而二号线地面全部用同色的地砖铺成，稍不注意就会过于靠近轨道，使得地铁公司不得不安排专门的人员来提醒乘客。

站台宽度

一号线的站台比较宽，上下车比较方便，而二号线的站台比较窄，尤其一二层之间的楼梯比较窄。在高峰时段，显得非常拥挤。较窄的站台，也使乘客无法看清楚对面的本站站牌，容易坐过站。这使得二号线重新装饰了所有的柱子，使每一个站台的柱子都不相同，以方便乘客辨认。但同时二号线也丧失了在柱子上做广告的收入。

小缺口

地铁一号线在设计的时候留有站台门，地铁到达的时候，地铁门和站台门会对准，同时打开。没有地铁的时候站台门关闭。这进一步保存了站台的热量，节省电费。同时也保证了旅客的安全，使得旅客根本不可能跳下站台。然而在实际运营的时候，并没有安装站台门，但仍然可以在站台上看到门的导轨，导轨在每一个正对门的地方都留有一个缺口。

其他

地铁一号线每一个站台的楼梯、柱子的位置基本上是相同的，这大大减少了设计时候的绘图费用。从德国进口的车子的照明程度得到了精确的测量，当车厢壁上没有悬挂任何东西的时候，其亮度是相当舒适的。而目前由于大量张贴了广告，使得车厢内的照明偏暗。

小小一个地铁就又如此多的细节需要掌握，那么学习和引入一种制度呢？又有多少细节需要掌握，又有多少人真正努力去研究和思考这些细节呢？

【提示】 人生与事业的不成功，经常不在于没有做，而在于没有做好。

危机管理

产品是企业在市场竞争的主要载体，过硬的产品是企业各种竞争实力的集中体现。如果企业在生产经营中，其产品的结构、质量、品种、包装、更新换代速度等方面与市场需求脱节，产品缺乏竞争力，造成产品大量积压，甚至完全被市场淘汰，企业可能被迫停止运行。2000年11月中美史克公司遭遇“PPA禁令”，这是由于感冒咳嗽药处方中含有PPA（苯丙胺）成分(根据国家药品不良反应中心提供的现有统计资料及有关资料显示，服用含有PPA成分的药品制剂易出现过敏、心律失常、高血压、急性肾衰、失眠等症状)，从而引发产品预料不到的副作用导致的危机就属产品危机。这个危机使中美史克公司的两大主力产品康泰克、康得随后进入停产、停销阶段。

正确地对待危机与失败是走出危机与失败的关键。史玉柱[7]说过：“我曾经失败过，而且失败得轰轰烈烈，我觉得成功时总结的经验往往是扭曲的，但一个人失败的总结教训那才是真的值钱的，所以我觉得我还是有一些价值的，如果和他们交流，我更愿意谈我失败的过程和我的一些体会。”

危机预防

纵观中外企业兴衰史，可以得出一个结论：企业危机的根源不在于外部环境与外部因素，而在于企业自身不能识别危机并采取正确行动，在于管理不善。美国Dunhe和Bradstreet在

"*The Failure Record Through* 1969" 中分析：管理无能（表现为管理思想落后，管理体制不健全，决策失误，扩张过度引起的资产结构比例失调，技术工艺落后、产品品种质量不适应市场需求、竞争力很弱、存货过多、资金运行调度失灵等）造成的破产企业数几乎占到美国总破产企业的90%，所以真正的危机在于企业内部经营管理的危机，是企业内部管理出现了问题，只是通过不同的外在形式表现出来而已。

"危机"被广泛定义为"干扰事件自然流程的任何事件，而且如果对其缺乏及时的认识和正确的处理，将会危及到一个企业的存在"。没有哪一个企业能够完全避免危机的发生，因为起主导作用的是不断变化的外部力量。因此，最佳的防御措施就是苦练内功、做好准备，这样一方面减少危机发生的概率，另一方面则在危机发生时，可集中力量控制局面，通过企业内外部的沟通，有条理地化解危机。

> 现在，意外成了新的常态，复原力成为一种新技能，后备计划是一项战略资产。通常来说，没有哪家公司会把火山灰列入自己的最差情景清单，但就在2010年，它却成为令空中交通瘫痪数周的罪魁祸首。

信息通畅

危机管理的功夫不在处理，而在于预防，正所谓防患于未然。虽然说任何企业都可能遇到危机，但并非说危机不可预防。事实上，几乎所有的危机都是可以通过预防来化解的。一般说来，危机事件的发生多半与企业自身的行为错失有关，或是因为违反法令，或是因为不解民情，或是因为管理失当，或是因为产品、服务缺陷所致。当然，其中偶然也有因政府行政过失，媒介妄言轻信，或消费者贪婪鲁莽而起，但多数还是根在企业，责在自身。正因为如此，企业才能通过预防措施，减少甚至杜绝危机事件的发生。

（1）危机预防的功夫，重在教育和培训。企业任何行为都是通过人的行为来实现的，对企业员工进行危机管理教育和培训就显得十分重要。而危机管理教育首先在于危机管理意识，也就是说让所有企业员工都明白危机管理的重要性和必要性，提高员工对危机事件发生的警惕性；其次则在于培训员工的生产和服务技能，保证企业产品或服务的质量，减少企业自身错失的机会；再次则为培养员工合作与奉献之精神，即与同事合作，减少内部管理摩擦；与政府合作，减少企业违反法令的机会；与商业伙伴合作，减少与伙伴之间的争执与纠纷；与消费者合作，减少消费者对企业产品或服务之不满与抱怨；与新闻媒介合作，减少媒介对企业的误解与曲解；最后便是教育职工奉献社会的精神。

（2）危机预防的功夫也在企业保障。符合危机管理要求的企业保障，要求企业在进行企业设计时，必须考虑到以下几个问题：

- 确保企业内信息通道畅通无阻，即企业内任何信息均可通过企业内适当的程序和渠道传递到合适的管理层级和人员；
- 确保企业内信息得到及时的反馈，即传递到企业各部门和人员处的信息必须能得到及时的反应和回应；
- 确保企业内各个部门和人员责任清晰、权力明确，即不至于发生互相推诿或争相处理；
- 确保企业内有危机反应机构和专门的授权，即企业内须设有危机处理机构并授予其在危机处理时的特殊权力。

如此一来，企业内信息通畅，责权清晰，一旦发生任何危机先兆均能得到及时的关注和妥善的处理，而不至于引发真正的危机。

（3）危机预防的功夫，还在于资源准备。企业的资源准备当然分为人力资源和财力资源两个部分，但其中最为关键的是人力资源准备。处理危机事件，关键在人，而不在物或其他。而这种人力资源的准备既要有企业内部的人力资源，也要充分利用社会上的人力资源即外部人力资源。企业内部的人力资源准备主要集中在建立企业自身的精英队伍，其中包括产品技术精英、生产行家、售后服务专家、法律顾问、人力资源专家和谈判能手；而外部人力资源的准备则在于行业专家、学者、媒介精英、政府官员和专业人士等。由于危机处理对于参与人员的素质要求很高，这些人员如果不能进行提前准备，就很难在危机发生时找到合适的人员，从而延误战机并导致处理失败。

自我诊断

企业诊断是从繁杂的咨询服务中分离出来的，对企业经营活动进行全面诊断，提出改进方案，并负责指导其实现方案的应用科学工具。企业诊断分自我诊断和委托专家诊断，企业通常是将两类诊断结合来使用。

在快速变动的环境，企业要有快速应变的团队，来应对可能出现的危机。企业进行自我诊断是规避危机的好办法。其中最核心的工作就是要注重前期的预警。首先要明确定义问题，再运用系统思考的方法来分析问题，不能采用“头痛医头、脚疼医脚”的方式，否则治标不治本。

有时，自我诊断可能进入这样的误区，即把问题的现象当做一种问题，而没有真正去了解问题发生的根本原因，没用系统的方法来看问题。很多时候，企业自己既是病人又充当医生是不妥也是不能办得到的，所以当企业觉得“身体不适”时，企业往往聘请外部的诊断机构、咨询机构来为自己作诊断。企业诊断通常包括三个阶段：一是对企业经营状况进行调查研究；二提出改善企业经营的具体方案；三是指导企业实施诊断方案。

企业在平时经营活动中，如何进行自我诊断呢？理论上应该要求时时刻刻进行，但从实际操作来看，进行自我诊断时主要看两个方面。

一是看结果与年度目标的差异，不论是完不成目标还是超额完成，如果差异大，那就要进行差异分析，看是什么原因造成的，从而采取相应措施。

二是针对不在计划之内的突发的事件、问题，主要是采取问题解决的方式，用“5W1H”模式来探讨来分析情况，并着手解决。

预警指标

任何事物都不是空穴来风，多数危机在爆发前都有或多或少的预警信号，只是在危机真正爆发之前，这些蛛丝马迹的预警信号往往没有引起人们的注意和足够的重视而已。

世界是可知的，作为客观存在的企业危机也是可知的。企业危机的可知性是说，企业危机是可以认识的，可以预测的。企业危机与企业发展相伴而行，企业危机的形成与发展也有一个过程，有其自身的规律。企业危机发生前总会有不同程度的前兆即信号。

企业危机出现前兆主要表现在：管理者行为方面，不信任部下，猜疑心重。固执己见，使员工无法发挥积极性，对部下的建议听不进去，一意孤行，对员工要求严厉，对自己要求宽松，执行双重道德标准，上下之间积怨甚深等；在经营财务方面，销售额、经常收益率和经常收益增长率大幅度下降，负债比率大幅度升高，自有资本率大幅度降低，拖欠业务付款，拖欠员工工资，等等；经营策略方面，计划不够慎重周密，对产品任意调价，在市场变化或政策调整等外界发生变化时，无应变能力，投资与本行不相干的行业，从事买空卖空的投机，等等；经营环境方面，市场发生变化，出现了强有力的竞争对手，企业内部不和，谣言四起，中坚力量陆续要求辞职和调离，内部管理出现不协调迹象，有不守信用的行为发生，受到新闻界、政府部门“曝光”，社会公众舆论哗然等。如果出现了上述前兆，那就预示着一场危机即将到来。企业应当从各个渠道及时捕捉到这些征兆的信号，并对这些征兆的信号进行分析和判断，及时进行必要的防范，确保企业的某些薄弱环节不至于转变为危机。

在处理危机时，会发现一些看似微不足道的危机症状有可能发展成为巨大的危机，表8-4描述了企业危机的几点主要症状以及有可能引发的危机。

表8-4 企业危机的症状及典型临床表现形式

症 状	引发的危机	典型临床表现
员工有不满情绪	工作地点发生暴力	近年发生的法国公共汽车司机罢工事件，航空公司罢工事件
令人失望的财务结果	消极的媒体报道；员工流失；士气问题	银广夏事件，美国安然公司
顾客抱怨	产品回收；失去业务；产品可靠性诉讼	清华紫光笔记本“换芯”事件
年龄过大的CEO或高级决策者	突然或严重的伤害	青岛啤酒集团总裁彭作义猝死事件
忽视代理人、会计师或税务顾问的建议	罚款或处罚；消极的媒体报道；丧失信用/信任	—
不健全的环保过程	罚款或处罚；昂贵的诉讼；丧失信用/信任	桶装矿泉水的信任危机；关停小煤矿和小造纸厂
研究和投资的减少	丢失市场份额；糟糕的财务表现；声誉受损	三菱帕杰罗事件；奔驰MB100设计缺陷
没有充分考虑员工的工作计划	严重的质量问题；事故；失去业务	新华航空公司飞行员疲劳驾驶
没有持续的计划	工作业绩不佳，过多集中于组织内部和责任	—
没有经营计划	由于缺乏战略/战术和长期计划，使得工作业绩不佳	—
没有危机管理计划	危机管理不当；消极的媒体报道；声誉受损	康泰克PPA事件

预防危机产生的步骤主要体现在两方面。

第一步，平时除了严格注重生产质量，加强产品配套服务，维护产品价值之外，企业管理者还需要防微杜渐，对“可能破碎的玻璃窗”有着清楚的预见。这一点可通过相关指标获得。

（1）可量化的预警指标。任何企业的运作都可以通过对一些“关键值”的测量来反映其是否安全运行或是否有潜伏的危机。比如宾馆的入住率，成长阶段企业的净现金与总资产比（现金加上有价证券减去应付票据和契约规定的义务除以总资产）。不同行业、不同规模的企业采取的量化预警指标也有较大的区别，如对小型零售企业来说，“单位面积销售量”与“单位员工销售量”是关键值，而对大型零售企业来说，其“资金周转速度”、“现金流”等一系列指标才是关键值。总之，每个企业都应结合其实际情况设立一套关键值指标体系，以测量其运作的健康状况。

（2）非数量化信号。有时，一些非量化的指标也能起到危机预警作用。比如，媒体对企业相关事件的负面报道，全新对手的出现，银行对其信用评级度的降低，等等，也是危机出现的信号，管理者应对其引起足够的重视。

第二步就是要建立分析检查机制。针对各种量化、非量化的信号，了解最新情况，使危机在发生之前得以解决，避免其对企业业务与利润的不良影响。企业可以设立分析检查小组，该小组需要由来自企业生产、维修、销售、人力资源、财务等各部门的专业人员组成，以使他们及时了解各自领域内存在的风险隐患，分析问题并分配资源来解决问题，将危机解决在发生之前。

公司治理

随着美国安然等大公司的财务丑闻不断曝光，已经被企业界、金融证券界广泛关注的公司治理结构又再次升温。公司治理结构是一套控制和管理公司的机制。狭义地看，它是公司董事会的结构和功能、董事长与经理的权利和义务以及相应的聘选、激励与监督等方面的制度安排；广义地看，它关注公司的人力资源管理、收益分配与激励机制、财务制度、公司发展战略以及一切与公司高层管理控制有关的一系列制度设计。

公司治理结构的核心是建立一种在股东、董事和高层经理层之间相互监督、相互制约的体系和制度安排，促使企业有一个明确的经营目标、组织结构、决策系统和激励机制。这种制度安排由于近年来市场竞争日趋激烈，游戏规则日益复杂以及众多公司的丑闻而变得越来越重要。

好的公司治理结构没有单一的模式，世界上企业治理结构的形式分为三类：第一种是外部模式即英美模式，是单层委员会制。它的特点是由机构投资者、大量的社会股东组成股东大会，股东大会下面设有董事会，董事会任命 CEO。第二种是内部人模式即德日模式，是双层委员会。股东大会下面一个监事会，监事会下面任命一个管理委员会，管理委员会有一个总经理和副总经理。第三种模式是东南亚模式即家族模式，就是一股独大加上内部人控制。公司治理结构是企业长期稳定发展的制度基础，它是企业必须使用好的工具之一。

当今新创企业的发展越来越受到国际社会的广泛关注，新创企业的发展为社会经济增长做出了重大贡献。在就业矛盾突出的今天，新创企业成为吸纳社会劳动力的主要场所。新创企业发展到今天也面临着许许多多的问题，公司治理不规范是突出难题之一，这导致了每年一大批企业倒闭。

很多新创企业早期往往采用家族式的管理模式，在创业之初没有规范化的管理，靠着企业家拼搏取得了成功。但是随着企业的发展，就必须建立起科学的现代化制度，企业才会做大做强。合理的公司治理结构是当今世界经济领域普遍关注的热点之一，随着经济全球化的发展，国际资本流动要求各国建立良好的公司治理结构。公司治理是一项复杂的系统工程，只有从内部治理和外部监督机制两方面着手才能标本兼治。但事实表明，一个缺乏治理的公司难以给企业带来生机。

从创业者失败的原因角度分析，也可以发现中国企业家在创业过程中或在守业的过程中还存在着如下问题：独断体制、扩张情结和投机心理。中国企业家在建立企业的同时，并没有建立起一套完善的制约和监督机制。

巨人总裁史玉柱在检讨失败时曾坦言：“巨人的董事会是空的，决策是一个人说了算。因我一人的失误，给集团整体利益带来了巨大的损失。”不仅是巨人，中国绝大多数企业决策基本上是独断体制，因此，没有人能够阻止贵州百灵企业集团制药有限公司董事长姜伟“决策的浪漫化、决策的模糊性、决策的急躁化”，也没有人能对吴炳新的“三株年销售额在 1999 年达到 900 亿”的宏伟目标（按这一目标，三株早就可跻身世界 500 强）提出质疑。

中国的企业家大多集创业者、所有者、决策者和执行者为一身，董事会形同虚设，下级也只能俯首贴耳，这些条件与权力的结合，必然使企业家个人拥有了全世界最高的经营失误机会和决策错误机会。正如史玉柱所讲：“决策权过度集中在少数高层决策人手中，尤其是一人手中，负面效果同样突出。特别是这个决策人兼具所有权和经营权，而其他人很难干预其决策，危险更大。”

以软件起家的巨人集团，意图纵横电脑、保健品和房地产三大领域，最终却因规模太大、战线太宽而陷入资金危机不能自拔；秦池妄想通过竞得“标王”而开创“营销时代”，等等，无疑都是投机的心理在旁煽动。

反观国外CEO的失败原因（见图8-2），并不在无约束的决策权，而更多的是集中在决策执行的失误。多元化、纵深化发展并不是中国企业家唯有的想法，这是发展扩大企业的两大途径，但外国企业家更加理性，更加有节制。

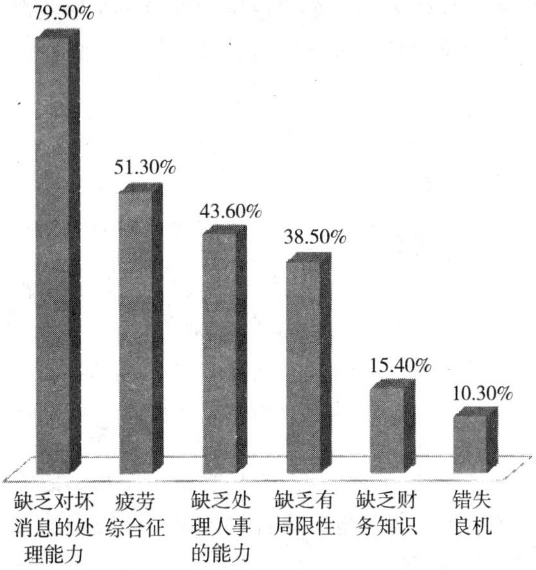

内部控制

控制是经营管理中必用的一项管理技术工具，它融于日常工作之中，但也因为太常见，反而为经理人所忽视。控制就是检查企业或工作是否按既定的计划、标准和方法进行，发现偏差，分析原因，进行纠正，以确保组织目标的实现。

79.50%
51.30%
43.60%
38.50%
15.40%
10.30%
缺乏对坏消息的处理能力
疲劳综合征
缺乏处理人事的能力
缺乏有局限性
缺乏财务知识
错失良机

图8-2　国外CEO失败的原因

内部控制一般分6个步骤。

（1）限定控制的范围，即把什么列入控制的目标；

（2）识别所要测量的信息类别，即明确控制的几个关键元素；

（3）确定控制的标准；

（4）数据和信息的收集；

（5）衡量绩效，控制未来的绩效；

（6）诊断与更正。

对于国内企业，要特别注意对以下三方面的控制：成本控制、风险控制和业务流程控制。企业的成本控制的重要性不言而喻，一般公司都比较注意，但对业务流程、风险的控制就比较忽略。在风险控制中，要特别管住三种致命的新风险：①财务风险，比如流动资金、投资、汇率等；②法律风险，如倾销、合作等的诉讼；③资讯风险，如知识产权、商业机密等。

在流程控制上，一般而言，一家公司最好能有效掌握5～10个最具代表性的事业运作流程。一个重要流程通常会跨部门的，有产品、客户服务、销售、供应、财务等活动，目的就是要确保员工在思考、设计及执行相关活动时，一律以某个流程为依据。以下是要点。

- 找出现有5～10个最重要的流程；
- 设法让公司所有员工知道这些重要流程，并让他们了解自己负责的工作与某些流程有何关联；
- 从满足顾客与股东需要为出发点，先针对一个流程建立及应用绩效衡量指标；评估目前流程绩效，同时设定想要达成的目标；
- 指标流程负责人：指派高级主管为特定流程的全权负责人，要求他为达成高绩效负全责。流程负责人应负责设计整套流程，确保员工切实执行该流程，取得该流程所需的资源，并适时介入，以促成该流程作必要的改造；
- 挑选两三个流程，重新设计整个流程，并改进其步骤；选择适当时机进行实验；
- 待这些流程上轨道后，设法与公司的管理制度作有效的结合。

危机处置

当企业面临各种危机时，不同的危机处理方式将会给企业带来截然不同的结果。成功的危机处理不仅能成功地将企业所面临的危机化解，而且还能够通过危机处理过程中的种种措施增加外界对企业的了解，并利用这种机会重塑企业的良好形象，即所谓因祸得福，化危为机。

与此相反，不成功的危机处理或不进行危机处理，则会将企业置于极其不利的位置：以新闻媒介为代表的社会舆论压力将使企业形象严重受损；危机来源一方的法律或者其他形式的追究行动将使企业遭受巨大的经济损失；企业员工因为无法承受危机所带来的压力而信心动摇甚至辞职；新老客户纷纷流失，等等。

【讨论】在企业遭遇危机的时候，公司如何反应才能算是优秀的危机公关？要对顾客市场以及公司内部的危机做出哪些反应？

危机评估

危机事件的发生往往十分突然而且来势汹汹，但这绝对不能影响作为企业最高负责人的冷静。因此，当危机事件发生时，企业负责人首要的事便是召集企业高层听取关于危机事件的报告。

报告应由一线员工或亲历员工汇报，力求准确、全面、详尽、客观。不能对危机事件的重要细节隐而不报且必须站在客观的立场进行报告，因为多数时候汇报人在汇报时会有意无意地为自己或为公司开脱责任，隐瞒一些可能涉及自己或公司责任的事实或情节，从而影响对危机事件的全面正确评估。当最高负责人和高层人员听完汇报之后，必须在最短的时间内对危机事件的发展趋势、危机事件对公司可能带来的影响和后果、公司能够和可以采取的应对措施以及对危机事件的处理方针、人员、资源保障等重大事情做出初步的评估和决策。

危机化解是危机管理的主要环节。一旦企业发生危机事件，危机化解就显得极为重要，因为它事关企业的生死存亡。例如：规模庞大、如日中天的三株集团因为一个农民的死亡而背上了“三株产品毒死了一个农民”的罪名，从此一蹶不振，江河日下；而有“VCD之王”称号的爱多集团在其隆隆巨轮碾过大江南北时却因为一个传言而导致债主逼债，以至全面崩溃。除此之外，许多跨国公司在中国也遭遇了危机事件并导致巨大损失。如日本三菱公司的帕杰罗事件；日本东芝笔记本电脑事件；日航消费者纠纷和德国奔驰汽车事件。相反，中国的天津史克和爱立信中国公司则分别在其面临危机事件时，沉着应对，巧妙斡旋，最终化危为机，渡过难关，并重塑了形象，赢得了宝贵的胜利。

危机化解是一个综合性、多极化的复杂问题，企业在进行危机化解时，必须遵循一些基本的危机化解原则。

- 高度重视，高层躬亲，不能掉以轻心，麻痹大意；
- 及时反应，即时处理，不能拖拖拉拉，贻误战机；
- 高瞻远瞩，顾全大局，不能斤斤计较，因小失大；
- 合理合法，有取有舍，不能以非抑非，无视国法；
- 亡羊补牢，整顿提高，不能伤好忘痛，一犯再犯。

危机管理思维主要建立于对危机事发前的企业危机防范、监测和预控上。企业在组织架构设置的同时应该具有战略目光，建立独立的或者矩阵式的危机管理中心，危机管理中心培训和发展领导层次的危机管理思维，从危机的预防、发生以及对危机的分析、评价总结，在最高领导者的参与下，从上而下建立危机管理思维。但危机管理中心要注意危机管理的核心思想，也避免将危机管理的思维在员工心目中形成“前怕狼后怕虎”的定性思维，也不能因为过分的危机管理而事事约束员工的创造性思维，如图8-3所示。

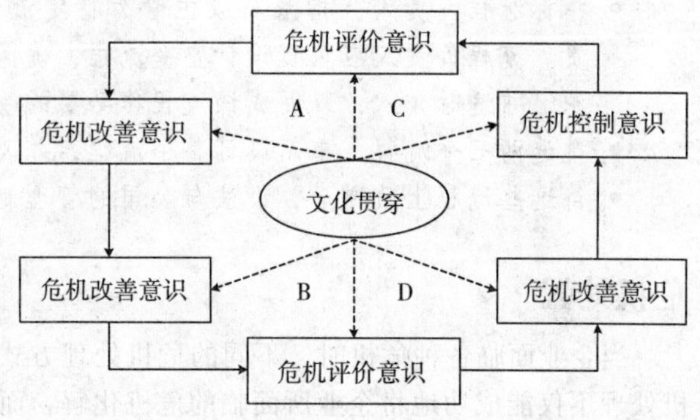

图8-3　战略思维统率下的危机管理思维

危机管理的根本取决于站得高看得远，战略文化得当。如果战略方向是错误的，转“危”为“机”便难上加难；连自身一贯的企业信条都没有的企业，危机管理将缺乏直接的理念指导。危机管理的核心是危机公关，既涉及对外各利益相关方，也必须重视对内员工的危机教育。2003年7月29日，索尼（中国）公司发布了一则《致索尼彩电用户的通知》。函称，由于索尼有10款特丽珑电视机的零件有瑕疵，它们将在日本召回34万台“特丽珑”电视机。在中国市场，索尼公司并没有销售以上10个型号的彩电，但是在1998年1月至1999年6月间，索尼在中国生产的少量21英寸彩电有6种型号也使用了该类电视器件。如有中国用户发现以上型号的索尼彩电出现类似情况，公司承诺会给予“恰当的检查及维修服务”，“如因此为您带来任何不便，我们表示真诚的歉意”。索尼中国公司在处理这次公关危机时显得临阵不慌，并主动出击，把可能会扩大的危机尽量弱化和降低扩散性，并正确地引导了媒体的舆论导向，避免了索尼在中国的品牌损伤。

整体而言有如下公关经验值得借鉴：第一，积极与消费者沟通，争取主动性；第二，指定新闻发言人，保证信息统一性和畅通性。索尼在这次的危机公关中就很好地贯彻了这一思想，整个对外的声音只有索尼中国公司高级公关经理李曦，保证了与媒体信息沟通的统一性和畅通性；第三，以真诚的态度面对消费者。索尼在致消费者的通知函中，虽含蓄却完整地表达了对消费者的“4R”公关原则：遗憾（Regret）、改革（Reform）、赔偿（Restitution）、恢复（Recovery），即一个组织要表达遗憾、保证解决措施到位、防止未来相同事件再次发生并且提供合理和适当的赔偿，直到安全摆脱这次危机。索尼公司所表达的对产品出现问题表示了遗憾和歉意，对未来的产品表达了革新，对出现问题的产品免费维修等，体现了一家跨国公司的管理风范和所应当承担的社会责任，说明是抱着解决问题的态度来处理这场危机的；第四，勇于承担责任。索尼在日本生产的彩电因“瑕疵”出现问题，索尼实行了“召回”，并免费检测和维修。

团队组建

当企业最高负责人对危机事件做出了初步的评估和决策之后，紧接着的工作便是成立危机处理小组。危机处理小组的职权应为处理危机事件的最高权力机构和协调机构，它有权调动公司的所有资源，有权独立代表公司做出任何妥协、承诺或声明。

一般情况下，危机处理小组应由企业最高负责人担任小组负责人。小组的其他成员至少应包括：公司法律顾问、公关顾问、管理顾问、业务负责人、行政负责人、人力资源负责人和小组秘书及后勤人员。危机处理小组在必要时可分为两个小组，即核心小组和策应小组。核心小组主要由企业最高负责人、法律专家、公关专家、业务专家和谈判能手组成；策应小组由行政负责人、业务负责人、人力资源负责人和其他后勤人员组成。其中，核心小组的任务是执行谈判、交涉、决策和协调任务；而策应小组则是负责实施解决方案和提供后勤资源保障任务。所有核心小组成员都必须具有如下一些基本素质：

- 头脑冷静、反应敏捷、意志坚强、大方自信；
- 专业出色、善于沟通、思维全面、进退有度；
- 客观公正、仪表端庄、精力充沛、身体健康。

制定计划

危机小组成立之后，首要的工作便是根据现有的资料和情报以及企业拥有或可支配的资源来制定危机处理计划。计划必须体现出危机处理目标、程序、企业、人员及分工、后勤保障和行动时间表以及各个阶段要实现的目标。其中还必须包括社会资源的调动和支配，费用控制和实施责任人及其目标。计划制定完成并获通过后，策应小组便立即开始进行物质资源调配和准备，而核心小组成员则要立即奔赴危机事件现场，展开全面的危机处理行动。

危机化解

核心小组在到达危机事件现场后，须首先进行事件的了解和核实，发现是否有与汇报不符之事实和情节，如有则需立即进行针对性的调整危机处理计划，如无则按原计划进行。危机处理根据危机事件的性质和情况不同，一般按如下方式进行处理。

如果危机事件尚未在媒体曝光时，则必须控制事件的影响，在对事件进行了充分调查了解的基础上，根据法律和公理，果断做出处理决定。在这一阶段，企业可以在合理合法之前提下，适当让步，争取牺牲小利换来事件的快速处理，以免因事态的进一步恶化所带来的无法控制的企业声誉的损失。但同时需要注意的是，在该阶段的处理方案中，必须包括对危机事件另一方的保密责任和违约责任进行严格的规定。

如果危机事件已由媒介公开并已造成广泛影响，则危机处理应将重点转到媒介公关上来。当然，对危机事件本身的处理也需尽快完成。对媒介的公关，主要方式是让媒介了解事实真相，引导其客观公正地报道和评价事件。如果事实真相对企业不利，则危机处理小组必须表现出真诚的悔意和改正的决心，并强调该次事件的偶然性和企业的改正措施及时间表，以及企业承担责任的方式和范围，以取信于媒介和其受众。如果事实的真相对企业有利，则危机处理小组必须充分利用媒介揭示事实真相，让媒介充分了解事件原委并引导其对事件本身进行客观的报道和评论，努力塑造企业的受害者形象，博取舆论的同情，特别是对此前那些对企业进行过负面报道的媒介不要指责，而要引导其视线，唤起其良知和公义之心，让其自行对其此前的报道进行更正。与此同时，危机处理小组还须通过法律专家和顾问，向危机事件的另一方施加法律行动的压力，迫使其承认过错，承担责任，达成解决方案。

另外，危机处理小组在通过引导媒介进行事件报道的同时，需对企业的经营状况、业绩、产品和服务的特色以及企业文化等进行广泛的宣传，让关注事件的受众更多地了解企业和认同企业。在必要的情况下，还可以对企业的发展战略和经营计划进行适当的介绍，或是对与危机有关的企业产品或服务进行详细的介绍和说明，以期引起舆论的关注和兴趣。这就是所谓的利用危机，化“危”为“机”，将坏事变成好事。

在危机处理过程中，不论与媒介或是与另一方当事人打交道，危机处理小组都必须注意权衡利弊得失，相机而动，随时调整处理策略，切忌冲动和斤斤计较。除此之外，危机小组在处理过程中还需与当地政府保持联系，必要时可寻求当地政府支持和帮助。

所有的危机处理过程中，都必须注意尊重当地的习惯和风俗，尊重当地的文化和宗教；其中当然包括对对手的尊重。企业的生存是百年之计，而危机事件只是其中一个故事，企业必须将目光放远，该取舍时就果断取舍，无须拘泥于一时一事。

企业在危机处理过程中的所有表现将被舆论视为企业的一面镜子。企业在危机处理过程中所表现出来的风度和态度、真诚和善意以及牺牲和妥协都将成为企业形象的一个重要部分。因此，所有参与危机处理的人员必须自始至终表现出良好修养，不得因个人行为而影响企业的形象和声誉。反之，企业则应利用这样的机会，在公众心目中树立企业的正面形象。

企业危机处理的过程，从一开始就应被视为企业与社会公众沟通的一个过程。无论危机事件涉及的对手是个人还是企业，是政府还是新闻媒介，都应充分利用这个机会广交朋友，特别是与新闻媒介和政府打交道的时候更是如此。实践证明，一次成功的危机处理，往往能为企业带来新的关系资源和公众支持。

专栏

3W+4R+8F

就危机的沟通战术方面，福莱国际传播咨询公司（Fleishman Hillard）特别情况小组发明的一个简单公式：(3W+4R) 8F=V1 或 V2。该公式被公关界称为危机公关成功的“金科玉律”。

3W

3W 是说在任何一场危机中，沟通者需要尽快知道三件事：

- 我们知道了什么（What did we know）
- 我们什么时候知道的（When did we know about it）
- 我们对此做了什么（What did we do about it）

寻求这些问题的答案和一个组织做出反应之间的时间，将决定这个反应是成功还是失败。

如果一个组织对于它面临的危机认识太晚，或是反应太慢，那它就处在一个滑坡上，掌控全局会变得极为困难；如果不能迅速地完成3W，它将会无力回天。对于沟通者来说，信息真空是你最大的敌人，因为总有人会去填充它，尤其是竞争对手。

4R

4R 是指在收集正确的信息以后，就该来给这个组织在这场危机中的态度定位了：

- 遗憾（regret）
- 改革（reform）
- 赔偿（restitution）
- 恢复（recovery）

换句话说，与危机打交道，一个组织要表达遗憾、保证解决措施到位、防止未来相同事件发生并且提供赔偿，直到安全摆脱这场危机。很显然，这并不是一个声明或者一个行动就能取得所有"4R"的。相反，我们需要把4R当做一个过程来执行。

8F

8F 则是沟通时应该遵循的8大原则。

- 事实（factual）：向公众沟通事实的真相。
- 第一（first）：率先对问题做出反应，最好是第一时间。
- 迅速（fast）：处理危机要果断迅速。
- 坦率（frank）：沟通情况时不要躲躲闪闪，体现出真诚。
- 感觉（feeling）：与公众分享你的感受。
- 论坛（forum）：公司内部要建立一个最可靠的准确信息来源，获取尽可能全面的信息，以便分析判断。
- 灵活性（flexibility）：对外沟通的内容不是一成不变的，应关注事态的变化，并酌情应变。
- 反馈（feedback）：对外界有关危机的信息做出及时反馈。

V1 和 V2

如果3W、4R和8F都做得正确了，你的组织在危机中会成为V1，即"勇于承担责任者"（Victim）的形象便凸显出来。这个结果很不错，公众会认为你很负责任、会想尽办法解决问题并且让他们满意。相应地，他们会对你从轻处罚或抱怨，甚至还可以原谅你。

相反，如果你不能做好3W、4R和8F，你很可能会被当做V2，即"小丑和恶棍"（Villain）的形象。公众将认为你的行为和言辞避重就轻、不上心和不负责任。这反过来最终会导致雇员意志消沉、股东抗议、顾客投诉、管理层动荡等不良后果。

危机恢复

企业危机管理的最后一个课题是在危机处理完毕之后，根据企业从危机处理过程中总结出来的经验和教训，进行企业经营管理活动的改进。

企业对其经营管理活动进行的改进，主要是根据在危机处理过程中发现的问题和总结的经验来进行的。其主要内容是对企业存在的问题进行解决和对企业积累的经验进行推广，如有的企业发现其企业内部信息沟通不畅是危机事件发生的根本原因，则其要进行的改进包括重新设计企业的组织结构，强化企业内部的信息沟通渠道和反馈渠道，从而避免因信息沟通不畅而再次引发危机事件；如有的企业发现是其基层员工素质低下而引发的危机事件，则改进必须包括对基层员工的考核和培训，甚至进行必要的更新；如有的企业发现是经营指导思想引发了危机事件，则必须改变其经营指导思想，以免重蹈覆辙等。

企业进行推广的经验或强化的东西主要是在危机处理过程中发现的企业引以为傲的东西，如企业的凝聚力、合理的工作流程、广泛的社会关系资源、员工的高素质等。企业经验的推广能增强员工的信心和自豪感，同时也有利于培养出企业的竞争力。因而，企业应善于从危机中发现企业的优点和长处并加以推广和利用。

危机恢复管理中十分重要的一个方面就是对危机处理过程中发现的问题，有针对性地开展一系列的企业形象恢复管理活动，包括投放企业形象广告、产品广告；推出企业全新的产品和服务；调整企业的管理团队，引进新的形象——良好的高层人物；公布企业新的市场拓展计划和产品发展计划等。通过一系列有针对性的形象恢复管理活动，充分利用公众对企业的关注力未减弱之前的宝贵时间，改变公众对企业的印象并增加其对企业未来的信心。

经验总结

危机事件解决方案的达成和实施，并不意味着危机处理的过程结束。对企业来讲，最为重要的一个危机处理环节便是总结经验教训。这个环节之所以如此重要是因为企业可以从这个环节中发现企业经营管理中存在的问题，并且有针对性地进行改进和提高。同时企业还可以从中总结经验，并将之进行发扬光大。

在危机处理过程中，企业往往会发现一些平时未能发现的一些问题，特别是与引发危机事件有关的问题。这些问题中有些是偶然的，有些则是制度性的，有的则是人为造成的。随着危机事件的处理，这些问题也逐渐暴露出来，而且这些问题的暴露还会让企业管理者发现一些与之相关联的或者本身虽然与危机事件无关但也是很重要的问题。企业则可以对暴露出来的问题进行分析，通过必要的改革和调整，从而避免企业犯更大的错误。

同样，在危机处理过程中，企业也会发现一些企业平时未能发现的长处，或是未能发现的资源。这样的发现将有利于企业将这部分资源进行有效的利用或将这部分长处进行进一步强化，突出其重要性。

除此之外，企业还可以通过危机处理来积累包括危机处理经验在内的各种经验，建立起一些平时没有机会建立起的社会关系资源，如媒介关系和政府关系或是与消费者的互信关系。一些更成功的危机处理还会通过危机处理来进行企业广泛的正面宣传，扩大企业的社会影响，提升企业的知名度和美誉度，从而积累企业的品牌资源。

危机再生

千万不要浪费危机！旧事物衰败的时候，就是新事物崛起的良机。对一些思想行动超前的企业来说，经济衰退预示着改善竞争地位绝佳机会的到来。贝恩（Bain & Company）的一项研究[8]表明，不少企业正是在经济调整和衰退时期，从以往略逊一筹的跟随者变成了行业领导者。在这个过程中，公司必须坚持核心业务，巩固核心业务，只有在核心业务的潜力被充分挖掘之后，才能延伸到其他业务或者产品。公司要培养对重大行业变革的预测和快速反应能力，形成一系列流程来消除或规避阻碍增长的内部组织因素，积极探索下一波的增长浪潮。

商业重组

对某些公司而言，经济危机实际上为创新提供了一个平台。

收入和利润的损失首先会使人产生削减成本的心理，这种心理对创新是不利的。但是，如果一个病人正在流血，那么，你首先要做的事情就是为他止血。随之而来的步骤是企业领导者会提问，他们会重新思考商业模式的哪些部分是薄弱（从而可能无法维持下去）的，而这些思考则可以引发商业模式的重组和重建。

产业升级

企业自身有生命周期，所处的产业有产业周期，此外则是经济周期。企业的生命周期包括发展、成长、成熟和衰退几个阶段，企业在生命周期不同阶段中的竞争状况各有差异，在变化中寻求增长。与此同时，产业周期也会直接影响企业的命运。

每一次变革就是一次创业的好机会。对于IT而言，十年前是互联网革命，现在是云计算革命，这是很好的创业机会，是颠覆已有世界的绝佳机会。对于传统产业而言，“哪里有改革，哪里就有财发”，即将进行重大改革的众多领域就是创业的好机会，已经改完的地方都是过度竞争的领域。

从西方国家的经济史来看，每次经济萧条之后，都伴随着一次巨大的产业转型。20世纪70年代中期，美国的经济持续处于恶劣的境况中，但那正是微软公司和苹果公司成立之时，之后以个人电脑为标志的信息技术革命席卷了全球的产业界。同时，经济危机也往往伴随着产业优势在不同国家和地区间的转移，如1997年亚洲金融危机，就成为韩国的三星电子超越日资巨头的开端。

企业改制

危机之后面对新的环境，老的企业体制、制度可能会不适应，因此要借着这个机会对企业体制、制度进行改进，从而获得更好的发展。

很多西方的成功企业已有百年以上的历史，在应对众多国家、区域和世界范围的波动中，形成了不断创新、再造自我的机制。在这一次全球经济重新洗牌时，他们中不乏远见卓识者，勇于否定原来赖以生存和取胜的模式，正以全新的思维和方法应对新的环球局势。美国企业代表之一的通用电气公司，就已经提出“自我颠覆”的创新理念，改变过去在发达国家开发新产品，稍加改动后销往发展中国家这种在过去几十年取得成功的创新模式，进行“反向创新”(reverse innovation)，开始将一些新产品的开发放在中国和印度这些新兴市场，成功后再销往发达国家市场的低端客户。

管理变革

企业管理变革是指在组织环境中，管理者在经营理念、管理模式、企业制度、组织结构和管理方法等方面形成创造性思想并将其转换成有价值的产品、服务或方法的过程。企业经历危机之后会发现自身的管理在很多方面存在缺陷，为了企业的长远发展，企业必须在经营理念、管理模式、企业制度、组织结构等方面作出变革。

专栏

危机中的生成与发展[9]

1929年开始的经济危机被誉为最黑暗的时代。在这场危机中，无论是社会最底层的贫民，抑或腰缠万贯的大亨，成千上万的美国人都失去了他们终生的积蓄。但与此同时，好莱坞开始崛起，之后的80年，好莱坞风靡全球，成长为世界电影业无可撼动的霸主。

1929年，一本叫《商业周刊》的杂志诞生，如今它已是全球销量第一的商业类杂志。

第二次世界大战后的第一次经济危机诞生了继可口可乐之后的又一个美国神话——芭比娃娃。

世界首富比尔·盖茨起步于20世纪70年代的石油危机；1997年亚洲金融危机，潘石屹从现代城发家，若干年后，他建起了他的SOHO帝国，成为中国的房产大鳄。

同样面对亚洲金融危机，所有企业都缩减开支，雅戈尔却利用房地产低潮、资产价格低迷的契机，在全中国商业街的黄金地段开设门店，门店总数迅速超过3000家。

【讨论】无论达到什么规模，中国企业倒闭起来都非常迅速，包括一些知名企业。成长迅速，倒闭也迅速，成为中国一些企业的典型生命特征。原因何在？

本章概要

本章重点分析了产品开发的三个重点方面：需求分析、质量控制、危机管理方面的内容。

首先，本章介绍了产品和项目开发的需求分析，这部分主要介绍了需求的属性、需求的识别方法以及需求的评审。其次，本章介绍了质量控制中的几个重要问题，包括设计团队、客户合作、顾客测试等内容。最后，危机管理内容介绍了企业可能遇到危机的不同情形与其特征，新创企业可用的危机处理方法，包括从认识危机的信号入手进而积极应对，分步骤地解决企业危机。

思考练习

1. 产品成功是否意味着企业（创业）一定成功？产品不成功是否企业（创业）一定不成功？如何看待产品与创业之间的关系？
2. 什么是精品？如何打造精品？什么是产品的品质？如何发展创造产品的品质？没有精品的民族没有前途，没有精品的企业没有长久。如何理解？请以实证来说明。瑞士的精工（钟表）、德国的机械，为什么成就了国家的品牌？作为世界工厂，为什么中国没有一家制造业进入世界500强？
3. 什么是深耕事业？什么是深耕产品？一个人该如何深耕自己的事业？一个企业又该如何深耕自己的事业？一个人该如何深耕自己的产品？一个企业又该如何深耕自己的产品？深耕事业与深耕产品有什么样的内在关系？
4. 信息的发达程度与产业或产品的专业化程度应该反向关联：在信息不发达的情况下，个人和企业有可能通过小而全获得发展，但信息越是发达，个人和企业越是应该做专、做精。你如何理解？请结合实践进行分析。
5. 对于创业而言，一举成功经常是个例外。绝大部分的创业首先遭遇的，经常不是成功，而是失败或挫折。如何评估创业的风险？有哪些方法可资借鉴？如何进行企业的危机预防？你觉得新创企业的危机预测有何重要意义？
6. 对于一个优秀的企业家，身处危机的特殊时期，能做哪些在正常时期想做而做不了的事情，以实现后续更好的发展？利用特殊时期，又如何增强企业家与企业的素质？
7. 企业的管理品质应该如何进行分析？有哪些评定方法？
8. 企业重视危机恢复工作有何意义？中外企业处置危机的态度、方法有什么不同？如何创新商业智慧？
9. 中国企业家的失败十分"悲壮"，从史玉柱、姜伟、吴炳新，到秦池、亚细亚的总裁，几乎都是以企业的灭顶之灾来讲述悲壮的失败故事。与国外的CEO相比，中国企业家们书写的"失败"两字是血淋淋的，他们的失败很多是意味着企业遭受重创，无力回天，甚至消亡。为什么中国企业家的失败都是灭顶式的？除了企业家自身的原因以外，外部环境对于这种灭顶式的失败具有哪些影响？
10. 在什么情况下，危机等于机会？如何别开生面，将危机转为机会（转危为机）？对于什么样的企业与企业家，危机才是机会？请结合实例进行分析。

参考文献

[1] 杨颖桦．华谊是中国娱乐产业的急先锋［EB/OL］．21世纪经济报道，[2010-12-15].

[2] Alan M Davis. Software Requirements: Objects, Functions and States [M]. 2e. Englewood Cliffs, NJ: Prentice Hall, 1993.

[3] 公车撞书. 一个订书钉都造不好的国家 [EB/OL]. 猫眼看人, [2008-08-07].

[4] 张天阔. 创新大爆炸:"怪人"工厂 [N]. 21世纪经济报道, 2010-11-05 (21-22).

[5] 沈建缘. 苹果乔布斯: 追求残忍的完美 [N]. 经济观察报, 2008-05-24.

[6] 明华. 细节决定成败 [J]. 决策, 2005, (5): 64.

[7] 史玉柱. 我的失败教训最值钱 [EB/OL]. 中国企业家网, [2010-08-10].

[8] 橡子. 咨询业传奇奥里特·加迪什: 坚守"真正的北方" [N]. 第一财经日报, 2008-12-01 (A08).

[9] 李光斗. 逆市而上: 冬天更应出门打猎 [J]. 新智囊, 2009, (4).

第9章 CHAPTER9

创业营销

这款电脑是我们创造出来的最棒的工具……但最重要的是让电脑走进千家万户。

——［美］史蒂夫·乔布斯

学习目标 >>>>>

- 理解营销对创业的重要性；
- 掌握营销团队组建、激励与风险防范的方法；
- 置换传统的营销理念；
- 熟悉不同的营销策略；
- 理解营销的实践过程及其方法。

在创业初始阶段，一个企业家最需要的两点是公司的销售技能和团队建设。[㊀]一个好的创意、一个新的商业模式、一个核心的技术，固然是创业的有利条件，但这些都不是决定因素，创业能够成功，更重要的还是团队执行能力和市场推广能力。市场营销能力在新创企业中扮演着极为重要的角色。除了足够的市场容量之外，在把新产品和服务推向市场的时候，将产品、价格、销售渠道、促销方式这四个主要因素有机融合的能力成为使企业成功的关键。

在市场营销学上，“销售”（sale）和“营销”（marketing）二者在理念上有着很大的差别。单纯的销售是以短期的业绩和利润为追求目标，说白了就是要很快地赚到钱。而营销则着眼于长期的客户关系培养和市场培育，虽然也要从客户身上赚钱，但更强调要向顾客提供很好的服务，通过与客户之间的长期友好关系以及利益上的相互依存，实现双方的共赢。美国市场营销协会（American Marketing Association）给营销管理以下的定义：“营销管理是计划和执行关于商品、服务和创意的概念化、定价、促销和分销，以创造符合个人和组织目标而进行交换的一种过程。”营销就是把你的产品给消费者带来的利益，它对消费者到底有什么帮助，能用一个有效的方式传达给消费者，这个概念很简单，但做到挺难。要让消费者感觉到，即将要付出钱和得到的利益哪个高，如果感觉到利益比钱的价值高就会买这个产品。

营销永远是一切商业事业的起点，也是其终点。无锡尚德太阳能公司的成功，其转折点就在于营销理念的贯彻。

从科学家到企业家，最大的转变在哪里？施正荣认为二者最大的区别在于有无市场战略意识。企业家即便进行科技创新，也会从市场角度来充分考量，用市场意识来统领科技创新。尚德第二条生产线的上马就是对这一点的最好阐述。转换效率（将光

㊀ 参阅本书“创业团队”一章。

能转换成电能的百分比）是太阳能电池最主要的技术指标，尚德第一条生产线产出的太阳能电池片，转换效率就达到了较高水平。按照科学家的思路，第二条生产线产品的转换效率应该定得比第一条生产线更高，公司才能赚得更多。“当时我脑子好像突然开窍了，认识到抓住市场机遇才是最重要的。所以我大胆决定，把第二条生产线的转换效率定得比第一条还低。通过降低一部分技术要求，大大降低了我们的投资成本，及时完成了这条生产线的建设。”由于这条生产线的及时投产，尚德抓住了2004年光伏市场的黄金机遇。

营销团队

企业发展，营销是龙头；营销发展，团队是龙头，这是很多企业的共识。优质订单获取的能力，是企业生存和发展的基石，而这一切的取得离不开在市场一线冲锋陷阵的营销将士。成功的新创企业，一般都有高效的营销团队；失败的新创企业，一定能在营销团队中找到根源。

团队组建

无论是操作一个产品还是管理一片区域，甚至只是组建一个最基本的社区工作小组，如何招聘到优秀合适的人才一直是管理者最头痛的问题。实践观察中发现，在营销模式没有偏离产品特质时，营销团队是否优秀往往决定了产品的发展前途。招聘难，组建一个优秀的销售队伍尤其难。

营销素质

销售就是介绍商品所提供的利益，以满足客户特定需求的过程。销售是一项很具挑战性的工作，成为销售人员比较容易，成为优秀的销售人员却没有那么简单。

身处竞争激烈、颇具挑战性的销售行业，销售人员应该具备什么的素质才能摆脱平庸呢？进一步说，销售人员究竟应该具备什么样的素质才能使自己从同行中脱颖而出呢？世界著名的市场研究公司——盖洛普管理咨询公司曾经对近50万名销售员进行了广泛的调查和研究，研究表明，优秀的销售人员一般在以下四个方面具有良好的素质：内在动力、作风严谨、销售能力、与客户建立良好关系的能力。这四者相辅相成，缺一不可。

1. 内在动力

不同的人有不同的内在动力，如自尊心、幸福、金钱等，但所有优秀的销售人员都有一个共同点：有成为杰出人士的无尽动力，这种强烈的内在动力可以通过锤炼和磨炼形成，但却无法教会。人的内在动力源泉各不相同，如，受金钱的驱使、渴望得到承认、喜欢广泛的交际等，根据内在动力源泉的不同，可以将销售人员大体分为四种类型：成就型、竞争型、自我实现型和关系型。

- “成就型”销售人员特别渴望成功并且会为此付出巨大的努力；
- “竞争型”销售人员不仅想获得成功，而且渴望战胜对手（其他公司或其他销售人员）以获得满足感，他们通常会站出来对其同行说：“我承认你是本年度的最佳销售人员，但是我会与你一比高低的。”
- “自我实现型”销售人员往往喜欢体验一下获胜的荣耀，他们总会把自己的目标定得高一些；
- “关系型”销售人员的长处在于他们能与客户建立、维持良好的客情关系，他们往往为人慷慨、细致且做事尽力，新创企业需要那种能够耐心回答顾客可能提出的第十个问题的销售人员、那种愿意和客户待在一起的销售人员。

没有单纯的竞争型、成就型、自我实现型或关系型销售人员，优秀的销售人员或多或少都会带有其他三种类型销售人员的一些特征。而且，属于某种类型特征的销售人员要是能有意识地多培养一些其他类型性格的人所具有的特征，他就会变得更成功。例如，“竞争型”销售人员如果多一些关系意识，他便会在客户关系方面也做得不错，并且能因此获得更多的订单。

2. 作风严谨

不管销售人员的内在动力如何，如果他们组织松散，凝聚力不强，工作不努力，他们就会难以满足客户越来越多的要求。

优秀的销售人员总是善于制定详细、周密的工作计划，并且能在随后的工作中不折不扣地予以执行。其实，销售工作并不存在什么特别神奇的地方，有的只是严密地组织和勤奋地工作。一位成功的总裁如是说：“我们优秀的销售人员从不散漫和拖拉，如果他们说将在2天后与客户会面，那么你可以相信，2天后他们肯定会在客户那边。”

销售人员最需要的优秀品格之一是“努力工作”，而不依靠“运气”或技巧（虽然运气和技巧有时也很重要）；或者说，优秀的销售人员有时候之所以能碰到好运气是因为他们总是早出晚归，他们有时会为一项计划工作到深夜，或者在别人下班的时候还在与客户洽谈。

3. 销售能力

如果销售人员不能从客户那里获得订单，即使他的技巧再多、再好，那也是枉然。

无法成交就谈不上完成销售，一般而言，优秀的销售人员总会想方设法来与客户达成共识，从而顺利签单。如何才能成为一名优秀的销售人员呢？有一点很重要，即销售人员应该具备一种百折不挠、坚持到底的精神，销售人员应该像运动员一样不怕失败，甚至到最后一刻也不放弃努力。

优秀的销售人员往往对自己和所销售的产品深信不疑，他们通常都十分自信并坚信自己的决策是正确的；他们十分渴望成交，通常会在法律和道德允许的范围内采用各种方法来使交易获得成功。

4. 关系能力

在当今的关系型营销环境中，优秀的销售人员最需要注意的一点是：成为解决客户问题的能手和与客户发展关系的行家（未来的销售人员将不再是销售人员，而是客户的顾问），力求敏锐地把握客户的真实需求。

优秀的销售人员通常是这样的：他们全神贯注，很有耐心，细致周到，反应迅速，善于倾听，十分真诚；他们能站在顾客的立场上，用客户的眼光来看问题。

今天，客户更希望销售人员成为其“业务伙伴”而不是“玩友”，销售人员应该很清楚这一点。优秀的销售人员所做的不是去讨客户的欢心，而是应该真正去关心客户的利益，关心客户的业务发展方向，关心怎样才能帮上客户的忙。

人员分类

一个企业竞争的强弱，其中一个重要的因素就是营销队伍的素质。随着一个初创公司市场的不断开发及规模的不断扩大，营销队伍的综合素质提高问题也愈发显得重要，这种综合素质的提高是通过不同类型的营销人员复合形成并不断强化的。

我们可以把营销人员分为四类，即战略人才、战术人才、执行经理和营销人员。

1. 战略人才

所谓营销战略性人才，即对营销有着深厚的理论底蕴，又存着丰富的实践认识；既富创新能力，又富有实践操作能力，已完成了从实践到理论、从理论到实践互相转化、互相融合的方法论建立阶段，从而使他们能站在思维实践的高度上看问题，高瞻远瞩，找准理论与实践的结合点，找准发展战略与战术实践的结合点。

专栏

苹果式营销

iPad 的成功离不开苹果公司公关的熟稔操作，例如不断地爆出最新硬件变动、软件更新和各种花边新闻。所有媒体都志愿帮苹果做营销，每一款苹果产品都能够成为媒体关注的焦点，并且媒体对此趋之若鹜。因为苹果粉丝如此之多，以至于媒体跟进不及时就会面临读者的质疑。苹果公关是如此了解媒体和用户的心理，以至于 iPad 几乎都不需要太多的额外宣传成本。

乔布斯说 iPod 不只是一部 MP3，世界将信将疑，最后 iPod 变成最畅销的 MP3 播放器；乔布斯说 iPhone 不只是一部手机，世界有一半的人相信了，最后 iPhone 成为世界上最流行的移动电话；这一次乔布斯说 iPad 将会是最成功的平板电脑，世界大部分人都相信了，因为苹果的成功让大家对于乔布斯有了太过偏执的信任和期待，所以 iPad 的风行速度比 iPhone 快了太多。

媒体与乔布斯，这就是苹果式营销的轴心。在苹果越爬越高，大家对于苹果的期待也越来越大，也让苹果式营销越来越奏效。

2. 战术人才

所谓营销战术型人才拥有两方面特征：一是营销组合的各方面的专家，如市场调查分析、公关、广告、设计、渠道、终端等，他们的有机组合，构成企业营销战略战术制定的“参谋总部”，即企业营销制定的“智囊团”。这部分专家的特点一般是理性思维强于实践操作，他们所设计的方案也许有时是超前的，有时稍显脱离实际，但这不说明他们的作用和意义不高，对于一个公司，以战术人才组成的智囊团意义是十分大的，他们不一定全对，但却是企业营销战略战术得以正确制定的必要条件。二是执行方面的专家。这部分专家的特点是悟性强，思辨色彩浓，实践操作能力强于理性思维，但对于理论，他们有较强的贯彻能力和职业素养。战术性人才构成企业的营销决策机关和高级执行部门（如大片区经理、大省级经理）。

3. 执行经理

执行经理即为中低级地区办事处经理或主管，因是企业营销战略计划最基础的组织者和执行者，应具备起码的品质条件，拥有丰富的产品知识和市场知识，具有良好的性格倾向、组织管理能力和亲和力。

4. 营销人员

营销人员有两种意义：一是构成企业营销队伍的最基层，是企业一切营销战略战术计划、方案实施的终端基础，因而他们整体素质、素养的提高相当重要；二是企业营销队伍培育体系的一年级学员，这批人员处于动态之中，最终可能成为执行经理、战术型人才甚至战略性人才。因此对这一部分人员的基础素质要求（学识、学历、性格倾向、自我发展、成就动机等）的要求也不能低。

一个新建公司营销队伍的建设，有很长的路要走，有很多的工作要做，这是需要企业长期重视的一项工作。营销人员需要具备良好的精神状态、斗志、积极的心态。企业的持续发展需大批优秀的营销人才，但同时应该注意的是，一个企业的战略性、战术性的高级人才不仅仅靠简单靠招聘得来，因为这些岗位不容付出代价，真正的人才不仅要与企业有着认同的价值观、事业观，还需要相当的磨合。因此，挑战与机遇给予每一个勤奋并且专业的营销人员。

落实到具体的工作中，首先企业可采取运用企业内刊等各种形式不断宣传和强化企业文化，用整个良好的氛围促使大家形成共同的价值观和事业追求。其次是帮助员工进行职业生涯规划，通过不断的沟通和培训，来使大家的观念更新，各项工作技能提高。让大家从收入不断提高的同时，更从自身的成长和成熟中得到满足和价值实现。最后是提倡“传、帮、带”，本着“管理无情人有情”的思想，宽紧结合，对事不对人，让公司的优良传统及工作技能在最大范围内得到传承和发挥。

组建法则

其实创建一个优秀的销售团队的关键不是市场上有没有足够的人才供我们挑选，而在于管理者有没有一个正确的组织队伍的观念。无论是经验论、学历论、形象论的管理者，都希望团队中的每个人都是精英分子，拿过来都能独当一面。这种出发点当然是在情理之中，无论谁都希望自己的下属个个生龙活虎，销售成绩你追我赶，这样业绩就会蒸蒸日上。但是，无论多么优秀的企业或多么优秀的企业家，谁都没有这么样的销售团队。这不仅是不可能的，也是没必要的。就像人的手指，没必要五个一般长，一般长了，反而会不如现在方便和灵活。这个道理也许不难理解，团队建设也要讲究相辅相成、互相配合。

一个团队如何组建才能达到相辅相成的效果呢?

就拿一个最基本的9人销售团队为例来分析如何利用“12321法则”组建一个优秀的保健品销售团队。简单说“12321”就是：一个领头，两个精英，三个中流，两个培养，一个机动。

1. 一个领头

“1”——这个一是必不可少的，就是一个领头人。一个销售团队首先是一个管理团队，没有一个合格的团队管理者，是不可能有良好业绩和发展前途的。管理学界有一个著名的管理寓言就是：一头狮子带领一群羊能够打败一头羊领导的一群狮子。这个道理人人都明白，可是在挑选这个领头人的时候，不同的管理者对其要求就千差万别，这就是有些经销商和企业在两年内更换五六个项目操盘者的原因。其实对一个销售实战管理者来说，最基本的素质就是：了解产品销售具体操作的过程。最重要的素质就是：坐言起行的执行力。针对不同岗位的附加素质大概如下：最基础的社区销售工作主管要能够身体力行，起早贪黑；多个小队伍的区域经理要具有一定的日常工作激励技巧培训能力；企业销售总监、销售经理则还要具备一定的市场统筹策划能力；产品招商销售经理则要具有对营销模式的条理分析和指导能力。许多企业主和经销商喜欢聘用有业内知名企业经历的管理者，这无可厚非，但决不能脱离企业产品营销模式的异同。因为不同的营销模式决定了管理者基础素质，即对销售具体操作过程的认识。

2. 两个精英

“2”——就是两个精英，这是团队业绩的保证。基本上一个销售团队的业绩分配遵循二八原理，即20%的精英产生80%的业绩。销售工作中精英分子往往具有共同的特点，那就是积极主动、善于寻找方法。这一点和经验基本上没有太大的关系。许多企业招聘精英分子比较强调经验的重要性，这是一个很大的误区。对于最一线销售队伍而言，领头人本身可能就是一个销售精英，如社区主管和招商经理。这两个岗位一定程度上就是一个具有管理和销售双重功能的职位。就如中国政府职能设置中的基层组织领导村委会主任（村长）一职，他们是村子的领导，往往也是村中的致富能手。管理者往往希望所有的一线销售人员个个都是业务高手，其实大可不必。如果个个都是精英，首先是他们会互相比拼进而出现更多拆台现象，另外，企业在员工奖励和提拔上难以公正，造成人心浮动。过大的内部竞争压力也会迫使一部分人离开，结果还是只能留下一两个精英分子。

3. 三个中流

“3”——三个中流。这个中流可不是中流砥柱，而是业绩和能力等各方面表现平平者。管理者往往容易忽视这些员工，认为他们存在没有太大的重要性。其实这些员工的力量绝不容忽视。这些员工可能都是一些经验丰富的员工，但他们由于目标不明确或缺少正确的激励，没有充分地发挥出自己的特长，但偶尔能够解决一些棘手问题出现业绩反弹。中流人员在业绩上获得企业重视的机会的弱化，使他们借助其他方式获得重视，如更多的后勤工作，积极向管理者反映员工思想动态和积极参加企业组织的各种文化活动等。在既得利益上，企业所得虽不明显，但企业若要长期发展，他们的总体贡献是精英分子所无法达到的。这些人因为被企业重视不足，员工横向发展力量得以加强，任何正负面情绪往往会因为他们在销售团队和企业内迅速蔓延。业绩的突破在精英，稳定的发展在中流。

4. 两个培养

“2”——两个培养，就是有两个员工从业绩和能力上都不太理想，他们比较有自知之明，基本上不会对企业或管理者的决定产生思想上的冲突，行动上可能会慢一拍。但他们执行时不太会计较个人得失。在一个团队中一定会有一些杂七杂八的琐碎工作，这些工作是精英不能做、中流不愿做的事情，这时两个培养的作用突现出来，如偶尔搬个桌椅挪个物料等非营销性工作。两个培养还有一个最重要的作用就是，管理者可以时不时拿他们作销售反面教材来杀鸡儆猴教育其他员工。在教训或教育这些员工时，他们一般不会同管理者产生直接冲突，可以有效维护管理者权威。如果管理者管理得当，这种员工往往是忠诚度最高的。如果没有这种员工，日常工作生活中可能会少一些乐趣，管理者管理琐碎事务时有时会难以协调。

5. 一个机动

“1”——一个机动，最常见的表现方式就是末位淘汰制，但末位淘汰的是业绩最差者。这里的“1”不一定是业绩能力最差者，往往是对管理者决定执行不力者，或因为对企业或管理者不满而制造消极情绪者。这一个机动可能是一个销售团队中流动性最强者，有时可能是团队中的精英分子。虽然任何一个管理者都不希望这个人存在，但是如果团队需要刺激员工销售业绩上一个档次，或者团队转型决定没有得到员工贯彻，这个人都是关键人物。管理者可以借助这个人对团队进行铁腕管理。处理此人时可以无声胜有声，刺激其他团队成员坚决贯彻决定。

“12321 法则”是基于一个简单的 9 人团队的分析法则，实际团队组建时可能不足 9 人或大于 9 人，但“12321 法则”同样适用这些团队的组建。人人精英是管理者的误区，不可能也不需要组建这样的团队。只要按“12321 法则”组建销售团队，管理者就不会因为人才难觅而头痛了。在日常管理过程中也会更加顺利。团队的凝聚力稳定性也会得到加强。更重要的是只要营销方法得当，业绩上量是没什么问题的。

营销激励

销售是新创企业的龙头，而带动龙头前进的是公司的销售人员。如何激励营销人员更好地发挥自身潜力，为公司创造更多价值，是新创企业的决策者首先研究的课题。

领导激励

无论是哪一个公司或行业里，管理框架或报酬方案怎样，经济条件如何或推销的区域如何划分，一些销售人员总会对一些事情甚至是每一件事都要发牢骚。这些人从来不想承担责任、一旦面对问题就想要特殊待遇。如果出现了问题，他们会去找谁？除了他们的销售经理还有谁呢？要帮助销售团队振作起来，不再找借口，开始进行销售，经理们必须引导他们。能否把员工引向正确的方向取决于经理人。

1. 克服畏惧

没有什么比畏惧心理能更快地让销售业务停滞不前。

许多时候销售人员会千方百计在销售经理面前把自己描绘成一个受害者，比如他们会申辩说：“我的推销区域内没有什么好生意机会。”如果销售经理看重行动而不是听信借口，他们肯定会明白这种借口只是员工害怕行动的表现，需要推翻这些借口，鼓励销售人员采取行动。

人们做成一件事情后总是非常兴奋，接下来就会想做更多的事情。经理应该给他们实现心愿的机会。销售经理如何赋予销售人员实现自己心愿的机会呢？

激励志气的方法，一是显示你的活力和成功的愿望；二是了解每个人的想法，向每个人询问他的愿望，与每个人建立起一种密切关系。问问销售人员“你为什么要销售？你为什么要在这里？”如果你能了解到最基本的愿望，你就能让这个人出去销售。但如果你迷失在所有的这些恐惧和公司政治中，你就不是一个称职的销售经理人。

2. 树立榜样

根据钟摆理论，销售团队中一般的情况是：2%的人是业绩顶尖的人，70%的人一般，还有2%的人业绩很差，剩下的是处在两极和中间状态之间的人。

人都有避免痛苦、寻求安逸的内心冲动，因此销售人员会抱怨、推诿，或者宁愿做其他事也不打电话，他们害怕被拒绝。销售经理人又怎样呢？他们是否也经常为自己找借口而令其他团队成员学他们的样子？他们在多大程度上希望看到他们的销售团队取得成功？或者他们仅仅是装出一副销售经理人的样子在那里混日子，做着他的上司认为他应该完成的任务？

经理人需要观察自己。他们是否很有好斗性或喜欢恃强凌弱？他们是否趋向于绕开问题？这两种方式都不会产生好结果，所以本身做到正直这一点很重要。

销售经理应该认识到自己对所领导的团队的业绩负有全部责任。如果想让自己看起来是团队表现不佳或资源短缺的牺牲品，在出错的原因这一点上销售经理就是在自欺欺人。如果团队销售业绩不佳，问题在销售经理，要么是销售经理没有弄明白事情的真相，要么是用人不当。事情好的一面是，解铃还须系铃人，销售经理可以采取措施加以改善。

3. 改善方法

处于逆境的团队成员可以试行下面这样一个改进的规则。这个方法基本上涉及三个方面：什么是真正困扰你和经理人的问题；请其他人来做，改变某些事情并确定解决问题的办法；查核员工对提议的解决方案的看法。

为防止依赖感，经理人行事一定要具体明确。不要像一个严厉的父母那样训斥员工，应该温和地指出他们的问题所在。“他们是否没有给足够多的人打电话？是否未能解决问题？讲话太温柔或是太快？”其他问题也许包括未能提供足够的信息或提供的信息过度、没有一直追踪下去或是太过积极，然后为每个问题找出适当的解决方案。

在与销售人员打交道时还要注意方式因人而异。一些人喜欢直截了当的方式。你只要解释哪些事可以做，哪些事不能做。另一些人需要更多的指导，你要与他们密切合作，关注他们的进展情况。

多数销售人员能够自己解决难题，但关键是要教会他们独立思考。在他们带着问题出现在销售经理面前时，销售经理应该告诉他们问自己四个问题：

第一，问题是什么？他们要对问题有足够的了解。
第二，问题的原因是什么？让推销员反思困境的根源。
第三，可能的解决方案有哪些？这时他们对如何摆脱困境要来一次头脑风暴。
第四，什么是最佳的解决方案。

在他们回答了全部问题后，他们就不再需要销售经理的建议了。相反，他们会带着一个提议来见销售经理，而销售经理通常可以鼓励他们大胆地去干吧。

报酬激励

很多管理者都认为销售人员奖励计划花费不菲，但是即使是在一个并不确定的经济环境中，各种奖励办法仍然是对销售员工鼓励计划中最重要的一个元素，并且绝不能被放弃。很多有创意和有效的奖励计划其实并不需要大量的经费，就会达到意想不到的效果。在竞争激烈的竞技场中，销售人员总是被物质上的回报和公司的认可驱动着，而作为经理人，就应该利用这点来更积极地激励员工创造出更好的业绩[1]。

1. 低成本激励

作为只有较少奖励经费的公司，经理人必须要做出具有创意性和战略性的员工激励计划，花最少的钱，达到最大的效果。如果您的预算只有5000美元甚至更少，那么，免费加油卡等实惠的礼物是最好的选择。

著名的通信公司 Sprint 位于美国田纳西州，并不昂贵的礼品卡成了这个公司最可靠的一个激励手段，通过短期竞赛的形式，有效地激励销售员工工作的积极性。这种方法通常只需要为每人花费 50 美元左右，并从 SVM 公司购买加油卡。由于汽油是每个人的必需品，因此，这种激励办法使得销售员工的积极性被有效地调动起来，公司的销售量保持了持续增长。

InMarketing 是专门致力于为公司提供“激励计划方案”的公司，其始创人之一 Andrew Perlmutter 认为，奖励的多少其实并不重要，老板能够花时间去给予和鼓励才是对销售人员最好的激励。假设一个员工为完成自己的定额而熬灯守夜地努力工作时，老板推门进来并随便说一句“这是给你的 20 美元加班费”，不但起不到激励的作用，反而会使员工反感。但如果老板带来了一束鲜花，或者是一张加油卡或宾馆住宿卡，那么对员工来说，这才是最为温情和有效的激励。

人与人之间的沟通和交流，以及人性化的鼓励在 Transworld Busines's Brokers 成为员工激励计划中最为重要的一个部分。“我们总是安排一些特别有意思的激励活动，这些办法能够有效地节省激励经费”，TBB 的总裁 Andrew Cagnetta 这样描述他的员工激励计划。在公司举办的“棒球比赛”中，销售人员可以在他们的每一笔业务中赢得参与一场至四场之间的棒球比赛机会。只要他们每获得 1 万美元的订单，他们就能参与一场棒球赛。同时，如果销售人员为 TBB 的合作伙伴，譬如银行或出版社等销售出产品，同样也可以参与比赛，这种竞争是在集体层面和个人层面上共同开展的。当竞争结束时，公司将给五位最具有价值的球员颁奖。在这个激励项目结束时，公司的销售总量增长了近 20 个百分点。

同时，Cagnetta 最关键的另外一个激励计划就是在他自己家或者副总家为销售人员举行的“回报晚会”。销售人员及其家庭的每位成员都会被邀请参加这个晚会，而销售队伍将在家庭的颁奖台上领取奖品，奖品是各种类型的礼品卡。在一个非常温馨的氛围中，这种激励办法极大地促进了员工对公司的忠诚度和工作士气。

2. 中成本激励

如果公司的经营预算是中等水平，即 2.5 万 ~5 万美元之间，那么千万一定将经费用在对员工的奖励上，而不要将过多的经费花在五花八门的行销手段上。

Carls on Marketing Group 的总裁推荐了至少 1000 种奖励办法，最受欢迎的包括奖励员工 MP3、DVC 等电子设备和家庭用品，甚至是一次旅行或一晚双人的酒店住宿。

作为美国 TSE Sport and Entertainment 公司总裁，Robert Tuchman 为他的销售队伍想出了一个与众不同的激励计划，在三个月中，将办公室变成了一个虚拟的“美国国家足球联盟”。他将 15 个销售人员分成了三个队，即 AFC East、NFC East 和 AFC West，在每个队中，每周都举行竞赛。最终的目标是获得“TSE 最有价值球员”的称号，为了达到这个目标，公司每周都为每个队打分。Tuchman 则通过公司在 American Expres's 账户上的积分来奖励队员们，这样不但节省了经费，还调动了员工的积极性。而奖品通常是诸如 DVD 播放机、音像设备、体育用品以及音乐店和服装店中的礼品卡，最高奖一般是立体音响或一辆山地车。但 Tuchman 发现，其实最具激励效果的是这种竞争的方式。在公司里专门有一个董事记录每个销售员工的销售业绩。每当一个销售员工完成了一个订单，Tuchman 会亲自向全公司的员工发出一封电子邮件，通告这个员工销售了什么，他在整个销售队伍的竞争中处在一个什么位置，这种激励是公司中最重要的一个激励项目。TSE 的激励预算是在 1.5 万 ~2 万美元之间，结果，公司的销量很快增长了 400%。

作为 MGE UPS 渠道营销经理的 Courtney Chalkin，则通过 2.5 万美元以内的激励经费，达到了营业额增长 50% 的业绩。她的为期两个月的“网上自助激励项目”更是别出心裁。在这个她特别设计的网站上，每个销售人员都能够登录网站，并且随时察看自己的销售业绩和自己所能获得的奖励。公司为每个产品都定下了奖励的现金价值，销售人员能够在网上看到他们的奖励积分，以及积分相对应的奖品。与此同时，由于她公开通告激励经费有限，反倒促使销售人员们能在有限的时间内更快、更有效地完成订单。

3. 高成本激励

位于波士顿的Castle Group则将其激励计划主要锁定在旅游和举办各种活动上。无独有偶，位于亚特兰大的MSI International公司也将旅游列为其激励计划的主要内容。2003年，Castle Group的年度最佳销售人员得到Los Cabos、墨西哥旅游的奖励，今年的旅游目的地将会是百慕大群岛。一般来说，每次的旅行都是在25～30人之间，每个人还能带一位自己的亲人或朋友。作为拥有100名左右销售人员的公司，这个激励项目花费了MSI总收入的1%～2%。但Castle Group总裁Lindberg估计，它同时增加了公司10%～15%的经营业务。何乐而不为呢？与此同时，Lindberg还开展了更多的美国国内旅游项目，2002年，公司便组织员工去了佛罗里达、奥兰多等消费并不是很高的地方。在具体操作上，Castle Group通过两轮竞赛方式来实现这一激励目标。通常情况下，第一轮竞赛中的获胜者才有权利争夺第二轮专为旅游奖励而设立的竞赛。但同时，Lindberg建议，在设立竞赛目标时一定要注意适度，如果目标过高，反而会挫伤员工的积极性。

可以看出，“旅游奖励”无疑已经成为如今最受欢迎的员工激励项目，旅行不一定要非常昂贵或充满异国情调，但必须要包含着一些有意思和令人激动的内容。此外，组织表现出色的员工参加露营等体验式短途旅行，也能够加强销售人员之间的沟通。

提成激励

如何设计销售提成方案使之更有效地激励销售人员，是薪酬体系方案设计的主要难点之一。几种销售提成激励方案的比较如下。

1. 递增方案

销售提成递增方案是完成任务后提成比例增大，如图9-1所示。

从图9-1可以看到，在完成的销售额没有超过目标值时，实际完成销售额的$a\%$为销售人员可拿到的提成。当完成的销售额超过目标值时，超过的部分按比例$b\%$计提，其中b值大于a值。

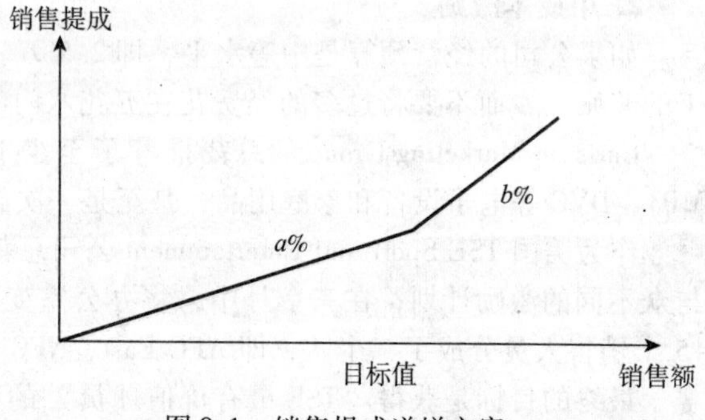

图9-1 销售提成递增方案

此方案优点在于能够鼓励销售人员卖出尽可能多的产品，实现尽可能大的销售额。对于提成总奖金过大的风险，该企业的做法是设置每位销售人员的销售提成上限，对销售提成进行封顶。

此方案最大的缺点在于目标值的确定问题。该企业不再采用此种方案，主要的原因就是在每年年初制定销售目标时，销售人员都会与总经理发生激烈的争论。原因很简单，因为在实际完成销售额相同的情况下，目标值订得越低，销售人员能够拿到的提成越多。因此尽管对于一个正常下较容易实现的目标值，销售人员也会找出各种各样无法完成的理由，进而要求降低销售目标值。在这种情况下，总经理只能通过强迫的方式将目标值往下压给销售人员，而这往往使得总经理与销售人员之间很不愉快，而总经理对各个销售区域的具体情况也并不是完全了解，因此制定的销售目标值也是不完全合理的。

2. 恒定方案

销售提成恒定激励方案是提成比例保持不变，如图9-2所示。

从图9-2可以看到，提成比例保持不变，无论销售人员制定的目标值如何，其销售提成均按照实际完成销售额的a%计提。

该方案的优点是能在一定程度上激励销售人员完成尽可能多的销售额，同时由于销售提成不与销售目标值挂钩，因此在制定销售目标时销售人员不会因追求更高的销售提成而有意地要求降低销售目标，使得销售额目标值的制定更接近于实际。

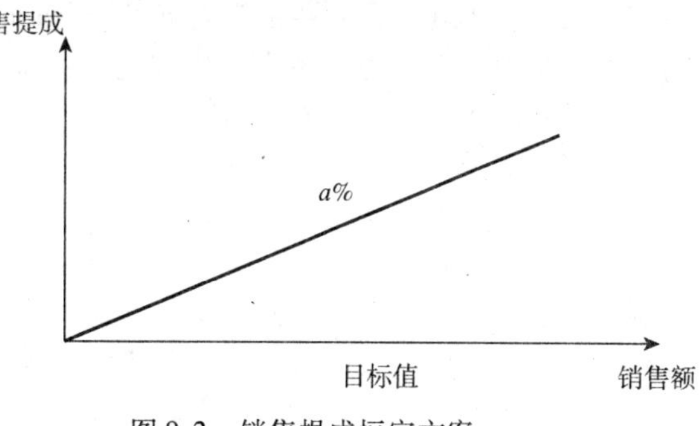

图 9-2 销售提成恒定方案

该方案的缺点有以下几点：①由于销售提成比例与目标值无关，因此销售人员没有定量完成销售额的压力，导致销售人员的动力不足；②由于没有目标值的约束，销售人员实际完成的销售额难以预测，不利于企业生产计划与财务预算的制定；③该方案虽然没有促使销售人员在制定销售目标时尽可能地降低目标值，但在绩效管理中销售额作为销售人员非常重要的一项 KPI 指标，在制定其目标值时，销售人员依然会习惯性地要求降低目标值，以使自己的绩效考核得分较高，从而获得更多的绩效工资。

虽然恒定方案有上述缺点，但操作简单、易行，不会使得上下级在沟通销售目标方面产生太多的不愉快。

3. 递减方案

销售提成递减激励方案是提成比例在达到目标后降低，如图 9-3 所示。

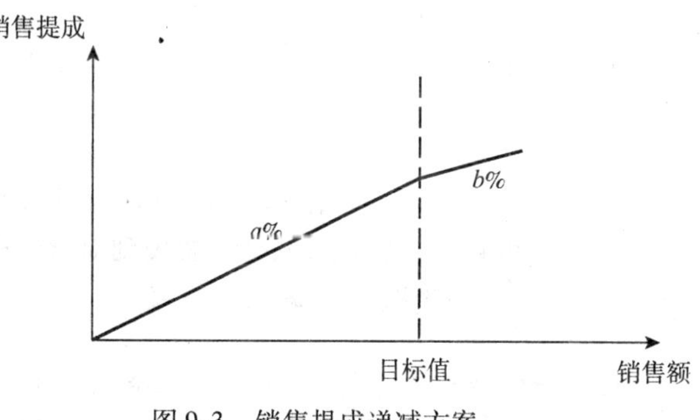

图 9-3 销售提成递减方案

从图 9-3 可以看到，在完成的销售额没有超过目标值时，实际完成销售额的 $a\%$ 为销售人员可拿到的提成。当完成的销售额超过目标值时，超过的部分按比例 $b\%$ 计提，其中 b 值小于 a 值。

递减方案的优点在于鼓励销售人员根据实际情况上报销售额目标值，并努力将其实现。从图 9-3 看，无论销售人员实际完成的销售额为多少，销售目标定得越高，其所获销售提成就可以越多。但如果销售人员年初制定销售目标时将目标定得过高而导致无法实现，其绩效考核得分将有所下降，年度考核得分也将会受到影响。因此，对于销售人员而言，理性的做法是根据实际的情况制定销售目标值，并努力将其实现。

该方案的缺点在于操作难度较高，a 值与 b 值的制定要经过精确的预估和计算才能确定。在销售人员完成销售目标后，也不能有效激励销售人员进一步扩大销售量。

风险防范

营销人员面对的市场是不可控制、充满风险的市场。在企业所遭遇的各种风险中，来自营销的风险危害最大，最难于预料和预防。一个营销风险发生，就可能使职工辛苦工作一年的盈利荡然无存。因此，防范营销风险就成为营销管理者的重要职责。

内部风险

来自本企业销售人员的风险，这是近几年不少企业，特别是民营企业和新成立企业面临的一个新问题。如何从制度和管理手段上解决内部风险？

1. 担保制度

销售人员“将在外，君命有所不受”，而且有独立掌管财物的机会。如果销售人员对企业不忠诚，将对企业产生重大损失。我国人事制度正处于转轨时期，销售人员流动性大，由于对人员流动的管理不规范，有些销售人员离开企业时，不办理财物移交手续，甚至携款、携物潜逃的事屡有发生。企业为了减少损失和避免风险发生，可以采取由第三人对销售员担保的办法，当上述风险发生时，担保人承担连带责任。

2. 收支两条线

销售人员和销售机构的销售收入应先汇入企业或企业指定的账户，支出由企业返还给销售人员和销售机构，减少销售人员掌握大笔现金的机会。宁可财务费用高一些，也要坚决采取这种制度。某企业在销售办事处的现金管理上采取的有效措施也有广泛的推广价值。该企业要求办事处每天必须将当天的营业收入全部存入企业指定的银行账户，而且该账户是一个“只能存，不能取”的账户，该账户的所有汇票上都盖有本企业的印章，即办事处只能将账户上的现金汇入本企业的账户，不能汇入其他的任何账户。采取该措施后，营销风险大大减少了。

3. 制衡体制

在货物、现金等管理上实行类似于财务管理的互相制衡的管理体制。在企业的财务管理制度上，管理人员、会计、出纳三者之间是一种互相制约的关系，这种相互制约的管理体制大大减少了财务管理的风险，是非常科学的。在对销售机构的管理上，为了避免较大的风险发生，有必要引入这种互相制衡的机制，即对财、物、事实行分人管理，管钱的不花钱，花钱的不管钱。尽量避免将人、财、物、事等各种大权集于一身，从制度上避免风险的发生。

对销售人员和销售机构的管理决不能失控。某一知名企业的部分销售人员在成功地开发一目标市场后，与企业讨价还价并威胁说，如不答应其条件，就把客户拉到该企业的竞争对手那里去，该企业为了不致失去市场，不得不违心答应其条件。这种风险的产生实际上说明对销售人员的管理是失控的。

4. 透明管理

对营销过程实行透明化管理。对营销过程进行全方位监控，坚决杜绝只管营销结果不管营销过程的“黑箱”式管理方式。只要做到对营销既管“过程”又管“结果”，将大大减少个别品行不良人员钻营销管理的漏洞的机会。

5. 检查制度

建立营销巡视检查制度。企业不能单纯依靠销售人员反馈的信息对其进行管理，营销管理人员必须亲自掌握第一手的信息，对销售人员提供的信息进行甄别。企业为此专门任命了几位巡视经理，对各个目标市场的销售状况进行巡视、检查，做到防微杜渐。

6. 人员甄选

对销售员进行科学甄选。在对销售人员的选拔时，品行最重要，能力居其次。如果一个销售人员品行不良，他的能力越强，对企业的危害性可能就越大。因此，在对销售人员进行甄选时，要把品行放在头等的位置。

在这样的平台销售模式下，即便一个分公司的30个销售人员同时辞职，单靠业务平台和助理的对接，也可以在半个月内保证业务的正常进行。所以销售人员的工作就相对不重要，公司的运营就更安全。而助理基本上是女孩子，只要给她们相对高的薪水、稳定的人际关系，把工作环境打造舒服了，她们很少会背叛。女人比男人更忠诚！也更好用！这在很多企业已经得到了验证。

有些企业担心采取上述措施后，销售人员觉得不受信任而影响工作情绪。从不少企业推广上述办法的经验来看，销售人员是非常理解的。对那些品行很好的销售人员来说，他的心是坦荡荡的，根本不会认为这些办法是针对他的；那些总想钻企业空当的销售人员可能发几句牢骚，但这正好说明这些制度起了作用，使他们无空子可钻。这实际上印证了这样一个观点：在一个好的制度下，坏人可能会变成好人；在一个坏的制度下，好人可能会变坏。一个企业就是要设计一个能让坏人变好人的管理制度。

外部风险

在中国，由于商业信用普遍不高，企业的风险很多是由于经销商造成的。特别是在当前皮包公司、骗子公司满天飞的情况下，稍不注意就可能造成款货无归。企业为减少来自经销商和客户的风险，要采取以下措施。

1. 信用调查

进行信用调查，对经销商和客户进行挑选。中国市场正在逐步向买方市场过渡，市场竞争日趋激烈。有些企业饥不择食，好不容易拉到一个客户，生怕跑掉，没有进行详细的信用调查，就匆忙签订合同，进行交易，结果被骗。因此，企业在与经销商或客户签订合同、进行交易之前，一定要对其信用进行调查。

信用调查的内容一般包括下列项目：资本构成（主要通过一些风险率反应，如流动比率、速动比率、获利率等）、付款能力、过去的交易记录（主要了解是否有不良的交易历史）、抵押品、经营状况等。对那些有不良交易记录；应收款较多，付款能力较差；资本构成不合理，经营风险较大；以及经营状况不好的经销商和客户，不论其提出多么优惠的条件，不论其提出什么样的书面或口头担保，都不能向其供货，特别不能向其赊销。

2. 互信合作

与经销商和客户建立长期、稳定、互相信任的合作关系。在商业交易中，如果与客户建立了长期、稳定、相互信任的合作关系，不仅能大大降低交易成本，而且能大大降低商业风险。有一家皮制品经销商，由于资金周转困难，拖欠贷款较多，甚至对有些厂家的货款长期拖欠不还。即使是这样一个信用不好的经销商，对有些厂家的回款仍是比较及时的，这些厂家都是与该经销商关系非常好，长期互相合作的老客户。

3. 从小做起

对新客户，要从小生意做起，尽可能降低经销商资金占用量。很多企业和销售人员都有这样的经验，有些新客户，一开口就要做大生意，而且不问质量，不问价格，不提任何附加条件，对厂家提出的所有要求都满口应承，这样的客户风险是非常大的。因此，对不了解商业信用的新客户，在交易条件和交易程序上要严格进行控制，避免风险发生。

4. 合同关系

规范与经销商和客户的业务关系，一切业务都要有合同。中国的法律体系正在逐步完善，骗子只能得逞于一时，终究是要受到法律制裁的。要真正避免来自经销商和客户的风险，是要规范与他们的关系，一切按法律办事。

5. 买卖关系

来自经销商和客户的风险有时是销售人员造成的。有些销售人员为了增加营业额，不对客户进行信用调查，或抱着侥幸心理，结果对企业造成重大损失。为了避免这种情况发生，比较有效的办法是在企业与销售人员之间实行“买卖制”，即销售人员与企业之间是买卖关系，企业按照100%的回款标准向销售人员收取货款，客户的货款由销售人员负责收取。“买卖制”由于将营销风险的责任落实到销售人员身上，销售人员在向有一定风险的客户供货时必将三思而行，反复调查，从而将大大减少营销风险。

6. 赊销政策

企业必须制定自己的赊销政策。在激烈的竞争中，赊销有时是必要的，完全杜绝赊销会失去很多销售机会，但企业必须制定严格的赊销政策，赊销政策包括：赊销条件、赊销期、收款策略、现金折扣等。赊销管理中最重要的是对赊销总规模进行控制，制定应收款警戒线，典型制造企业的赊销警戒线是：应收账款不超过资产的20%。作为赊销管理的一环，企业财务人员必须定期对应收款进行分析、归类、整理，针对不同的客户确定不同的收款办法，防止呆账、死账、坏账发生。

7. 全面培训

为了减少直至杜绝来自经销商和客户的风险，必须对销售人员，特别是新招聘的销售人员进行全面的培训，做到不培训合格不能从事销售工作。与减少营销风险有关的培训内容包括：信用调查技巧、客户识别技巧、经济合同法、财务结算等，并要求销售人员对营销风险发生的各种方式有比较透彻的了解。有些销售人员在长期的营销实践中积累了一定经验，对上述内容有了一定的了解。但新销售人员不能靠他们的实践和摸索慢慢积累经验，而必须进行短期的强化培训。

企业营销工作的首要任务是回避营销风险，在回避营销风险的同时抓住商业机会。在商业信用普遍不高和销售人员流动性较大的情况下，要回避营销风险，关键是要从营销管理制度和营销管理手段上加以完善，以预防为主，预先堵住各种风险源，使品行不良的销售人员和客户无空子可钻。只要成功地回避了营销风险，企业营销就成功了一半。

营销理念

在营销活动中，决定一切的是营销人所拥有的营销理念。营销理念就好比一个人的人生观，它时刻在有意识、无意识地决定着个人的营销行为。因此，具备正确的营销理念，对营销从业者的事业成功至关重要。

在营销层面，精准的品牌与产品定位是成功的关键。针对创业营销而言，由于处于一个蓝海市场，经常的情况是：顾客根本就不知道自己到底需要什么，甚至连自己“不需要”什么都不知道，在这种情况下，顾客其实并不真正希望被奉承迎合，公司的极力讨好反而使得他们无所适从，因此倒不如吊足他们的胃口来激发他们的兴趣。

戏弄营销

布朗发现，客户其实并不希望企业对他们顶礼膜拜，他们宁愿被戏弄、被精巧奇特又不易满足的欲望折磨，因为有一条永恒的规律：难以得到的东西才是最好的。于是，他提出了回归营销理念（Retromarketing，又称复古营销）[2]，呼唤回归到过去企业凭借创造力和个性主宰市场的营销风格。

独占性

独占性（exclusivity）。现代营销主张：“这里有，过来拿吧，东西多得很，人人都有份。”而复古营销则是故意控制供应量，不让顾客一下子就得到满足：“你想要吗？没货，下次再来试试吧，伙计。”

神秘感

神秘感（secrecy）。现代营销讲求坦率、光明正大、明明白白，而复古营销则看重神秘、诡异和隐蔽的行动。想想看，“秘方”帮助了多少食品企业大获成功。运用神秘感的关键在于，秘密的存在本身不能成为秘密。营销者要大肆宣扬“秘密”的存在，激起人们强烈的好奇心。

造声势

造声势（amplification）。在充斥着商业宣传的世界里，造声势是非常必要的，其目标就是要确保营销的产品成为人们谈论的话题，更重要的是，确保这种谈论本身正在被人谈论。要达到造声势的目的，可以故弄玄虚，比如美国传得沸沸扬扬的“Ginger”（一种新发明的智能踏板车）就充分应用了这一手法。此外，还可以运用公开冒犯权威或制造惊讶等手法。

娱乐性

娱乐性（entertainment）。营销必须逗乐，必须吸引人参与，让人发笑。好莱坞的营销者是这方面的高手，如电影《人工智能》的营销者利用因特网制造了一个噱头——虚拟的谋杀案。该片通过在首映前就引起热烈的讨论，形成轰动效应，最终大为走红。娱乐是复古营销的精髓，现代营销最大的失败就是缺少娱乐性。

耍花招

耍花招（tricksterism）。顾客喜欢被逗弄的感觉。花招不一定要特别精妙，相反，有些非常低劣的手法可能就已经够用了。例如，时下美国有一些慷慨热情的酒吧常客实际上是某种酒的推销员。对这些酒品公司的小花招，人们多半心知肚明。事实上，某个品牌只要博得人们的欢心，哪怕只是暂时的，就能收获颇丰了。

这就是布朗教授[3]离经叛道的“tease”（逗乐，即上述5个基本原则首字母的倒拼词）原则。故意刁难消费者的想法可能会让营销经理们惊慌失措，但是如果营销者果真为顾客着想，他们就应当满足顾客的“需要”，用极具挑逗性的老式营销手法来满足他们。

卖点营销

从实践来看，不同企业的营销理念还是存在重大差异的。

三流企业卖产品

企业沉迷于卖产品，容易陷入价格战的陷阱而蚀本。卖产品的缺点是因产品本身的原料成本占据成品成本很大的比例，故利润率较低；生产设备的投入较大，影响资金的周转；产品直接供应给终极消费者，售后服务所花费的资金、精力较大；顾客数目较大，市场推广成本较高；消费者个性化需求强烈，企业满足其需求的难度较大；同类的竞争较为剧烈，市场空间狭窄；保护消费者权益的各种法规相继出台，企业因不慎的失误致使赔付成本高居不下；假冒产品屡禁不止；对产品的经营模式、行业规则等，整个社会都已经相当透明，运营方面的法规也已经很规范，差异化经营难度较大。以上这些问题都阻碍着企业的运营效率。

以中国的服装业为例子，中国的服装业多为OEM，为国外著名品牌进行贴牌加工是企业在初创和扩张期扩大出口的有效措施。有品牌者得市场，有市场者得天下，中国虽然拥有众多的大众成衣企业，产品的丰沛低价销售却未能抵挡国际品牌服饰的强力竞争。因为专注于产品的销售，容易造成过度急于迎合市场，导致服装自身的文化积累与品牌严重脱节，专业欠缺和急功近利的行为直接导致了目前国产服装品牌难以做大。因此，中国服装业若想要跳脱OEM的背景，更进一步地发展，势必建立起中国服装品牌的独特性，走出自己的一条路，而不是一直以低廉的价格、平凡的设计，一味地盲从。应该去深度了解消费者的消费能力水平，除了产品之外，利用品牌加持，将企业提升为更高等的企业。

二流企业卖模式

企业的模式，在透过初进入市场的探索时期之后，慢慢建立起只属于自己企业的营运模式。所谓的企业模式，中国最为传统的是父业子承的家族模式。这种模式以封建社会特有的血缘关系为核心，具有最地道的中国特色。此种父业子承的企业模式中，通常企业的核心技术多半是保密性极强的“祖传秘方”一类，需要依靠血缘关系来加以维护，例如眼药大王马应龙的眼药配方便属于这一类。而企业的实权多半掌握在长子长孙的手中。家族式企业的特征之一便是只相信自己不相信别人，所以他们的核心技术都只传长子长孙，不传外人。谁掌握了核心技术，谁就掌握了经营。家族企业特有的矛盾往往十分突出，表现在企业内部的派系之争、远房与嫡亲之争等。争斗的实质是权力之争、利益之争。而这种争斗往往又会影响企业的成长与发展。

家族式企业模式的优点在于家训甚严，家风良好，这往往会促使企业长盛不衰，也是中国老字号的一大特色。然而，虽然能够不致使企业衰败，却也很难有更好的发展，往往造成停滞不前，而让新兴企业超越原本的功绩，在相较之下没有竞争力。

当然也有因为创新的企业模式而一举成功的例子，以戴尔电脑为例。

戴尔运用直销体系与实时制造系统，建立了个人电脑的全新销售模式。戴尔的成功迫使康柏（Compaq）和惠普（HP）合并以强化其竞争力，也拉开了它和另一个直销商捷威（Gateway）的业务差距，并使计算机巨人 IBM 于退出个人计算机市场。

戴尔的成功是因为建立了一个全新的企业模式，颠覆了整个个人电脑产业，这个新的企业模式即是以直销系统取代原有的经销体系。创新的企业模式是新兴企业超越老式企业的制胜关键，也是企业转型必须先思考的策略重点。在历经网络泡沫之后，戴尔的模式被证明能经得起时间和市场考验。而这种创新的企业模式，也成为戴尔计算机在消费者心中的代名词，成功的创新模式也进一步成为戴尔计算机独特的文化。

一流企业卖文化

企业经营到成熟阶段，已经不再会陷入价格战竞争，经营模式在经历过几番波折之后，找到了专属于自己企业的方向，此时，产品的质量已经不再是消费者的顾虑，停在消费者心中、企业员工心中的，就是企业文化。聪明的企业会塑造企业的中心价值观，成为企业专属的企业文化。

以海尔为例，海尔企业文化是被全体员工认同的企业领导人创新的价值观。海尔文化的核心是创新。它是在海尔 20 多年发展历程中产生和逐渐形成特色的文化体系。海尔文化以观念创新为先导、以战略创新为方向、以组织创新为保障、以技术创新为手段、以市场创新为目标，伴随着海尔从无到有、从小到大、从大到强、从中国走向世界，海尔文化本身也在不断创新、发展。员工的普遍认同、主动参与是海尔文化的最大特色。当前，海尔的目标是创中国的世界名牌，为民族争光。这个目标把海尔的发展与海尔员工个人的价值追求完美地结合在一起，每一位海尔员工将在实现海尔世界名牌大目标的过程中，充分实现个人的价值与追求。

再以麦当劳为例，麦当劳是采取加盟连锁的企业模式，麦当劳利用其加盟的品牌优势，建立其在消费者心目中的地位。麦当劳卖的什么？可口可乐吗？随处都有，谁会为了喝可口可乐到麦当劳；它是在卖产品吗？绝对不是，它是在卖功能，卖品牌的功能、简单的功能、速度的功能、文化的功能。因此以品牌文化、品牌定位为本的文化概念远远比卖产品重要得多。这是变革时代的一个新变。产品一旦被赋予一种特殊的文化气质，令人购买的就不再是一件单纯的产品，而是一种感受、一种生活方式。麦当劳提出：我们不是餐饮业，我们是娱乐业。可口可乐大力宣传：我们卖的不是商品，我们卖的是一种文化，是一种美国精神。在化妆品行业，“资生堂”宣扬地道的日本味，“欧莱雅”宣扬明星，“沙宣”宣传美发知识，每一种产品都赋予一种文化特色。

从上面几个实例，可以体会到，企业在开始之初，容易因为急于进入市场，而乱枪打鸟乱了自己的阵脚。在企业推出产品时，应该加入除了产品之外的一些体验成为产品的附加价值，这样不仅不必使用价格战来增加自身的市场占有率，也可以利用这些附加价值建立起企业的品牌，有了企业的品牌，就像是人有了名字，有了个人风格，能够走出企业的营运模式，最终达到成功的企业文化，从而在市场中站稳脚步。

专栏

沃尔玛成功的十大原则[4]

沃尔玛的成功来源于沃尔玛独特的经验和方法。正是沃尔玛的三代当家人为沃尔玛确立的一系列原则保证了沃尔玛的成长、发展和辉煌。

忠诚原则

任何时候都忠诚于自己的事业；全心经营，比别人更尽心尽力；培养自己对事业的勇气和决心；该出手时大胆出手；该前进时决不后退；任何时候都要相信自己；有的时候需要一种无畏的气势；不断完善自己的成功法则；确立一些必须坚持的信念规则；遭遇危机决不退缩；不要害怕任何压力；坚持自己的经营原则。

合作原则

激励每一位同事；凡事与同事沟通；感激同事对公司的贡献；大胆提拔使用新人；善待每一个人；建立独特的伙伴关系；一切都是透明的；信任，绝对的信任；不放走任何一位人才；只要你做对了就会奖励；不拘一格起用一切可利用的人才；设法去不断地学习；用对人才能做事；给予员工良好的发展前景；独特的“交叉培训”法；与大家一起分享公司的利润。

发展原则

强硬的竞争者；雄心勃勃地从小镇出发；建立自己的配送中心；善于从长远战略考虑；保持谦虚谨慎的经营态度；对手是完善自己的重要力量；不断挑战，超越自己；从试点开始，步步为营；沃尔玛积极稳妥的中国发展战略；先生存、后发展、再赢利；发展山姆仓储俱乐部；发展超级购物中心。

顾客原则

超越顾客的期望，他们就会一再光临；赢得顾客的心才是最大的胜利；帮助顾客节省每一分钱；学会为顾客争取利益；给予顾客超一流服务新享受；“一站式”购物新概念；让我们充分贯彻顾客满意战略；顾客抱怨其实是件好事；善待员工就是善待顾客。

微笑原则

真正的客满之道；比满意更满意的；让我们成为顾客最好的朋友；看着顾客的眼睛向顾客问好；及时询问顾客是否需要帮助；尽量叫出顾客的名字；提供我们所能给予的服务。

平价原则

天天平价，挟客户而令供应商；一定是最低的价格；重视每一分钱的价值；沃尔玛独特的省钱之道；一切都应当高效地运转起来；广告也要精打细算；创造一种省钱的仓储方式；保持简练的管理风格；建立独步天下的分销体系；就做一只看上去很笨的刺猬。

日落原则

今天的事情今天做；任何时候努力工作和节俭；做任何事尽心尽力，不找借口；坚持勤勉的工作原则；做一个行动型的人；只争朝夕做实事；做好自己最熟悉的每一件事；一定要善于取长补短；踏踏实实地做好每一个细节；重视每一个承诺；任何时候不要小视最平凡的工作。

欢呼原则

沃尔玛就是一个大家庭；每一个人都是与众不同的；经常性地做一做游戏；跳一跳草裙舞；工作一定要快乐；“吹口哨工作”的哲学；例会为什么一定要那么严肃；股东大会就是一个欢乐的海洋；成功要大肆庆祝，失败则不必丧志；欢乐营销的秘密。

创新原则

逆流而上，走不同的路；发挥自身优势，出奇制胜；一而再、再而三地扩张；大胆尝试，勇于探索；善于用高科技来赢得成功；保持领先优质的诀窍；不断进行人才观念的创新；不断进行细节上的创新；不断进行进货方式的创新；不断进行经营方式的创新；不断进行销售方式的创新；不断进行经营领域的拓展；不断改造供应链遥控供应商；引进电子数据交换系统提高员工的附加值；采用网络技术增强自身的竞争力。

危机原则

用百倍的热忱来回击挫折；不要向任何困难低头；面对危机，大胆突破；善于将危机转化为机遇；正确处理顾客的投诉；不成功的超级市场；巧妙地避开媒体的明枪暗箭；建立最广泛的员工基础；及时解决销售难题。

买点营销

“营销”一词已经广为人知并被企业普遍认同，但现实中有多少企业真正奉行和落实了营销观念呢？回答是：不多。只有极少数公司真正无愧为营销观念的出色实践者。这些公司不仅以顾客为中心，而且能够随时对顾客需要的各种变化做出积极而有效的反应。

现代营销

现代营销与传统的推销是两个完全不同的观念，推销观念注重卖方（企业）的需要；营销观念则注重买方（顾客）的需要。推销以卖方需要为出发点，关注如何把产品变成利润；营销观念则追求如何通过把产品和服务整体地传递给顾客，以最大限度地满足消费者的需要。当前，企业经营观念从生产观念、产品观念、推销观念、营销观念到社会营销观念正在逐步提升（见表9-1）。因此，企业的每个部门都必须要具备营销的新思想才能适应企业的发展变化。

表9-1 经营观念及其提升

经营观念	观念内涵	观念提升
社会营销	不仅满足目标顾客需求与欲望，而且考虑消费者及社会长远利益（如环保等）	
市场营销	要达到企业目标，关键在于确定目标市场的需求与欲求，并比竞争者更有效能和效率地满足消费者的需求 出发点：市场 中心：顾客需求 手段：以协调市场营销策略（4P） 创造利润：通过满足消费者需求	
推销观念	我卖什么，顾客就买什么 出发点：工厂 中心：产品 手段：推销术和促销术 创造利润：通过扩大消费者需求	↑
产品观念	消费者会欢迎质量最优、性能最好和功能最多的产品	
生产观念	求大于供卖方市场，我生产什么就卖什么	

卖点困境

提起产品市场推广策划，人们第一个想到的经常就是要为产品塑造出一个响亮的卖点。无论从机理上、产地上、功效上、材料上、包装上等，都会选择一个可以有效区分其他竞争品的个性化诉求。目的很简单，就是希望通过这种差异化的定位，来让消费者记住产品的“样子和能力”，从而更利于销售。所以，我们经常看到的是媒体和宣传品上这样那样的文字诉求，产品的一个又一个的美丽代号，在刺激目标客户眼球的同时，也惹恼了消费者的自主选择权。

企业都是在想当然地认为只要自身包装好就可以了，然后通过大力宣传就能实现消费者的思想占领，从而带来可观的销量和利润。这种完全以企业自我为能动中心的营销思想，在那个“卖点”为上的时代（USP营销）确实起到了很好的作用，使得一批靠产品炒作的个人和公司获得了大量的利润，完成了原始积累。但在目前的环境下，产品的丰富性和市场的多样性空前繁荣，当客户见多了这些花色各样的产品和稀奇古怪的市场诉求后，逐渐趋于理性。他们不再是听到“一个产品采用什么什么科技”的时候，还会像以前那样动心，而是会很理智地用他们业已形成的判断力反问“真的这样吗?”这一问不要紧，企业花费大力气提炼出的产品市场定位可能就会完全失去其应有的效应，从而导致产品销售事倍功半甚至完全失败。究其原因，就是企业在当初定位产品的市场没有根据消费者的需求出发来打造产品针对目标消费者的“买点”。

企业的发展思维总是会被自己或者外部的一些学者左右，今年听说第三终端好，不顾一切进入；明天发现临床市场大，硬着头皮都要参与其中……而往往忽视了对于企业自身产品和市场的细分。特别在产品方面，没有根据市场的需求实施定位传播，这样也就不能很好地满足消费者需求。其实看看我国的家电行业，从前几年的低价倾销到这两年的逐渐稳定，死的企业各有各的死法，而存活下来的企业无一例外的都是在认真研究自身的细分市场，然后根据市场需求生产产品，并实施“目标消费群体的买点导入策略”取得了不错的效果。

买点策略

要实施“买点导入策略”不妨从以下三个方面着手[5]。

消费者的定位研究。第一点还是要强调对于消费者的定位和定向研究。研究的目的要明确，就是为了掌握消费者对于产品的需求在哪一个方面，是价格，还是疗效，或者是品牌、服务等。只有针对某一类产品实施完系统的市场调研之后，在清楚了对于该类产品在某一区域或者渠道消费者的需求情况后，再根据这种实在的需求定好产品独特的信息传播，优选相关媒体，才能真正实现精确的定位，达到事半功倍。

产品的重新定位。说产品重新定位，主要是针对那些看起来已经是“老产品”，在市场上有一定时间的情况来说的。产品从导入期、成长期、成熟期直至最后的衰落期，都有其定位清楚的目标消费群体。就好比一种药，刚研发出来时在一线临床市场以赚取尽可能高的利润，一段时间之后当其他产品都出现甚至替代产品出现时候，就会转移到OTC药店或者门诊使用，到最后可能就到了商业流通渠道或者第三终端使用了。这就告诉我们，一定要时刻关注企业产品的情况，对于那些看似已经衰落的产品，要根据市场的实际需求重新定位，确立新的市场诉求方向，以期尽可能地来延长产品的生命周期，为企业带来源源不断的赢利。

针对性的方案制订。定位清楚了产品可以满足消费者最直接的需求要点之后，就要实施产品的信息传播和市场推广。这个步骤强调一点就是有针对性，一定要清楚目标客户群体喜欢接受什么样的媒体、什么样的形式，他们希望产品提供什么样的服务，在哪一个渠道销售等实际问题。同时还应该将企业的实际情况和市场实际需求和竞争情况有效结合，这样在产品的宣传和市场推广中才可以方向明确，实现真正的和目标客户的双向共赢!

心灵营销

卓有成效的营销聚焦于消费者的心灵认知。

800元一斤的牛肉，100元一盒的香烟，50元一瓶的矿泉水，99元一碗的面条，50000元一部的手机，1000万一辆的汽车，都卖得特别好，甚至出现了供不应求的大好局面。想买还要提前一个月预订，还有需要提前半年预订的，这都不算什么，最过分的是，即便是提前预订了也不保证一定能买到现货[6]。

中国这是怎么了？为什么越贵的东西反而越好卖？

蒙牛集团副总裁孙先红[7]说过一段话："什么是高端产品，怎样成为高端产品，最重要的是看价格，你的价格贵，你就是高端产品，蒙牛特仑苏之所以这么成功，最关键的因素是产品价格策略，它贵啊，它是中国最贵的牛奶，消费者就会认为最贵的牛奶一定是品质最好的牛奶，品质最好的牛奶才最有营养的，送人才最有面子。"

这话有一定道理。其中也包含了两个"商业机密"：

其一，在信息不对称的情况下，中国消费者会首先通过产品价格来判断产品的品质的好坏、品位的高低、时尚程度的大小。价格高，就会认为是有档次、好品质，"一分钱一分货"的传统说法，在全中国13亿人中无限流传，无意中加大了消费者对价格"迷信"的程度。

其二，中国人自古以来就有"好面子"的传统，一些人一旦富裕起来，会通过物质消费来让人们知道自己的威风和高贵。当大家都开始富裕起来时，更富裕的人开始感觉自己没面子了，需要购买更贵的产品和服务来区别于普通的富裕大众。

掌握了这两个"商业机密"后，再来看看目前的中国市场，可谓是"一贵大未来，一贵一市场"，中国大量的中等收入阶层消费者对大众市场所提供的产品和服务越来越不满意，并开始寻求能够满足技术、功能和情感托付的产品和服务，即开始趋优消费。趋优消费是指以更高的价格购买更好的产品和服务。趋优消费已成为中国市场上一种爆炸式蔓延的现象。中国各地的消费者都愿意，甚至是渴望，以高价购买优秀的产品，但这种产品或服务的价格并不是高不可攀的，在同类产品或服务中它具有更好的品质、更独特的品位和更高的期望值。

所以，每个行业、每个产品都可以启动"贵策略"来赢得消费者、赢得大中国，只要你的产品的确有显然的与众不同之处，而这种与众不同之处又恰恰是消费者所期待的和追逐的，那么，就大胆地提价吧，一个包子卖10元，一袋瓜子卖50元，一块口香糖卖10元，一双袜子卖100元，一份报纸卖7元，一袋方便面卖20元。

打动心灵

广告主的品牌表达（即传播策略）必须能够触动消费者的心灵（arouse）。否则就像在黑暗中舞蹈的树，无人投以关注。不能触动他们的心灵，意味着制定的营销传播战术根本无效。

养生堂农夫山泉以水源地孩子充满渴慕、单纯、明净的眼神，准确击中消费者同情、爱悯的心灵层面。激发消费者响应购买1瓶捐1分钱给水源地孩子的行动。农夫山泉业绩每年增长，曾有过160%的年度增长率。

抓住心灵

营销传播战术仅仅触动目标受众人群并不够，如果不能在所诉求类别的层面上抓住他们的心灵（apprehend），那么情形就像铁锚仅仅触动海岸，却没有深扎进去，目标受众靠近产品的心灵大船非常轻易地随流漂走。

同样是养生堂的品牌"尖叫"。"尖叫"针对城市青年的人群区分非常正确，但"尖叫"的传播策略对城市青年没有透彻的解析。其所有的传播战术都未能抓住城市前卫青年的心灵，包装、广告全部不契合城市青年，品牌传播内容远不能如锚般深扎于他们的心灵。

充满心灵

消费者的心灵由一个一个的信息抽屉组成，它们形成庞大的抽屉群，消费者的心灵接收信息的过程好像整理大师，把一个类别的信息都归于一个抽屉中。广告主的传播诉求，如果不能充满消费者心智网络上的类别抽屉中，将使消费者总是充满狐疑，不能被充满的那些角落总是使他们不满，难以真正购买产品。

乔治·阿玛尼（Giorgio Armani）今天完全充满了电影明星、社会名流的心灵，这一著名品牌在优雅含蓄、做工考究的名流着装层面上，完全充满消费者的心灵，不留一点空隙。他们相信：当你不知道穿什么，穿 Giorgio Armani 就没错。而皮尔·卡丹则是不能被充满的例子——消费者对皮尔·卡丹的品牌价值认同心存狐疑，很难下决心做出购买行动。

覆盖心灵

覆盖心灵的英文词语是 Adore，其意思是崇拜、爱慕、喜欢，甚至有敬重的意思。品牌传播的最高层次即在此：不但为广告主带来销量上的丰收，更以强大温厚的力量覆盖消费者的心灵。所诉求的信息，完全覆盖住目标受众的类别心灵层面。消费者产生了对品牌的喜欢、爱慕、崇拜甚至敬重。

覆盖心灵的过程产生了品牌宗教。品牌就是广告主建立的品牌宗教。“信众”（消费者）对宗教产生爱慕和崇拜是理所当然的事。

专栏

哈利·波特式营销[8]

某运营商的某品牌定位为15～25岁的用户群，由于业务、资费和品牌宣传等方面贴近年轻客户，获得这一消费群体的认可。但随着品牌所覆盖的目标用户年龄的增大，他们还会使用该运营商的其他业务吗？运营商该如何做好品牌之间的衔接呢？在多家运营商经营3G业务的情况下，如何利用现有用户已经形成的品牌忠诚度呢？

哈利·波特式营销为解决这些问题提供了一种可能的途径。它实际上是一种美国式营销，该营销方式始终瞄准具有共同特点的某个顾客群打造品牌，随着顾客的成长，品牌也随着一起成长。在小说《哈利·波特》中，哈利·波特一年一年地长大，小说的读者也在一年年地长大，多数读者不仅没有疏远主人公，而且影响着周围的人，使得哈利·波特迷越来越多。

通常来讲，大多数品牌只是针对某个年龄段的人群，品牌一成不变，但客户总是进进出出，这种品牌熏陶出来的顾客，他们的下一个品牌消费领域在哪里呢？要解决这个难题，企业应当考虑创造另外一种品牌，一种与消费者一道成长的品牌，就像哈利·波特的读者和哈利·波特一道成长一样。

品牌经理一般都特别重视客户的年龄，这是由他们的工作性质决定的。因为不管公司实施品牌战略时采用哪种客户细分方法，各个细分市场大多是根据客户的年龄段来区分的，都会假设在同一年龄段的客户消费倾向和习惯是一致或相似的。然而这种按年龄划分的品牌在客户进入和退出品牌的过程中会给公司的营销带来巨大的压力，也给竞争对手以可乘之机。

营销策略

对于创业型企业来说，开发出产品后，如何进入市场是至关重要的。创业型企业可视情况选择自己的市场进入策略。

营销策略的重要性在于，它可以为企业进入市场提供方法和向导，但是由于新创企业和成熟企业在面临营销环境方面存在差异，所以对于新创企业而言，在制定营销策略前，认真分析和评价企业所处的营销环境，理清自身的营销优势和不足是十分重要的。

创业是一个企业经营的特殊阶段，企业营销策略的制定也会受到这一特殊阶段的限制，其限制因素包括：新创企业经济规模的缺乏；各种资源的限制；市场存在地域限制；市场影响力的限制；品牌忠诚度和市场份额不高；缺乏专业管理知识；决策信息的不完全；每秒管理任务的缺乏；职业经理人的稀缺；商业目标和个人目标的混淆等。

虽然新创企业所面临的营销环境存在着诸多不利因素，但是创业营销较成熟企业的管理营销更能为新创企业的改革创造出新的基本需求，其营销策略也更加灵活并专注于营销推广和销售工作。

合作营销

合作营销的焦点在于与竞争对手的互补效应，包括依附、渗透与网络三种基本的策略手段。这是新创企业常用的初级营销策略形式。

依附营销

创业型的企业在市场竞争中往往受到资金短缺、品牌效应低、研究力量弱等诸多因素的限制，难以适应前期开发的资金需求。虽有一些创业型企业，可以通过在“二板市场”上市来解决资金等发展要素不足的问题，但多数企业却难以解决原始积累的问题。资金不足使得创业型企业难以迅速攻破技术难关，将产品推入市场与知名企业竞争。在这种情况下，创业型企业可采取依附大型企业、大型研究机构的办法，借其资金、市场品牌、市场销售渠道之力而行。

渗透营销

竞争实力弱，是创业型企业在市场竞争中的劣势。但产品技术含量高，创新性强，又是创业型企业的优势。根据产品寿命周期理论，在新产品投入期，消费者往往对新产品不熟知，缺乏认识，导致新产品销售很小，竞争对手也往往淡忘这一市场，市场的竞争度低。这为创业型企业在创业之初立足市场提供了条件。因而，创业型企业可采取“渗透生存”的方式，利用市场的空隙，将新产品先作小量、小幅的市场进入，逐步地扩大市场。

就书籍的营销，英国 Canongate Books 出版总监安尼娅·叙罗塔（Anya Serota）有一些经验总结。

专栏

如何营销畅销书[9]

首先，如果这本书获得一些奖项的话，可能会推动销售。第一轮我们会找一些人来写书评，把它放在一些杂志或者报纸上，来对这本书进行一些初步的介绍。

其次，我们还会建一些网站介绍书，一般在这本书还没有出版之前就对它进行介绍，这样的话在书出版之后人们就会购买了。我们还会做一些关于图书销售商的广告，在这里我们会采取完全不同的方式，并不是说这个书什么时候出版或者是谁在出版这本书，我们只是对这本书来进行推广，推广这本书的内容等。而且我们会指引人们到网站上了解这本书相应的情况。

另外，我们会采取一种比较特别的包装方式。在英国很多书的外面都会有非常好的书皮，打开书皮之后才会是书。我想非常好的设计也是一个营销活动。一般来说，如果一个读者拿到一本书的话，一般不会注重出版商是谁，但是对于我们 Canongate 出版社来说，我们会非常关注书的设计，这样的话就会让读者对出版商也有一个很好的认识。在英国，我们会采取一种非常特别的方式来设计一些书的包装，通过这种方式我们吸引了很多的读者。我们的设计非常独特，是读者以前从来没有见过的设计方式，比如说《哈利·波特》，我们就采取了一种非常独特的封套方式，包装设计也十分别致，所以一下子就推动了这本书的销售。可以说，对于每一本书的营销我们都会对它进行非常精心的设计。

网络营销

在以信息、网络、知识和文化为经济本质的今天，许多产业已经没有明显的甚至干脆没有了边界。相应地，企业产品的目标顾客市场不再单一，产品与目标市场之间不再是一一对应的关系，而是一种网状关系。经济是一张网，网网相关，网网相连，在这种关系中，所有经济活动都具有某种外部效果，所有经济活动的参与者都是不同程度的利益攸关者，从而为企业之间的相互合作共赢提供了战略空间。1P（Price）理论就是关于如何利用网状经济形成的外部效果，在企业价值链环节之间、企业与企业之间、企业与顾客之间引入第三方利益攸关者买单，把企业之间竞争博弈的赢利模式转化为合作共赢的赢利模式的理论。它的本质就是通过引入第三方，可以使产品价格低于平均成本，但仍能赢利，从而创造自动营销。

1997年中国出现了第一个商业性的网络广告——Chinabyte上的IBM动画旗帜广告。10年来，随着技术的进步，网络信息传播途径日趋丰富，从企业自建网站到公众网站，从强制式广告到植入性广告，从传统的幅式广告、按钮广告到新出现的视频广告、电子杂志广告等，翻新快速、种类繁多，令人目不暇接，Web发展不断升级㊀。而互联网极大的信息承载量和多元的传播手段，既为品牌的营销传播提供了广阔的平台，也为网络品牌的塑造带来更多挑战。企业只有抓住网络上任何一个能够与消费者接触的环节，差异化地进行营销传播，才能在信息爆炸的网络世界中凸显自身的品牌信息。

近年来，视频、社区、社交等网站日益兴起，越来越多的企业开始发现这些热门站点中隐含着各种品牌营销机会，从而将其作为与消费者互动沟通的有力工具。

专栏

数字化体验[10]

目前大多数企业还没有能力挖掘客户关系的利润潜力。很多企业的网站仍然只是把柜台上摆放的宣传手册照搬到网络上，而无法提供定制化、具有参与性的客户体验。而要想有效释放数字化客户关系的赢利潜力，企业必须做好三方面的工作。

首先，要通过相关性和对话来调动客户的参与积极性。企业应当根据客户的兴趣，为其提供及时的、有相关性的体验，增强企业调动和影响客户的能力，提高客户忠诚度，从而赢得更大的利润空间。这就要求企业形成真正的数字化思维。“推式营销”的时代已经成为过去，现在，对话、参与以及相关性才是制胜的关键。

其次，要以技术为依托，创造定制化的数字化体验和可预测的成本结构。企业应采用有弹性、可扩展的技术平台，为客户提供在线与移动双渠道相互贯通的定制化体验；同时，这一切还要建立在相对可预测的成本结构基础上。

最后，要在关系培养的基础上，建立相应的收益模型。如果企业已经具备用定制化的相关性客户体验来提高客户参与的能力，那么接下来就是以此为基础，释放客户关系的利润潜力了。企业，特别是媒体和娱乐企业关注的重点不应当是插件广告或者页面访问量等输入性要素，而要把重心放在客户关系上：企业能够洞悉其兴趣爱好的客户有多少。如果企业的数字渠道能够根据客户兴趣提供相应的体验，其成果将引人注目。

数字技术的核心在于企业有望为每个客户提供独一无二的体验，同时企业也可以利用数字渠道展开个性化的销售和市场营销。数字化使企业能够更深入地洞察客户的兴趣、需求和行为，而这种洞察力又能转化为受人欢迎、定制化的产品和服务，帮助企业建立长期的客户关系。

竞争营销

竞争营销的焦点在于与竞争对手的零和博弈，包括复制营销、差异营销与集中营销三种基本的策略手段。这是创业型企业成长中主要的营销策略形式。

复制营销

复制营销是一种无差异营销策略，是指企业将产品的整个市场视为一个目标市场，用单一

㊀ Web1.0是一个厂商发布了内容给很多人看，Web2.0是把发布的权利同时放给普通人，Web3.0的概念则是可以随时通过互联网获得自己需要的信息。

的营销策略开拓市场，即用一种产品和一套营销方案吸引尽可能多的购买者。无差异营销策略只考虑消费者或用户在需求上的共同点，而不关心他们在需求上的差异性。可口可乐公司在20世纪60年代以前曾以单一口味的品种、统一的价格和瓶装、同一广告主题将产品面向所有顾客，就采取的是这种策略。

无差异营销的理论基础是成本的经济性。生产单一产品，可以减少生产与储运成本；无差异的广告宣传和其他促销活动可以节省促销费用；不搞市场细分，可以减少企业在市场调研、产品开发、制定各种营销组合方案等方面的营销投入。这种策略对于需求广泛、市场同质性高且能大量生产、大量销售的产品比较合适。

对于大多数产品，无差异市场营销策略并不一定合适。首先，消费者需求客观上千差万别并不断变化，一种产品长期为所有消费者和用户所接受非常罕见。其次，当众多企业如法炮制，都采用这一策略时，会造成市场竞争异常激烈，同时在一些小的细分市场上消费者需求得不到满足，这对企业和消费者都是不利的。再次，易于受到竞争企业的攻击。当其他企业针对不同细分市场提供更有特色的产品和服务时，采用无差异策略的企业可能会发现自己的市场正在遭到蚕食但又无法有效地予以反击。正是由于这些原因，世界上一些曾经长期采用无差异营销策略的大企业最后也被迫改弦易张，转而采用差异性营销策略。被视为采用无差异营销典范的可口可乐公司，面对百事可乐、七喜等企业的强劲攻势，也不得不改变原来策略，一方面向非可乐饮料市场进军，另一方面针对顾客的不同需要推出多种类型的新可乐。

差异营销

差异性市场营销策略是将整体市场划分为若干细分市场，针对每一细分市场制定一套独立的营销方案。比如，服装生产企业针对不同性别、不同收入水平的消费者推出不同品牌、不同价格的产品，并采用不同的广告主题来宣传这些产品，就是采用的差异性营销策略。

差异营销策略的优点是：小批量、多品种，生产机动灵活、针对性强，使消费者需求更好地得到满足，由此促进产品销售。另外，由于企业是在多个细分市场上经营，一定程度上可以减少经营风险；一旦企业在几个细分市场上获得成功，有助于提高企业的形象并提高市场占有率。

差异性营销策略的不足之处主要体现在两个方面：一是增加营销成本。由于产品品种多，管理和存货成本将增加；由于公司必须针对不同的细分市场发展独立的营销计划，会增加企业在市场调研、促销和渠道管理等方面的营销成本。二是可能使企业的资源配置不能有效集中，顾此失彼，甚至在企业内部出现彼此争夺资源的现象，使拳头产品难以形成优势。

好的营销并没有什么秘诀可言，最关键的要素是品牌以及它的定位，从本质上来说就要找对消费群体，然后要做到和别人不一样，即差异化营销。产品差异化与能否专注于某一利益市场，是企业创业成功的关键。

集中营销

实行差异营销策略和无差异营销策略，企业均是以整体市场作为营销目标，试图满足所有消费者在某一方面的需要。集中营销策略则是集中力量进入一个或少数几个细分市场，实行专业化生产和销售。实行这一策略，企业不是追求在一个大市场角逐，而是力求在一个或几个子市场占有较大份额，例如，生产空调器的企业不是生产各种型号和款式、面向不同顾客和用户的空调机，而是专门生产安装在汽车内的空调机，又如汽车轮胎制造企业只生产用于换胎业务的轮胎，均采用了这样的策略。

集中营销策略的指导思想是：与其四面出击收效甚微，不如突破一点取得成功。这一策略特别适合于资源力量有限的新创企业。新创企业由于受财力、技术等方面因素制约，在整体市场可能无力与大企业抗衡，但如果集中资源优势在大企业尚未顾及或尚未建立的方面会处于绝对优势。

专栏

胶水与金币

香港有一家经营强力胶水的商店，坐落在一条鲜为人知的街道上，生意很不景气。一天，这家店主在门上贴了一张布告："明天上午九点，在此将用本店出售的强力胶水把一枚价值4500美元的金币粘在墙上，若有哪位先生、小姐用手把它揭下来，这金币就奉送给他（她），本店绝不食言！"这个消息不胫而走。次日，人们将这家店铺围得水泄不通，电视台的录像车也开来了。店主拿出一瓶强力胶水，高声重复布告中的承诺，接着便在那块从金饰店定做的金币背面薄薄涂上一层胶水，将它贴在墙上，人们一个接一个地上来试运气，结果金币纹丝不动。从此，这家商店的强力胶水销量大增。

品质营销

新创企业渐趋成熟的营销策略是品质营销，包括顾客营销、预测营销及文化营销三种重要的策略形式。

顾客营销

企业的顾客营销策略过程应该包括六个要素[11]：（提供）产品和服务；吸引顾客；顾客满意；顾客忠诚；顾客保留；获取利润。这六个要素的联系和关系如图9-4所示，形成依次递进的多种周而复始的循环关系图（当然经过信息的反馈，企业可以思考重新选择进入哪一种循环）。每一种循环都代表一类企业的顾客营销策略。从提供产品和服务开始，完成营销策略过程的要素功能，回到起点，形成某一类循环。不同的循环体现不同的循环内容和质量，企业的最好营销策略过程是最完整的那个循环。一般说来，下一次循环的起点都应该是改进过的产品和服务。

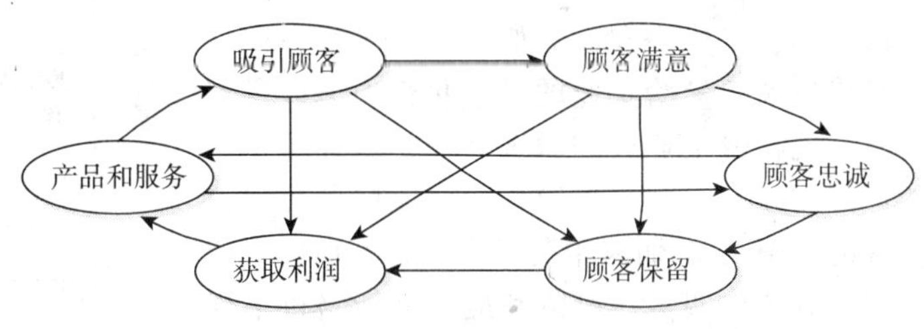

图9-4　顾客营销策略过程

产品和服务是循环的起点和终点，也是进入循环最起码的和最根本的，它的好坏在某种程度上影响着本次循环的质量。企业要做的就是在一个循环完成之后，根据反馈回的信息重新思索如何为下一轮循环提供更适宜的产品和服务。仅提供优质的产品和服务已经不能满足目前电子商务经济形式的要求，Indrajit Sinha（HBR 2000）已经通过网络实例分析论证了互联网技术会造成成本透明，从而大大降低产品和服务创造利润的能力，因为顾客有足够的信息去选择最合适的企业。为了使企业保持竞争力，他建议企业的产品和服务应该多考虑创新、差异化、线性定价或者捆绑销售。

吸引顾客在循环中起关联作用。企业只要有足够的资金，那么就可以通过各种渠道吸引顾客。但是吸引的作用有多大，效率有多高，值得考虑。企业往往陷入John Wanamaker的困惑——知道有一半宣传费浪费掉了，但是不知道是哪一半。为此，Donna L. Hoffman和Thomas P. Novak（HBR 2000）研究了网络企业CDnow的"吸引"策略，并指出CPM（网络每千人点击的广告定价）费用过高而实效不大的缺点，网络企业应该采用联合营销（即加强网站间合作，通过互相链接分享顾客）和统一战略（指合理利用其他渠道如电视、报纸、广播、在线广告等展开全方位的"吸引"策略，投入到这些媒体的资金比例都是经过慎重研究的）。

顾客满意是循环中最有意义的开始，企业利润实现的起点。对于什么是顾客满意，学者们的看法基本一致。菲利普·科特勒认为顾客满意就是一个人对一个产品的可感知效果（或结果）与他的期望值相比较后，从而形成的愉悦或失望的感觉状态；亨利·阿塞尔也认为当商品的消费效果等于消费者的期望时，就导致顾客满意，否则导致顾客不满意，美国市场营销学会对顾客满意的表达则更为直接：满意=结果-期望。显然实现顾客满意，就要使顾客感知的效果大于他的期望。要增强顾客的满意度，可以提高顾客感知产品和服务的质量，也可以降低顾客的期望值（企业应避免夸大宣传，而不是有意低调宣传，如果企业将期望定得过低，那么就很难吸引足够的购买者）。

顾客忠诚是整个循环的核心，企业利润实现的关键。顾客忠诚的定义比较多，其中包括Tucker的连续3次购买，Lawrence的连续4次购买；Blattberg和Sen把购买比例作为对忠诚的行为性预算，并且把消费者忠诚分为对制造商品牌忠诚和对销售商品牌的忠诚；Richard L. Oliver的“不受能引起至转换行为的外部环境变化和营销活动影响的，在未来持续购买所偏爱的产品或服务的内在倾向和义务”。Gremler和Brown（1996）的“顾客向特定的服务供应商重复购买行为的程度和对其所抱有的积极的态度取向，以及在对该类服务的需求增加时，继续选择供应商为唯一供应源的倾向”。Dick和Basu（1994）认为，只有当重复购买为伴随着较高的态度取向时才产生真正的顾客忠诚。如此多的定义一方面说明学者们对这一问题的广泛和深入的研究，另一方面说明顾客忠诚的重要性。Reichheld和Sasser的研究表明：顾客的忠诚对利润起着至关重要的作用，顾客忠诚度提高5%，行业平均利润提高25%~85%。Frederick F. Reichheld和Phil Schefter（HBR 2000）通过在Bein公司对网络企业实例的多年研究，认为电子商务企业的顾客忠诚对企业尤为重要。

挑选正确的顾客、锁定高价值顾客就是顾客保留的用意。但是，Werner Reinartz和V. Kumar（HBR 2002）在对美国高科技服务公司、美国邮递公司、法国食品零售公司、德国的直接经纪行四家公司的16 000名顾客进行了四年的研究后指出：要警惕保留“忠诚顾客”，因为顾客忠诚并不一定代表利润。他们推翻了被普遍认为是忠诚顾客带给企业的三点价值：忠诚顾客也不一定花费企业少的服务费用；对捆绑销售的产品付高价；大力宣传企业。他们抛弃评价顾客的RMF法，而采用利润和顾客寿命两个因素把顾客分为四类，保留和应对的策略也不同（见图9-5）。留住了企业需要的顾客，并实现了他们的价值，剩下的就是实现企业的价值。而实现企业的价值，应该避免杀鸡取卵的做法。

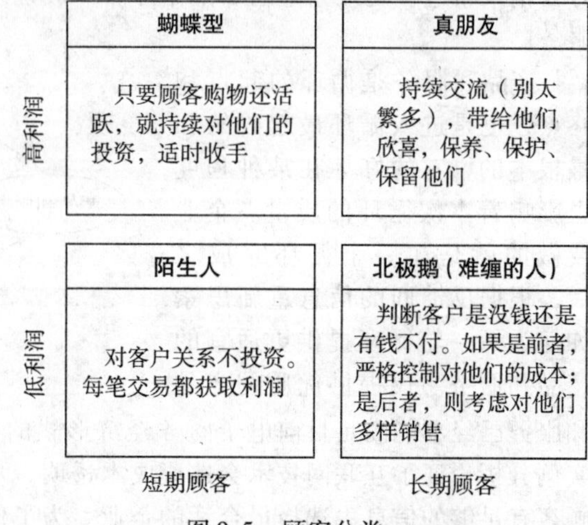

图9-5 顾客分类

留下的顾客虽然是忠诚的，但是短期未必给企业创造利润，这是今天企业竞争状况的现状，尤其是电子商务企业。一般认为，电子商务企业需要2~3年才能收回投资，赢利期则长达8年，甚至更长时间（有说是12年）。目前，学者关于这一点还没有定论，但无数电子商务企业的现实情况无不反映这一点。最为成功、最为著名的亚马逊网上书店经历了太多起伏后，在2002年才首次宣布赢利，这已经是网站开办七年之后了。因此，企业的目光应该盯住长期利润，避免过早对顾客“下手”而被顾客背弃。实现了此功能，企业则有足够的信心和信息重新开始顾客的营销策略循环。

专栏 营销金句

营销就是让消费者只关注价值，忘记价格

价值是相对于价格提出的，它是指通过向顾客提供最有价值的产品与服务，摆脱价格战的纠缠，创造出新的竞争优势，以此超越竞争对手。

营销的一个重要任务，就是将价格敏感的产品变成价格不敏感。也就是说，企业的产品和服务满足并超越了消费者预期，消费者就乐于多花钱来购买他喜欢的产品或服务。只有赋予产品价值，通过品牌建设来增加附加值，产品才能溢价。让消费者“只谈价值，不谈价格”。

同理，在这个世界趋于扁平化的时代，企业品牌营销也需要外脑的介入和扶持，而外脑出卖的是无形的智慧，企业在同外脑的合作中也要清楚价格与价值的关系。几百页的Word和PPT本身并没有多少价值，但它给企业带来的收益则是无限的。

营销就是让消费者动情

在感性营销时代，“情感”是一个纵向贯穿营销全过程、凸显出决定性作用的因素。营销工作的任务之一就是赋予产品生命力，让产品与消费者建立情感联系，爱上品牌。

消费者偏爱购买某一品牌的产品，其原因是“我就喜欢”，而营销的最高境界也可以归结为“就要你喜欢”。不仅要把产品卖到消费者的手中，更要让消费者动情，把产品卖到消费者心中。

你是什么不重要，消费者认为你是什么才重要

世界上有很多的资源。最大的资源是什么？是消费者的心智资源。

有很多企业家说自己的产品质量如何如何高，品质如何如何好，但消费者不知道就等于零。这是个“酒香也怕巷子深”的时代，在这个传播过度的信息社会，在哪吆喝你的产品，吆喝什么内容，对谁吆喝？怎么让消费者认识到、体验到你的产品是好产品，怎么让消费者钟爱你的品牌，都是要通过传播来解决的问题。

再差的定位也好过没有定位

有定位未必成功，没有定位注定失败。

企业犹如在暗夜中漂泊的航船，如果没有方向，无论航行的多快，也不会达到彼岸。甚至搞错方向触礁沉船。有了清晰的定位，就好比获得了灯塔的指引，无论夜多黑，也不会迷失方向。

企业要让消费者知道你是什么，你和别人有什么不同，首先要明晰自己的定位，让自己在消费者的心智中占有一席之地，让消费者建立对应的品牌联想，品牌就成功了一半。而如果没有定位，幻想自己的产品是万能的，幻想把产品卖给所有人，注定会走投无路。

品牌因故事而生动

品牌是需要“制造”和“积累”的。

越是神秘的东西，越是能引起人们的好奇，越是有人想迫不及待地知道它。品牌故事不但可以让一种产品神圣化，而且其神秘性可以让产品及品牌的知名度随之远播，并且这种独特性是竞争对手无法抄袭的。

品牌故事不但可以使品牌饱满，还能为产品增加附加值，提高溢价能力，让你的消费者愿意支付高价。如果营销不能为品牌增加附加值，营销就失去了意义。单靠传统的促销、买赠等手段是无法建立品牌的。

营销使推销变得多余，品牌使营销变得简单

由于品牌重在对消费者的心智战，当消费者对品牌产生了忠诚和依赖感后，一切营销阻碍和难题将会一一破解。

品牌的价值感使消费者愿意支付更高价格来购买产品，从而规避价格战，确保企业的利润源，如Sony的数码消费品；消费者对品牌的依赖感和指名购买，使企业降低渠道开拓成本，如宝洁以最低的进场费进入大型商业超市。品牌所焕发出来的营销魅力随处可见。

只有同质化的营销手段，没有同质化的品牌。中国是世界上同质化竞争最为严重市场，中国营销的缺失实际上是品牌的缺失。而品牌是“过度营销”留给中国企业家最后一道差异化竞争的“防火墙”。

品牌化生存是中国企业走出中国式营销泥淖的根本解决之道。

人离乡贱，货离乡贵

所谓的“人离乡贱，货离乡贵”强调的是品牌原产地属性对消费者的影响。消费者在产品认知和购买决策方面，会受到产品产地的影响。

比如，提起乳制品，大家会想到内蒙古的好；提起轻工电器，会想到广东的好。消费者心中自然存在一杆秤，哪个地方的哪个产品好已经形成固定的对应关系。

营销中要充分利用这一点，也就是说我们的产品要通过“异地插位”来获取市场。敢于走出去，只有走出去，产品才有生命力，才有神秘感，才有更高的价值。如果内蒙古的牛奶不走出内蒙古，那就没有蒙牛和伊利的今天。

预测营销

1933年，富克兰林·罗斯福即将登上美国总统的宝座，罗斯福的上台无疑会给美国在政治、经济、法律等诸多方面，带来一系列的重大变革。而就在此时，美国的大企业家哈默从苏联回到了国内。

作为当时名声显赫的企业家，多年的经营风雨使哈默清醒地认识到：时代在发展，新执政者的上台，必定会调整和修订一些法律、法规，以适应和推动社会的进步。而这些法律、法规的调整和修订，又必将给市场经营带来新的赢利机遇，作为一名企业家，就要尽快地预测到哪些法律、法规会进行调整和修订，企业更应该在法律、法规调整和修订之前，抓紧时机，做好抢占市场的准备。

当时的美国公民，对1920年公布的禁酒令反映强烈，纷纷要求废除。通过细致的分析研究，哈默预测到罗斯福的新政对禁酒令的废除可能性很大。一旦禁酒令废除，全国的啤酒和威士忌酒的需求，将空前爆发，而用经过处理的白橡木制成的酒桶，在当时的市场上却无货可供。

哈默敏锐地感到：快速生产白橡木酒桶，将是一个极好的赢利时机。因哈默在苏联居住多年，深知苏联拥有大量的白橡木可供出口。于是，哈默当机立断向苏联订购了大量的白橡木材，先在纽约码头附近设立了一个临时性的酒桶加工厂，后又快速地在新泽西州建立了一座现代化的酒桶生产厂，取名叫哈默酒桶厂。

事情的发展确如哈默所预测的那样，罗斯福入主白宫后不久，禁酒令就被废除了。而此时也正好是哈默的酒桶从生产线上源源而下的时候，人们对啤酒和威士忌酒的需求量也正急剧上升，各酒厂的生产量也日日增长，因此，哈默酒桶厂生产的酒桶也就成了各酒厂争抢不休的热门货。

哈默的酒桶生产成功了，获得了可观的赢利，而这次的成功赢利，主要是来自于哈默对形势的正确预测、来自于对市场的正确预测，所以才使他具有“先见之明”，从而做到了“未雨绸缪”。

其实，任何企业的经营活动，都与它所在国家的形势变化休戚相关，因为企业的生产经营活动，都必须服从国家的相关法律之约束；同样，也会因法律的变化而得利或亏本。这就要求企业家、经营者、营销人，时时做到“国事、家事、天下事，事事关心”，并注重对法律、法规、政策的学习、分析、研究，从分析、研究中去预测到市场会引发的各种变化，使自身的企业能事先控制应对各种变化的“时间差”，从而做到“胸有成竹”、“稳坐钓鱼台”。这就是企业营销中不可忽视的——“预测营销”。

专栏

除了刘翔，还有谁赢了[12]

2007年，在大阪世锦赛男子110米栏决赛中，被分在第九赛道的刘翔创造了属于自己的神话，他以12秒95的成绩获得了中国男子田径世锦赛历史上的第一枚金牌，同时也囊括了包括世界纪录、奥运冠军和世锦赛冠军在内的大满贯。

刘翔赢了，但显然赢家不独独是他一人。属于赢家的还包括作为刘翔赞助商的某知名品牌的市场营销人员。刘翔赛后接受中央电视台采访时，记者递给他一件T恤，其右上方写着“翔习”，这三个翅膀，代表世界纪录、奥运冠军和世锦赛冠军；而左上方印着的正是该品牌的标志。几分钟后上海电视台播出的体育新闻，在播报刘翔夺冠的新闻之后，电视插播的正是刘翔为该品牌所做的广告，画面交替闪现刘翔的比赛画面和“2004奥运会冠军”、“2006世界纪录”以及“2007世锦赛冠军”等字样，画面的最后是“翔习”字样和该品牌的标志。这无疑是一条事先制作的广告，就等着刘翔夺冠之后第一时间播出。整个流程体现了国际品牌非凡的品牌运作能力。

夺冠后的第二天，同样内容的平面广告在多家媒体上出现，该赞助商的品牌标志在其中很小，看上去更像一则祝贺刘翔夺冠的公益广告。也就是说，围绕刘翔的这次夺冠，他们事先有非常周密的创意策划。毫无疑问，万一刘翔未能夺冠，他们也一定准备了B计划。与国内大多数品牌的营销相比，该品牌确实技高一筹。

文化营销

在消费者购买过程中，文化扮演着至关重要的角色[13]。

比如西方推崇道德绝对论，中国推崇道德相对论；西方重视社会的发展与前进的动力，中国则重视社会的秩序与稳定；西方的社会根基是一神论，中国的社会根基则是无神论，社会发展的精神基础是中国的文化性。

如此巨大的差异导致了消费群体有不同的文化属性。①消费的主力群体——中等收入人群这个阶层有其独特的消费心理，在向他们推销产品时，必须要在大胆彰显身份地位与由自我保护意识而产生的焦虑之间找到平衡。②对大众消费品收取更高的费用，将地位作为工具，确保品牌形象让人向往又遥不可及，即使在成功时候也要保持低调，将家作为自我表现的舞台和减压的避风港，既要保护孩子又要教子有方，而大众则将保证自己和家庭的平安视为最为重要的。不过行为方式的些许不同，并不代表着大众市场与中等收入人群的市场有着巨大的差异，事实上，这两个市场在汉文化的根基上，仍然是统一的。③中国的一些消费者在家里用的物品多是本土品牌且价格便宜，而在外面用的物品往往是国际品牌且价格昂贵；一个精明能干的女性职业经理人会在价值8000元人民币的手机上饰以“Hello Kitty”的贴纸……

在谨慎对待消费者的前提下，制作优秀的中国广告，不要涉及政治，在农村一切从简，做好年长消费者的教育，让中国式“酷”成为年轻人的至爱，重在承诺而非过程，告诉母亲家人需要她，避免展示真实生活，自信但永远不要自吹自擂。

专栏

商业推销上的麦当娜效应

麦当娜的歌曲是为人熟知的，除了她演出的音乐会、歌剧、电影，撰写书籍和卖出的录像带以外，在过去25年里出的唱片数量总计超过1.4亿张，无疑是艺人中最为成功的。其在流行歌曲中的生命力不仅是同代歌星中最为长久，也可能是今后几代歌星里生命力最强的。相比之下其他歌星就给人昙花一现的感觉，不是唱不下去了就是生活上传出丑闻。

麦当娜为什么能够取得这么大成功呢？管理学家总结她的经验时发现，麦当娜之所以成功，并不在于媒体操作或者所谓制造轰动效应，而是她的再创作，正如她的一首歌名“Reinvention”。麦当娜非凡的再创作能力，使她始终引领歌坛的潮流。麦当娜以她独特的标志、包装和出色的想象力引导着听众们追随她导引的风潮。

但是，麦当娜在领导潮流时是有其严格的自我约束能力的。她知道在她驱动市场时她的市场也在驱动她，制约她。她自己就这样说过：“你必须要尽最大努力去创造，而且你也有创造的自由，但同时必须知道市场需要的是什么，听众需要的是什么。在这一点上要把握好如履钢丝。”麦当娜的确也是这样做的。她始终引领着听众，但无论如何都给自己设下一个界线，超前而又适度，这样才能够始终被听众接受，甚至追随。

于是管理学界把她的这样一种“再创作”称为“商业推销上的麦当娜效应——精心谋划的再创作”，作为成功案例向企业管理人员推荐。

营销方法

构建了营销团队后，企业家面临最重要的任务是如何进行市场分析的问题。市场分析是指分析市场机会，研究和选择细分市场，制定营销目标等活动。

市场是商品经济的范畴，是一种以商品交换为内容的经济联系形式。对于企业来说，市场是其营销活动的出发点和归宿。能否正确地认识其特征和作用、了解市场购买者的行为，关系到企业能否制定正确的营销方案，进而关系到企业的兴衰存亡。

市场定位

处于初创时期的企业，在市场营销过程中不可回避的会遇到“市场定位”的问题。简单地说，市场定位（market positioning）就是企业全面地了解、分析竞争者在目标市场上的位置后，确定自己的产品如何接近顾客，就是企业首先定在哪些“市场”、“场合”和选择哪些消费群体销售本企业的产品。

创业并没有什么神秘，很多人都可以做，重要的是，创业者必须对市场有相当的了解。因为一个很好的创意，在市场上并不一定很难做，关键是怎样把市场的需求和要做的产品结合起来。在许多创业者的经验里，任何好创意都已经有很多人想过了，重要的是在好创意里面，是否包含着市场需求。

创业方向既定，接下来就是市场调查和产品分析。没有市场的经营项目不会成功。创业者对诸如“开业项目的具体产品及服务内容，能否被消费市场接受？顾客群在哪里？能吸引多少顾客？”之类问题的回答只能通过调查研究才能得到。

知道自己的市场产业定位后，就要分析该市场的抑制、驱动因素。对一般新创企业来讲，它找的多是新兴的市场，这就不如一些传统的市场如汽车市场那样成熟，大家可以用一些成型的模式或数据来进行分析，如平均每年增长多少。当然一些老的模式今天也都面临着新的挑战，如 WTO 就是一个有可能是驱动也有可能是抑制的因素，目前大家谁都不知道，而且它对每个行业的影响是不一样的。要意识到影响这个市场的环境因素是什么？哪些因素是抑制的，哪些因素是驱动的。

此外还要找出哪些因素是长期的？哪些因素是短期的？如果这个抑制因素是长期的，那就要考虑这个市场还要不要做？还要考虑这个抑制因素是强还是弱？如一家外国银行想在中国开公司，但中国的规章制度对它是一个抑制因素，不让它做。但随着 WTO 的实施，这项制度就成为一个短期的抑制因素。从长期来看，外国银行还是要进入这个市场，虽然现在还存在一个很强的抑制因素。

供给和需求的矛盾之处往往隐藏着可供利用的机会，同时也昭示着潜在的威胁。当某种产品的需求大幅增长时，其经营方式往往会发生改变，从而提供工艺改进的机会。在增长的市场中，往往有更多的新进入者。

如果创意只是依赖改良现有产品设计、追随趋势潮流以及机缘巧合等，其来源仍然相对有限。因此管理大师德鲁克[14]主张可以透过系统的研究分析，来发掘可供创业的新点子。现实生活中并不缺乏机会，创新机会的发现也并不神秘。实际上，绝大多数的机会都可以通过系统分析得到发现。这类机会主要是那些业已形成或即将形成但尚未被发现的机会。这种以科学方法进行系统化分析，进而产生大量创业点子，正是知识经济时代社会创业活力的主要来源。

盲点市场

市场无热点，不等于市场没有“盲点”。所谓市场盲点就是消费者需要而市场上没有或者很少见到的商品或服务项目。由于在市场经济运行中，新的商机最初总以萌芽的形式出现在原有的市场缝隙之中，旧的经济缝隙填补了，新的经济缝隙又出现了，这些经济缝隙就是市场盲点。在广阔的市场上，往往有其众多的“盲点”，隐藏着纵横交错的生财之道，等待着善于从“盲点”中捕捉商机的经营者。只要我们拥有敏锐的眼光，肯动脑筋，“盲点”里就会蕴含着无尽的商机，如：苏州、无锡、常州等城市商家瞄准城市人在节假日怕麻烦，不愿去菜市场的心理，将蔬菜开发成系列礼品，这种“蔬菜礼品”价廉物美，投放市场后出现排队订购、预先付款的场面。

市场变动“不一致”（incongruities）是指事物的现实状态，与人们认为它“应当”是的状态，或者与人们设想它是的状态之间的差异。这种不协调难以从公司的信息数据库中发现，它需要人们打破长久以来的分析思路。不一致的状况包括实际状况与预期状况间的不一致。事物发展过程中内部节奏或逻辑上的不协调，经由分析矛盾现象来发掘创业机会，例如，金融机构提供的服务与产品大多只针对专业投资大户，但占有市场七成资金的一般投资大众，却未受到应有的重视。这样的矛盾显示，提供一般大众投资服务的产品市场必将极具潜力。

专栏

抓住被别人忽视的机会

美国的丹·斯鲁特和拉赛尔·斯鲁特兄弟正是靠重视那些被别人忽视的机会而取得了创业成功。在1997年的商品展览会上，他们抓住了一个大概人人都会忽视的机会，并且成功地推出了新产品，创立了自己的事业。

斯鲁特兄弟参加1997年在芝加哥举行的宠物商品展时，在一个几乎没人注意的小展台前，看到一个很好的事物示范——将三四杯的水倒进碗里，在里面放入很少量的小球，结果小球吸光了所有的水。

他们发现这种由硅砂做成的神奇小球具有很强的吸收功能，是做小猫褥袋最适合的材料。于是，他们同中国的一家硅胶企业签订了生产合同。这样，这种小球走上了生产线。事实证明斯鲁特兄弟是正确的。现在，美国的杂货店和大卖场里被称为“水晶珍珠”的完全透明的小球褥垫卖得很好。而且，兄弟俩还因此获得了全美宠物协会颁发的杰出技术进步奖和1999年度《小猫迷》杂志所颁发的奖励。这种成功也是在经历了许多艰辛之后才获得的。在商品展览会后，这对兄弟咨询了工业专家，来确定人们是否会认可这种新产品的潜在价值。他们对那些养猫的人免费赠送了样品，在得到正面的信息反馈后，他们才决定上马这个项目。

斯鲁特兄弟还制定了具有竞争力的价格。2000年，兄弟俩已经将“水晶珍珠”推介到遍及美国的杂货店和大卖场。说起创业成功的经验，兄弟俩认为，主要是遵从了下面的准则：

(1) 开发的产品具有能够引起人们注意的差异性。

(2) 这个产品能吸引分销渠道销售你的物品。如果你没有产品的分销商，即使消费者喜欢你的产品也没有用，因为他们没有机会看到你的产品。要想得到分销商的支持，就要求你的产品至少有很强的卖点。

(3) 定价的时候应该与同类产品比较。由于大多数消费者都不止一次地吃过新产品的苦头，所以在经过许多的怀疑之后，他们会接受新产品。于是，新产品的价格往往成为他们买还是不买的决定因素。

斯鲁特兄弟无疑具有成为企业家的潜质。他们认为：为了达到事业的成功，你必须时刻睁大眼睛，瞅准机会，遵从适合于新产品开发的指导方针，抢在人家发现你的“财富”之前就行动。

缝隙市场

产业的缝隙处，很多时候是空白地带，不仅仅是新老经济之间，在新经济与新经济之间，在两个传统产业之间，都有很多机会，只要你能找到有确切的结合点。

把重点放在一个小的服务不足的市场上，并且把一种独特的、较好的产品或服务带入这个市场；不是在大的战场中厮杀，而是要找到一座小山，占领它并拥有它——拥有那个缝隙，并且要提供优质服务。这座小山，对于大公司而言可能微不足道，但是对你而言，它并不小，事实上，它大到足以让创业者非常成功[15]。

索尼公司董事长盛田昭夫的“圆圈理论”认为，在无数的大圆圈（指大企业占有的销售市场）与小圆圈（即小企业占有的销售市场）之间，必然存在一些空隙，即仍有一部分尚未被占领的市场。“空隙”市场由于产品服务面比较窄，市场容量不大，大企业因不能形成规模生产而不愿插足该领域，使新创企业既可扩大市场占有率，又可扩大收益率。新创企业只要看准机会，立即“挤”占，将这些空隙组成联合销售网，必定会超过那些大圆圈市场。新创企业机动灵活、适应性较强的优势，将能够保证它们寻找到市场上的各种空隙，“钻进去”从而形成独特的竞争优势。

其实盛田昭夫所说的“空隙”市场，就是指对市场的一种深化细分，就是要求新创企业心中有着明晰的目标市场和目标消费者。德国的著名管理学家沃尔夫冈·梅韦斯认为，如果一家公司把全部有限的资源用于解决精心挑选的一个客户群的问题，那么该公司就能兴旺发达。

美国有家非常知名的幼儿教育公司。这家公司的战略宗旨就是做3~6岁儿童的顶尖教育。他们的一切工作全部围绕3~6岁这个年龄段的儿童展开，包括研究这些儿童的心理状态和思维发展模式，开发针对这些儿童的各种游戏和教育产品，组织教学以及培训家长等。由于他们对市场和消费者的深化细分，使得这家公司的业务极其专业化，其竞争优势是相当强的。目前这家公司经过两年的经营已经在美国的加利福尼亚州开办了六所专业化幼儿教育基地，并且拥有高达80%的市场份额。

全美著名的雪菲德裤袜公司，根据市场调查，发现40%的美国妇女因太胖和有特大号臀部而不穿裤袜。他们为此特别设计出一种名为“大妈妈”型裤袜，并请胖妇女做形象演示，深得妇女的喜爱，销售量直线上升，并成为裤袜市场的知名品牌。美国的这家厂商之所以能够胜券在握，主要在于其重视发掘产品市场的空当，把产品市场细化，将妇女裤袜的型号做精做巧，取得消费者青睐，获得市场。

区域市场

企业的创业者不应该只看到很容易注意到的事情，如果有些事情不太容易发现，就要想这里有没有机会？一旦能够寻找到比较有新意和市场潜力的“想法”，又要与自身现状和市场发展结合起来。任何普通类商品与“新经济时代”的科技产品，在企业组织设计、产品市场开拓，创业人员安排等方面都有着天壤之别。

目前，大部分跨国企业的在华营销活动仅在相对较小的地区中开展，定位于一小部分潜在的消费群体。这些国际企业最熟悉的是三大经济圈：以上海为中心的长江三角洲、从香港到广州的珠江三角洲、北京和与其毗邻的天津的周边地区。这三个地区的GDP总和几乎占到中国半数以上，而人均GDP也保持在5000～6500美元这一较高水平。但中国其他地区却代表着前景更光明的市场：更高的城市化程度、新的交通运输及通信纽带、许多城市的人口超过100万[16]。

新兴市场

观念转变（changes in perception）并没有改变事实，而只是改变了它的含义。观念转变经由价值观与认知的变化，来发掘创业机会。例如，人们对于饮食需求认知的改变，造就美食市场、健康食品市场等新兴的行业。

人们可以从企业的宏观环境（政治、法律、技术、人口等）和微观环境（顾客、竞争对手、供应商等）的变化中发现机会。借助市场调研，从环境变化中发现机会，是机会发现的一般规律。以日本汽车公司识别并把握美国汽车市场机会为例。20世纪60年代初，日本汽车公司利用政府、综合贸易商社、企业职能部门，甚至美国市场研究公司广泛搜集信息。通过市场调研，他们发现有机可乘：①美国人把汽车作为身份或地位象征的传统观念正在逐渐减弱，汽车作为一种交通工具更重视其实用性、舒适性、经济性和便利性；②美国的家庭规模正在变小，核心家庭大量出现；③美国汽车制造商无视环境变化，因循守旧，继续大批量生产大型豪华车，因而存在一个小型车空白市场。于是，日本汽车商设计出满足美国顾客需求的美式日制小汽车，以其外形小巧、购买经济、舒适平稳、耗油量低、驾驶灵活、维修方便等优势敲开了美国市场大门。

专栏

小公司妙生意

讲价公司

顾客都希望以尽量低的价格购进商品，而商家则以尽量提高价格为目的。于是。有人开设了一种专替顾客“讨价还价”的公司，声称能替顾客“以最低的价格买到最好的东西”，因而这家公司很受顾客欢迎。

讲价公司的业务范围从住房、土地到电器无所不包。通常，公司接到顾客的“订单”后，即派人调查该类商品的市场价格及卖方的心理，并以顾客代理人的身份直接与卖方讨价还价，务必使卖方降价出售。由于买卖双方都满意，这家公司获利不菲。

送尿片公司

美国佛罗里达州有个小商人，见到不少家务繁重的妇女常常因为要为婴儿购买纸尿片而烦恼，于是，创办了一个“打电话送尿片”的公司。他雇用美国最廉价的劳动力——在校大学生，让他们使用最廉价的交通工具——自行车，随叫随送。他还把送尿片服务扩展到兼送婴儿药物、玩具和婴儿各种用品、食品，结果生意颇为兴旺。

卖“笑”公司

铃木隆太在东京银座开设了一家卖“笑”公司。任何满脸愁容的人，一进入该公司“笑谈室”，就可满脸喜悦、心情愉快地走出来。他还拥有一家“不满银行”。他说：“心情有不平或不满的人写信给我们，我们就写充满幽默感的解答以及画足够能消除他们不满的漫画回答他。一年共回答了一万多件不平、不满的信件，一件收费1000日元。”由于收费便宜，回答的文字生动幽默，该公司生意异常走俏，大有应接不暇之势。

新型讨债公司

美国佛罗里达州有一家别出心裁的讨债公司。它雇请的不是彪形大汉，而是一些普普通通的人。当他们受命去讨债时，都会戴上一个粉红色的兔子头面具，然后亦步亦趋地跟着债主，平心静气却又喋喋不休地要求归还欠债。由于当地人都知道被“兔人”跟踪即是欠债，债主怕别人讥笑，更怕影响事业发展，只好立即还钱。据说这家讨债公司无往而不胜。

市场预测

所谓市场预测（market forecast），就是运用科学的方法，对影响市场供求变化的诸因素进行调查研究，分析和预见其发展趋势，掌握市场供求变化的规律，为经营决策提供可靠的依据。

市场细分

创业型中小企业一定要注意市场的深化细分。很多企业在刚刚创建的时候，不知道自己的目标消费者是哪一个群体，甚至喊出这样的口号：“要让我们的产品进入中国的十三亿家庭。”乍看上去，还觉得这家企业充满雄心，斗志昂扬。仔细一思量，很明显这家企业并没有对市场进行深化细分或者根本不懂什么叫市场深化细分。

市场细分（market segmentation）的概念是美国市场学家温德尔·史密斯（Wendell R. Smith）于20世纪50年代中期提出来的。所谓市场细分就是指按照消费者欲望与需求把一个总体市场（总体市场通常太大以致企业很难为之服务）划分成若干个具有共同特征的子市场的过程。因此，分属于同一细分市场的消费者，他们的需要和欲望极为相似；分属于不同细分市场的消费者对同一产品的需要和欲望存在着明显的差别（见图9-6）。例如，联想将其消费类PC产品细分为三类，即“天骄”、“锋行”、“家悦”。其中，联想“天骄”定位于倡导主流数码、多媒体等领先和时尚应用模式的产品，以满足消费者对品位时尚生活的追求；“锋行”以其领先技术、强大性能定义出PC的新基准，满足玩家高手的需求；同时，以“家悦”满足诸多家庭轻松拥有电脑、轻松学习电脑的基本需求。三个品牌的鲜明定位，无疑为联想深化、落实“细分”打下坚实的基础。

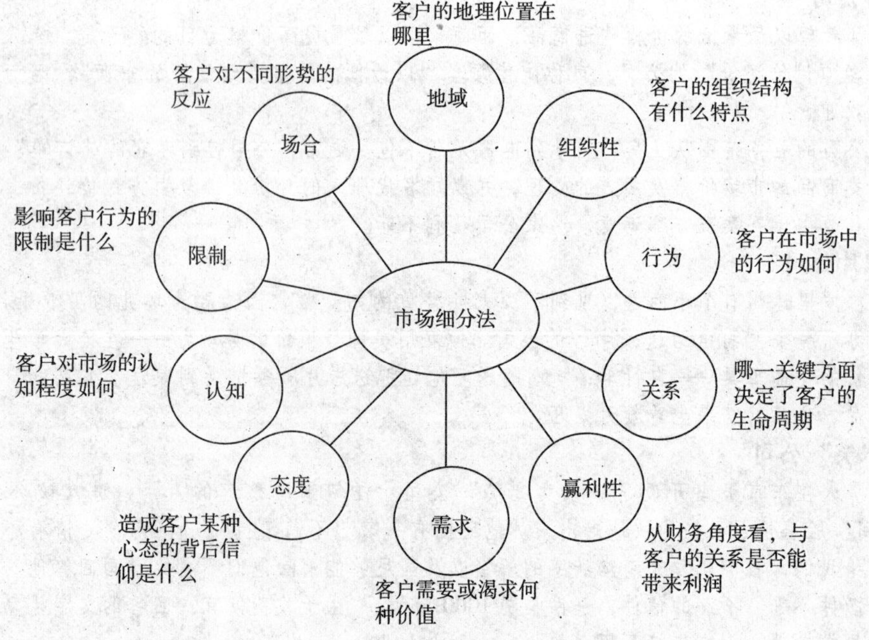

图9-6 划分客户群类别

全球区隔是把资源专注投入一个窄狭的区隔上，借此获得竞争优势的一种全球策略，这往往是较小型的跨国企业，或针对国内市场的竞争者赖以生存竞争的选择。这种策略在像芬兰、瑞士等小国的跨国企业中很常见，也经常是企业从国内市场迈向全球市场时所采取的一连串策略的第一步（见图9-7）。诺基亚看到一个利基机会（niche opportunities）时，会针对此窄狭区隔调整策略。诺基亚比大型竞争对手有利的地方是，公司规模小、行动更快速、更有弹性，比大型竞争对手的反应更敏捷。在针对利基市场（niche market）调整策略后，诺基亚的目标企图变得更大，利用此利基市场，作为进军整个市场的跳板。

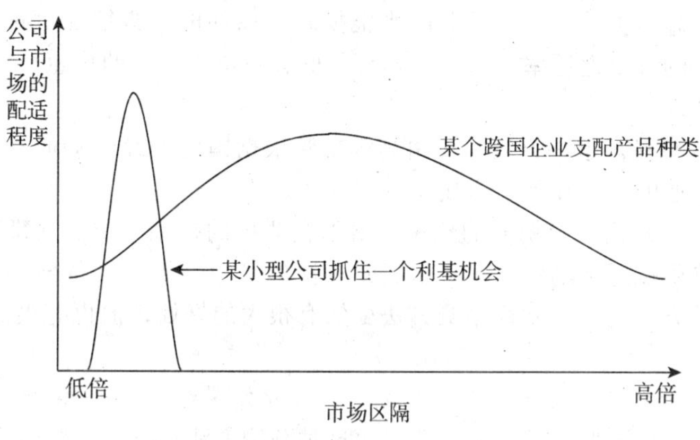

图9-7 狭窄专注策略：利用利基机会

预测方法

严格地说，市场预测是从19世纪下半叶开始的。一方面，资本主义经济中的市场变化极其复杂，只要能获取利润，减少经营风险，就要把握经济周期的变化规律；另一方面，数理经济学对现象数量关系的研究已经逐步深入，各国统计资料的积累也日益丰富，适用于处理经济问题，包括市场预测的统计方法也逐步完善。学术界关于市场预测的里程碑是从奥地利经济学家兼统计学家斯帕拉特·尼曼算起的。他运用指数分析方法研究了金、银、煤、铁、咖啡和棉花的生产情况，有关铁路、航运、电信和国际贸易方面的问题以及1866~1873年的进出口价值数据。

对市场趋势的预测方法很多，这里仅列出企业最常用的几种预测方法，以供利用及参考。

1. 德尔菲法

德尔菲法（Delphi method）是20世纪60年代初美国兰德公司的专家们为避免集体讨论存在的屈从于权威或盲目服从多数的缺陷提出的一种定性预测方法。为消除成员间相互影响，参加的专家可以互不了解，它运用匿名方式反复多次征询意见和进行背靠背的交流，以充分发挥专家们的智慧、知识和经验，最后汇总得出一个比较能反映群体意志的预测结果。

德尔菲法的一般工作程序如下：

（1）确定调查目的，拟订调查提纲。首先必须确定目标，拟订出要求专家回答问题的详细提纲，并同时向专家提供有关背景材料，包括预测目的、期限、调查表填写方法及其他希望要求等说明。

（2）选择一批熟悉本问题的专家，一般至少为20人左右，包括理论和实践等各方面专家。

（3）以通信方式向各位选定专家发出调查表，征询意见。

（4）对返回的意见进行归纳综合、定量统计分析后再寄给有关专家，如此往复，经过三四轮意见比较集中后进行数据处理与综合得出结果。

每一轮时间约7~10天，总共约一个月左右即可得到大致结果，时间过短会因为专家很忙而难于反馈，时间过长则外界干扰因素增多，影响结果的客观性。

这种方法的优点主要是简便易行，具有一定科学性和实用性，可以避免会议讨论时产生的害怕权威随声附和，或固执己见，或因顾虑情面不愿与他人意见冲突等弊病；同时也可使大家发表的意见较快收敛，参加者也易接受结论，具有一定程度综合意见的客观性。但缺点是由于专家的时间一般较紧，回答往往比较草率，同时由于预测主要依靠专家，因此归根到底仍属专家们的集体主观判断。此外，在选择合适的专家方面也较困难，征询意见的时间较长，对于需要快速判断的预测难于使用等。尽管如此，此方法因简便可靠，仍不失为人们常用的一种定性预测方法。

2. 订货法

企业通过散发订货单或召开订货会等广泛预订货的方法来预测市场对某种产品需求情况的一种预测方法。在汇总订货结果时，企业应当根据自己以往的销售情况，对订货量进行必要的修正。为了获得较好的订单返还率，通常对预订货的客户给予一定的优惠。

3. 意见收集法

（1）高级主管的意见。这种方法首先由高级主管根据国内外经济动向和整个市场的大小加以预测，然后估计企业的产品在整个市场中的占有率。

（2）推销人员、代理商与经销商的意见。由于企业里的推销人员、代理商与经销商最接近顾客，所以此种预测很接近市场状况，更由于此方法的简单，不需具备熟练的技术，所以也是新创企业乐意采用的方法之一。此种预测方法虽然有很大的好处，但也有很危险的一面。

4. 销售预测法

$$明年的销售额 = 今年销售额 \times （今年销售额/去年销售额）$$

在未来的市场营运情况变化不大的企业里，这种预测方法很有效。若未来的市场变化不定，则应再采取其他预测方法，以相互借鉴。

市场机会

市场机会（marketing opportunities）指的是市场上存在的尚未满足的需求，或未能很好地满足的需求。市场机会的特点是公开性、时间性和多样性。

市场机会是不断涌现的，创业者要善于发现机会。同时，市场机会也是有一定时间限度的，企业要抓住机会，要能够在这一时间限度内获得发展的空间、创造相应的利润和价值。此外，在市场体系中，市场机会也是在一个充满了变化、无序、混乱、自相矛盾、信息滞后、领先、缺失的环境中以及在一个产业或市场的其他种种“缝隙”中产生的。因此，市场的变化和对这些变化的预期对于创业者来说是极为重要的，一个有创造力的果断的企业家能够在别人还在研究一个市场机会的时候就抓住它。

> 需要强调的是创意并不等于市场机会。绝大多数的企业家对创意都很敏感。然而，一个很好的创意未必就是一个很好的市场机会，尽管大多数情况下，市场机会源于创意。但并不是所有的创意都会成为市场机会。一个市场机会必然是实实在在的，是来源于市场需求本身的，能够用来作为企业发展基础的。这就是创意和市场机会之间最重要的差别。市场机会最终表现在能够为消费者或者客户创造价值、增加价值。

市场进入

许多新创企业的努力都在一开始的时候失败了。但是如果新创企业找到了正确的市场进入方法并理解了进入的关键因素，就一定能够成功。

三点进入法

这一策略是德国大众（Volkswagen）汽车公司有名的市场开拓方法。假设某企业选定某一目标市场，并确定其为最后攻占的目标区域，具体的进入方法是：首先，实行点的占据；其次，在第一个点的营销活动取得相当成功后，再在目标区域附近另选第二个点；再次，线形成后，再选一个第三点，此点应能与第一、第二点形成对目标区域包围圈，这样营销面积便告形成。

在面积形成后，还要设立第四点，此点应放在目标区域的中央，这是一个非常重要的点。

机会进入法

美国菲利普·科特勒等三人合著《新的竞争》一书，对日本在国际营销中成功经验做了详细研究，从而提出寻找机会进入市场的五种具体方法。

（1）寻找现成的机会。在选择好要打进去的目标市场时，要先找那些“被人遗忘”的细分市场，在这些市场站稳脚跟后，再进一步扩大市场。

（2）创造新机会。这里指不是“依样画葫芦”地模仿别人的产品，而是要通过自己的研制和创新，以创新姿态出现在目标市场上，给消费者新奇的感受，刺激求新的心理需求。

（3）实行创造性的推销。任何产品都有技术性突破，进入一个新市场也不是以全新产品为唯一因素，有时也可以对某些产品加以部分改进，就能提高市场营销能力。

（4）适应和改变顾客的爱好。进入市场不仅要知道这个市场的消费者需要什么，爱好什么，也可以创造顾客，通过广告宣传来改变顾客的爱好或树立新的消费观念。

（5）了解竞争者和向竞争者学习。日本一家公司把竞争对手生产的自动洗碟机搬进自己的实验室，对这台洗碟机的性能、零件的数量、成本结构等一一加以评估，并对每一零件进行测定，确定其设计上的优点，了解竞争对手的技术能力、生产设备和销售系统。在了解与掌握对方具体情况的基础上，设计出性能更好的产品，这就为进入市场创造了良好条件。总的来说，要拓展市场就要寻找进入市场的机会，而寻找机会则要求企业家具有观察力、综合分析力和想象力，“坐失良机”固然使人遗憾，“守株待兔”不去创造机会，也不会有大的成功。

专栏

歪打正着

20世纪五六十年代，美国一家企业刚刚研发出一种新产品。适逢美国人造卫星即将发射上天，这家企业一本正经地写信给五角大楼，要求在这颗人造卫星上为自己的新产品做广告，并询问广告费用如何支付。五角大楼的有关人士收到此信，觉得十分好笑：卫星升空以后踪影全无，在人造卫星上做广告，岂不是拿钱往水里扔？一位记者听说了此事，便在报纸上发表了一篇报道。于是，这件事和人造卫星一起，成了美国人人皆知的新闻。这家厂商在卫星上做广告的要求虽然未被批准，却“歪打正着”——没花一分钱，各地的报纸却争抢着为他们“义务宣传”，产品的知名度大大提高，销售量随之猛增。

集中进入法

这是游击战中常用方法，也是适合市场营销进入策略的运用。

在有多个目标市场的情况下，先选择其中一个，将所有销售能力集中起来，在短期内提高营销实绩，这有利于提高企业内部的信心和企业的影响力。集中进入法的关键在于如何选点，选点错了，就会造成人力、物力、财力、时间的损失，甚至可能造成“出师未捷身先死”的局面，使产品夭折在刚铺开的新点上。

领袖进入法

这是一种利用市场领袖的影响力而进入市场的方法。

现代市场商品种类繁多，新产品日新月异，广告宣传花样翻新，消费者对产品的质量、效能要求难以判断，只能寻求专业人员、学者或具有权威性的机关、团体的协助，听取他们的意见。这种在消费者心目中具有重要影响力的个人或单位，称之为市场领袖。

市场领袖大致包括三种类型：①管理与大众传播单位；②直接影响人；③间接影响人。

企业在拓展和进入市场时，要注意发挥市场领袖如下一些作用：①分析与预测产品发展趋势；②通过各种形式解释产品的性能、用途，提高消费者对产品的认知度；③利用市场领袖本身的威信，发挥其专业影响力；④通过市场领袖听取市场信息反馈；⑤虚心听取市场领袖意见，改进营销工作。

广告进入法

在打进市场的早期阶段，通过广告宣传争取第一批顾客是十分重要的。

如何加强商品推销宣传？首先，要加强与批发商和经销商合作，或是配合他们，从侧面起掩护作用，或是联合广告宣传，实行联合正面进攻；其次，加强对企业与商标的宣传，通过大力宣传自己的商标，树立企业的形象，给消费者以好感，这与认识新朋友一样，先打招呼，给人以良好的第一印象，然后再接触实际问题。

市场巩固

创新型企业不仅要开拓市场，更应巩固市场。当新产品进入市场一段时间后，企业就要重视如何巩固市场的问题。对创新型企业来说，可采取以下巩固市场的策略。

不断创新

在速度经济时代，消费者的需求在不断地变化，竞争对手的策略也在不断变化，你不变就要被动挨打，甚至被市场淘汰出局。中小企业的创新可以从以下几个方面进行：一是利用新技术、新原料、新工艺改良或改造老产品，推出新功能、新款式、新规格的新一代产品。二是借助拓展老市场的人才资源，开拓新市场。在企业市场营销部可以建立一支类似军事战争中的先锋敢死队——市场拓展队，这支队伍要求由市场经验丰富、市场开拓进取精神强、业务知识面宽等素质较高者组成。他们的任务就是不断地开拓新市场。三是创造出新的游戏规则，吸引新老顾客，如采取会员优惠制、特价包装、积分赠送等促销活动。

深度宣传

产品刚进入市场，企业一般是以宣传产品为主。当产品稳定进入市场后，企业要做好品牌和企业形象的宣传。在市场经济条件下，消费者在选购商品时，不仅购买商品的功能、功效，而是满足自身的偏好和利益。这种偏好和利益的满足会对消费者产生产品信赖感，而当消费者对某种产品产生了信赖后，他们会逐渐把其信赖转移到抽象的品牌上。例如某人想购买饮料，他首先想到的是“可口可乐”、“百事可乐”、“健力宝”、“旭日升”等，然后据口味和需要在它们中选择。

完善服务

“1:25:8:1”的营销法则告诉我们：一个购买和使用某产品的老顾客，对该产品使用满意后，他可以影响25个消费者的购买意向；在25个消费者，有8个消费者会产生购买该产品的欲望；在8个消费者中，会有1个消费者产生立即购买的行为。所以，企业在重视营销整体产品的核心产品和形体产品的同时，更应该重视产品的附加产品，即服务。因为服务可以增强消费者在购买商品过程和使用过程的满意度。

专栏

商学院学生必看的20部商业电影

《华尔街》(*Wall Street*)（1987）

内部交易是违法的，不违法怎么能够发财，关键看如何违法的同时怎样掩盖。不看这个影片怎么能够随便进入股市？

《拜金一族》(*Glengarry Glenn Ross*)（1992）

当房地产进入萧条的时候，美国房屋中介的销售顾问都在忙什么？看他们如何利用数据库，如何门到门地将房地产销售出去，如何在萧条期包装房地产，如何瞄准新婚家庭的住房需求。

《颠倒乾坤》(*Trading Places*)(1983)

经济是交易行为的代名词。只要有交易，就需要学会评估交易是否合算，就需要透视交易对方内心的秘密。交易中学到的核心法则，在世界上任何国家只要有交易的地方都适用。

《锅炉房》(*Boiler Room*)(2000)

难以想象的是违法交易几乎与证券市场形影不离。一个19岁的年轻人如此近距离地目睹财富的操纵过程，让谁富有，那不过是一个随机的选择。

《硅谷传奇》(*Pirates of Silicon Valley*)(1999)

比尔·盖茨与史蒂夫·乔布斯几乎在所有方面的看法、观点都是对立的，他们只有在一个事情上是共同的，那就是尽一切可能封杀这个影片。硅谷的高科技公司是如何孵化的？不到25岁的年轻人利用了什么样的市场规则，又是如何让市场规则、客户、竞争对手形成一个共同体的？层出不穷的阴谋笼罩在硅谷的上空。

《可口可乐小子》(*The Coca-Cola Kid*)(1985)

这是一个男孩用可乐创造一项事业的故事。作为一个碳酸饮料的营销从业员，他不得不回答一个问题，在边远的澳大利亚小镇，为什么没有一瓶可口可乐？营销是生意不可或缺的部分，尤其是在创业中不可缺少。

《发达之路》(*The Secret of My Succe $ s*)(1987)

本片主要讲述了美国堪萨斯的男孩在纽约飘荡的历程。如果纽约可以代表近100年人类商业活动的中心，那么，任何21世纪的年轻人，都不得不面对大城市的浮华、喧嚣和躁动。

《优势合作》(*In Good Company*)(2004)

大公司都是通过收购长大的，你会收购吗？知道收购后销售主管是怎么想的吗？知道销售人员背后议论什么吗？联想收购IBM失败的核心因素就是根本没有看懂这个影片。当公司与公司之间发生买卖的时候，作为公司一员的你，位置在哪里？

《巴塞罗那》(*Barcelona*)(1994)

美国人的销售方式真的可以通行全球吗？一个美国销售员在西班牙的销售经历让我们学到销售的价值观，销售对客户文化的处理方式，销售对客户关系的把握。

《甜心先生》(*Jerry Maguire*)(1996)

做生意要拿出诚意来。show me the money，让我看到钱才是真的，任何生意都如此。生意中没有牢靠的友谊，这是你在创业前必须要牢记的教训。

《上班一条虫》(*Office Space*)(1999)

办公室政治课实战教材。在市场经济环境中当公司遇到危机时，裁员的本质动机，员工对公司的作用的核心意义都是必须要学习的商业社会的基本规则。

《解构企业》(*The Corporation*)(2003)

18世纪美国法律正式通过了一个企业可以是一个个人的组织行为后，仅仅两个多世纪，美国的这个公司法居然影响了全球，你可以在中国的公司法中也看到类似的描述。这个冠之以法人的称号横行全球，世界每一个角度都受到影响。个人的贪婪、个人的欲望没有止境地膨胀，本片从最深刻的本质揭示了资本主义商业规则，并无情地揭示了其存在的弊病。

《惊爆内幕》(*The Insider*)(1999)

商业社会的本质是货币自由交换，只要你情我愿，似乎交换什么都可以。交易中的商业价值，交易中的定价原理，商业信誉在交易中的作用都是这个影片中活生生地展示出来的，商科学生必须要理解金钱统治人类社会的必然结果，以及这种结果具备的不可逆的特性。

《影子大亨》(*The Hudsucker Proxy*)(1994)

一部票房不怎么样但懂商业的人却说好的影片。一个公司的老板自杀了，但其公司还蒸蒸日上，董事会的实权人物开始行动，行动的目的当然是私欲横流。公司治理、企业董事会操作实战等都是这部影片中不可多得的实战教案。

《反垄断》（*Antitrust*）（2001）

一个斯坦福的电脑天才毕业后被科技大亨录用后负责发展全球通信系统，之后他发现原来自己是被用做侦察商业对手以达到垄断市场的目的。此片向微软的垄断幽了一默，讲述了一个有鲜明时代和全球意义的反对金钱和高科技垄断的故事。

《魔鬼营业员》（*Rogue Trader*）（1998）

1995年，巴林银行，这家全球最古老的银行之一破产了，曾经是英国贵族最为信赖的金融机构，拥有200多年优异的经营历史，却没能逃过破产的结局。令人震惊的是，这样一个惨痛的结局，却出自于一个普通的证券交易员尼克·利森之手。这部出自真实案例的电影是大家学习银行业务，尤其是投资业务最好的教案。

《抢钱世界》（*Other People's Money*）（1991）

这也是一部基于美国真实故事改编的影片，从中可以了解商业法、企业兼并、商业诉讼规范、商业流程、兼并重组流程等。美国商业自由市场中到处充满了利己行为与利他行为的冲突和矛盾，也恰好是从这些冲突和矛盾中可以学到不同的动机，以及各种让人眼花缭乱的手段。

《败露》（*Disclosure*）（1994）

一位踌躇满志的公司高管在一天中，不仅失去了原应属于自己的晋升机会，而且迎来了自己10年前的同居女友担任顶头上司。已有妻儿的他拒绝了女上司与他重温旧梦的要求，于是，女上司要出种种手腕在公司中排挤他，甚至诬称他对自己性骚扰。忍无可忍的他诉诸法律，在一位精明女律师的帮助下，与公司及那位霸道的女上司展开了较量……片中体现的办公室政治、公司群体人际关系行为准则等都是难得的职场教材。

《男人百分百》（*What Women Want*）（2000）

一个小小的意外，让主角具备了能够阅读女性头脑的能力，这是一部用巧妙的方式揭示女性所思所想的影片。商业心理学、女性行为学、广告学等都是这部影片中可学习的亮点。

《门口的野蛮人》（*Barbarians At The Gate*）（1993）

1988年，KKR公司收购雷诺－纳贝斯克公司是华尔街震惊全球的重大金融事件。专业人士事后分析，这桩交易是在合法基础上的骗局。因为KKR公司用的杠杆收购手法不仅不需要现金，也不需要看见现金，甚至也没有人知道钱从哪里来，整个过程根本就是个圈套。而KKR那些高层以及交易过程中的那些华尔街人士，由于表现出了前所未有的贪婪和狡猾的技巧，也被冠以“野蛮人”的称号。

本章概要

市场营销是新创企业面临的难题，也是其生存下去的关键。本章强调了以企业家主导下的创业营销理念及其最新的发展，针对新创企业面临的这一关键问题，对创业营销团队、理念、策略和方法进行了分析说明。通过将营销理论和创业企业经营管理特点的结合，使每一部分能够对读者起到参考和指导的作用。

思考练习

1. 营销是一件每个人都能做的事情，还是一件只能特定人能做的事情？擅长营销需要什么样的特质与能力？
2. 对销售经理该如何激励？请给出详细的分析与例证。
3. 你所知道的最优秀的营销人士是谁？他（她）的经验与诀窍是什么？
4. 谷歌、Facebook等国际著名网站开始是如何进行营销的？它们与国内某些著名网站（如百度）在营销理念与策略上有哪些本质性的差异？如何对这种差异进行理性分析？
5. 营销经理应该具有哪些特殊的领导能力？

提示：独特的市场洞察能力应该是其一。

6. 对于不诚信的客户我们该怎么办？

7. 让你招聘市场营销人员，你会有什么样的思考、方法、经验或教训？并对之加以分析。

8. 营销理念与策略有什么样的理论与实践发展？请撰文分析。

参考文献

[1] 冯澍. 花费不多的销售人员激励计划 [J]. 成功营销, 2004, (6): 12-13.

[2] Stephen Brown. The Retromarketing Revolution [J]. International Journal of Management Reviews, 2001, 3 (4): 303-320.

[3] Stephen Brown. Torment Your Customers (They'll Love It) [J]. Harvard Business Review, 2001, (October): 82-88.

[4] 风铃. 沃尔玛：企业管理十大成功原则 [J]. 中外管理, 2006, (12): 117.

[5] 刘晓希. 将"卖点"变成"买点" [J]. 21世纪商业评论, 2006, (8): 25.

[6] 端宏斌. 为何国货在海外更便宜 [EB/OL]. 21世纪网, [2010-05-25].

[7] 徐大伟. 在中国，为什么越贵的东西反而越好卖? [EB/OL]. 徐大伟新浪博客, [2008-04-08] http://blog.sina.com.cn/xudaweiguanggao.

[8] 弗雷德里克·达尔萨斯, 科拉莉·达迈, 戴维·杜波伊斯. 哈利·波特式营销 [J]. 商业评论, 2007, (3): 34-35.

[9] 安尼娅·叙罗塔. 我们如何营销畅销书 [N]. 第一财经日报, 2008-03-20.

[10] Marco Vernocchi, Matthew Symons. 数字时代的利润区 [J]. 21世纪商业评论, 2010, (8): 86-89.

[11] 刘磊. 以顾客为中心的营销策略过程 [J]. 管理学家, 2007, (10): 108-110.

[12] 沈若愚. 除了刘翔，还有谁赢了 [N]. 东方早报, 2007-09-02 (10).

[13] 唐锐涛. 亿万市场：洞察中国新兴消费群 [M]. 张渊, 程瑞芳, 译. 上海: 东方出版中心, 2008.

[14] 彼得·德鲁克. 创新与企业家精神 [M]. 彭志华, 译. 海口: 海南出版社, 2000.

[15] 珍妮弗·巴斯叶·桑德, 彼得·桑德. 在空白处创业：寻找市场缝隙，实现创业梦想 [M]. 朱中彬, 译. 北京: 人民邮电出版社, 2007.

[16] 谢祖墀. 后视镜里看不到未来 [J]. 21世纪商业评论, 2010, (6): 24, 26.

第10章 CHAPTER 10

财务控制

在企业内部，只有成本。

——［美］彼得·德鲁克

学习目标 >>>>>

- 把握财务控制的内容及新创企业财务控制的重点；
- 了解成本控制、现金控制和融资控制的特征和内容；
- 熟悉筹资规模的确定方法、资本的结构比例以及资本成本的计算方法。

对于企业的健康成长而言，技术是魂，财务是根。在初创期，企业主要特征是经营规模较小，资本实力较差，发展时间一般不长，尚未形成核心竞争力，受自身体制和外部环境影响大，因而财务管理的重点应是通过企业内部发展来实现企业增长。在起点和相当长的一段时间内，新创企业面临的核心问题是财务方面的压力。同时，作为新创企业，其财务控制方面也往往存在一些薄弱环节，如财务控制制度不健全、现金管理不当等。因此，对于新创企业的管理者来说，特别需要在财务控制方面获得知识与技术，掌握有效的控制方法和技巧，以达到最佳财务管理的目的。

成本控制

企业管理的一个根本任务，就是不断降低成本。美国管理大师彼得·德鲁克对成本有一句非常精辟的话，他说："在企业内部，只有成本。"加强成本控制与管理，树立全方位的成本意识，提高企业竞争力是企业最紧迫、最核心的问题之一。

新创企业财务控制的核心是成本控制。成本控制具体包括制度、策略与技术三个层面的内容。

制度建设

成本控制的制度层面在于：形成良好的会计系统制度，以规定财务工作主要参与者的权利和责任，以及财务决策的规则和程序。

授权控制

授权控制即建立不相容职务分离制度。这要求新创企业合理设置财务会计及相关工作岗位，明确职责权限，形成相互制衡机制。不相容职务包括：授权批准、业务经办、会计记录、财产保管、稽核检查等职务。如：有权批准采购的人员不能直接从事采购业务，从事采购业务的人员不得从事入库业务。

新创企业必须明确规定涉及财务会计及相关工作的授权批准的范围、权限、程序、责任等内容，单位内部的各级管理人员必须在授权范围内行使职权和承担责任，经办人员也必须在授权范围内办理业务，如：采购人员必须在授权批准的金额内办理采购业务，超出此金额必须得到主管的审批。

流程控制

新创企业应依据《会计法》和国家统一的会计制度，制定适合本单位的会计制度，明确会计工作流程，建立岗位责任制，充分发挥会计的监督职能。会计系统控制制度包括企业的核算规程、会计工作规程、会计人员岗位责任制、财务会计部门职责、会计档案管理制度等。

专栏

惠普公司的制度建设

惠普公司的"企业经营标准"包括这样对员工尤其是财务人员的警告："每个层次的惠普员工必须遵守这些标准和相关政策方针。不能做到这一点便被看做失职，并有可能导致雇佣关系的终止。特别是，所有高级管理人员和财务人员、他们的下属以及所有经理和其他与惠普的财务记录工作有关的员工必须严格遵守惠普的财务会计标准、政策和方针。"前首席执行官卡莉·菲奥里纳在她的"公司行为标准"开始部分的"总裁致辞"中写道："违法或违纪的企业行为在惠普是完全不能接受的，并且也将是永远不能容忍的。"

正是坚持这样一种立场，2003年惠普公司成为获得金融服务专业协会颁发的美国经济道德奖的三家公司之一时，惠普的声誉再次得以证实。可见，公司中一个有效的制度可以产生许多正面效应：可以减少潜在的诉讼和司法成本；维持良好的公司形象；增强股东信心；获取公司股东的承诺和尊重。这些活动通过维持和增加现金流以及减少意识到的风险，可以积极影响公司股票价格。因此，有效的制度建设被认为是实现公司价值最大化目标所必须的。

经营策略

成本控制的策略层面在于：端正新创企业的创业与经营思想，发展有效的企业运营策略。

小本创业

对于大多数新创企业而言，创业者常常难以赢得金融机构或风险投资家的信任。统计表明，创业者的家庭、朋友和熟人等社会资本成为其创业资金的主要来源，其中基于家庭关系的社会资本占51%[1]，因此以自有资金为主进行创业成为新创企业的一大特征。

中国许多成功的民营企业在创业之初，成本经常非常之低，投入极少。联想最初的资本，只有科学院投入的20万元人民币。四通为负资本，只有2万元的四季青公社的借款。

简单经营

这是一个追求简单的时代，在企业经营上更是如此。自20世纪80年代以来，国际商业界兴起了影响深远的业务重整之风，许多欧美企业开始大规模抛售非主导业务。新创企业更是要如此，目的就是要降低成本，建立产业、品牌优势，更有效地参与市场竞争。

专栏

简单经营

"阿尔迪"超市的所有者，是德国的阿尔布莱希特兄弟，它是全世界公认的零售业航母。尽管年销售额达2000亿欧元的美国"沃尔玛"公司，销售额是阿尔迪的6倍，但阿尔迪每年经销的单件商品的总价值却超过4000万欧元，竟是沃尔玛的30倍。因阿尔迪只销售不超过1000种商品，比沃尔玛少15万种。

阿尔迪是从一个三流小店发展成为世界上最成功的零售商，人们曾有无数个猜想，认为它一定有非常机密的营销方案，而且也会把它严严实实地隐藏起来。但出乎人们意料，它的制胜法宝只有两个字："简单!"就是"简单"这两个字，令许多企业始终无法模仿。

不做广告

阿尔迪所有的商场，只有每周一期八开的《阿尔迪信息报》放在超市入口，对下周的新上柜货品逐个介绍，由顾客随意自取浏览，便于顾客按照自己的意愿选择喜欢的商品。除此之外，绝不做其他任何形式的商品宣传。

商品单调

商场里只放着简单的600~700种商品。货品装在纸箱里堆在光秃秃的货架板上，价目表悬在头顶，而不是贴在商品包装上。每种商品只提供一种选择，即同类商品之中最好的品牌。每一种商品都只有一种规格的包装。商品都是能够迅速带出店铺的，包括罐头食品、纸袋包装食品、快餐食品、一些新鲜果蔬和冰冻食品等。除少量日用品、食品设有货架、冷柜外，其他商品均由店员打开纸箱包装，任顾客自取。

员工人数少

每一家阿尔迪超市的雇员都少于10名，他们都身兼数职。商场里没有现代化超市设备，没有使用条形码扫描仪和读卡机等现代化设备，坚持使用最简单的收款机，而且只收现金。没有人员为顾客提供装袋的服务，店员对商品价格倒背如流，他们心算和录入速度令人惊叹，整个顾客交款的过程非常快捷。

不收尾数钱

在阿尔迪，商品价格的尾数都是0或5。他们开始时经过测试，发现营业员找零钱的时间会影响销售，如果将找零钱的时间去掉，可以减少营业员数量，又可以多卖出为数不少的商品。于是阿尔迪决定，尾数0.05~0.09马克的商品，按0.05马克收款；而尾数0~0.04马克的商品，按0收款。这样做，既提高了商店员工的工作效率，又降价吸引了更多的顾客。

不举债经营

阿尔迪从不举债经营，扩张都是用已产生的利润来进行，因此风险很低。阿尔迪的一个原则是：不仓促展开业务，而是先打好牢固的基础。基础一旦有了，它会行动得很快。

成本分析

成本控制的技术层面在于建立全面成本的理念，形成有力的成本分析方法。

全面成本

建立"全面成本"概念，对商品经营来讲，指从产品的概念形成到成本开始并达到可销售状态，最终销售给顾客让其满意的整个过程中所发生的代价和损失；对资本经营来讲，是为了取得投资收益所发生的融资成本，机会成本以及投资损失。总之，所有对实现赢利和创造价值构成不利影响的代价和损失，都是成本控制的范围。在实际管理中，要注意对研发、生产、经营、项目、物流和税收等各方面的成本控制。

单元成本

台塑集团董事长王永庆经过多年的探索，发现任何一套引进的生产设备和技术都不是完美的，都有进一步改善的空间，因此提出了"单元成本分析法"，创立了合理化管理理论并将之一一付诸实践。这套理论的基本概念是：在产业特性一定的前提下，从构成产品成本的各个最小单元进行深入分析，发掘问题点并进而解决问题点，以促使效益的提高和成本的降低能达到最合理的境界，如此循环往复，永无止境。

王永庆的创新之处在于，他在原来的"单位成本分析法"的基础上，提出了"单元成本分析法”。后者强调对构成产品成本的各个最小单元进行不同于以往的深入分析，以发掘问题点并进而解决问题点的一整套作业办法。这套办法将管理学当中常说的“成本控制”、“成本抑减”与“目标管理”更为紧密地结合在一起。

王永庆的独到之处在于“追根究底”和“坚持不懈”，其做法大致采用了“标准—目标—分析—控制—抑减—新目标—新标准”这样一个公式在循环进行。因此说，“单元成本分析法”的关键之处不在于分析会计数字，而在于分析产品成本结构的实质背景，亦即：分析到最后一点，直至找到构成产品成本最小的那个单元为止。

在王永庆的脑海里，合理化生产方式始终有一个假设前提。他在实践中发现，任何一套引进的生产设备和技术都不是完美的，都有进一步改善的空间，需要采用单元成本分析法，依靠台塑员工的切身感，沿既有的生产线逐项做点的改善，也就是长期透过一点一滴的做法，去实现整个生产流程和管理制度的自我变革。

【提示】 成本控制的范围不仅包括生产领域的成本控制，还包括流通领域的成本控制，以及对研究、开发和设计的成本控制。更为重要的是，成本控制的思想不仅仅是孤立地降低成本，其目的是从成本与效益的对比中寻找成本最小化。这种思想表现为：①把降低成本的工作扩展到供应、生产和设计等各个部门，形成贯穿企业各部门的成本意识；②将降低成本从战略布局的高度加以定位，即从选择开发项目种类、进行可行性研究起就注入成本思考，确立具有长期发展观的成本意识。

现金控制

新创企业的财务控制应该首先关注现金流量，而不是会计利润。因为会计利润的核算中，有些收入和费用并不发生现金的收付，而新创企业要持续经营下去并得到发展，必须用现金来支付股利、垫支应收账款、投资固定资产或者支付债务等。合理地进行现金控制，对保证新创企业长期的赢利能力至关重要。

专栏

巨人的兴衰[2]

老巨人的失败

1997年在珠海市富丽堂皇的巨人集团大厦四层300平方米的总裁办公室里，原先是对外开放的大办公区，而此时只剩下被誉为“中国改革十大风云人物”之一的巨人集团总裁史玉柱孤零零地来回踱步。曾经不可一世的巨人集团此时已经岌岌可危!

1989年8月，在深圳大学软件科学管理系硕士毕业的史玉柱和三个伙伴，用借来的4000元钱承包了天津大学深圳科技工贸发展公司电脑部。1991年4月，珠海巨人新技术公司成立，迈开巨人的第一步。1993年7月，巨人集团下属全资子公司已经发展到38个，是仅次于四通公司的中国第二大民营高科技企业。1994年年初，号称中国第一高楼的巨人大厦一期工程动土。同年，史玉柱当选为“中国改革风云人物”。但1997年初，巨人大厦在只完成了首层大堂便停工，各方债主纷纷上门，老巨人的资金链断裂，负债2.5亿元的史玉柱黯然隐退。

究其原因，巨人的失败突出表现在财务管理上。1996年7月，巨人集团监事会主席周良正在一份报告中指出，巨人集团出现各类违法乱纪、挪用公款事件，几十万元甚至上百万元资产在阳光照不到的地方流失了。巨人集团财务运作日益窘迫，营销状况衰势尽现，员工士气不振。在整体状态疲弱的情况下，公司财务管理陷于混乱。公司财务之乱，源于巨人没有有效的财务管理和控制措施，而只是口头管理，使得企业的资金流无法保证正常运转。

资金是企业的血液，不知道自己有多少实际血液的企业好景不长。巨人财务之乱，还表现在烂账率的控制上，企业的应收账款比较高。当巨人出现危机的时候，一度只差2000万元的资金周转就能度过一关，可当时未到的应收账款竟然高达3个亿。其中2亿是因为管理不善而烂的，1亿是由于意外。

巨人烂账率高的原因在于巨人贷款控制的失误。巨人的贷款是赊销的，侵吞集团资金便从这里开始，公司的混乱便是从资金一笔一笔被贷出去开始的。公司控制无方，也加快了巨人的衰退的步伐。

新巨人的崛起

在中国的企业家中，几乎没有比曾经的史玉柱更为失败的企业家了。但“失败是成功之母”，重新站起来的史玉柱又将巨人带到了一个前所未有的高度。1997年，史玉柱带领旧部开始研制“脑白金”，负债重新创业。1999年，成立上海健特（Gaint，巨人的音译）生物科技有限公司。2001年，成立上海黄金搭档生物科技有限公司，当选为“CCTV中国经济年度人物”。2004年，成立上海征途网络科技有限公司。2006年，在开曼群岛注册巨人网络科技有限公司。2007年，更名为巨人网络集团，在全球规模最大、历史最悠久的纽约交易所挂牌上市，成为中国登陆美国最大IPO民营企业，也是除美国本土外最大IPO的IT企业。

由于有了老巨人的失败，史玉柱自称变成了“完全的保守主义者”，为自己制定了“铁律”：必须时时刻刻保持危机意识，随时防备最坏的结果，让企业永远保持充沛的现金流，始终将现金流量放在第一位。新巨人最在乎的事情，就是公司的现金流和时刻保持财务健康（负债率维持在5%的标准上）。

当脑白金这一产品启动后，为了杜绝可能导致的财务风险，史玉柱只设置了没有独立财务权的办事处，并在项目中采取了款到提货、多人信用担保、多级纠察等控制措施，创下了保健品行业零坏账的记录，加快了现金流转速度，杜绝了分公司人员携款潜逃、造成坏账的可能。在充沛的现金流量的保证下，新巨人得以不断做强、做大。同时，史玉柱采用纯粹提成制来控制费用。这种以财务控制为核心的管理方法保证了脑白金的资金周转，杜绝了老巨人出现的问题。

总结巨人的兴衰，足见现金控制中对现金流和应收账款控制的重要性。

现金预算

新创企业应该首先通过现金流量预算管理来做好现金流量控制。

预算流程

预算流程通常是预测销售收入、固定资产和存货需求量以及应付账款的付款期限，然后再将这一信息与应收账款回收日、应付账款支付日、股利和股息支付日等信息结合在一起，汇总到现金预算表中，共同反映企业在特定时期内的现金流入量和现金流出量。

预算工具

一般的，企业用月度现金预算表预测未来一年的现金流量，用日或周的现金预算表预测下一个月的现金流量。

专栏

穷人管理学[3]

“丰田生产方式”是一种“穷人管理学”。丰田汽车提出“彻底消除浪费”的朴素理念：必须以销定产，生产出来的产品必须卖出去，否则出现成品库存将使公司资金链无法承受；必须等到客户订单完全确定、不会更改时才会组织生产（这样回应时间就会很短），否则存在积压的风险；必须按必要的数量多频次“准时”采购，只有这样才能使有限的资金周转得更快；必须尽可能“少人化”，否则工资支出压力更大。这种管理方法的前提在于：企业将自身定位为“穷人”，企业管理者要成为“做无米（或少米）之炊”的“巧媳妇”。随着时间的推移和企业的成长，哪怕早已家大业大，这种企业文化基因却不能改变。

从丰田喜一朗、大野耐一，到后面的继任者，丰田“穷人”和“巧媳妇”的定位始终未变，且已做到别人（竞争对手）难以企及的境界：可变成本的降低是大部分企业都能做、别人易于模仿的事情，且到一定程度就会出现极限——受品质要求的制约，加上一些重要资源的稀缺性，材料、配件价格不可能一直降下去；受“终身雇佣”以及工会等制度因素影响，人工费用也是刚性的；因此，消除浪费的重点在于通过作业方法、生产流程、物流方式、过程周期等的改善，降低固定成本。也就是说，通过“与人相关”的“活”的“隐性知识”的管理方法、思路（通称为“软性因素”），来提高效率，提升整体而非局部成本竞争优势。

应收账款

随着市场竞争的日趋激烈，新创企业进行业务交易等经营活动过程中应收账款比例一般较高。这里所说的应收账款是指因对外销售产品、材料、供应劳务及其他原因，应向购货单位或接受劳务的单位及其他单位收取的款项，包括应收销货款、分期应收账款、应收票据、其他应收账款。

专栏

宏达事件[4]

2004年12月底，宏达公司发布公告称，由于计提大额坏账准备，该公司今年将面对重大亏损，这击昏了投资者以及中国家电业。受专利费、美国对中国彩电反倾销因素等影响，宏达公司的主要客户——美国进口商KR公司出现了较大亏损，全额支付公司欠款存在较大困难。KR是宏达公司的最大债务人，应收账款金额达到38.38亿元，占应收账款总额的96.4%。事实上，宏达公司已对KR超过1年期的应收账款提取了9000多万元的坏账准备。但由于出口美国之路已被堵死，宏达公司原计划出口美国市场的彩电可能大幅贬值。实际上，2004年12月31日的坏账准备更是达到2 611 155 059元。按照宏达公司的赢利水平，显然无力支撑这一高额费用。

其实宏达公司受KR所累，已非一朝一夕。早在2003年3月5日就有媒体报道，KR与宏达公司之间的业务往来可能让宏达公司蒙受损失。可是宏达公司并未紧急刹车。2005年9月，宏达公司董事会公告显示，在KR对宏达4.675亿美元的欠款中，宏达公司可能从KR收回的欠款只有1.5亿美元，这意味着还有3.175亿美元的欠款面临无法收回的境地。这一数字高于自1999~2004年6年间宏达公司的利润之和。由于宏达公司大笔应收款难以收回，而且，在宏达公司既往的140亿元净资产中，存货就有将近90亿元，这样的财务状况使宏达公司的后续发展令人担心。2005年年初，宏达公司通过向银行融资获得30亿元综合授信额度，但宏达公司仍在数年内深受应收账款管理失败的困扰。

显然，宏达公司对应收账款的管理不善导致了公司产生的呆、坏账的增多，资金运转不畅，公司运行困难。据此，公司董事会决定按更为谨慎的个别认定法对该项应收账款计提坏账准备，按会计估计变更进行相应的会计处理。宏达公司在2004年12月的公告中表示，准备对KR应收款按3.1亿美元计提坏账准备。但是，宏达公司有近一半的应收账款仍然处于敞口风险中。财务人员应该对处于敞口风险的应收账款进行风险等级分析，预测这部分应收账款的违约概率。

宏达的前车之鉴充分说明了应收账款的管理对企业的重要性，怎样对应收账款进行科学、有效的管理也是企业生存发展的一个重要的因素。

赊销权衡

应收账款是企业的一项资金投放，是为了扩大销售和赢利而进行的投资，而投资肯定要发生成本，这就需要在应收账款信用政策所增加的赢利和这种政策的成本之间做出权衡。

只有当应收账款所增加的赢利超过所增加的成本时，才应当实施应收账款赊销；如果应收账款赊销有着良好的赢利前景，就应当放宽信用条件增加赊销量。

收账政策

应收账款发生后，企业应采取各种措施，尽量争取按期收回款项，否则会因拖欠时间过长而发生坏账，使企业蒙受损失，这些措施包括对应收账款回收情况的监督、对坏账损失的事先准备和制定适当的收账政策。

企业对各种不同过期账款的催收方式即收账政策是不同的。对过期较短的顾客，不过多地打扰，以免将来失去这一市场；对过期较长的顾客，频繁地信件催款并电话催询；对过期很长的顾客，可在催款时措辞严厉，必要时提请有关部门仲裁或提请诉讼等。

催收账款要发生费用，某些催款发生的费用还会很高（如诉讼费）。一般来说，收账的花费越大，收账措施越有力，可收回的账款应越大，坏账损失也就越小。

因此制定收账政策，要在收账费用和所减少坏账损失之间做出权衡。制定有效、得当的收账政策很大程度上靠有关人员的经验；从财务管理的角度讲，也有一些数量化的方法可予参照。收账政策的优劣在于应收账款总成本的最小化，可以通过列表比较各收账方案成本的大小对其加以选择。

账龄分析

对应收账款进行监督是至关重要的。如果不进行监督，应收账款就会过量，从而使企业现金持有量下降，同时坏账会损害企业的利润。尤其是新创企业的管理者应该运用好的应收账款监督系统了解应收账款的状态是否合理。

实施对应收账款回收情况的监督，可以通过编制账龄分析表进行。账龄分析表是一张能显示应收账款在外天数（账龄）长短的报告，由应收账款账龄、账户数量、金额和所占百分比等项目构成。

利用账龄分析表，企业可以了解到以下情况：

（1）有多少欠款尚在信用期内。这部分款项未到偿付期，欠款是正常的；但到期后能否收回，还要待时再定，故及时的监督仍是必要的。

（2）有多少欠款超过了信用期，超过时间长短的款项各占多少，有多少欠款会因拖欠时间太久而可能成为坏账。

信用政策

在买方市场条件下，要有效保护企业利益，必须制定切实可行的信用政策，而应收账款赊销的效果好坏，关键也依赖于企业的信用政策。一般来说，企业的信用政策（包括信用期间、信用额度、信用标准和现金折扣政策等）需要明确。

信用期间

信用期间是企业允许顾客从购货到付款之间的时间，或者说是企业给予顾客的付款期间。例如，若某企业允许顾客在购货后的50天内付款，则信用期为50天。信用期过短，不足以吸引顾客，会使销售额下降；信用期过长，对销售额增加固然有利，但所得的收益有时会被增长的费用抵消，甚至造成利润减少。因此，企业必须研究确定恰当的信用期。

信用期确定的关键就是要分析改变现行信用期对收入和成本的影响。延长信用期，会使销售收入增加；与此同时应收账款、收账费用和坏账损失等也增加。决策时可列表计算各种信用期下收入成本费用的净增加额，然后采用净增加额最大的信用期。

信用额度

信用额度是客户获得企业信用交易的最大赊销额。信用管理部门根据企业当年的经营计划和预算，在综合分析销售预算的基础上，将可能实现的现金销售扣除后，将总的预算赊销分解到各个客户中去。当然，按照不相容职务相分离的要求，还需交由其他相关部门审核后方可交付执行。

信用标准

信用标准，是指顾客获得企业的交易信用所应具备的条件。如果顾客达不到信用标准，便不能享受企业的信用或只能享受较低的信用优惠。

企业在设定某一顾客的信用标准时，往往先要评估它赖账的可能性。按照国际惯例可以通过“5C”系统来进行。所谓“5C”系统，是评估顾客信用品质的五个方面，即品质（Character）、能力（Capacity）、资本（Capital）、抵押（Collateral）和条件（Conditions）。

（1）品质。品质是指顾客的信誉，即履行偿债义务的主观可能性。企业必须设法了解顾客过去的付款记录，看其是否有按期如数付款的一贯做法，以及与其他供货企业的关系是否良好。这一点经常被视为评价顾客信誉的首要因素。

（2）能力。能力指顾客的偿债能力，可以通过分析顾客的流动比率、速动比率等财务指标获得。

（3）资本。资本指顾客的财务实力和财务状况，表明顾客可能偿还债务的背景。

（4）抵押。抵押指顾客拒付款项或无力支付款项时能被用做抵押的资产。这对于不知底细或信誉状况有争议的顾客尤为重要。如果这些顾客提供足够的抵押，就可以考虑向他们提供相应的信用。

（5）条件。条件指可能影响顾客付款能力的经济环境。比如，万一出现经济不景气，会对顾客的付款产生什么影响，顾客会如何做等，这需要了解顾客在过去困难时期的付款历史。

现金折扣

所谓现金折扣是企业对顾客在商品价格上所做的扣减。向顾客提供这种价格上的优惠，主要目的在于吸引顾客为享受优惠而提前付款，缩短企业的平均收款期。另外，现金折扣也能招揽一些视折扣为减价出售的顾客前来购货，借此扩大销售量。

折扣的表示常采用如5/10、3/20、*N*/30这样一些符号形式。其含义为：5/10表示10天内付款，可享受5%的价格优惠，即只需支付原价的95%；3/20表示如在20天内付款，则只需支付原价的97%；*N*/30表示付款的最后期限为30天，此时付款无优惠。

企业采用什么现金折扣，要与信用期间结合起来考虑。比如，要求顾客最迟不超过30天付款，希望顾客20天、10天付款，能给予多大折扣？或者，给予5%、3%的折扣，能吸引顾客在多少天内付款？不论是信用期间还是现金折扣，都可能给企业带来收益，但也会增加成本，现金折扣能使企业缩短收现期、增加销售数量，但同时也使企业的销售价格下降，因此，应当综合考虑折扣所能带来的收益与成本孰高孰低，权衡利弊，抉择决断。

因为现金折扣是与信用期间结合使用的，所以确定折扣程度的方法和程序实际上与前述确定信用期间的方法和程序一致，只不过要把所提供的延期付款时间和折扣综合起来看各方案的延期与折扣能取得多大的收益增量，再计算各方案带来的成本变化，最终取得最佳方案。

专栏

企业家要克服的财务管理障碍[5]

如果企业家不主动关心财务知识，这就好像你把刀已经拿在了手里，但不知道手里拿的东西是什么，仅凭模糊印象中的感觉。

喜欢事后算账而不是事前控制

在财务核算上，很多企业事后算账，经常是没有事前的财务预算、事中的财务控制。

用形容词太多，数字太少

中国的企业家，还有一个误区，就是用了太多的文字管理，而不作数学管理。

文字管理常用词：不错，有增长，有提高，很正常，发展良好，效果还行，基本满意，比较稳定……

数学管理常用词：增长率，利润率，税率，资产负债率，销售额，百分比，同比，环比……

企业家活在文字管理当中，活在自我的感觉当中，就不可能确确实实了解企业真正的利润在哪里，更谈不上创造利润。

不懂得三张表

资产负债表、利润表、现金流量表，是企业家创业的地图。没有地图，你就迷失了方向，不懂得这三张表，你就失去了控制力，不知己不知彼，必败无疑！

资产负债表位于三表之首，反映了企业的资产状况，企业有多少自有资金、多少外债，一看便知。如果你的企业陷入债务危机，你的资产负债表就鸣枪警示，那你就要立刻采取行动，找到根源，将危机制服。

利润表反映企业获利能力，企业有多少收入、有多少利润、有多少成本，利润表上一览无余。在利润表上，你可以看出，净利润 = 收入 - 直接成本 - 费用 - 所得税。抓牢利润表上的所有数字，你就控制了你的整个收益状况。

现金流量表反映企业的现金流量。现金流会一刀杀了你，也会是企业的忠诚卫士，你的现金有多少，安全不安全，表上反映得清清楚楚，多看几遍，做到心中有数。

融资控制

创业需要融资。如何融资，这是摆在创业者与新创企业面前的一个非常重要的问题。德鲁克指出，一家新的尤其是正在成长的企业在其生命周期的头五六年中，“利润”是会计方面编造出来的东西。在这些年中，继续经营的费用对一家新的企业几乎可以说是天经地义的，总是大于从昨天的经营中得来的盈余（即本期收入超过昨天费用的部分）。这实际上意味着，一家新成长中的企业为了生存总是不得不把它从经营中得来的每一分钱的盈余都用于投资。尤其是如果它成长很快的话，它通常必须使投资大大超过它可能希望从经常账户中产生的“本期盈余”（即“利润”）。正因为如此，“一个富有企业家精神的社会和经济要求税收政策能鼓励资本的形成，鼓励资本从昨天转向明天。”

筹资规模

当企业为了实现发展和占领市场目标时，企业的金融力量有时就构成了决定性的优势。金融力量不仅由企业拥有可支配资金的多寡来判断，更主要的是由企业能够动员新资本的能力和自我投资的能力来评价。

筹资规模是指企业在一定时期内的筹资额。筹资额越大，筹资的成本也就随之上升，面临的债务风险也越大，所以新创企业往往倾向于某种理想的筹资额。其确定的方法有许多，在这里主要介绍两种：销售百分比法和资金习性预测法。

销售百分比法

销售百分比法是根据资产负债表有关项目与销售额之间的比例关系以及预测期销售额的变动情况，预测资金需要量的一种方法。

销售百分比法建立在如下三个假设条件上：①资产负债表上的大部分项目与销售额有直接的比例关系；②各资产的目前规模，就目前的销售水平而言，是适当的；③预测期的销售结构和价格水平与基期相比，基本不变。

现举例说明运用销售百分比法的步骤。例如2001年某企业简化了的资产负债表如表10-1所示。

表10-1 资产负债表 (单位：万元)

资产		负债及所有者权益	
货币资金	2.5	应收票据	10
应收账款	25	应付账款	22.5
存货	40	应付费用	3
预付费用	2	非流动负债	45
固定资产净值	70	实收资本	55
		留用利润	49

2001年该企业销售收入为200万元，2002年预计可达到250万元。根据预测，2002年度税后销售利润率为5%，董事会讨论决定的股利分配比例为40%。另外，销售额增加后，原有的生产能力已不够使用，预计追加固定资产20万元；为保证原料供应，与原料供应商搞合资，拟投资10万元；固定资产按原有方法折旧，预计2002年度可提折旧10万元。2002年度即将到期的非流动负债为5万元。要求按步骤确定该企业在2002年度需要追加的对外筹资额。

第一步，分析研究资产负债表各个项目与销售额之间的关系。

（1）资产类项目。流动资产中的货币资金、应收账款和存货等项目，一般都是与销售额成正比例变化的项目。固定资产项目是否要增加，则需视预测期的生产经营规模是否在企业原有生产经营能力之内。若在原有的生产经营能力之内，则不需增加固定资产；若因销售增长而使生产经营规模超出了原有的生产能力，就需要扩充固定资产，增加长期投资。因此，固定资产项目是与销售额间接相关的项目。至于其他长期资产项目，如无形资产、对外长期投资等项目，则均是与销售额变动无关的项目。

（2）负债类项目。流动负债中的短期借款、应付账款、应付费用等项目，一般都是与销售额成正比例变化的项目。而长期负债项目则一般是与销售额变动无关的项目。

（3）所有者权益类项目。实收资本和资本公积项目一般是与销售额变动无关的项目。而盈余公积（包括未分配利润）由于受赢利水平和利润分配的影响，是与销售额间接相关的项目。

在本例中，资产负债表各个项目与销售额之间的关系如表10-2所示。

表10-2 企业资产负债表实例 (单位：万元)

资产		负债及所有者权益	
货币资金	2.5/200 = 1.25%	应收票据	10/200 = 5%
应收账款	25/200 = 12.5%	应付账款	22.5/200 = 11.25%
存货	40/200 = 20%	应付费用	3/200 = 1.5%
预付费用	2/200 = 1%	非流动负债	无关
固定资产净值	间接相关	实收资本	无关
合计	34.75%	留用利润	间接相关
		合计	17.75%

第二步，按下列公式计算预测期所需要追加的对外筹资额：

$$\text{预测期所需要追加的对外筹资额} = \left[\sum_{i=1}^{n}\frac{A_i}{S_0} - \sum_{i=1}^{n}\frac{L_i}{S_0}\right] \times (S_1 - S_0) - D - S_1 R(1-d) + M$$

式中，A_i 为第 i 个与销售额直接有关的资产项目；L_i 为第 i 个与销售额直接有关的负债项目；S_0 为基期销售；S_1 为预测期预计销售额；D 为预测期预计提取的折旧额；R 为预测期预计税后销售利润率；d 为预测期股利分配比例或利润上交比例；M 为预测期其他方面需要追加的资金数和其他方面收回资金数的差额，如对外长期投资、偿付长期负债、增加固定资产投资、转让出售无形资产等。

因此，该企业2002年度需要追加的对外筹资额为：

$$(34.75\% - 17.75\%) \times (250 - 200) - 10 - 250 \times 5\% \times (1 - 40\%) + (20 + 10 + 5) = 26(\text{万元})$$

资金习性预测法

所谓资金习性，是指资金变动同产销量变动之间的依存关系。按照这种依存关系，可把资金分为以下三种。

（1）不变资金。不变资金是指在一定的产销范围内，不受产销量变动的影响，保持固定不变的那部分资金。包括为维持正常生产经营活动而占用的最低数额的现金、必备的存货以及固定资产占用的资金。

（2）变动资金。变动资金是指随产销量变动而成同比例变动的那部分资金。一般包括直接构成产品实体的原材料、外购件等占用的资金以及超出最低储备的现金、存货、应收账款等。

（3）半变动资金。半变动资金是指虽然受产销变动的影响，但不成同比例变动的资金，如一些辅助材料所占用的资金。半变动资金可采用“高低点法”、“回归直线法”等方法划分为不变资金和变动资金两部分。

根据资金的习性，按照回归方法，可建立如下确定筹资规模的直线回归模型：

$$y = a + bx$$

式中，y 为筹资规模或需要量；a 为不变资金总额；b 为单位产销量的变动资金；x 为产销量。

在上述模型中，关键问题在于如何根据历史资料来确定 a、b 数值。因为只要确定了 a、b 数值，便可在销售预测的基础上，很容易地确定出筹资规模。确定 a、b 数值的方法，通常有如下两种：回归直线法和高低点法。

1. 回归直线法

由最小二乘法，基于离差平方和最小原则，可得到 a、b 的解，如下：

$$a = \frac{\sum y - b\sum x}{n}$$

$$b = \frac{n\sum xy - \sum x \sum y}{n\sum x^2 - (\sum x)^2}$$

某企业1997～2001年销售量和资金需要量的历史资料如表10-3所示。通过预测，2002年的销售量为78 000件，试确定2002年的筹资规模。

表10-3 该企业1997～2001年间销售量与资金需要量

年度	销售量（x）（万件）	资金需要量（y）（万元）
1997	12	500
1998	11	475
1999	10	450
2000	13	520
2001	14	550

第一步：根据上表有关资料，计算出表10-4的数据。

表 10-4 回归直线方程有关数据计算表

年度	销售量（x）	资金需要量（y）	xy	X^2
1997	12	500	6 000	144
1998	11	475	5 225	121
1999	10	450	4 500	100
2000	13	520	6 760	169
2001	14	550	7 700	196
$N=5$	$\sum x=60$	$\sum y=2\ 495$	$\sum xy=30\ 185$	$\sum x^2=730$

第二步：将上表中最后一行的合计数，代入上述两个公式，分别确定 b 与 a 的值。

$$b=\frac{n\sum xy-\sum x\sum y}{n\sum x^2-(\sum x)^2}=\frac{5\times 30\ 185-60\times 2\ 495}{5\times 730-(60)^2}=24.5(\text{元/件})$$

$$a=\frac{\sum y-b\sum x}{n}=\frac{2\ 495-24.5\times 60}{5}=205(\text{万元})$$

第三步：建立线性回归模型：

$$y=2\ 050\ 000+24.5x$$

第四步：在2002年销售量为7.8万件的条件下，筹资总规模为：

$$y=2\ 050\ 000+24.5\times 78\ 000=3\ 961\ 000\ (\text{元})$$

最后还必须指出，这里所确定的筹资总规模，不是预测期要追加的对外筹资额。而预测期需要追加的对外筹资额则是在资总规模的基础上，抵减现有资金存量、留存收益等项目以及加上偿付非流动负债等项目之后的余额。

2. 高低点法

仍利用上述例的资料，其预测步骤是：

第一步：计算单位销售量的变动资金（b）

$$b=\frac{\text{最高资金需要量}-\text{最低资金需要量}}{\text{最高销售量}-\text{最低销售量}}=\frac{5\ 500\ 000-4\ 500\ 000}{140\ 000-10\ 000}=25\ (\text{元/件})$$

第二步：计算不变资金总额（a）

$$a=y_{\text{高}}-bx_{\text{高}}=5\ 500\ 000-25\times 140\ 000=2\ 000\ 000\ (\text{元})$$

第三步：建立线性回归模型：

$$y=2\ 000\ 000+25x$$

第四步：在2002年销售量为7.8万元的条件下，筹资总规模为：

$$y=2\ 000\ 000+25\times 78\ 000=3\ 950\ 000\ (\text{元})$$

运用资金习性预测法必须注意以下几个问题。

其一，实际中，筹资规模与产销量难以成明显的线性关系，意味着筹资规模还与别的因素有关，比如通货膨胀率等，所以在实际预测中应采用多元线性回归法，但要注意检验影响筹资规模的这些因素之间是否存在多重共线性。

其二，确定不变资金规模和单位变动资金规模时，应利用预测年度前连续几年的历史资料。一般认为历史跨度越长，计算出来的结果就越准确。因此，在条件允许的情况下，应尽量使历史资料长一些，一般不能短于3年。

资本结构

资本结构是指企业各种资本的构成及其比例关系。它有广义与狭义之分。广义的资本结构，是指企业全部资金来源的结构。狭义的资本结构，是指长期资本的构成及其比例关系。合理的资本结构将会降低资本成本，从而增加企业现金流量，使更多的项目可被接受，进而增加企业价值。

最佳结构

最佳资本结构，是指企业在一定时期内使综合资本成本最低、企业价值最大的资本结构。其制定方法有：比较成本法和无差别点法。

1. 比较成本法

比较成本法是通过计算不同资本结构的综合资本成本，并以此为标准，从中选择综合资本成本最低的资本结构的一种决策方法。

举例如表 10-5 所示。

表 10-5 不同资本结构及资本成本表 （单位：万元）

筹资方式	筹资方案Ⅰ		筹资方案Ⅱ		筹资方案Ⅲ	
	筹资额	资本成本（%）	筹资额	资本成本（%）	筹资额	资本成本（%）
长期借款	400	6	500	6.5	800	7
长期债券	1 000	8	1 500	8	1 200	7.5
优先股	600	12	1 000	12	500	12
普通股	3 000	15	2 000	15	2 500	15
合计	5 000	626	5 000	572.5	5 000	581

比较以上三种筹资方式的综合资本成本，不难看出，筹资方案Ⅱ的综合资本成本最低，故此方案为最优。公司按此方案筹集资本，便可实现资本结构的最优化。

2. 无差别点法

无差别点法是指首先确定各种筹资方案下每股所余相等时的无差别点，然后据此选择最佳筹资方案的一种决策方法。

无差别点可按下列公式计算：

$$\frac{(\overline{EBIT}-I_1)(1-T)-d_1}{N_1}=\frac{(\overline{EBIT}-I_2)(1-T)-d_2}{N_2}$$

式中：$\overline{EBIT}$为无差别点；I_1、I_2 分别为两种筹资方案下的年利息；d_1、d_2 分别为两种筹资方案下的优先股股利；N_1、N_2 分别为两种筹资方案下的流通在外的普通股股数。

当预计的息税前利润大于$\overline{EBIT}$时，利用负债筹资较为有利；否则，就不应再增加负债，以发行普通股为宜；当预计的息税前利润等于$\overline{EBIT}$时，采用两种方案无差别。

例如：假设某公司目前有资本 75 万元，现因生产发展需要准备再筹资 25 万元，这些资本可以利用发行股票来筹集，也可以利用发行债券来筹集。其有关资料如表 10-6 所示。

表 10-6 不同筹资方案资本结构表 （单位：元）

筹资方式	原资本结构	增加筹资后资本结构	
		增发普通股（1）	增发债券（2）
债券（利率 8%）	100 000	100 000	350 000
普通股（面值 10 元）	200 000	300 000	200 000
资本公积	250 000	400 000	250 000
留存收益	200 000	200 000	200 000
资本总额	750 000	1 000 000	1 000 000
普通股股数	2 000 股	3 000 股	2 000 股

上述资本结构的变化，对普通股每股盈余的影响如表10-7所示。

表10-7 不同筹资方案下每股盈余计算表 （单位：元）

项 目	增发股票（1）	增发债券（2）
预计息税前利润（*EBIT*）	200 000	200 000
减：利息	8 000	28 000
税前利息	192 000	172 000
减：所得税（50%）	96 000	86 000
税后利润	96 000	86 000
普通股股数	3 000 股	2 000 股
每股盈余（*EPS*）	3.2	4.3

由表10-7可见，在息税前利润为200 000元的情况下，利用负债筹资能使每股盈余上升较多，这可能更有利于股票价格上涨，因而更符合理财目标。

那么，息税前利润究竟为多少时，是发行普通股有利，还是发行债券有利呢？其计算如下：

$$\frac{(\overline{EBIT}-8\ 000)(1-50\%)-0}{3\ 000}=\frac{(\overline{EBIT}-28\ 000)(1-50\%)-0}{2\ 000}$$

$$\overline{EBIT}=68\ 000\ （元）$$

当预计息税前利润大于68 000元时，利用负债筹资较为有利；否则，发行普通股较为有利；当预计息税前利润等于68 000元时，采用两种方案无差别。该公司的预计息税前利润为200 000元，故采用债券筹资方式较为有利。

上述分析过程，可用图10-1简单明了地加以反映。

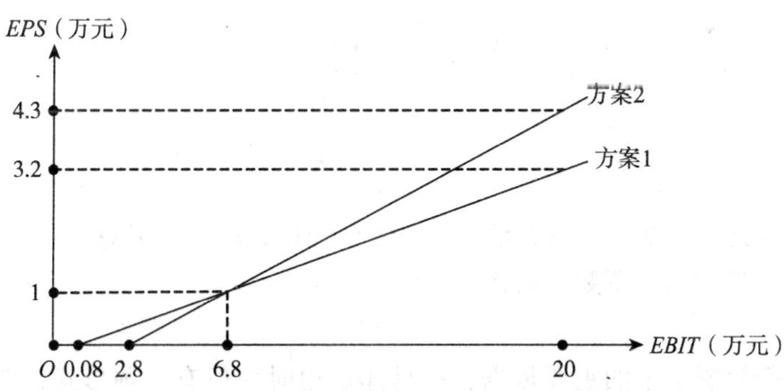

图10-1 不同筹资方案 *EPS* 比较

由图10-1可以看到，当 *EBIT* 大于68 000元时，负债筹资的 *EPS* 大于普通股筹资的 *EPS*；反之，则情况相反；而当 *EBIT* 等于68 000元时，两种筹资方式的 *EPS* 相等。

一般来说，当筹资方案有两种时，可用无差异点分析法，但筹资方案在三种或三种以上，就需要用比较成本法。无论用哪种方法，都不能当做绝对的判别标准，应结合各种因素综合考虑，以便使资金结构趋于最优。

资本结构的变化会影响到各种类型资本的风险和成本，而所有类型资本的这些变化又会影响到综合资本成本，进而影响资本预算的决策，并最终影响到公司的股票价格。

调整方法

最佳资本结构不是一成不变的，影响最佳资本结构的因素非常多，不仅包括企业自身因素，而且还与宏观经济、资本市场等因素具有密切的关系，这些因素当中任何一个因素的改变，都会对最佳资本结构产生影响，从而导致最佳资本结构的改变。概括起来有：①成本过高；②风险过大；③弹性不足；④约束过严。

当企业现有资金结构与目标资金构存在较大差异时，企业需要进行资金结构的调整。资金结构调整的方法有如下三种。

1. 存量调整

在不改变现有资产规模的基础上，根据目标资金结构要求，对现有资金结构进行必要的调整。存量调整的方法有：①债转股、股转债；②增发新股偿还债务；③调整现有负债结构，如与债权人协商，将流动负债转为非流动负债，或将非流动负债列入流动负债；④调整权益资金结构，如优先股转为普通股，以资本公积转增股本。

2. 增量调整

即通过追加筹资量，从增加总资产的方式来调整资金结构。其主要途径是从外部取得增量资本，如发行新债、举借贷款、进行筹资租赁、发行新股票等。

3. 减量调整

即通过减少资产总额的方式来调整资金结构。如收回发行在外的可提前收回债券，股票回购减少公司股东，进行企业分立等。

资本成本

资本成本是指公司为筹措和使用资金而付出的代价。其内容包括两部分：一是筹资费用，即公司在筹资过程中为获取资金而付出的费用。如银行借款的手续费、发行股票债券的发行费等。二是使用费用，即公司在生产经营过程中因使用资金而支付的费用。如资本的股息和红利、债券的债息、银行借款的利息等。

从理论上讲，资本成本应该是筹资费用加上使用费用。因为筹资费用数额小，因而一般所考虑的资本成本主要是使用费用。用相对数形式来表达资本成本时，有如下公式：

$$K=\frac{D}{P-F}\times 100\%$$

或

$$K=\frac{D}{P(1-f)}\times 100\%$$

式中，K 为资本成本，以百分率表示；D 为使用费用；P 为筹资总额；F 为筹资费用；f 为筹资费用率，即筹资费用与筹资数额的比率。

成本计算

资本成本是进行筹资决策的重要依据，在具体运用时一般有三种形式：个别资本成本、综合资本成本和边际资本成本。

1. 个别资本成本

个别资本成本，包括债务成本和主权资本成本。

Ⅰ. 债务成本

其一，长期借款的成本。其计算公式如下：

$$K_L=\frac{I_L\ (1-T)}{L-F}\times 100\%$$

$$\text{或}=\frac{I_L\ (1-T)}{L\ (1-f)}\times 100\%$$

$$\text{或}=\frac{R_L\ (1-T)}{1-f}\times 100\%$$

式中：K_L 为长期借款的成本；I_L 为长期借款的年利息；T 为公司的所得税率；L 为长期借款的本金；R_L 为长期借款的年利率。

如果不考虑筹资费用，或者筹资费用小而忽略不计，则上式中的资本成本也可按下列公式计算：

$$K_L = R_L \times (1-T)$$

如果一年内付息几次，并按复利计算，则长期借款的成本可按下列公式计算：

$$K_L = \left(1+\frac{R_L}{n}\right)^n \times (1-T)$$

式中：n 为每年付息次数。

如果考虑借款期限和借款协议所规定的各种保护性契约条件，则长期借款的成本可按下列公式计算：

$$L_0 = \sum_{t=1}^{n} \frac{I_t}{(1+K)^t} + \frac{L}{(1+K)^n}$$

式中：L_0 为长期借款的净额；I_t 为第 t 年支付的利息；n 为长期借款的期限；K 为所得税前长期借款成本。

假设某公司向银行取得100万元的长期借款。其年利息率为10%，期限为5年，到期一次还本付息，所得税率33%。该项其借款协议保护性契约条款规定公司应保持20%的存款余额，存款利率为5%，则长期借款的成本可按下列步骤计算：

第一，计算借款的实际年利率

$$\text{借款实际年利率} = \frac{\text{借款年利率} - \text{保护性存款} \times \text{存款年利率}}{\text{借款净得率}} = \frac{10\% - 20\% \times 5\%}{80\%} = 11.25\%$$

第二，计算税前长期借款的成本

$$80 = \sum_{t=1}^{5} \frac{11.25\% \times 80}{(1+K)^t} + \frac{100}{(1+K)^5}$$

$$K = 14\%$$

第三，计算税后长期借款的成本

$$K_1 = 14\% \times (1-33\%) = 9.38\%$$

其二，长期债券的成本如下：

$$K_b = \frac{I_b(1-T)}{B(1-f_b)} \times 100\%$$

式中：K_b 为债券成本；I_b 为债券的年利息；B 为债券实际筹资额或发行价格；f_b 为筹资费用率。

上述计算有一个最大的缺陷，就是没有考虑资金时间价值，特别是当各年利息不相等时，采用上述公式就不能较准确地计算资本成本。因此，可以采用动态方法计算资本成本，其计算公式如下：

$$B(1-f_b) = \sum_{t=1}^{n} \frac{I_t}{(1+K)^t} + \frac{B_0}{(1+K)^n}$$

式中：B_0 为在 n 年末应偿还的面值，K 为所得税前长期债券成本。

假设公司发行票利率为10%、期限为5年、面额为200万元的长期债券。当时的市场利率也为10%，发行费用率为3%，每年支付一次利息。该公司的所得税率为33%。根据这些资料，计算债券成本为：

$$200 \times (1-3\%) = \sum_{t=1}^{5} \frac{20}{(1+K)^t} + \frac{200}{(1+K)^5}$$

$$K = 10.8\%$$

$$K_b = 10.8\% \times (1-33\%) = 7.24\%$$

Ⅱ. 主权资本成本

其一，优先股成本的计算。

$$K_p=\frac{D_p}{P_0\ (1-f_p)}\times 100\%$$

式中：K_p 为优先股成本；D_p 为优先股的年股利；P_0 为优先股的发行价格或实收股金；f_p 为优先股筹资费用率。

其二，普通股成本的计算。

第一，稳定增长型股利价值模式。

其基本原理是基于以下两种假定：一是预期的股利是一项永续年金，股价是永续年金的现值；二是预期的股利以某一增长率增长。

根据这两种假定，普通股的成本可按下列公式计算：

$$K_s=\frac{D_1}{P_0\ (1-f_s)}+g$$

式中：K_s 为普通股成本；D_1 为第 1 年预期股利；P_0 用为普通股的发行价格或实收股金；f_s 为普通股筹资费用率；g 为预期股利增长率。

某股份有限公司发行普通股，其面值每股为 20 元，发行价格每股为 25 元，发行费用率为 3%，第 1 年预期股利每股为 1.75 元，预计每年股利增长率为 9%。则普通股的成本为：

$$K_s=\frac{1.75}{25\times\ (1-3\%)}+9\%=16.22\%$$

第二，资本资产定价模式。

其基本原理建立在如下基本假设之上：①所有投资者均追求单期财富的期望效用最大化，并以各备选组合的期望收益和标准差为基础进行组合选择；②所有投资者均可以以无风险利率无限制地借入或贷出资金；③所有投资者拥有同样期望，即对所有资产收益的均值、方差和协方差等，投资者均有完全相同的主观估计；④所有资产均可被完全细分，拥有充分的流动性且没有交易成本；⑤没有税金；⑥所有投资者均为价格接受者；即任何一个投资者的买卖行为都不会对股票价格产生影响；⑦所有资产的数量是给定的和固定不变的。

计算公式为：

$$K_s=K_f+\ (K_m-K_f)\ \beta_a$$

式中：K_f 为无风险收益率；K_m 为市场平均股票收益率；K_m-K_f 为市场风险溢价；β_a 为某公司股票收益率相对于市场投资组合期望收益率的变动幅度，又称 *Beta* 系数。

某公司普通股无风险收益率为 7%，市场平均股票收益率为 11%，股票收益率相对于市场投资组合期望收益率的变动幅度为 1.6，则普通股成本为：

$$K_s=7\%+\ (11\%-7\%)\ \times 1.6=13.4\%$$

第三，债券报酬率加风险报酬率法。

由于持有普通股股票的风险要大于持有债券的风险，因此股票持有人就必然要求获得一定的风险补偿。计算普通股的成本计算公式为：

$$K_s=K_r+K_p$$

式中：K_r 为债券报酬率，K_p 为风险报酬率。

某公司的债券报酬率是 10%，那么公司的普通股成本就可以通过下面的式子计算出来：

$$K_s=10\%+4\%=14\%$$

4% 的风险是个判断值，因此 K_s 的预测值也是判断值。实证研究证明，一般公司的风险报酬率在 3%~5% 之间，因而这种方法无法得出精确值，但可以指明大致范围。

其三，留存收益成本的计算。

留存收益是企业历年实现的净利润留存于企业的部分，主要包括累计计提的盈余公积和未分配利润。留存收益成本的估算难于债务成本，这是因为很难对诸如企业未来发展前景及股东对未来风险所要求的风险溢价做出准确的测定。

2. 综合资本成本

综合资本成本即加权平均资本成本。它是整体资本成本，不同于前文提到的各种具体来源的资本成本。而公司是为了获取目标资本结构而进行融资的，所以实际上我们更关注整体资本成本，而不是关注用于特定支出的具体来源的资本成本。

$$K = \sum_{i=1}^{n} W_i K_i$$

式中：K 为综合资本成本；W_i 为第 i 种资本占全部资本的比重；K_i 为第 i 种资本的成本。

权重的确定一般有账面价值权重法和市场价值权重法两种方法。账面价值权重法用会计价值来计算融资结构中每一资本类型的比例；市场价值权重法则用市场价值来计算融资结构中每一资本类型的比例。因为各种类型的资本成本一般是用市场价值计算，而且被用于长期投资现金流的那部分资本成本也是按照市场价值估计的，所以市场价值权重法更受欢迎。

3. 边际资本成本

公司无法以某一固定的资本成本筹集无限的资金，当公司筹集的资金超过一定限度时，原来的资本成本就会增加。追加一个单位的资本增加的成本称为边际资本成本。通常资本成本率在一定范围内不会改变，而在保持某资本成本率的条件下可以筹集到的资金总限度称为保持现有资本结构下的筹资突破点，一旦筹资额超过突破点，即使维持现有的资本结构，其资本成本率也会增加。一般在进行追加筹资结构决策时，会使用边际资本成本。

例如，某公司现有资本200万元，其中长期借款30万元、长期债券50万元、普通股120万元。由于扩大经营规模的需要，拟筹集新资本。则筹集新资本的成本，可按下列步骤确定。

第一，确定目标资本结构。假定该公司财务人员经分析所确定的增加筹资后的目标资本结构，仍保持目前的资本结构，即长期借款占15%，长期债券占25%，普通股占60%。

第二，确定各种资本的成本。该公司财务人员通过对资本市场状况和本公司筹资能力的分析，认为随着公司筹资规模的增大，各种资本的成本也会发生变动，如表10-8所示。

表10-8 筹资范围及资本成本预测

资本种类	目标资本结构	新筹资的数量范围	资本成本
长期借款	15%	22 500元内	3%
		22 500~45 000元	5%
		45 000元以上	7%
长期债券	25%	100 000元内	10%
		100 000~200 000元	11%
		200 000元以上	12%
普通股	60%	150 000元内	13%
		150 000~300 000元	14%
		300000元以上	15%

第三，计算筹资突破点。由表10-8可知，以一定的资本成本率只能筹到一定限额的资本；超过这一限额多筹资本，就要提高资本成本率，引起原有资本成本率的变化。于是，就把保持在一定资本成本率下可筹集到的资本限额，称为筹资突破点。在突破点范围内筹资，原来的资本占有率不变；否则即使维持现有的资本结构，其资本成本率也会增加。

筹资突破点的计算公式如下：

$$筹资突破点=\frac{以某一特定资本成本率筹到的某种资本额}{该种资本在资本结构中所占的比重}$$

比如，利用上述资料，在以3%的资本成本率取得的长期借款筹资限额为22 500元时，其筹资突破点为：

$$\frac{22\ 500}{15\%}=150\ 000（元）$$

当公司采用长期借款方式筹集资本时，可筹到资本150 000元，其中22 500元由长期借款形成，127 500元（150 000－22 500）由长期债券和普通股形成。这样，不会改变其目标资本结构。

按此方法，上述各种新筹资范围内的筹资突破点，如表10-9所示。

表10-9 筹资突破点计算表

资本种类	目标资本结构	新筹资的数量范围	资本成本（%）	筹资突破点（元）
长期借款	15	22 500元内	3	150 000
		22 500～45 000元	5	300 000
		45 000元以上	7	—
长期债券	25	100 000元内	10	400 000
		100 000～200 000元	11	800 000
		200 000元以上	12	—
普通股	60	150 000元内	13	250 000
		150 000～300 000元	14	500 000
		300 000元以上	15	—

根据上一步计算出的筹资突破点，可以得出下列7组新的筹资范围。

（1）150 000元以内；

（2）150 000～200 000元；

（3）200 000～300 000元；

（4）300 000～400 000元；

（5）400 000～500 000元；

（6）500 000～800 000元；

（7）800 000元以上。

对这7组筹资范围分别计算其综合资本成本，就是随着筹资额增加而增加的边际资本成本（见表10-10）。

表10-10 计算边际资本成本

筹资总额范围	资本种类	资本结构（%）	资本成本（%）	边际资本成本
15万元	长期借款	15	3	3%×15%＝0.45%
	长期债券	25	10	10%×25%＝2.5%
	普通股	60	13	13%×60%＝7.8%
				合计＝10.75%
15万～20万元	长期借款	15	5	5%×15%＝0.75%
	长期债券	25	10	10%×25%＝2.5%
	普通股	60	13	13%×60%＝7.8%
				合计＝11.05%

（续）

筹资总额范围	资本种类	资本结构（%）	资本成本（%）	边际资本成本
20万~30万元	长期借款	15	5	5% ×15% =0.75%
	长期债券	25	10	10% ×25% =2.5%
	普通股	60	14	14% ×60% =8.4%
				合计=11.05%
30万~40万元	长期借款	15	7	7% ×15% =1.05%
	长期债券	25	10	10% ×25% =2.5%
	普通股	60	14	14% ×60% =8.4%
				合计=11.95%
40万~50万元	长期借款	15	7	7% ×15% =1.05%
	长期债券	25	11	11% ×25% =2.75%
	普通股	60	14	14% ×60% =8.4%
				合计=12.2%
50万~80万元	长期借款	15	7	7% ×15% =1.05%
	长期债券	25	11	11% ×25% =2.75%
	普通股	60	15	15% ×60% =9%
				合计=12.8%
80万元以上	长期借款	15	7	7% ×15% =1.05%
	长期债券	25	12	12% ×25% =3%
	普通股	60	15	15% ×60% =9%
				合计=13.05%

影响因素

影响资本成本的因素有很多，主要有：①筹资期限。②市场利率。③公司的信用等级。④筹资工作效率。⑤抵押担保。⑥通货膨胀率。⑦政策因素。⑧资本结构。⑨市场风险。

降低途径

分析影响资本成本的各种因素，降低资本成本的途径主要有：①合理安排筹资期限。②合理预测利率。③提高公司信誉，积极参与信用等级评估。④合理负债经营。⑤提高筹资工作效率。⑥积极利用股票增值机制，降低股票筹资成本。

专栏

企业融资工具的选择

融资工具选择不同，现金流的期限与结构要求及法律责任就不同，对企业经营的财务弹性、财务风险、后续投资融资约束和资本成本也不同。因此，尽管融资决策和资本结构管理的基本准则对所有企业都是一致的，但在实际中，由于企业产品市场的竞争结构不同，企业所处的成长阶段、业务战略和竞争战略有别，企业融资方式与资本结构也存在差异。

高成长型企业

对于高成长型企业来说，它们通常以股权融资为主，其长期债务比例和现金红利支付率都非常低。因为在竞争环境下，竞争地位的形成或稳定往往需要持续进行技术/产品开发或服务创新投资，而市场份额和价格竞争等因素又容易使企业现金流入减少或波动。此时，高成长型企业如果举债过度，容易因经营现金流收入下降而引起财务支付危机，轻则损害企业债务资信，重则危及企业生存。

因此，高成长型企业的融资决策首先不是考虑降低成本的问题，而是考虑如何与企业的经营现金流入风险匹配、保持财务灵活性和良好的资信等级，降低财务危机的可能性。

高技术型企业

高技术型企业往往采用股权管理办法，获得内部股权资本；同时增资扩股，长期债务比例非常低，甚至相当长的时期内无长期债务，并且不支付现金红利。其原因有三：一是高技术型企业一旦成功，投资收益往往大大超过融资成本，因此融资关键在于规避较高的经营风险，减少发生财务危机的可能性；二是高技术型企业的收益风险相应较高，债权人不青睐这些成长性公司；三是出于持续发展的需要，为了保留融资能力，增强财务弹性。

现金流稳定型企业

现金流稳定型企业通常以长期债务替换股权，具有较高的长期债务比例和现金红利支付率。这类企业包括在所经营领域具有较强的竞争能力和较高而稳定市场份额的企业、实现规模经济的企业、垄断经营的公用事业公司，如电力公司和商业零售业公司等。在现金流稳定性较高时，可以通过增加长期债务或用债务回购公司股票来增加财务杠杆，在不明显降低资信等级的同时，可以明显降低资本成本。从而在保证债权人权益的同时，增加股东价值。

本章概要

本章着重探讨了新创企业的财务控制。

本章的第一部分分析了对于新创企业的成本控制，介绍了成本控制对新创企业的重要作用，并在制度和方法上对成本控制进行了分析。强调了职务分离制度和适于新创企业的会计制度的应用，并结合新创企业的特点，提出了全面成本分析法和单元分析法等成本控制技术。

本章的第二部分分析了新创企业的现金控制，从现金的流量预算、应收账款和新创企业的信用政策等方面进行分析。介绍了现金流量预算的原则和方法，结合新创企业的实际情况对企业的赊销程度、收账政策、账龄分析等需要注意的问题进行说明，并对新创企业需要明确的信用政策做了阐述。

本章的第三部分分析了新创企业的融资控制问题，依次从筹资规模、资本结构、资本成本的角度进行分析。重点介绍了筹资规模和各种资本成本的计算方法，并说明了最佳资本结构的制定和调整方法。

思考练习

1. 创业期的财务管理重点是什么？创业期的融资管理与成熟期的融资管理有什么不同？新创企业如何避免掉入融资“陷阱”？NGO的筹资计划有什么特点？
2. 作为一个财务管理人员，你认为应该如何协调好与公司各级管理人员的人际关系，以充分公正地发挥财务会计的职责？
3. 由于企业外部环境和内部发展要求在不断变化，在企业发展的不同阶段，财务制度以及成本、项目、现金、账款和信用等控制，管理的重点是否应发生改变，那么不同阶段重点应该放在哪里？
4. 从经营的角度看，要保持足够的融资能力，就要保持财务灵活性，那么什么是财务灵活性呢？它又跟哪些因素有关呢？
5. 蓝天公司需要在国外建立一家全资子公司。公司目前的资本来源包括面值为1元的普通股1000万股和平均利率为10%的3200万元的负债。预计企业当年能实现息税前利润1600万元。开办这个全资子公司就是为了培养新的利润增长点，该子公司需要投资4000万元。预计该公司建成投产后会为公司增加销售收入2000万元，其中变动成本为1100万元，固定成本为500万元。该项资金来源有两项筹资形式：（1）以11%的利率发行债券；（2）按每股20元价格发行普通股。在暂不考虑财务风险的情况下，试分析该公司选择哪一种筹资方式。

6. 创业应该首先吸引人才组建团队，还是应该首先吸纳资本，进行充分融资？对于不同的产业，这一命题的答案有何不同？
7. 假如你正在为一个公司提供管理建议，这家公司正准备将其资产扩大一倍，以适应迅速发展的市场。它必须在以下两者中做出选择——较高的自动化生产工艺和较低的自动化生产工艺，同时它也必须选择一种新的资本结构从而为其扩张提供财务上的支持。资产投资和财务决策应不应该联合起来考虑，还是应该分别独立考虑？一种决策会对另一种决策有什么影响？
8. 过去宣称租赁有一个好处是，有关负债不用在资产负债表上体现，从而公司可以获得比以前更大的杠杆作用。这就提出了一个问题，租赁负债和与之相关的资产应不应该资本化、应不应该在资产负债表中给予反映。讨论租赁和相关资产资本化的利与弊。
9. 投资人和创始人应该建立什么样的沟通机制？有哪些沟通模式？沟通机制如何建设？
10. 中介机构（律师事务所和会计师事务所等）对风险投资监控的方式有哪些？中介机构如何开展该项业务？

参考文献

[1] 李乾文，张玉利．外国学者论我国创业活动的特征与创业研究趋势［J］．外国经济与管理，2004，26（7）：12－18.

[2] 张继银．民营企业创业与发展中的问题：巨人集团兴衰之反思［J］．科学学与科学技术管理，1998，19（7）：39－41.

[3] 施炜．学丰田的三大关键门槛［J］．中外管理，2007，(10)：92－93.

[4] 栗森．一个典型应收账款管理失败的案例［J］．财会学习，2007，7：54－57.

[5] 李践．砍掉成本：企业家的12把财务砍刀［M］．北京：机械工业出版社，2006.

第 11 章 CHAPTER 11

风险投资

宁可考虑向有二流主意的一流人物投资，绝不向有一流主意的二流人物投资。

——［美］乔治·多里奥特[⊖]

学习目标 >>>>>

- 了解风险投资评估与挑选团队的方法；
- 熟悉风险投资合同的具体内容；
- 把握风险投资者参与管理的重点和影响要素；
- 掌握风险投资家实现资本退出的方式。

根据全美风险投资协会（National Venture Capital Association）的定义，所谓风险投资（venture capital）是由职业金融家投入到新兴的、迅速发展的、有巨大竞争潜力的企业中的一种权益资本。

风险投资并不是成功的前提条件。许多私有的或上市的公司，在没有风险投资的情况下也取得了成功（如 United Parcel Service 和 Microsoft Corporation）。每年数以万计的被风险投资公司拒绝的投资项目也依然有成功的可能。但是从硅谷的经验不难看出，风险投资在推动新创企业由小到大的成长过程中，起到了不可替代的推动作用。硅谷现在聚集了大约 7000 家电子和软件公司，每星期诞生 11 家新公司，是完善的投资环境和风险投资机制使这里变成了思想和技术冒险者的天堂。既然是风险投资，冒险就是投资行为的本质。一般风险投资公司的目标是在 4 年之内使它的投资放大 10 倍，大约 1/3 的风险投资项目的结果是毫无所获，获得巨大成功的也只有一两成，而一旦成功回报也是巨大的。

在著名的公司中有很多这样的例子，比如 Nextel Communications，康柏，Powersoft，Staples Office Supply，Wellfleet Communication 等都是在风险投资的帮助下迅速成长，经常的情况是，风险投资家甚至负责替企业寻找营销渠道。事实上，大多数公司寻求风险投资以支持或刺激企业的发展，另一些公司筹集风险资本以确立信誉或接近他们的风险投资家在许多年的经历中建立的资源网络。经验丰富的风险合伙人经常成为有价值的密友、顾问和咨询意见的人。

借助风险投资的企业大体上经过了以下几个阶段：开始是几个人有一个想法（great idea），大家就凑点钱，这是种子股（seedstock）。等到产品开发出来，找到风险投资的代理商，做出一个商业计划（business plan），从投资者能看得懂的角度“讲故事”。这当中，每个投资公司都会接触很多个“讲故事”的人，“讲故事”的人自然也不会痴心不改地死盯着一家不放。等到决定投资后，开发的产品经过作价，与注入的风险资金确定一个股份比例，在这个过程中，最新

⊖ 乔治·多里奥特（Georges Doriot），现代风险资本的奠基人。

的方式是大家拿的都是期权，这也就是所谓的“用期权创造百万富翁”。到这时，就完成了一个公司的第一次放大，一般可以达到种子股的5～10倍。有了钱，可以开始进行市场化操作，包括完善产品和开拓市场。

但是，一般来说风险投资的周期不超过3～4年，也就是说，三四年后要有下一波风险投资者接手，或者被其他公司收购，也可以股票上市，这是风险投资的“游戏规则”，不能要求一个投资者必须“死跟到底，不能退出”。风险投资家的本质不是为了经营企业，经营企业是企业家的事，风险投资家的使命是促进产权流动，流动才能实现利润。当然，在这个过程中，有很多种选择方案来平衡创业者和后来投资者以及后来加入者的利益关系，也有很多项目在这个过程中就宣告失败。

专栏

天使投资

“天使投资”严格意义上也是风险投资的一种，它最初是指具有一定公益捐款性质的投资行为，后来被运用到风险投资领域。“天使投资人”目前指的是用自有资金投资初创公司的富裕的个人投资者。但是，由于“天使投资人”的实力一般较低，瞄准的一般都是一些小型的种子期或者早期初创项目。一笔典型的“天使投资”往往只是区区数十万或数百万美元，达不到风险资本家投入资金的标准。“天使投资人”更倾向于利用自身的知识和才能为企业提供增值服务。他们的一个很重要的目的就是为企业的成长出谋划策以获得成就感，而且其获取高额回报的初衷，也促使他们尽力为企业的发展壮大助一臂之力。由于他们使用自己的钱去投资，而且投资了很多种子期的项目，帮助企业成长，所以才被人们尊称为“天使投资人”。

“天使投资人”有自身的优势。他们不存在风险投资的双重代理问题，因而代理成本和管理成本都要小得多。同时，“天使投资者”在投资时无需和其他人商议，尽职审查的程度和规模也比风险投资小得多，这使得“天使投资”的投资速度相对较快，投资成本也较风险投资低得多。

“天使投资者”又可以分为价值增值型投资者、富有型投资者、个人或合伙人投资者联合体和家族型投资者等。目前中国的“天使投资人”主要有三类：第一类是外国公司在中国的代表或管理者；第二类是对中国市场感兴趣的外国人和海外华侨；第三类是国内成功的民营企业家。

风投吸纳

风险投资的运作包括融资、投资、管理、退出四个阶段。融资阶段就是解决“钱从哪儿来”的问题，投资阶段是解决“钱往哪儿去”的问题。但融资和投资阶段其实都是风投吸纳的过程，只不过对应的主体分别是创业者和风险投资者。

经验[1]表明，融资一定要赶早，至少在没钱之前6个月就要开始，因为与风投接触，让他们熟悉你个人、你的模式、你的团队，进行投资意向书（term sheet）谈判，风投做尽职调查，最后做文件，这个过程至少需要6个月。而且风投在谈判的时候大多都是狼，看你没钱了，一定会跟你拖，让你急得上吊，最后把估值降下来。

挑选风投

这一过程开始于根据风险投资公司的投资规模、投资阶段、投资行业和地域，确认风险投资公司的名单、这些风险投资家的喜好（preference）要符合新创企业本身实际的需要和企业概况。Pratt's Guideto Venture Capital Sources对任何寻求风险资本的公司来说都是有价值的资源。它是由Venture Economics每年出版的积极的风险机构名单，包括每家公司的地址、投资喜好、联系人和资本量。

挑选风险投资公司时有7个重点考虑的因素。

地理位置

这可能是现今最重要的单一因素。如果新创企业无法吸引“当地领先”的投资者，那么新创企业在筹集资金上会更困难的。从地域上来讲，风险投资家离投资项目越近，他就越方便也越容易为其“增值”。

发展阶段

许多投资家有投资阶段倾向。有些人喜欢种子期投资阶段，而其他人只对晚期投资感兴趣。确定新创企业的发展阶段符合风险投资公司喜好的发展阶段。

资金数量

许多风险投资公司对投资规模都有个上下限。如果你的项目所需资金规模超过一家公司的资金量，就最好不要去找他们。

所属行业

风险投资业越来越成为专业化的见证人。一些投资者专门投资于医药科技、通信、消费品和销售。公司的组织形式是有限合伙制，还是金融机构下属的，还是与产业集团相联系，也会决定其投资方向。

领导地位

风险投资公司在同行业中的声誉和网络关系是重要的，首先找领先的风险投资是明智的。如果找到一个主要投资者，这个主要投资者会和企业家一起推动、评价、构建这笔交易。此外，这个主要投资者还会把周围的投资者组织起来形成一个投资者集团。主要投资者应从最有实力的投资者中选择。风险投资家过去投资案例的业绩，包括投资收益率和对新创企业的支持能力，风险投资家个人的特长和工作风格，与企业家的合作方式都应该是比较符合新创企业要求的。

接触情况

通过受尊敬的推荐人，比如律师、会计师、咨询家或商业中介与期望的投资家联系，往往会取得更好的效果。通常，如果新创企业家本人直接和风险投资家联系的话，大多数风险投资家会在一定时间内对他们的电话或创业计划书作出回应，但如果有声誉的推荐人愿意推荐的话，会让风险投资家相信投资项目有更高的质量标准，并使他们加速回应。

但是接触时应注意以下两点：其一，考虑寻求曾得到过风险投资的企业家的建议很重要。一般来说，他们会对寻找风险资本的过程有更清晰的了解，对哪些风险投资家有能力带领企业成功有明确的认识。风险资本支持的博览会、研究会和讨论会也是企业家和服务供应商了解风险投资公司在融资方面经验的理想方式；其二，新创企业应控制备选投资人的数量。因为与投资家交流信息需要耗费高层管理者太多时间，也会使注意力从日常的经营中转移出来。而且风险投资家们不喜欢那种产品展销会的形式，他们更希望发现那些被人丢弃在路边的不被人注意的好商业机会。因此，最可靠的方法是先选定8～10位可能的风险投资家作为目标，然后再开始跟他们接触。在接受之前，要认真了解一下那些有可能对项目感兴趣的风险投资家们的情况，并准备一份候选表。这样，如果没有人表示出兴趣，企业家不仅可以知道原因，而且可以找另外的候选投资家去接触。

沟通习惯

企业还应保持一份风险投资联系人名单，并经常通过互通每季度的商业信息来交流。不要认为最近的风险融资就是最后的融资，用经常性的书面交流与合适的投资家建立关系是明智的。

投资评估

市场空间

在一个行业发展的起飞阶段，真正重要的不是赢利，而是增长速度和市场份额。华尔街的一位分析家曾说："在这一阶段，赢利并不能说明什么。投资者能够理解，在行业的早期增长过程中，保持高速增长和占有市场领先份额具有极为重要的战略优势。"

对于一个真正的投资人来说，只要这个市场足够大，就肯定存在投资的机会。

专栏

巴菲特的投资经验（一）[2]

对我而言，投资最重要的是两点，一是能找到"护城河"（moat），这也是我自己的一个哲学，所谓"护城河"是说，我所投的这个公司或生意是竞争者很难进入与我竞争的，就好像一个护城河一样，我建立起很高的城墙，别人随便攻不破我，这是我判断要不要投一个公司时非常重要的标准之一。

二是要有"没有利用过的定价权"（untapped pricing power）。这个意思是说，我现在可以不去涨价，但是，我随时都可以涨价，我现在先把这个公司买下来，买下后我再去提价。这个定价权还没有完全被开发，没有完全被用上。

比如，我以前曾投过一个巧克力公司叫"See's"，这是美国非常有名的一个巧克力品牌。巧克力很多时候是人们在情人节或节日时去买，很多时候又是男人买给自己的妻子或爱人。通常，他们每年买的时候不会记得去年一年是花了多少钱买巧克力。我认为这就是一个很好的生意。我在家里装了一个"魔镜"，每年快到情人节时，我就对魔镜说："魔镜魔镜，今年我可以把See's巧克力提价多少？"这个生意的好处是，它其实每年都在涨价，而这毫不影响产品本身的销售量。

专注程度

巴菲特是当今世界具有传奇色彩的证券投资家，他以独特、简明的投资哲学和策略，投资于可口可乐、吉列、通用电气等著名公司股票和可转换证券，获得了巨大成功。巴菲特告诫投资"门外汉"们：注意力要集中。他个人坚持投资的原则是企业原则——这家企业是否简单易懂？是否具有持之以恒的运作历史？是否有良好的长远前景？

专栏

巴菲特的投资经验（二）[2]

我很清楚自己的优势，世界上有成千上万个公司，我一般会把公司分为三类——好的公司、不好的公司以及很难的公司。好的公司、不好的公司，是我花半天时间就能够看出来的，而那些花了半天时间看不出来的，我也不会强迫自己花半个多月时间去看。我不会强迫自己花费很多时间在一个我不能"Figure out"的公司上。我不是天才，但是我在某一些领域比别人更聪明更有见解。我觉得对一个人来说，最重要的就是待在那些你有优势的领域，不要随便走到别的领域去，你一定要有"Focus"，要"Stay Around"。

价值创造

95%的投资者都将投资建立在价格的基础上，他们往往不能分清价值和价格之间的区别。要找到企业的真正价值，首先是股票的价值，然后是价位。

价值投资者对于宏观经济的数据，如利率、通货膨胀、失业率和贸易平衡都不是很关心。他们关注的是他们所分析的企业的基本面。因为他们是长期投资者，他们知道他们有一天会挺过衰退时期。这也是为什么当价值投资者分析一家公司的时候，他们关注的是其10年的经营历史，以此判断该公司在困难时期是如何表现的。

光速创投主管合伙人曹大容认为，一个项目要吸引风险投资的目光，应该有四点要素：第一，市场要非常大；第二，要投的项目一定要有很快的成长速度；第三，这个产品最好有很高的毛利润；第四，门槛要高。传统连锁正是风险投资商所寻觅的符合上述要求的项目，因为其背后有高速成长的中国消费市场的支撑。据了解，行业每年的平均增长速度超过60% ~70%，未来仍会继续保持这种趋势。而在所谓经济连锁领域，目前还存在着空缺，有着巨大的发展空间。同时，连锁经营模式可以不断地复制，从更深层次的商业模型来看，与互联网类似，到了一定时期会非常快速的增长。

日本软银集团社长孙正义指出："我们在做投资判断的时候，第一是看到了全球互联网产业的发展方向，第二是看到了经济增长的发展方向，第三是看商业模式，要对商业模式有非常细致的了解，第四要看创业者。创业者要对自己从事的事业有热情，对自己有一个端正的态度，要求严谨。在数字方面，比如营收、利润等，我们不太注重细节，不太注重可能出现的一些误差。细节变化太快，太追究没有必要。主要是看投资方向，看好了上述四个方面，就能够在很短的时间内作出决定。对阿里巴巴的投资是5分钟之内作出的。"

巴菲特认为，如果价位比起价值低50%，那么就会买进。巴菲特对价值投资有着简单精要的解释："价值投资的核心是以40美分的价格买进1美元的纸钞"；"如果我们不愿意拥有一家股票十年，那就不要考虑拥有它十分钟"；"投资不需要高等数学，只需要常识和智慧"。价值投资知易行难——明白它的精髓似乎很容易，但真正在投资中践行的人却很少。因为践行它首先需要克服人性根深蒂固的弱点：贪婪——试图在最低点买进，试图在最高点卖出，更希望上述买卖的时间跨度越短越好——对"利润最大化"不切实际的狂想。真正的价值投资者一定是内心无比强大的人：宽容，不计较一时得失；平静，忽略市场的短期波动；适意，丝毫没有内线交易的冲动和投机心态。

巴菲特自称遵循的是经济学大师格雷厄姆和费雪的投资方法，概括地说就是：第一，必须把买入的股票看做是企业的一部分；第二，把"市场先生"喜怒无常导致的波动看做机会；第三，任何时候要对企业尽可能准确地估值，并在有"安全边际"的前提下买入并持有。

可以清晰地看到，巴菲特的投资行为基本无视"牛市"或"熊市"，因为他从来不允许"市场先生"的情绪影响自己的判断，他遵循的原则是观察企业，只要这个企业有良好的发展前景，估值又处于"安全边际"的保护中，即使股市在熊市中，也无碍其投资价值。这在他投资"可口可乐"的过程中尽显无遗，巴菲特从1988年开始分批买入可口可乐，经历了十多年间美国股市的牛熊交替，期间市值也曾大幅波动，但从未见他"波段操作"。

创业团队

投资企业最关键是看人。事实上，风险投资第一个是投人，第二是投人，第三还是投人。不仅仅是投个人，还投一个机构。创业者团队是首先要考量的，团队的合作精神、诚信度、专业水准都是考察企业的首要因素；然后要考察项目涉及的市场情况，是否有稳定高增长潜力和前景是否广阔；最后考虑的才是企业掌握的技术。

IDG资本合伙人章苏阳对于"人"的要求是，作为创业团队的核心成员，首先要有很强的个人能力，比如在某一方面有很深的积累和资源。除此之外，还要跟整个团队的成员有很好的相处能力，要包容。不过，在目前创业者热情空前高涨的情形下，创业团队组合的概念逐渐模糊起来——稍微有点能力的人，都在摩拳擦掌准备或者已经开始创业。如此一来，在一个新的创业企业里很难见到一个完整的团队。"这的确给风投的投资活动增加了一定的难度，主要是鉴别方面的难度。"

专栏

调查企业用“987654321”原则[3]

首先是要求投资经理必须见过90%的股东和管理团队。见小股东，我们就可以了解到这家企业开不开股东会，与股东的沟通交流如何。通过会见中层以上管理干部，可以感受团队的凝聚力如何。如果单听大股东和主要管理人员说，容易有偏差。

8点钟到公司看企业干部、职工什么时候开始上班。8点左右与员工一起来上班的创业者至少是一个勤奋的创业者。相反如果员工上班稀稀拉拉，那么管理水平一定有问题；如果老板自己很晚才来，也是不敬业的。

去过企业至少7个部门、车间，包括财务、物流、保管、市场等。民营企业往往问题比较多，各个环节都会有疏漏、毛病，所以你必须到处看一看。

连续去6天。民营企业往往加班，一周工作6天是常事。那么我们也要连续去看，不能只看一两天的情况。看企业如何加班、如何倒班、车间是否有蓬勃向上的气氛、加班工资如何发放，等等。

对企业团队、管理水平、技术实力、市场状况和财务情况5个方面作详尽的调查。

至少拜会企业4个客户。

与3个以上的企业竞争对手有交流。综合了客户和竞争对手的评价，得出的结论才能更趋于客观。

一直对企业保持20个问题。我们看企业就是要多问问题，这不但有助于我们了解企业，对企业本身也是个促进。曾经有我们投过的企业老总对我说，被你们问的懵了，但效果确实很好，企业管理水平各方面都有提升。

至少与员工吃过1次饭。与普通员工交朋友，听他们讲真话。

投资比例

很多创业者觉得，既然是我创业，我占这个公司的股份应该是绝大多数，投资人应该是极少的部分。这种想法对风险投资来讲是不对的。通常认为，创业者与投资人最好各占一半的股权，创业者去找投资，一半的股权要交给投资人，以后如果需要更多投资的话，创业者在公司持有的股份会越来越少，但这并不表示拥有的钱越来越少，因为公司的价值会越来越高。

专栏

“真功夫”餐饮

2009年8月，“真功夫”广州总部爆发的一场真功夫表演，在投资界和创业界颇为轰动：共同创始人及公司大股东潘宇海委任其兄潘国良为“副总经理”，并派到总部办公，但遭到“真功夫”实际控制人、董事长蔡达标的拒绝后，引发剧烈争执。

要理清“真功夫”的管理权矛盾，还得从头说起。2007年“真功夫”引入了两家风险投资基金：内资的中山联动和外资的今日资本，共注入资金3亿元，各占3%的股份。这样，融资之后，“真功夫”的股权结构变成：蔡、潘各占47%，VC各占3%，董事会共5席，构成为蔡达标、潘宇海、潘敏峰以及VC的派出董事各1名。引入风险投资之后，公司要谋求上市，那么打造一个现代化的公司管理和治理结构是企业的当务之急。但蔡达标建立现代企业制度的努力触及另一股东潘宇海的利益，“真功夫”在蔡达标的主持下，推行去“家族化”的内部管理改革，以职业经理人替代原来的部分家族管理人员，先后有大批老员工离去。公司还先后从麦当劳、肯德基等餐饮企业共引进约20名中高层管理人员，占据了公司多数的要职，基本上都是由蔡总授职授权，潘宇海显然已经被架空。根据“真功夫”董事会章程，高层任免必须经过董事会表决，并有半数以上股东的确认才能生效。很显然，蔡达标获得了两家风险投资方的支持，占到董事会3/5的席位，基本上决定公司的重要决策。尽管管理层的矛盾还没有一个最终结果，“真功夫”的业务不断发展，店面不断增加，但创始人、大股东之间的矛盾一天没有得到妥善解决，就有可能在某一天成为一个炸弹，引爆大家的共同利益。

"真功夫"投资人今日资本的徐新曾说过，三个人一起创业，各占1/3股份，这种模式95%肯定要失败。她建议最好是一个大股东连同几个相对小股东的合作模式。"真功夫"的案例告诫我们：股权比例是否合理能影响到项目的好坏和公司的发展。

对风险投资商来说，要做的是怎样在很短的时间内，把公司的价值变得很高。

专栏

只差一步[4]

东方汇富创投管理有限公司总裁阚治东表示，自己主要把接近上市的企业作为主要的投资对象，倾向于项目后阶段的资金注入，只投"差一步"的企业，这样容易把握资金。待达到一定的规模后，将逐渐把重心向投资前期项目转移。

阚治东说，自己早期参与投资的项目中，到2008年，已有30多家成功上市，成功的案例有很多，但自己对于项目的把握主要还是靠经验、靠感觉。当市场一窝蜂都涌入某一个行业之内时，他反而会选择放弃。

能源类项目历来是阚治东关注的重点，早在2004年阚治东就看好风力发电行业的发展，之后成功投资的风力发电设备制造企业证明了他当初的判断。2008年，他又将触角伸向了以农业为代表的资源性企业，如新三板项目现代农装，主要从事农业装备制造。

阚治东认为，当前，我国大型的农业机械全靠进口，国产能力薄弱。现代农装具备转板、升板的概念，易于操作。同时，其旗下的子公司拟在深圳中小板上市。阚治东希望能借助资本的力量，最终寻求项目的整体上市，逐渐通过扶持这样的项目解决我国农业装备制造软肋的问题。

签署合同

投资合同的构建（deal structure），即确定投资方和受资方权利和义务，分配双方风险和收益的过程。一般来说，应遵循以下四个原则：

（1）通过构建围绕与风险相联系的目标进行的投资，来限制风险，增加预期回报；

（2）如果企业家和投资者有同样的预期，把大多数的风险分配给投资者；

（3）把风险转移给消息更加灵通或更乐观的一方；

（4）运用风险分配机制来匹配双方的兴趣和动机。

因此，由于风险投资家一般承受了企业较多的风险，在投资合同的条款里，为与较高的风险相匹配，风险投资家的收益也会受到相应的保护。而且，风险投资者要求的回报越高，所相应承担的风险也就越大。

具体来说，投资合同主要包括以下方面。

工具的选择

风险投资家通常从新创企业购买可转化优先股（convertible preferred stock）或可转换债券（convertible debentures），以将资金注入企业。这些证券使他们较其他股东有优先权，并在投资者的选择下可转换成普通股。

实证研究也表明，在风险投资中最广泛使用的是可转换证券（convertible securities），包括可转换优先股和可转换债券。Kaplan和Stromberg[5]的研究表明，可转换优先股是最常用的证券，其中参与型可转换优先股占有较高的比例，具体见表11-1。

表11-1 风险投资中投资工具的选择

证　券	投资选择
可转换优先股	159
可转换债券	4
可转换优先股和可转换债券	4
多种普通股	3
可转换优先股和普通股	16
可转换债券和普通股	1
直接优先股和普通股	3
可转换优先股和直接优先股	6
可转换优先股，直接优先股和普通股	4
参与型可转换优先股	72
普通股	1
上述任一种加保证	39

Alter 和 Rosenstock 发现，从 1990 年开始，风险投资家认为投资于可转换优先股对风险不再能够提供必要的安全保证。因此，风险投资家开始选择可转换债券，因为债券持有人有优先于所有股权持有人对公司资产的索取权。在投资失败的情况下，选择可转换债券的投资者可以优先参与新创企业的清算。如果投资成功了，投资者会将债券转换成普通股并参与企业成功后的收益。并且，尽管股票市场持续下滑并导致筹资困难，风险投资家还是通过使用可转换债券这种相对安全的工具投资了不少起步企业。同时，作为平衡风险和回报的一种手段，有些风险投资家已经开始要求受资企业在债券上不增加任何成本地附加认股权，认股权是在未来以规定的价格购买普通股的权利。这种附带认股权的债务与可转换债券的不同之处是，行使认股权可以给受资企业带来增量资本，而可转换债券只能在资产负债表上以一种工具代替另一种工具。

在谈到了各种可供选择的投资工具时，就不能不谈到各类别工具所具有的优点和缺陷。

（1）普通股的优点在于最简单和简便，风险投资家和公司创建者承担同样的风险，享受同样的收益。其缺点在于普通股过于普遍，结构缺少灵活性，不能根据风险投资家和公司创建者的实际需要进行调整；普通股的未来估价已确定。

（2）可转换优先股优势在于结构灵活。一般来说，可转换优先股的发行内在地包含价格上行的预期，因此，持有可转换优先股的投资者可以享受价格上行保证和价格下行保护，可以避免在价格下行时遭受损失。由于可转换优先股是最常用的投资工具，投资者在他们的证券条款里有优先权（preference），使他们在公司清算时可以在其他股东之前得到事先确定的份额（一般是他们的投资数加上事先决定的回报）。这一优先权也使投资者在股利发放给普通股持有者之前可以先得到股利。

（3）可转换债券和认股权证（warrants）：优势在于对风险投资家来说本金有保护，同时还可以得到利息作为当期收益，认股权证作为附属，可以为风险投资家带来增量资本作为甜头，也防止给予后续投资者价格会持续下滑的印象。

定价和评估

这一条款涉及两个概念：资金投入前公司价值（pre-money valuation）和资金投入后公司价值（post-money valuation）。

（1）资金投入前公司价值：即投资者资金投入前的公司价值，一般是新创企业在筹集资本时的内在价值。在风险投资合同的构建过程中，资金投入前公司价值往往是投资者和受资者双方商讨的结果，根据投资者所想要的公司的所有权和创建者/管理层愿意放弃的所有权来进行调整。比如，有1 000万美元前期资金投入价值的公司接受了500万美元投资，会有1 500万美元资金投入后的价值。

(2) 资金投入后公司价值：即投资者资金投入后公司的价值。通常与“资金投入前公司价值”相比较。比如，公司的后期资金估价是1 500万美元，期望（已）得到500万美元投资，会有1 000万美元的前期资金投入估价，即1 500万美元的后期资金公司价值减去500万美元的投资。

完全的披露

陈述和保证（representations and warranties）：公司的陈述和保证是投资者要求公司和管理层做出的有关事实、观点和估计的报告，公司借此表达和陈述其财务和经营状况的前景，而风险投资家希望借此提前去除后续交易中所有可能存在的任何枝节。

公司需要做出的陈述和保证包括：

- 公司已有适当的组织，有较好的地位，正以合适的方式、在合适的地方从事业务。
- 公司的财务报表在所有基本方面是真实正确的，并已遵循了公认会计准则。
- 公司对未披露在其最近资产负债表上的事项，无任何重要要求权或责任。公司除了自最近资产负债表日反映在其最近的资产负债表或在正常的业务过程中发生的债务外，没有其他债务。
- 公司拥有所有其宣称拥有的资产，对所有财产拥有充分和可出售的所有权，除了那些已在资产负债表中披露过的资产外，没有抵押、留置的资产。
- 公司对其专利、商标、版权和其他从事业务的知识产权拥有充分的所有权，公司的知识产权和产品没有侵害其他人的权利。
- 公司遵守所有控制其经营的相关法律，除了已披露给投资者的以外，公司没有诉讼或其他悬而未决的要求权。
- 公司所有重要合同都已披露给投资者。公司在其所有协议上都没有违约。融资协议不与公司任何其他协议、特许权或任何法律产生冲突或导致违约。
- 公司有能力和权力考虑融资协议，并在此条款下完成其义务，协议已被公司董事会和其他必要的公司活动适当批准。
- 从最近资产负债表日起，公司或经营上无任何重要不利变化。
- 公司的创业计划书和任何其他递交给投资者的信息不包含任何不实或误导性的陈述。创业计划书预测是在已披露过的假设基础上作出的，假设在管理层看来应是合理的。

股票的回购

投资者的优先股经常附加有一种或两种类型的赎回条款：提前赎回权和股票出售权。

(1) 提前赎回权：是公司要求股东放弃公司股份，并回报给一定资金量的合同权利。提前赎回权通常以一些未来事件发生为条件，比如一段时间过去或一些公司目标的完成。如果其他投资者愿意付比提前赎回价更高的价格购买股票的话，管理层可能实施提前赎回权，赎回投资者的股票。如果公司股票的市价已经远远超过了提前赎回价，即使没有乐意的投资者，管理层也可能提前赎回投资者的股票。以低于市价的提前赎回价赎回股票会增加剩余股东股票的价值。

公司的成本是回购投资者的股票的资金。在决定实施提前赎回权时，管理层必须衡量以低于市价赎回股票的潜在收益和公司实施提前赎回权所需的资金量以及在需要时补充那些资金的能力。

提前赎回权通常是选择性的，但通过专门的协议，可以是强制性的。强制性的提前赎回权，仅仅是要在未来某日赎回股票的合同而已。在一定时间后有效的提前赎回权有时被用来强迫可转换优先股投资者在一定时间后，选择将优先股转换为普通股或接受提前赎回其股票所得到的资金，并将公司从一些投资者的优先权中解脱出来。如果这样用的话，提前赎回机制就在优先股的优先权上设了时间限制。

（2）股票出售权：是投资者强迫公司或其他股东以规定的价格购买他的股份的权利，为投资者提供了将其对没有达到目标的公司的投资变回现金的途径，也是投资者退出投资的方式之一。

股票出售权为投资者提供了所需的流动性，但对公司构成了极大的成本。由于它们在股东的意愿下执行（尽管有时只有在一定事件发生后），股票出售权可以发生在公司为难的时候，强迫公司动用其资源支付给股东，而不能用来投入经营。比如，投资者可以实施100 000份普通股的出售权，方案出售价规定其可以得到300 000美元。没有股票出售权的话，管理层可能已经用300 000美元购置所需的设备或扩大存货储备以满足经营增长的需要。股票出售权的行使使得公司延误其计划，不得不去寻找资金以补充公司300 000美元的流失。

转换的条款

通常，在公司上市后，转换是强制性的。投资者将优先股转换为普通股的权力通常与公司要求在IPO或公司出售时优先股必须转换相伴随。转换价通常与优先股的购买价相同，但在公司以更低价格出售股份后，受价格下行修改条款（downward revision）的限制（导致投资者在转换优先股时可得到更多普通股份）。

反稀释条款

反稀释权利是在后来的投资者以更低的价格购买股份的情况下，或诸如股票分割和分发股利等稀释事件发生后，允许以前的投资者不用付出即可获得额外的股份。大多数反稀释条款还规定，如果公司后来以比投资者的价格还低的价格销售股票，那么投资者在转换时可得到额外的份额。

许多投资者坚持反稀释保护，以保护他们免于受到未来股票以更低价格出售导致的稀释作用的侵害。由于这些条款可致使在未来低价融资时“受保护的”投资者得到免费的股份，反稀释条款不成比例地减少了未受保护的投资者的所有权份额。这些“未受保护”的股东通常是公司的创建者和管理层。

一种反稀释条款规定投资者所有的公司的股份比例不会被减少，除非一些未来事件发生。这些事件可能是时间的推移、额外的融资或其他事项。任何在未来事项发生前公司发行的股票都会授予“受保护的”投资者免费或以规定的价格得到更多股票。另一种反稀释条款在后来的股价更低或一定量股份已售出的情况下，允许投资者购买额外的股票。先买权条款使得投资者可在未来获得一定比例发行在外股份而不是固定数量的股份，也是反稀释的。还有其他的反稀释条款的变种。任何试图保证投资者其相对价格优势或所有权比例的协议都是反稀释的。

投票权约定

投资者投票权包括选择参与公司董事会的代表，批准一定行为如公司规章的修正、业务的销售或新（优先）证券的发行。有时投票权也会扩展到其他事项。

获知信息权

投票权经常被这一权利所补充，投资者有权参与制定或批准公司的创业计划书，参与董事会委员会和从公司管理层处得到定期的财务报表。不加入公司董事会的投资者会要求单独的协议，给予他们参加董事会议，以及管理层商谈的权利。

优先购买权

优先股投资者经常要求在公司未来融资时有股票的优先购买权，以保持他们对公司持有的股份比例。这些权利通常由第一优先购买权协议作补充，使他们可以购买管理层售出的股票（通常以管理层与外部购买者商定的价格）。

共同出售权

投资者的共同销售协议使投资者在公司经理人或创建人出售股份时可以一并出售手中的股份。协议的目的是保护投资者，以免公司管理层将手中股份卖光，退出企业。

管理参与

风险投资区别于其他投资方式的特点之一在于，风险投资是“专家型投资”，这也就意味着风险投资家不仅要给新创企业注入一定量的资金，同时，还要对新创企业进行管理参与、咨询和监控，减少投资风险，确保预期的投资收益率。

管理类型

Ian C. Macmilan，David M. Kulow 和 Roubina Khoylian[6] 根据风险投资家介入新创企业的程度不同，划分为紧密追随型（close tracker involvement）、适度参与型（moderate involvement）和放任自由型（laissez faire involvement）三大类。

紧密追随型

紧密追随型，也称直接指挥型。在这种方式下，风险投资家可以直接影响、主导和控制新创企业的董事会，风险投资家的意见直接影响到新创企业的决策工作。

适度参与型

在适度参与管理条件下，在企业发展战略决定、人事管理、新产品开发、市场营销以及企业后续融资等方面，风险投资家为管理层提供咨询和建议，但并不强求管理层完全接受和采纳，具体实施的主动权仍掌握在管理层手中。

放任自由型

放任自由型，通常为金融机构下属的风险投资公司所采用，这些风险投资公司的经理既缺少相应的进行紧密式监控和咨询管理的经验，也没有这个必要对已经比较成熟和规范的企业进行过多干预。因此，金融机构下属的风险投资公司通常是实行放任自由的参与管理方式。放任自由型也是联合投资的非首席（主导）投资者对所投资企业采取的做法。

Macmilan 等人认为，在全球风险投资不断发展的过程中，越来越多的风险投资家将采取紧密追随型的参与管理方式。他们为企业提供增值咨询服务，进行有效的信息收集和监控，以确保投资收益。

尽管风险投资家在介入新创企业的程度上存在差异，但在为新创企业提供管理咨询的过程中，有一些工作是风险投资家参与最多的。有关专家对风险投资家参与管理问题进行了大量的研究，结果表明，风险投资家参与管理频率最高的活动依次为：推荐企业给其他投资者、监控企业的财务业绩、为企业提供管理咨询、监控企业的经营运作、制定企业的发展策略、策划企业后续融资。风险投资家参与管理频率最低的活动依次为：产品和劳务的开发、设备和供应的选择、专家支持系统的开发与组织、产品和劳务的市场化、营销计划的测试与评估、管理层的更换。因此，可以认为，风险投资家参与管理的主要工作集中在企业的投融资管理和企业营运状况的监控方面，而对企业的具体管理工作干预较少。

管理重点

Ian C. Macmilan，David M. Kulow 和 Roubina Khoylian[6] 对美国 350 位风险投资家进行问卷调查，得到了风险投资家参与管理的五项主要内容：制定企业发展战略、招聘管理团队的关键成员、策划追加后续投资、监控企业财务业绩和设计风险投资退出计划。

制定战略

制定企业发展战略主要是风险投资公司通过在董事会中占有席位来实现的。风险投资公司往往至少派一个风险投资家参加新创企业的董事会，投入资金最多的风险投资公司还会派人担任新创企业的董事长。由于新创企业通常具有高技术、高投入、高风险、高收益和长周期这些“四高一长”的特征，制定一个正确的发展战略对新创企业规避风险、减少盲目性和赢得竞争的主动性具有不可估量的作用。对刚刚处于初创阶段的新创企业的管理层来说，由于他们的知识、技术与经验不足以及社会网络的局限性，制定正确的有预见性的企业发展战略绝非易事，发展战略的制定要求对企业发展的要素条件、需求条件、支撑条件及竞争条件有充分的认识与深刻的理解。

风险投资家通常是某一行业和相关几个行业的专家，不仅对该行业有深入的研究，对行业的发展、市场规模大小和变化趋势有足够的了解和跟踪，而且与该行业的竞争对手、供应商、客户群等有广泛联系和紧密合作，他们利用在企业董事会中的重大影响，指导和帮助新创企业分析内外部环境的优势与劣势，并制定正确的企业发展战略。他们帮助企业制定业务发展策略，如产品开发策略和营销计划，使产品抢先一步进入市场，并提高市场占有率，推动企业发展。风险投资家可以影响、引导和控制董事会，积极和充分地发挥董事会对企业的监督、咨询的功能。风险投资家通过董事会对企业的重大决策进行表决，包括追加投资、资产重组、业务发展策略、管理层的聘用等方面。

管理团队

新创企业最终是由管理团队具体运作的，管理团队的素质是第一位的，是风险投资家投资与否及成功与否的关键。风险投资家不仅仅熟悉一个或几个行业的市场信息和技术情况，也熟悉这些行业内的经理人才，并与他们保持着密切关系，因此，在决定对某一新创企业投资时，会适当地选聘这些人为候选的新创企业管理层，使新创企业初步具备技术开发、生产运作、市场营销和财务管理等方面的专门人才。

当企业进展与预期计划相差太远时，风险投资家会从各方面找原因，并在必要时更换管理层，尤其是更换CEO，这是由于风险投资家在董事会有足够的权力实施他们的意见，保护投资者利益。根据一项研究表明，在业绩不良的公司中，美国的风险投资业有74%的总经理或首席行政长官被至少更换一次，在业绩一般的公司中，也有40%的总经理或首席行政长官被至少更换一次。随着新创企业的发展，企业家在管理方面的欠缺就会显现出来，许多企业家也因此成为部门总裁，或退出企业管理，仅持有一定量的股份，由风险投资家任命新的经理人当新总裁。据统计，在新创企业成立后的前20个月中，由企业家之外的人担任公司总裁的比例为10%，到了第40个月，这个比例上升为40%，到了第80个月，所有统计的新创企业有80%的CEO已不是当初的企业家。

追加投资

为了推动新创企业持续不断的发展，追加投资是不可避免的。风险投资家很少把新创企业完成创业计划书所需要的资本一次性全部投入，他们根据新创企业发展的阶段特点把资本分期分批投入，包括原投资者的追加投资和其他投资者参与的联合投资。分段投资的控制可以是投资的某一阶段，如创立期、成长期，也可以是一定目标的达到，即里程碑的实现，风险投资家注入一定量资金，帮助企业顺利进入下一阶段或顺利向下一个目标迈进。通过分段投资可以使风险投资家保留放弃投资的选择，这是风险投资过程中非常重要的步骤。分段投资对企业管理层是一个压力，也是一个激励，资金是昂贵和稀少的资源，管理层必须节省使用资金（见表11-2）。一旦把资本注入新创企业之后，风险投资家的利益就与企业家的利益紧紧捆在一起。作为新创企业董事会的重要成员，风险投资家不仅考虑自己在下一个发展阶段是否需要继续投入资本，还要策划如何为新创企业融资，包括股权融资、债务融资和复合式证券融资。

对于风险投资家来说，为新创企业追加后续融资至少有以下几方面的意义：

- 追加后续融资有利于企业快速增长，经济效益的提高有利于风险资本顺利撤出；
- 企业快速增值有利于风险投资家获得高额的资本利得；
- 能为风险投资家创造良好的声誉，有利于他们募集新的风险基金；
- 能为新创企业创造良好的形象，提高在市场上的吸引力。

表11-2 分段投资示例 （Staples 公司，单位：千美元）

投资轮数	日期	融资额	累计融资	认股数	总股份	比例（%）
第一轮	86.1	4 425	4 425	1 844	1 844	20.2
第二轮	87.1	13 927	18 352	2 211	4 054	24.2
第三轮	87.12	13 597	31 950	1 563	5 617	17.1
第四轮	88.9	2 800	34 750	267	5 844	2.9
IPO	89.4	61 750	96 500	3 250	9 134	35.6

财务业绩

风险投资家通常都具有良好的财务背景，有财务管理方面的专长，对财务报表的审核十分严格、敏锐和频繁。在监控新创企业财务业绩方面，尽管不同的风险投资家有不同的监控理念和监控手段，但有两点是共同的：一是要求新创企业必须定期向风险投资家提交反映企业收益与财务状况的财务报告，在投资的前三年必须按月度提供资产负债表、利润表和现金流量表，而且年度报告必须经过注册会计师审核，从投资的第四年开始至少按季度提供所有的财务报表；二是强调财务报表制作的精确性、有效性、规范性和时效型，要求企业财务作出损益平衡分析、敏感性分析等，并对新创企业的费用支出进行严格控制。

风险投资家通过财务报表，可以及时地掌握新创企业的财务运营状况及生产经营动态，分析影响财务状况变动的因素，如果是有利的变动就加以引导，不利的变动就及时控制；判断企业可能出现的财务风险，分析影响财务风险的因素，并制定相应的措施来控制与防范财务风险。因此，对风险投资家来说，及时地收到新创企业的财务报表是一件很重要的事情。延后的财务报表或者是不规范的财务报表都是新创企业面临或者行将面临危机的信号。

退出计划

风险投资成功与否及投资效率的高低最终体现在退出计划的安排上。风险投资退出计划通常在风险投资合同中已有大体上的安排，但具体实施哪一种退出计划需要考虑新创企业的内部条件与外部环境两方面因素的共同影响。内部条件主要是新创企业的价值和管理层素质；外部环境则是退出时的宏观经济发展状况、证券市场与产权市场的活跃程度以及投资银行参与等因素。风险投资通常有公开上市、并购、回购和破产清算等几种退出方式，风险投资家与企业家可以根据实际情况选择一种有效的退出方式。

介入程度

在影响风险投资家参与管理的程度的因素方面，戈尔曼（Gorman）和萨哈尔曼（Sahlman）[7]的研究表明，风险投资家参与管理的程度受到多种因素的影响，主要的影响因素包括：新创企业管理层的实际管理经验、风险资本的投资额、风险投资家的经验、新创企业的发展阶段、新创企业管理层与风险投资家在企业目标上的一致性、新创企业的经营业绩。

管理经验

在一般情况下，处于初创期的新创企业的管理层相对于成熟的新创企业缺乏处理日常经营事务和应对风险的能力，因此，风险投资家就有必要加强参与管理的力度；反之，比较成熟的新创企业，由于其生产经营已步入正轨，管理层也有了处理风险的能力，风险投资家就可以采取适度管理的方式。

投资数额

风险投资家对某家企业的投资数额越大风险也就越大，管理监控的程度也越高。

投资经验

风险投资家还必须对所投资企业的业务和产品以及相关市场的竞争作深入的研究，以便对企业做一个客观全面的评估，风险投资家不仅应具有行业和金融方面的经验和知识，在企业发展战略、营销、人事管理方面的经验知识也是必需的。

没有足够的经验，风险投资家便无法监控企业的经营管理，也无法提供有效的咨询意见。对于缺乏经验的风险投资家来说，为确保其投资安全，可能要花更多的时间参与新创企业的管理，或干脆在联合投资中不居主导地位，采取放任自由型的管理方式。

发展阶段

初创期的新创企业由于具有诸多风险和不稳定因素，风险投资家有必要多投入时间和精力。在企业创建后期风险投资家的参与程度减小，在新创企业遇到困难或出现危机时，管理参与加强，首席投资者参与程度较高，而其他投资者一般不参与。

目标吻合

风险投资家必须与新创企业家相互信任和理解，共同明确企业目标和风险投资家参与管理的目标和方式，风险投资家要花时间与新创企业交流沟通，建立伙伴和合作关系，才能进行有效的管理监督、参与和咨询。在企业目标上的偏离乃至过分偏离，会导致风险投资家不能继续后续投资，甚至将持有的股份转售，改变新创企业的所有权。

经营业绩

对初创期的新创企业，经营业绩不是主要的考察因素，因此，风险投资家介入管理时，介入的强度和频率不因业绩较差而减弱；但在扩展期和成熟期，持续较差的经营业绩会使得风险投资家考虑撤出投资。

专栏

FaceBook 融资之路

生于1984年的马克·扎克伯格（Mark Zuckerberg）也许并不是最先有实名社交网站设想的人，但是他凭借技术和坚持，成为了领先者。Facebook 创立刚7年，尚未上市，市场估值已达500亿美元，超过了雅虎和 eBay 的市值。这一切是如何实现的，其背后的公司治理机制是什么，反映出来的现代公司与资本市场关系可以给予我们哪些启示？

始于哈佛宿舍的创业

2004年1月，在哈佛大学上大二的扎克伯格注册了 thefacebook. com 域名，他和朋友萨瓦林各出资1000美元，按70%对30%分配股权。随后扎克伯格的同宿舍同学莫斯科维茨、休斯加入，形成了 Facebook 最初的四人团队：CEO 扎克伯格、CFO 萨瓦林、副总裁莫斯科维茨和网站主管、宣传总监克里斯·休斯。4月，扎克伯格、萨瓦林和莫斯科维茨按65%、30%和5%的权益组建了 thefacebook 公司，网站注册人数超过了15万。

2004年的暑假扎克伯格来到硅谷，之后，帕克出任公司总裁。帕克曾成功创建了音乐分享网站 Napster 和在线名片系统 Plxo 公司，拥有公司组建和运作的丰富经验。

萨瓦林不喜欢硅谷，更不喜欢帕克，对帕克积极帮助扎克伯格寻找新投资者非常不满，他害怕因此失去对公司的控制。为了融资，在帕克的指导下，扎克伯格重组了公司，新的股权结构是扎克伯格51%、萨瓦林34.4%、莫斯科维茨6.81%、帕克6.47%。这次重组中，萨瓦林反对帕克及其主张的融资策略，与扎克伯格几次电话争论无果之后，萨瓦林冻结了公司账户。为维持运转，扎克伯格把积攒的学费及父母的一些钱投入了公司。暑假结束时，网站注册会员达20万。萨瓦林等人返回哈佛继续学业，扎克伯格和莫斯科维茨留在加州发展公司。

第一轮融资：60万美元与500万美元市值

公司成立数月后，泰尔投入50万美元，获取公司10%的股份和一个董事席位，公司名称由thefacebook改为Facebook。

虽然觉得500万的估价可能稍低，但因为泰尔认同扎克伯格的战略构想，不干预公司运作，并且具有运营PayPal等公司的成功经验，扎克伯格决定接受投资。扎克伯格把泰尔要亲自而不是委派其他人出任董事作为接受融资的条件。这轮融资中另有他人参与，总融资额60万美元。

此前只有扎克伯格1位董事，泰尔注资后，重建了董事会：泰尔、帕克、扎克伯格以及由扎克伯格控制的一个空余席位。这样的安排是为了让公司以外的人在数量上没有优势，从而保证未来的投资者不会篡位控制公司。

第二轮融资：1370万美元与1亿美元市值

2005年3月，维亚康姆公司提出以7500万美元买下公司，扎克伯格拒绝了。

《华盛顿邮报》提出以600万美元投资获取公司10%的股份，扎克伯格提出投资方的董事需由其老板格雷厄姆亲自出任，其他人免谈。格雷厄姆担心自己分身无术，便与扎克伯格达成不派董事的口头协议。由于邮报方面的高层谈判代表的父亲去世，投资正式协议签署要耽误些时日。

正在这时，位于硅谷的阿克塞尔合伙公司出场了，提出投资1270万美元。扎克伯格两难：《华盛顿邮报》方面估价低但不干预管理，且已口头达成协议；阿克塞尔方面会干预一些事务，但估价高、拥有硅谷的关系网络。陷于道德困境的扎克伯格征求了格雷厄姆的意见。格雷厄姆说："对一个20岁的小伙子来说，真不错。他打电话来并不是告诉我他准备接受其他公司的投资，而是找我来商量。"格雷厄姆很赏识扎克伯格，同意了他的选择。经过此事，扎克伯格也更加尊重格雷厄姆，后者成了他的良师益友。

扎克伯格接受阿克塞尔公司的投资，但要求对方的主要合伙人布雷耶亲任董事，而不是其实际负责此项目的高级合伙人凯文。布雷耶接受了，他个人向Facebook投资100万美元。随后，Facebook董事席位变为5人：布雷耶、泰尔、帕克、扎克伯格和扎克伯格控制的一个空余名额。融资让萨瓦林的股份被稀释到10%，这使其大为光火，与扎克伯格决裂，完全退出了公司的管理（目前其持股5%）。

2005年10月Facebook用户数突破500万。

第三轮融资：2750万美元与5亿美元市值

2006年初，维亚康姆公司想要注资或收购Facebook，未成。由格雷洛克公司牵头，美瑞泰克资本公司、泰尔和阿克塞尔公司等投资人，按注资前5亿美元估价，投入了2750万美元。来自格雷洛克公司的斯泽成为Facebook董事会的观察员。

第四轮融资：3.75亿美元与150亿美元市值

2006年6月，雅虎表示愿意用10亿美元收购Facebook，并不愿意卖掉公司的扎克伯格遇上了难题。布雷耶极力主张接受，泰尔内心倾向接受但愿意尊重扎克伯格的立场，帕克站在扎克伯格一边。莫斯科维茨不同意卖。公司员工方面则是年长者主张卖，年轻者不愿意卖。不久雅虎将收购价降到8.5亿美元，Facebook董事会拒绝了这一交易。

这期间Facebook推出了起初遭遇用户强烈抵制的"动态新闻"，并做出了前景非常不明确的对社会开放Facebook注册的决定。其后雅虎重新提出10亿美元收购，暗示还可以提提价。动态新闻和开放注册获得成功，用户突破1000万，Facebook从学生世界变为整个世界，布雷耶也改变了主意，决定不卖。随后所有积极促进和赞同把公司卖给雅虎的管理层人员都不再被扎克伯格信任。

2007年5月，Facebook启动开放平台战略，人们可以在上面运行各种各样的应用程序。“开心农场”游戏一类的软件像雨后春笋一样在Facebook上流行起来。2009年这些滋生于Facebook中的软件公司创造了与Facebook一样的销售收入，约5亿美元。

平台战略的巨大成功让Facebook身价倍增。2007年10月，Facebook开始在谷歌和微软两大巨头间周旋寻价。最后微软同意150亿美元的估值水平，以2.4亿美元的投资获得1.6%股权。微软这项超高估值投资，主要是双方签定广告代理协议的一个副产品，也蕴含着要拉住Facebook以免其投入谷歌怀抱的目的：微软要求Facebook不能接受任何来自谷歌的投资。随同微软一同投资的还有李嘉诚、德国的风险投资公司。Facebook的第四轮融资共3.75亿美元。

之后，在布雷耶的要求下，扎克伯格挖来桑德伯格出任COO。桑德伯格帮助公司找出了新的广告业务模式，并对管理基础架构进行了重组。

第五轮融资：5亿美元与500亿美元市值

2009年5月来自俄罗斯的数字天空科技公司按100亿美元的估值向Facebook投资2亿美元。

Facebook发展势如破竹，2010年7月，活跃用户超过5亿。2010年底，Facebook按500亿美元估值从高盛和俄罗斯数字天空科技公司获得5亿美元的投资（高盛4.5亿，数字天空5000万）。

美国证券法规定如果股东人数达500人以上，公司必须公开财务报告，成为公众公司。目前扎克伯格非常不愿意让Facebook上市，但可能很快会因为股东人数问题而像当年的谷歌一样“被迫”上市。

扎克伯格：选中意的董事重于融资

帕克两次被自己所创建的公司赶走的经历，让扎克伯格很早就对风险资本家心存戒备。扎克伯格这个中学时代就拒绝过百万年薪诱惑的青年，决心掌握住自己的公司，这是他连接和改变世界的工具，赚钱不是他的主要目的，他已签署了巴菲特和盖茨倡议的财产捐赠协议。

为保持控制和公司自主发展，扎克伯格一直拒绝被整体收购的“发财和套现机会”，并且对任何可能让他失去公司管理控制权的交易都不感兴趣。在每一次需要给投资者董事席位的融资过程中，他都把能够与自己合意的对方最高人物亲自出任董事作为接受投资的必要条件。

扎克伯格能够一直控制住Facebook，帕克功不可没。2005年8月，帕克参加了一次有吸毒者参加的聚会，布雷耶坚持要帕克辞去总裁职务并放弃其认股权和董事席位。为避免扎克伯格为难，帕克放弃一半认股权，但要求将其董事席位交给扎克伯格控制，就是这个席位的继任人可以由扎克伯格随时指定，这样扎克伯格就控制了5人董事会中的3个。

对于由扎克伯格控制董事会的绝对多数，帕克并不认为这样会有什么好处，但比将席位交给其他人要好，因为那样可能使公司最终落入外部投资者控制，那将是最糟糕的结果，他痛恨风险资本家赶走公司创始人。

2008年6月，扎克伯格邀请安德森出任董事。安德森是投资者兼实业家，网景公司的创立者之一。Facebook董事会里安德森是扎克伯格的坚定同盟。对于扎克伯格牢牢控制公司，安德森认为“是好事”，只有年轻的CEO能持久运营一家大型科技公司。

布雷耶主要负责公司架构和招聘。“马克喜欢黑客文化和创造性混乱。”布雷耶说，“我给他的建议是在产品创新方面可以这样，但在另外的领域如销售、人力资源部或者法律部可不能这样。”泰尔是扎克伯格一贯的支持者，他表示“马克是我们永远的CEO”。泰尔对管理不感兴趣，他与扎克伯格谈得最多的是关于长期策略和金融市场环境。

年轻的扎克伯格愿意与任何人在任何时间谈论任何事情，特别是当对方是CEO时，他把这些会议当作学习过程。扎克伯格还曾专门去给格雷厄姆当了几天“跟班”，实地观摩和学习如何做一个CEO。2009年扎克伯格邀请了格雷厄姆出任董事。

2009年11月扎克伯格对Facebook股票做了分类设置，把他和他的合作伙伴们所持的股票转换成投票权比例比较高的一类股份，以保证股权分散化以后的控制。

Facebook 股权分散而不上市，吸纳的是那些成熟、具有判断能力的投资者的钱；中国公司股权集中而上市，圈集的是不成熟、缺乏判断能力的广大中小投资者的钱。Facebook 以创始人和鼎力支持创始人的董事会为稳固的控制中心；中国公司以一股独大的大股东为稳固的控制中心，如果没有一股独大的大股东，公司则会没有稳固的控制中心，从而陷入高度的不稳定状态；Facebook 可以在几乎一无所有的基础上基本自由地以股票作为支付工具来推动公司的发展；中国公司则是要在已经发展很好之后，经过并不实际对投资者负责的层层关口的审核，对外发行股票。

Facebook 500 亿美元市值的创造历程可以给我们多方面的启示，但是其中最重要的也许还是如何建立起现代公司与其投资者及资本市场之间的良性互动关系。

资 本 退 出

因为风险投资家是以获得资本增值收益为目的，当所投资的新创企业发展相对成熟后，风险投资家会有“退出机制”，将所投的资金由股权形态转化为资金形态。一般来说，风险投资家会采取以下五种方式之一来实现投资的退出，即公开上市退出（initial public offering，IPO）、兼并和收购退出（merger & acquisition）、转售退出（secondary sale）、回购退出（buyback）和冲销/清算退出（write-off）。

企业上市

根据上市的场所不同，公开上市可以分为在主板市场、第二股票市场和主板市场中第二板上市。

主板市场

第一种类型是通过主板市场首次公开发行。主板市场上市对企业有着严格的要求，包括注册资本和连续的财务业绩等，并会发生巨额的相关费用，对于在风险投资的支持下初显希望的新创企业来说，未免门槛太高，因此，很少有风险投资公司会采用这种方式退出投资。

第二股票市场

第二种类型是通过第二股票市场上市，由于成长中的中小型高新技术企业往往不具备主板上市的条件，而第二股票市场以发行新创企业的股票为主，对企业上市股票的资格、条件要求远比主板市场低。因此，这也是大多数风险投资通过 IPO 退出的主要方式。第二股票市场是一种完全独立的二板市场，与主板分别开来，独立运作，拥有独立的组织管理系统、交易系统和监管体制。美国的纳斯达克（National Association of Securities Dealer Automatic Quoting System，NASDAQ）就属于这种模式。第二股票市场的存在为创业投资基金的高回报、早回报提供了可能。

二板市场

第三种类型是在主板市场中设立第二板，有附属模式和相对独立模式两种方式。附属模式一般采取主板第二部的模式，与主板组合在一起共同运作，拥有共同的组织管理系统和交易系统，甚至采取相同的监管标准，不同的主要是上市标准的差别。相对独立模式是指相对独立于主板，由主板的一个独立机构来运作，拥有独立的组织管理系统与监管标准，有的交易系统是建立在主板的交易平台上，有的则采取与主板完全不同的交易系统。

我国深圳证券交易所 2004 年设立的中小企业板块在主板市场的制度框架下运行，所遵循的法律、法规和部门规章，与主板市场相同；中小企业板块的上市公司符合主板市场的发行上市条件和信息披露要求；同时又是主板市场中相对独立的板块，有独立于主板市场交易系统的第二交易系统，与主板市场不同的股票编码和独立的指数，应属于主板市场中第二板之相对独立模式。

后面两种类型就是人们通常所说的“二板市场”，二板市场不仅为新创企业提供了直接融资的渠道，而且为风险投资的退出和增值提供了一条有效的途径。

在IPO退出方式下，风险投资公司将所持有的股份卖给公众以实现退出。由于法律法规的限制，作为新创企业“内部人”的风险投资家一般会被要求在IPO日保留其股份，并在“窗口期”㊀内持有股份，在IPO之后的几个月或几年内（窗口期结束后）才可以卖掉股票。在IPO之后对股份的销售就确认为IPO退出方式。长期以来，通过IPO退出被视为最成功也最值得推崇的风险投资退出方式。有研究[8]表明，最有吸引力的风险资本退出方式是IPO，投资于一个最终上市的企业，1美元在平均4.2年的持有期内可以获得195%的平均回报，同样的数量投资于被收购的企业在3.7年的持有期内只获得40%的平均回报。对于新创企业的创建者来说，公开上市为新创企业开辟了在证券市场上融资的渠道，还可以利用配股、增发新股、发行公司债券等多种形式获得再融资的机会。此外，公开上市还有利于提高公司的知名度，树立良好的企业形象，吸引各方面的优秀人才加盟，促进企业快速发展。但相比于其他退出方式，IPO的手续比较烦琐，涉及法律、会计、中介等问题，退出费用也比较高。

退出可能是完全的或是部分的。IPO时的完全退出即风险投资家的所有股份在IPO后的限定期结束后全部售出；部分退出即风险投资家在那段时间内售出一部分股份。按惯例，完全退出是指风险投资家在IPO日后一年内完全出售其股份。部分退出涉及风险投资家在IPO后一年内处理掉部分股份，另一些股份要持有超过一年期限。

企业收购

企业收购也是资本退出的重要方式。

战略收购

买家是与新创企业同处一个行业或相似行业的大公司，即战略买家（strategic acquirer），其购买新创企业目的是将新创企业的产品或技术与自己的融合在一起，一方面节省巨额的产品、技术研制费用，另一方面实现管理协同效应和财务协同效应。在实践中，战略收购经常涉及两个公司在一些先前的合同关系上的合并，比如材料供应或特定技术的授权。

这种形式的退出方式会由于不同的原因而产生。交易的构建方式也有可能是这样，即新创企业所有的股票都被收购以换取现金、购买方的股票或其他资产，或新创企业的资产都被收购或新创企业与收购企业的合并。

投资收购

风险投资家也可能把整个新创企业都卖给第三方，这也就是兼并和收购退出方式（M&A）。

与IPO相比，M&A是更普遍的退出渠道。风险投资家可能出售不成功的新创企业，也可能出售极为成功的企业。风险投资家面对的仅是少数的几个买家，费用低廉，手续简便，同时可以立即回收现金，将风险资本从新创企业中完全退出。有时，即使是最不成功的新创企业，风险投资家都可能通过M&A顺利实现资本退出，因为对于购买公司来说，重要的不是新创企业的赢利状况，而是企业所拥有的技术或其他可以整合的重要资源。但M&A对于新创企业家来说，就意味着企业管理层有可能失去对新创企业的控制权，在被兼并或收购后无法保持独立性。

完全收购退出涉及整个新创企业都被出售以换取现金；部分收购退出，风险投资家收到的是购买方的股票而不是现金。收购退出从定义上是整个企业都被出售给试图将新创企业与自己合并的战略买家。这样的销售经常涉及给被收购企业股东的现金。因此，从表面上看，似乎不能想象收购可能是部分收购。然而，在某些情况下，收购退出可以类似部分退出。从广义的一

㊀ 风险企业IPO后的一段时期，风险企业的所有内部人都不能售出所持有的股票。这段时间通常要持续数个月。

般性上说，收购退出可以分为三种情况：有广阔市场的上市公司收购；私有企业收购；被投资企业收购其他企业。在任何一种情况下，风险投资家销售股份所得到的报酬都可能是股份。

在第一种情况下，风险投资家收到的股份等同于现金，因为股份可以自由地在市场上被卖掉，因此这样的退出很合适地被确定为完全退出。

在第二情况下，私有企业的股份流动性很差。因此，风险投资家仍然对其原来的受资企业和买家的合并经营实体保持投资。但风险投资家影响和控制受资企业经营的能力随着风险投资家所有权的减少相应地减少了。这还由于在交易之后，风险投资家仅对受资企业保有间接利益关系，已经没有先前的直接利益关系重要了。除了缺少现成的出售股票的市场，私有企业对任何股东转售股份都有规章或合同上的限制。这种类型的退出也类似部分退出。

在第三种情况下，受资企业购买，随后与其他企业合并。如果被购买企业相对购买企业较小，就根本不存在退出了。如果被购买企业比购买企业大，那么，交易是完全退出还是部分退出，取决于作为交易报酬所收到的股份的流动性。

企业清算

企业清算也能够实现资本退出。

清算情形

当以下三种情形出现其中之一时，新创企业就有可能进行清算，风险投资家可通过清算退出。即：一是新创企业发展缓慢以至于不能取得预期的投资回报时，就有可能实施解散清算，此时，新创企业尚有赢利，风险投资家在一般情况下能够收回部分乃至全部投资；二是新创企业资不抵债，无法偿还到期债务，同时又无法得到新的融资；三是新创企业经营状况太差，或是由于资本市场不景气，无法以合理的价格出售且新创企业家无法或不愿进行股票回购。在后面两种情况下，新创企业经营状况已经恶化，清算价值不会很高，风险投资家有可能只能收回部分投资，甚至损失全部投资。清算通常涉及新创企业的失败，尽管风险投资家可能继续持有不可行使权利的或不能赢利的公司的股份，但在大多数情况下，由于风险投资家在以前签署的协议中已经明确了优先权，因此，风险投资家可以在其他投资者之前退出投资。

两难投资

在清算退出时，一些清算涉及新创企业的破产和随后企业的消失。由于部分退出是风险投资家处理掉部分股份，看起来就不大可能有部分的清算。然而，the Canadian Venture Capital Association 和 Venture Economics 确认部分清算，即风险投资家承受投资面值上的损失。当这种情况发生时，可以确定这类投资是“两难”（living dead）投资，比如，一个可行并有边际利润的企业可能缺少足够向上的潜力而使风险投资家不愿继续投入时间和注意力就属于这种情况。根据研究，以清算方式退出的投资大约占风险总投资的32%，这种方式一般仅能收回原投资额的一半左右。

专栏

谁赢得了这头牛
——蒙牛海外上市分析

2004年6月10日，蒙牛乳业登陆香港股市，公开发售3.5亿股，在香港获得206倍的超额认购率，一次性冻结资金283亿港元，共募集资金13.74亿港元，全面摊薄市盈率达19倍。尽管如此，蒙牛携手境外资本的发展路径仍是毁誉参半。

摩根、英联和鼎辉三家国际机构分别于2002年10月和2003年10月两次向蒙牛注资。首轮增资，摩根、英联和鼎辉三家国际机构联手向蒙牛的境外母公司注入了2597万美元（折合人民币约2.1亿元），同时取得49%的股权；二次增资注入3523万美元。此举等于三家投资机构承认公司的价值为14亿元人民币，两次市盈率分别为10和7.3倍。对蒙牛来说，出价公道。

正所谓天下没有免费的午餐，对于蒙牛而言，这并不是一笔划算的买卖。

第一次注资后，蒙牛管理团队所持有的股票在第一年只享有战略投资人所持股票1/10的收益权，而三家投资机构享有蒙牛90.6%的收益权，只有完成约定的“表现目标”，这些股票才能与投资人的股票实现同股同权。二次增资中，三位“天使”的要求却是更加贪婪了。三家投资机构提出了发行可换股债券，其认购的可换股债券除了具有期满前可赎回、可转为普通股的可转债属性，它还可以和普通股一样享受股息。可换股文件锁定了三家战略投资者的投资成本，保证了一旦蒙牛业绩出现下滑时的投资风险。三家国际投资机构还取得了所谓的认股权：在十年内一次或分多批按每股净资产购买开曼群岛（蒙牛上市的主体）股票。此般设计正说明了三家老牌投资者把玩风险的高超技艺。

摩根、英联、鼎辉约4.77亿港币的投入在本次IPO已经套现3.925亿港元。巨额可转债于蒙牛上市12个月（2005年6月）后将使他们持股比例达到31.2%，价值约为19亿港元。与“三大国际投资机构”的丰厚收益相比，蒙牛的创始人牛根生只得到价值不到两亿的股票，持股比例仅为4.6%，2005年可转债行使后还将进一步下降到3.3%，且五年内不能变现。牛根生还被要求做出五年内不加盟竞争对手的承诺。更严重的是，如果蒙牛不能续写业绩增长的神话，摩根最终对牛根生团队失去耐心，完全有能力像新浪罢免王志东那样对待牛根生。

2004年12月20日，蒙牛乳业（2319）公布，三家外资股东MSDairy、CDH及Actis，合共减持168 238 371股股份，售价为每股6.06港元，减持量占公司总股本约12.3%。三家外资股东的持股比例相应由31.2%降低为18.9%，且不排除其再次减持的可能。这次减持三家外资机构共套现10亿多港币。

本章概要

本章第一部分着重介绍了新创企业发展过程中能发挥重要作用的风险投资问题。指出挑选风险投资公司时需要重点考虑的因素；如何评估风险投资；结合风险投资合同的签署过程，分析了获得风险投资过程中值得重视的环节。

本章第二部分阐述了风险投资区别于其他投资方式的特点之一在于其是“专家型投资”，风险投资家不仅要给新创企业注入一定量的资金，同时还要对新创企业进行管理参与、咨询和监控。其中重点阐述了管理的重点以及影响管理的因素。

本章第三部分讲述了完成风险融资之后，风险投资家会采取五种方式之一来实现投资的退出，包括公开上市、企业收购、企业清算等。

思考练习

1. 风险投资者参与公司管理的模式有哪些？这些模式各有什么样的特点与适用性？请从比较的角度进行分析。
2. 创业者应该如何吸引风险投资者？除了本书提到的一些接触方式，在实际与风险投资者接触过程中应该怎样展现自己的品格？应该怎样介绍创业的产品、项目？要注意哪些技巧？
3. 报纸上经常会有开发商或中介公司进行的某项目招租宣传。现有一个大型商业项目中的商铺进行招租，你打算从哪几个方面进行风险投资分析？
4. 近年来中国企业海外并购浪潮高涨，但常常面临资金不足的困难。有的表现为收购时资金不足；有的表现为收购完成后债台高筑，现金流出现问题等。那么结合财务管理和战略投资的知识谈谈，如何制定合理的财务计划，加强现金和风险控制？如何制定整合战略和策略？
5. 现在政府鼓励大学生创业，如果你有一个赢利性网站的计划，有全新独特的赢利模式和运营模式。请问你该如何引入风险投资，同时又能保护自己的商业机密不被泄漏，这个过程中需要注意哪些问题？

6. 财务管理在风险投资中的重要性是不言而喻的，请从人员管理、制度设计和管理手段三方面谈谈如何对风险投资项目企业进行财务管理。
7. 在如今的资本时代，作为一个正在扩张中的连锁品牌，该采取直营连锁模式还是加盟连锁模式来实施自己的连锁战略？如果是一个计划发展的新生连锁品牌，又应该采取哪种模式？风险投资喜欢哪种模式，为什么？
8. 如果企业有债务，那么风险投资公司应该承担企业债务吗？会不会有并存的债务承担责任？
9. 风险投资注重的是收益，但是公司却要长久发展，这是创业者和风险投资者短期的一个冲突点。结合上一章财务管理的知识，谈谈风险投资从进入到退出，公司的股权结构会发生什么变化？财务上如何控制？
10. 就你所知道的著名风险投资的案例一二，剖析成功进行风险投资的经验。

参考文献

[1] 邵亦波．运气是实力的一部分［J］．IT时代周刊，2010，(5)：56.

[2] 杨琳桦，闫萌．你所能犯的最大错误［J］．企业家信息，2010，(6)：36-38.

[3] 陈玮．坚守“987654321”原则［N］．第一财经日报，2008-04-26（A8）.

[4] 李静颖．阚治东：只投“差一步”企业［N］．第一财经日报，2008-06-10（C04）.

[5] Steven N Kaplan，Per Stromberg. Financial Contracting Theory Meets the Real World：An Empirical Analysis of Venture Capital Contracts［J］．Review of Economic Studies，2003，70（2）：281-315.

[6] Ian C Macmillan，David M Kulow，Roubina Khoylian. Venture Capitalists' Involvement in Their Investments：Extent and Performance［J］．Journal of Business Venturing，1989，4（1）：27-47.

[7] Michael Gorman，William A Sahlman. What Do Venture Capitalists Do？［J］．Journal of Business Venturing，1989，4（4）：231-248.

[8] Leslie A Jeng，Philippe C Wells. The Determinants of Venture Capital Funding：Evidence Across Countries［J］．Journal of Corporate Finance，2000，6（3）：241-289.

第三篇

领导激励

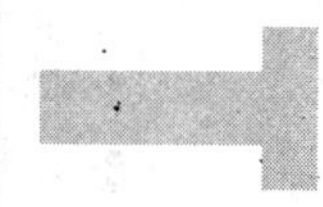

在度过生存期后，企业进入了一个成长期，从表面上看，这一阶段似乎是欣欣向荣，公司业绩和规模都在以较快的速度增长，但事实是，这种表象下面常常隐藏着许多问题和危机：中国新创企业的成长实践中，相当一部分已经度过市场生存期后的企业在短暂的高速扩张后很快陷入困境，甚至迅速瓦解、崩溃、倒闭，成为“流星式”的企业；而规模做不大，时间做不长，则是大多数中国新创企业成长的“通病”。

因此，创业成功的标志不仅仅是企业的市场生存，而是企业在市场生存的基础上，在外部市场竞争的压力和自身成长需要的双重作用下，不断调整经营方式与管理方法，提升了企业的核心竞争力，实现了企业的可持续发展。企业如同一辆汽车，它不会自动奔跑，除非下坡的时候。新创企业的可持续发展需要领导激励。

在企业发展过程中的不同阶段，成功的因素是不同的。在企业发展的早期，企业的成长往往高度依赖企业家个人的意识、决断与执行能力。随着企业的发展，规模越来越大，人员越来越复杂，企业的发展要高度依赖企业作为一个组织能力的提高，而不是企业家个人执行能力的发展。

【提示】对于企业家而言，新创企业成长建构期的核心主题是“领导”，关键是“激励”，着力于组织能力的建设，促进企业可持续发展。

第 12 章 CHAPTER 12

客户服务

企业的目标，唯一正确的定义就是创造顾客。

——［美］彼得·德鲁克

学习目标 >>>>>

- 掌握满意度 Rater 指数的内涵；
- 把握提升服务满意度的管理要求；
- 分析优秀企业服务品质的管理特质。

德鲁克说过，企业目标唯一有效的定义就是创造顾客。提供更加优质的服务正是赢得客户忠诚的有效办法。

全美最权威的客户服务研究机构美国论坛公司投入数百名调查研究人员用近十年的时间对全美零售业、信用卡、银行、制造、保险、服务维修等 14 个行业的近万名客户服务人员和这些行业的客户进行了细致深入的调查研究，发现客户对于企业的满意度直接取决于 Rater 指数的高低。Rater 是五个英文单词的首字母，即 reliability（信赖度）、assurance（专业度）、tangibles（有形度）、empathy（同理度）、responsiveness（反应度）。

企业市场竞争力的强弱，在相当程度上取决于 Rater 指数的高低。客户服务的满意度与客户对服务的期望值是紧密相连的，企业需要站在客户的角度不断地通过服务质量的五大要素来衡量自己的服务。快速成长公司排行中先进的企业都有一个共同的特点：能为顾客提供良好的服务，因而即使在疲软的商业环境中，它们也具备自己的竞争优势。

服务信赖

服务信赖度指企业是否能够始终如一地履行对客户做出的承诺。当企业真正做到这一点时，就会拥有良好的口碑，赢得客户的信赖。

顾客导向

重视客户、理解客户是企业成功的基础。在服务制胜的今天，任何人、任何企业都不能忽视客户。在技术、资源、产品和管理逐渐走向大一统、很难保持鲜明特色之后，客户服务和客户管理就是各大企业克敌制胜的新的“杀手锏”。

客户领先

现在，企业战略思考的聚焦点也正从“先对手，后客户”向“先客户，后对手”转变。一讲战略就先把矛头指向对手是传统竞争观念在作怪，而新的竞争观则教我们把竞争分解为两类：

同向为竞，相向为争。竞争的重心应从“争”转到“竞”上。如果甲乙两个企业同向，都在为客户供给好的产品或服务，从而形成用户使用价值，这个即为“竞”；相反，把重心放在已有市场份额的瓜分之上，就成了“争”。我们面前有两种竞争：先对手后客户和先客户后对手，今天向客户经济过渡就是要从前者向后者转变。

戴尔公司成立于1984年，为全球性的计算机系统制造及相关服务提供商，致力于为客户构建信息技术和互联网基础设施。戴尔公司之所以能够迅速成为市场领导者，与其所秉承的“直接面对客户”的经营哲学密切相关，通过直接销售基于业内标准的计算机产品和服务，始终如一地专注于提供最佳的客户体验，从而获得了客户的好感和忠诚。直接业务模式缩短了戴尔与客户之间交流的时间和距离，同时，在直接业务模式的基础上，戴尔又在业内率先推出了相关的客户服务和支持计划，深得客户好评。

价值中心

网络时代的到来，使企业价值链发生了很大的变化，由传统的线性结构变为以顾客为中心的环形结构[1]（见图12-1），从事电子商务的公司在价值链的许多环节都与顾客和供应商分享信息。这是一种新的价值理念。对此，企业迅速调整正确的价值主张，指导整个顾客服务管理。

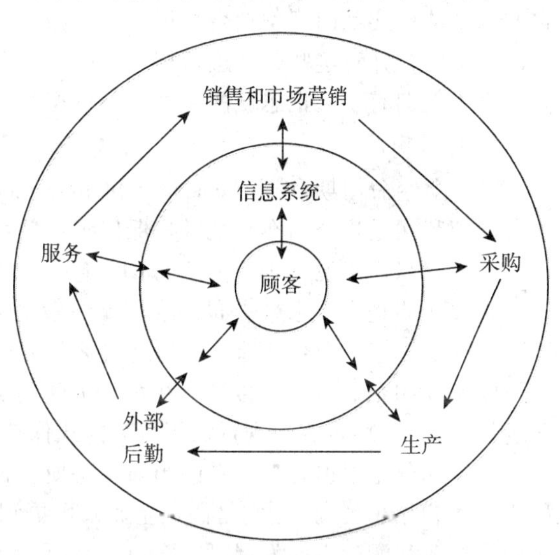

图12-1 以顾客为中心的企业价值链框架

世界上优秀的公司都是服务型企业，都是通过服务来获得振兴、提升竞争力的。IBM认为自己最好的广告词是“IBM就是服务”。其创始人老托马斯·沃森曾主持一个研究有关用户问题的销售经理会议，前面的桌上摆着八到十摊文件，分门别类地标明了问题的原委，什么“制造问题”、“技术问题”，等等。讨论了好大一会儿之后，身材魁伟的沃森站起来缓步走到房间前端，然后突然一挥手，把桌面一扫而光，弄得那些文件满屋飞舞。他说：“根本没有那么多问题。问题只有一个：你们有些人对我们的主顾关心不够。”他干脆一转身，扬长而去，让剩下那二十来人瞠目结舌，不知道自己的饭碗是不是就这么砸了。

客户识别

并不是每个客户都具有同样的价值，根据帕累托（Pareto）原理，一个企业80%的利润往往是由20%最有价值的客户创造，其余80%的客户是微利、无利，甚至是负利润的。企业要保持的是有价值的客户。因而有价值客户的识别是客户关系管理必须首先完成的一项基本任务。KAM（Key Account Management），中文含义是重点客户管理或者说大客户管理。实施大客户管理制度的好处在于：它能够将公司的优势资源恰当地集中在大客户身上，增加大客户的满意度，从而有利于双方各自的发展和利润增长。

企业精神

管理客户一定要选对客户。到底哪些才是对的客户呢？对的客户应该是有配送能力、网络资源、良好的信誉、资金实力以及完备的组织架构，最重要的是要有思想、有经营思路。具备了以上条件，也要看看客户对待不同厂家的态度。要慎重考虑那些对大品牌逆来顺受却对小品牌妄加刁难的客户，否则在合作中就会产生“剪不断，理还乱”的麻烦。

选择那种有远见、具有平常心的客户，在以后的合作中会减少很多障碍，合作起来也非常愉快。即使现有的区域市场上难以找到比较理想的客户，也要努力通过各种方法去改变客户的心态，纠正客户这一思想偏差。

特定客户

网络开辟了一个极其广阔的市场，因此很多企业在开展电子商务活动时，往往只注重如何以最快的速度获取尽可能多的顾客，而忽略了一个基本的事实：仔细挑选并服务于特定顾客是企业成功的基础，不加选择地吸引各种顾客只会损害企业的利益。

例如，美国近十年来增长最快的共同基金公司先锋基金（Vanguard），多年来专注于自己的目标顾客——那些喜欢成本低、波动小的指数基金投资的投资者。在开展电子商务时也是如此，它的网站从形式到内容都迎合目标顾客的需求。它在网上为顾客提供各种有关基金投资的信息、建议、帮助，并对这些顾客进行相关的教育，而不向证券交易的投机者提供服务。它不懈的努力使它不仅拥有一大批忠诚的顾客，而且相对于其他企业而言，它具有很大的成本优势。

周期利润

客户全生命周期利润（customer lifetime profit，CLP）是客户价值的判别依据。广义客户全生命周期利润是指公司在与某客户保持买卖关系的全过程中从该客户处所获得的全部利润的现值。对现有客户来说，企业关注的CLP包括两个部分，一是历史利润，二是未来利润。由于公司真正关注的是客户未来利润，故CLP一般更多的表示客户未来利润。

利润是任何一个企业追逐的最终目标，因此CLP作为判别客户对公司价值大小的标准，正在被学术界和企业界逐步接受。在对CLP进行分析时，从两部分着手：第一部分称为“客户当前价值”，它是假定客户现行购买行为模式保持不变时，客户未来可望为企业创造的利润总和的现值，这部分是根据客户关系的当前状态所做出的对客户未来利润的一种保守估计；第二部分称为“客户增值潜力”，它是假定企业采用更积极的CRM策略，使客户购买行为模式向着有利于增大企业利润的方向发展时，客户未来可望为企业增加的利润总和的现值，这部分是对客户增值潜力的一种估计。根据当前价值和增值潜力，任何一个客户对公司的价值都一目了然。

客户保持

有价值客户识别出来以后，如何留住它们（或说培育它们的忠诚），并实现它们对企业的价值最大化，即所谓的客户保持，是客户关系管理必须完成的另一项基本任务。企业必须用发展的观点来看待客户保持问题：客户保持不只是现有关系水平的维持问题，更是一个驱动客户关系水平不断发展的问题。当客户关系处于低水平时必须积极促进其发展，使客户关系尽快进入稳定期，否则客户关系是难以保持的，而且低水平客户关系的保持，无法实现客户对公司的价值最大化。因此，客户保持是一个促进客户关系不断发展的过程，体现了“以关系发展促客户保持”的理念。

> 各种预测表明，公司吸引新客户的成本是保留现有客户的五倍以上。也就是说，保持现有客户的满意度不仅比寻找新客户容易，而且前者更能给公司带来利益。

共同成长

与客户共同成长是大客户管理的核心。

> 瑞典利乐公司（Tetra Pak）是全球知名企业，世界500强之一，它的包装材料、饮料加工设备和灌装设备行销世界，掌控着全球75%的软包装市场份额。1985年，利乐（中国）公司成立，从此挺进中国市场。大家对跨国公司的了解，多半限于“雾里看花”

的媒体报道。而利乐在中国很低调，除了那句“找到利乐，找到新鲜”的广告语偶尔见诸电视之外，有关企业的零星报道不多见。利乐公司是卖什么的，是否多此一问？

按习惯思维，产业链中的上游产品供应商，对应的是中下游生产企业。在通常的情况下，供应商就像送女儿出嫁，女儿嫁出去后，“嫁出的女儿泼出去的水”，至于能生什么样的孩子，生多少，成不成才，以后怎样，一般是不会考虑的。供应商的职责主要是如何提高产品的质量，提高产品的竞争力，不断推出适应企业需要的产品，降低价格，完善对客户的售后服务等。至于你的企业经营得如何，是你自己的事，有谁会操心？

而利乐公司偏偏不按常理“出牌”，不仅要把女儿嫁出去，还要投入极大的精力，关心她们的成长。利乐公司的营销理念是：与客户共同成长。

利乐摒弃了“铁路警察各管一段”的营销模式，放下跨国公司的“架子”，以全面帮扶的方式，加固下游产业链条。这是一种不容拒绝的温情主张，一种具有震撼性的营销理念，这样的主张极具“杀伤力”。它不是以入侵者的姿态介入，也不抢占你的市场份额，反而是无偿援助式的，以跨国公司的丰富经验和员工（项目负责人）过硬的专业素质、高度的责任感和投入感来帮助你的企业成长。这对正在成长中的中国企业来讲，是可遇而不可求的“大馅饼”。

由此不难看到，利乐公司的营销已不再局限于自身产品的市场与推广，而是把营销的发力点集中于客户成长上来。利乐正是在对合作伙伴全面输入管理、研发、技术、加工、营销过程中，整合优势资源全方位解决客户存在的问题，在相互的市场努力下，实现了共赢。

管理团队

早期的客户服务往往被认为是销售人员的事情，和企业内部的其他部门无关，然而，大客户管理需要的是团队的参与和团队的管理。从普通的销售型关系到合作伙伴关系的转变，是大客户服务管理的核心所在。因此，在企业内部组建大客户服务团队是大客户服务的企业内部基础（见图12-2）。

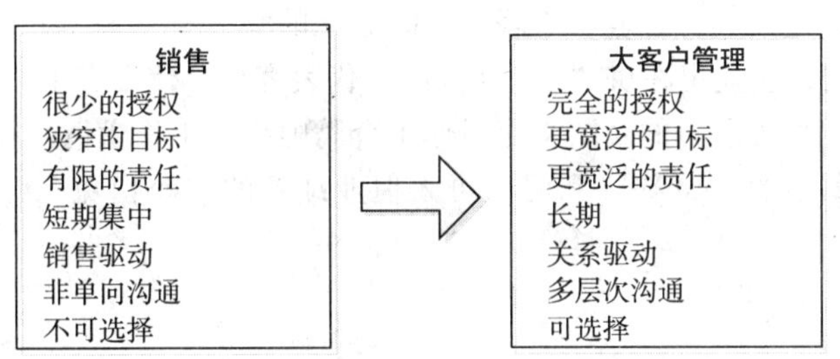

图12-2 大客户管理的基础

大客户服务管理从单一的沟通到合作伙伴型关系甚至到镶嵌式伙伴关系的发展过程中。组建大客户团队，对每个团队成员界定责权利将是大客户管理的核心所在。通过组建大客户的服务团队，依据合作模式模型，大客户管理才真正地开始了。

专栏 **大客户服务团队的岗位职责**

大客户经理：带领团队完成好对大客户的服务；
销售支持：主要对客户的市场营销工作进行销售上的指导；
市场支持：对客户的营销策略、市场规划进行支持；

技术支持：对客户的相关技术问题进行支持，进行技术培训等；

财务支持：对客户进行财务管理方面的支持，保持其财务状况良好；

培训支持：对客户进行系统的培训，保证其成长中必要的学习和知识补充。

服务专业

服务专业度指企业服务人员所具备的专业知识、技能和职业素质，包括：提供优质服务的能力、对客户的礼貌和尊敬、与客户有效沟通的技巧等。

服务态度

欢迎投诉

面对客户的投诉，优秀的管理者应该抱着“欣喜”的态度，将客户投诉转化为高质、高效改进的动力，这将是我们管理客户投诉的一个重要理念。客户的投诉听起来可能很复杂，但如果我们的客户投诉管理机制更细致、更完善，工作人员都以“欣喜”的态度去应对，相信很多问题都会迎刃而解。

软实力

现在，企业的重要趋向是——打造“微笑曲线”，重心从硬实力向软实力转变。微笑曲线的重点是抓住企业价值链上研发和营销两个关键环节。现在的微笑曲线强调科技和人文的含量，甚至有讲求时尚的人称客户为“顾客”，不称为“消费者”，因为有些购买行为不是为了“消费掉”某种使用价值，甚至是越消费越增加使用价值，比如价值理念的体验和享用、人格魅力的享用，使得研发和营销的内涵、元素、表现形式变得更加虚拟化和软化了。

人文氛围

企业文化建设从职场业务氛围为主向职场人文氛围为主转变。企业文化建设变得越来越轻松和容易被员工接受，这尤其符合职场年轻化、时尚化的潮流。

像在阿里巴巴公司，企业也在讲“三个代表”：代表客户、代表员工、代表股东。极具浪漫色彩的官兵一致文化、高凝聚力的团队文化引爆了奔腾咆哮的工作激情。在这一激越的团队中，少有单兵作战、有碍团结的“野狗”和温顺可人但业绩差的“小白兔”，多的是勇猛机智的业绩型“猎犬”。

客服代表

那么，公司应该怎样提高自己的服务水平来尽量满足顾客呢？公司应该注重培养自己提高产品和服务质量以及处理顾客抱怨的文化。而要做到这一点很大程度上需要公司拥有一批能够关注顾客需求、充满热情和动力的客户服务人员。

培训内容

对客服代表，公司要进行至少以下六个方面的培训：①个人意识方面：能够移情关注顾客，诚信，并有很强的压力调适能力；②沟通能力：能够聆听顾客并能通过口头语言和肢体语言与顾客交流；③计划能力：有时间管理和对工作组织进行管理的能力；④问题解决能力：有创新能力和逻辑思维的能力，来解决工作中遇到的问题；⑤质量意识：知道顾客的需求和对产品以及服务更高的预期，通过服务让顾客获得更多的价值；⑥团队合作：能够与团队成员协商、合作并且信赖团队成员。

衡量指标

衡量服务质量的主要指标是：

(1) 获取：在方便的地点和方便的时候容易地得到所需的服务；

(2) 沟通：采用顾客语言准确地描述服务内容；

(3) 技能：员工拥有必备的技能和知识；

(4) 礼貌：员工是友好的、礼貌的和体谅他人的；

(5) 信任：公司和员工是值得信任和以顾客利益为重的；

(6) 可靠：服务的提供具有一致性和准确性；

(7) 响应：员工快速地主动地响应顾客的要求；

(8) 安全：服务一点不使人感到危险和顾虑；

(9) 明确：服务明确地反映出服务标准和质量；

(10) 理解：员工尽力理解顾客的需要并提供针对性的服务。

改进措施

改善服务效率的途径有：

(1) 提高服务人员的技能和工作强度；

(2) 牺牲次要的服务质量标准以增加服务业务量；

(3) 使服务“工业化”；

(4) 为某些服务创造产品的解决方式；

(5) 重新设计服务过程；

(6) 奖励顾客实行自助服务。

专栏

迪欧咖啡：小镇上的“星巴克”[2]

迪欧的门店设置充分体现了洞察客户需求的细致。迪欧门店，与其说是咖啡馆，不如说是五星级酒店大堂或是豪华乡村俱乐部，近千平方米的店面异常开阔，全然不会出现星巴克那种拥挤的场面，巴罗克风格的店内装饰，从壁挂、橡木桌子到舒适的大沙发，显示出一种结合了美式乡村和欧洲宫廷这两种最符合国人对异域奢华想象的风格，对于三四线城市消费者来说，这无疑极具浪漫情调。

在服务质量的要求上，迪欧也向星级酒店看齐。比如说，客户乘车到门店，下车时服务生会过来帮忙开车门；客户离店门口两米时，门童一定会主动为客人拉门，进门口就有服务生欢迎招呼；还有更多的服务细则，比如，水壶的水线低于1/2就要加水；倒水时要求在桌子旁侧身以示礼貌；一旦烟灰缸的烟头超过2个就要换掉。在顾客的点单卡上，点单时间和送达时间分成两栏，一壶新鲜水果茶的送达时间一定会在8~10分钟以内，等等。但是，这些软硬件上的投入，并不是要将迪欧变成一个超标的“奢侈消费”，因为三四线城市的消费者，总体来说在消费价值判断上还是“实用主义至上”，所以合理且具有亲和力的价格对于在这样的市场中获得成功是关键要素之一。

为了能够在细节上一丝不苟，迪欧有非常严格的加盟管理制度，包括对门店的装修需要用怎样的窗帘、怎样的灯光、怎样的沙发，咖啡价格、原料的配送方式、服务的模式和规范等。由于发现各地的加盟商所购买的沙发在质量上参差不齐，为了让全国各地的门店能够在装修上达到加盟标准，迪欧不得不自己开设了家具厂，为加盟店制造沙发等家具。迪欧申请了八项装修方面的专利，比如沙发的布料和图案、洗手间的横条。

这家无论在欧美还是京沪穗的消费者看来都不伦不类的咖啡馆，就这么以五星级的姿态坐落在一个个三四线城市的街头，吸引着想要脱离日常琐碎生活、享受美好时光的人们在其中徜徉，与电影院、超市和大型婚纱店一起，成为现代都市生活方式的象征，甚至成为当地的地标。

客户体验

为客户提供服务最基本的就是要考虑到客户的感受和期望，从他们对服务和产品的评价转换到服务的质量上。现在，企客关系正在从 CRM 向 CEM 转变。CRM 是客户关系管理，CEM 则是客户生活体验管理——把客户的直接感受、体验纳入到企业管理的范畴。

理论基础

20 世纪 80 年代中期，摩托罗拉公司使用的“六西格玛”理论风靡一时，它推动了商业领域制造环节的顺利变革，从而提高了产品的合格率。当越来越多的产品商品化后，人们开始意识到，商品化导致产品越来越同质化，要吸引住顾客，关键在于与顾客的每一次接触，无论是面对面的销售行为，还是顾客的一次“来电”，都是一个为企业创造价值或损害企业利益的机会。

“人本西格玛”（Human Sigma）就是通过改进员工与客户的接触质量，来减少有关员工和客户在关键管理指标上的差异，进而提升企业的业绩水平。这一理论从 2005 年起在美国成型，现在，越来越多的公司开始接纳并使用“人本西格玛”管理体系，这些公司涵盖了金融、房产、零售、汽车等行业，百思买、万豪、万科等企业则成了第一批试水的公司。

“人本西格玛”的定义很简单，就是人的差异。换言之，它指的是，一家企业从员工和顾客方面改进其人本业绩，继而大大改进财务结果的潜力。“人本西格玛”所关注的，是两个紧密相连的结果：顾客忠实度与员工敬业度。“人本西格玛”没有把它们当做孤立的、需要分开处理的变量，而是遵循客观规律，将它们相互联系，综合处理。

企业如何做到这一点呢？这应该通过关注变革发生的环节——基层部门/班组，然后对所有的经理和部门/班组逐一去做工作。人们使用 Q^{12} 来测量每个基层单位的工作环境，并有针对性地改进这 12 个关键变量，继而推进员工保留、顾客忠实度、效率、安全和利润率等业绩指标。Q^{12} 为企业提供了一种通用的语言，适用于各种部门和班组，继而为减少差异迈出了第一步。

同样，盖洛普使用 CE^{11} 来测量一个部门/班组在 11 个关键变量上培养忠实顾客的结果。这些变量同时测量顾客与企业关系中的理性和情感因素。顾客忠实度关联到收入增长、服务成本和利润率。一如 Q^{12}，CE^{11} 为企业提供了一种通用的语言，适用于各种部门和班组，旨在就顾客的经历开展对话，继而为减少顾客服务方面的差异迈出第一步。

盖洛普数据库中，对员工敬业度和顾客忠实度与财务绩效的关联进行了分析。“人本西格玛”是一个四分图，当中的十字线代表了绩效的 50 百分位——高于此线的得分代表超过平均值的业绩，低于此线的得分代表低于平均值的业绩（见图 12-3）。

优化的收益

在员工敬业度和顾客忠实度上处于25百分位的部门 / 班组未能实现优化。处于51百分位的部门 / 班组开始实现优化——它正在建立员工敬业度和顾客满意度。而处于75百分位的部门 / 班组则在员工敬业度和顾客忠实度上取得佳绩，继而推动经营业绩

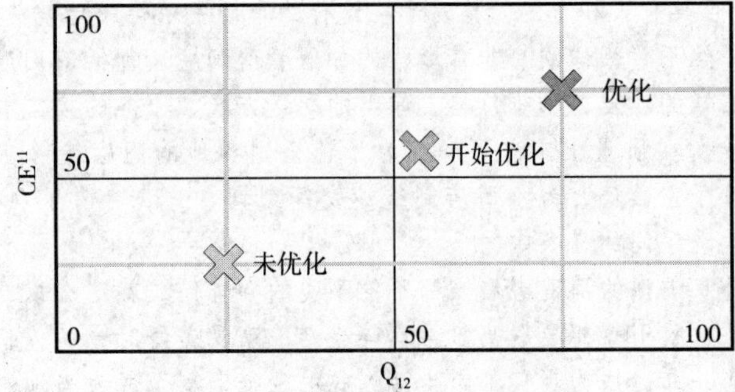

图 12-3 人本西格玛

应用流程

以一家企业为例。该企业设有数个电话服务中心，雇有数百名员工。我们可以测量每个部门/班组的CE[11]和Q[12]得分，并将结果标在图上，将它们相互比较。我们刻意寻找的是绩效优化的班组，即在顾客忠实度和员工敬业度上都超过平均水平的班组。

假设一个班组在盖洛普数据库中的顾客忠实度和员工敬业度上都处于25百分位，它就会处于四分图的左下格，表明该班组在两大指标上都大大低于平均水平。这个班组未经优化，其绩效也不会高。

假设另一个班组在顾客忠实度和员工敬业度上都达到51百分位，它就会处于四分图的中央，勉强进入优化的右上格。

这是否就是说，这个班组恰好居中？答案：不完全是。事实上，它在两大指标上都略高于平均。这表明，它在成功地建立顾客忠实度和员工敬业度。

同时做好几件事是不容易的。这是"人本西格玛"的关键所在：在CE[11]和Q[12]两大指标上，与其一个指标超强，而另一个指标低于平均，不如两大指标都略高于平均。两大指标的50百分位正是建立一个优化部门/班组的起点。毋庸讳言，一个部门/班组的顾客忠实度和员工敬业度越高，它的绩效就越好。

最后，设想第三个班组。它在员工敬业度和顾客忠实度上都处于75百分位，在四分图上处于右上格。你应当设法使你的所有班组都到达那儿。如果它们没到那里，就应当努力。

我们根据这些部门/班组的员工敬业度和顾客忠实度得分把它们标在图上，发现有的经理和员工善于建立员工敬业度，但不太善于建立顾客忠实度，也发现有的正好相反。还有的两方面都差，所以处于左下格。真正优秀的部门/班组要少得多，它们位于右上格。

那么，经理和员工如何使他们的部门/班组进入右上格呢？有两个途径。其一是周期性或实施式的干预。这些举措往往是局部和短期的，但是定期发生。例如，在Q[12]的行动计划流程中，员工和经理定期见面，讨论他们的Q[12]得分，并选择若干项目作为未来数月的保持或改进重点。这些是典型的干预行动。它们在经理和员工之间推动对话，因而对于建设良好的工作环境是至关重要的。在增强顾客忠实度上，过程相似。

在其他情况下，企业需要实施结构性或变革式的干预。这些举措关注的是管理模式、领导构成以及决策与执行的过程。结构性的干预涉及企业如何选拔员工、挑选和提拔经理、评定员工和决定薪酬、计划高层领导的更替以及表彰和培养员工等。例如，如果你的企业无视业绩优劣支付相同的工资，那你的明星员工肯定会看穿，并产生不满甚至离开。在这种情况下，公司就需要结构性的治理——需要设计一种奖勤罚懒的薪酬体系。

> 亚洲的一家商业银行在几年前开始使用"人本西格玛"这个测量及管理工具。在使用前，研究人员将其员工敬业度和客户投入度分成六个等级，发现该银行70%以上的支行员工与客户关键指标方面都处于最差的第一级和二次级。经过几年的管理改进和监测后，如今该银行99%以上的业绩增长来自"人本西格玛"指标处于最高等级或指标水平有提升的分行，在本国的排名也从第五位上升至第一位。[3]

除了实施周期性干预外，有些企业需要实施结构性或变革式的干预。这些举措关注的是管理模式、领导构成以及决策与执行的过程，涉及企业如何选拔员工、评定员工和决定薪酬、计划高层领导的更替等。例如，一个员工的Q[12]指标始终不高，这个问题可能不是在他本身，而是出在公司的招聘及用人体制上。如果员工处于不合适的岗位，他的表现和绩效难以尽如人意，这就需要公司作出系统的改变。

实证分析

中国饮食源远流长，菜系之丰富举世罕见，开中餐馆是海外华人重要的谋生手段，只要有中国人的地方就有中餐馆。但奇怪的是，大多餐馆都是中低档的，很多店的菜价都只比快餐店稍微贵一些。

为什么中餐馆很难成为顶级餐馆？其实造成这种现象的原因有很多，如烧得差、服务不好、环境比较嘈杂、西方人对东方菜系不习惯等因素。以上问题都好解决，但要成为顶级饭店，有一点是中餐馆非常难做到的，那就是服务员的气质。

在法国餐馆就餐，服务的法国小伙面带笑容，动作娴熟，充满活力，不卑不亢，同时又非常重视顾客的就餐感受，在被服务的过程中，顾客心情都非常愉悦。这是一个平等沟通的过程，这种感觉很难用文字表达。

在国内中餐馆的经历是迥然不同的。在国内受到的服务要么是粗暴的（态度恶劣的，通常在小餐馆），要么是冷漠、木讷的（只是上菜机器，通常在中等餐馆），要么是谦卑的（如跪式服务，在高档餐馆）。

服务是需要某些文化背景的。食客不能认为自己是“皇上”，在服务业有一句口号“顾客是上帝”，在中国餐馆，经常看到顾客训斥服务员，有“我花钱，我老大”的感觉，这是“皇上”的感觉，不是“上帝”。在这种交流下，付钱多的，对方就变成了奴才（如高级餐馆）；付钱一般的，就木讷了（为了一口饭，没办法）；付钱少的，就粗暴了（老子不做你这生意）。

从服务员来说，不能认为自己是“卑下的”，这只是一个职业，出卖的是劳动力，而不是人格。职业就必须有职业道德。怀着“卑下的”心理，也会出现三种情况，真的卑下了（头低着，做下人，奴才）；冷漠，麻木了（命苦呀，还不是为那些钱，对工作本身没兴趣）；反抗了（看老子这么对付你们）。

如果心态不调整成正常状态，中餐馆永远也不会成为顶级餐馆。但要调整好心态，可能需要努力的也不完全是在中餐馆。

服务有形

服务有形度（tangibles）指有形的服务设施、环境、服务人员的仪表以及服务人员对客户的帮助和关怀的有形表现。服务本身是一种无形的产品，但是整洁的服务环境、餐厅里为幼儿提供的专用座椅、麦当劳里带领小朋友载歌载舞的服务小姐等，都能使服务这一无形产品变得有形起来。

投诉流程

一般来说客户投诉处理应遵循以下几个方面的流程[4]。

组织机构

面对复杂的客户投诉，企业需要有更高素质、更高问题处理能力的组织机构来处理投诉问题，这个机构应由对口的行业管理、媒体宣传、法律顾问、技术支持等部门管理人员以及公司的高层组成，这是保证企业高质、高效处理客户投诉的一个基本要求。另外投诉处理中会涉及一些特殊问题的处理权，比如退货（款）、赔偿、寄送礼物等，也需要这个机构来确定处理。而一般的客户投诉只需专责部门客服中心人员协调处理，其他部门管理者只需按时得到每周的报告就可以了。

状态跟踪

遇到投诉或投诉升级时企业经常会发现，好像每个处理的人都做了合理的事，但投诉还是产生和升级了。其实这就是由于没有事件跟踪流程所导致的，很多部门配合的时候更容易出现这样的情况，因此这种事件状态跟踪机制是必需的，而且不仅仅是在投诉的处理上，对事情的处理一定要有头有尾。

投诉升级

有了状态跟踪机制其实并不能保证事情得到及时的处理，这需要另外一个机制来控制——投诉处理升级机制。如果一件事情在相应的规定时间内没有解决掉，或客服部门单独无法解决，相关的管理者会逐级得到信息，这样公司相应的组织机构参与到投诉处理中，可加快事件的处理。

总结改善

已经有客服中心负责跟踪、升级处理等机制，但如果想把用户投诉的问题转化为服务提升的动力，那详细的分析报告将是非常重要和必需的。这也是为什么要专职部门——客服中心负责的一个原因。一个及时、公正的总结以及一份分析到位的报告对服务部门管理者提升服务来说是很有帮助的。

回访处理

投诉处理结束了，还有事情要做，就是对曾经投诉企业服务的用户进行回访，请他谈谈改进后的看法，听听用户对整体服务的意见和建议。

服务差异

服务是一个组织能够向他人提供的任何行动或实效，它基本上是无形的和不引起任何所有权关系的。它的生产可以或无须与具体的产品有关。服务普遍存在于服务业企业、非营利组织，甚至制造企业中。如何创建一个简单、能表达自己企业的服务模式，并使之区别于其他企业，这已经成为越来越多的企业正在思考的问题[5]。

基于服务的差异化，现在出现了许多重要的服务变化趋向，有如下几种。

操作细化

第一种趋向，产品实际使用价值从总体把握向操作细化转变。原来笼统讲使用价值的做法已经不被客户认同，客户要求厂商必须明确哪些是切实的使用价值，不解决真正需求的使用价值无人会买账。联想电脑已经把解决客户的“普遍性应用”视为初级阶段的解决方案，而向满足特定客户群体的个别需要“晋级”，像“内网沟通”、“虚拟服务器”、“互联一点通”等都是细分化的新增使用价值。

微观技术

第二种趋向，市场技术从宏观向微观转变。在同外资的合作过程中，用市场换技术是中国企业的宏观思路，事实证明这种大粗线条的做法多有失败，而海尔同三洋这种个别交易合作的方法却是成功的。原因在于，海尔同三洋，首先双方借各自渠道销售产品，其次是三洋欲在海尔工厂边建设新厂时，海尔的条件是要三洋提供最新的冰箱技术，海尔在双赢中真正得到了技术。

消费结算

第三种趋向，货款结算从“销售后”向“消费后”转变。万家乐旗下企业出售变压器贯彻的“181”惯例是这样的：用户购买时付10%的订金，安装、调试后付80%货款，剩下的10%作为质量保证金。这就像人们到西瓜摊买西瓜，光开始吃着甜不行，吃到最后还觉得甜，买主才全额付钱。这是典型的“消费后”模式，企业运作管理的趋势必然要延伸到“消费后”链条才结束。

理性消费

虽然在很多时候，客户对产品的了解并没有企业多，但不难看出，随着人们生活水平的不断提高，消费理念的不断变化，消费者的心态逐渐趋向理性，消费者对健康和消费品的认识也越来越多，质量、环保、健康、科技、节能、安全正为消费者所熟知和了解，单凭厂商一家之言进行宣传的年代已经一去不复返了。一方面，服务的提供不能只限于单纯的售后服务，现在顾客更多的是需要综合型的服务和一体化的解决方案。IBM 出售其 PC 部门正是出于这个考虑，将企业中失去竞争力的部门重新整合或者出售，提高整个企业的活力。现在 IBM 已经是服务业的佼佼者；另一方面，激烈的市场竞争使售后服务不再仅仅作为一种宣传和促销手段，个性化、全方位、人性化的服务正逐渐成为各大厂商领先对手的利器。

精神服务

服务管理的难点在于：一方面，服务创新很容易被竞争对手模仿，服务企业很难与竞争对手形成差异；另一方面，客户关系具有明显的周期特征，客户忠诚从萌芽到成熟要经历一个不断发展的进化过程。

客户分类

很难给顾客忠诚下一个简单的定义。Cremler 和 Brown（1996）提出，将顾客忠诚细分为行为忠诚、意识忠诚和情感忠诚，以帮助人们理解它的含义。行为忠诚是顾客实际表现出来的重复购买行为；意识忠诚是顾客在未来可能购买的意向；而情感忠诚则是顾客对企业及其产品的态度，其中包括顾客会积极地对其周围人士宣传企业的产品。由行为、意识和情感三方面组成的顾客忠诚度，着重于对顾客行为趋向的评价[6]。A. S. Dick 和 K. Basu 在 1994 年将顾客忠诚分为以下几种类型：不忠诚、虚假忠诚、潜在忠诚和持续忠诚[6]，每一类型的具体情况如图 12-4 所示。

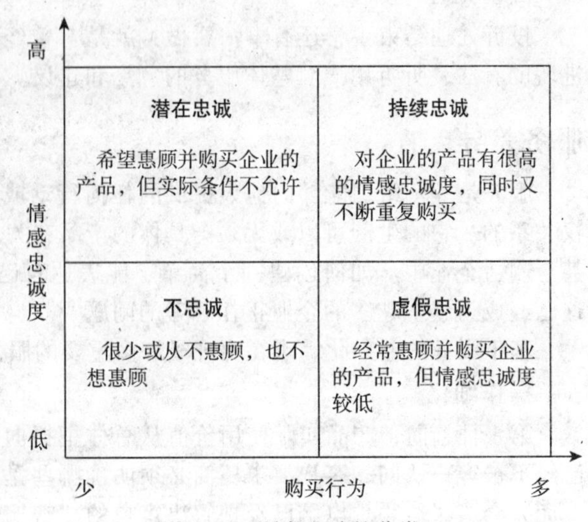

图 12-4 顾客忠诚的分类

显然，对企业真正有意义的顾客忠诚应该是持续忠诚。因此，企业所进行的一切活动、所采取的一切措施，都是为了将不忠诚、虚假忠诚和潜在忠诚的顾客转变为持续忠诚的顾客，以实现企业的预期发展目标。

由图 12-4 可见，满意、信任是忠诚的低级形式，精神忠诚、可持续忠诚是忠诚的高级形式，满意、信任、行为忠诚、精神忠诚和可持续忠诚，代表了不同的客户忠诚水平，它们通常按一定的时序出现在客户关系生命周期的不同阶段。

精神服务

在此基础上，服务管理呈现了向精神服务转化的趋向。在目前的经营环境下，企业的忠诚度计划正面临着更新换代。顾客忠诚度计划正在从原来物质上的保证或奖赏，向社交或感情上的联系（客户的互动）方向转变[5]。

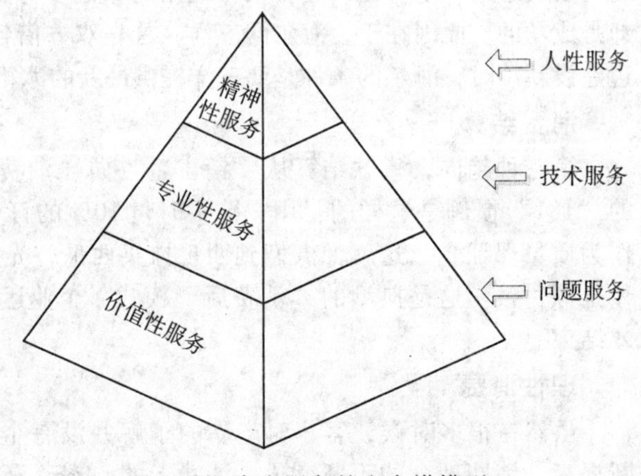

图 12-5 客户服务的金字塔模型

客户服务的竞争力建设，必须从价值性服务向专业性服务和精神性服务方向提升（见图 12-5）。虽然价值性服务具有基础性和最大的适用面，但专业性服务体现品质，精神性服务体现高度。

经营人心

精神服务的要求是，企业经营内涵从经营人力向经营人心转变。海尔强调不是卖产品而是买客户的忠诚度、买客户的心，企业用忠诚度换员工的忠诚度，员工用忠诚度去换客户的忠诚度，形成从企业到员工再到客户的忠诚度的经营人心价值链。现在社会上甚至出现诚信价值化趋向。

服务同理

服务同理度指服务人员能够随时设身处地地为客户着想，真正地同情理解客户的处境，了解客户的需求。

客户价值

今天的顾客具有强烈的价值异向。顾客认为的价值意味着他们所承受的全部成本（包括价格和使用过程中的各种费用）是否值得。

价值主张

价值主张是企业的灵魂，是企业在商海上航行的指南针。忠诚是使企业中每一家的战略规则都应围绕价值主张的设计和发展，而归根到底，这个价值主张就是向自己的顾客提供最优异的价值，使他们达到满意。

合理管理

管理客户，有一条基本原则：合理地管理客户，而不是无理地征服客户。许多大品牌的厂家在管理客户的过程中，没有认清这一点，依靠品牌的强大力量，把一些条件强加给客户，“逼客户就范”，更为严重的是，还把这一行为津津乐道，推广宣传。

客户满意

激发满意

导致顾客不满意的因素和能够赢得顾客满意的因素截然不同，消除顾客不满意与赢得顾客满意是两回事，消除给顾客带来不满意的因素只能让顾客没有不满意，还不足以赢得顾客满意。

能够赢得顾客满意的因素大致包括：体谅顾客，对企业给顾客带来的麻烦、不便表示歉意；尊重顾客，聆听顾客对产品的意见、建议；关心顾客的利益，通过一定方式补偿顾客蒙受的损失，对有继续购买意愿的顾客提出中肯的建议或尽可能地给予优惠，等等。

多做一点

企业要赢得顾客满意，必须在消除顾客不满意的基础上进一步挖掘能够给顾客带来满意的因素并竭力去做好。那么能够给顾客带来满意的因素究竟是什么呢？是企业基于关心顾客而为其多做的“一点点”。多做“一点点”在某种程度上类似于“美丽”这一概念，“美丽”虽然很难定义，但人们面对美丽时能够感觉到它。企业在善后性服务中多做的“一点点”尽管难以准确定义，但企业基于关心顾客而多做的“一点点”却能让顾客真切感觉到、体会到，并带给顾客欣喜和满意。

通过多做“一点点”补偿顾客所遭受的物质和精神损失，赢得顾客满意。较之于现行的善后性服务就事论事解决顾客申诉问题，它表现出的是主动、积极地解决问题，即不仅按企业规定做“该做”之事，还做“该做”之外的“应做”之事。顾客遭受产品质量问题，不仅利益上蒙受了损失，心理上也会受到伤害，并进而对企业、对产品产生心理阴影。在这种情况下，企业欲通过善后性服务赢得顾客满意就必须做到既为顾客着想，关心顾客的利益，同时多做“一点点”补偿顾客因服务缺陷所蒙受的利益损失和心理伤害。如日本某超市有一天接到了一位顾客的投诉，声称他在该店购买的一块豆腐已经变质。对此，超市经理不仅亲自向顾客道歉，一再请求顾客原谅，而且让工作人员拿出五块新鲜豆腐补偿顾客的损失。多做“一点点”，对企业及其善后性服务人员来说可能是很小的代价，却能获得顾客的青睐，令顾客满意有加。

一个公司的广告

我们不自己成功，直到你成功；我们不算满意，直到你满意。

客户忠诚

客户忠诚是指高度承诺在未来一贯地重复购买偏好的产品或服务，并因此产生对同一品牌或同一品牌系列产品或服务的重复购买行为，而且不会因为市场态势的变化和竞争性产品营销努力的吸引而产生转移行为。客户忠诚并不仅仅是指经营思想和战略规划，因为它提出了一整套实用的测量指标，所以它还指导着实施战略策略的日常工作的操作。

忠诚因素

客户认知价值、客户满意、客户信任和转移成本共同决定客户忠诚。

客户认知价值、客户满意、客户信任和转移成本是驱动客户关系不断从低级向高级发展的主要决定因素，但这四个因素不在同一个层次上。其中，客户认知价值和转移成本是两个基本因素，客户满意和客户信任是两个派生因素。

它们在不同阶段的作用也不尽相同：客户认知价值是客户关系保持的内在动力，贯穿于客户生命周期的每一个阶段；客户满意的基础是客户价值期望的满足，一系列的客户满意产生客户信任，长期的客户信任形成客户忠诚，客户满意和客户信任是通向客户忠诚的两个重要里程碑，分别在客户生命周期的前期和中期起着至关重要的作用；转移成本是在客户关系发展过程中自然或人为形成的产物，主要在客户生命周期的中后期起作用，是阻止客户关系倒退的一个缓冲力。

忠诚计划

过去，客户忠诚度计划主要是用于服务行业，如信用卡金融机构、旅馆和航空公司。这些企业提供的产品和服务是无形的，如旅馆住宿和乘坐飞机。因此，这些企业往往成本低而收益高。现在，以提高顾客忠诚度为目标的各种积分计划、俱乐部营销等，从航空公司、酒店等行业迅速普及到了电信、金融、零售等各行各业，现在已经发展为跨行业、跨国家、线上线下联合的趋势。企业往往给予长期购买客户一定的优惠，采用顾客忠诚卡来诱导重复消费。这种优惠主要有两种形式：一是价格折让，企业通常给予长期客户以低于正常价格的优惠；二是利益累积，利用赠券在顾客消费累积到一定规模后即可获得其他福利。

但现在，越来越多的企业在顾客忠诚度计划实施方面面临着巨大的挑战，传统的顾客忠诚度计划正在失去原有的作用，难以达到企业预先计划的效果。一方面，由于受教育程度越来越高，很多消费者从情感型忠诚顾客转变为理智型消费者，而且他们的信息来源和渠道也越来越多，这使得消费者能很好地在不同企业提供的产品和服务之间做出比较和判断。另一方面，企业和企业之间的顾客忠诚度计划的雷同性，以及企业间竞争的升级使得顾客忠诚度计划的优势被侵蚀殆尽。只要一打价格战，消费者立刻转移。只要有新的牌子、新的概念出现，消费者就产生尝试、转变的心理，进而影响对原品牌的信赖程度。

奖励创新

越来越多的企业正在试图开创对顾客更有吸引力的奖励计划，从而帮助企业提升利润。

一种称为赠予“地位”的客户忠诚计划正在被很多企业采用。这种计划是使用黄金卡和铂金卡来区别不同忠诚程度的顾客，从而在顾客购买的基础上给予他们一定的地位。这种方法在原有消费者分层的基础上，进一步将忠诚顾客分层，赋予他们一定的地位以使他们感觉良好，并做出相应的购买消费。一般来说，金牌顾客在数量上仅占总顾客数的5%。这些金牌顾客只有在他们了解到还存在有另一类银牌顾客位列其下时，才会有一种与众不同的成就感，才会激发其购买欲望。现在，越来越多的顾客希望获得地位，企业也正在探索更佳的顾客分类方式。

有的企业开创了一种“赠予进展”的顾客奖励计划。例如，在一项奖励活动计划中，需要消费者购买8份商品才能获得一次奖励，现在可对其进行相应改进，把项目设置为顾客得购买10份商品才能获得一次奖励，而其中2份商品在顾客注册企业会员时就已经购买了。这两项计划都要求顾客购买8份商品，并且提供相同的奖励条件，然而，顾客会更倾向于选择后者——并且会更快地完成，如果有人给他们开了个头的话。如果一项任务的实施需要采取8个步骤，则可以试图把它扩展为10个步骤，并有2个步骤已经完成。这样，人们往往会感觉到任务已经开展起来但还未完成，而不是一点动静都没有。这种方法能更加有效地促使人们更快地去完成计划。有很多洗车行目前采用的都是这种顾客忠诚计划。

奖励顾客忠诚的思想最先在酬宾赠物券和配给券中出现。例如，在始于20世纪30年代的S&H绿色酬宾赠物券计划中，零售商向客户支付与其购买量成比例的酬宾赠物券，客户的购买量被记录下来，日后凭酬宾赠物券可以购买商品。此种赠券可被视为一种具有一定价值的“代币”。1981年，美国航空（American Airline）首次推行了知名的飞行常客计划。此前，各大航空公司一直为试图赢取顾客青睐而煞费苦心。

有的企业则选择了一种新型组合定价的顾客忠诚计划。这种计划在心理上能有效降低消费者对成本的感知，同时也能为企业带来更多赢利。例如，航空公司的顾客往往对是选择花费500美元还是获赠25 000英里的航程并不感兴趣。然而，他们却愿意选择支付400美元和获赠5000英里航程的组合。航空公司采用的这种联合定价的方法是每英里收费0.02美元，收益不变，却在心理上降低了消费者对成本的感知。在这种获赠英里数或是奖励积分的计划中，涉及顾客的心理因素。显然，顾客是不会将里程或积分与现金一视同仁的。

根据知名调研公司Jupiter Research的调查，有超过75%的消费者至少有一张顾客忠诚卡，而有超过三成的消费者有两张或两张以上的顾客忠诚卡。Gartner的研究则指出，2003年美国企业在顾客忠诚度计划上的支出就高达12亿美元[5]。

服务反应

服务的反应度指服务人员对于客户的需求给予及时反应并能迅速提供服务的愿望。当服务出现问题时，迅速解决能够给服务质量带来积极的影响。

服务网络

在服务管理上最重要的是与客户沟通，提供知识信息，让企业的服务或营销人员控制协调好客户关系，传达好客户的要求、意见。例如，有的忠诚度计划不会提供顾客重复消费的优惠，而是带给顾客一种参与性的体验感觉，加强企业和顾客之间的亲密程度，从而留住顾客。许多网络企业为忠诚用户提供个人主页空间、免费的电子邮件等。通过为用户提供参与共建网站的方式来留住他们。网站会设立许多栏目，邀请人们参与讨论或支持栏目。随着顾客告知一个企业的信息越多，企业就越能更准确地把握顾客的想法——他们在何时、何地想要什么；客户也就越不容易被其他企业吸引，因为即使其他企业能够生产与其一模一样的产品，但已经与该企业建立了联系的客户要把自己的信息告诉其竞争对手，就得花费额外的时间和精力。

网站设计

在互联网时代，企业利用网络资源与顾客建立一种长期稳定的关系，从而创建顾客忠诚，可以用以下模式来表示（见图12-6）。

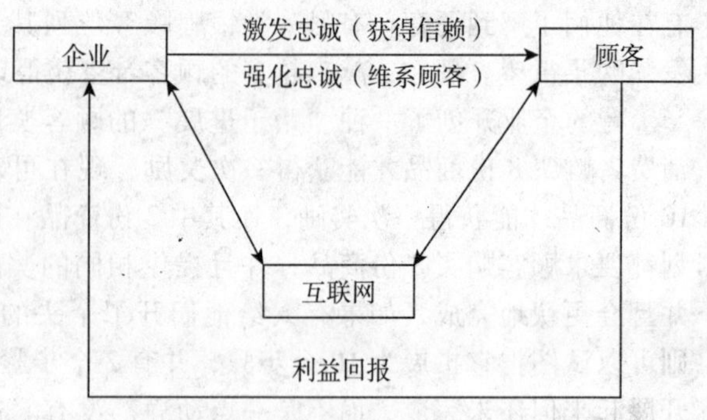

图12-6 顾客忠诚模式分析

用互联网信息技术来维护客户关系，主要从以下三个互动点（营销、业务、支援）上着手。企业应根据自身情况，充分利用网络资源，在与顾客接触的全过程中，发挥优势，维护好顾客关系。

研究显示，一个网站的设计和营销策略对其所要锁定的目标顾客群影响很大。对于同一市场内不同的网络公司而言，其锁定的目标顾客群细分也是有很大差别的。一些网站是为了锁定长期稳定的目标客户而设计的，而另外一些网站则是为了吸引那些在不同网站之间来回飞舞以讨价还价寻求最低价格的"蝴蝶型"的顾客群而建立的。这些"蝴蝶型"的顾客通常受促销折扣和一般性广告的诱导，例如就百货而言，最好的诱饵就是那些目标不明确的旗帜广告。如果一家网络公司将其大笔的市场营销费用投资于这些无差别的旗帜广告和网上优惠券，而不是投资于"建立网上社区"，该公司不可避免地会遭受长期的利润损失。

随着互联网的快速发展，大量企业正迅速转向全球性商务，用电子方式把遍布全球的客户与供应商联系起来。在这种转变过程中，互联网应用不再被局限于围绕业务应用本身，而被延伸到用于客户直接的访问和在"互联经济"中努力提供最快捷的信息传递服务。例如，企业信息门户（enterprise information portal，EIP）将会成为客户关系管理的新工具。

EIP，作为一种新的应用系统概念，正为许多企业所采用。它就像一个超级主页，但比我们常用的搜索引擎要小得多，甚至只相当于浏览器提供商的主页，它可以附加上许多服务和属于个人的东西，这样的站点可以使我们通过个性化的大门进入Web世界。企业门户的目的是为客户、合作伙伴和员工建立一个个性化的进入整个企业的大门。

EIP是个应用系统，它使企业能够释放存储在内部和外部各种信息。让客户们能够从单一的渠道访问其所需的个人化信息。客户们可利用这些个人化信息做出合理的业务决策，并执行这些决策，同时发现做出类似决策的其他人并和他们取得联系。

EIP通过及时地向用户提供准确的信息来优化企业运作和提高生产力。这些门户可把存放在企业数据库与数据仓库中的业务智能转变为可利用的信息，并通过浏览器送到用户眼前。如：Sybase的技术支持站点mysupport. sybase. com就被评为了2003年十大最佳技术支持站点。它就是Sybase利用EIP的指导思想建立的一个用户自主服务的技术支持站点，它的最大特点就是可以为用户提供个性化的支持信息，过滤掉那些多余内容。

网络信任

信任是使顾客产生忠诚的前提条件。在网上，信任二字显得尤其重要。因为网络的虚拟性使顾客与企业在相互“看不见、摸不着”的情况下进行交易，顾客承担着很大的风险。因此，顾客会倾向于与它所信任的企业保持长期关系。事实上，许多顾客在选择和评价在线商家时，最看重的因素是“值得信赖”，而不是“价格低廉”或“产品种类繁多”。

信任来自很多方面，如产品或服务的高质量、价格合理等。而在网上，至关重要的因素还有两个。

首先，网上顾客最担心的是他们的信用卡账号、密码等泄漏或被盗用。因此企业要投入足够多的力量来保证网上支付的安全。例如，亚马逊的顾客认为这个网上书店很值得信赖，令人放心，他们愿意在亚马逊的订货系统中储存他们的姓名、地址、信用卡号等信息，这是他们与亚马逊保持长期关系的主要原因之一。

其次，顾客们还很关心自己的个人隐私安全。一些网站在未经顾客同意的情况下就擅自将顾客的身份、地址等透露给第三者，或是跟踪顾客的网上行为。这些举动会招致顾客的反感与抗议，因此企业要注意保护顾客隐私。

了解顾客

在网络环境下，通过互联网联系顾客并听取他们的意见，创造稳定的顾客关系，成为企业价值创造的一大法宝。稳定的顾客关系绝不是一次交易建立起来的，它的形成要靠长期的多次互动和交易才能逐渐产生。互联网信息技术的发展超越了烦琐的中间程序，在顾客和厂商之间架起了直通的桥梁，为二者之间的互动联系提供了更好的媒介，在顾客关系上创造了更强的结合力，提升了顾客满意度和忠诚度。

世界著名的零售商沃尔玛利用电脑网络建立了复杂的顾客数据库系统，整合顾客的信息资源，包括消费偏好、产品销量、人口统计等，将这些信息资源进行分析，以了解追踪顾客个别的需求差异，以此作为服务依据，满足顾客的多样化和个性化需求，留住老顾客。

全球最大的网上书店亚马逊的销售收入每年都保持很高的增长率，其原因也是应用了基于信息技术和网络技术的顾客关系管理：当某顾客在亚马逊购买图书后，它的销售系统就会记录该顾客曾浏览和购买的书目，生成有关顾客爱好的信息，当顾客再次进入书店时，销售系统便会识别顾客的身份，并根据顾客喜好推荐书目。顾客去的次数越多，系统对顾客的了解就越多，服务就越好，因此亚马逊书店的顾客中有65%的回头客。

美国在线AOL是一家在顾客忠诚度方面做的极为优秀的公司。据统计，目前全球网上销售只开发了消费者30%的购买潜力，而美国在线却是个例外。它非常慎重地测量它的顾客忠诚度和购买模式，并用这些信息去指导网站在战略、市场营销和站点方面的设计。它通过对不同消费者群体的保留率分析和生命周期的经济分析，做了很多关于吸引消费者的程序的小规模测试，同时也投入大量的资金去吸引并留住有长远价值的顾客。AOL的一项顾客忠诚研究计划发现，当AOL成为日常生活的一部分时，消费者要不断地修改他们的账目，因此公司加强了服务软件的日历和日程安排等跟踪功能，当顾客用得越多，也就越离不开AOL。因此，AOL客户服务中心任务是提高服务的方便性，以吸引更多的寻求便利的顾客。

戴尔计算机公司在这方面也很优秀，它有专门的部门和副总来负责管理顾客忠诚。戴尔公司用一系列的标准，每个月、每个季度都跟踪监测顾客的经历。在研究了顾客保留方面的数据后，戴尔发现驱动其品牌忠诚的几个关键因素：定单履行、产品表现、过去的销售服务与支持。因此，戴尔定期对每个因素进行总结统计。比如：定单履行，测量定制服务按时准确到达顾客的百分比；产品表现，测量顾客遇到的产品问题的频率；服务与支持，测量第一次服务按时到达率和成功率。公司建立了跟踪统计分析系统，每天总结，并与所有员工共享，以此提高组织总体服务能力。戴尔的另一个绝招是计算出顾客买戴尔产品所需要的成本：下定单、安装、运行、服务、布置和必要的软件，这些成本哪些是付给戴尔的，哪些是付给别的公司的。戴尔根据这些成本信息来投资新的产品和服务，一方面为公司创造了新的收入来源，另一方面又为顾客减少了购买戴尔产品的总的相关成本。

任天堂的玩家们一向都拥有极高的忠诚度。任天堂的用户忠诚度计划将会根据消费者的忠诚度给予三个等级的奖励。根据注册用户的购买信息回馈，任天堂将会为这些玩家提供新闻、金手指码以及一些特殊优惠。任天堂不仅为玩家们提供了一个充满个性和情感的玩家社区，也推出了声势浩大的"Who are you?"宣传活动作为执行这个忠诚度计划一部分。而忠诚玩家们积极的反馈信息将被用于研究，进一步确定这些忠诚玩家们的需求，从而作为任天堂安排未来的市场营销活动、客户服务方向乃至新产品的开发的决策基础。

服务执行

要想留住客户群体，良好的策略与执行力缺一不可。许多企业虽能为客户提供好的策略，却因缺少执行力而失败。

执行能力

在多数情况下，企业与竞争对手的差别就在于双方的执行能力。如果对手比你做得更好，那么他就会在各方面领先。成功的企业，20%靠策略，60%靠企业各级管理者的执行力。作为管理者，重塑执行力的观念有助于制定更健全的策略。

专栏

24小时规则

在福特汽车公司（Ford Motor Company），提升产品质量采用的工具之一，就是"24小时规则"（24-hour rule）。

这个规则规定："你有24小时的时间解决某个新出现的问题，在此期间，你可以自己试着弄清这个问题，看看自己能否解决。之后，你必须把这个问题交给大家。"这是一个升级上报流程。因为有很多这类问题，所以，利用公司的智慧可以很快解决它们。

在福特汽车公司，还有另一个规则：每一个担保请求权，或者一家福特工厂收到的经销商或消费者投诉，都要保证在24小时内给予解决。

在一个涵盖范围更广的流程中，"24小时规则"虽然是个简单的措施，不过这个措施已经开始生效。福特公司的汽车产品质量得到了大幅提高，购买汽车的公众对此做出了积极的反应。2011年，福特公司在J. D. Powe and Associates的"新车质量调查"（initial quality survey）中取得了公司历史上的最高分[7]。

执行条件

事实上，要制定有价值的策略，管理者必须同时确认企业是否有足够的条件来执行。在执行中，一切都会变得明确起来。面对激烈的市场竞争，管理者角色定位需要变革，从只注重策略制定，转变为策略与执行力兼顾。以行为导向的企业，策略的实施能力会优于同业，客户也更愿意死心塌地地跟随企业一起成长。

服务品质

产品质量

质量的高低关系到企业成本、销售额及利润。产品质量是企业为客户提供有力保障的关键武器。没有好的质量依托，企业长足发展就是个很遥远的问题。肯德基的服务是一流的，但依然出现了苏丹红事件，从而让对手有机可乘，致使客户群体部分流失；康泰克阿司咪唑等药物也是在质量上出现问题而不能在市场上销售。

服务质量

一般而言，制造类企业的主要精力都放在营销管理和技术研发上，但随着产品技术的日趋同质化，服务也越来越成为影响市场份额的关键因素。每个企业都在积极寻求用什么样高质量的服务才能留住企业优质客户。

专栏

美国“911”救护服务[8]

以下是“911”关于迈克尔·杰克逊的求救录音全程实录：

急救中心：请问有什么紧急情况？

求助者：是的，先生，我需要一辆救护车，越快越好。

急救中心：好的，先生。您的地址？

求助者：加州，洛杉矶90077。

急救中心：好的，先生。卡洛伍德路？

求助者：卡洛伍德路，是的。

急救中心：您现在使用的电话号码是什么？请你告诉我您那儿发生了什么事情？

求助者：这儿有位先生需要帮助，他现在没有呼吸。他没有呼吸，我们试图为他做心脏按压，但是他没有任何反应。

急救中心：好的，他多大了？

求助者：他50岁。

急救中心：50岁，好的。他现在没有知觉，也没有呼吸？

求助者：对，他没有呼吸。

急救中心：好的，他也没有知觉。

求助者：没，他没有知觉。

急救中心：好的。他现在地板上吗？他现在躺在哪里？

求助者：他躺在床上。他躺在床上。

急救中心：好，把他抬到地板上。

求助者：好的。

急救中心：好的，把他抬到地板上，准备给他做心脏复苏术，好吗？

求助者：我们需要……我们需要……

急救中心：我们的医疗人员已经在路上了。我没办法在电话上帮你。我们已经在路上了。有人给他进行治疗了吗？

求助者：是的，有，我们有一个私人医生，他和他在一起……

急救中心：噢？那个医生现在还在那儿吗？

求助者：……但是他现在没有任何反应，他对心脏复苏术什么的都没有任何反应。

急救中心：噢，好的。我们正在路上。如果你们身边有个医生的话，他应该比我权威。有人看到发生什么事了吗？

求助者：没有，就只有那个医生。当时就只有医生在场。

急救中心：那这位医生看到发生什么事了吗？

求助者：医生，你知道发生什么事了吗？你们能不能（快点）……

急救中心：我们在路上，我们的医疗人员正在路上。我只是例行问些问题。

求助者：谢谢您。我们给他心脏按压，但是他还是没有任何反应。

急救中心：好的，知道了，我们正在路上。我们马上就到。

从对话可以看出美国医护人员的专业水平和敬业态度，非常的人性化，快速反应能力非常强，调度中心的接线生在继续通话的时候，相关的信息就已经传到救护车的电脑上了。对话显示医护人员非常地耐心，而且他们并不知道要救的人是谁，他们是一视同仁的，每一个生命都是独一无二的，平等的。

深入调查研究发现，对于服务质量 Rater 指数五个要素的重要性的认知，客户的观点和企业的观点有所不同：客户认为这五个服务要素中信赖度和反应度是最重要的。这说明客户更希望企业或服务人员能够完全履行自己的承诺并及时地为其解决问题。而企业则认为这五个服务要素中有形度是最重要的。这正表明：企业管理层对于客户期望值的认知与客户对于服务的期望值之间存在着差距。

至此，可以看出客户服务的满意度与客户对服务的期望值是紧密相连的。企业需要站在客户的角度不断地通过服务质量的五大要素来衡量自己所提供的服务，只有企业所提供的服务超出客户的期望值时，企业才能获得持久的竞争优势。对于处于创业阶段的企业，在产业竞争中固然有其缺陷，可是也能够创造出一些优势条件，更好地满足市场需要以获得生存与发展。因此，新创企业的企业家应在衡量自身条件基础之上，参照 Rater 指数的要求，在必要时不断改善自己的条件。

本章概要

本章的主题是客户服务。客户关系管理（CRM）代表了企业为发展与客户之间的长期合作关系、提高企业以客户为中心的运营性能而采用的一系列理论、方法、技术、能力和软件的总和。本章基于客户服务满意度 Rater 指数，建立了客户服务的管理框架，包括服务信度、服务专业、服务有形、服务同理及服务反应，并进行了实证分析，有助于提升服务管理的操作水平。

思考练习

1. 何为客户关系管理？针对新创企业的特征说明采用 CRM 的意义。
2. 何为顾客忠诚管理？对新创企业的生存与发展有何作用？我们怎么定义顾客的忠诚？为什么我们的顾客会背叛我们？
3. 新创企业所属生存与发展阶段的分界点是哪里？如何定性与定量地进行界定？有哪些指标可以反映？请从理论与实践结合的角度进行分析。
4. 如何理解大客户管理在新创企业中的运用？
5. 有关顾客满意度的信息是怎么被用于解决顾客的问题的？我们应当怎么度量服务的价值？企业的后台服务如何做到有效和有针对性？
6. 顾客对价值的感觉怎么为产品或服务的设计人员所理解？
7. 用什么指标和方法度量服务质量？对服务质量和服务效率应当更强调哪一个？
8. 企业应当怎么培训员工的忠诚？什么程度的员工流动率是合理的？
9. 企业员工满意度与顾客满意度之间的关系如何？
10. 员工的甄选标准和方法是否考虑了顾客的要求？员工知道谁是他们的顾客吗？顾客满意度、顾客忠诚度以及服务质量和数量指标在多大程度上作为员工考核及奖励的依据？

参考文献

[1] 玛丽莲·格林斯坦，托德·法因曼. 电子商务的安全与风险管理［M］. 于军，译. 北京：华夏出版社，2001.

[2] 柴文静. 迪欧：小镇上的“星巴克”［J］. 21

世纪商业评论，2010，(5)：58.

[3] 黄锴．你将被“西格玛”[N]．21世纪经济报道，2008-11-03 (J23).

[4] 刘冀刚．用欣喜的态度应对投诉[J]．阜康，2007，140.

[5] 叶洪．创新你的顾客忠诚度计划[J]．销售与管理，2006，(12)：48-49.

[6] 张立玮．服务营销创造顾客忠诚[J]．外国经济与管理，2001，23 (11)：34-38.

[7] 本尼·福勒．福特汽车的“24小时规则”[EB/OL]．哈佛商业评论，[2011-02-28].

[8] D. B. Cooper. 从迈克尔·杰克逊求救录音看中美两国巨大差距[EB/OL]．猫眼看人，[2009-06-28].

第13章 CHAPTER 13

技术创新

领袖与跟风者的区别就在于创新！

——［美］史蒂夫·乔布斯

学习目标 >>>>>

- 了解技术创新的目标导向；
- 熟悉创新管理的内容与方法；
- 把握技术发展的创新战略。

任何组织、地区或国家，如果能够促进良性的新生事物与观念的成长，就一定会发展；反之，如果抑制或者抹杀新生事物与观念的成长，就一定会衰落。而作为社会创新的一个基本单元，企业的创新是社会创新重要的推动力，创新才能永远不过时。正如东软集团董事长刘积仁所说，“我们必须要清醒地意识到，不创新也可赚得丰厚利润的年代一去不返了。”

创新者改变世界。对于创业型企业家，有两项不可外包的基本功能：产品、人。成功的企业家总是一手抓产品，另一只手抓“人”，即人力资源。而对于企业，也有两项基本功能：营销、创新。优秀的企业总是具有良好的营销功能，同时具有良好的创新功能（见表13-1）。创新是优秀企业的必要条件。

表13-1 主体及其两项基本功能

主体	基本功能一	基本功能二
企业	营销	创新
企业家	产品	人

新创企业是技术创新的重要源泉之一，而且其创新的水平和影响也不亚于成熟企业。新创企业技术创新与成熟企业技术创新相比，既有相似之处，也有独特之处，特别是新创企业在其技术创新过程中面临着许多不利因素。新创企业发展前景不确定性大，并且其资产几乎都是无形资产——知识产权，如专利和创意等，使得企业管理层与投资者对其评价存在很大的信息障碍或严重的信息不对称性。

“发明大王”爱迪生（Thomas Alva Edison，1847—1931）拥有无数的发明，而且他有成为一个大公司掌门人的雄心。他本应成功的，因为他拥有无数的发明专利，他也清楚自己的发明拥有巨大的市场需求；并且他还懂得如何为自己的企业获取必要的资金。他的产品一经问世，便取得了成功。然而，不幸的是，他创立的四五家企业在发展到中等规模以后，无一幸免地失败了！究其原因就是爱迪生拒绝成立一个专业的管理团队来对技术创新进行管理。他想当然地认为“管理企业”就是当老板，而他就是老板。最终，这些公司也只好请这位老板走人，转而由专业的管理人员实施管理，公司才得以存活下来。

基于新创企业技术创新的特质，分析宜从结果开始，即以创新的价值导向为核心，深化管理，进而明确创新战略（见图13-1）。

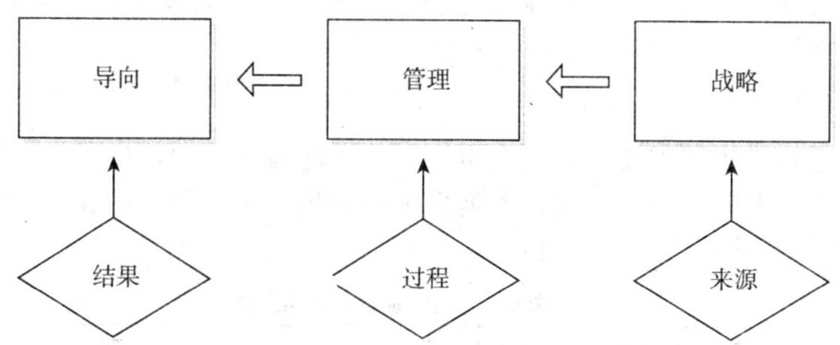

图13-1 技术创新分析：从结果开始

创新导向

新创企业为什么要创新？创新的价值是什么？创新如何进行正确的目标导向？

顾客价值

技术是企业赢利的手段，然而，技术本身永远不应该是目的。企业懂得如何开发技术固然重要，但如何应用这些技术，把它和市场更好地结合，同样是一个重大挑战。技术创新要从管理的起点入手分析，那就是为核心顾客创造独特价值。实际上对最终的客户而言，他并不关心你产品背后的技术，而更关心创新的产品或服务能给客户带来的独特价值、独特收益。

三星手机的关键部件也是从其他供应商那里买来的，但三星比别人更能看到客户的需求，把客户的需求翻译成一个能够满足他们需求的产品，同时带领他所有的供应商以最快的速度用创新的过程研发出新的产品来，以满足客户的需求。所以三星成功了。

三星和摩托罗拉两个都是最成功的GSM手机制造商，但GSM的核心技术是由诺基亚、西门子、飞利浦这样的公司掌握的。尽管三星和摩托罗拉没有创造这个GSM的标准，但是并不妨碍它们使用这个标准，把自己变成最成功的手机制造商。从另外一个角度来看，有一些不太成功的公司虽然是参与到了GSM标准的制定中，但是它们今天反而销声匿迹了。所以说公司的技术实力，并不是这个公司成功的最关键因素。

顾客需求

创新，要从关心客户需求开始。在一个产品的初始阶段，大家关心的是产品具备哪些功能，所以很多公司都非常关注创新，试图和客户建立很好的关系来提出各种可能的设计方案，并将他们在产品设计中加以体现。在产品创新的阶段，公司要和客户不厌其烦地沟通，因为只有通过沟通，才能了解潜在客户的需要是怎么样的。因此公司要做各种各样的不同尝试，进而了解、适应客户的不同要求。这种互动将使得企业真正了解消费者的需求，生产出真正有创意的产品。

在宝洁，所有的创新都是以消费者为本，公司的宗旨是为了满足他们的需求，美化他们的生活。以一个婴儿纸尿布的项目为例，这个项目从开始到推出市场需要10年。通过与消费者的交谈，公司得知婴儿对纸尿布会有一种特别的需求，但这种产品的问世需要一种突破性的技术来支持它。具体说来，纸尿布为了更好地吸水，一般会很厚，而这个突破性创新在于要把纸尿布做得非常薄，薄到像穿内裤一样这么舒服，这么轻盈。公司用了很多年时间才研制出这个新技术[1]。

潜在需求

对于技术创新来说，首先需要分析潜在市场需求，即消费者的价值诉求，以确定企业技术创新的市场价值定位。从市场角度，将技术创新中的知识分为显性与隐性、内部与外部的知识组合，表13-2为电信行业的市场需求细分。

表13-2 电信行业市场需求的基本细分

需求分类	显性需求	隐性需求
近期需求	语音通信（生活、工作中基本沟通需求） 宽带信息化（通过游览互联网获取信息的需求） ·	围绕个人的实际工作、生活需求进行服务延伸（如订机票、订房、订餐） ……
长期需求	多媒体通信（视频对话的需求） 移动信息化（在热点地区无线游览互联网）	社会化需求（如人际关系网的维护，参与商务会议、组织朋友聚会等） ……

专栏

蔑视用户

对于真正的用户体验创新高手而言，不仅要擅长理解用户，更要善于“蔑视”用户。当然，这里的“蔑视”不是轻视用户，而是对用户需求的一种超越和升华。

乔布斯是一个“蔑视”用户的高手。乔布斯曾说过，“人们通常不知道自己想要什么，除非你秀出产品给他们看。”乔布斯认为，真正正确的是，要弄明白消费者真正想要什么。以苹果的iPod为例，消费者真正需要的不是一款播放器，而是一种音乐体验，乔布斯用iPod + iTunes满足了这种需求，而大部分MP3则被抛弃了。

马云也是一个“蔑视”用户的高手。马云曾经说过：“我们相信客户是对的，但大部分时间是错的，他们根本不知道自己在说什么、想什么。”仅仅了解顾客的期望是远远不够的，更高的境界是深入顾客的内心，寻找他内心深处的渴望。发现客户“对”的诉求，剔除掉“错”的诉求。

Facebook创始人扎克伯格更是一个“蔑视”用户的高手。他曾经在公司内部说过：“大多数颠覆性公司不会被用户的意见所左右。”他暗讽那些“听从用户意见的公司很愚蠢。”比如，Facebook的每次改版都会引来大规模抗议，2009年的大改版在第一天就引发了100万用户签名抵制。但是，很多改动依然在众多批评中雷打不动地保留了。后来的结果也表明，扎克伯格的选择是对的，他善于在海量的用户声音中找到正确的方向。

这种“蔑视”的背后，其实有着更为强大的用户体验创新逻辑：

(1) 不仅要理解用户，更要超越用户的期望和需求，而不是简单地从用户那里寻找答案。

(2) 不仅要超越用户，更要提出一流的解决方案。

我们不妨称之为“小马驹法则”，这源于亨利·福特的一句经典语录：“如果我当年去问顾客他们想要什么，他们肯定会告诉我‘一匹更快的马’”。

这是一句极具反讽意义的话，事实上，我们经常被用户误导。当汽车没有出现之前，谁都想要一匹小马驹，小马驹那么漂亮，而且好使。但是，你必须拿出更好的东西纠正他们的想法。

这种“蔑视”功力，其实是用户体验创新高手的必修课。

消费感知

在技术创新过程中（从技术开发到市场开发的阶段），需要对目标区域的市场机会进行识别，将技术创新语言转换成市场营销语言，进一步明确价值定位，为市场营销战略提供输入。对消费者来说，技术创新体现为一种可感知的新产品（新技术应用、质量、服务、价格等），表13-3列举了对新产品市场推广的主要识别指标。

表13-3 市场机会的识别体系

机会来源	机会检查	参考问题
客户需求	哪些客户对新产品（组合）有需求 对新产品（组合）的主要需求内容是什么 何时需要 在哪些地域或哪些业务中需要 客户希望如何提供（渠道与促销）	客户招标内容有哪些 客户希望我们还提供哪些业务或服务 客户最近的基建计划内容是什么 客户系统改造的重点是什么 ……
竞争动态	竞争对手的冲击主要面向哪部分客户 竞争对手的冲击主要满足了客户的哪些需求 竞争对手的营销组合是如何设计的 组合营销是否是有效的还击手段 与竞争对手相比，我们存在哪些优势？哪些劣势	竞争对手的冲击造成了哪些客户流失 这些客户为什么流失 客户的流失带来的业务收入损失和客户数量减少有多大 竞争对手的竞争策略是什么 ……
经营分析	为保证关键产品（赢利产品、高增长产品、发展期产品）收益，哪些产品之间可以形成有效组合？目标客户是哪些？满足了它们哪些需求 为提升边缘产品（亏损产品、衰落期产品、慢增长产品）的赢利能力，哪些产品之间可以形成有效组合？目标客户是谁？满足了它们哪些需求 哪些产品之间存在客户需求关联或技术关联，可以形成有效组合？它们的目标客户是谁？满足了它们哪些需求	哪些产品是现在的主要赢利产品 那些产品是盈亏平衡产品 哪些是亏损产品 哪些是受客户欢迎的主流产品 哪些是现阶段需求较小的产品 ……
外部环境	环境的变化对哪些客户的需求带来了显著的影响，我们是否需要以新产品（组合）满足这些需求 环境变化创造了哪些新的商业机会？这些新的商业机会主要集中于哪些客户？我们是否可以通过创新的营销组合满足这些机会	近期国家、本地区颁布了哪些政策法规，对客户的需求会产生哪些影响 近期各行业颁布了哪些行业政策法规，对客户的需求会产生哪些影响 ……

核心价值

新创企业的创新指向核心能力的培养。企业核心能力（core capability of enterprise）是企业获取核心竞争优势的前提和基础。国内外成功的公司无一不拥有与众不同且难以模仿的核心能力。如NEC的超大规模集成电路技术、本田公司的引擎和牵引力技术、JVC的机电一体化技术、佳能的成像技术、IBM的服务能力、杜邦公司的化工技术、麦当劳公司的标准化能力、3M公司的产品创新能力、微软公司的产品开发能力、海尔的管理能力等。

新创企业形成核心能力，必须把握核心能力的如下特征：①价值优越性。核心能力应当有利于企业效率的提高，能够使企业在创造价值和降低成本方面比竞争对手更优秀。②异质性。一个企业拥有的核心能力应该是该企业独一无二的，这是企业成功的关键因素。核心能力的异质性决定了企业之间的异质性和效率差异。③不可仿制性。核心能力是在企业长期的生产经营活动过程中积累形成的，深深地打上了该企业特殊组成、特殊经历的烙印，其他企业难以复制。④不可交易性。核心能力与特定的企业相伴而生，虽然可以为人们所感受到，但无法像其他生产要素一样通过市场交易进行买卖。⑤难以替代性。加里·哈默尔（Gary Hamel）认为和顾客所需要的最终产品不同，核心产品是企业最基本的核心零部件，而核心竞争力实际上是隐含在核心产品中的知识和技能。和其他企业资源相比，核心能力受到替代品的威胁相对较小。

新兴领域

如果把发明革新引入快速增长的新领域，企业就可以一次又一次地吸引新顾客。与其把某种新理念或新技术变成一个更好的"捕鼠器"，不如把它变成一种产品：这种产品要能够完全改变局面，抓住全新的顾客，从而大大加速公司的发展。

20世纪50年代中期，日本丰田汽车向美国市场出口的第一辆小轿车"丰田宝贝"（Toyopet）被美国舆论嘲笑为"20年代的外观，30年代的质量，40年代的价格"。2年后丰田将该车型改进再次出口，仍然失败。又过了2年，丰田再次改进该车，并重新命名为丰田皇冠（Crown），结果依然没有成功。

在连续三次失败之后，丰田汽车投入巨资，组织调查公司竞争对手以及美国市场的消费变化，调查非常详细，从美国人的身材相貌到美国道路的设计标准。调查发现，许多美国人已经开始接受省油、舒适、价格便宜的小型家庭轿车，而不是像富翁那样的豪华超大汽车。丰田汽车公司接着设计出了美国式小汽车——光冠（Conrona）。该车满足了许多美国消费者的要求，如易于操纵、耗油量小、外观造型设计优美、价格合适，该产品在美国迅速获得成功。接下来，恰恰遇到了美国两次石油危机，日本小型车于是在美国大行其道。

专栏

裂　谷

高技术产业创业者常犯的错误是：①从产品出发开发顾客需求，而不是从顾客需求出发开发产品；②对达到盈亏平衡所需的时间和支出估计不足。这被称为高技术产业生命周期的裂谷（chasm）。

很少有公司愿意把数十亿美元的赌注压在一个长期项目上。但是，在研发问题上，许多公司却愿意这么做。列入标准普尔500指数的公司每年在研发方面的投入达1000多亿美元。有时，这种投入会带来突破性的科研成果，例如激光和艾滋病治疗药物。但是通常的结果却是研究失败，或是搞出人们并不感兴趣的发明。

核心专长

核心能力培养首先要突出专业化和核心专长，也就是耳熟能详的竞争优势。新创企业由于财力、物力和人力等因素限制，不可能在多个行业都具有竞争优势。所以，这就要求这些中小型企业做到"有所不为而后有为"，专注于专业化发展，集中企业内部的优势资源，突出核心专长，借此来培育企业长期的竞争优势。迈克尔·波特指出，有效地实施任何一个普遍性策略通常会需要全身心的投入，如有不止一个的根本目标，那么企业的力量必会受到稀释。新兴公司如果掌握了某种能打破现存经济模式的新发明，就可以打败几乎任何一家大公司：无论是20世纪70年代发明微处理器的英特尔公司，还是20世纪90年代掌握重新利用金属废料方法的纽科公司都证明了这一点。

20世纪80年代初IBM开创了PC市场，但是现在，它已退出这个市场，但IBM公司仍然是世界上最大的信息技术公司，提供十分齐全的IT硬件、软件和服务。照常理来讲，这样的行业巨人是很难挑战的。但就是这样一个行业巨人，却在个人PC机的直销上输给了当时还是刚刚起步的戴尔电脑。为什么呢？来看一下戴尔电脑的战略。

戴尔电脑在刚刚起步的时候，就意识到了要想在PC机的销售领域里迅速崛起，必须依靠一种全新的销售模式，那就是后来成为戴尔电脑的标志性战略——直销模式。正是因为戴尔电脑的这种直销战略，使得它的库存成本非常低，有效地避免了中间环节，节约了大量的销售成本，从而使得戴尔电脑具有很明显的价格优势。正是这一优势使得IBM无法应对。因为IBM公司95%的电脑要经过中间商或者零售商送到最终消费者的手中。倘若IBM放弃这些中间商，转而模仿戴尔直销的话，那么多年建立起来的强大销售网络将会在一瞬间土崩瓦解，而且这些中间商大部分都会要求IBM赔偿损失。尽管IBM采取了一系列举措，加强与分销商和经销商的协调，但依然不能阻挡戴尔电脑的快速成长。戴尔电脑正是利用了IBM的这一固定弱势，突出强调自己的直销专长，从而使其具备了强大的竞争优势，在短短几年之内便成为美国最大的PC直销商。这时戴尔又利用互联网的优势，推出为消费者量身定做PC的服务，一举闯入世界500强的行列。

由此可见，新创企业只要突出自身的专业化和核心专长，具备了真正的竞争优势，挑战行业巨人不是没有可能，甚至可以获得巨大的成功。

专栏

“大”与“强”的辩证关系[2]

第一种，强则必大——高竞争力，高效益，这样的企业做大是必然的，做不大是偶然的。由于“强则必大”指的是一种逻辑趋势，如果从过程中去考察，实际上既有“强+大”组合，也有“强+小+潜大”组合。

第二种，强而速大——高竞争力，但刻意降低利润，以求市场的迅速扩大、品牌集中度的迅速提高，简称“以利润换市场”。

第三种，强而慢大——高竞争力，但恃此攫取高额利润，因此市场扩大缓慢。选择这种战略的企业，资本收益率是蛮高的，可能部分适用于开发稀缺性资源的企业，如石油企业、煤炭企业、稀土企业等。

第四种，强而不大——在一些狭窄的市场领域，一些企业生产出了拳头产品，但其市场总容量有限，于是出现了“战无对手，食仅果腹”的奇特局面。这类企业要想做大，就需要革新自己的赢利模式，将“利润点”扩展为“利润面”，例如，赛艇企业做与赛艇有关的旅游项目、文化项目、会议项目、海洋项目等。

第五种，不强反大——中竞争力，低利润，换取规模。这类企业做到了相当规模，有的市场占有率甚至在世界上也是数一数二的，但它们的“利润点”只盘踞在低端产品上，并以低价取胜，企业技术开发后继无力，甚至长期挣扎在亏损线上。

第六种，大则易强——有规模，有效益，从而容易争得竞争优势。

第七种，大而不强——有规模，低效益，低竞争力。这实际上有两种情况，一种是在走完“不强反大”的历程后，始终无法跳过“大则易强”的龙门。另一种情况是，走完“强则必大”的路子后，不能持续创新，后继乏力，开始走下坡路。

目前，一些新创企业意识不到这一点，盲目地多元化，结果带来优势资源的分化，导致企业的竞争优势快速降低，失去了生命力。这正是产生中国的新创企业“各领风骚两三年”之独特现象的最根本原因。还有一些新创企业给自己定的口号就是“做大做强，做成多元化经营的集团性质的公司”。事实上，当企业发展到一定地步的时候，多元化是一种必然趋势，但决不能盲目地多元化，即使那些超大型企业也应该在有限的多元化上追求专业化。著名的经济学家郎咸平教授在一次会议上说，中国的企业几乎都喊着做大做强的口号，这本身就是错误的，什么时候做大做强了，这个企业也就该消失了。此话说得非常在理，并不是郎教授危言耸听，而是他一针见血地指出了这些企业的根本问题，也进一步强调了专业化的重要性。因为只有这样，企业才能具有持久的竞争优势，企业才能走远。

做强战略

基于培养核心专长的思想，新创企业或创业型公司做“强”比做“大”更为重要，故在其整个生命周期内，建立核心能力以获得持久竞争优势是任何战略的重中之重。

(1) 在发育期和成长期，企业的主要任务应是与积累相关的战略性资产，即那些在某个具体的市场上构成公司成本优势或多元化优势基础的资产，并且必须是难以模仿、难以替代、非交易性的资产。这些资产具有市场确定性趋势。

(2) 进入成熟期后，企业应在所有积聚的战略性资产中，选择那些独特的、不易遭到竞争对手攻击的战略性资产，逐步培养成本公司的核心竞争能力，在保持竞争能力的先进性的同时，应继续寻找新的独特的战略性资产。

(3) 进入衰退期后，企业战略的重心应放在核心竞争能力的培育、成功转移或嫁接上，以使企业能“返老还童”，延续生命。

(4) 不要盲目多元化。如果企业在原有业务领域并未真正获取竞争优势就急不可耐地进入新的业务领域，就很容易使企业在新旧产业内同时陷入困境，造成经营上的失败。中国许多企业在实施多元化经营战略过程中注重“全线出击”，不仅追求“科、工、贸、金、房”一体化，而且同时涉足几个乃至十几个不同的行业，大规模进入与原业务不相关的行业，从而导致主导业务的核心竞争能力没能进一步增强，而在新行业不仅不能有效地培养起新的核心竞争力，反而丧失了企业原有的核心能力。

专栏

隐形冠军

在普世盛行“快鱼吃慢鱼”商业价值观的年代，有一类企业，它们不为公众熟知，却坐稳各自市场内头把交椅。对消费者来说，它们的产品往往不起眼，深藏于价值链后方。从终端产品中，消费者往往无从辨认它们的存在。有意思的是，相当一部分这类公司不愿被关注。它们害怕因为曝光而引来更多竞争对手，甚至害怕它们的客户知道高额利润后压低价格。对它们来说，闷声才能发大财。它们被德国管理学大师赫尔曼·西蒙称为“隐形冠军企业”。

赫尔曼·西蒙[3]对隐形冠军有着严格的指标界定：“它们必须是所在行业的市场前三或大洲第一，销售额一般不得低于30亿欧元，并且在外界的知名度尽可能低。”

隐形冠军在欧洲俯拾即是：奥地利的Delfort是世界上最大的烟纸生产企业，几乎欧洲所有的烟民都依赖于它；几乎没人记得Jungbunzlauer的商标，不过它是世界上最大的柠檬酸制造商，每瓶可口可乐中都有该公司生产的柠檬酸；柏林的Jamba在并入默多克旗下的新闻集团之前，曾是世界上最大的手机铃声制造商。

一颗米粒上，竟能摆放下大把大把的塑料齿轮，其中大号的重量为万分之一克，中号的为十万分之一克。不要漏看了那些灰尘般的黑点，它们也是齿轮，直径0.149毫米，重量仅为百万分之一克。全球仅有一家企业掌握这些塑料齿轮的生产、加工技术。这家企业位于日本爱知县，员工仅90人，早年以生产塑料瓶盖起家，现在已成为全球最重要的精密零件厂商。大到日本的汽车，小到瑞士的钟表，关键部位上都有它的产品[4]。

中国的天朗公司专注于琴键开关的生产已经有近20年。总经理胡文章的办公室挤满了各种的琴键开关产品：墙上挂的，橱柜里摆的，桌面上放的，甚至抽屉里塞的全是开关，简直就是一个卖开关的小店。“我们只做开关！”他说，“我们也只会做开关，所以把所有的资源和能力都投入到了如何研制、生产、销售开关上了。把这件事情做好做透就是出路。”如果说最开始胡文章为企业加工开关只是一种被迫的生存策略的话，现在他却是刻意为之。目前天朗已经张开了双翼：一翼是电器开发做OEM，为美的、科龙、格力、海尔等企业提供配套开关；另一翼是TNC国际电工做自有品牌，起步虽晚但突飞猛进。天朗已经拥有1000多名员工，年产4000万只琴键开关，成了全球最大的琴键开关生产基地[5]。

赫尔曼·西蒙从自己研究的隐形冠军理论上也获益颇多。他和合伙人在20年前创立了价格咨询公司SKP，如今SKP已经在全世界设立了20多个分支机构，2007年营收达到了8700万欧元[5]。他们的服务包括为保时捷新车、全球最大的25家医药公司的药品定价，为可口可乐等快速消费品制定在各个国家的价格。从这个意义上说，SKP的成功也要归结于对隐形冠军模式的借鉴。在创立公司之前，西蒙是大学管理学教授，研究商业定价领域。

事实上，没有人可以做到在许多领域都是冠军。隐形冠军把精力集中到一个领域，并在该领域成为冠军。隐形冠军教给我们正确的管理办法，就是把许多小事情做得比竞争对手好，而不是在一件大事上做得特别出色。

深耕价值

任何产业都具有自己的价值链。

解决方案

从本质上来讲，用户需要的绝不仅仅是产品本身，他们需要的是问题的解决方案。如果解决方案可以提供给他非常满意的效用，他会给你带来客源，你就获得了市场，获得了利润。

专栏

乔布斯的用户体验[6]

苹果从终端用户需求出发，同时发现现有市场中的痛点，然后才重新设计出消费者需要但可能还表达不出来的产品。乔布斯说："苹果永远在问，这将给用户提供何种程度的便利？这将对用户有多重要？"苹果公司有一套听取客户反馈的双重机制：首先是一种名为"开箱体验"的方式。通过把用户打开一款苹果产品、开始使用的全过程完整拍摄下来，让工程师自己观察、体会还有什么可以改进的。其次，在产品推出的最初几周，由产品经理坐在热线电话前，负责回答问题，听取用户对产品的意见。

乔布斯从来不为技术而技术，也从来不会因为方便而把大量花哨的功能塞到产品里去。他宁愿减少产品的复杂功能，也要尽力做到简单和易于使用。许多苹果产品都是从用户的角度来进行设计的。

乔布斯是个非常以消费者为中心的人。苹果的设计过程中最重要的环节之一，就是"简化"。在乔布斯看来，少即是多。"苹果的核心优势就是知道如何让复杂的高科技为普罗大众所理解，随着科技日趋复杂，这一点就变得越来越重要。"乔布斯对《纽约时报杂志》说。

从1983～1993年担任苹果CEO的约翰·斯卡利（John Sculley）说，乔布斯不光关注把什么加进来，也重视把什么丢出去。"乔布斯与众不同的方法论是，他总是相信最重要的决定并不是你要做什么，而是你不做什么。"

许多公司号称自己以消费者为中心，它们接触用户并询问他们需要什么。这种所谓的用户中心创新，是通过用户的反馈和焦点团体来进行的。但是，乔布斯避开了这种把用户关在一个会议室来加以研究的繁重工作。他自己玩弄这些新技术，记录下自己的反应，将之反馈给工程师。如果一个东西太难使用，乔布斯就会指出哪些地方必须简化。任何不必要的或者令人费解的地方，都会被要求去掉。如果乔布斯满意了，用户也就满意了。

艺术和技术中的创造性，核心都是个体的体验。艺术家不能通过组织焦点用户团体讨论来作画，乔布斯亦如是。乔布斯不会通过询问焦点用户团体需要什么来进行创新——他们也不知道自己想要什么。正如亨利·福特所说："如果我问客户想要什么，他们会说是一匹更快的马。"

"我们拥有很多用户，我们也对现有的买家进行了大量研究。"乔布斯对《商业周刊》说，"我们同样在密切关注产业趋势。但是最终，对于这样复杂的产品来说，真的很难通过用户焦点团体来设计产品。许多时候，人们不知道他们真的想要什么，直到你把成品放到他们面前。"

价值曲线

微笑曲线（smiling curve）是一条说明产业附加价值的曲线。从横轴来看，由左至右代表产业的上中下游，左边是研发，中间是制造，右边是行销；纵轴则代表附加价值的高低。中国台湾宏碁计算机创办人施振荣先生提出代表信息产品附加价值的微笑曲线概念，并主张台湾厂商应转向微笑曲线两端具有高附加价值的活动来发展，例如强化通路与品牌行销、从事产品创新与研发等。

先进地区信息厂商在系统组装的制造功能上不具有竞争优势，因此趋向发展微笑曲线两端的行销与研发功能。后进地区信息厂商由于在行销与研发方面不具有竞争优势，因此曲线两端的附加价值反而不如居中的制造功能高，而此呈现一种与微笑相反的苦笑曲线。后进地区除非能彻底转换经营体系，发展出具有国际竞争优势的整体资源能力，否则贸然投入微笑曲线两端功能活动的竞争，其结果当可用苦笑曲线来形容（见图13-2）。宏碁公司曾以无比的远见投入自创品牌的国际行销，其勇气虽然可嘉，但由于宏碁并未先发展出具有国际水准的整体资源能力，因此当然只能落得苦笑的下场。在全球科技产业竞争市场中，每一家厂商都有一条价值链曲线，至于该曲线是上弯的微笑或下弯的苦笑，就看该企业的整体资源竞争能力。而由苦笑转向微笑，绝非一念之间，更非一夕可成，经常需要长期的努力耕耘以及前瞻性的策略规划。

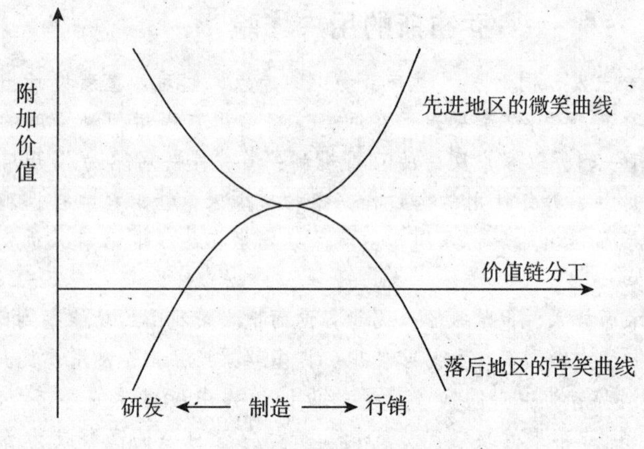

图13-2 微笑曲线/苦笑曲线

产品深耕

现代产品的整体概念由核心产品、形式产品（有形产品）和附加产品（扩大产品）三个基本层次构成。

（1）核心产品，是指产品的实质层，它为消费者提供最基本的效用和利益。消费者购买产品绝不仅是为获得构成某种产品的材料，而是为了解决问题，满足需要。例如，人们购买鞋子是为了走路，购买钢笔是为了写字，购买电冰箱也并不是为了得到装有压缩机、冷藏机、冷藏室、开关按钮的组合产品，而是为了通过电冰箱的制冷功能，使食物保鲜，更好地方便生活。

（2）形式产品，也叫有形产品，是指产品的形式层，它比产品的实质层具有更广泛的内容。形式产品是产品对消费者需求的特定满足形式，一般通过不同的侧面反映出来，如质量水平、特点、式样、品牌名称及包装等。人们购买产品，不仅会考虑产品的实用功能，还会关心产品的品质、造型、颜色、品牌等因素。劳务产品或服务产品也有产品形式，例如人们理发时，不仅要求把头发剪短，还要求有满意的发型。产品形式向人们展示核心产品的外部特征，满足同类消费者的不同要求。

（3）附加产品，指产品的扩展层，即产品的各种附加利益和附加服务的总和。它包括各种售后服务，如提供产品的安装、维修、送货、技术培训等。世界许多强势品牌的成功经验中，很重要的一条就是得益于优良的售后服务。例如，IBM之所以成功，一个重要原因是该公司在提供有形产品——计算机的同时，还擅长提供附加服务。公司意识到，顾客的主要兴趣在于计算机解决实际问题的能力，而不是计算机的外壳；其他竞争对手却竭力向顾客推销计算机的优点。顾客需要的是指令、固定的软件程序、编制程序的服务、快速修理、担保等。IBM出售的不只是一台计算机，而是整体系统，它的信条是：“IBM意味着服务。”

业务深耕要求企业从核心产品出发，不断开发形式产品与附加产品，扩展产品价值链。虽然业务深耕在发展初期会有较高风险，但相对也有较多机会，借由业务深耕，能促使新创企业的成长达到更高的层次。但绝大多数企业都会过早地放弃对现有业务的深度挖掘。这中间容易犯一个错误：低估了主业未来的潜力，就如同挖井，很多企业挖到50米、60米的时候，遇到了石头，就退出了这个行业或者去做多元化拓展。往往在转身的一刹那，就导致了竞争对手的迅速强大，丧失了主业优势，等产业整合完毕之后，你已经被这个产业扫地出局。

专栏

一点儿的骄傲[7]

在金融危机席卷全球的灰色日子里，欧美市场成了“红海”，曾经雄霸天下、作为廉价商品代名词的中国商品似乎渐次失去了以往的锋芒。然而就在这风口浪尖上，一种标价75美元、名为“OSPOP”的运动鞋却成为西方人竞相追逐的时尚新宠。许多人不知道，它最初的“出生地”就在中国，这种鞋原本还有个“中文名”，人们叫它“解放鞋”。

2003年，一名来自美国的商人班·沃特斯受命前来上海拓展其家族的石化事业。当四处转悠时，他发现了一种现象：在中国，下井劳作的矿工们、在工厂打工的工人们甚至在陌上垄间劳作的农民们，都习惯穿一种设计简单、胶质、廉价的鞋。这种鞋通常被装在灰色纸袋里出售。沃特斯弄清楚了这种鞋叫做解放鞋，它最初穿在中国部队的首长和士兵的脚上，后来中国老百姓都喜欢穿它。解放鞋成了中国劳动者脚上的流行色。

沃特斯想，既然穿上它有利于劳动，为什么不让劳动者穿得更舒服些？

沃特斯从关心劳动者很快想到了市场。于是沃特斯买下了一双解放鞋回家研究。他发现在中国生产这种鞋的厂家很多，他买下的那双鞋正好是河南焦作市温县天狼鞋厂制造的。他的大脑里忽然冒出了一个主意：他要生产用来外销的解放鞋，没准新解放鞋也能成为欧美民众消费的时尚。

沃特斯立即通过当地的合作伙伴打电话到河南焦作的这家鞋厂，表达自己合作投资的意愿。为此，沃特斯特地聘请了一位资深的鞋业设计师，为解放鞋设计出了舒适的鞋垫，并对鞋子的制作材料、外观乃至外包装都进行了改良。改良后的解放鞋一落地，便带着尚未褪尽的泥土气息漂洋过海，成为大洋彼岸人们脚上的“新宠”。

改良后的解放鞋，有了一张英文名片——“OSPOP”，它是“one small point of pride”的缩写，意为“一点儿的骄傲”。

现在，许多营销精英都在推广沃特斯的“一点儿的骄傲”。在不到一年的时间里，“一点儿的骄傲”卖出了75000双。一个普通外国人让一双解放鞋来了一个华丽的转身，成就了它37.5倍的价值飞跃。

走出困境，创造更多的财富，有时并不需要什么大智慧、大发现、大投资，往往只要发现并创造“一点儿的骄傲”就够了。

创新管理

为什么像托马斯·爱迪生这样的发明家能够实现一个又一个的突破性创新，而有些人穷其一生追求某个宏图大志，结果却徒劳无功？与之类似，为什么像苹果这样的公司能够用一个又一个的热门产品来证明自己的实力，而像宝丽来（Polaroid）这样曾经红极一时的公司却没落了？这些问题长久地困扰着科学家、企业高管以及管理学大师们，迫使人们去深入思考创新管理的方式与方法问题。

创新并不等同于发明创造，它指将一项新的创意转化为消费者的满意和愉悦，并最终转化为销售额和利润。新企业拥有创意，可能有产品或者服务，销售量也很可观，短期可能还有利润。然而要成为真正意义上的企业，它就必须建立健全的组织，不断地推进和管理技术创新，不断为企业注入活力，企业才能步入持续发展的正轨，否则只能昙花一现。尤其是，当今市场环境充满了变数，新创企业要能够适应环境变化并能生存和发展，寻求不断创新是重要的手段之一。

从产品的市场生命周期发展历程来看，技术创新可以分为产品创新、流程创新以及经营创新等三个阶段（见图 13-3）。一般而言，产品面的重大创新主要发生在市场生命周期的初期，流程面创新则发生在市场中期，而在中期以后，因产品与流程都已大致定型，顾客需求明确且市场也趋于成熟，因此创新的方向转向成本、质量、渠道、顾客服务等经营管理面的议题，当然也包括如何利用经营模式的创新，来维持企业的竞争力。

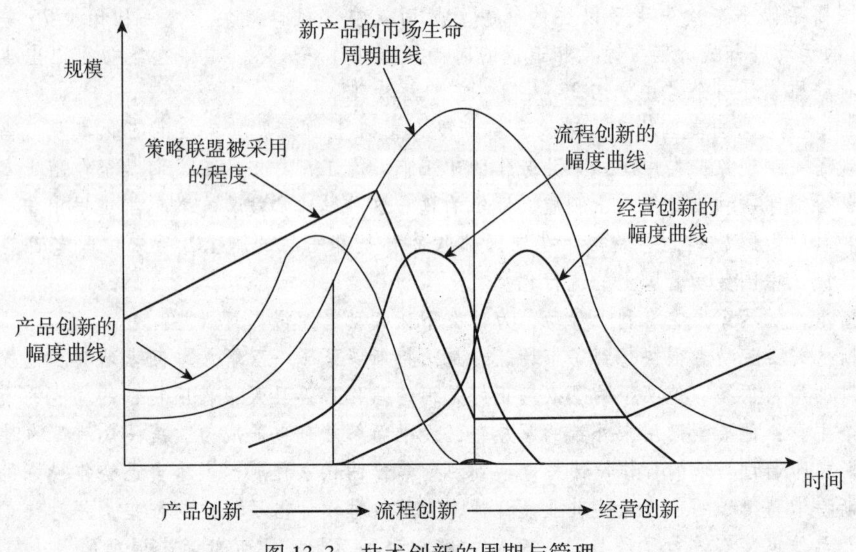

图 13-3 技术创新的周期与管理

不同周期的技术创新，需要强化相应项目的创新管理。这种过程创新不仅指研发与生产技术的突破，也包括管理方法的变革与文化理念的更新。在这个过程中，每个企业都必须决定开拓创新的焦点在何处，创新的点子如何产生、如何实现，组织内部的创新管理流程如何设计等。事实上，中国企业一直以来都渴望创新，开拓蓝海。但更多时候，中国企业的创新很大程度上只是领导层的愿景和信念，并没有转化为实际的价值。世界领先的企业，它们不单拥有重视创新的领导者，更重要的是将创新开拓的精神内化到企业的机制体系中，将创新文化渗透进员工的价值观里。换言之，任何开拓创新都离不开执行，这一点恰是中国公司相对薄弱的地方。从一个富有创意的商业思想的诞生，到开拓新领域的勇气与强有力的执行，这样的过程才能真正转化为公司长期增长的价值驱动力。

产品创新

技术源于科学知识的发展，可以说是“发明”，而产品却是“创新”。发明不能创造效用和价值，就如同我们证明了哥德巴赫猜想，然而这却不能为我们造个钉子或是蒸个馒头。事实上，关键的不是我们拥有何等高的技术，而是我们是否具有创新出新产品与服务的能力。因为技术如同知识具有扩散性，可以被复制，创新从来没有可以被复制一说。纵然没有别人所不具有的“核心技术”，我们仍然可以利用创新创造效益，而且比别人做得好。

> 在宝洁，产品的创新被定义为四个层面：利用现有产品和技术，更好地与消费者交流的商业创新；在现有的一些产品领域里面不断推陈出新，创出新的研发产品的可持续创新；全新的技术带来的转变性；可持续创新以及颠覆性市场的创新[8]。

运用技术

对新创企业来说，最重要的是如何有效地运用创新技术。产品创新的过程包括：自己拥有什么样的技术，使用别人的什么技术，能够多快将两种技术结合在一起，并把它变成满足客户需求的创新性产品，以及把这个技术策略和更广泛的企业战略联系以建立自己的品牌，而不仅是在价格上进行竞争。

专栏

迷你钢铁厂

20世纪70年代，美国中西部的一对夫妇创建了一家欣欣向荣的铸造厂，该铸造厂是对铸铁进行热处理，以获得更好性能，例如大型推土机所用的车轴。这种作业所需的技术背景广为人知，所有大型钢铁厂都可以做。的确，这个公司所做的工作，很少是别人没有做过的。然而，其不同之处在于：第一，他们将技术信息系统化，这样就可以将性能规格输入计算机，又能立刻从计算机中打印出所需的处理方案。第二，他们将工序系统化。一般来说，尺寸相同、金属成分相同、质量相同、性能规格相同的铸件订单数不会超过6件以上，但该厂的铸件实际上是以流水线的方式制造，而非分批生产，所有设备都由计算机控制，加热炉可以自动调节。第三，使用废铁作为原料。大型的钢铁厂什么都做，他们从铁矿石开始炼起，而该厂却使用废弃的钢铁，将其加工成精密铸件。

这种精密铸件以往的次品率高达30%~40%，但在这家新铸造厂里，从生产线上下来的产品无瑕疵率高达90%以上。此外，虽然该厂要支付美国工会所规定的员工工资和福利，但与行业中价格最低廉的竞争者——一家韩国造船厂相比，前者成本只有后者的2/3左右。该厂拥有的就是众所周知的炼钢技术和计算机技术，但它知道这种铸铁的与众不同，市场对其需求已经大到足以创造出一个利基市场。与大型钢铁厂相比，这种迷你钢铁厂具有更高的效率和更低的成本，这也是核心竞争力所在。

首创精神

哈佛管理学院教授克利斯坦森在新书《创新者的解答》中大胆预言：大公司过于讨好现有客户，不敢尝试新产品、新做法，反而无法维持繁荣景象，市场上真正能博取广大商机的，往往是“破坏性创新”。像惠普这些大企业，很容易因为专注于自己核心产品的性能提升，过于讨好现有客户，而不敢贸然尝试新产品、新作法，反而无法维持过去的繁荣景象。一般大公司通常专注于研发更高阶的产品，以讨好更高阶的客户，求取高利润。例如英特尔不断提升处理器芯片的效率、戴尔的个人计算机硬盘容量越做越大等。这种产品性能的提升，一般称之为持续性创新（sustaining innovation）。然而，市场上真正能博取广大商机的，往往是“破坏性创新”（disruptive innovation）。当纯粹的产品性能提升远超过客户的需求，这时如果推出价格较低、功能较简单但更贴近一般使用者需要的新产品，就能开拓崭新市场，这即是“破坏性创新”，这通常是新兴小公司才会做的事情。例如目前个人计算机硬盘空间经常大而无当，很少人会全部利用，显示这方面的产品性能提升对获利贡献有限。这时，运用闪存新技术的随身碟，聪明地贴近许多人想把资料带着走的需求，反而辟出新商机，也促成韩国三星成功进驻内存市场。另外，像强调原始码开放的Linux平台系统相对于微软窗口；善用网上P2P档案分享风潮的苹果计算机iTunes付费音乐下载相对于唱片公司的旧有CD产品，都是“破坏性创新”赢过“持续性创新”的成功案例。所以，大公司若想继续存活，就得学习小公司力行“破坏性创新”的精神。

专栏

宝洁的创新生产线[8]

在宝洁，无论是一管牙膏的新香气还是一支洗发水的改良配方的创新，都要经过一条长长的创新“生产线”。

“生产线”的第一个环节，是“搜寻与发现”阶段。研究人员在每个可能的创意源头寻找创意，包括消费者、供应商以及其他合作伙伴。在投入少量资金的基础上，对成型新创意的可行性进行分析，在行业内外寻找、在世界各地寻找。事实上，在这个环节，每年宝洁会对大约5000个创意进行一定程度的研究。

从初期创意收集开始，生产线步入第二个阶段：“选择与资源分配”。在这个阶段，宝洁需要做出“艰难”的选择，然后将人力与财力资源投入那些最具前景的创意，并将其他一些创新进行结合。至于剩下的创意，则选择放弃——相对于最终出现在货架上的少数“幸运儿”，被“浪费”的创意数量是一个巨大的基数。

经过筛选后，少数创新仍留在“生产线”，等待第三个“设计与评定”环节。在这个阶段，来自产品研究、营销、制造、工程、财务、设计以及其他职能部门的多功能团队，按照非常苛刻的审核标准制定全面的计划。这些计划将通过一系列的虚拟和物理测试。

最终，只有极少的创意能够进入产品化阶段——“推出与应用”阶段。在这个阶段，宝洁将分析所有的市场相关细节：零售分销、定价、消费者试用、重复购买以及最终的销售和利润等。随后，在足够投资的支持下，产品将流向全球市场，从而让消费者认识它们，并在经历多年的考验之后，最后成为价值达到1亿、5亿甚至10亿美元的品牌。

在整个生产线上，宝洁拥有27位研发“大管家”，内部还建立起了各类创新组织机构，对不同种类的创新进行投资和管理。企业创新基金会就是其中之一，其专注领域为高风险、高回报的创意。它基本上就是一家内部风险投资公司，负责初步的提案、设计、工程与评定工作，随后再将成功的创意应用于相应的业务部门。而“Future Works”则专注于那些能够创造全新业务的创新。除此之外，在工作重点是创建与目前的宝洁品类相邻的新品类的所有全球业务部，都设立了新业务开发团队。

不是所有创意都能走到最后，宝洁鼓励研发人员在最短的时间内将不可行的项目取消；在宝洁的评价体系中，能够做到这一点的员工将获得很好的业绩评估。

需要指出的是，重大的技术突破无疑会极大地改变生产力和产业结构，然而这毕竟很少，而且一开始这种先进技术只为少数人所拥有，新创企业经常无力介入分一杯羹。所谓“技术产品”，不是突破了某项重大技术而开发出来的新产品，更多的应该是企业利用现有的成熟技术创新了产品，或者更本质地说是价值。毕竟，顾客所需的是产品蕴含的价值，而不是产品的技术如何高。对于新创企业，不可能有巨大的资金支持高技术攻关，然而却可以使用已有的技术，立足于这些技术，通过不断创新创造新的产品和服务，持续外延扩展，形成自己的“产品簇”才是长久生存发展之道。

创新竞赛

创新因其能带来巨大的价值回报而让企业孜孜以求，但它又以其高度的不确定性让企业困惑。在很多企业管理者看来，创新依赖于突如其来的灵感，很难对其进行预测和规划。

企业可以用一种叫做“创新竞赛”的方法对创新过程进行流程化管理[9]。就像体育竞技一样，“创新竞赛”就是一个淘汰大量低水平创新方案的过滤器，只有那些最有前途的方案才会胜出。这种方法在公司中并不鲜见。比如说，当一家企业要寻找一位新的首席执行官，或者是要为某个新产品确定一个好的名字时，都会用到这样的方法，即对几个备选方案进行一番优胜劣汰式的权衡取舍。

在不牺牲平均质量的前提下，提高创新方案之间的差异度更有利于产生最佳方案。提高差异有利于创新竞赛的原因是：绝佳的创新方案总是少之又少，而其他的众多方案最终都将被放弃。很显然，我们宁愿得到5个真正卓越的创新方案和995个糟糕的方案，也不希望得到1000个质量都还过得去的方案。因此，方案的平均质量其实是无所谓的，真正重要的是优秀的方案。

如果目的是要消除各种方案间的差异，那么通常会使用一种一以贯之的流程，依赖于相同类型的创意来源，并使用相同的标准来审查这些创意。而如果目的是要增加各种创新方案之间的差异，就要用完全不同的方法。一方面可以从一些此前不曾接触过的创新源头来收集创新方案；另一方面要运用不同的筛选标准对创新方案进行判断。

（1）依靠新的来源筹集创新方案。以下三个渠道可以考虑。

首先是从距离遥远、陌生的地方吸收创新方案。比如说，星巴克公司的创意最初就来自意大利。一般来讲，在媒体和娱乐业中，这种方法最为常见。

其次是从那些拥有利基市场且具有市场扩张潜力的小公司那里获得创新方案。通常来说，小公司往往有着极佳的创意，只是囿于自身实力暂时未能开拓出巨大的市场。如果条件合适，这些小公司或许愿意与实力强大的大公司共享自己的创意。

最后一个渠道是利用领导型用户和独立发明家的创新。那些作为领导型用户的个人或公司，通常对产品或服务有着超前的需求，而他们的这些需求尚未被现有的产品满足。独立发明家通常是在大学或家庭内进行个人化创新，而且从总体来看，个人的大部分发明都是赔钱的。他们出于热情而进行创新，以满足他们自己的需求，同时憧憬着有朝一日可以获得丰厚的回报。独立发明家的创新是丰富的创意源头，而且他们的创意往往差异极大。

（2）要保持对那些引起评委极大异议的方案的关注。与平庸的创意相比，那些绝佳的创意往往更容易招致明显对立的评价。对于这样的创意要保持极大的关注，不能让其轻易被淘汰。

比如说，有A和B两个创新方案，五位评委对方案A的评分（五分制）分别为：3、4、4、4、3，对方案B的评分分别为：1、5、5、1、5。方案B的平均得分（3.4）低于方案A（3.6）。大多数公司都会让方案A进入到下一轮评估阶段，因为该方案得到了稍高的评分。但是，从得分来看，没有一个评委认为方案A有产生轰动效果的潜力。相反，虽然方案B的平均分略低，而且有两位评委对其评价极低，但却有三位评委对其评价极高，像这种极为对立的意见，就有可能预示着一个绝佳创意的诞生。如果在对候选方案进行评估的过程中发现了得分类似于B的方案，那就应该谨慎从事，不能仅仅因为平均分稍低而轻易将其淘汰出局。

流程创新

真正的创新，并不像好莱坞电影所描绘的那样，是孤独冷寂的实验室里天才的“灵光乍现”，与之相反，它往往是某一个有章可循的过程的产物，它是发现某种社会需求并用新产品或新服务来满足这种需求。位于美国加利福尼亚州门洛帕克市的SRI国际是一家按照协议进行研发的公司，卡尔森（Curtis R. Carlson）是该公司的首席执行官，他确信公司进行创新的过程越注重方法、越成体系就越容易成功。

卡尔森一直在实践着自己所宣扬的观点。20世纪90年代，他担任了这家研究公司的首席执行官，当时常常见诸报端的SRI公司（早在20世纪70年代，该公司就因电脑鼠标、机器人外科医生等发明出了名）经营十分惨淡，创新后劲几近枯竭。卡尔森对公司的情况进行了分析，他意识到公司的研发方式散乱而无系统，也没有建立起识别和培育有前景的项目的框架。但在接下来的10年里，由于在公司牢固树立起了“五项守则”，卡尔森带领SRI公司重新回到了两位数的增长之路。

卡尔森把“五项守则”解释为：识别顾客重要的需求热点；提出解决方案以满足这种需求；成立创新小组；授权给“创新精英”负责项目的顺利进行；最后一点是围绕为顾客创造价值将整个企业组织起来。为实现这一目标，卡尔森和威尔莫特建议多花时间和顾客进行面对面的沟通，以获得外界对你的观点的实时反馈。

头脑风暴会议是消除组织界限的绝好方式，在许多公司里，组织界限正是实现创新的主要障碍。在头脑风暴会议上，新想法将在会上接受正式评议。在SRI公司，卡尔森每2~6星期组织一次讨论会，有5~20位来自不同部门的人员参与，其中包括提出新想法的小组、技术法律人员以及营销专家，此外还有当前的或潜在的商业合作伙伴。通常演讲者将作5~20分钟的讲演，接下来的10~30分钟将围绕4个关键问题展开讨论，这4个问题是：市场需求是什么？你以怎样的方式应对这种需求？这种方式的优点和弱点是什么？它的优点和竞争对手比较又怎样？

创新焦点

当市场进入成长阶段，如何攫取大量的市场利益，就成为企业经营的主要目标。这一阶段的创新重点在于如何运用流程上的创新，来提升产能竞争力与扩大市场占有率——流程创新是企业收获利润的关键因素。处于流程创新阶段的企业，组织运作将有相当程度大的授权，对于部门绩效的重视程度要高过内部管理制度建立，创新的焦点在于内部流程，设备投资规模也在不断扩大。事实上，在流程创新阶段，产品功能上的改进仍然持续地进行，因此研发与制造之间的整合也是十分重要，功能、速度、质量、成本都是这一阶段的关注重心。

在《管理要像一部好电影》[10]中，刘顺仁勾勒出了企业成功发展金字塔。从倾听顾客、发现顾客当前与未来需求的角度出发，企业需要发展其基本能力，包括降低成本的掠夺能力、标准化的复制能力、以简驭繁的穿透能力和预见未来的先见能力。在此基础上，要建立一些关键的流程，包括供应链管理、创新管理与决策管理等。

创新鼓励

一般情况下，员工可能是最不愿意创新的人。他们认为创新可能会带来太多风险，甚至毁了他们的本职工作，或摧毁他们喜爱的那部分工作。事实证明，正确的引导并鼓励员工创新，将为公司带来意想不到的收获。

谷歌的案例也许就是最好的佐证，其独特的文化也令公司成为创新的同义词。

“我们营造了创造性的环境，向员工放权，大力支持他们的爱好。”谷歌的副总裁Marissa Meyep介绍，“我们有个‘20%时间’概念，让员工每周有一天的时间，做他们认为最重要和最想做的事。”[11]

“20%时间”是一个颇具争议的做法，一些公司外部的传统人士甚至认为，谷歌放弃了至少20%的生产力。但是谷歌“一意孤行”，因为谷歌相信员工会利用他们的主动性和独立性尝试新想法，这可以让他们快乐，最终提高生产力。

创新策略

管理流程的创新也可以作为企业的创新策略。有些大型企业由于组织结构较为僵化，从事重大的产品创新往往比较困难。但如果他们能够预先掌握市场成长的趋势，采取快速跟进的产品策略，迅速在流程创新阶段形成领先地位，并攫取大量的市场利润，反而可能创造风险低报酬高的一种市场进入策略。例如，日本松下在VHS录像机市场竞争中，虽然无法领先产品创新，但却在后续的流程创新阶段全力投入，反而成为市场最大的占有者。但采取这种快速跟进策略并在流程创新阶段全力争取市场领导地位的厂商，大都需要具备以下六种组织与技术资源管理能力：

（1）充分掌握技术创新与市场需求的趋势；

（2）密切注意市场上产品创新的进度，并掌握最佳的进入市场时机；

（3）预先培养核心能力，包括制程技术与生产资源；

（4）实行事业部的组织形态，能充分授权，并在制造能力上给予充分的支持；

（5）能以最有效率的方式取得新产品技术，包括购并、延揽人才、策略联盟、技术移转等手段；

（6）在新产品之专业领域，具有一定程度的资源优势。

近年来，许多高科技企业将主要资源投入技术研发，采取以产品创新形成专利独占的竞争策略，因此流程创新就相对地不受到重视，一些企业甚至将整个生产制造外包（outsourcing），以避免承担对于产能巨额投资形成的风险。早在1990年美国就有无计算机公司（Computerless Computer Co.）的主张，认为PC产业只需要将发展重点放在研发创新与品牌营销活动上，至于生产制造可以委托代工服务。这种观点的背后，主要强调制程创新的附加价值不高，因此高科技厂商不值得将有限资源放在生产制造方面。

专栏

改变游戏规则[12]

改变游戏规则就是拒绝接受先行者对行业和细分市场范围的界定，这是竞争性创新的另一种形式。佳能进入复印机市场采取的就是这种方法。

在20世纪70年代，柯达和IBM公司都曾试图在细分市场、产品、分销、服务和定价等方面学习施乐公司，以达到与之抗衡的目的。结果，施乐公司轻而易举地破译了新进入者的企图，并采取了相应的对抗措施。IBM最终退出了复印机业务，柯达虽然在大型复印机市场占据了第二的位置，但与该市场中第一名的施乐相比，仍然差距悬殊。

相比之下，佳能却采取了改变竞争条件的方法。复印机型号众多是施乐公司的长处，佳能则在机器和元件的标准化上下工夫，以降低产品的成本。施乐公司的销售依靠的是庞大的直销人员，佳能则选择办公产品经销商为其分销产品。佳能还把产品设计得更加可靠和便于维护，然后把服务的责任委托给经销商，这样就不必建设全国性的服务网络。佳能复印机只卖不租，这样就不用承担为出租的产品融资的负担。最后，佳能不是向客户总公司复印部门的主管推销产品，而是向希望拥有独立复印能力的秘书或部门经理推销。在每一阶段，佳能都巧妙地避开了潜在的进入障碍。

佳能的经验表明，进入壁垒和模仿壁垒（barriers to imitation）有着很大的差别。那些想学习施乐公司业务系统的竞争者不得不付出与施乐一样的进入成本，因此模仿壁垒非常高。但是佳能却通过改变游戏规则，大大降低了进入壁垒。

佳能对游戏规则的改变，也让施乐无力对这个新来乍到的对手发起迅速的复仇行动。由于需要反思自己的业务战略和组织形式，施乐一度陷入瘫痪。施乐的经理们意识到，他们越是快速地精简产品线、开发新渠道、提高可靠性，就越会快速地侵蚀公司传统的利润基地。以往的关键成功要素——全国性的销售力量、租用机器的庞大用户群、丰厚的服务收入，反倒成了报复对手的障碍。从这个意义上讲，竞争性创新就像柔道：它的目标是以高大对手的自身之体重来还治对手自身。要做到这一点，不能去赶超行业领导者的能力，而是要开发与之不同的属于自己的能力。

竞争性创新之所以有威力，是因为对手在功成名就之后，很可能会抱住以往成功的经验不放。所以，新的竞争者最有效的武器，或许就是自己白纸一张的状态。而老牌竞争对手最大的弱点，则是对惯常做法的迷信。

经营创新

当产品市场进入成熟期以后，市场需求不再成长，产品与流程技术均相对成熟，此时众多功能相似的产品形成激烈竞争，而如何有效运用创新的经营模式来维护市场占有率，塑造金牛事业，就成为第三阶段创新活动的重心。同时，21 世纪的创新主要取决于创新的速度和反应的速度，创新不仅仅是一个大的新东西的概念，特别是并不代表开发一个新的技术，更多的在于给用户和企业带来价值，创新多的东西可能在于你的经营模式和开发的过程[13]。

创新类型

克雷顿·克里斯滕森（Clayton M. Christensen）在“创新的两难”、“创新者的解答”、“创新者的修炼”里，提出破坏性创新和维持性创新的概念。破坏性创新（discruptive innovation）理论系指新组织可用相对较简单、便利、低成本的创新创造成长，并赢过强势在位者。论点是：若竞争局面属于维持性创新时，既有企业击败新入侵者的机会比较大；但是，采取破坏性创新的新进企业几乎总是能打败在位者。维持性创新遵从现有的市场标准，破坏性创新取代现有的市场标准。具体来说，维持性的创新是设法对现有产品提高质量、降低成本、优化性能，以此提高企业的利润，而破坏性创新则是通过实现用户的潜在价值、创造新的市场而获得自己的市场地位和更高的利润。

可以用技术和市场的不确定性来划分创新类型，如图 13-4 所示。维持性创新的技术不确定性和市场不确定性相对较低，而破坏性创新的技术不确定性和市场不确定性很高。技术不确定性包括技术开发相关知识的完整性和正确性，市场不确定性包括用户需求的清晰、可理解程度。

综合这么多对破坏性创新的理解，可以看出，对破坏性创新进行定义会根据研究重点的不同而有所差异。

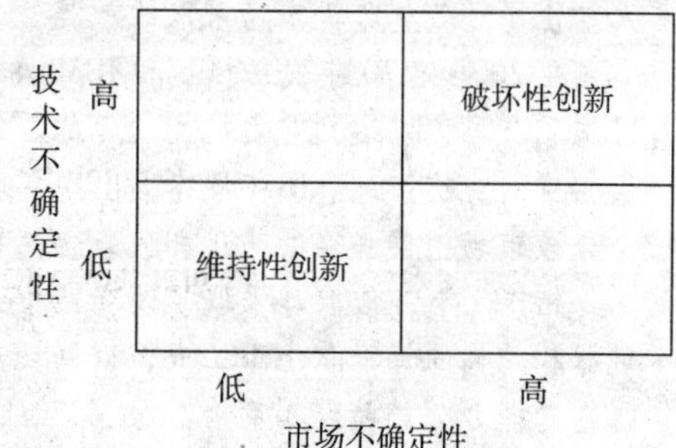

图 13-4 技术不确定性和市场不确定性[14]

（1）破坏性创新一般是基于一种新的技术或者说破坏性技术，相比于已有技术，具有更强的技术性能或者是具有发展的潜力，能够显著提高产品的现有功能，增加新的产品特性，同时降低产品成本。

（2）破坏性创新提供了不同的性能组合，为新兴市场中新用户的新应用创造价值，改变了人们的生活方式，而且需要对相关的产品或服务进行调整。

（3）破坏性创新创造了新兴的产业，改变产业的竞争格局。在位企业可能会忽视破坏性创新，从而为小企业、初创企业以及发展中国家的企业获得技术跨越的机会。

（4）破坏性创新的管理更为困难，需要新的技术和市场知识，需要不同的技术路线和基础设施，需要将不同学科的知识进行融合。另外，破坏性创新要求企业改变现有的竞争观念，需要企业与竞争对手、用户、供应商等发展新型的伙伴关系。

（5）破坏性创新是不能计划的，企业的破坏性创新项目在多数情况下都将经历非常曲折的过程。这些项目起始时有一个方向，由于某些原因会被搁置，后来又继续进行下去，常常是朝着与当初设想完全不同的方向，而且会产生一些意想不到的结果。

可以看出，破坏性创新的概念中重点突出了技术和市场的关系，是建立在尚不存在的市场上的创新，包含着驱动市场、创造新的市场。

创新市场

维持性创新与破坏性创新是相对的概念，破坏性创新的成功意味着新技术的应用与新市场的形成，此时将进入维持性创新阶段，对于维持性创新，企业的大部分研发活动都围绕维持性创新进行。中国企业的创新形式目前主要为维持性创新。维持性创新主要是通过采用现有技术，瞄准已存在的市场进行产品改进，因此，维持性创新建立在组织已有的研发模式基础上，并强化着这种模式，同时对组织产生的影响并不大。维持性创新遵从现有的市场标准，关注现有需求。具体来说，维持性的创新是设法对现有产品提高质量、降低成本、优化性能，以此提高企业的利润。维持性创新表现出递增性，在现有的架构当中发生。建立在现有的市场中现有的知识上面的创新，并不挑战潜在的战略和假设。

由于维持性创新基于较为成熟的市场，并得到组织的保障，因此其创新模式也表现出多元化。从市场演进的周期性来看，可以将维持性创新分为几个阶段：第一个阶段是被动的维持性创新，为满足客户的新需求，应对同质化竞争，通过对现有技术应用的不断改进、对成本的控制，提升产品质量与降低成本；第二个阶段为主动的维持性创新，通过对市场环境的预测，主动进行产品与服务的创新，丰富营销手段，加强市场细分，集中资源培育高价值客户群；第三个阶段为基于企业文化与组织流程的维持性创新，通过企业文化沉淀、知识管理等手段，将企业各项创新能力进行整合与固化，实现企业维持性创新的模式创新从而打破维持性创新过程中的资源投入与技术创新的瓶颈。

1. 知识维持

知识管理是保障企业维持性创新长期有效性的根本手段。在早期推出米老鼠、唐老鸭、古飞狗等脍炙人口的卡通形象后，迪士尼在连续创造数十年的辉煌战绩之时，如何持续创新便成为制约企业发展的真正瓶颈。但直至今日，我们还会发现，在迪士尼动画梦工厂，几乎每天都有新的创意产生，每年都有新的动画大片推出——这些新作品全面地汲取原有作品的优势与为人称道之处，同时融入了创作者天才的创作灵感与智慧。迪士尼作品始终能给我们以耳目一新、赏心悦目的感觉。迪士尼是如何做到这一点？其原因就在于，迪士尼在公司内部早已创建了一套“创新知识管理流程”，使创新不再简单体现为毫无依据、凭空想象的过程，而是用一整套经过长期实践、证明行之有效的业务流程、知识管理和创作框架“固化”下来的体系——在整个作品的创作过程中，每一个参与编写剧本、动画设计、采编剪辑、录制合成等工作的人员，都能够在本人负责的环节上借鉴所有整合提炼好的知识资源，并在一定的业务规则指导下，有条不紊地输出智慧。这使得企业的创新动力不再仅仅依赖于个人的魅力与智慧，而是组织整体的协同运作。规范化的业务流程与业务规则看似“腐朽”，但却成为迪士尼不断创新的源泉！迪士尼的做法，实质上是让创新形成一种用知识固化下来的业务模式，别人看来却是天才造化般的神奇作品。

2. 创新挑战

破坏性创新要比维持性创新困难得多。“对创新的最大挑战是将新兴的技术和新兴的市场联系起来。如果是将新的技术与现有的市场联系起来，那比较容易一些。但当两者都是新兴时，问题就要复杂得多。”破坏性创新的关键在于对未来市场的把握和新概念的产生，而新概念主要来自于技术研究的突破和潜在市场需求的识别，破坏性创新的高度不确定性正是由技术发展的不确定性和市场变化的不确定性所导致。创新过程可以在很大程度上被视为信息和知识的转换过程。因此，可以说，破坏性创新中的不确定性来自于创新所需知识的来源、内容和处理的不确定性。

破坏性创新过程与维持性创新有很大的不同，传统的管理方法不再适用。在管理破坏性创新时，会面临七个方面的挑战（见表13-4）。

表 13-4 破坏性创新管理的七种挑战[14]

面对的困难	解决困难所需要的能力
在“黑暗”中捕获破坏性创新思想	好创意的产生；识别“突破”所带来的机会；设计有效的方法进行初步评估
管理破坏性创新项目	不确定性分析能力；制定学习计划；人才的招聘；组织界面的有效管理
破坏性创新市场的学习	询问不同的市场研究问题；采用全新的市场分析工具
解决商业模式中的不确定性	弄清什么能力是企业可以通过“外包”方式获取的，什么能力是企业需要通过自身的发展获取的；为了便于学习，对商业模式进行调整
弥补资源和能力上的缺陷	资源获取；建立和管理企业内外部的合作关系
加速破坏性创新项目向运作部门转化	准确评估项目向接收部门转移的准备情况；顺利转移所需人才、技能和组织结构的培育；组织各部门之间相互沟通的能力
个人积极性的调动	明确高层管理人员、核心人员和项目；小组成员等的职责；建立合适的薪酬制度和职业发展路径；非正式网络的发展

专栏

财务工具何以成为创新杀手[15]

很多企业运营良好，也不乏聪明勤奋的管理者，可就是无法实现成功创新。从财务的角度，当企业错误地运用三种财务分析工具时，会导致创新的失败。

误用折现现金流和净现值

在评估投资机会时，分析人员会将未来的现金流进行折现来计算投资的净现值，而他们在这样做时通常会犯两种不利于创新的错误。第一种错误是，他们假设了一种不进行创新投资的情形，将此情形下的现金流与创新投资能带来的现金流做比较，并假设公司目前的良好状况会永远保持下去。但是在多数情况下，竞争对手持续进行的颠覆性创新投资，会导致公司的市场份额流失、利润下滑、现金流无法持续保持现有水平。第二种错误和估算误差有关。未来的现金流是很难预测的，尤其是颠覆性创新投资所产生的现金流。为了应对这种不可知的情况，分析人员通常会预测3～5年内现金流数字，然后算出一个终值用来代表以后每年现金流的总和。然而，这种推算方法往往会放大先前几年所做假设中的错误，而且计算得出的终值也无法用于与不投资时最可能发生的业绩恶化情况进行比较。企业在长期成功所需的创新活动上缺乏持续投资，根本原因在于盲目套用并过度简化净现值这一分析工具。

误用固定成本和沉没成本

有人认为，评估未来某个创新行动时，管理者只需要考虑创新投资所需的未来或边际现金支出，再把这些支出从可能流入的边际现金中扣除，然后把得出的净现金流量折算成现值。这一原则的数学逻辑没有错——只要以往成功所需的能力还可以让公司在未来继续成功。而未来发展往往需要新能力，因此这种依靠固定成本和沉没成本来获利的想法会误导管理者，使他们倾向于利用那些可能很快就会过时的资产和能力。另一种相关的误用财务工具的做法，是把资本资产的预计使用年限当做折旧年限，也会导致管理者不愿投资未来发展所需的能力。

只关注短期每股收益

导致现有公司创新投资不足的第三种财务实践，是把每股收益视为推升股价进而创造股东价值的主要动因。管理者面临来自四面八方的巨大压力，要求他们把重点放在短期股票表现上，而不是公司的长期运营状况上，从而导致他们不愿投资那些不能很快获利的创新项目。

目前常见的投资项目审批制度，如阶段-关口创新流程，只会强化上述财务工具和典型做法的固有缺陷。阶段-关口创新流程本身有两个严重缺陷。第一，项目小组通常知道预测数字（如净现值）看上去要多好才能获得资金支持，于是他们会很快调整相关的假设，让一个不被看好的项目达到门槛要求。第二个缺陷是，阶段-关口创新流程假设所提出的战略是正确的，可除了渐进式创新项目，战略正确与否是无法预知的。不过，有一些流程有助于评估创新项目，其中包括“探索驱动型规划”。这种规划流程基本上是把阶段－关口流程某些步骤的顺序倒转过来。传统的阶段－关口规划关注的是财务预测数字，而探索驱动型规划突出的是高层管理者最需要注意的方面，即项目取得成功的一些假设条件。它既可以用于创业型企业，也可以用于大型成熟企业。

创新战略

缺乏核心技术已成为中国企业发展的重要瓶颈。而对中国市场认识日益成熟的跨国公司在市场上发起的新一轮攻击，将这种瓶颈烘托得更加浓重。新创企业应该如何创新技术？

企业创新技术实践涉及：企业所能做的技术选择；将技术嵌入新产品和生产过程的标准；对技术资源的使用所进行的企业实践和管理过程。其中，创新技术战略包含三个主要的活动驱动因素，即对技术发展模式的定位、技术的获取（或探索）、技术的发展路线。上述中国企业的技术瓶颈挑战，可以从创新技术战略来解决。

技术定位

定位模式

企业的技术进步要选择一种适合自己的模式。

第一种模式就是做综合者。就是从技术的研发开始，管理好每个步骤，从而产生利润。这种模式对资金的要求比较高，对企业能力的要求也非常高。要求组织中有很强的产品设计能力、生产流程设计技能，还需要有技术型的人才、管理人才和很好的部门间的交叉协调能力。因为这种模式实施起来有难度，所以只适用于以下几种情况：进入市场速度不是很关键；客户的品位也较为稳定；技术已经被验证。如果你的产品和技术具有如上特点，你就可以选择做一个综合者。

第二种模式是协调者模式。把重点放在某些步骤，其余部分依靠合作伙伴实施。这种模式的投资相对要小得多。比如中国台湾地区一些企业仅仅把资金和精力放在生产上的代工模式；或把资金仅仅用于产品投放在市场上的代销模式等。这种模式企业需要有与其他伙伴的合作能力；有对客户需求的洞察力；有专注于核心竞争力并能进入某些领域的文化等。

第三种模式是许可证颁发者模式。这种模式是将许可创新技术给另一公司，由其将技术产品投放市场。美国高通公司就是这种模式的典型。这种模式的生产和市场费用都由其他公司承担。但要求企业必须有很强的知识财产管理能力，有影响标准的能力，有订立约定的能力等。

以上几种创新模式，企业可以根据自己的实际情况来选择，选择合适方法的能力就是一个巨大的竞争优势。当然，只有评估了所有的三种模式后才能决定创新模式需求是否与自身技能相吻合。而不是像许多时候一样，只是选择了习惯的模式，而不是最有效的模式。

专栏

蓝海战略

自工业革命以来，企业竞争激烈并竞相追求获利永续成长，公司竞争表现为抢占优势、市场占有率，力求差异化。然而这些竞争策略绝非未来创造获利成长的正途。

《蓝海战略》[16]一书挑战你认知中的所有策略模式，W. 钱·金（W. Chan Kim）与勒妮·莫博涅（Renée Mauborgne）强调，割喉竞争的唯一下场，就是血染成河（红海），不分敌我都得承受获利缩减的后果。本书依据百年来30家企业的150项策略变迁研究，对开创蓝海商机，本书提出的是

"不靠竞争而取胜"（winning by not competing）的全新策略思维。作者认为，真正持久的胜利不在竞争求胜，而是创造"蓝海"（blue oceans）——崭新的未开发的市场空间，逐步发展成熟。作者称这种策略为"价值创新"（value innovation）——创造重大价值，让对手相形见绌，无法赶上。

"红海"是竞争极端激烈的市场，但"蓝海"也不是一个没有竞争的领域，而是一个通过差异化手段得到的崭新的市场领域，在这里，企业凭借其创新能力获得更快的增长和更高的利润。

割喉式的竞争只会造成一片血海；真正获利的企业彻底甩开对手自辟没有竞争的新市场。蓝海策略强调价值的重塑和创新，而不偏执于技术创新或是突破性科技发展。作者指出，能够超越竞争的成功企业，不是去挖掘自己的顾客需要什么；而是研究非顾客的需求。过去企业在红海中厮杀，彼此竞争的是价格，只能靠大量生产、降低售价来获取利润。本书提出，成功的企业应同时追求差异化和低成本，创造出属于自己的市场。

例如，澳大利亚黄尾（yellow tail）葡萄酒进入美国市场后，并没有加入高档和经济型两大阵营中的任何一方，而是独辟蹊径，通过在细分市场、产品上的创新，开发一个以前未有人进入的甜味、乐趣化细分市场，几年间在美国市场成了最受欢迎的进口葡萄酒。"黄尾"在葡萄酒中创造性地加进了易饮、易选、有趣和冒险等人性化元素，剔除了高成本的市场营销以及陈酿质量等元素，使得它不仅在市场上达到差异化，同时也降低了运营成本。

技术应用

华为每年坚持把10%的销售收入用于研究开发，但同时华为又实事求是地公开承认："自创业以来，18年尚无一项原创产品发明。"2007年1月，任正非在内部讲话中指出："我们也不全靠自主开发，因为等自主开发出来了，市场机会早没有了，或对手已在市场上构筑了优势，我们却没法在竞争的市场上获利，所以，我们经常采用直接购买技术的方式来缩短差距并构筑领先。"[17]他提出了华为研发过程中自主创新与继承的关系："在我们未进入的一个全新领域进行产品开发，对公司已拥有的成熟技术以及可以向社会采购的技术利用率低于70%，新开发量高于30%，这不仅不叫创新，反而是浪费，它只会提高开发成本，增加产品的不稳定性。凡是说：我的项目全部都是我做，未利用别人的成就，这种人一定不能加薪。"[17]

开放创新

在20世纪90年代之前，IBM一直是封闭式创新的典范，自己设计和制造所有的产品。但是，当开放架构出现之后，IBM受到了很大的冲击，出现了巨额亏损。20世纪90年代中期，IBM开始了转型之路，它从基础研究领域抽身而退，剥离了PC业务，转而发展软件技术和用户解决方案能力。更重要的是，IBM走向了开放模式：它开始充分利用各种开放性技术标准如Linux和Java来为自己创造价值；将价值链上的不同组成部分分类交易，例如向苹果公司出售2.5英寸磁盘驱动器而不是像过去那样只是自用；开始向其他公司出售技术和专利使用权并获取不菲的收入；IBM还开始向客户学习，启动了"第一类"项目，与领导型的大客户一起研究并解决商业上非常重要、学术上非常有趣的问题。在IBM内部，也开始逐步贯彻"全球整合"的概念，将最合适的资源分配到全球最合适的地区，例如将全球采购中心放在了中国，财务中心放在了马来西亚，等等。正是由于采用了开放模式，IBM最终起死回生，重新焕发了青春。

技术获取

技术和技术知识的获取有许多种方式，从新技术的研发到通过外部购买技术。对技术的获取主要通过机构内部的R&D、参与合作、R&D外包、技术许可、技术购买等方式来进行。

内部研发

机构内部的R&D是企业依靠自身的人力资源与技术资源在企业内部开发技术，这要求企业具有支持R&D运作强大的技术人员与财务背景。

成长性好的企业为了维持稳定的业绩，必须不断获得技术创新。到20世纪后半期，国际知名企业都已投入巨资建立自己的研发中心，但凭借一己之力仍不可能维持技术创新的持续性，近年来纷纷转向了合作开发模式，为每一个重要开发项目都寻找一两个合作伙伴，以期最大程度地调动外部资源来支持自己的研发计划。

专栏

谷歌的技术创新模式[18]

谷歌的系列新产品似乎完全没有相互协调和配合，甚至互不支持；Chrome发布时，人们惊讶地发现，它不仅没有带Google工具栏，没有预置任何谷歌应用的链接，甚至不支持用Gmail发送网页和实时取词翻译，也无法用谷歌笔记本记录网页。像谷歌这样凌乱有时甚至冲突的产品发布序列，实际上恰恰体现了其独特的创新管理模式。

每个谷歌工程师可以把20%的工作时间用于自己感兴趣的项目；重要的是，20%工作与常规任务之间，并非泾渭分明，谷歌的许多产品，最初便是从这20%中萌生。这一模式的精髓并不在于20%的自由时间，而在于20%自发项目向正式项目发展和筛选的机制；一位工程师在构思了一个想法并做出了初步尝试之后，常常需要建立更大的团队、获取更多的资源，来推进项目，按通常做法，这时候他就要写报告去说服上级部门，如果得到支持，计划部门会帮他拟定开发计划、调配资源、建立团队；谷歌最大的改变是在这一环节，20%项目的发起者需要说服的不是上级，而是他的同事和用户。

这样一来，在项目发育和筛选过程中，资源配置不再完全取决于当事者的职位、资历和级别。于是，传统企业中基于等级化组织体系的集中式资源计划，部分地被一个模拟市场机制所取代了；这一机制使得谷歌公司更像一个风投，它把20%的劳动资源用做无特定目标的种子基金，四处撒播，看到哪棵苗长得不错，就追加投入，随着苗的长势，结合企业的战略方向，逐级追加投资并提升项目优先级，其中少数最终成长为正式发布产品；与风投不同的是，谷歌为创新提供了一个平台，并制订了一套规范，前者包括其搜索引擎所创造的庞大无比的数据库，后者包括Big Table、Map Reduce、AJAX和App Engine等数据结构、语言和接口标准，以及全局统一的技术框架和服务平台。

合作研发

技术合作/合资指两个或更多的企业联合其专有知识和技术资源来开发技术。

在宝洁公司任职多年的知识创新副总裁，拉里·休斯顿（Larry Huston）通过战略联盟与合作将公司的创新生产力提高了60%。休斯顿创立并领导了宝洁的“联合与发展战略”，其中涉及上百位外部研发合作者。该战略假定，对于每一位宝洁的科学家所做的工作，公司外部都会有200位从事类似工作的人员。休斯顿说，有了这种理念，企业的智力资产不再只是“怎么做”，还包括“认识谁”。结果是：400多种新产品创造出超过10亿的收入——其中大部分来自于与公司外部的合作。比如，2007年，共有186家企业参与了125种上市新产品的运作。休斯顿说：“从本质上说，企业的概念被更新为由180万员工所组成的机构。你要做的就是建立起一个良好的基础结构，与其他人一起创新。”

外包研发

通过外包，企业可以引导R&D活动而不需要大量投资于内部R&D的努力。许多企业越来越多地选择这种方式以减少R&D支出。

专栏

外包式创新[19]

全球外包行业正逐渐转入下一个发展阶段——技术创新的外包阶段。20 世纪 80～90 年代，大多数西方公司都坚持认为，所有重要的研发工作都应该由公司自行完成，绝不能交给外人。但是这种观点在今天已经完全过时了。如今，戴尔、摩托罗拉和飞利浦等公司正从亚洲开发商手中全盘收购部分数码设备的设计方案，然后再按照自己的具体要求做出适当调整，最后把这些设计用在自有品牌产品上。这样的经营模式已不再局限于手机行业。亚洲的代工厂商和独立的设计工作室几乎已经成为所有技术设备领域中的生力军，从笔记本电脑、高清晰电视、MP3 音乐播放器到数码照相机无所不包。

面对这个发展趋势，人们逐渐形成了一种共识：更多的创新对公司发展固然至关重要，但是与公司目前的研发开支相比，研发成果却微不足道。多年来，公司的首席执行官一直想方设法在工厂车间、后勤部门及仓储领域节约开支，如今他们对实验室产生有益的技术产品的能力产生了怀疑。艾森哲公司高科技咨询业务负责人埃伦·德拉特说："在可控制的开支中，研发经费是目前仅存的、数目最庞大的一个项目。未来，公司要么削减研发部门的预算开支，要么提高它的生产力。"

最终的结果是要对现代企业的组织结构进行重新审视和规划。具体而言，就是从现在起还有哪些工作必须在公司内部完成？至少，大部分著名的西方公司已经在朝着新的创新模式转变，公司转型后将借助全球合作伙伴网络来谋求发展。这些合作伙伴包括美国的芯片制造商、中国台湾的工程师、印度的软件开发商和中国内地的工厂。IBM 甚至已经拿出自己最先进的研发实验室以及一支由全球 1200 名 IBM 工程师组成的工作组，让其利用下一代的先进技术帮助顾客开发未来的新产品。如果由此形成的一整条工作链能够协调运转，那么全世界的产品开发速度和效率将取得突破性进展。

但是，一旦这条工作链的发展出现失衡，由此而产生的负面影响也将非常严重。首先是新竞争对手的崛起。摩托罗拉曾经雇用中国台湾的明基公司为其设计、生产了数百万部手机。但是从 2004 年起，明基开始在利润丰厚的中国市场销售其自有品牌的手机。此举促使摩托罗拉终止了双方的合作合同。另一个风险是，著名的公司有可能因此而失去投资新技术的动力。波士顿咨询顾问集团高级副总裁吉姆·安德鲁说："这是一个非常滑溜的斜坡。一旦创新活动开始有赖于供应商，你会在不知不觉中放慢创新的脚步，直至停止。"

正是出于这样的担心，各个公司在向新的管理模式转型时纷纷采取了不同的方式。例如，戴尔很少自主设计笔记本电脑、数字电视或其他产品；惠普公司表示，公司负责提供主要的技术，并在所有产品的设计上至少提供部分投入，但是公司依靠外部合作伙伴共同开发从服务器到打印机等一系列产品；摩托罗拉从外部合作伙伴手中全盘收购低档手机的设计方案，但是公司仍然控制着高端无线设备，如畅销的 Razr 手机的所有研发工作。公司高层领导们认为，无论公司控制的是最新技术、新产品的外观和感受还是客户关系，这样做关键是要保护公司部分可持续的竞争优势。摩托罗拉的首席执行官爱德华·赞德说："为此，你必须划清界限。"在摩托罗拉，"核心知识产权处于保护线以上，而常规实用技术则在保护线之下"。

在产品开发领域正在出现的一个"大趋势"，那就是"开放式创新"（open innovation）。开放式创新也称为"众包"（crowdsourcing），为解决企业的问题，这种创新方式需要企业与合作伙伴之间通力协作。"众包"是指一个公司或机构把过去由员工执行的工作任务，以自由自愿的形式外包给非特定的（而且通常是大型的）大众网络的做法。众包的任务通常由个人来承担，但如果涉及需要多人协作才能完成的任务，也有可能以依靠开源的个体生产的形式出现。

在 2000 年之前，宝洁对公司外的创意闭门拒之。但现在，公司意识到"靠企业内部出创意"的旧模式已经不管用了。于是，宝洁开始变革企业文化，推出了"联发模式"，与全球约 150 万名科学家联手，群策群力，迸发创意。当遇到一个问题，通过跟消费者交流获得信息后，公司通常就会问自己一个问题：针对这个创新的点子，利用外部的资源能不能够更快、更好地把这个问题解决[1]？

众包模式的典型就是设在马萨诸塞州沃尔瑟姆（Waltham）的“创新中心”（InnoCentive）网站。该网站能将遇到科学问题、工程技术问题和商业问题的公司——即“寻求者”（seeker）——与全球的业余“解决者”（solver）匹配起来。之后，“解决者”为了竞争自夸的权利，更经常地是为了竞争虚拟货币，而为给公司遇到的问题提供最佳答案。大部分公司并不是要寻求能让自己击败对手的重要创新成果，相反，它们只是想为某个大难题中的一个特定的小问题寻求快捷的答案。

技术许可

通过技术许可协议这种方式，企业可以购买他人技术的使用权。

专栏

跨边界创新[20]

飞利浦的跨边界创新，不仅仅是产品部门的简单相加。它不仅包括不同产品功能的组合和产品之间的相互融合所创造的一种家庭整体环境，还包括飞利浦跨出了公司的边界，和更多的合作伙伴来合作。

比如，飞利浦将照明技术和电视技术应用于医疗部门，使手术台更加不像手术台，而更加像一个色彩温暖、充满诗意的温馨小屋，整体环境让病人感到舒缓。

而飞利浦与施华洛世奇合作，生产带USB记忆棒或耳机的施华洛世奇水晶珠宝产品，既可以起到装饰的作用，又可以用于欣赏音乐。它为飞利浦的产品销售渠道另辟蹊径，这一产品系列的销售渠道是施华洛世奇珠宝专卖店，而非家电或IT卖场。随着对这个渠道的不断摸索和完善，飞利浦扩展了产品的概念，打破了传统产品类别的束缚。

Senseo咖啡机是飞利浦整合理念、设计与创新的又一例子，它源自20世纪90年代末期，当时飞利浦与一家咖啡企业Douwe Egberts发现在家饮用咖啡的模式正在发生变化。较小的家庭用杯子代替咖啡壶饮用咖啡，但是他们仍然需要鲜制咖啡的味道和简便的炮制方式。于是飞利浦和咖啡生产商合作推出了Senseo咖啡机。7年以来，Senseo咖啡机在全球的销量已逾2000万台。而Douwe Egberts目前有15种以上的Senseo咖啡口味可供选择。咖啡企业专门为飞利浦定做品牌咖啡，使得飞利浦拓展出一种独特的家电销售模式。

这种跨界的创新还体现在创新和市场的紧密结合：公司的研发人员经常与营销人员进行探讨。同样重要的是，让消费者在项目研究早期就参与进来，及时得到他们的意见反馈，以检验飞利浦的研究方向是否正确。在飞利浦有“体验实验室”，在那里普通人可以在模拟家庭或是商场的自然场景中体验最新的研发成果应用。

技术购买

企业完全购买技术。这是获取技术最简单的方式，并且购买技术的企业对于技术发展不需要任何资源投入。

许多大型企业每年会收购数十家新创小企业来获得其创新成果；在决定收购之前，也会通过合作项目来支持小企业创新；有些企业还鼓励员工独立创业，等他们发展有起色时再连人带企业买回来。这些都是不错的办法，但问题在于交易成本很高：与内部开发相比，收购需要支付高得多的溢价，而并购也常常会在技术路线、人事安排和组织整合方面带来高昂的成本。

福特（1988）开发了一个有用的矩阵来说明在不同环境下，不同技术获取方式的应用。这个矩阵包含五个因素，企业可以以此进行技术获取决策。这五个因素为：①企业技术方面的相对地位；②技术获取的紧急性；③致力于获取技术的水平或投资水平；④技术在生命周期中的位置；⑤技术种类：与众不同的技术、基础技术和外部技术。管理者和技术工程师可以利用这一矩阵作为在决策制订过程中的一个参考。

表13-5表明根据矩阵顶部所列举的标准以及每种技术获取方式的可行性。例如，如果企业相对技术地位高，企业便可以充分利用这种实力在企业内部构建技术。这种方式允许企业巩固其在核心实力领域的位置以及帮助企业提升其技术能力。相反，如果企业相对技术地位低，购买技术便成为企业的首选方式。同样地，如果获取技术的紧急性高，购买技术或技术许可协议可以成为企业的首选方式。在此时的情况下，依赖内部R&D就可能很昂贵、耗时并且缺少成功保障。但是如果获取的紧急性最低，内部R&D的获取方式便是一个值得考虑的选择。

表13-5 影响技术获取的因素

获取方式	相对技术地位	获取的紧急性	任务/所需投资	技术生命周期位置	技术种类
内部R&D	高	最低	最高	最早	最与众不同或关键技术
合作		较低		早期	与众不同或基础技术
R&D外包		低		早期	与众不同或基础技术
技术许可		高	最低	早期	与众不同或基础技术
技术购买	低	高	无任务或投资	所有阶段	外部技术

技术路线

21世纪创新具有三个重要特点：第一，速度更快。旧时代的通信一直在用旧的，每隔一千多年才会换一种新的，现在有SNS，有即时通信，有社会网站，每隔两三年就会换一种沟通的方式；第二，竞争更多，很多领域与空间都有仿制技术，也没有以前那么难；第三，影响力更大。社会网络网站仅仅在五年内就获取了印刷技术一千年才获取的用户，所以创新的速度将会影响竞争的局面[13]。在这种背景下，企业需要加强技术的预见与选择，将科技计划与产业界的需求更为紧密地联系起来。而目前最有成效的联系工具便是技术路线图。

20世纪70年代末期，技术路线图在美国汽车行业首先使用，其目的是为了避免忽略可能成功的技术，以及向各利益相关者展示公司的战略，增强供应链上下游的信心。后来摩托罗拉等公司的成功实践使得技术路线图得到进一步发展，而技术路线图在半导体行业的应用更产生了极其深远的影响。美国各公司、各行业、国家实验室、能源部等纷纷绘制技术路线图。而在其他国家和地区，如英国、加拿大、韩国以及中国台湾等也在研究使用。技术路线图已经成了全球化技术管理的一个工具，成为技术管理和战略管理的一个纽带。

内涵解读

技术路线图（technology roadmap）名字的由来是因为它强调用图示的形式表达出技术和时间的关系，以及技术和研发项目、产品、市场的关系。尽管这个词已经被普遍使用，但在中文中还没有统一的名称，常常又被译为技术地图、技术路径、技术发展蓝图、技术标识，等等。

技术路线图一般指明了两个方向的路径：水平方向，指技术随着时间的变化过程（见图13-5）。

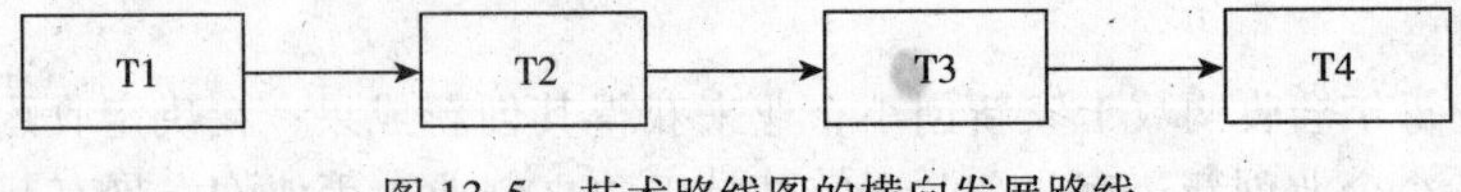

图13-5 技术路线图的横向发展路线

注：T——技术

而另一个路径便是纵向的联系，反映的是技术和研发项目、产品、市场的关系路径（见图13-6）。

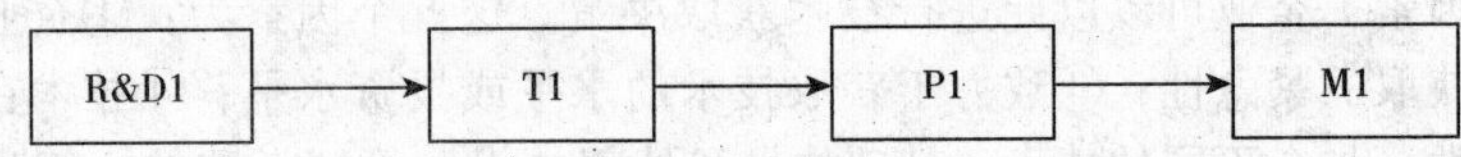

图13-6 技术路线图的纵向发展路线

注：R&D——研发项目，T——技术，P——产品，M——市场

当然中间有可能有多种路径，如一个技术可能有两种产品，有几个市场等。技术路线图就是由这纵横两个维度交错而成，典型的公司层面的产品路线图如图 13-7 所示[21]。

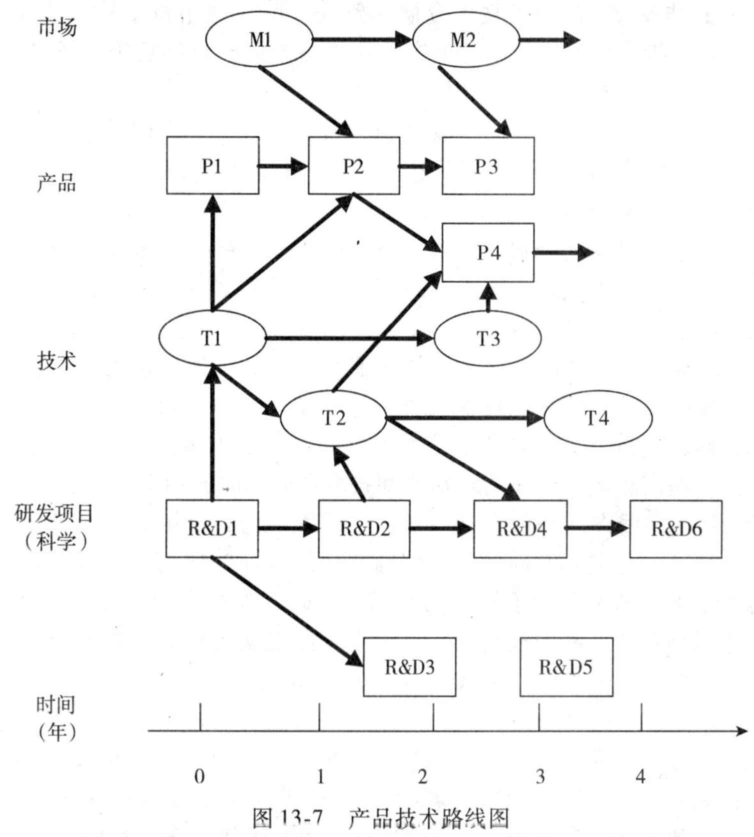

图 13-7 产品技术路线图

注：R&D——研发项目，T——技术，P——产品，M——市场、

一般来说，技术路线图从形式上看基本上就是由这两条路线纵横交错而成。随着技术路线图应用的增多，也有一些直接用文字表达的技术路线图。Phaal，Farrukh 和 Probert 就研究了很多技术路线图的表达形式，认为从格式上可以分为 8 种，分别是多层式、栏目式、表格、曲线图、图画表示法、流线图、单层和文字[22]。

技术路线图首先是从表达形式上给确定的名字，而随着它的广泛使用，对技术路线图的定义的描述也常常因使用者的不同而有不同的表示方法。David Probert 总结的技术路线图的最一般定义是：一群利益相关者关于怎样到达他们想到达的地方，怎样实现他们的期望目标的总的观点和看法。路线图的目的就是帮助组织能在正确的时间和地点拥有正确的能力，从而实现这个目标[22]。Robert Galvin 认为技术路线图是针对某一特定领域，集合众人意见对重要变动因素所做的未来的展望[23]。我们认为技术路线图可以这样定义：技术路线图是利用视图工具反映技术及其相关因素（科学、产品、市场）的发展，是各利益相关者对未来技术发展的一致看法。

应用类型

技术路线图一般分为公司层面和产业层面。两者涉及的利益相关者层次和范围不同，所以技术路线图过程也有较大差异。就公司层面而言，目的与技术的不同，使得使用程序常常不一样，涉及的人员范围也大不相同；由于公司文化的不同，各公司间的技术路线图过程也很不一样。而产业层面的技术路线图过程，就比较一致。一般都是由行业协会牵头，组织政府政策人员，从业专家（包括技术方面的工程师，市场方面的人员等），还有科学界的专家（研究院或大学），组成技术路线图工作组（workshop）进行技术路线图的绘制。

技术路线图的作用主要从两个方面体现：一个方面是技术路线图结果，另一个方面是技术路线图过程。

（1）从路线图的结果看，反映了技术发展的路线，可以利用技术路线图作为决策的依据，包括政策决策、投资决策、合作决策等。如产业技术路线图，直接反映了该产业技术的发展路线和该技术对相关产业的影响，因此，在国家层面上看：可以依靠产业技术路线图来调整产业政策；通过政策倾斜引导业界投资方向；鼓励和引导国家级科研机构和高等院校进行基础科学方面的研究；加强官产学的相互合作；促进相关产业、配套产业的发展；促进产业标准的建立；从而达到优化配置科技资源的目标。

在公司层面，各业界主体（公司）也可以参照产业技术路线图建立自己的战略和投资计划，避免投资方向的偏离；可以参照产业技术路线图确定自己的技术路线图；新进入的公司也可以从中找到新的投资机会。

技术路线图的政策价值，在国外已经有深入研究并得到证实。这也是越来越多的产业制定其技术路线图、越来越多的公司关注技术路线图的缘故。

（2）从技术路线图过程来看，主要是培养了良好的沟通机制，形成共同的愿景，从而培养研究应用化的氛围，提高新产品开发的成功率和技术产业化的成功率。

如公司层面的技术路线图，一般有技术部门、研发部门、市场部门等各部门资深人员的参与，高级管理层也往往参与进来共同确定。部门之间的沟通问题，执行人员和高层决策人员的界面问题，一直就是很多公司致力于解决的大问题。研发人员和市场人员（包括营销和销售）人员相互沟通合作能提高新产品的成功率，这一点是经过实证的。而技术路线图过程就是加强沟通合作，建立对发展的一致看法，形成共同愿景的过程。

在公司内部：通过技术路线图过程，可以让技术人员更清楚市场的需求，从而开发更适合市场的产品；也可以让销售人员参与研发项目的选择，了解公司下一步将推出的产品，从而调整营销策略和销售策略；也可以让高层决策人员做好投资和长期投资的规划，制定更好的战略。这样公司上下形成一致目标，相互配合，形成团队，提高工作效率和效果。

在公司外部：一方面，向公司供应链的上下游展示本公司的技术路线图，可以进一步加强合作。如微软会在媒体上发布产品路线图，告诉消费者他们会推出新的操作系统的时间线，让消费者对他们充满信心而进一步锁定。同时也让软件开发商及时调整其软件的支持平台，进一步加强其兼容性。另一方面，可以寻求外部技术合作支持，共同培育市场，降低技术开发风险。

思维特质

技术路线图是对未来的规划，其过程也是一个思维过程。技术路线图思维是指规划的思维、系统的思维和普遍联系的思维。培养技术路线图思维，可以帮助决策者在纷繁复杂的环境中，在技术激烈变化、市场竞争激烈的环境中寻找到最优的决策。

> 这一点，摩托罗拉有不少经验。摩托罗拉技术路线图管理的最新经验是：把供应商的技术路线图整合进自身的路线图中[24]。这是一个非常有意义的做法，因为供应商的路线图反映了供应商的技术创新和技术发展意图，而这对下游的技术识别是很关键的，特别是断裂性技术的识别。把供应商的路线图整合在一起，签订长期合作协议，形成共同开创市场的利益相关体，分散了市场风险，从而降低了技术开发风险。

另外，技术路线图思维还是一种动态的思维，当某些断裂性创新出现时，会造成产业革命性的变化。只有保持技术路线图的活性，动态更新技术路线图，不断吸收新的技术元素，才能保证技术路线图的质量和效果。

> 谷歌模式在这方面具有明显的优势：它实际上在用零溢价不断地回购独立创业的员工团队，并且在此过程中维持了技术路线、企业文化和组织结构的一致性和连续性；

同时，在项目成长的各个阶段，企业战略部门都可以以十分灵活和及时的方式施加影响和引导，调配所需资源，这样，外部风险和不确定成本可以被控制在最小范围内[23]。不过，尽管有这些优势，也取得了大量成果，但谷歌创新模式毕竟是全新的，其特性、价值和可复制性还有待时间的考验。

本章概要

管理大师彼得·德鲁克在他的《创新与企业家精神》一书中的开始部分，着重分析了自20世纪80年代以来美国经济的发展和创造的新就业岗位不仅仅是依赖资本投资规模的扩大，更多的是创新。他提出：未来的社会经济是企业家社会经济——也就是创新经济。显然，这正是中国和中国企业所应树立的信念。在过去的30年，中国企业主要依靠劳动密集型、低端产品占领全球市场，企业的创新主要集中在“微小改进”方面，而缺乏真正的设计与技术创新。中国急需突破性的新技术发现、生产管理流程的改进和产品质量的提升。

本章主要针对新创企业（也包括在位企业）对创新的导向、创新的管理、创新的战略做了一些阐述，鼓励企业建立创新和创新管理的意识，也对企业创新过程中面临的问题提出一些应对建议，对于企业创新战略具有重要的指导作用。

思考练习

1. 新创企业在技术运用上可能存在什么问题？企业技术运用时可以参考的模式是什么？
2. 你如何看待创造力对于新创企业意义？请结合实例加以说明。
3. 有人说：“自主创新是个伪命题，特别是在网络经济时代与国际化的背景下。”你对这个观念如何理解？请详加分析。
4. 有人认为：“中国本身就不是一个创新型的国家，创新必死。”你是如何认为的？
5. “走别人没走过的路，但要把路走通；做别人没做过的事，但要把事做成。”应该如何合理地看待这一命题？试以实例来分析。
6. 为什么创始者经常得不到市场的或经济的回报？
7. “播下去的是龙种，收获的是跳蚤”。很多在西方国家通行的战略、模式与理念等，到中国实践的结果却发生了重大的异化，南橘北枳，这是为什么？请结合理论与实践来加以分析。
8. 什么是战略，什么是策略，两者的实质性差异是什么？
9. 科技创新和科研是需要投入的，但这些投入的效益是潜在的，需要很长的时间才能显现出来，如何说服股东加大对科技创新和科研项目的投入？

参考文献

[1] 黄锴，张天阔．宝洁CTO：开放式创新的“联发”效应［N］．21世纪经济报道，2010-11-05（22）．
[2] 牛根生．强·大·强大［J］．科学投资，2008，(1)：80-81.
[3] 赫尔曼·西蒙．21世纪的隐形冠军：中小企业国际市场领袖的成功策略［M］．张非冰，译．北京：中信出版社，2009.
[4] 丁可．日本中小企业如何成就隐形冠军［J］．纺织商业周刊，2008，(27)：66.
[5] 曹俊杰．闷声发大财［N］．第一财经日报，2008-12-20.
[6] 利安德·卡尼．史蒂夫·乔布斯［J］．环球企业家，2008，(13)．
[7] 朱慧彬．一点儿的骄傲［J］．读者，2009，(10)：53.
[8] 张天阔．创新大爆炸：“怪人”工厂［N］．21世纪经济报道，2010-11-05（21-22）．

[9] 张述冠．创新锦标赛［J］．21世纪商业评论，2009，(11)：69-72.

[10] 刘顺仁．管理要像一部好电影［M］．山西人民出版社，2008.

[11] 惠正一．创新：从点子到执行［N］．第一财经日报，2008-08-01（c08).

[12] 普拉哈拉德．佳能是如何改变游戏规则的［EB/OL］．[2009-12-07].

[13] 李开复．下一个苹果或谷歌不在中国在美国［EB/OL］．新浪网，[2010-09-15].

[14] 吴寿仁，陈霖，李斌，等．上海市技术管理职业资格培训讲义（高级）［R］．上海：上海市技术管理职业资格管理办公室，2007.

[15] 克莱顿·克里斯滕森，斯蒂芬·考夫曼，史兆威．财务工具何以成为创新杀手［J］．哈佛商业评论，2010，(12).

[16] 金伟灿，莫伯尼．蓝海策略［M］．黄秀媛，译．台湾：天下远见出版股份有限公司，2005.

[17] 吴春波．谁能复制华为［N］．21世纪经济报道，2009-09-28（65).

[18] 周飙．从谷歌操作系统看企业创新管理［N］．21世纪经济报道，2009-07-15（2).

[19] 杜娟．研发外包与技术创新研究［J］．现代商贸工业，2008，20（5)：7-8.

[20] 康健．飞利浦：创新就是保持灵活［N］．第一财经日报，2008-09-19（c05).

[21] Peter Groenveld. Roadmapping Integrates Business and Technology [J]. Research Technology Management, 1997, 40 (5): 48-55.

[22] R Phaal, C J P Farrukh, D R Probert. Technology roadmapping - A planning framework for evolution and revolution [J]. Technological Forecasting and Social Change, 2004, 71 (1): 5-26.

[23] Robert Galvin. Science Roadmaps [J]. Science, 1998, 280 (5365): 803.

[24] Irene J Petrick, Ann E Fchhols. Technology Roadmapping in Review: A Tool for Making Sustainable New Product Development Decisions [J]. Technological Forecasting and Social Change, 2004, 71 (1): 81-100.

CHAPTER 14 第14章

品牌经营

一流企业做品牌，二流企业做市场，三流企业做产品。

——商界谚语

学习目标 >>>>>>

- 把握品牌建设的内涵与方法；
- 了解品牌形象管理的构成；
- 透视品牌资产运作的策略。

世界上有两种产品：一种是商品（goods），另一种是品牌（brand）。商品是其他企业可以仿制的产品，品牌却是独特的、与众不同的产品。以卖商品为主的国家迟早会达到一个点——它的产品不再具有竞争性，到那时它的经济将会萎缩，想要达到更高的增长率也将变得异常艰难。商业界存在一种可口可乐假说，即那段著名的“烧厂论”——如果一夜之间，可口可乐全球的工厂都被烧毁的话，只要可口可乐的品牌依然存在，它就能在一夜之间重建。一个国家需要在全球市场上去卖强大的品牌，而不是商品。迄今为止，世界上没有任何一个国家是因在全球市场上卖廉价产品而变得强大的；世界上经济发展比较好的国家，基本上都不完全是依赖产品成功的，它们是依赖自己的品牌而走向世界的。

品牌经营（brand operation）就是对商品或服务品牌进行创立、维护与管理。将品牌视为独立的资源和资本，并以此为主导，来关联、带动、组合其他资源和资本，从而取得最大经济效益和社会效益的一种经营活动和经营行为。

美国《商业周刊》（*Business Week*）2009年9月17日报道该刊和全球品牌咨询公司Interbrand协作的第九次年度评鉴结果，在全球百大品牌榜中，可口可乐连续九年名列榜首，品牌价值687亿美元，比2008年前上升3%。仅2008年可口可乐就在全球推出700种新产品，行销和包装无懈可击。亚马逊（43）、百事可乐（23）、奥迪（65）、汤厨（100）的行销团队在充满挑战的一年里，发挥逆势操作的能力都有长进。经济衰退另外制造了几个明星，包括Google。Google的品牌价值从2008年劲增25%，达到2009年的320亿美元，业务多元化，包含新建广告模式和Android手机软件，居功最大。与此对应，亚洲只占九家，分别是丰田（8）、本田（18）、三星（19）、Sony（29）、佳能（33）、任天堂（39）、现代（69）、Panasonic（75）、Lexus（96）。两岸三地的品牌全军覆没。

品牌是企业的灵魂，是企业核心价值的承载和表达，是企业和消费者沟通的桥梁。市场竞争进行到今天，已经有越来越多的中国企业开始意识到未来的竞争将是品牌的竞争，越来越多的中国企业也开始思考如何塑造一个能在市场上立于不败之地的强势品牌战略。品牌并不只是一个代号或肖像。品牌可以给产品注入生命力，塑造消费者对品牌商品的联想，让原本仅具有功能性的普通商品产生个性和显现品牌特色，从而达到吸引更广的消费族群延长商品寿命，刺激销售量增加。所以赋予品牌好的内容及生命力，那么以其为代表的商品寿命也会延长。品牌生命力在于其背后的故事性、代表人物的造型来形成品牌的个性和联想。

专栏

胡辉现象

2004 年，中关村的胡辉是从美国硅谷回来的一个研究人员，他开发了一个远程医疗诊断系统，送给国家的医疗机构，5 万块钱一套，医院都不要。胡辉后来撑不下去了，只好把这个公司卖给了美国人。美国人就用这一批原班人马，还是生产这个远程医疗诊断系统，20 万卖给我们的医院，医院抢着买。

当被问及过去十年，是否有哪个中国品牌在全球崛起为领导者的时候，“定位”理论之父杰克·特劳特不假思索，直接回答“NO”[1]。形容中国企业现实状况的一句行话是：资源一流、产品二流、品牌三流。近 30 多年来，有哪个自主品牌获得过持久的质量美誉？中国制造虽然很强大，但因为没有品牌，只能在产业链的末端赚一点微薄的利润。虽然中国的市场份额正在不断扩大，但也仅占到 8%，而美国生产的产品占全球制成品生产总值的 21%[2]。我们必须清楚制造与制造产业链的区别，制造业只是制造产业链中的一部分，整个产业链中包含了研发、设计、仓储、制造、运输和销售。而其中利润最低的就是制造环节，中国只能算一个制造大国，并不能算一个制造业大国。企业真正的“大脑”仍不在中国，利润最大的部分被国外企业拿去。

品牌建设

产品是制造出来的利益，品牌是无法制造出来的，而是在市场中建设出来的。长期的而且理性的品牌建设需要规范的品牌识别系统，建立品牌化模型，进行理性的品牌延伸扩张，不断累积丰厚的品牌资产。

品牌定位

品牌定位（brand positioning）是指企业在市场定位和产品定位的基础上，对特定的品牌在文化取向及个性差异上的商业性决策，它是建立一个与目标市场有关的品牌形象的过程和结果。换言之，品牌定位即为某个特定品牌确定一个适当的市场位置，使商品在消费者的心中占领一个特殊的位置，当某种需要突然产生时随即想到的品牌。比如在炎热的夏天突然口渴时，人们会立刻想到“可口可乐”红白相间的清凉爽口。

品牌定位是品牌经营的首要任务，是品牌建设的基础，是品牌经营成功的前提。确定品牌的目标消费者是品牌建设中最为关键的一步，这不仅仅涉及最基本的人口统计及其心理特征，还需要深入地了解影响消费者的情感因素。

缩小焦点

生产产品的地方在工厂，创建品牌的地方在心智[3]。创造品牌，首先需要缩小焦点，在消费者心智中占有一个词。世界上每一个著名品牌都在消费者的心目中占有了属于自己的词，如表 14-1 所示。

表 14-1 世界品牌的焦点概念

品牌	焦点概念
奔驰	名望
宝马	驱动力
星巴克	高价咖啡
劳力士	高级手表
红牛	能量饮料

那么，怎样才能在消费者心智中占有一个词？很多营销人以为大规模的广告运动才是打进消费者心智的不二法门，事实并非如此。进入心智最好又最简单的方法是在一个新品类里做到第一（做第一能激发公关效应，而公关正是进入心智更有效率也更有效能的办法）。

专栏

美国西南航空的抉择[4]

美国航空业在发展中最先要确定的是：做客机还是做货机？各大航空公司不约而同地回答："两个都做，因为客舱下面还有剩余的。"所以，美国的大航空公司都客货兼营。航空公司接下来要决定到达地的问题：飞商务城市还是度假胜地？这次不约而同的说法是："两种都飞，为什么非要局限在一种到达地呢？休斯敦或檀香山我们都要占领。"下一个是关于经营范围的抉择：飞国内还是飞国际？答案已经能猜出来："老规矩，两种都拿下。"所以，美国的大航空公司既载客又运货，既飞国内又飞海外。最后一个问题是：服务是提供给头等舱、商务舱还是经济舱？对此，绝大部分航空公司又一次不约而同地回答："三种都要，一种都不能少。"所以，美国的大航空公司都提供多级别服务，美利坚航空公司现在提供七种级别的服务：经济舱超省、经济舱特省、灵活经济舱、即时升级、特别商务级、灵活商务舱以及灵通至上。

只有美国的西南航空公司一家比较"另类"，它的飞机只飞商务城市，不飞度假地；只有经济舱，不提供头等舱或商务舱；只飞国内，不飞国际。而且，西南航空公司只用波音737这一种机型，与之相对的是，美国三角洲航空公司有8种机型，美利坚航空公司也是8种。而且为了进一步把"西南"品牌跟其他航空公司进行区隔，他们砍掉了所有不必要的服务。西南航空的飞机不提供食物，不提供宠物照顾服务，不跟其他航空公司交换行李。

当大家都笑西南航空公司"鼠目寸光"的时候，差别却很快显现出来。正是这种"短浅目光"，提升了西南航空公司的运营能力，成为其投诉率在整个美国航空业常年保持最低的原因。这种"目光短浅"，还提升了其维护能力。如果机械工和维修工只维护波音737一种机型，那么，整体维护和服务水平更容易掌控。在过去三十多年的运营中，西南航空公司保持了零事故的纪录，全球只有一家航空公司能跟它媲美。

结果，美国其他各大航空公司麻烦重重：联合航空（United）、三角洲航空（Delta）、西北航空（Northwest）和大陆航空（Continental）都已破产，美国航空公司（American Airlines）持续亏本，而西南航空忙于赚钱，利润率非常骄人。

【提示】 目光不用太远大，想跟比你更强大的企业竞争，只需要一个比它更狭窄的焦点。

寻找空白

做第一最简单的方法就是缩小焦点，缩小焦点的结果是寻找空白：直到在消费者心智中找到一个仍未被其他品牌占领的点。

在大部分冰激凌品牌仍在街口流动雪糕车上销售，力图用低廉的价格和相对美好的口味吸引更多回头客时，哈根达斯将目光对准了出入高级餐厅和高档卖场的奢侈品消费人群，将自身定位为顶级雪糕的代表，精心为其打造以"尊贵"著称的冰品。它将店面设在繁华的小资生活区，其装修精致的咖啡馆式店面得以迅速脱颖而出。在高级酒店和餐厅，哈根达斯随处可见，对艺术活动的频繁参与同样显示了它对不凡品位的追求。

在营造爱情神话的品牌中，来自美国的哈根达斯已发展为不可复制的标杆。无论是在时尚热播的电影、电视剧桥段里，还是在充满小资情调的小说里，哈根达斯如手持弓箭的爱神丘比特，成为“情人之爱”最广为人知的代言之一。哈根达斯为冰激凌甜蜜香滑的口感赋予各种带有浓情意味的象征——情人的亲吻、指尖的缠绕、绵长温柔的拥抱，进而将品牌的目标顾客从尊贵一族调整为对爱情怀有旖旎幻想的女性族群。一方面抓住了女性群体对于浪漫情调和美味食物往往难以抵抗的特质，另一方面这种定位使产品与目标客户间产生了深层的情感维系，无论是该品牌广告中对于“爱她，就带她去哈根达斯”的极尽渲染和强调，还是顾客在品味冰品时脑中泛起的种种浮想，都将顾客群体更牢固地锁定在幻想、渴望、尝试和享受中。

这种策略迅速收到成效：1981 年，《纽约时报》将哈根达斯称为“冰激凌中的劳斯莱斯”。1989 年，当哈根达斯进军欧洲市场时，采取了比同类竞争品牌高出 30% ~ 40% 的定价策略。

善于放弃

如果说通过缩小焦点在新品类里成为第一的做法很简单，为什么没有更多企业这样做呢？为什么很多企业更愿意强调扩张，而不是收缩呢？因为没有人希望往后走，没有人愿意为了明天的发展而砍掉今天的一些生意。

老子曾经说过：“千里之行，始于足下。”品牌建设的专家却认为：“千里品牌路，始于退一步。”要创建强大的品牌，牺牲是不可避免的。要在一个窄小的品类里成为领导者，必须削减企业现有提供的产品或服务的种类。最迫切需要做的是集中营销力量去扩大品类，而不是扩大品牌。看似退一步，实则进两步。

专栏

A 模式与 J 模式[5]

美国和日本电子产品企业 1997 ~ 2007 年共十年的销售额、净收益、净收益率比较：

1. 美国的三家公司过去十年的财务业绩（销售额/净收益/净收益率）：

戴尔公司：3580 亿美元/215 亿美元/6%。

英特尔公司：3200 亿美元/622 亿美元/19.8%。

微软公司：3150 亿美元/939 亿美元/29.8%。

2. 日本三家电子公司 1994 ~ 2004 年的财务业绩（销售额/净收益/净收益率）：

松下：6647 亿美元/7 亿美元/0.1%

索尼：5561 亿美元/48 亿美元/0.9%

东芝：4770 亿美元/8 亿美元/0.2%

以上数据清晰地表明了美国和日本代表性的一流公司财务业绩的差距。

上述数据反映了两种不同的商业哲学，一种称为 A（America）模式，即以美国企业为代表的美式品牌模式；另一种称为 J（Japan）模式，即以日本企业为代表的品牌模式。

A 模式的美国企业普遍都是做专业性的产品，追求聚焦、狭窄而深入。上述戴尔、英特尔、微软三家企业的专著领域分别为电脑、芯片、软件，财务业绩（净收益/净收益率）远远高于三家日本企业。而作为 J 模式代表的三家日本企业，普遍存在多元化，追求分散、宽泛而全面的特点，也正因此财务业绩远逊于 A 模式的美国企业。在 1997 ~ 2007 年的 10 年中，日本前 100 名企业的平均利润率为 1%，而前 100 名美国企业的平均利润率为 6%，两种品牌模式的差异显而易见。

需要指出的是，日本本土的企业也存在差异。以索尼（Sony）和任天堂（Nintendo）为例：索尼是一个更有名气的企业，2007 年有 705 亿美元的销售额，是任天堂 43 亿销售额的 16 倍。任天堂却是一个比索尼更有价值的品牌，它的股票市值 840 亿，索尼只有 470 亿。任天堂占有了“电子游戏机”（videogames）这个词，索尼占有了什么词？索尼是一个什么都做的电器品牌。

【提示】 评估成功的指标是利润，而非销售额。销售额跟成功品牌不成正比的关系。很多中国企业有很庞大的销售额，但它们并不是强大的品牌。

品牌精神

企业需要精神，品牌也需要精神。

精神价值

1. 心理价值

性价比源于企业产品及服务与售价的对比，是理性购买决策的基础。但大多数消费者的购买并非完全靠理性，准确定位的品牌可以满足顾客的某些精神需求，这种精神沟通以实体商品或服务为基点，又脱离于前者之外，为顾客创造了附加的心理价值，进而建立与顾客之间更加牢固、更加密切的情感联系。

万宝路让同质化的香烟与众不同，秘诀就在于为品牌注入了豪迈阳刚的牛仔形象，从而赋予万宝路品牌阳刚、粗犷、成熟、豪迈等品牌个性，与开拓进取、勇于冒险的美国文化相关联，给顾客带来一种附加于实体商品之外的精神价值。哈雷摩托车曲折的发展历程造就了其在美国社会中反叛、热情、爱国、喜爱冒险的鲜明形象，驾驶者通过摩托车张扬的外观、强劲的动力及巨大的轰鸣声表达自己的叛逆与个性。

大多数时候，苹果公司总是扮演着一个奋力抗击微软和 IBM 的弱者角色，它总是富有创意、叛逆以及性感的。对比之下，其他电脑公司则是雷同而愚钝的，只能向无知的大众推销其产品。在超过 25 年的时间里，无论是其“不同凡想”的广告牌还是其“Mac 对决 PC”的电视广告，都为苹果成功地建立起这样一种形象。最重要的是，苹果能赋予人们一种“身份”——拥有苹果产品的你，就是见多识广的精英中的一员，你更精明、更时髦。而乔布斯一直就是保持这种形象的高手。

2. 价值取向

每一个地域的成功，都有自己很明确的原因，其中非常重要的因素是文化、人们的价值取向以及行为选择[6]。

欧洲地区一直都以品牌和精品作为自己的专长，也正因为欧洲的很多企业都是品牌企业，同时贡献奢侈品，欧洲所选择的服务对象应该是 15% 左右的消费者，但是具有极高的附加价值。欧洲成功的原因就是确定为精英消费，或者叫做奢侈品消费。也就是说，欧洲选择市场份额当中的 15% 左右，以奢侈品香水、汽车、服装、美酒作为方向，在附加价值上创造出奇迹。美国选择了另外一个方向，美国能够让技术创新，能够让技术产品化，所以美国的成功是可以让奢侈商品因为技术批量生产，使得奢侈消费成为大众消费。而日本的成功则是物美价廉，日本企业借助于技术和文化，使得产品更加大量生产并且价格低廉，这样就使得大众消费的产品可以普及消费。

3. 中国品牌

欧美成功品牌与其他品牌的实质差距就在于品牌的精神内涵，中国企业迄今为止的品牌塑造还没有脱离商品实体，必须突破这一瓶颈，中国品牌才可能真正走向世界。虽然有 54 家企业进入世界500强行列，但世界知名品牌中几乎看不到中国品牌的影子[7]。让顾客讲一讲从某个品牌消费中感受到的精神，那更是比登天还难。这一状况严重削弱了国产品牌的竞争力，只能以低价格作为卖点，长此以往，经济的持续成长必然会遇到阻力。

精神规划

品牌建设需要精心规划。

1. 精神个性

首先从中外文化里挖掘有吸引力的性格特征，比如英雄主义、反叛精神、青春时尚、优雅持重，甚至“无厘头”都可以作为候选。这种精神和形象类似于人的个性，不需要高大全，只要真实且具有穿透力，就像热恋中的情人，对方的缺点有时也会变得很可爱。

专栏

品牌背后的企业家精神[8]

1995年深圳梅观高速建成通车，华为和富士康在高速路的两侧，当时有个协议，高速路给这两个公司开两个出口，由这两个公司把开出口的钱在建成通车后拨给梅观高速公司。华为很痛快，1995年按时拨付。而富士康到现在还没有给。这位朋友的问题是，同样是大公司，两样做法是行业问题还是老板的个性问题？

交税这个行为的背后，反映了贴牌生产与自主品牌两重天的一个冷峻现实。富士康属于世界500强，而华为不是；富士康营业收入超过1000亿元人民币，而所纳税额为一两千万元；华为去年营业收入为528亿元，而所纳税额为四五十亿元；富士康收入大于华为2倍，而纳税仅为华为的$\frac{1}{400}$~$\frac{1}{500}$。华为的纳税额接近营业收入的10%，而富士康却是营业收入的万分之一。华为的最低工资，是富士康平均工资的10倍。华为人能够享受公司增长的红利，而富士康人一周工作80个小时才只能拿到当地的最低工资。

郭台铭代表了一种苍狼文化，这种苍狼式经营模式的特点就是，一片片草地排着吃，吃光了一块草地就换另一块。狼群围歼黄羊不惜牺牲草地，让黄羊吃得走不动然后出击。一个地方吃完，就到另一个地方。

而任正非代表了一种以技术为本的价值创新文化。通信行业的一个本质规律是，谁掌握了核心技术，谁就掌握了市场竞争的战略高地。唯有立于核心技术这个战略高地，才可以江河高下，势不可当。华为还在刚刚能吃饭的时候，就义无反顾地把大量的资金投入研发。现在一年投入的研发费用高达70亿元人民币。一般公司考虑的是中国区域，而华为考虑的是全球；一般公司会考虑以产品去拓展市场，而华为则是以研发带动市场。一个不能适应本地人审美、思维、工作习惯的技术设计，难以赢得客户；一个没有充分本地化的产品和技术，更难以获得客户的情感和忠诚。正是对行业本质的深刻认识，形成了华为以研发本地化为先导的全球化战略。

2. 企业初衷

根据行业特色和企业历史，通过大量的搜集、选择、测试工作，选定对目标顾客有吸引力的又有别于竞争对手的品牌形象。

一个企业的初衷决定一个企业的未来。企业所有的东西不是发展过程中什么时候突然醒悟了，改变了，一个企业的初衷就像一个人的性格，性格是与生俱来的，一辈子改变不了。

3. 社会环境

吉利汽车董事长李书福[9]指出：“一个受人尊敬的品牌，必将要在一个受人尊敬的企业里边，而这样的企业和员工需要在一个国家的大氛围里才能出现，否则出现不了。为什么呢？我们的员工一边在工作，一边在想，小孩子上学怎么找一个好的老师；他还在想，父母生病怎么找一个好的医生。员工没有集中精力去生产产品，去研究怎么把自己手头的工作做好，而是一天到晚为家里的小事奔波。”

中国要想创造世界名牌，首先要把社会大环境解决好，包括养老福利、社会保险、医疗体制等，让每一个员工心情舒畅地做自己想做的工作，发自内心地去奉献，发自内心地为社会做好事。这样产品的质量才能保证，技术进步、科学发展以及创新型国家的建设才有可能。

精神贯彻

将选定的品牌精神作为塑造目标，然后有条不紊地予以落实，将这一精神贯彻到企业经营的方方面面，并努力推向媒体、顾客和公众。在执行过程之中，需要稳扎稳打、有序推进，随时用以下问题拷问自己[7]。

1. 企业文化

企业文化与这种品牌精神是否匹配？

打造品牌是一个艰辛而漫长的跋涉过程，要求老板有很强的自律精神，目标远大还要果敢行动，能够承受各种压力，拒绝各种诱惑。因此品牌塑造也是老板一种自我教育、自我提升的过程，要求员工要遵守的纪律、要达到的要求，老板必须带头做到。在企业中倡导一种表里如一的、简单而真诚的文化氛围，而且要与品牌精神高度契合。

假如某企业想打造时尚前卫的品牌风格，整个企业文化就应该努力靠近这种风格。如果还是循规蹈矩，还是朝九晚五，晚上9点洗洗就睡了，那估计很难成功。企业高管和设计师必须去贴近时尚人群，在办公室尽力营造自由、舒适、随意的工作气氛。Kappa中国确定了“运动+时尚”的定位后，就号召职员不要穿正装上班，把家里最时髦的衣服穿出来，鼓励大家尝试不同的发型和着装风格，鼓励设计师多去酒吧、画廊、演唱会等场所体验，取得了良好的效果。

2. 产品特色

产品特色是否呼应这种精神？

产品服务与品牌之间有很强的互动关系。宝马定位于“超级驾驶机器”，用强劲的动力和卓越的操控性能等产品特色来表达其活力、年轻、尊贵的品牌精神，如果一款汽车动力不足，老是熄火，又反应迟钝，那还有什么活力、尊贵的感觉可言。

比如苹果公司因为相继推出了iMac台式电脑、iPod音乐播放器、iPhone手机、iPad上网本等令人耳目一新的创新产品，大幅提升了其代表时尚和品位的品牌形象。即使其后推出的产品没有革命性，但由于惯性顾客还会喜爱和偏好苹果品牌，但如果长期创新乏力，笼罩在它头上的光环就会逐渐暗淡。

3. 品牌符号

品牌符号能否让人感受到这种精神？

精心挑选品牌标识，一个好的品牌名称、一个美观醒目的标识、一句简洁有力的传播语可以事半功倍。作为一个儿童用品的品牌，“娃哈哈”便于记忆，而且容易引起顾客好感。奔驰和宝马轿车的标识令人过目不忘，Kappa运动品牌的“情侣背靠背剪影”赋予了品牌浪漫性感时尚的鲜明个性。“乐百氏”起初感觉是外国品牌，仔细琢磨又有喜庆吉祥的含义，而且与英文品牌名“Robust”发音很相似，英文含义也非常适合表达营养类食品，所以是一个从各方面来看相当不俗的品牌名称。

柒牌男装邀请李连杰来拍摄广告，广告词是“男人，就要对自己狠一点！”试图为品牌打造一个在多重压力之下不放弃、不屈服的硬汉形象。想法非常好，但是效果很难说，不知道有多少电视观众能够将柒牌与那种形象联系起来。与此对应的是另一家男装品牌“七匹狼”，虽然没有刻意为品牌注入某种精神，但通过品牌名称产生联想，就会想到一望无际的草原或大漠、危机四伏的环境、忽明忽暗的篝火、豪情万丈的骑手，从而赋予品牌以沧桑、勇敢、激情、豪迈的品牌精神。由此，品牌名称、标识设计的效果就高下立判了。

4. 广告传播

广告与传播语是否紧扣这种精神？

选择合适的代言人、广告语和传播媒介让品牌形象深入顾客内心，赢得顾客忠诚和企业的可持续发展。

一句恰当的传播语可以清晰地表达产品卖点或品牌个性，让顾客明了产品的价值和定位。百事可乐宣传“年轻一代的选择”，将可口可乐逼入老旧与过时的尴尬境地。五谷道场方便面用“拒绝油炸，留住健康”，给市场主流产品和品牌贴上了“不健康”的标签，难免会引发行业地震。

专栏

少即是多[10]

全球最著名的卡通形象之一——凯蒂猫（Hello Kitty），凭借其简约低调的形象设计及营销策略——形象定位、设计线条与色彩运用极为简单、无动漫情节支撑，也几乎不动用传统媒体广告支持，在业内创造出辉煌业绩。这只“无嘴”小猫在卡通形象更新换代速度迅猛的日本已成长至第三个本命年，曾年均为公司创造近5亿美元的天价收入。作为三丽鸥公司最成功的卡通形象与业内领军品牌之一，凯蒂猫运用“少即是多”的原则，用看似极少的动作打造出“寡语”甚至“失语”的形象，虽然备受争议但显然十分奏效。

在动物选择上，外形乖巧可爱、性格相对无明显特质，同时备受各年龄层女性宠爱的猫获得三丽鸥公司的青睐。在设计外形时，三丽鸥公司第一代设计师清水侑子运用极为简明的线条勾勒出与主色调（红、白、粉色）相呼应的圆嘟嘟的轮廓和一只被赋予可爱色彩的蝴蝶结。在两只几乎没有任何设计的“黑豆眼”与同样简单的鼻子下，凯蒂猫在同类卡通形象极尽所能打造特质的嘴巴位置留下了一片空白。

凯蒂猫无嘴无表情的造型在推出之后遭遇评论争议。无嘴致使凯蒂猫无法发声，因而无法采用大多数迪士尼经典卡通形象所采用的有声媒介——卡通动画、音乐剧、电影等方式进行推广，甚至不能出现在有对白的连载漫画中，这使得一些分析家认为凯蒂猫品牌发展后劲堪忧。然而，一次又一次的销售纪录刷新让上述评论显得有些杞人忧天。这款起初并未得到老板重视与评论肯定的卡通形象迅速引爆流行。推出当年，其销售业绩即蹿升3倍，三年后，销售收入增长已达7倍，利润增长已逼近10倍。

截至该形象诞生30年（2004年）时，凯蒂猫形象已出现在逾两万种自有产品和16万种授权产品上，这个数字仍在以每年6000余种的速度递增。在中国香港，麦当劳5周内售出450万只凯蒂猫布偶。在中国台湾凯蒂猫更是创造了5分钟内售出5万套电话卡、4小时内卖光50万只的纪录。

人气的秘密在于简洁。凯蒂猫含义模糊的形象方便每个人将自己的喜好和心情投射上去。凯蒂猫看似无情感的面部，在推广向成千上万名消费者时，恰恰能够表达一切情感。“少说”的特质使凯蒂猫成功地成为各类人群情感、幻想和倾诉的承载对象。在越来越疏离和缺少沟通的城市生活中，凯蒂猫担负起体面且令人愉悦的礼物、装扮并凸显自身个性的潮品以及分享私密情感的倾吐对象等多重角色。在全球，下至蹒跚学步的儿童，上至不惑之年的女性蜂拥购买带有凯蒂猫形象的商品——儿童系的玩偶、文具、糖果、服饰等以及成人系的内衣、床品、服饰、鞋履、化妆品、珠宝配饰、电子产品，将它们带入自己生活的每个角落。

除了让“少讲故事”成为“美德”之外，凯蒂猫也让传统媒体广告版面或时段显得多余。它不仅在商品与消费者之间产生投射性，其具有感染力的形象也借助名流拥趸及潮流意见领袖的影响力散播进追随者的心中，甚至在追随者群体内互相激发模仿欲望和身份认同，以无所不在的人际传播到达传统广告无法覆盖的群体，形成非同一般的宣传效应。美国歌星玛利亚·凯莉、好莱坞女星斯嘉丽·约翰逊、名流帕里斯·希尔顿以及日本、中国众多明星拥趸均在新品推出之际成为该品牌免费代言人。凯蒂猫品牌产品线不仅得以在不同人群间拓展，也得以在各类销售场所实现扩张。如今，无论是在连卡佛等高档百货商场，还是在超市或大卖场，均可发现凯蒂猫展现着她的“无语”魅力。

品牌创建

品牌建设是一个长期的过程，但对于刚创建的品牌，走好第一步很关键。信息的生产与传播方式的颠覆性革命是企业营销遇到的第一大挑战。互联网和各类移动终端设备，深刻地改变着消费者的沟通习惯和行为惯势。以互动沟通为特征的新型网络驱使品牌主开始学习与消费者双向沟通——他们尝试着转变过去的思维定势，将“对消费者的集中灌输”变为“鼓励双方对话”，而互动沟通的模式，又反作用于企业后台的业务流程，例如，企业可以通过此类互动对市场做出更为精准的预期判断，以更好地规划生产与销售。

品牌体验

成功品牌的一个重要特征，就是始终如一地将品牌的功能与消费者心理上的欲求联结起来，通过这种形式，将品牌信息传递给消费者，在心理上产生效应，最大限度地满足消费者价值体验是品牌创建的基础。

基于品牌心理功能分析，品牌创建要考虑以下三个方面内容。

第一，学会分析忠诚消费者的特征。品牌建设与营销策略要研究属于该品牌的忠诚者的特征，以确定其在市场中的定位。市场中失败产品关键的一点，经常并不是产品本身的质量问题，而是消费者体验不到这种产品或品牌与竞争者相比有什么特别之处。同时，要学习不断地认识当今消费者价值观念的变化与发展。因为只有产品或品牌与消费者价值观念之间有着较高一致性时，这样的产品或品牌才有可能为市场所接受，推向市场的速度也就越快。

第二，要学会分析从自己品牌转移出去的消费者特征。通过考察从自己的品牌转移出去的顾客，可以了解到品牌营销方面的薄弱环节，以便纠正它们。如果转移者的人数正在增加，公司就必须通过变换销售方式来吸引他们，然而，真正做到这一点是不容易的。

第三，要学会分析消费者购买决策过程，从中可以发现有效的品牌营销策略。所谓分析消费者购买决策过程主要指：分析谁在购买？为何购买？购买什么（品牌）？什么时间购买？什么地方购买以及怎样购买？

消费者分析与品牌设计的思路框架可参见图14-1。

目标客户的细分—深入了解客户	品牌定位—品牌的品牌形象	品牌的价值驱动因素与手段
• 他们是谁 • 他们在做什么 • 他们想怎么样 • 他们需要什么 • 他们重视什么	价值定位 • 功能性 • 情感性	广告 促销 销售 产品特性 网点覆盖面 服务 …
目的		
深入了解客户行为并对他们进行细分以满足他们不同的需求	确定期望的品牌形象	确定基本的市场行为

图14-1 消费者分析与品牌设计

专栏

喜之郎的思路[11]

有多少企业能懂得真正聪明地塑造品牌？喜之郎给出的答案是：策略性创意能有效地塑造品牌的价值观；有价值观，品牌才有持久生命力！

果冻作为休闲食品，对于消费者来说并不是生活必需品，也不可能成为主导性的营养品，消费者的动机主要出于零食需要，是可有可无的选择。因此，纯产品层面的利益点不会成为大众喜爱喜之郎的决定性因素。经过反复的思考与辩论，喜之郎认识到：我们要售卖的已不是产品，而是品牌！我们不必受制于旧有的教条，应从另一方向入手，可以为喜之郎品牌塑造价值观，让大众因为相同的价值观而去喜爱喜之郎——就如同志趣相同的人相互吸引一样。

于是，喜之郎以普通大众的身份重新认识消费者，尽一切努力挖掘人们对生活的梦想，对家庭的期待，对亲友的情感……所有这一切都有他们的价值标准，而这些价值观每时每刻都在影响他们的选择和喜好。

有了策略的原发点，再感性地重新认识消费大众，就找到了品牌与消费者在价值观上的联结点"亲情无价"——喜之郎品牌的核心概念。这是一种很传统、包容面很宽的价值观，使其成为全国性的大众品牌，而不是区域性的大众品牌。因此，只有最大限度地迎合各地区、各层次消费大众的价值标准才能达到策略目标。

品牌共鸣

品牌建设的核心在于使消费者产生品牌共鸣。品牌共鸣是品牌所有者与品牌消费者、品牌消费者之间以品牌为媒介所产生的不同心灵之间的共同反应。

品牌共鸣是由美国广告理论专家 T. Schwartz 在 20 世纪 70 年代提出的。他认为成功的品牌广告一定是与目标受众（消费者）产生了共鸣，广告让消费者（受众）唤起并激发其内心深处的回忆，产生难以忘怀的体验经历和感受，同时广告也赋予品牌特定内涵和象征意义并在消费者心目中建立移情联想。Schwartz 的品牌共鸣同样也符合当代认知建构心理学的观点，该理论的一个基本观点就是反对信息加工心理学中将人脑加工信息工作与电脑信息处理方式相类比，同时也不同意人的认知过程不受到或没有情感因素影响的观点。

根据"共鸣模型"理论，有效的说服策略要有从目标消费者本身引发一个情感上具有说服力的信息入手，而不是向人脑（类比电脑）输入一个信息。产生共鸣的信息要涉及消费者价值观、需要、欲望、渴望等信息，而不是仅仅听起来是正确的信息。那么企业家如何从消费者那里获得有情感说服力的信息呢？关键是要使广告产生的情感体验与产品的有关活动相联系。如消费者购买并驾驶一辆时尚跑车时，可能产生各样的感觉，而感觉又会导致舒适感或不舒适感。若在引人注目的广告中，把这种情感体验激发出来，并在整个广告过程中与消费者产生共鸣，就像被广告"触动了一根神经"或所谓"有家一般的亲切"一样，这时品牌形象才能在人们心目中建立起来。

专栏

让品牌击中内在焦虑[12]

对于新兴市场消费者，他们时刻都能感受到自己与身边人的变化、过去与现在的变化、老一辈与新一辈的变化，这种变化冲击着每个人心底深处的保守观念与传统意识。他们希望追逐变化，过上更精彩纷呈的生活，然而却担心自己无力负担。在这个市场，品牌诉求的第一要务便是：如何让新兴市场消费者花费较低的"总拥有成本"便能感受到自己的生活正在愈发美好、自己能掌控未来。

正是因为击中了这种心理需求，缓解新兴市场消费者"因为惧怕无力承担而墨守枯燥生活"的焦虑，安踏的"我喜欢、我选择"、森马的"穿什么，就是什么"、贵人鸟的"比快乐、谁怕谁"，才在这里大行其道。

2006 年，单品售价大约在耐克 1/3 强的安踏进行了一次市场调查，发现它的顾客群主要是 14 ~ 26岁之间的年轻人，他们是一群生活在二三线城市的普通年轻人——不堪学业压力的高中生，迫切需要自我实现的大学生，在职场底层努力打拼的职场新人。这个非精英族群的基层大众消费者体有上亿之众，这些人都有一个共同的特征：比起年纪更长的人群，他们通过网络和媒体了解了更多的外部世界，对美好的生活充满憧憬。没有命运的恩宠，没有天生的才能，希望靠着自身的努力，缓慢但不失信念地接近着梦想。在追梦的过程中，他们需要找一个渠道来释放自己——运动，不断超越、不断改善、提升自己的能力和表现的体育运动精神一致。

故此，安踏建立了新的品牌核心价值主张——“永不止步”，安踏的一条新广告对此进行了精准的诠释：“你没有他的天赋，你没有他的条件，你无人喝彩？世界不公平？让心跳成为你的宣言，让伤疤成为你的勋章，让不公平的世界，在你面前低头！”

品牌承诺

尽管对一个企业来说，品牌宣传通常被视为外部活动，然而，通常品牌的内涵在此更为重要。一个强势的品牌意味着：企业对于自身所能给予顾客的价值做出承诺。顾客对于该承诺的了解，大部分是通过其与该企业、员工以及产品接触后所获得的。同时，如果企业想要与顾客维系持久稳定的关系，就需要履行承诺。另外，若要与合作伙伴、投资者甚至任何对企业感兴趣的人搞好关系，则更需如此。

承诺是一种价值主张，即企业通过故事叙述等特别的方式，告知顾客企业将如何把价值传递给顾客，从而满足他们的需求。若要使价值主张能够引起顾客的共鸣，那么企业就需要了解顾客关心什么，从而确保价值主张与顾客的需求相一致。事实上，对品牌进行叙述就是使顾客知道“是哪家企业”或“产品是什么”等诸如此类的问题。

品牌也需要对内承诺。这就是说，品牌的价值、定位和定位主张必须被清晰地表述，包括对其核心客户群的认知、对客户的观察和各种驱动因素，这些内容必须在公司内部被明确无误地传递。这个工作非常重要，因为未来的各项活动都必须建立在这些理解之上。因此，品牌的清晰度应该包括对客户和对品牌本身能力的清晰化。这种清晰化有时来自于企业的本能（比如维珍和苹果），而在更多情况下，品牌的清晰化来源于企业对其客户完整、深刻和一致的理解，并且始终重视如一。正如一些多品牌企业（如宝洁、联合利华）所做的那样，他们积极投入市场研究，并雇用最聪明、最称职的员工投身品牌管理。

品牌叙述

为了建立一个品牌，仅仅做出承诺是不够的，还必须遵守和履行这一承诺。若想遵守品牌承诺，就得确保企业内部的经理和员工了解企业是如何叙述品牌（brand statement）的，并将其付诸实施。

客户口碑

在企业内部的经理和员工如果履行了品牌承诺，客户便会对企业及其产品和服务形成良好的口碑。

2003年12月的《哈佛商业评论》的“The One Number You Need to Grow”一文中，弗雷德里克·理查赫德（Frederick Reichheld）表示：通过调查一个简单的问题，便可以有效预测企业未来的发展情况，这个问题就是：顾客是否愿意把你的企业的产品或服务推荐给他的朋友。事实上，在弗雷德里克·理查赫德所研究的大多数行业中，那些热情的顾客（即那些会向自己的朋友或同事推荐你的企业的产品或服务的顾客）在顾客群中所占的比例，将直接关系到你的企业在发展速度方面与竞争对手之间的差异，而这类顾客，也许正是顾客忠诚度最强有力的体现。

世界知名品牌的发展历程都充分证明了这一核心规律（见图14-2）。

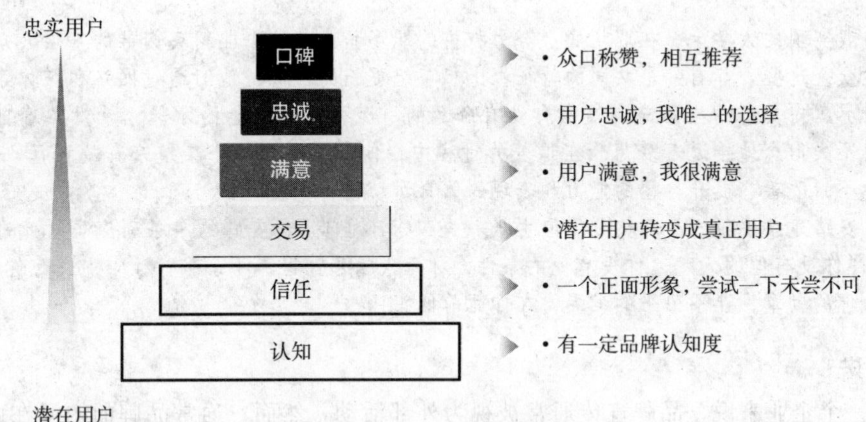

图 14-2 知名品牌的发展历程

品牌故事

在企业内部的经理和员工如果没有履行品牌承诺，就会使人们所期望的企业形象和企业的实际形象之间产生差距。品牌咨询企业（The Brand Consultancy）的创始人马克·莫里斯（Mark Morris）表示："这些差距可以通过许多方式来衡量，从而使品牌看上去更精准。但是归根结底，企业品牌最后将有赖于一个故事来得到展现：企业所叙述的品牌故事。"当经理和员工将品牌故事付诸实施时，那么企业所提供的产品和服务，就是将品牌传递给外界利益相关者的最有效的载体。

提起德芙巧克力，相信大家都知道 DOVE 代表着爱情。但是在其背后有一个让人感动的故事。

1919 年春天，卢森堡王室迎来了夏洛特公主来继承王位，同时她也嫁给了波旁家族的后裔菲利克斯王子。在这里，莱昂遇见了善良的芭莎，莱昂给芭莎做冰激凌，芭莎公主教会了莱昂英语，情窦初开的甜蜜萦绕在他们心头。

后来芭莎公主被安排嫁到比利时。莱昂在准备糕点时，在芭莎的冰激凌上用热巧克力写下了几个英文字母"DOVE"，这是"DO YOU LOVE ME"的缩写。他相信芭莎一定能猜透他的心声，然而芭莎发了很久的呆，直到热巧克力融化。几天之后芭莎出嫁了。后来莱昂离开了皇宫，娶妻生子，并且有了自己的糖果店。此后莱昂一直单身带着儿子，经营他的糖果店。1946 年的一天，莱昂看到自己的儿子在追一辆贩卖冰激凌的车，记忆的门顿时被撞开。自从芭莎离开之后，莱昂便再也没有做过冰激凌。这次莱昂决定继续过去没有为芭莎完成的研究。

莱昂研制了一款富含奶油同时被香醇巧克力包裹的冰激凌，并刻上"DOVE"（德芙），德芙冰激凌一推出就受到好评。正在此时，莱昂收到一封来自卢森堡的信，信是一个同在御厨干活的伙伴写给他的，信中莱昂得知，芭莎公主曾派人到处打听他的消息，希望他能够去看望她，但是却得知他去了美国。由于受到第二次世界大战的影响，这封信来到莱昂手里时已经整整迟到了一年零三天。莱昂经历千辛万苦终于见到了芭莎公主。芭莎和莱昂此时都已经老了，芭莎虚弱地躺在床上，曾经清波荡漾的眼睛变得灰蒙蒙的。没过多久芭莎公主就死了，后来才知道那个印有"DOVE"的冰激凌融化了，如果那巧克力是固定的，那些字就不会融化了，他就不会失去最后的机会。后来，莱昂制造出一种固体巧克力，使其可以更久保存。每一块巧克力都被牢牢地刻上"DOVE"，莱昂以此来纪念他和芭莎错过的这段爱情，它虽然苦涩但是甜蜜，悲伤而动人，如同德芙的味道。全世界越来越多的人爱上因爱而生、从冰激凌演变而来的德芙。

当情人们送出德芙，就意味着送出了那轻声的爱意之问“DO YOU LOVE ME?”那也是创始人在提醒天下有情人，如果你爱她（他），便让爱的人知道，并记得深深地爱，不要放弃！

为了避免把钱浪费在无效的广告上，一些聪明的企业运用自己的产品和服务，来传达自己企业的品牌故事，这都是一些知名的企业，只要一接触到它们的故事、产品及服务，顾客自己就会明白它们的品牌在叙述什么。例如：

英国著名的The Body Shop健康及美容用品连锁店创造了一个国际性的品牌形象。但它并没有使用传统的广告推广模式，而是将个人护理和环境保护的理念渗透在产品、包装、销售、员工、采购方针、社会活动计划以及与公共关系有关的一些计划与活动中。The Body Shop从道德规范，环保等角度，立体地向顾客表述了一种健康美容的品牌理念。

星巴克（Starbucks）重新定义了喝咖啡的概念，那就是使顾客获得这样一种体验：品味咖啡的香醇，身心获得松弛，享受适度的奢华，一边品味着优质的咖啡，一边与朋友自由地畅谈。星巴克的咖啡店就是星巴克对顾客承诺的具体体现。

谷歌（Google）的主页则十分素面朝天：没有花哨的图片，没有花言巧语。它的广告没有图片，没有弹出的对话框，或华而不实的设计。谷歌刊载的广告数量有限，而且广告都被整齐、清楚地排在一侧。虽然没有大肆宣传自己，谷歌却已吸引了150 000多个广告商，并从2001年起开始赢利。

The Body Shop、星巴克和谷歌都没有把钱浪费在昂贵的广告费上，而是通过让顾客来传播自己的品牌故事，从而获得成长。

如果你的企业真正了解自己的品牌故事，那么你的企业就能成为一个“传递故事的企业”。这些故事来源于你的员工、你的顾客、你的合作伙伴：他们都有着各自不同的故事，因为他们都与企业之间有着不同的相关经历。然而，正是他们所叙述的这些故事，最后创造了企业的品牌价值。这些故事说明了：他们是否愿意支持你的企业、产品或服务？因此，这就进一步决定了：人们是否会买你的产品和服务，以及他们愿意花多少钱来购买，这些又最终将决定你的企业是否能存活、发展或兴旺。

企业信度

品牌宣传的核心问题通常根本不在于企业外部，而是在于企业的内部。这就是说，要缩小企业宣扬的形象和实际情况之间的差距。品牌宣传不应是制作一句诱人的口号，它是在将你的企业介绍给别人，即树立起企业的品牌特质，并使之成为现实。

然而在通常情况下，一个企业宣扬的形象和其实际的情况之间却有着很大的差距。若要消除这一差距，就需确定什么才是你的企业所真正要建立的品牌特质，然后将其确实付诸行动。那么，如何才能建立企业的可信度呢？由于企业不同于个人，因此，企业的可信度最终有赖于经理和员工们来实现。他们需要每天都将品牌叙述身体力行。否则，企业对品牌的叙述就会与实际情况发生明显差距。

即使在推行现有的品牌叙述时，也需要企业上下齐心协力，做出富有创造性的努力。因此，当比尔·乔治（Bill George）就任美敦力公司（Medtronic）的首席执行官时，他会约见那些使用公司产品的医生，并旁观他们的手术情况。从中，他发现了自己企业的品牌叙述和产品的实际功效之间存在着一些差距。于是乔治在企业开展了一项为期十年的计划：使“以顾客或患者为中心”成为企业的核心运营方式，即切实评估顾客或患者的需求。

改变一个企业的品牌叙述，需要经过多年的不懈努力。在这个方面，若使用“指挥与控制”这种传统的管理方法，通常无法获得成效。相反，领导能力中的叙述技巧将是十分必要的。通过运用这些技巧，你得以明确地阐明将来会如何变化，并激励经理们和员工更迅速、积极地实行这一变化。

品牌形象

形象是主体与客体相互作用，主体在一定的知觉情境下，采用一定的知觉方式对客体的感知。从心理学角度讲，形象是人们反映客体而产生的一种心理图式。肯尼思·博尔丁在他的著作《形象》里提出，一个象征性形象“是各种规则和结构组成的错综复杂的粗略概括或标志”。品牌经营需要强化品牌的形象管理。

品牌形象（brand image）是企业或其某个品牌在市场上、在社会公众心中所表现出的个性特征。它体现公众特别是消费者对品牌的评价与认知。品牌形象与品牌不可分割，形象是品牌表现出来的特征，反映了品牌的实力与本质。品牌形象包括品名、包装、图案广告设计等。形象是品牌的根基，所以企业必须十分重视塑造品牌形象。

品牌形象意味着满足或超过消费者预期的承诺，这种承诺是通过消费者认知储存（cognitive storing）与象征性（symbolic）意义（情感）的相互作用机制实现的，即通过消费者认知储存，使品牌形象能够唤起人们的情感意象（imagery）以及对品牌可能表现的信仰与忠诚。

品牌特征

品牌的特征就是品牌的特点、气质和内涵，是品牌的深层次表现。从品牌形象功能来看，品牌建设策略的核心内容就是寻求建立一个有意义的象征性符号体系，开发富有情感象征性意义的品牌策略，不能仅仅把品牌理解为一个符号。品牌就是人们对组织、产品或服务提供的一切利益关系、情感关系和社会关系的综合体验及独特印象，是能为特定所有者带来长期收益的无形资产。

特色差异

品牌是一个名称（name）、标志（sign）、词句（term）、符号（symbol）、设计（design）或它们的合并使用，用来确认销售者的商品或劳务，以便与竞争者有所区别。

企业为了使自己的产品变成未来的“明星”，就要让自己的产品和品牌富有特征，具有差异性，必须创造和渲染企业及产品的个性化特色。这种个性化特色，可以从几个方面入手：①以产品自身“独特的卖点为依据，与同类产品有所区别”；②心理、精神和情感方面；③观念方面。无论从哪方面都要根据情况选择适当的定位。

企业家要在预期顾客的心智中实施“差异化”，首先要认识产品的属性。从心理学上来说，虽然每个人具有各种各样的属性，但只有其中一种属性是非常突出的，比如智慧是爱因斯坦的属性，性感是梦露的属性，产品一样要找到一个特别的属性，形成区分其他产品的特点，比如，佳洁士牙膏就是以防蛀出名，VISA卡总在强调无处不在，无论你去哪里，都可以使用它。

几个有名的汽车生产商，他们的汽车品牌都很有特性：宝马的卖点就是终极的驾驶机器；沃尔沃强调安全性；丰田是可靠性，当然前不久的“召回门”事件削弱了其在可靠性方面的声誉；捷豹是造型；法拉利是速度，其速度之快让人觉得害怕。

有一个重要的法则就是“排他法则”，两个品牌无法在顾客心目中拥有同一个属性。换句话说，千万不要利用你的竞争对手已经创造出来的属性，否则只会适得其反，让大家更注重你的竞争对手。比如，沃尔沃的卖点就是安全，这是一个强有力的卖点，大家都喜欢安全的时候，可如果宝马总在强调安全，这反而会帮沃尔沃的忙，因为大家知道沃尔沃提出这个概念的时间更早。

其实一个简单明确的战略就可以使自己制胜。几年前在美国有一个超市叫 Stop & Shop，它的卖点是运送的时候更安全，比如说鱼，他们直接在码头购买，然后运过来，还有一些自有品牌，品质的要求是非常高的。Stop & Shop 会告诉消费者，如何帮助他们寻找到好的东西，并制定一个实在的价钱，于是“价格实在、透明就是我们的一切”成了其差异化所在。他们使自己与众不同的不是在货架上，而是货架背后的故事。后来 Stop & Shop 卖给了一家欧洲公司，市值是29亿美元[1]。

IBM 调查发现，领先的全球化公司通常在品牌和创新领域进行差异化的定位并表现卓越。抓住了这一条，就抓住了世界级品牌的关键。例如可口可乐总裁曾说过，可口可乐99%都是“糖和水”，只有1%才是真正的可口可乐风味的东西，其要诀在于：定位的巧妙。此定位转向于消费者心理、精神和情感方面。再如，“七喜”定位于“非可乐饮料”，一跃成为“非可乐”饮料的领头羊。见到“IBM”就想到电脑，见到“施乐”就想到复印机，见到沃尔玛就想到“天天平价”。这些皆是定位效应使然。

沃尔玛从街头拐角的一家杂货铺，发展成为今天傲视全球的商业帝国。其创始人山姆·沃尔顿在总结沃尔玛为什么成功时，说出的话让我们今天听起来有点大跌眼镜。山姆说，亏得我们起步时没有钱，只能在街的拐角开一家小杂货铺。如果我们钱多，可能就去干别的了。在自己住的街角开一家小铺的意义在于，可以让我们一直抓住邻居厨房里最需要的东西：最便宜的家计生活用品。“最便宜的折扣店”，这个看上去不起眼的原则，却是沃尔玛帝国赖以存在的基础和唯一的自尊，这里面也反映了沃尔玛这个世界级品牌的内涵。

众所周知，日本是一个资源十分匮乏的国家，在“二战”结束以后，百废待兴，基础条件十分落后。但是在战后的二三十年间，日本国内的企业迅速崛起，成为世界性的著名企业，以丰田汽车公司为代表性的“精益生产方式”，让日本国内企业收益巨大，正是由于这种生产管理方式的施行，使得日本国内的企业在生产过程中能较好地控制产品的成本，为企业在市场上添加竞争力。

中国企业必须娴熟地掌握定位技巧，找准目标市场，提升自身优势，有所取舍，否则无法持久。而很多企业容易犯的错误，就是对品牌的特征把握不住，不明白自己的品牌到底应该是什么特征，这个特征能否区别于其竞争产品，能否给消费者带来利益。

体现愿景

品牌战略规划要制定一个科学而清晰的战略愿景。“战略愿景”核心是要解决“未来我们要成为什么？未来我们要达到什么目标？”的问题。譬如，索尼公司品牌战略的愿景是“娱乐全人类——成为全球娱乐电子消费品的领导品牌”，韩国三星1999年制定的新的战略愿景是“成为数字融合革命的领导者”，丰田汽车的愿景是“有路的地方就有丰田”。这些战略愿景都非常清晰地向大众、自己企业的员工以及所有的关系利益人传达了“未来我们要成为什么？未来我们要达到什么目标？”的信息。

世界级品牌的理想很朴实。传达的是一种改变人类生活方式的力量与自信。树立世界级品牌的理想，就是要树立改变人类生活方式和生活品质的理想。树立这种理想，并不是说要站在月球上看地球，而是需要深潜到日常生活中去，发掘出改变生活品质的绝活。改变了生活品质，也就改变了生活方式。这样，世界级品牌的理想就得到了实现。世界级的品牌并不是说你非要站得多高，而是像沃尔玛那样，从邻里关系中提炼出“最便宜的折扣店”这个最强大的武器，像荷兰渔村的渔民那样，从一把小刀中捕捉傲视欧洲渔业的契机。

企业在计划实施品牌战略之初，应当首先把自己所预见的未来——至少5年的目标生动而清楚地描述出来。其好处是，只有这样，品牌塑造的全过程才会有明确的方向和目标。另外，从某种意义上讲，这也能起到激发企业员工及企业的关系利益人的斗志决心和自豪感的作用。

愿景性是产品所体现的一种深层次的品位和内涵，本身是基于产品的功能和特点的，不能脱离产品的概念，但是中国的很多产品在塑造品牌时，却不是这样的。人们应该不会忘记最近几年在电视上狂做广告并风光一时的企业，它们在做产品时，忽视品牌的利益凝结和塑造，只是简单地完成了产品的销售和市场的扩张，但是当市场进入今天竞争非常激烈的时候，它们还没有完全醒悟，又都集中到产品的终端卖场进行厮杀，试图在卖场和消费者这个最近的距离当中和竞争者抢夺消费者，这种没有情感的抢夺是暂时性的，不能换得消费者对你的品牌的喜好，而更多企业的促销行为等于变相地把品牌的利益价值随着产品贱卖掉了。

曾经引起争论的“脑白金”广告，它的诉求完全转变为“礼品”。作为保健品，是一种理性消费品，在任何时候都应该有定向人群，消费者希望得到的是一种利益，希望产品能给他带来好的结果。但脑白金在塑造产品品牌的同时，却忽略了对产品概念的塑造，忽略了产品能够带给消费者的利益和结果，消费者感知的产品利益是“送礼”，这就使产品本身的利益被淡化，长久下去会导致产品在市场上缺乏利益的支撑点，花巨资打下一个“送礼”的品牌特征，似乎并不适合。

功能整合

品牌是一个大的概念，它包括企业品牌（enterprise brand）和产品品牌（product brand），需要保持这两者的整合性。

企业品牌的特征是整个企业给予消费者感知的结果，是企业内涵和企业行为的体现，如企业文化、企业形象、企业标识、企业口号等。而产品的品牌概念则是产品本身给予消费者对利益结果的感知，产品既可以是有形的，如消费品、工业品，也可以是无形的，比如服务业，像酒店、航空运输、咨询等。

对于消费品企业来说，企业品牌与产品品牌既是有区别的，同时又是有关联的，在塑造上存在不同。只有产品品牌被认知，才能达成企业品牌的被认知。消费者先感知到产品利益，进而从产品去了解企业。因此，企业在品牌特征塑造时，不能脱离产品的功能和特点。

可口可乐在这方面做得就很好，它的品牌特征是“动感、激情与活力”，因此它在产品色彩、产品包装、产品宣传、广告诉求、末端展示、人员推销、DM、售后服务上都对这一概念进行整合，使自己的品牌特征很统一，从而显示了品牌的张力。

安利公司一直注重“环保、纯天然、优质、人性化”，在产品的设计、原材料、生产、销售等过程中一直注重企业的品牌理念，一直致力于将产品的品牌与企业品牌相结合，在销售方面一直采用“店铺加雇用推销员”的形式进行运营，正是公司一直遵循这个理念，使得安利公司取得了巨大成功。

品牌还涉及各个要素，品牌的塑造和增值其实也是围绕这些要点展开的。很多企业都没有把所有品牌的要素都整合到一个品牌特征下，因此给消费者没有特征的感觉。例如，对于消费群体来说，品牌的知名度并不是一个非常有力的激发购买欲望的指标。他们需要的是品牌知名度（品牌认知）和品牌再现度（品牌联想）的品牌资产组合来刺激其购买决策。这就说明一个完整的强势品牌其实是需要为顾客提供完美的价值感受的载体。而要达成这个目的，需要一整套科学的战略规划体系和行之有效的执行步骤。

专栏

雀巢的筑巢之道[13]

创建于1867年的雀巢公司，是一家在全世界拥有479家工厂、大约22.5万名员工、营业额达800多亿瑞士法郎的大型跨国食品企业。说起雀巢公司，人们首先想到就是速溶咖啡，雀巢速溶咖啡真的是誉满全球。据说，每一秒钟全世界就要喝掉3000杯雀巢咖啡，一年就是946亿杯，从咖啡的单一品牌来说，雀巢占据了世界咖啡市场的最大份额。但实际上，咖啡业务只是雀巢公司庞大产品家族中的一部分。雀巢公司的产品种类，包括宠物食品、营养保健食品、药品等很多领域。

不变的是信念

雀巢公司的经营理念是“Goodfood，Goodlife”，即“通过提供优质的食品，为人类的健康生活作出贡献”。1867年，在瑞士日内瓦湖畔的一个名叫韦维的小镇上，药剂师亨利·内斯特尔见到当地有许多婴儿因营养不良而死去，便开了一家专门开发生产可以替代母乳的牛奶制品工厂。这便是雀巢公司的发端。现在雀巢公司的商标就是亨利·内斯尔家族的标志——停着3只小鸟的鸟巢，这个小小的鸟巢也象征着雀巢公司的经营理念。经过一百多年的发展，雀巢公司经营的产品早就超出了婴幼儿食品范围，但其基本的经营方针没有任何改变。

雀巢作为一个与食品饮料有关的企业，它需要的是与消费者建立一种信任的关系，但是如果一个企业每隔几年就变动一次，这种信任关系又怎么能建立呢？所以，如果有需要，雀巢可以迅速地改变产品生产、销售方式等，但永远不会改变公司的价值体系，以及对产品质量和安全的关注。企业的变动是为发展目标而服务的。信任是雀巢的最大资产，不管变与不变，他们做的每一件事都在捍卫这个理念。“不可触禁区”就是这个资产的防护网。

第一个不可触禁区：技术运用。雀巢关注的是顾客、产品和品牌。雀巢将技术运用列入禁区，并不是说它忽视技术。雀巢的生产、销售、管理都非常先进，雀巢在很多方面用的都是最前沿的技术，但是由于关注点不同，它并不吹嘘这些。雀巢的员工始终明确：技术只是一个工具，而不是战略目标。

第二个不可触禁区：赢利模式。雀巢的另一个不可轻易改变的经营原则是收入与利润的增长模式。雀巢从来不追求短期利益最大化，而致力于每年都有一个合理的利润回报，主要目标是要有长期的、稳定的发展。

第三个不可触禁区：分权制度。对于食品和饮料这个行业，从来没有所谓的全球消费者。各个地区的人由于不同的文化和传统，口味肯定不同。因此，雀巢尽量将决策权下放，使每个决定都贴近当地市场。为了找到分权与集中的平衡点。雀巢的做法是：在与顾客有关的方面，如定价、广告、沟通等方面分权；在与产品有关的方面，如后勤、供应链管理等方面集中。这种平衡为雀巢赢得了许多市场，因此它成为了“不可触禁区”。

形象赢得天下

雀巢公司在构筑具有鲜明特色的企业理念的同时，也十分注意策划设计具有广泛深刻影响的视觉识别系统。亨利·内斯特尔先生在婴儿奶粉上市后不久，即以“鸟巢”为注册商标。“鸟巢商标”不只是婴儿奶粉的商标，可能还是雀巢家族的族徽。内斯特尔先生在雀巢奶粉的产品名称旁加了一个鸟巢点缀，目的是要让大家想到鸟巢，就联想到婴儿食品，于是以巢为商标，让雀巢奶粉在消费者的心目中留下深刻的印象。和鸟巢有关的雀巢商品还有婴儿奶粉和速溶奶粉，但是最成功的还是雀巢咖啡。在色彩运用上，雀巢黑标咖啡的黑标签是黑底白字，给人明朗的商品形象，而它的包装则给人厚重、高贵的感觉。因此，正负面因素的组合适当与否，对产品的销售影响相当深远。雀巢咖啡的其他品牌如“金牌咖啡”、“总统咖啡”等，标签文字、用色都比标签本身的底色更暗。雀巢公司对于产品的颜色观念以及色彩的敏感度相当讲究，因为他们认为，颜色、味道和形状都是食品销售好坏的最重要因素。雀巢公司在包装设计方面，在标签、容器颜色、形式上保持统一，使消费者在任何商店里随处都可以识别出雀巢公司的产品。

笨拙精神的胜利

在许多聪明的中国人眼中，雀巢的确是一只笨拙的大鸟。以开拓中国市场为例，虽然早在1979年它就来到了中国，先后成立了14家独资企业、19家控股的合资企业和一个研究中心，但很久之后，公司才看到了可观的赢利。公司人士表示：可口可乐带来的是一个绝密的配方，大众汽车带来的是图纸和技术，而我们不仅要把这些带到中国，还要帮中国的农场改良奶牛、教中国的农民种植咖啡豆，我们甚至试图改变中国延续千年的饮食习惯，而做到这些只有依靠执著、坚持。

与那些进行工业化流程生产的跨国公司不同，雀巢在中国的进程别具一格，第一步从改变中国农民开始。雀巢在1979年4月派员来中国讨论合作事宜，1982年正式谈判与中国的第一个合作项目：合资建立黑龙江双城牛奶制品厂，但双城工厂在8年之后才开始运转，期间经历了复杂的合资磨难。当一切步入正轨，奶源成了突出的难题：工厂供奶区奶产量低，质量不高，为了解决奶的供应问题，雀巢不得不从欧洲派来一支专家队伍，不仅建立了一套鼓励奶农积极性的牛奶采集网络和收购制度，而且还向农户教授照顾奶牛的技术和采奶技术。

雀巢公司还通过坚持不懈的市场营销研究和搜集信息来研究自己的顾客，包括最终消费者和交易的情况。它拥有自己遍布全球20家的研究机构，广泛进行消费者偏好调查。例如，公司意识到亚洲人对食品有着更高的标准要求，他们不希望只图方便而降低要求（其中对方便面和速溶粥是一个例外）。因此，雀巢生产出了调味料和肉汁，可以储存起来在烹饪时拿出来使用。现在，雀巢已帮助像斯里兰卡、印度、中国、印度尼西亚、马来西亚和泰国这样的发展中国家建立起了本国的乳品加工业和对咖啡饮品的消费偏好。

在今天的中国企业中，还有为数不少的企业至今还以为提高知名度就是塑造品牌，这显然是个原则性的认知错误。

当企业产品线扩张的时候，究竟是采用单品牌还是多品牌，这一直是品牌管理中的核心问题。在国际企业的经营中，既有宝洁这样的多个品牌并驾齐驱的成功典范，也有索尼、三星这样坚持单品牌的标杆。国内企业也有很多类似的案例，但是在处理单品牌和多品牌关系的时候，要注意如果企业产品线跨越了行业，就要考虑单品牌是否会造成原有消费者的负面联想，比如风靡一时的活力28后来生产矿泉水，消费者就担心其矿泉水是不是会加入了洗衣粉，这种时候就不如采用多品牌战略。而采取多品牌战略时候，要注意和原有品牌进行区隔，就好像福田汽车生产重卡就起用了“欧曼”品牌，连公司名字都注册成“欧曼”，消费者都认为是来自欧洲的企业，短期就建立了信任，如果采用福田，有些消费者会对其实力产生不信赖感。

传统营销理论认为，单一品牌战略便于企业形象的统一，能够实现资金、技术的集中，减少营销成本，易于被顾客接受。以美国Scott公司为例，该公司生产的舒洁牌卫生纸原本是美国卫生纸市场的佼佼者，但后来该公司又生产了舒洁牌餐巾、舒洁牌面巾、舒洁牌纸尿布等产品，这样使Scott公司在人们心目中的定位出现了偏差。结果，新产品没有推销出去，老产品也被人们抛弃，舒洁卫生纸的头把交椅很快被拥有众多品牌的宝洁公司的Charmin牌卫生纸所取代。而多品牌经营战略的风险很大，这是经济学家们所公认的。但是多品牌经营也有其优势，如宝洁公司推行的日用品品牌如飘柔、象牙、汰渍、碧浪、佳洁士等，取得了巨大的成功。虽然存在着很大风险，与此同时收益也会猛增。据西方学者研究，西方企业创立一个新品牌平均需花费5000万美元，我国一些企业为创名牌仅电视广告费就要花数亿元。此外，品牌繁多也增加了品牌管理的复杂程度。有鉴于此，经营多个品牌的企业要有相应的实力，“品牌王国”的构建绝非朝夕之功。

持久坚持

品牌的特征是品牌的内涵和气质，不是依靠企业的表述，而在于消费者的感受，然而消费者的感知往往需要时间和长期的、不断的强化。因此，品牌特征的形成需要企业长期的努力。

做品牌不仅要与众不同，还得专注于此。企业一旦不再专注原有品牌属性，就会面临失去它的危险。曾经有一个牙膏品牌，以味道很好的属性赢得了很好的市场，但之后，他们开始强调其他的一些属性，不再强调牙膏的味道，导致其焦点不断丧失，现在只剩下了0.8%的份额[1]。品牌本想博取更多人的喜好，结果适得其反。

许多国际知名品牌却靠长期坚持自己的品牌诉求与表现，取得了很大成功，比如万宝路一直坚持自己的西部牛仔形象，突出自由洒脱的个性；耐克运动鞋则体现了“运动与活力”；雀巢咖啡是“味道好极了”。虽然是简单的诉求和表现方式，但是由于长期坚持，所以取得了很强大的品牌推广力度。放眼世界我们会发现，几乎没有一个强势品牌是在几年或者十年八年就取得巅峰般辉煌的。世界品牌实验室（World Brand Lab）按照品牌影响力（brand influence）的三项关键指标：市场占有率（share of market）、品牌忠诚度（brand loyalty）和全球领导力（global leadership）对世界级品牌进行了评分，2011年（第八届）世界品牌500强排行榜中的前50名，品牌年龄在100年或100年以上占44%，接近一半。其不同品牌年龄段的分布及所占的比例如表14-2所示。

表14-2　全球50大品牌的品牌年龄段的分布

时间	≤19年	20~39年	40~59年	60~79年	80~99年	≥100年
数量	5	8	4	6	5	22
比例	10%	16%	8%	12%	10%	44%

表14-2中的数据说明了一个什么问题呢？非常明显，就是说这些今天在全球市场叱咤风云的强势品牌，无一不是多年一贯坚持自己对品牌所有者（消费者）作出的承诺，几乎从不轻易地改弦更张。即使自己在某个阶段犯了错误，也能立即改正，并且依旧能够通过具有亲和力的公共关系策略来挽回和重新稳固与消费者的关系，从而使得品牌形象得以在消费者的心智中历久不衰。

> 《财富》杂志认为[14]，哈佛商学院之所以能够有百年的良性运转，归因于这个学校的精英本质。它能吸引来最高素质的学生，汇集一群可以将这些学生推出舒适圈、每天面对挑战的教员，让这个自我强化的循环不断地运转：它是名校，因此吸引最好的学生和老师，只要这部引擎不断地运转，哈佛商学院就能提供源源不绝、让人终身受用的体验。——哈佛商学院的竞争精神是：“不刻意喊口号，而是如何比别人强，独特的优势在哪里？目标设定后坚韧不拔地走下去。”

因此，真正的企业家要学会如何做企业，而不是做生意。做生意可以是（也绝大多数确实是）一锤子买卖，但做企业要有战略目标，有稳定的管理团队，有很好的公司治理，要学会创品牌，要形成市场份额，建立市场地位，所有这些过程可能要亏损三五年，但一定要坚持熬下去。当年的无锡尚德、蒙牛刚开始都亏损，但企业亏损的时候也能吸引股权基金。在全世界来说，一个企业达到平均盈亏点是七年，所以做企业家要有耐心。亏损没关系，关键是让投资人看到你展现的长期事业，让投资人看到你是个有长期战略的企业家。

创建全球品牌是一个极富挑战的抉择，需要企业家具备不同于常人的精神和意志。现实中国中一些企业的领军人物由于过了知天命的年纪，面对陌生而变化莫测的全球市场不愿意再承受太多的风险和压力，也没有心力去放手一搏。于是一个企业家消失了，一个投资家诞生了。更为可惜的是，一些企业家出于对资本力量的盲目崇拜，把含辛茹苦创建的品牌卖给了国外品牌。于是一个品牌消失了，一个孤独的隐士诞生了。

中国企业家在面临重大选择的时候，能静下心读一读麦当劳、星巴克和三星的故事——雷·克罗克55岁才开始创建麦当劳；舒尔茨在星巴克发展的关键时刻，战胜了资本的贪婪，把星巴克品牌发展到全球；李健熙面临三星发展的危机时刻，在深夜经过沉静思考后决定放手一搏，从此三星走向了品牌全球化的光明大道。

脱离宏碁（Acer）的单飞孤独与坎坷、明基（BenQ）初露锋芒的成功与喜悦、明基品牌成长中的挫折与低谷，回望新世纪十年品牌路，其董事长李焜耀用“登山”来形容。而并购西门子失利对明基成长的影响只是被他描述为“途中顿了一下”，即使是“顿这一下”让明基付出巨额学费，他却始终有信心能把明基品牌带到顶峰。“即便是最艰难的时候，明基坚持走品牌这条路的决心也从未改变过，咬紧牙根也要撑下去做BenQ。”李焜耀说。[15]

品牌元素

品牌的构成元素很多，但关键元素是质量、科技与文化，从质量到科技、文化，也成为品牌提升的基本路径。

产品质量

质量是通往品牌的第一关。质量是产品或服务属性的总和或总称。一般来说，产品的属性包括产品的有用性、耐用性、可靠性、方便性、安全性、经济性、可维护性、美观性、时效性、创造性等，产品质量就是产品以上各种属性的总和。当然并非所有的产品都有以上的各种属性，有些产品可能只有其中两三种。

品牌战略实际上是一种质量战略，质量的高低、牌子的软硬皆以产品的市场质量为标准，这也是获得品牌的决定因素。品牌的基础是质量，是高质量的代名词。市场竞争主导的是品牌竞争，企业必须在质量管理上狠下工夫，制造出符合国际质量规范的产品，才有进入品牌市场竞争的可能。

品牌的基本点是要有好的产品，产品没有好的品质，却大肆地塑造品牌，就好像在沙漠上盖房子一样，经受不住风吹雨打。这几年中国企业出现的公关危机大部分都是产品品质的问题。注重品牌价值塑造，基点必须在于产品品质的提升，这是企业品牌经营永远的真理。

就中国企业整体而言，目前尚处于创品牌的初级阶段，离品牌经营尚有很长的一段路要走。

科技含量

世界品牌的产生和发展进程，从外部环境上看，均与科技进步有关；从企业角度来看，均与加大科学研究的开发投入密不可分。日本一位知名企业家认为，研究与开发费用占总销售额5%以上，企业才有竞争力，2%仅能够维持原状，不足1%则企业难以生存。众多世界品牌之所以长盛不衰，是用巨大的科技投入支撑的。驰名世界的“奔驰”，之所以质冠同侪，傲视全球，这与它拥有8500人的庞大研发队伍，每年高达10多亿欧元的科研经费分不开的。福布斯2010年的品牌价值排行榜被科技品牌所主宰，它们占到了前50名中30%的份额。苹果排名第一，其品牌价值为574亿美元；随后是微软，价值566亿美元；品牌价值397亿美元的谷歌排名第5（见表14-3）。

表14-3 福布斯：十大最值钱品牌

品牌排名	品牌	品牌价值（亿美元）	所属国度	所在行业
1	苹果	574	美国	电脑硬件
2	微软	566	美国	电脑软件
3	可口可乐	554	美国	饮料
4	IBM	430	美国	电脑硬件和服务
5	谷歌	397	美国	网络服务
6	麦当劳	359	美国	餐饮
7	通用电气	337	美国	多种经营
8	万宝路	291	美国	烟草
9	英特尔	286	美国	电脑硬件
10	诺基亚	274	芬兰	电信

从表14-3也可以看出，美国品牌占了十大品牌中的9席。

许多跨国公司也在积极融合本地消费需求与国际趋势，在产品上不断推陈出新；结合本地员工需求发展与国际管理规范，不断革新管理措施，那些富有变革精神的企业在影响力资源方面表现得更有活力[16]。

然而，中国在科技创牌之路上，存在着产业技术水平不高、经费投入低、引进技术消化吸收力和创新力较差，以及科技成果的转化率较低等方面的不足。同时，在优化生产、设备要素、人员素质的提高以及在自主开发、生产、销售、宣传等综合素质方面都有待提高。

专栏

王麻子剪刀与恒顺醋业

一个经营352年的著名老字号企业北京王麻子剪刀厂负债率为216.6%，于2003年7月破产。相反，历经160多年的江苏省恒顺醋业股份有限公司则经营兴旺，长盛不衰，成为“中国醋王”。两相比较，给我们留下了许多启示。

再老的品牌也得创新

300多年来，市场千变万化，技术日新月异，但王麻子剪刀却一直是老面孔，而恒顺醋业却以市场为导向，在保证古老风味基础上开发出了10多个全系列新产品，质量档次不断有新突破。

透过产品看管理。从工艺上看，王麻子剪刀多少年来一直延续“铁夹钢”工艺，虽然是世界上最好的刀剪制作工艺，可传统优势并没有把高质量也保存下来。原因是它工艺复杂、成本高、加上铁容易生锈，亮度也不够，样式也不美，显然比不过不锈钢刀等产品；而恒顺醋业则没有固守传统工艺，而是对其不断改进，如今建成了“亚洲第一流，二十年不落后”的酱醋生产线，还将该工艺引入ISO 9002国际质量管理体系。

透过工艺看技术研发和创新。王麻子剪刀几十年一贯制，在技术投入、创新上少而无力，技术处于同行业劣势，而恒顺醋业则成功地引入了国内外一系列高新技术，运用了计算机管理，聘请了中科院院士等大批科研院所专家担任高级顾问，与著名高校联合创办了“恒顺生物技术中心”，设立了江苏省的国家级“博士后科研工作站”，技术在同行业中领先。

再难改的陈旧体制也得改革

这两个企业都是国有企业或国有控股企业，王麻子剪刀厂多年体制僵化，虽然几经“重组”，但体制没有创新。7年换了7任厂长，他们只对上负责，不对市场负责，出现了如经营管理上的计划“拍脑袋”、上项目“拍胸脯”、搞砸了“拍屁股”走人等。恒顺醋业实行公有民营，先后建立了按市场规律办事的经营管理制度、劳动分配制度、经济责任制度等，供应上建立了比较巩固的“公司+乡镇+农户”利益联结机制，销售上建立了先进的营销网络。

再好的“老字号”也需要保护

王麻子剪刀十几年来先后几次转让，现今厂里只有“王麻子”商标的使用权，而不具备所有权，也就是说这个牌子丢了。也与一些地方搞“拉郎配”、硬撮合有关。也与一些单位领导不爱护老品牌，也不珍惜老字号文化，只是一心想用它来出政绩有关。而恒顺醋业品牌多年来却不断扩张，先后收购省内外20多家企业，总资产达20亿元，真正实现了一厂带百业、促进一方经济的目标。

需要充分注意的是，有一些专业领域的品牌，本身带有很强的技术色彩，比如手机、电信产品、数码产品、家电等，于是，一些企业在打造品牌的时候就希望突出产品的核心技术。但是消费者关心的是使用价值，而不是技术构成，因此品牌传播需要从消费者易于理解的角度出发。拥有113年历史的飞利浦公司，毅然在2004年推出新标识并宣布对改变品牌诉求为“sense and simplicity”（直觉和简易），就是消费者导向的品牌转变，寓意科技产品使人充分享受便捷和简单，而不必让消费者忍受科技带来的繁复操作。一个企业不论设计如何精美、技术如何领先，在品牌传播的时候都需要以消费者为导向，将技术的价值转换成消费者价值。

文化内涵

品牌本身包含着丰富的文化内容，这是企业文化的集中表现。企业文化水平越高，品牌产品形象越佳，声誉越好，也就越能深入人心。实践证明，将企业文化的特有优势引导融汇到品牌的创建之中，是创造品牌的一条捷径。品牌文化的中心就是要在树品牌、保品牌的取向下，形成一种良好的市场信誉和建立企业的整体形象。如IBM公司注重创新，麦当劳注重统一标志，万宝路的牛仔形象。可口可乐行销各地，都用当地文字表现品牌名称，而无论使用哪种文字，它们都一律用红底反白字，并有一道波浪拦腰横过。企业皆敢于标新立异突出个性，体现了企业形象和经营方面的无形资产，无疑会推动品牌的发展。

为了提升本地的品牌形象，在华跨国公司纷纷采取了如下文化管理规则[16]：

其一，关注民生，获得名声。在商言商，但是成功的跨国公司也在重商之外表现出关注本地社会发展的热情与专门努力，毕竟跨国公司的成长资源——人才、市场、配套政策没有一样是现成的，积极参与才能获得更好的发言权与改善资源的获得与利用能力。

其二，获得年轻人，获得众人心。在独生子女一代成为社会就业与消费生力军，并且表现出对于前代的广泛动员力的时候，那些具有年轻文化样式，富有挑战精神，动员全球资源塑造青春化产品、服务与文化的跨国品牌最受推崇。

其三，外部社会认同是内部员工空间的投射。与单一注重外部顾客满意度的传统营销原理不同，影响力规则显示外部社会的形象认同与内部员工群体因获得发展空间与成长资源而形成的高满意度、高度民主一致。

其四，文化多元容纳能力决定管理模式影响力。无论来自法国、日本、中国，单一的文化主导不能形成富有影响力的跨文化管理模式，开放性学习、多源管理团队、培植最接近市场的本地化人才的水平直接影响到本地社会对该企业的友好度。

其五，美化能力是增加影响力的重要附加值。从产品工艺设计、服务包装到媒体运用，那些艺术性的、专业的、具有高度策略目光的自觉的企业美化行为，配合强劲的市场表现，可以有效地强化生活优裕度日渐提高、见识面日益宽广的中国人对企业的好感。

一个产品的价格与历史图腾是有很深关联的（消费品更是这样）。如果没有历史底蕴，没有文化特质，没有创新品牌，没有有力营销，何以高价？

> 宝玑（Breguet）是一个代表“老欧洲”品味的手表品牌，从1775年开设于巴黎的制表作坊开始，已跨越了两个世纪，拥有由悠久历史所带来的强烈的文化内涵和品牌特征。它的座右铭是文化、文化、文化！不会根据任何一个市场的特别喜好来改变自己的形象，会一直忠诚于传统。经验揭示，只要给消费者有了解宝玑历史和产品的机会，几乎每一个人都会喜欢它。宝玑在中国最便宜的手表是6万元左右的不锈钢款，但是卖的最好的是15万~25万区间的金表，贵金属是中国新贵们偏爱的材质。

中国一些企业一味地抓原料、抓生产、抓营销、抓质量，而忽略了品牌文化这一无形资产的建设，导致了一手硬一手软。

品牌指标

打造一个品牌需要的是几十年甚至上百年的时间，品牌形象籍由正确的指标体现出来[17]，也因此成为品牌经营的导向。

美誉程度

一个品牌要获得高的知名度并不难，过去可以依靠密集的广告轰炸，现在有了互联网，则可以利用互联网进行炒作，品牌一夜成名的梦想完全可以很快实现。但是知名度并不直接带来消费者对品牌的信赖，也并不会直接带来购买力。就比如三株当年就连农村的老百姓都知道，但是并不见得人们会对其评价高。人们对于品牌的信赖不仅仅是家喻户晓，还需要有正面印象，正面印象就来自于品牌传播是不是专注于品牌美誉度的打造，品牌美誉度包括品牌带来的可感知价值、品牌形象与消费者的亲和度等。知名度与美誉度的关系是“高知名度 + 低美誉度 = 臭名昭著”。

由于不充分理解品牌的内涵，还有一些中国企业采用了非常简单的方法努力地对消费者告知自己的品牌形象。恒源祥从20世纪90年代就告诉消费者它是“恒源祥”，经过了二十几年的市场洗礼，企业应该随着市场的变化调整策略，把告知性的推广行为改变成塑造行为，但人们看到的还是十年一贯制的告知，却不能让消费者深入地了解其内涵。这种简单的品牌提升，浪费了时间和资源，造成品牌空有认知度，缺乏美誉度。这种现象只是制造品牌而不是塑造品牌。

客户品牌

一个企业的品牌是不是需要打造成公众品牌，需要按照行业的特性以及提供的产品和服务来确定。比如快速消费品的企业，就需要成为公众品牌，因为只有产品被广泛的社会大众都认知才能带来规模化的购买；但是一些特殊领域的品牌，比如B2B电子商务领域的品牌，过于塑造公众领域品牌就没有意义。相反，如果过于重视公共传播，忽视针对目标客户群的传播，还会影响直接客户群对于品牌的信赖。而对于企业来说，始终需要牢记的一点就是要打造面向目标客户群体的品牌，这是品牌经营的核心。

客户品牌要求品牌具有相关性。品牌相关性这项指标衡量一个品牌在多大程度上契合不同地理和不同价值形态客户的需求、期望和决策程序。

> 盖普（GAP）就是一个把移动通信技术融入其品牌体验的成功案例。它创造了一个叫 Gap StyleMixer 手机消费的平台，这个平台包括视频交流、来自推特（Twitter）的口碑以及基于手机的购物平台。此外，盖普的直邮目录拥有一个用于快速反应的识别码，直接用手机扫描后能让顾客获得关于产品的很多内容，同时它还支持手机购物。总而言之，它提供了一种从实体店铺到网络、再到手机的无缝的品牌体验。

客户品牌也要求消费者有良好的品牌理解度（understanding）。消费者不仅要认知品牌，他们更需要对品牌以及品牌拥有者的独有特性和个性有一个更深入的理解 。

> 提到苹果，消费者能马上理解它是谁，它代表了什么，它能用来干什么。而与此相比，戴尔则在产品和外形上缺乏一致性。苹果的设计统一而且独有个性，从其简洁、银色或是白色顺滑的笔记本造型到能够揣入口袋的 iPod 或 iPhone，都呈现相同的特征。
>
> 这种对品牌最直接的理解来源于其创始人乔布斯的贡献，相比之下戴尔则缺乏一种能匹配其品牌的创新外形。乔布斯的印记出现在任何有关苹果的地方，而他个人则被普遍认为是能从产品中提炼一种伟大远景的天才。在这种情况下，即使苹果品牌出现了问题，相比其他品牌而言，苹果的粉丝们也更能容忍苹果品牌，iPhone4 显然就是一个例子。消费者理解乔布斯想要创造一个非常特别和唯美产品的承诺，因此他们的怀疑态度更可能让苹果获得销售上的利益，而苹果公司此时唯一要做的，就是确保产品中的各种科技在功能上是可行的。这显然不是一般企业能够使用的手法。

赢利能力

现在很多品牌名气很大，但是赢利能力不见得好，品牌地位和品牌实际的实力不相称，比如国产手机品牌在2005年品牌知名度很高，但是却全线亏损，这样的品牌传播是不切实际的传播，说明企业没有处理好品牌的知名度与品牌的赢利能力的关系。如果过于强调名气而忽视品牌的赢利能力，品牌的打造就毫无意义，就好像世界500强排列的前提都是营业额与利润率一样，一个有很大的名气但是赢利能力不如那些不知名企业的品牌，是很难经得起市场考验的。过去纷纷落马的中央电视台标王就属于这样的品牌，它们希望借助社会影响力迅速壮大，实际上品牌的经营能力却跟不上。

创新活力

这项指标需要观察一个品牌在面对市场变化时的适应能力。一个品牌需要具备一种天性和原始的要求，这样才能不停地更新和进化自己。

一个品牌是一成不变还是需要应需而变，这是很多品牌在经营多年后面临的问题。消费者对于品牌本身有很多的期望，因此品牌如果一成不变，就容易造成品牌老化，就比如中国很多老字号的品牌，经过100多年还是老样子，就很难适应市场的变化。但是品牌要进行创新，也要把握好创新的节奏，一方面可以在原有的品牌元素中加入新的创新元素，给消费者带来新的体验，另一方面也可以采取更换包装、标识或者广告表达方式来进行，甚至可以考虑品类的创新。可口可乐等国际企业都先后保持了品牌的创新，中国老字号王老吉的“怕上火喝王老吉”以及其红色包装就是创新的典范。创新是品牌保鲜的重要工作，但是企业品牌创新的时候也要注意不能破坏消费者原有信赖和认可的价值元素，比如宝洁玉兰油的部分产品由黑白相间的包装变成了红色和绿色的时尚包装，就让很多过去忠诚于玉兰油的消费者对新的时尚包装不太认可，怀疑其产品的质量。不变中有变，变中含不变，是品牌创新需要把握的尺度。

由于缺乏创新，中国企业的品牌努力一直不成功。杰克·特劳特[1]一针见血地指出：“过去10年间，品牌崛起让我印象深刻的是三星电子，但我想不出哪家中国企业成功做到了这一点。联想收购了IBM的PC事业部，公司改名为lenovo，在中国做得不错，但是在美国市场，这个品牌几乎消失不见了，在美国大家谈到电脑，就是惠普、戴尔、苹果。至于未来，它的表现有没有可能和苹果相媲美，取决于他们的创新，能够创新出什么样的产品，可以让大家耳目一新。”

品牌类型

每一种成功的价值主题都可以使品牌在市场中脱颖而出，成就领导地位，相反如果仅仅只是基于市场份额的优势而不致力于核心价值管理（价值开发、聚焦、强化和扩展），只可能获得短暂的领先，绝不可能获得持续的领导。根据核心价值的不同，领导品牌可划分为类别品牌、伙伴品牌和图腾品牌这三种[18]。

类别品牌

类别品牌是能够成为某个产品类别代名词的品牌，是在物理属性和产品功能上为顾客的问题解决所创造的价值发挥到了极致的品牌。由于其能够实际和有效率地解决顾客所面临的问题，所以对驱动顾客购买以及促成顾客满意方面有着非常直接和明显的作用，大多数品牌在识别建设的过程中，至少是初期阶段偏向于采取这种基调，如果在竞争中处于持续的优势地位或者不需要进行大跨度品牌延伸的话，则会自始至终以此为战略焦点，如在牙膏类别中物理属性和产品功能就是绝大多数品牌的识别焦点，Crest的“防蛀”、ultra bright的“增白”、Mentadent的“去除牙垢”、toms of Maine的“天然成分”、close-up的“口气清新”、aim的“味道好”等都致力于这类价值的定位、开发和维护。

由于在功能属性方面的联想是如此强烈甚至达到了排他性的程度，在消费者的脑海中这个品牌就变成了整个品类的化身。类别品牌最明显的特点是品牌和品类之间高度甚至独占性的关联，消费者不仅在提到这个品牌的时候能够准确地指出所代表的品类，而且在提到品类的时候也会第一个想到这个品牌甚至是唯一能想到的品牌，施乐就是类别品牌的典型例子，由于施乐已经成为复印机的代名词，所以很多美国人在复印的时候会说“我如何Xerox?”即使他当时是站在理光、富士或者夏普品牌的复印机跟前。值得注意的是，垄断行业的寡头品牌并不是真正的类别品牌，它是以剥夺顾客选择权为代价强迫形成的独占关系，而非顾客进行充分自由选择自然形成的独占关系。

类别品牌的优势在于：基于极高的知名度，特别是与品类的独占相关性，消费者在需求唤起时能够想到的必然是这些代名词品牌，同时由于成为品类代名词的事实暗示着高品质和可信度，消费者在最终购买决策时肯定会偏向这些品牌，除此之外也容易形成顾客对品牌的依赖心理，从而造就品牌忠诚。

伙伴品牌

伙伴品牌是能够成为消费者人生和生活一部分的品牌，是顾客在购买和使用的过程中所产生的某种感觉和情绪发挥到极致的品牌。伙伴品牌为消费者拥有和使用品牌赋予了更深的意味，营造了更密切的关系。

由于在情绪感受方面的联想非常强烈能够引发消费者的深深共鸣，消费者感觉到这个品牌除了提供功能利益之外，还带有某种更深的心理含义（超越产品本身直接实现品牌与消费者的情感沟通），这个品牌也不再代表功利性的作用，而成了生活中不可或缺的伴侣，可口可乐就是伙伴品牌的很好范例，当20世纪80年代中期可口可乐决定取消老配方的消息传出，全美的消费者都如丧考妣般躁动不安，犹如世界末日业已来临，直到重新恢复老配方之后整个美国才从悲观中走出来，当时最具戏剧性的一幕是，有一位68岁高龄的老奶奶诚挚地致信可口可乐，"感谢你们又恢复了老可口可乐，如今除了性爱没有什么比这更好的了。"伙伴品牌的领导优势在于：由于消费者并不是经济学家所谓的"理性人"，其需求结构事实上是多样化的，除了功能性利益之外还需要心理上的满足，伙伴品牌正好能够带给他们审美、希望、关系、尊重、爱的心情、气氛和体验，从而实现顾客满意和品牌忠诚。

图腾品牌

图腾品牌是能够激发消费者信仰和追求的品牌，也是自我表达性价值发挥到了极致的品牌。

由于在个性方面的联想十分鲜明和突出，这种品牌能够带给消费者在形象上强烈的自我归属感，消费者认为这种品牌不仅有使用价值，也不仅是生活中关心他的伙伴，更重要的是能够表达他的个人主张以及展现个人形象。如果说类别品牌给予消费者的是"可靠"，伙伴品牌给予消费者的是"和谐"，那么图腾品牌给予消费者的则是"渴望"。由于在现实社会中除了"四名人士"（名官、名伶、名士、名商）之外，普通人很难在社会交流中进行符合心意地自我表达和自我展示，而图腾品牌则能够提供与消费者共同拥有的价值体系和实现规则，所以能够激起消费者对品牌宗教信徒般的狂热追求，获得他们发自内心的尊崇和仰慕，哈雷·戴维森就是图腾品牌的很好示范，"哈雷粉丝"会将公司图标作为自己的文身（全世界没有第二个品牌能够办到这一点），哈雷机车的缺点在他们眼中恰恰也都是平庸之辈无法了解的独到特色。图腾品牌的领导优势在于：作为消费者身份、个性、地位和品位的象征，竞争对手要想成功地进行模仿和复制将会困难重重，代价高昂。

值得注意的是，这三种类型的领导品牌并不是相互排斥的关系，有些品牌可以身兼两种以上的属性（只不过其中某种属性表现更为突出而已），也有些品牌在不同的发展阶段具备不同的属性，造成多重属性的原因一方面来自于环境的变化，如技术进步、消费文化演进、竞争者的突破性举措以及企业战略的发展，品牌必须吐故纳新、与时俱进而不能故步自封、一成不变，必须不断地调整自己以更好地适应环境；另一方面的原因是任何类型的品牌都存在着一定的缺陷，如类别品牌的缺陷在于受功能属性的限制太严很难进行品牌延伸，一旦品类走完全部生命周期则品牌也面临消亡的处境；伙伴品牌的缺陷在于，如果消费者对于某种情感性因素产生厌倦或至少不再共鸣，品牌就可能被消费者从好友名单上删除；图腾品牌的缺陷在于，价值观和社会群体处于动态变化之中，品牌的象征意义可能会滞后于这种变化，这样会导致核心顾客群的忠诚被削弱。

可口可乐就是兼具多种领导属性的品牌，尽管今天主要表现为伙伴品牌（主要是受品牌延伸和百事崛起的影响），但在20世纪四五十年代则更接近于类别品牌，当时可口可乐为了保护自己的类别联想，大范围开展了“神秘顾客品牌维权”的行动，可口可乐聘请25位专职调查员四处奔走，每到一家餐厅就会点上一份可乐，然后将其带回公司进行化验，如果发现该产品不是可口可乐就会发函给该餐厅，警告他们不得再提供不实商品，如果该餐厅第二次被发现有同样的行为，可口可乐就会立即到法院起诉该餐厅违反商标法，自1945年起可口可乐公司平均每年要起诉40~60家餐厅并皆获胜诉，这些诉案不仅保护了可口可乐的品牌资产，也让业界深刻地认识了品类代名词的巨大威力。

品牌价值

新创企业应该在产品质量、创新和服务等方面获得强大的声誉，从而让消费者心甘情愿地为它们的产品支付高价钱。但现在市场上大部分的营销行为，采用的都是把产品卖出去就是胜利的政策，忽视了产品和品牌之间的连带关系，很少有企业把产品和品牌能够分开来，并说出产品到底值多少钱，品牌到底值多少钱？大家好像从一开始就把营销活动看成是把产品卖出去的活动，忽视产品可以赚取利润、品牌同样赚取利润的客观事实，而把整个营销活动看成销售人员的责任，无视管理才是企业家的制胜武器。

品牌认知度是品牌资产的重要组成部分，它是衡量消费者对品牌内涵及价值的认识和理解度的标准。品牌认知是公司竞争力的一种体现，有时会成为一种核心竞争力，特别是在大众消费品市场，各家竞争对手提供的产品和服务的品质差别不大，这时消费者会倾向于根据品牌的熟悉程度来决定购买行为。

品牌价值具有不断递升的特质（见图14-3），从市场价值经客户价值、产品价值而向文化价值提升，难度越来越大，价值量越来越高。

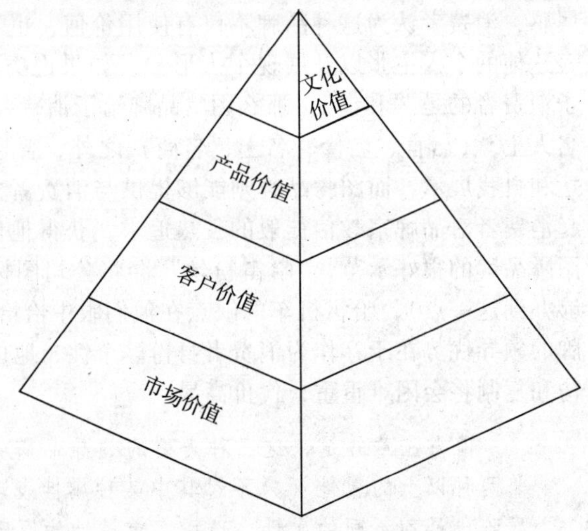

图14-3 品牌价值的金字塔模式

市场价值

认知心理学研究认为，面对信息超载时代，人们常常凭借片段的信息来辨认物体和认识事物，这就是所谓主观认知（subjective reality）。品牌作为产品的标志，可以用来表征并创造出同类产品之间的差异特征，消费者正是凭借着对品牌特征产生一种感觉和体验选择或识别产品。心理学认为这一现象就是品牌认知（brand cognitive），它在消费者头脑中形成一种无形的识别器，其基本功能是减少人们在选购商品时所花费的精力、风险和时间。

品牌的名称可以提供消费者产品品质的信息，所以品牌就代表着产品的品质，因此厂商希望借由“品牌”带给消费者产品本身独特的形象、定位以及和其他竞争者不同的信息。由此可知品牌最显著的优点是帮助消费者辨认商品或服务，同时借由提供产品预期品质的有关信息，能够降低购买者的搜寻成本并提供保障。品牌是消费者认定产品品质的工具、经验的替代品。品牌能代表产品的一贯品质水平，建立在该品牌所代表的商誉和声望上，消费者也对此品牌维持某种合理品质水平的预期，所以品牌也可以作为选购商品时的参考依据。

> 本质上，品牌就是一个复杂的符号或名字，是一个让消费者辨认出销售者或制造者的名字，产品的五个层次（核心利益、基础产品、期望产品、附加产品、潜在产品），并向消费者传达着六层意思（属性、利益、价值、文化、个性、使用者）的符号，是有形和无形因素统一的载体。
>
> 首先，品牌是对应消费者而存在的，也就是说是有目标的。它的好感存在于消费者的心中，而这个消费者是一个群体，是一个被产品对应的固化的群体。试想一下，如果一个“米奇”的品牌放到成人西装上会是什么样的感觉？肯定不行，原因是该品牌对应的群体就是儿童。
>
> 此外，品牌定位是固化的，是固定在一个群体的年龄空间内的，而这个年龄的空间是有其时代性的，比如：一个产品把自己的品牌固定在20~30岁的年龄空间当中，它就要符合这个年龄空间的人的情感需求，但随着时间的推移，这个年龄层面的人也是要成长的，对于企业来说，品牌并不能跟着这个年龄的人一起成长，如果跟着这个人群成长的话，这个品牌的成长顶多能够成长100年的路程，所以，企业必须要把自己的品牌固化在20~30岁这个年龄层面上，而不同的年代这个年龄层面上的人的思维是不一样的，他们的情感变化非常快。这种快速的变化使很多中国企业跟不上，造成中国企业的品牌滞后于产品的发展。尤其是一些以前比较辉煌的企业，更是念念不忘曾经的历史，但遗憾的是，这些历史对于新一代的消费者来说好像“听天书”一般。
>
> 中国企业的产品品牌概念往往和自己的产品概念相距太远，造成品牌没有和自身产品的优势进行有机的对接。产品经营≠品牌经营。产品经营自不必多说，谈起品牌经营，其实就是研究怎样利用知名度高的品牌效应，扩大自己企业的市场占有率，取得更好的经济效益和社会效益。一般来说，品牌经营往往是把社会效益放在第一位，经济效益放在第二位，可以说，取长利者必有短利，但取短利者却未必有长利；有市场者必有利，无市场者必无利；品牌经营得好，可以起到以一当十的作用；品牌经营得不好，会落个赔了夫人又折兵的残局。拥有著名品牌的企业，无一不是耗费巨大心血来扩张经营的。比如青岛“海信”提出的口号是变频专家，这种概念明显是在塑造品牌，但变频和该企业的产品利益之间没有必然的联系，所以，就造成品牌的力度不强的感觉。就像汽车一样，你总不能把一个生产汽车的企业说成是制造发动机的专家，何况发动机和汽车的联系要比空调和变频的联系更紧密一些。这些并不能成为企业塑造品牌的依据，只能成为企业在一个促销环节当中的阶段性的产品卖点，作为产品的促销行为本身就是要改变产品利益促进销售的一种短期性的行为，这种行为本身对品牌可能是有伤害的，只是企业需要把握在销售促进的时候尽量把品牌的伤害降到最低，但企业不仅没有这种意识，反而强化这种伤害，这就是为什么有的时候销量上去了、品牌下来了的一种结果。

客户价值

品牌是过去的倒影，同时是未来的导向。毕竟，品牌的真实价值和前景取决于消费者以及他们对品牌的认知度。基于消费者的品牌资产才是企业与品牌参与竞争的核心动力。品牌的价值在于建立消费者的品牌忠诚（brand loyalty）。

消费者的品牌认知能反映他们对品牌情感的表达，因为一个品牌反映了一种生活方式、生活态度和消费观念，使它与消费者在情感上产生共鸣。品牌忠诚反映了消费者内在的品牌态度。

尽管品牌忠诚并不能代表消费者会永远购买这个牌子，但至少在考虑购买的各种品牌中，这个牌子被认为是潜在可行的。如果品牌忠诚度较高，当消费者需要这一类产品时，就会始终如一地购买这个品牌。如今成功的品牌对消费者影响正是这样，它以高美誉度、高强度、高冲击力的信息，诱导消费者将注意力集中在品牌商品上，进而引导消费者购买品牌商品。

进一步研究还发现，品牌忠诚水平一般有三种程度：认知、偏爱和执著。

（1）认知。品牌认知是消费者品牌忠诚程度最轻的形式。在市场营销中，引进一个新品牌的最初目的就是使品牌被广泛地认识，从而达到品牌认知。

（2）偏爱。品牌偏爱则是体现了对一种品牌偏爱较深的程度，此时消费者能明确地喜欢一个牌子，排斥其他竞争品牌，只要能够买到，他便买这个牌子。

（3）执著。品牌执著则反映出消费者强烈地偏好某个品牌，不愿接受替代品，并且愿意为得到这个牌子的产品花费大量时间和精力。品牌执著是品牌忠诚的最高境界。

成功品牌的一个重要特征，就是始终如一地将品牌的功能与消费者心理上的欲求联结起来，通过各种形式，将品牌信息传递给消费者，在心理上产生效应，促进消费者对品牌的忠诚从认知向偏爱和执著方向不断提升，产生消费聚焦。

英国品牌顾问公司 Brand Finance 的《2011 年全球最具价值品牌》榜单显示，2011 年，谷歌、微软和沃尔玛位列前三。谷歌的品牌价值接近 443 亿美元，超过微软的 428 亿美元和沃尔玛的 362 亿美元，成为全球最具价值品牌。苹果从 2010 年的第 20 位跃居第 8 位，品牌价值为 295 亿美元，如表 14-4 所示。

表 14-4　2011 年全球品牌价值十强

品牌排名		品牌	品牌价值（百万美元）		市值（百万美元）	
2011 年	2010 年		2011 年	2010 年	2011 年	2010 年
1	2	谷歌	44 294	36 191	143 016	159 970
2	5	微软	42 805	33 604	165 724	199 989
3	1	沃尔玛	36 220	41 365	154 324	190 803
4	4	IBM	36 157	33 706	189 717	180 027
5	7	沃达丰	30 674	28 995	192 455	178 403
6	12	美国银行	30 619	26 047	120 195	111 754
7	6	通用电气	30 504	31 909	475 066	528 712
8	20	苹果	29 543	19 829	244 381	156 416
9	15	富国银行	28 944	21 916	136 069	131 225
10	11	AT&T	28 884	26 585	235 987	229 792

产品价值

在市场竞争日趋激烈的经济环境中，绝大多数企业的营销阻力加大，利润普遍降低，商品的平均生命周期缩短，新产品的市场导入频繁，拥有知名品牌的企业会越来越重视现有品牌的优势，品牌经营战略越来越体现出其重要性。调查表明，一个知名品牌能将产品本身的价格提高 20% ~40%，甚至更高。

一个消费者在星巴克喝一杯卡布基诺，就为品牌付出了 16. 56 元，占价值的 51. 75%，如表 14-5 所示。

表14-5 星巴克：一杯卡布基诺咖啡的价钱

项 目	费用（人民币：元）
咖啡成本	6.88
门店租金	4
人工费用	2
营运费用	2.56
品牌溢价	16.56
总价	32

另外，一件在中国加工的Hugo Boss衬衫，在美国纽约最繁华的第五大道的Saks Fifth Avenue百货公司的零售价是120美元，在这120美元中渠道商Saks Fifth Avenue赚了72美元（占60%），名牌商Hugo Boss赚了36美元（占30%），中国的制造商只赚取了12美元（占10%），而大多数时候，中国的制造商们还在打价格战，很可能只以9.6美元（8%）的报价争抢订单，最后中国制造商的利润率往往跌落到1%～2%[19]。

罗技鼠标是另一个范本。这是瑞士与美国合资的一家鼠标制造商，生产工厂设在苏州。该公司每年向美国运送2000万个贴着"中国制造"标签的鼠标。罗技鼠标贡献了一个恒等式"40=8+15+14+3"，有助于说明我们要讨论的问题。罗技鼠标在美国售价约为40美元，罗技凭借品牌拿走8美元，分销商和零售商拿走15美元，另外14美元进入海外零部件供应商的腰包，中国从每个鼠标中仅能拿到3美元，包括工资、电力、交通、税收和其他经常开支。而电力、交通、税收是有刚性的，代工公司把利润的增减砝码全都压在了员工报酬的增减上。[20]

与此对应，没有品牌或是品牌知名度较低的企业则常常面临被市场淘汰的威胁。

专栏

中国茶为什么没有创造出价值

中国作为茶叶的发源地，却没有在国际上叫得响的茶品牌。中国出口茶叶在国际市场上平均每千克仅值2美元左右，平均茶价比印度低四成，比斯里兰卡低六成多，甚至比肯尼亚的茶叶价格还要低20%。中国每年产茶120万吨，仅有30万吨出口，虽然产茶面积世界第一，但国际市场的影响力却较弱。中国每年茶产业产值为300亿元人民币，而立顿茶叶年产值约230亿元人民币，相当于中国茶产值的2/3强[21]。

中国茶与立顿的比较很像是拿菜园的产值和餐饮业的营业额相比，中国茶是地道的农产品，立顿是大工业化的产物。比营业额就更没谱了，立顿生产的是成品，靠的就是大流通。而茶厂只是源头，要经过若干的流通环节才能和消费者见面。从茶厂出来的价格与到茶庄和消费者见面的价格相差何止十倍。

中国茶，从来都是"竖"着做，在杭州就做西湖龙井，在云南就做普洱茶，在安溪就做铁观音，每个品种、每个品牌，从百十元到上万元一斤的茶都有的卖，消费者不能区分这些品牌代表的到底是高端还是低端，更不用说品牌内涵了。而立顿则是"横"着做，把各个品种当成口味，且只瞄准消费者方便、快捷、经济、卫生地喝杯茶的需求。明确细分市场和定位后，就有了明确的营销行为，最终才有了明确的品牌。

立顿（Lipton）是全球最大的茶叶品牌，它既代表茶叶的专家，又象征一种国际的、时尚的、都市化的生活。立顿以其明亮的黄色向世界传递它的宗旨——光明、活力和自然美好的乐趣。立顿的成功就在于标准化。而中国茶的特点就是各人各色，茶叶在制作过程中要经历诸多环节，哪怕是炒青时间、火候稍有变化都会影响口感。这恰恰阻碍了茶叶这种产品的规模化。顾客在买中国茶，一般每次都要试茶，为什么？就是因为质量不能整齐划一，但这也使得中国茶的茶商不能实现地域性的扩张，只能在小范围内开店。

文化价值

从消费者心理学角度来讲，品牌在人们心目中代表了使用者具有的那一类身份、地位和个性，可以给消费者一种文化附加值，给社会传播一种观念。消费者购买和消费优质可靠的品牌商品，可使其感受到相应的身份、地位、荣誉和自信，从而获得心理上的某种满足与体验，提升消费者的效用。如人们在畅饮可口可乐的时候，除了用于解渴外，更多的是人们在有意识或无意识地满足享受美国文化的一种心理体验。

专栏

“凡勃伦效应”

消费者购买一类商品的目的并不仅仅是为了获得直接的物质满足和享受，更大程度上是为了获得心理上的满足。这就出现了一种奇特的经济现象，即一些商品价格定得越高，就越能受到消费者的青睐。由于这一现象最早由美国经济学家凡勃伦注意到，因此被命名为“凡勃伦效应”。

款式、皮质差不多的一双皮鞋，在普通的鞋店卖80元，进入大商场的柜台，就要卖到几百元，却总有人愿意买。1.66万元的眼镜架、6.88万元的纪念表、168万元的顶级钢琴，这些近乎“天价”的商品流通，往往也能在市场上走俏。

随着社会经济的发展，人们的消费会随着收入的增加，而逐步由追求数量和质量过渡到追求品位格调。只要消费者有能力进行这种感性的购买时，“凡勃伦效应”就会出现。了解了“凡勃伦效应”，我们也可以利用它来探索开展新的经营活动。

品牌文化价值是综合了人们对品牌自身的思考、联想、感觉（情感）以及预期的综合反映，是多种外在因素和内在因素的结合体，是从表象向内在与更深层次价值发展的过程（见图14-4）。

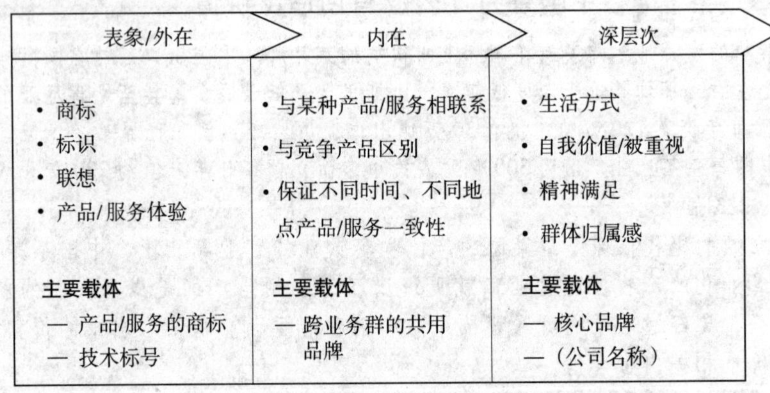

图14-4 品牌形象的价值构成

知名品牌的形象都是这样的多因素结合体，并具有内在的价值发展关系（见图14-5）。

> 当你坐在星巴克里时，你得到了什么？——从感性到理性直至心灵的体验。当我们相约去星巴克时，你怎么说？你不会说“让我们去那个叫星巴克的咖啡馆吧”。你会这么说“让我们去星巴克”，品牌的背后已经不仅仅是一杯咖啡了。

因此，提升自尊心和自我形象的方式是建立品牌形象的有效方法。大量的广告希冀帮助目标消费者对推荐的品牌形成这样一个观念：要与他们类似的人们愿意或者应该喜欢这个品牌，因为品牌和他们首选的自我形象相吻合能有效增强他们的自尊感。通过向消费者承诺，这个产品将帮助他们实现某种理想或者产生更强的自尊感，广告激发了可能由于使用产品而产生的至少是由于使用产品而会促进自我想象。

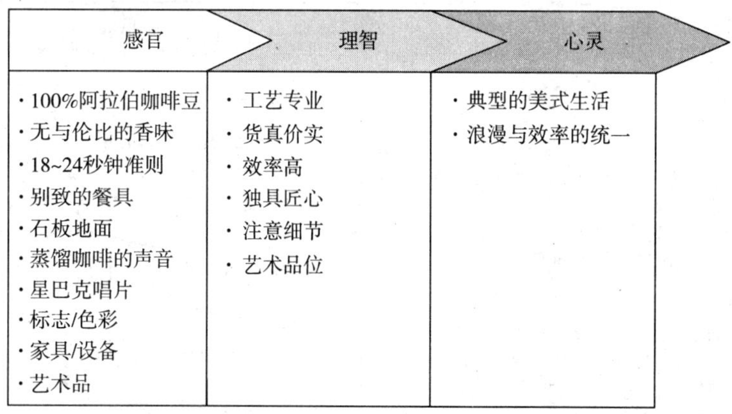

图 14-5 星巴克品牌的价值深化

品 牌 资 产

品牌是一个可以独立经营的“虚拟资产”，是因为这个虚拟资产能创造真实的现金流。经常接触的虚拟资产包括：金融产品、信息（知识）产品和品牌。在三种虚拟资产的交易中，品牌属于霸权交易：任何为品牌付钱的人，只能消费品牌，不能拥有品牌所用权；一个品牌可以通过多次的重复的（乃至永久）交易，不断积累品牌价值，并实现品牌价值。

由于品牌资产具有特殊的创造财富的价值，因此，开始有更多的企业有目的、有计划地经营品牌，并形成了一个新模式，就是以品牌为核心的虚拟经营。利用这一模式成功的典范就有维珍、耐克、戴尔、波音等。在中国，则有美特斯邦威这样的企业。

品牌组合

品牌组合（brand mix）是品牌与品牌之间的有机组合，它包括了建立品牌之间、主品牌与子品牌、企业品牌和产品品牌之间的联系，并且保证组合内部有统一的战略，品牌之间相互支持和互补。

组合价值

品牌组合及构架是根据企业战略，选择合适的细分市场以及品牌，并且将它们有机地结合起来。品牌组合的必要性在于：①单一的品牌不大可能在多种消费类群中实现最大的潜力，在吸引力的差异化和广度方面将不可避免地作出妥协。②脱离组合而单独看待多个“单一”品牌，可能会得出次优的成果。组合中的差距导致无法满足客户的需求，使竞争者有机可乘。③市场细分、组合协调和品牌定位都是市场销售人员所使用的工具。④品牌组合在很多时候是尊重历史与当地市场的结果。

纵向管理

品牌的纵向管理是使用品牌组合来保证在细分市场的专业性（见图 14-6）。

品牌组合管理

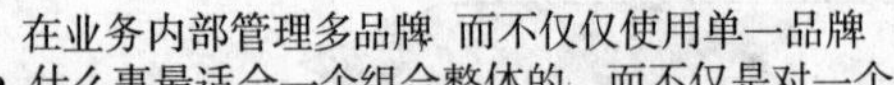

在业务内部管理多品牌 而不仅仅使用单一品牌
- 什么事最适合一个组合整体的，而不仅是对一个单独的品牌
- 获得最大的总销量和利润

品牌之间的区别不仅仅是价格和客户类型的区别
- 建立针对不同客户群的明确定位
- 利用现有的品牌资产/尊重历史
- 用品牌组合来覆盖是市场中的不同客户群

最终的结果是理性和不确定性相结合
- 没有一家公司是只基于数据来管理品牌组合的
- 调研数据只是一种信息，它并不能提供“答案”
- 任何总品牌组合只是一种较优的解决方案

高级饭店的品牌组合示意图

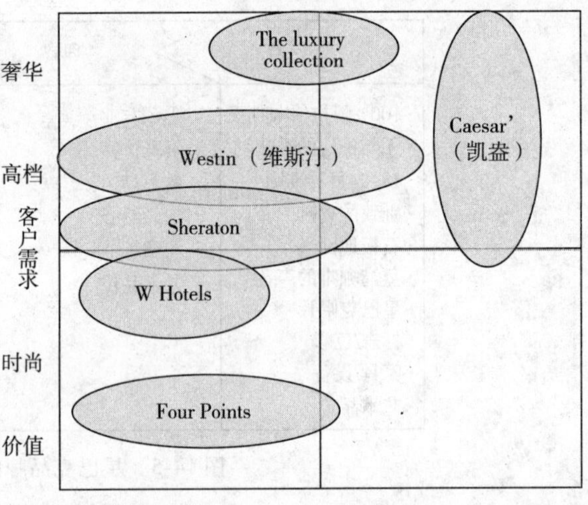

图 14-6 品牌组合管理

> **专栏**
>
> ## PC巨头品牌融合策略[22]
>
> 自2002年收购康柏起，惠普PC开始了双品牌策略。之后双方品牌开始整合，企业级产品由惠普主导，个人消费类产品主要由康柏统筹。尝到甜头后，惠普又强化了双品牌之下的子品牌布局，原康柏Presario定位低端，惠普Pavilion定位高端，以适应日渐激烈的价格战。
>
> 联想同样是以一场并购走向双品牌运营。2004年年底入主IBM PC业务，让它有了贵族气质的ThinkPad品牌。起初，联想将“ThinkPad”简单地定位于高端，自家“Lenovo”定位于中小企业与消费类市场。但联想时常觉得生活在IBM阴影之下。之后两年，它不断淡化IBM与ThinkPad之间的关联，并试图快速以联想元素渗透ThinkPad。2006年年底，它在ThinkPad屏幕右下方打上“Lenovo”；接着，它去掉了“IBM”字母，并重新设计了ThinkPad标志，这将无法充分挖掘品牌价值。“Lenovo”身兼企业与消费业务标识，不够清晰，2007年，伴随消费业务独立，联想推出Idea品牌（主要是IdeaPad笔记本）。这一区隔，让联想业务更为明晰。不过，联想品牌底气大增，更在于它对ThinkPad品牌的重塑：最近，借助价格策略，它正将高高在上的ThinkPad拉向普通大众。大概联想已有足够力量掌控ThinkPad品质，不再忐忑不安。
>
> PC老三宏碁则更进一步，在相继收购Gateway与Packard Bell后，已走向多品牌运营。今年4月它在上海发布了品牌策略，即Acer、Gateway、Packard Bell及eMachines四大品牌。总裁兰奇表示，Acer将主导新技术、性能为主的市场，Gateway与Packard Bell主打苹果时尚路线，至于eMachines，则会延续低价道路。不过，与惠普与联想双品牌全球覆盖不同，宏碁四品牌依照地理区域作出了分割。同样定位于时尚路线，Packard Bell只在欧洲销售，而Gateway除美洲以外，可扩展到亚太，而Acer与eMachines则遍及全球。

品牌延伸

品牌延伸（brand extension）是指一个品牌从原有的业务或产品延伸到新业务或产品上，多项业务或产品共享原有的品牌资源；也就是说它是利用已经取得成功的品牌来推出新产品、新业务、新项目，使新产品、新业务、新项目开始市场运作，获得原来品牌力量的支持（见图14-7）。

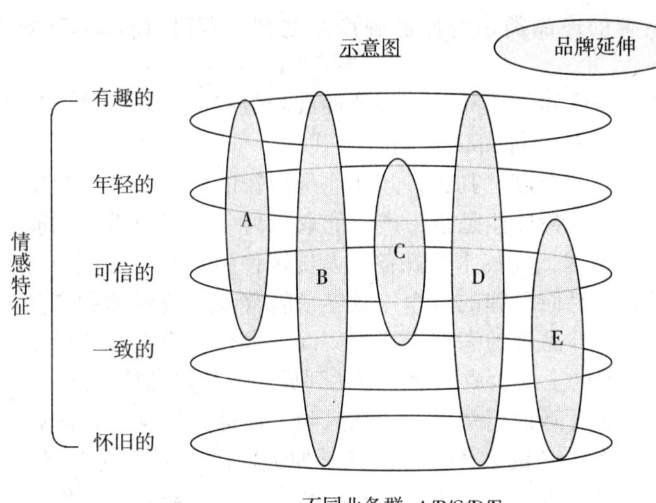

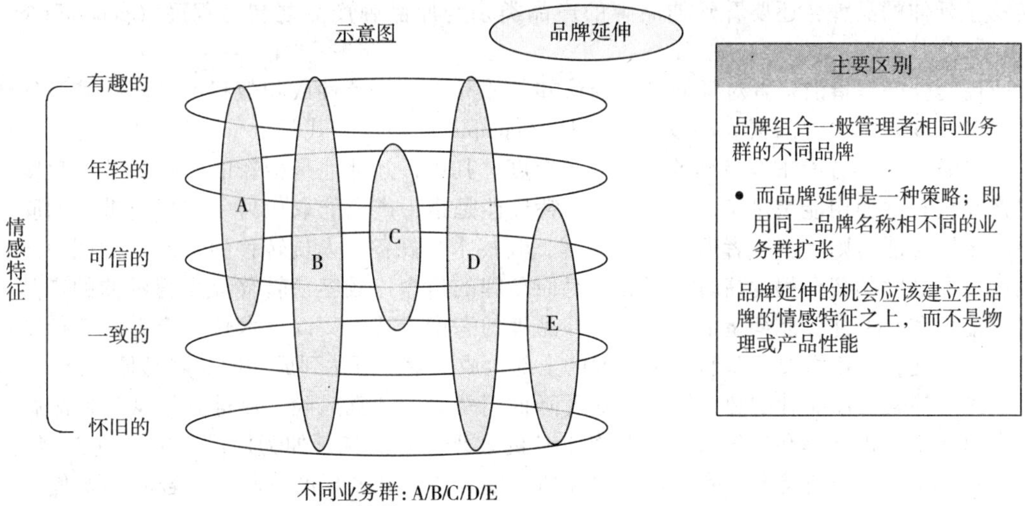

示意图
品牌延伸
有趣的
年轻的
可信的
一致的
怀旧的
情感特征
A
B
C
D
E
不同业务群：A/B/C/D/E
主要区别
品牌组合一般管理者相同业务群的不同品牌
• 而品牌延伸是一种策略；即用同一品牌名称相不同的业务群扩张
品牌延伸的机会应该建立在品牌的情感特征之上，而不是物理或产品性能

图 14-7 品牌延伸的方法

横向管理

品牌延伸主要实现品牌的横向管理。

品牌延伸又分两种主要形式：产品延伸与种类延伸。

1. 产品延伸

产品线延伸（line extension）是将原品牌的名称应用于同种类的产品是属于产品线延伸。广义的品牌延伸为只要产品经过改良或推出新产品，并冠上原有的品牌，都算是品牌延伸；品牌组合与品牌延伸在相关性与专业性中寻找平衡（见图 14-8）。

高
相关性
低
海尔（Haier）
小规模市场
垄断市场
宝洁（P&G）
专业性

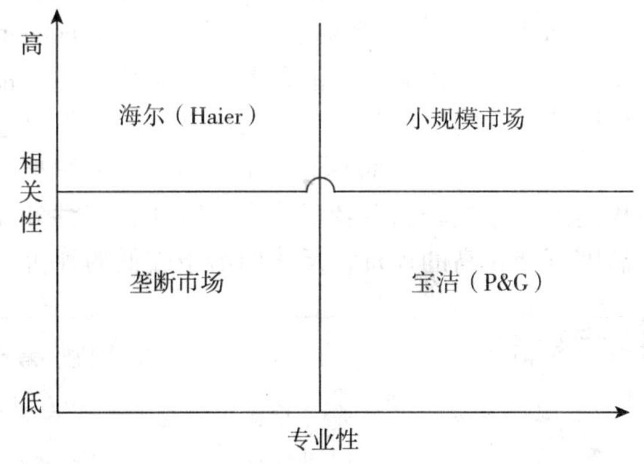

图 14-8 品牌组合与品牌延伸的平衡

2. 种类延伸

种类延伸（category extension）是将已有的品牌应用于不同种类的产品。狭义的延伸定义为厂商必须推出不同种类的新产品才算是品牌延伸（见图 14-9）。

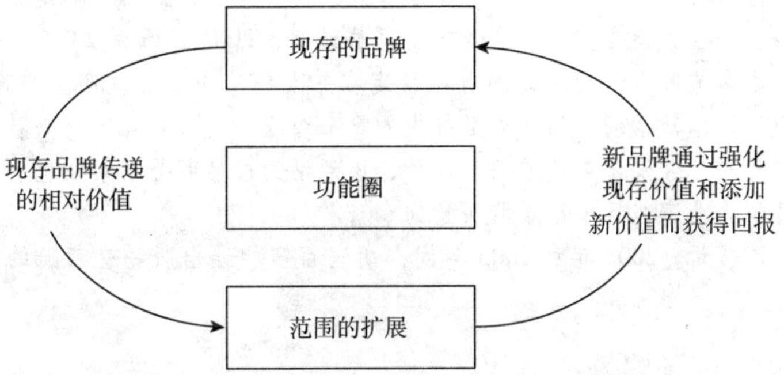

现存的品牌
功能圈
范围的扩展
现存品牌传递的相对价值
新品牌通过强化现存价值和添加新价值而获得回报

图 14-9 品牌延伸模式

契合程度

消费者对品牌延伸的产品品质的判定，是根据对原品牌的整体认知品质而定，故当消费者

对原品牌的认知品质越高时，对延伸产品的评价越有利。不过消费者是否能将对原有品牌的情感转移至延伸的品牌，还要看延伸品牌的产品类别与原品牌产品之契合程度（goodness of fit）而定。

所谓契合度是指消费者对延伸产品的认知与原品牌的一致性或相似程度；而品牌延伸能否成功，契合度是个关键因素。可以从互补性（complement）、替代性（substitute）、技术转移能力（transfer）三个方面来衡量延伸品牌的契合度。其中，互补性是指新旧产品互补的程度以及新旧产品结合并使用能满足某一特定需求；替代性是指一产品能取代另一产品而满足相同的需求；技术转移能力则指消费者所认知的品牌，其技术、设备、人员转移到新产品的能力。若延伸品牌与原品牌的契合程度高时，消费者对原品牌的信念比较容易转移至品牌延伸的产品。技术转移能力和互补性较能衡量消费者对延伸品牌的态度，其中又以技术转移能力的直接影响效果较大。因此，并不需要具备影响契合度的全部构成因素即可达到成功的品牌延伸。

品牌延伸若与原品牌的契合度高，则可降低消费者的知觉风险，促进其尝试延伸品牌的产品，所以在市场占有率和广告效果上都有上佳的表现。若品牌延伸为原品牌的知觉典型（perceived typicality），则消费者对品牌延伸的评估速度较快，喜爱程度也较高。若品牌延伸的产品属性与原品牌不一致，则会破坏消费者对原品牌的评价。

特征相似

新品牌与原品牌产品的知觉相似性越大，则越容易促成消费者情感的转移。消费者在考虑是否转换至新的延伸品牌时，会以所延伸的产品与原品牌产品之间的特征相似性（product feature similarity）与品牌概念一致性（brand concept consistency）作为契合度的评估。

产品特征相似性指消费者衡量品牌延伸产品与原来的产品是否具有相似的特征，而产品特征则从具体的层面到抽象的层面都有；品牌概念是指特有品牌源自其产品特征（如高价格、新颖的外形设计等）而具有的抽象含义，品牌概念一致性是指延伸产品与原产品是否给予消费者相同的概念。若消费者认为产品特征相似性知觉与品牌概念一致性知觉都高，则消费者会给予品牌延伸较高的评价，反之则给予较低的评价。

专栏

胡润创富的品牌延伸

其一，发布榜单的《百富》杂志。主要内容包括每年的百富榜、慈善家排行榜、慈善企业排行榜以及千万富翁品牌倾向调查、CEO 调查等。胡润百富榜于 1999 年创制，而后每年更新推出。自从引入观澜湖高尔夫冠名百富榜后，越来越多的品牌前来洽谈。观澜湖高尔夫也正巧上榜千万富翁品牌倾向调查。

其二，胡润百富活动。主要项目为生活奥斯卡系列慈善晚宴，虽然号称是为中国富有人群量身定制的生活方式教育平台，但是其中的商业味道同样浓郁。2005 年 6 月 23 日，劳斯莱斯携手胡润百富首次在东北举办名流晚宴，而东北的首站就定在东北经济中心的沈阳。当晚，逾 20 位沈城民营企业精英盛装出席了本次活动，席间大卫杜夫的雪茄令众多民营企业家谈兴甚浓，纷纷发表了各自对企业经营之道和东北经济发展的看法。此外，该活动的冠名商劳斯莱斯也引起了企业家们的浓厚兴趣，其中有几位企业家当场表露了购买意向。

其三，胡润百富书籍。2002 年和 2003 年间，胡润百富相继出版一套四册的财富系列丛书，在市场上的销售颇好。

品牌共享

品牌共享（brand share）是指若干家企业基于其生产的产品或提供的服务有某种相关性而共同使用同一品牌，以形成整体优势的市场竞争战略。

品牌作为一个独立的“虚拟资产”，可以通过特许、授权、联盟㊀等共享方式创造收益。其中品牌授权已有100年的历史，而且被称做21世纪最有前途的商业模式。根据国际授权协会LIMA委托耶鲁大学和哈佛大学年度统计报告，品牌授权已经成为一个1600亿美元的产业。海尔集团通过签署《商标使用许可合同》（按销售额的8%收取商标许可费），每年从上市公司G海尔获得数千万人民币的品牌许可收入[23]。

共享价值

原本资源有限的新创企业可以以同一品牌为纽带形成联合体，进行品牌宣传，能够有效减少成本支出，并使边际效益增大，容易形成品牌知名度和美誉度的规模效益。

社会学家布什亚指出：“要成为消费的物品，物品必须先成为符号。”符号价值已是资本主义特别是流行文化的获利基础，“偶像”具备了巨大的符号力量；但偶像的生成需要的不只是有才华的艺人，不只是创作的能量，同时也需要产销环境的配合，而其结果也不单单只是创出个别艺人与其所属公司的财富，往往也带动了文化与生活情境的输出。美国在演艺界不断制造出如迈克尔·杰克逊㊁这样的全球流行文化符号，不只让艺人、经纪公司荷包满满，也让美国文化如水银泻地，流入世界各地，创造出惊人的软实力与国家影响力。

不具备自创品牌的条件而其生产的产品或市场特点又不允许采用无品牌策略的中小企业，可以采用共享已经成功的品牌提升自己的品牌战略。

共享流程

实施品牌共享，首先要确定该品牌的产品组合、技术服务标准和目标市场定位；其次是寻找共享伙伴，找到一定数量符合品牌定位条件的企业，在共同自愿的基础上达成品牌共享协议；然后是扩大品牌影响，注重品牌保护。

共享策略

共享成功品牌的策略主要有贴牌、品牌租借、为成功品牌生产配套产品等多种方式。

施振荣，台湾省彰化县人，生于1944年，台湾交通大学电子工程研究所硕士，台湾交大及香港理工大学荣誉博士，曾担任台北市电脑公会理事长。1976年创立宏碁，现为宏碁集团董事长。台湾宏碁于创业之初，经济上捉襟见肘，是典型的作坊式企业。他们决定利用世界知名品牌来成就宏碁，首先瞄准的是蓝色巨人IBM。经过努力，他们争取到了在台湾地区为IBM制作零部件的机会，从而使质量和技术得到了初步的积累，团队也得到了训练。可是单纯的组件加工无法为宏碁带来丰厚的利润。于是，他们开始谋求为IBM组装整机。经历了艰苦的努力，他们不仅成为IBM的优秀供应商，而且开始了自身的国际化进程，将工厂开到了岛外——向东南亚输出已成雏形的宏碁模式。东南亚低廉的制造成本成了宏碁财富积累的加速器，而跨文化管理的体验更为后来宏碁的全球化运作积累了丰富的经验。羽翼渐丰的宏碁开始了宏碁品牌的营销，自行制造、销售宏碁品牌的电脑是宏碁走向辉煌的根本原因。经过长期的磨砺，宏碁建立了打造自身品牌的基础。

【提示】在现阶段，共享品牌对促进众多的中国企业尤其是新创企业的创业成长非常有效。

㊀ 在世界500强公司中，就有1/3是通过品牌联盟的方式实现扩张的。[26]

㊁ 迈克尔·杰克逊曾经坐拥财富逾20亿美元。

本章概要

本章关注了新创企业发展过程中在品牌塑造上需要注意的问题。

本章的第一部分分析了品牌构建，具体分析了品牌定位，根据核心价值的不同，将领导品牌划分为类别品牌、伙伴品牌和图腾品牌；然后，论述如何树立企业品牌，也即品牌策略的问题，主要涉及三种方法：缩小焦点、寻找空白和敢于放弃；在前面的基础上，从商标注册、品牌承诺和品牌售购三个方面论述品牌运营中的知识；最后从“共鸣模型”引出市场共鸣的三个方面：消费分析、品牌故事和企业信度。本章的第二部分介绍了品牌形象管理，具体分析了品牌价值、品牌因素与品牌特征，从内涵与本质的角度，为品牌进行了深入而清晰的界定，进而指出在品牌管理中存在的误区：品牌特征的目标和结果不清晰、企业品牌与产品品牌的关系不清楚、品牌特征的塑造脱离产品概念、品牌特征不鲜明，缺乏差异性，品牌特征的诉求不能坚持，品牌特征缺乏整合性。本节还说明了有关世界品牌的调查结果。本章的第三部分分析了品牌资产运作的几个重要环节，包括品牌组合、品牌延伸和品牌共享。

思考练习

1. 品牌的定义是什么？如何把握品牌的本质？品牌建设的策略有哪些？你觉得如何指导中国企业的实践？
2. 在新经济时代，竞争无所不在。著名企业家是如何发掘自己的核心竞争力的？在企业发展过程中，如何保持这种核心竞争力？
3. 品牌延伸的内涵是什么？请结合实例说明其作用。
4. 品牌建设是否可以分成几个层次，如产品品牌、企业品牌、企业家品牌、地区品牌与国家品牌？如果可以如此划分，它们之间具有什么样的相互影响关系？如果不可以这样划分，理由是什么？还有什么其他的划分方法？
5. 论述对于一个企业的企业文化如何影响企业品牌的构建及品牌的运营？试结合实例说明。
6. 中国企业品牌实践的误区有何表现？你觉得主要原因有哪些？如何改进？
7. 中国企业家普遍存在品牌经营水平低下的问题，表现在品牌意识淡薄、品牌知识残缺、品牌思路混乱、品牌运营不力、品牌策略不当等方面。扪心自问，您有这方面的问题吗？具体表现何在？
8. 报纸《21世纪经济报道》在自己的广告中宣称：“他们喜欢多和快，我们研究逻辑和趋势。”你是如何理解这句广告词的？这句广告词揭示了一种什么样的创业思路？
9. 品牌组合和品牌延伸的含义不同？请结合具体的实例说明品牌组合和品牌延伸需注意哪些问题？
10. 每一件事情都可以做成伟大的事业（除了经济价值，还有社会价值、科技价值等的考量），关键看你怎么做。对此，你是如何理解的？请结合实例来分析。

参考文献

[1] 陈晓平．中国如何与众不同［EB/OL］．21世纪网，［2010-11-26］．

[2] 周伟．为什么没有美国制造［J］．读者，2008，(18)：26-27．

[3] 艾·里斯．千里品牌路，始于退一步——中国制造的新出路［J］．销售与市场·营销版，2008，(1)：19-22．

[4] 艾·里斯．眼光无须太远大［J］．意林，2008，(21)：33．

[5] 艾·里斯，劳拉·里斯，张云，王刚．中国企业如何创品牌［EB/OL］．商业评论网，［2008-07-23］．

[6] 陈春花．价值取向决定经营模式［J］．IT经理世界，2010，(22)：117．

[7] 张计划．让品牌“精神”起来［EB/OL］. BWCHINESE 中文网,［2010-10-29］.

[8] 王育琨．中国为什么缺乏世界级品牌［N］. 广州日报，2007-02-01（12）.

[9] 李书福．中国为什么产生不了令全球尊重的品牌［EB/OL］. 中国网,［2011-01-06］.

[10] 吕方兴，杨艾莉．少说为妙［J］. 21世纪商业评论，2010，(6)：120-121.

[11] 仁山．喜之郎的思路［J］. 智囊，2000，(6)：45.

[12] 谢璞．让品牌击中内在焦虑［J］. 21世纪商业评论，2010，(5)：52-53.

[13] 肖力．雀巢的筑巢之道［J］. 企业改革与管理，2004，(7).

[14] 穆一凡．百年哈佛商学院：MBA改变心灵和头脑［N］. 第一财经日报，2008-04-18（C5）.

[15] 郑迪．李焜耀：中国需要“慢”下来［N］. 21世纪经济报道，2010-12-27（93）.

[16] 袁岳．获得跨国影响力的十大规则［N］. 第一财经日报，2008-02-01（C5）.

[17] 肖明超．品牌经营中的10大关系［EB/OL］. 中国营销传播网,［2006-09-19］.

[18] 刘威．三种类型的领导品牌：类别品牌、伙伴品牌和图腾品牌［EB/OL］. 致信网,［2009-07-09］.

[19] 佚名．中国老字号七成破产［EB/OL］. 和讯网,［2004-03-02］.

[20] 王育琨．中国迫切需要强者的思维禀赋［J］. 经理人，2006，(12)：60-66.

[21] 姜琳琳．七万茶厂不敌一个立顿背后［N］. 北京商报，2009-03-10（5）.

[22] 王如晨．PC巨头品牌融合策略：一场融合而非零和的游戏［N］. 第一财经日报，2008-09-19.

[23] 杨曦沦．品牌是一种商业模式［J］. 企业研究，2010，(9)：68-69.

第15章 CHAPTER 15

资本运作

如果你能运营好一个企业，你就能运营任何企业。

——［美］理查德·布兰森㊀

学习目标 >>>>>

- 掌握新创企业价值评估的方法；
- 了解创业战略的特质、依据与检测方法；
- 掌握公司兼并的策略与形式；
- 掌握文化整合和知识管理思路的方法。

任何企业发展到一定阶段，都需要借助资本的力量来实现产业规模的迅速扩张。资本运作是指利用市场法则，通过资本本身的技巧性运作或资本的科学运动，实现价值增值、效益增长的一种经营方式。惠普董事会主席、首席执行官兼总裁马克·赫德（Mark Hurd）[1]说："好的公司要么善于增长，要么精于效率，要么取胜于资本市场，而伟大的公司则在于这三者都成功。"马克用"动力铁三角"形象地说明公司发展的动力结构，要求在成长、效率、资本策略三个方面开展工作。

从19世纪末起，西方发达国家就发生了多次大规模的企业并购浪潮，由此造就了大批大型、超大型企业。第二次世界大战之后，这些企业为了在全球化的竞争中取得有利地位，又纷纷举起了跨国并购这个武器，先后曾发生过四次并购浪潮。进入20世纪90年代，国际经济竞争进一步加剧，由于跨国并购能够绕过东道国的投资限制和贸易壁垒，迅速进入并占领其市场，因此跨国并购成为全球对外投资的主要方式。据联合国贸易发展会议（UNCTAD）统计，1998年全球跨国并购额为4 000亿美元，1999年达到7 200亿美元，增长80%，2000年突破10 000亿美元大关，高达11 438亿美元。据著名金融数据公司Thomson Financial统计报告显示，2005年上半年，全球并购市场并购总额高达1.2万亿美元。有学者称此次并购浪潮为并购历史上的第五次并购浪潮，它发轫于美国，迅速席卷整个发达国家。可以说，第五次并购浪潮在很大程度上影响着世界各大跨国公司的决策，影响着全球生产体系和经济格局。若干世界知名企业都用无可辩驳的事实证明了这一点。西门子，一个昔日的中小科技企业，通过资本运作发展成为闻名遐迩的企业王国，英特尔、微软、雅虎等公司更是借助资本运营从新创企业发展成为行业霸主。

㊀ "If you can run one business well, you can run any business." 理查德·布兰森（Richard Branson），维珍（Virgin）品牌的创始人，他从一间电话亭大小的办公室起家，资金比大多数人去娱乐场所享受一夜所花的钱还少。而现在他的企业王国触角遍及婚纱、化妆品、航空、铁路、唱片甚至包括安全套，最近更跨入手机、电子消费产品领域。

中国经济进入后资本时代，游戏规则国际化和产业重组不断深化，民营企业如何逐鹿巨变中的中国产业版图，寻求新的生存和发展之道，如何在竞争中找到自己的位置？这是长期困扰数以万计的中国民营企业的问题。一个可行的解决方案是，借助上市，嫁接资本市场强大的融资功能和资源集聚功能，实现产业资本和金融资本的融合，迅速做强做实，抢占全球产业变革的制高点。公司治理仍是中国企业长大的烦恼，而在并购、融资上，经验、技能的缺乏，使资本运营成为中国企业长大面临的最大挑战。特别是在目前的经济结构转变时期，基本上每一个行业都没有一家独大垄断经营的情况，每一家企业都有机会。外延式扩张时，市场发展很快，企业自有资本就难以补足，也就是说如果有钱，企业就可以把市场做大，市场的契机已经摆在眼前了。从另一个角度说，如果企业不做大，市场就会被别的企业吃掉，所以中国各个行业做大的机会很多，这是企业进行资本运作的一个驱动力。能否有效运用资本运作工具，也成为中国企业能否走向成功的关键。

沈南鹏1999年创办携程，2003年携程在纳斯达克上市，使他立即成为亿万富翁。有了这些通过证券化变现的“未来财富”之后，沈南鹏继而于2004年投资分众传媒、创建如家快捷连锁酒店等企业。其中，分众于2005年成功上市，如家快捷于2006年10月26日在纳斯达克上市。2005年，沈南鹏辞去携程的总裁和首席财务官职位，创办美国私人股权基金——红杉（Sequoia）在中国的分公司，开始了更多的创投项目。

另外，郭广昌是个地地道道的资本运作高手，仅凭做实业的一点点积累速度，无论如何也成就不了今天的复星。通过资本链来实现产业扩张，在短短10年间，郭广昌控制了两家香港上市公司，直接或间接持有8家内地A股公司的股份，控制上百家企业。而且，这是在上海，一个国有资本占主导、相对封闭的地方。

在中国企业家群体中，多数人都有李嘉诚情结。他们崇拜李嘉诚，不是因为他钱多，而是因其高明的投资眼光和高超的资本运作技巧。

专栏

企业家的类型

斯坦福大学亚太研究中心组织硅谷的实践者和学者对硅谷的发展进行了研究，出版了《硅谷优势——创新与创业精神的栖息地》[2]，书中将企业家分为4类。

眼光长远型企业家

雅虎（Yahoo）的杨致远和大卫·费洛（David Filo）可说是这类企业家的范例。这类企业家的特征是：

(1) 将成功界定为公众对公司及其远景的接受，而不是看做个人财富或权力。

(2) 坚持公司的长远利益以实现其构想。

(3) 将公司看做为员工提供归属感和自我实现机会的社群。

收购型企业家

思科系统公司（Cisco）的约翰·钱伯斯（John Chambers）是收购型企业家的典范。这类企业家的特征是：

(1) 有能力构建高瞻远瞩的宏图以融合每次收购。

(2) 将不同类型的公司集成为一个成功企业的能力。

(3) 维持一个有效管理团队的能力。

转型式企业家

太阳微系统公司（Sun）的斯科特·麦克尼利（Scott McNealy）就是一位转型企业家。这类企业家的特征是：

(1) 预见到组织转型后的状态。

(2) 在现有公司建立新团队的能力。

(3) 在工作的同时学习新商业模式的能力。

持续创业型企业家

吉姆·克拉克(Jim Clark)是硅谷最有名的持续创业者之一。他先后创办了Silicon Graphics、Netscape、Healthen、My CFO、Shutterfly等公司。这类企业家的特征是:

(1) 充满激情地描绘一个远景,吸引所有必需的资源,并"让事情发生"。

(2) 了解自己的极限。

价值评估

要能让资本运作为企业带来价值创造机会,前提是对企业进行价值评估。

评估特性

认识新创企业的价值对投资者来说十分重要。一家成熟的上市公司,可以只看它的财务指标。但是成长型企业,财务指标体现的企业信息可能只占30%。认识新创企业应掌握以下评估特性。

高创新性

不同于一般的企业,新创企业大部分是高科技企业或其他具有成长性的中小型企业,多半是先有研究成果,而后再建立企业以实现技术的商品化。因此,很多新创企业往往成为高新技术产业或新兴行业发展的开拓者。

新创企业存在的前提是创新,并更多地产生于科技发达地区。发达的科教体系和科技人员自由择业的制度,将是新创企业发展的重要条件。

高成长性

新创企业一般是中小型企业或处于起步阶段的新兴公司,具有更大的灵活性。利用新技术、新发明,它们可以很快开发出新产品。高速成长性是新创企业的一个重要的特点。企业只要能开发出满足市场的新产品,新产品就能凭借其新颖性和高技术特性迅速地占领市场,从而获得巨大的经济效益,进而在短短的几年内,就可以由原来的小公司发展成为组织和管理日趋完善的大公司。

高团队性

新创企业成功的关键是企业管理团队的素质。在高科技企业和具有较大发展潜力的新创企业中,管理层将起到一个决定性的作用。在新创企业充满风险和艰辛的路途中,只有一流的高素质的领导团队团结一致、不断创新,才能保证公司的技术创新和技术储备的能力,才能保证企业的顺利发展。这是衡量一个企业尤其是新创企业非常重要的考核项目。

高风险性

往往不被人们所重视的是新创企业的高风险。实际上由于新创企业所从事的是以科学技术上的新发明、新创造为基础的技术商品化活动,不可避免地存在开发失败的风险。据统计,发达国家中小高新技术企业上市的失败率高达70%,也就是说,20%~30%的新创企业的巨大成功是以70%~80%的企业失败作为代价的。美国的纳斯达克市场2004年一季度有176家公司上市,同时就有173家退出。

高无形性

从专业评估师的角度来看，新创企业还有以下特点：企业经营历史短，有形资产少、无形资产比重大。而且，除了少数公司成立后就有赢利外，大多数新创企业可能目前没有赢利或赢利甚微，这意味着无法根据现在的赢利估算出未来的赢利。

专栏

投资分析的模式

分析计算赛马赔率的人（Horse Handicanpers）分为两大类型：速度（Speed）型和级别（Class）型。根据速度预测比赛结果的人希望得到很多数据：他会仔细研究表格上的种种数据，以确定哪匹赛马在最近的比赛时跑出最快的速度，根据赛道情况如何进行调整，负重是多少等。级别赛马分析者非常蔑视数据，他会说："告诉我血统和过去对抗的质量。"

和赛马分析分为两大类型非常相似，根据重点关注因素的不同，投资世界里的分析师也分为两大类型：定量分析者与定性分析者。定量分析者说："让我们买最便宜的股票，用市盈率、账面价值、股息等指标综合衡量比较之后确定哪些股票最便宜。"定性分析者说："买最好的公司和最好的管理层，不要过于担心数据。"

在定量分析和定性分析两种类型中，技巧熟练又独具慧眼的实践者都能获得丰厚的回报。

评估因素

影响新创企业价值评估的因素主要有如下方面。

创新能力

新创企业的基本价值，在于其创新的能力。不论是在产品、服务、科技、地点、成本管理乃至于其他管理层面，只要新创企业拥有持续创新的能力，就有其价值所在。许多新创企业起源于其拥有的专利，故其专利能够创造的价值以及企业能维持专利价值的时限，就成了这个企业价值评估的重点所在。

管理团队

新创企业管理层是否拥有优秀及默契的管理团队以及良好的企业组织结构，即企业的人力资源架构，是关于企业价值第二个重点考察的因素。在创业初期，企业的成功除了硬件方面外，软件方面的充足及管理团队的默契成了很重要的一环。即便企业拥有诱人的创新产品或服务，或是拥有降低成本的绝对优势，如果缺少了团队的相互辅助，也可能灭亡。团队管理很重要的财富就是管理者相互间的默契度以及相互协调能力。

财务控制

如果一个企业不能做好财务控制的工作，就可能导致钱只有出去，而不见其归来，很容易产生现金流的问题。

市场竞争

企业能扩大规模的前提是要有巨大的市场作保证。新创企业在初创阶段，抢占市场份额的能力是衡量此企业未来获利的一项指标。新创企业能否打入市场，符合市场需求，都能从企业抢占市场份额的能力探知一二。

此外，企业是否已建立起供、产、销的业务操作流程，是否拥有一定基本客户群体以及企业留住顾客的能力等，都将影响初创企业的价值评估。

商业模式

企业的商业模式是其创造未来价值的根基所在。

专栏

公司价值比较

有3家准备在中小企业板上市的传统企业，各自的情况如下：

A公司是经营办公文具的，15年前在深圳创业，从一家小文具店开始起步，2010年销售额达数亿元，利润近3 000万元。公司有两大拳头产品，一是文件夹，二是碎纸机。在汕头、深圳有两个近千人的文具工厂。

B公司是在深圳有100多家连锁门店的房地产中介公司。公司风风雨雨走过12年。2010年佣金收入近亿元，利润近2 000万元。目前已有员工1 500人，2011年门店数量将增加一倍，员工将超过2 500人。

C公司是一家建筑装饰业的知名企业。公司有200人的设计院，拥有建筑行业的5个国家A级资质（国家A级资质一共有6个）。公司由国有企业改制而来，几乎全员持股，公司董事长只是相对控股。2010年收入超过5亿元，利润近3 000万元。

这3家企业虽然行业不同，但有相似的地方：行业规模巨大，行业集中度低。国内文具市场每年销售额达3 000亿元，国内建筑装饰市场的规模达5 000亿元，地产中介市场规模也有数百亿元。成千上万家企业跻身其中，尽管3家企业都是知名企业，但行业最大企业市场占有率不足1%，说明这3个行业还处在群雄割据的竞争阶段。

如何通过私募和上市提高企业的市场份额？3家公司给了不同的答案。

A公司一直立足国内市场，有良好的产品品牌，建立了多形态的销售渠道。公司新的定位是：企业办公文具的系统供应商。公司将选择有价值的办公用具，以OEM的方式委托生产，在中心城市建立旗舰店提升公司品牌；仿效“Nike模式”，用品牌和服务整合现有市场；在渠道和产品设计上加大投入，制造和物流外包。公司计划用3年时间，达到全国市场1%的占有率。

B公司2010年主动发起了快速开店运动，2011年的目标是扩展到珠三角，平均两天开一家新店。公司一直极其重视后台管理，已开始优化流程管理，准备成为业内通过ISO 9000认证的第一家。围绕房产中介服务，大力拓展房产评估、担保、按揭的相关业务。

C公司准备2011年拿下最后一个国家A级资质。企业集中了一批专业人才。对企业的持续增长的模式还在探讨之中。

一家境外的著名基金对A公司进行了长达半年的深入跟踪，愿意以极高的市盈率认购股份。或许是A公司清晰的商业模式带来了高溢价。而相比A公司，另外两家公司还要补商业模式的功课。

案例思考：

1. A、B、C三个公司各有哪些特性？他们的竞争优势何在？
2. 基金为什么选择了A公司？

评估方法

对企业价值的估计也就是对其本身能力的衡量和风险的预测。

资产评估法

资产评估法是一种评价新创企业资产价值的方法，也是测算新创企业风险暴露（Risk Exposure）[⊖]的主要方法。按照这种方法，如果新创企业资产的市场价值近似等于其公司价格加负债的话，那么该企业的风险暴露程度也就比较低；如果企业资产升值，在很大程度上代表着投资者预期的收益。

风险投资家一般通过以下几个程序对新创企业进行资产评估。

⊖ 风险暴露（Risk Exposure）也称为风险敞口，是指因债务人的违约行为所导致的可能承受风险的信贷业务余额。

1. 账面价值

账面价值评估是风险投资家进行风险投资时，评估新创企业价值最简单的方法。在面临众多变数和不确定因素的情况下，账面价值评估为风险投资家全面评估新创企业资产价值提供了一个基点。虽然，新创企业选择的会计程序与处理方法可能导致账面价值和实际资产价值不符。如果新创企业选择的坏账准备率过低，将可能导致账面资产价值虚增，而且该现象也同样普遍存在于新创企业的研发成本、专利和行政费用等方面。但无论如何，它为风险投资家评估新创企业价值提供了一个切入点。

2. 价值调整

一种简单易行的调整账面价值调整，是按市价校正新创企业有形资产的账面价值与市场价值之间的差异。例如，新创企业若按照历史成本原则进行会计处理，可能使得公司的房产、机器设备等资产的账面价值高于市场价值，而土地的账面价值则远低于市场价值。对于无形资产而言，因不具备像有形资产那样可供参考的市场价值，它的价值将面临较大幅度的调整，甚至可能降为零。因此，通过对新创企业账面价值调整，风险投资家可以得出关于新创企业的更加准确的资产价值，从而确定该新创企业的投资价值。

3. 清算价值

在对资产账面价值调整之后，风险投资家还要考虑到新创企业的清算价值。新创企业清算价值，是指新创企业在面临解体、清算时，其资产的迅速变现能力和企业对所负债务在短期内的清偿能力。在遭遇不期而至的被清算情况下，新创企业的许多资产（尤其是类似发明、专利和不动产等）的变现价格，要远低于它们在新创企业继续经营所体现出的价值，或者经过精心准备后和买方之间进行过长期讨价还价后的价格。并且，这种清算价值还应将各种变现成本考虑在内。

应当指出的是，清算价值只可以被认做是新创企业被清算时的一个指导性价格。如果新创企业在面临立即清算的极端情况下，其实际的清算价值很可能远低于按照现有条件下计算出的价值。但一般来说，清算价值对看好新创企业发展前景的风险投资家来说，其实际意义并非十分重要，通常只是风险投资家用来压低新创企业的价值、为其等额的投资谋取更多股权的手段。

重置成本法

重置成本法是指在计量资产时，按被计量资产的现时完全重置成本减去应扣损耗或贬值，来确定被计量资产价值的一种方法。以现行市场价格作为考核新创企业资产价值的标准，是风险投资家与企业家谈判时常用的一种替代性的评估方法。一般来说，重建或重新购买新创企业所拥有的资产的市场价格远远低于它们的历史成本，通常情况下它是新创企业资产价值的底价。因此，风险投资家在准备投资于一个新创企业时，通常用该方法和企业家讨价还价。

1. 计算公式

资产计量值 = 重置成本 − 实体性贬值 − 功能性贬值 − 经济性贬值

（1）重置成本，指重新建造或购买相同或相似全新资产的成本或价格。

（2）实体性贬值，指资产在使用或闲置中因磨损、变形、老化等造成实体性陈旧而引起的贬值。

（3）功能性贬值，指由于技术进步出现性能优越的新资产，使原有资产部分或全部失去使用价值而造成的贬值。

（4）经济性贬值，指由于外界因素引起的，与新置资产相比较获利能力下降而造成的损失。市场需求的减少、原材料供应的变化、成本的上升、通货膨胀、利率上升、政策变化等因素都可能使原有资产不能发挥应有的效能而贬值。

2. 计量程序

(1) 估算被计量资产重置成本。

(2) 确定被计量资产的尚可使用年限。

(3) 估算被计量资产的各种储备值。

(4) 计算确定被计量资产的价值。

重置成本法比较充分地考虑了资产的重置全价和应计损耗，适用于以一切资产重置、补偿为目的的资产业务。特别是由于中国资产市场尚待建立和完善，以及受资产未来收益额预测条件的限制等因素的制约，在应用现行市价法和收益现值法的客观条件尚不完全具备的情况下，应广泛应用重置成本法进行资产计量。

收益资本化法

收益资本化是指企业的价值等于新创企业的收益乘以资本化因子。该方法涉及两个问题，即以新创企业的哪一种收益和哪一种资本化因子为评估标准。

1. 收益变量

在新创企业中有 3 种收益变量可供风险投资家作为评估的标准。

Ⅰ. 历史收益

按照企业财务持续性的逻辑，历史收益可以映射出企业的未来发展前景，虽然它不能直接用来作为评估新创企业未来收益的基准，但相对某些凭空猜测和推理，它为风险投资家评判新创企业未来发展潜力提供了一种具体、真实和具有指导性的指标。

值得注意的是，美国风险投资家在评估新创企业价值时，很少直接通过对历史收益回归分析来外推和预测其未来收益，他们认为，这种回归预测的结论往往只能得出一个粗线条的近似值。但是，研究新创企业历史收益的好处在于，它能从以往公司财务活动中，获得新创企业的成本、收入以及它们之间相互关系和发展趋势等信息。同时，在研究新创企业历史收益时，必须重视那些随机的、不可再现的因素。在审核新创企业的财务费用时，应将正常的、不含额外支出的费用和已忽略的异常运营支出的费用区分开来。

例如，对于小型、股权集中的家族化新创企业，风险投资家在研究其历史收益情况时，经常格外关注企业管理层与公司内部其家族成员的薪金收入。如果相对于同类型企业的经理人员，他们的薪金收入异常得高或者低，那么该企业历史收益的有效性和真实性往往就会大打折扣，因而必须对其历史收益进行重新调整。另外，由于税法中存在税收抵补和税收递延等条款，新创企业在过去年份中上缴的所得税的总量也是值得风险投资家关注的另一个指标，因为这也可能会影响新创企业未来的收益。

Ⅱ. 现有股权

未来新创企业的营运成本和收入的多少及其实现方式，在很大程度上取决于新创企业未来的营运策略和管理战略。而股权结构会通过管理水平、发展目标（包括经济的和非经济的）等一系列因素对营运策略和管理战略产生影响。因此，在测算新创企业未来收益时，必须将公司股权结构考虑在内，并赋予一定的权重。

基于未来收益的新创企业价值评估，为风险投资家的投资提供一个在现有股权结构下新创企业价值的参考值。对于风险投资家和创业者来说，这是他们投资和持续经营的基石与目的所在。但是，如果风险投资家预料到他的巨额投入将足以改变新创企业现有的股权结构和管理战略，那么，这种按照新创企业现有股权结构计算出的未来收益将失去其应有的意义。

Ⅲ. 新所有权

毋庸置疑，对于那些面临停滞或清算的新创企业，风险资本的介入不仅可使它们暂时起死回生，而且也能够改变它们未来的收益流。除了支付自己购买的股权外，风险投资家的投资还可能为新创企业引入大量的股权类或债券类风险资本，这足以改变新创企业过去在成本、收益上的会计假设及其相互之间的关系，为新创企业带来实质性转变。因此，基于新股权结构下的未来收益是风险投资家评估新创企业价值及其投资回报的真正依据。

风险投资家在选取新创企业收益指标时，除了考虑上述收益期间外，还得在税前利润、税后利润和息税前利润（EBIT）三者之间进行选择。有的风险投资家重视税后收益（但在剔除异常的、额外的会计记录之前）；有的却选择息税前利润。但不管选择哪一种，关键是要保持评估的前后一致性，切忌一会儿选择税后收益、一会儿又选择息税前利润。尽管如此，如果考虑到未来新创企业融资结构的多变性，那么息税前利润则不会因新创企业资产结构变化而被迫调整，因而它可以减少计算上的不必要的麻烦，使评估模型更加精确，评估结果更加真实可靠。

2. 资本化因子

新创企业的资本化因子一般依据本益比。本益比是某种股票普通股每股市价（股价）与每股赢利的比率，也称“股价收益比率”或“市价赢利比率”（简称市盈率）。

假定风险投资家预期的投资收益源于未来某一时期卖出持有的股票，那么人们也许会问：既然大家都已预期到新创企业及其所处行业甚至整个股票市场的本益比，那么风险投资家将来如何才能通过证券市场的IPO或企业并购卖掉手中持有的股份？的确，对风险投资家而言，预计新创企业未来的本益比是件十分困难的工作。然而，新创企业未来收益的巨大的不确定性和股票市场的高风险性，或许可以部分解释为什么风险投资家能获得高额的收益。

同样，值得注意的是，资本化因子的选取必须和风险投资家已经选择的税后收益或息税前利润等收益类型保持一致。

现金折现法

利用实体现金流量折现模型，对被投资企业进行价值评估，有以下步骤。

1. 现金流量

将企业经过审计的现金流量表分别进行明细科目的细化分析，结合企业经营的历史、现状和预测分析所得出的企业预计现金流量表，具有相当强的科学性和准确性，以此为基础计算出的自由现金净流量的可信程度是很高的。

现金流量计算的主要内容包括：

- 计算扣除调整后的营业净利润与投资成本。
- 计算价值驱动因素。
- 分析企业财务状况。
- 了解企业的战略地位及产品的市场占有率。
- 制订绩效前景。
- 预测个别详列科目。
- 检验总体预测的合理性和真实性。

2. 折现比率

权益性资金成本估算；负债性资金成本估算；确定目标市场价值权数；估计不同行业的企业的报酬率随整个上市公司平均报酬率变动的“已（β）系数”，或根据机会成本要求最低资金利润率，从而合理选定折现率。

3. 连续价值

其主要内容包括：

- 选择预测期限。

- 估计参数。
- 连续价值折现。

连续价值可用如下两种方法计算。

(1) 自由现金流量恒值增长法。

$$连续价值 = \frac{FCF_{T+1}}{WACC - g}$$

式中，FCF_{T+1} = 明确的预测期后第一年中自由现金流量正常水平；$WACC$ = 加权平均的资金成本；g = 自由现金流量预测期增长率恒值。

(2) 价格驱动因素法。

$$连续价值 = \frac{NOPLAT_{T+1}\left(1 - \frac{g}{ROIC}\right)}{WACC - g}$$

式中，$NOPLAT_{T+1}$ = 明确的预测期后第一年中扣除调整税的净利润的正常水平；$ROIC$ = 新投资净额的预期报酬率。

创业战略

成功的创业活动必须要有一个清楚、正确的战略规划作为指导纲领。针对不同的企业生命周期应采取不同的企业发展战略，从而使企业的总体战略更具前瞻性、目标性和可操作性。在创业期、成长期采用合理的增长战略，对于新创企业的发展与存续有着非常重要的意义。新创企业若想活得健康长久，关键要有稳定的增长；战略的核心目的就是要实现长期而稳定的企业成长。日本战略之父大前研一[3]指出：日本的成功之处在于其战略思想。

【提示】一个远大的创业目标如果没有配套有效的策略，将只是一场自欺欺人的骗局。

战略特质

为发展有效的战略，创业者必须首先获得某一环境下对各影响因素详尽而准确的理解，然后通过联系企业各部分的资源而开发出一个整体性的规划，从而形成一个具有竞争力和效率的运作模式。

阶段性

创业战略与非创业阶段战略的不同在于：它主要包括新创企业的核心能力战略和企业定位。

核心能力战略是新创企业的根本战略，不仅决定着新创企业能否存续，而且决定新创企业能否实现成功的跨越和进一步发展。企业定位则包括创业产品定位和创业市场定位，决定着新创企业能否成功地进入并立足市场，进而拓展市场。同时，如果创业者需要吸引资本进入，一个可以预见未来且比较完备的战略计划和成熟的管理制度对投资者来说是非常重要的。

环境性

创业战略是在创业环境与创业资源的基础上，描述未来方向的总体构想，它决定着新创企业未来的成长轨道以及资源配置的取向。因此，创业战略也会衍生于创业的历程中，且与产业的环境相符。

在某种程度上，“创业战略”和“企业战略”是同质的学问，只是“创业战略”在制定上，必须考虑到创业初期所面临的严苛环境。创业战略是在创业初期自身有限的财务和人力资源条件下，面对已被占据殆尽的市场，欲寻求机会并进入市场，所必须选择的适当竞争策略。

随着经济全球化形势的不断发展和市场经济的不断完善，人们越来越重视宏观经济走势和战略问题。可以说，一个企业在市场上表现的好坏，宏观经济形势是外因，战略是内因。这是因为，创业战略是企业行动的指南，是企业经营活动自觉行为所依据的基础，也是企业基业长青的灵魂和纲领。创业战略是大智慧，不是小聪明；是着眼于宏观长远发展层面的，而不拘泥于一个个具体交易的成败得失；是对企业整体性、长期性、基本性问题的规划。创业战略看似迂阔辽远，实则关涉甚切。

若创业者在制定战略时，未先审视自己的环境，就会制定不出适当的战略，即使勉强去实行，也会事倍功半。

务实性

创业者在创业初期实际运用的各种竞争策略，以强调程度进行衡量。一般而言，创业战略的焦点大都集中在营销策略和产品创新的方向上，只是各个企业有权衡轻重的不同。

无独有偶，德鲁克在其著作《创新与企业家精神》[4]中，提出了以下几种集中于市场区间和改变创新上的创业战略类型：全力求胜的领导策略，乘虚而入，找寻并占领一个特别的“生态利基”，改变某种产品、市场或产业的经济特质等。然而这些策略并非彼此互斥，它们可以同时存在于一家新创的公司，而且策略间的区分也不是绝对的。当然，这4种策略有其个别的必要条件，每一种策略都仅仅适用于特定的创业情况，而且每种策略有其本身的限制和风险，也需要创业者采取特定的行动。

管理性

制定创业战略是创业者的职责，是创业者管理职能的重要体现。创业者必须能够向投资家清楚说明能够达成营运目标的创业策略。创业战略就是创业者依据资源和环境对企业的生存和发展做出的全局性和长远性的筹划安排。归根结底，创业战略是创业者智慧的结晶。

不同素质的创业者，其战略制定会有很大差异。而一个不适当的创业战略，将可能使企业在创业初期就陷入困境，从而永远无法达成经营目标。

> 一群资深工程师组成的创业团队自恃技术高超，想要立即成为光电产业的龙头厂商。他们在创业初期采取自创品牌，大肆扩张产能的策略，不料市场突然陷入低谷，累积大量存货而亏损，使这个技术优越的新创企业面临严重财务危机，最终导致团体的解散。

战略依据

战略本身并无好坏之分，但某一战略与特定的企业联系在一起时就有好坏之分了。尽管目前理论上还没有公认的有关企业战略好坏的判定标准，但是，企业战略的实践表明，好的企业战略必须同时满足以下5个条件。

目标使命

企业的使命和目标往往与企业决策者的个人抱负、商业哲学和伦理信条紧密联系在一起。企业决策者并不是不偏不倚、不带私心地评价战略途径。他们对竞争方式、企业定位所持的观点以及他们心目中的企业形象和地位往往影响他们的抉择。有时，决策者的个人价值观、经历和情感所产生的影响是自觉和有意识的，而在另外一些情况下，这种影响又是下意识的。因此，只有在选择的战略与企业使命和目标匹配时，才能保证战略能够有效地实施和获得成功。

资源能力

一个企业是否拥有或能否获得有效执行战略所需的资源和能力，是影响企业战略最核心因素。这些因素可以为企业提供竞争优势，以便充分利用某些机会，并可能成为战略成功的关键。

获取竞争优势的最佳途径，是企业拥有具有竞争价值的资源和能力，而竞争对手不拥有与自己对抗的资源和能力；同时，竞争对手若开发可比的能力要付出沉重的代价，或者要经历一段很长的时间。

竞争环境

一个行业的竞争环境和整体吸引力是决定企业战略的两个重要方面。一个好的战略必须适应行业中竞争因素的特点和组合——价格、产品质量、性能特色、服务、保险等。如果竞争环境发生了严重的恶化，那么，企业必须做出积极反应，采取恰当的战略行动，捍卫其地位。如果一个或多个竞争对手处于竞争劣势，那么这就可能成为一个企业采取战略攻势的信号，而且竞争对手所采取的新行动、行业的“价格—成本—利润”经济曲线、购买者需求及期望的变动以及新的技术发展态势等因素常常会改变取得竞争成功的必要条件，这就要求企业重新考虑自己的战略。

如果企业的战略不能很好地同行业竞争环境匹配起来，企业战略就很难取得真正的市场成功，也就不可能会有效。如果企业认为它所在的行业不再具有吸引力，转而投资别的行业，境况会有所改善，它就可能采取停止投资直至最后的撤离。

生命周期

依照企业偏离战略起点的程度，企业的总体战略可被划分为如下 3 种：发展型、稳定型和紧缩型。

（1）发展型战略，又称进攻型战略，能够使企业在现有的战略基础水平上向更高一级的目标发展。该战略宜选择在企业生命周期变化阶段的上升期和高峰期，时间为 6 年左右。

（2）稳定型战略，又称防御型战略，能够使企业在战略期内所期望达到的经营状况基本保持在战略起点的范围和水平，宜选择在企业生命周期变化阶段的平稳期实施该战略，时间为 3 年左右。

（3）紧缩型战略，又称退却型战略。它是指企业从现有的战略基础水平往后收缩和撤退，且偏离战略起点较大的战略。采取紧缩型战略宜选择在企业生命周期变化阶段的低潮期，时间为 3 年左右。

以上 3 种战略中，可以说所有的企业最不希望采用紧缩型战略，因为这与他们的愿望背道而驰。许多企业即使在时机不成熟的条件下，也宁愿采用发展型战略而非紧缩型战略。其实从战略角度考虑，有时候战略上的退却比进攻更有成效。企业要生存并获得发展，必须把这两种战略摆在同等重要的战略位置上。

中国新创企业的企业家极容易走入一个误区，认为只要做大做强，企业就能生存发展。在这种经营思想指导下，他们易采取发展型战略进行盲目扩张，在企业生命周期的高峰期会取得一定成果，一旦进入低潮期就适得其反，后果不堪设想。目前，中国企业大约有 80% 以上的企业因在低潮期采取发展型战略，结果陷入困境。

战略检测

为了促进战略的成功，在创业的历程中，创业者应该定期对其战略进行检测，通过反馈性思考，建立起一种决策文化，并提升自身的领导能力。

明确性

如果公司战略未能为企业提供明确的发展方向，就不能通过另外几种测试。即使是单枪匹马的创业者，也能从目标明确的战略中获益。例如，专门从事特定行业交易的商人，通常比涉足多种行业和交易的创业者更能获得潜在的业务。同样，如果自由咨询顾问在特定领域享有盛誉，他就能收取更高的咨询费。想要建立持续性公司的创业者，必须制定更大胆、更明确的战略。这个战略应该将创业者的雄心与公司具体的长期发展政策相结合，包括公司的服务领域、服务地域、技术能力以及其他战略考虑因素。为了更好地吸引人才和资源，公司战略必须体现创业者对公司发展提出的远景目标，而非现状。该战略还必须确定用以决策和制定政策的框架。

太阳微系统公司创始人所阐述的战略，帮助他们在公司发展过程中做出了英明的决策。创业之初，他们就决定，太阳公司将摒弃硅谷新创企业通常采用的补缺市场战略，选择了生产和销售多用途工作站，直接与行业巨头IBM和数字设备公司竞争。据公司创始人之一、前总裁维诺德·科尔斯勒（Vinod Khosla）回忆，公司的战略明确了太阳公司的产品开发选择方向。他解释说："我们不会开发任何应用软件。"此战略还表明太阳公司与更强的竞争对手一样，将承担建立直销队伍和提供自己的现场支持队伍的风险。科尔斯勒说："'不成功便成仁'是我们的座右铭。"创建者大胆的远景目标设想吸引了顶尖的风险投资公司，也使太阳公司在业内获得了惊人的知名度。

为了充分发挥效用，战略陈述应当简洁，且易为员工、投资者、客户等主要成员理解。战略陈述还必须将那些看起来诱人但可能耗尽企业资源的活动和投资剔除。如果战略内容过于宽泛，企业可以无所不为，则企业战略形同虚设。例如，帐篷制造商宣称，自己的企业属于休闲和娱乐行业，但并不排除经营赌场或者拍摄电影。如果将该企业界定为高性能的室外用具公司，人们就容易了解它的主营业务是什么，了解此战略能否带来足够的利润和增长。

效益性

一旦创业者制定了明确的战略，他们就必须确定这些战略是否能使企业赢利，并使企业扩展到一个理想的规模。如果无法获得满意的回报，应该促使创业者提出尖锐的问题：如果有竞争优势，它源于何处？提供的产品和服务真的比竞争对手优越吗？如果比对手优越，收取的高价能否抵消额外成本？能否以更高的价格卖出足够数量的产品，以抵消固定成本？如果经营的是商品，成本是否比竞争对手低？如果发展不尽如人意，就应该关注以下问题：市场是否足够大？规模上的不经济是否使赢利和增长不可兼得？

丽贝卡·莫蒂埃斯（Rebecca Matthias）于1982年开办了母亲工作室，通过邮购向职业女性出售孕妇装。邮购业务很容易开办，但是有成千上万的目录在争相吸引客户的注意，较低的回复率导致赢利较低，这是丽贝卡在从事此业务3年后所面临的现实。1985年，她借了15万美元创办了第一家专门向职业女性出售孕妇装的零售店。到1994年，母亲工作室开办了175家商店，年收入达到5 900万美元。

持续性

创业者必须面对的下一个问题是，其战略能否长期满足企业的需要。持续性的问题对那些一直在追赶新技术和法规变化或者其他变革浪潮的创业者尤其重要，这些变化会造成供不应求的局面。弄潮的创业者在开始时会兴旺发达，只因为潮流对其有利；他们之间没有相互竞争，而是与落伍的对手竞争。可是一旦达到高潮，结果会怎么样呢？随着市场不平衡状态的消失，许多一度辉煌却从未发展持有能力或未能确立竞争地位的企业会随之消失。弄潮儿必须能够预见市场饱和、竞争激化以及下一轮浪潮，他们必须放弃仿效的做法，而应该采用新的、更持久的企业模式，或者以可观的价格出售自己高增长的企业，而不去考虑其模糊的长期前景。

具有以下特征的企业是不容易被模仿的：

- 产品能够吸引客户。
- 生产和物流紧密结合。
- 与分销商的关系密切。
- 对客户有求必应。
- 能够不断创造革新性产品。

专栏

成功等于每天进步1%[5]

在第二次世界大战之后，松下的松下幸之助、索尼的盛田昭夫、本田的本田宗一郎都很想推动日本国内企业的发展，于是，他们请美国的管理学权威戴明博士到日本去演讲。

他们问："戴明博士，你是世界的管理权威，你拥有一流的资讯，请你教我们这些日本人，怎样可以在世界上拥有一席之地？"戴明博士说："很简单，我只给你们一个管理的概念，叫'每天进步1%'。"然后，戴明博士说："演讲结束了，你们可以回去干活了。"

这些公司的总裁们愿意相信戴明博士的话，并把日本授予企业的最高奖命名为"戴明博士奖"。后来我们慢慢知道，松下电器是多么地成功，索尼是多么地成功，也知道本田是多么地成功。

20世纪80年代，美国福特汽车公司亏损了几十亿美元，于是打电话给戴明博士，请他回国帮忙。当时福特汽车公司的总裁问戴明博士："你去日本到底讲了什么管理哲学？为什么我们福特被日本人打得乱七八糟的？"戴明博士说："其实没有什么秘诀，我只是教给他们'每天进步1%'。"

适应性

在这个不确定和动荡变化的世界里，企业要想在尽可能长的时间内保持卓越，依然有一些确定的规则：保持自己战略上的灵活性和适应性。企业必须进行多样化的战略实验，释放资源，不断更新观念，提高自己的"战略适应力"。作为企业的领导者，要提高企业的"战略适应力"，必须保持企业文化的开放性，保证谏言渠道的畅通，避开奉承迎合的习气。

事实上，几乎很少有企业清醒地认识到它们的危机或失败其实是来自于"不确定性的未来"。通常来说，企业会习惯性地将危机和失败的原因归咎于内部资金不足、市场渠道建设不足、产业或产品结构调整不够及时等原因，甚至是一些更为不着边际的理由，但这并不是事实真相，这只是些微不足道的、本末倒置的原因，而"未来的不确定性"所引发的顾客生活观念和方式的变化或变革，才是企业所遭遇危机或失败的真实原因。企业一直误以为可能遭遇到的最大危险或敌人，是行业竞争对手、潜在的威胁者或是自身资源与能力不足等问题，但企业共同的危险或敌人却是无法预知的"未来"。

专栏

九牧王林聪颖：抱着必败心态走上成功路[6]

"西裤大王"九牧王是中国服装界的金字招牌。走过了创业的风雨历程，九牧王的创始人林聪颖取得了创业"真经"："必须抱着随时可能失败的心态来经营企业。九牧王现在很成功，但肯定会有失败的那一天，企业的领导者只有对企业的现状和未来有清醒的认识，才有可能在失败来临前实现战略转移和突围。别人没想到时，你就该想到；别人想到时，你就该做到；别人做到时，你就该做好；别人做得和你一样好时，你就该换跑道！"

不断换跑道

20世纪80年代初，林聪颖做起了粮食生意，没赚到钱，还欠了14 000多元的债。1985年的大年初一和初九，林聪颖在众人的目光中送走了上门讨债的人。春节还没过完，林聪颖带着仅有的200元钱，前往九江推销拉链。在林聪颖看来，拉链用量大，投入的本钱少，很适合自己。

到了九江，林聪颖开始四处上门推销。到了第8天，林聪颖已经没钱吃饭，终于有一家厂商向林聪颖订了240元的货。自那以后，林聪颖的客户越来越多，他却不敢继续做这个生意了——他销售的拉链都是一些小厂生产的，质量不过硬，常常遭到投诉，而且，拉链的销售利润实在太低。在同当地的服装企业打交道的过程中，林聪颖发现了一个商机——服装零售很有市场，而且利润丰厚。

林聪颖的父亲开了一家服装公司，主要做外销生意，正好有一批服装尺寸偏小，不能出口，林聪颖便把这批货接过来，在青岛开了一家服装零售店。

九牧王现身江湖

1989年，林聪颖在青岛做服装零售生意挣了点儿钱，回到老家晋江市磁灶镇准备办服装厂，却遭到了一致反对。磁灶从没有过一家服装企业，谁会买一个到处是泥土和粉尘的地方生产的服装？更何况，他只做过服装零售，对制衣技术能了解多少？

林聪颖固执地坚持着。林聪颖以往积累下一些资金，又跟亲戚借来18 000元钱，创业的原始资本共有7 2000元。林聪颖向磁灶镇政府租了500平方米的场地，买了几台二手锁边机和裁床，缝纫机、剪刀、凳子全由工人自己带。林聪颖到附近的城镇请来老裁缝，在对工人进行了一个多月的培训后，九牧王的前身诞生了。

1989年10月，林聪颖的工厂生产的西裤在青岛、大连面市，商场要求补货的电话一个接一个。年终结算，林聪颖吓了一跳：短短的四五个月，销售额竟有20多万元。

为了强化质量意识，林聪颖集合全体员工开了一次现场会，把几百条次品裤子当众焚毁。这把火为九牧王换来了“西裤大王”的金字招牌。

机会来了要抓住

1995年，林聪颖遇到了改写九牧王历史的一次机会。在一次聚会中，林聪颖发现一位朋友的西裤面料很有特色，垂坠感极佳，手感细腻。这种叫“重磅麻纱王”的面料是一家台资企业刚开发出的新品种。

机会！林聪颖内心一阵狂喜：如果九牧王能垄断这种面料，用它做成的西裤必然在市场上引起轰动。看准了就干。九牧王拿下了“重磅麻纱王”在内地的独家代理权，并对生产工艺开始新一轮革新。出乎意料的是，生产部门对此不以为然。

林聪颖知道，如果只抱住原有的优势，不用新技术巩固自己的领先地位，用不了多久，企业就将无力面对竞争。他说服了大家，推进改革。“重磅麻纱王”系列西裤一上市就引起了轰动，从1995年6月到1996年年底，累计销售400多万条，销售额超过1亿元。

拿最得意处开刀

2000年，九牧王西裤已拥有超过20%的市场份额，再往上走，空间已很有限。2001年，林聪颖意识到，长期以来九牧王埋头在西裤领域辛勤耕耘，却忽略了相关领域。

就拿最得意处开刀！林聪颖给九牧王重新定位：以西裤为核心，以男式西服、男式休闲服饰为两翼。林聪颖努力将产品推向海外市场，还和国际服装企业意大利格利派蒙结成战略联盟，独家代理格利派蒙的产品。

林聪颖说，高速发展的企业必将面临衰退期，这和人的生老病死一样不可避免。最重要的是在衰退期来临前，实现战略转移和突围。

执行性

新创企业的企业家经常会为一件事发愁，那就是如何将制定好的企业战略完整地贯彻执行下去。最常见的就是在企业内部出现“你吹你的号，我拉我的调”的不协调现象，导致战略决策和实际执行的巨大偏差。可见要解决战略执行的问题就要从两个方面下手，一方面是提高员工正确做事的能力，另一方面是加强对员工工作的监督检查和团队精神的培育。

怎样提高员工正确做事的能力呢？也就是怎样使员工能够很好地理解企业战略的意图和深

层次含义并且以正确的方法来执行呢?

第一，要消除一个误区，那就是认为企业战略的制定是少数几个企业核心人物的事，与其他人没有关系。不少创业者和中小企业的领导者都有这种错误看法。事实上，企业战略的制定不仅仅要依靠企业的决策者，而且要吸纳员工的意见，只有这样，企业的战略才可能将员工紧密团结起来。不少企业家们因为有以上错误看法，不去和员工沟通探讨企业的战略，员工理解不了企业战略的真正意图，无法有效地执行战略。所以，要提高员工正确做事的能力，将企业战略执行下去，企业家首先要和员工频繁地沟通探讨企业的战略，不断地向员工灌输战略的深层次含义，做到让他们真正理解企业的战略究竟是怎么一回事，企业的目标究竟是什么。

第二，积极地对员工进行及时的培训。IBM 公司拥有全世界最强大的销售团队和最完美的售后服务。为什么？就是因为 IBM 公司对每一位员工都要进行详尽细致的培训指导。在 IBM 公司，每一位表现优异的员工都要带一名刚刚加入 IBM 公司的员工或者表现不佳的员工，对他们进行随时随地的培训指导。正是有了这样的机制，IBM 公司员工队伍的执行能力非常强，不断地朝着公司战略方向前进，不断地为公司创造着巨大的财富。

第三，对员工的工作业绩进行及时的监督检查。IBM 公司前总裁郭士纳的一句话“人们不会做你希望的，人们只会做你监督和检查的”。这句话道出了管理的精髓。企业的监督检查机制实际上就是企业文化的一个组成部分，不论在大企业还是在新创企业，它的作用都是非同小可的。比如一些企业为员工设计了一整套的业绩考核系统，有的是一种精神上的鼓励，有的是职务的提升或者物质上的奖励，有的则兼而有之，精神物质两手抓。但不管怎么样，最重要的是要以本企业的战略为核心，制定人性化的能够将企业家的建议和期望转化成当事人可执行的行动措施的监督检查系统。

【提示】 聪明的人解决问题，明智的人避免问题。

——爱因斯坦

公司兼并

兼并对于新创企业的现实意义可以从两个方面来看：一方面，企业迅速地扩张规模；另一方面，兼并是迅速增强或获得核心竞争力的有效途径，如可以兼并相关企业，获得其核心技术或有效的营销网络。

从法律的意义上讲，兼并（merger）是指两个或两个以上的企业根据契约关系进行股权合并，以实现生产要素的优化组合。企业兼并不同于行政性的企业合并，它是具有法人资格的经济组织，通过以现金方式购买被兼并企业或以承担被兼并企业的全部债权债务等为前提，取得被兼并企业全部产权，剥夺被兼并企业的法人资格。

策略分析

成功的企业兼并通常具有的策略体现在如下几个方面。

优势企业

企业中的资产兼并一般在强弱企业之间发生。一方面，被兼并的对象企业因市场、管理、技术等原因，经营不善而难以为继，希望通过某种形式的兼并改变自身的艰难处境；另一方面，该类企业因占有土地、地理位置有利、部分设备可重新利用、有可开发利用价值的无形资产等原因，优势企业经考察判断有可能为自身的扩张提供大于一般投资的比较收益，而将其选定为兼并目标。兼并的形式和内容多种多样，一般取决于优势企业的选择，表现为优势企业的融资行为。

与此同时，发生在强强企业之间的资产兼并也不乏其例。但是，这种兼并与强弱企业之间的兼并具有明显的区别。一是在范围上，往往发生于国民经济中的战略性产业（如众所周知的波音兼并麦道）；二是在形式上，没有强弱企业之间所表现出的多样化；三是在方法上，往往具有一定的行政推动背景。

此外，发生在弱弱企业之间的资产兼并几乎没有成功的案例。

专栏

中外企业跨国并购反差巨大[7]

首先，中国企业国际化兼并的目标多为国外公司面临亏损的“瘦狗”（dog）业务。以TCL的国际化为例，2002年TCL收购的德国电视机制造商施耐德（Schneider）电子公司当时已宣布破产；2003年TCL兼并的阿尔卡特（Alcatel）手机部门，2001~2003年净亏损分别为4亿欧元、1 972万欧元和7 440万欧元；2004年与TCL合并彩电及DVD业务的法国汤姆逊（Thomson）公司，2003年在彩电业务中亏损1亿欧元。而联想2004年收购IBM PC业务时，此项业务已连续3年半处于亏损状态，亏损总额接近10亿美元。但是，法国联合利华（Uniliver）1999年租赁的“美加净”和“中华牙膏”是当时最具品牌知名度和影响力的品牌：“美加净”当时年销售量6 000万支，“中华牙膏”出口量全国第一。法国达能（Danone）2000年收购的“乐百氏”和“正广和”，也分别是当时中国连续三年销售量和市场覆盖率占全国第一的桶装水品牌和华东地区桶装水的领先者。相比而言，跨国公司在中国兼并的目标通常是国内的领先企业。

其次，在执行国际化收购活动时，中国企业对收购后的经营风险缺乏考虑，而往往偏重于乐观地强调收购可能对其国际化进程带来的好处。例如，TCL在欧美市场的一系列国际化兼并行动，主要是为了扩大自身的产能和利用当地企业的渠道等优势，但对收购后如何经营缺乏具体的战略计划，具体表现在产品、文化、人员以及消费者的整合方面处理不当，导致亏损加剧。而跨国公司在中国市场的扩张活动则更为谨慎和系统性，包括在收购后的品牌运作等方面都有战略性的规划和掌控。例如，联合利华收购“美加净”后，为了消除竞争对手将此品牌雪藏。收购后联合利华对“美加净”不闻不问，甚至降低价格使其沦为低档品牌，使大量“美加净”的消费者转变为联合利华自有品牌“洁诺”（Signal）的用户。而与此同时，联合利华在收购“中华牙膏”以后，自2001年起在其原有的品牌基础上大力投入，使得2003年中华牙膏在国内市场占有率排名第二，达到15%左右。

主营业务

尽管多元化的优势显而易见，但不少企业仍不能有效地受益于多元化经营。多元化并不是企业避免竞争、改善绩效的法宝——如果为了逃避主营业务的问题而转向多元化，则无异于舍本逐末。有研究[8]认为，多元化失败的企业有一条典型的发展路径：即低绩效导致企业经营的多元化，但它的绩效并没有因为多元化而有所提高，而这又进一步推动企业的经营更加多元化。结果，持续恶化的绩效使公司不得不放慢多元化的速度，并着手进行业务剥离。用一位企业家的话总结：“我就像在沙漠中找水，不停地翻石头。每次看到一个泉眼，就叫人看住，自己再接着翻。十几年后，翻开了无数的石头，却没有找到一口能稳定供水的井。”

事实上，业务上朝三暮四是多元化的大敌，强大的主营业务才是多元化经营的起点和基础。谁都知道，绝佳的机会并不会在各个时期平均分布。只有在主营业务上一直坚守阵地，才有可能等到真正合适的机会出现。同样地，在进军新领域后，企业仍不能因此忽略主营业务。毕竟，当新业务处于萌芽阶段、需要大量投入时，传统业务能为企业带来稳定的现金流，并缓冲环境变化对公司产生的影响。

财务分析

认真做好兼并的财务分析关系到兼并能否达到预期的目的。兼并的财务分析主要从兼并企业的价值评估、兼并成本分析、兼并风险分析和兼并后对企业财务影响等方面来展开，进行缜密的财务分析，以进一步做出合理的有利的兼并决策。在新创企业自身力所不逮的情况下，借助于咨询机构完成此项任务往往成为首选。

兼并方式主要有承担债务式、现金购买式和股票交易式。企业要针对兼并对象的性质和所拥有的核心资源，针对新创企业自身的兼并意图（如，是谋求管理协同效应还是谋求财务协同效应），以及新创企业自身的资本结构，做出兼并方式决策。

在一个高负债资本结构的新创企业，可以考虑股票交易式兼并方式。兼并方式的决策是与兼并的资金来源选择相关联的，如采用股票交易式的兼并方式就需要较少的资金，但须充分权衡由此带来的股权结构变化的利弊。而承担债务兼并更多地要考虑对企业兼并后的财务风险和资本结构的影响，以及因兼并而承担的负债的偿还。现金式兼并对于兼并资金的要求最为严格，企业在兼并方案的设计中一定要足够的现实的资金来源。

专栏

思科的策略

没有哪家公司比思科系统公司（Cisco Systems）更好地代表了兼并与收购的新世界。思科公司以惊人的速度前进，在某些情况下，开始谈判 24 小时后就完成协议，并在一到两个月后达成交易。

如果思科公司觉得它被对手甩得太远，没有时间从零开始生产某一种产品，它会把目光放到那些新创办的公司上，一旦决定做出，会向经营部门和客户咨询，以了解他们的技术需求。客户对思科公司战略有深远的影响。思科公司的小组带着一些目标进行特别广泛的评估。除了工程师检查技术、财务人员核对账簿外，思科公司的小组还检查人才情况、管理质量以及它的风险基金——所有这些工作的目的就是使融合的过程容易些，如果思科公司购买的话。因为思科收购一个公司既看它的技术，也看它的人才，因此它需要较早地关注这些“软”问题。

在所有这些评估后，思科公司并不急于购买，而是可能放弃一家公司或扮演风险公司的角色，注入 10% 的投资以监视这家新创公司的发展情况。

兼并模式

从过程来讲，企业兼并有下述几种主要模式。

吸收合并

上市公司的吸收合并，可经股东大会讨论，进行折股计算，确定换股方案，实施购并行动。

专栏

“百联模式”合并方案分析[9]

2004 年，第一百货与华联商厦两家公司董事会审议通过了双方吸收合并预案的议案。根据合并方案，第一百货将吸收合并华联商厦，华联所有股票按比例折成一百股票，华联法人资格因合并而注销，合并后存续公司将更名为上海百联集团股份有限公司。本次合并是首例上市公司之间的吸收合并，为我国证券市场的一大创举，被誉为“百联模式”。值得强调的是，这一合并是在我国证券市场仍存在股权分置的大背景下取得的，实属难能可贵。

换股方案

在合并方案中，非流通股折股比例以每股净资产为基准，流通股折股比例以合并双方董事会召开前 30 个交易日每日加权平均价格算术平均值为基准。在此基础上，合并双方主要考虑了商用房地产潜在价值、赢利能力及业务成长性等因素对折股比例进行加成计算。根据计算，华联商厦与第一百货之间非流通股折股比例为 1∶1.273，流通股折股比例为 1∶1.114。

对于折股方法，技术细节问题多，操作难度大，也有多种方案可供选择。现行法规并未对折股方法做出硬性规定，设计合并方案时可以有更大的发挥空间。例如对加成系数的确定，除了净资产收益率、业务成长性外，参考变量还可以根据不同行业的特点加以确定，如商誉、专有技术、专营权、品牌、市场占有率等。

现金选择权方案

百联吸收合并向股东提供了现金选择权。第一百货与华联商厦非流通股现金选择权价格确定为合并基准日的每股净资产值，分别为2.957元和3.572元；流通股现金选择权价格确定为董事会召开前12个月每日加权平均价格的算术平均值上浮5%，分别为7.62元和7.74元，是2004年4月6日两公司各自的收盘价（分别为9.27元和9.53元）的82.20%和81.22%。非流通股现金选择权股份由百联集团等战略投资者购买；流通股现金选择权股份由恒泰证券等机构投资者购买。

在国外，现金选择权是保护中小股东利益的通行作法，而且现金选择权价格一般要略高于市价。该方案中，非流通股现金选择权价格是以国家规定的国有法人股最低转让价为基准，而流通股现金选择权价格更是比市价低了22%，显然，这种现金选择权的设定只是象征意义，根本不具有实际意义，起不到保护中小投资者利益的作用。可以预见，除非股市大跌，否则在申报日申请现金选择权的投资者几乎为零。

独立董事公开征集投票权

第一百货和华联商厦独立董事同时发布公开征集投票权报告书，就两公司吸收合并等事项征集投票权。作为保护中小股东的特别设计，独立董事公开征集投票权本无可厚非。但在我国股市投机气氛浓厚、信用严重缺失、独立董事的独立性和公允度尚不能令中小股东完全信任的特定背景下，小股东往往存在“都是做表面文章”的想法。如此，征集投票权自然会“曲高和寡”而应者寥寥，往往以失败告终。相反，如果由中小股东自发地发起征集投票权行动，不管其初衷是反对还是支持合并，则对保护投资者利益，规范公司运作具有更加积极的意义。

杠杆收购

杠杆收购也称融资收购、高负债收购。通过增加公司的融资比重完成收购，或者说，通过目标公司的大量举债向其股东收买公司股权的行为。公司在收购中引起的负债主要由被收购公司的资产或现金流量支持偿还，投资人的资金只占其中很小的部分。因而，收购后公司能否还清负债是杠杆收购成功的关键。

杠杆收购的理想选择对象为：拥有较好的组织管理层、非流动负债不多、市场占有率高、流动资金较充足稳定、企业的实际价格超过账面价值但经营业绩暂时不景气、股份偏低的公司。另外，企业物质资产是否适宜充作贷款抵押物，是否有被低估的无形资产等，也是收购公司应考虑的。杠杆收购的最大原动力是，收购者深信目标公司有巨大的潜在价值，一经开发、重组、整顿、包装，一定会超过收购时的市场价值及还清债务。收购目标企业债权后，按照法定程序将所购债权转化为股权，然后接手分解目标企业：将不赢利或赢利不多的部分进行拍卖，收回一部分投资；对赢利的生产单元进行必要的投资改造，改组企业经理层，委派得力的专家努力改善公司的经营管理，以图大幅度地提高资产赢利率，提高企业的市场价值，以便重新上市后获得丰厚的收益。

股权收购

国外企业界的股权收购行动多为策略性的，即买下同业中的竞争对手或是相关产业者，或者是与对方结盟，以强化自身竞争力、扩大市场。这些交易往往是以换股或由买方贷款来完成，被收购对象在收购完成后无须承担债务。

合理的股价是股权转让成功的关键。企业总资产价值的评估，直接决定股价的高低。因此，低估资产价值会造成资产的流失，高估资产价值会影响股权收购的积极性。

慎重选择交易的受让方，是股权转让成功的必要条件。

借壳上市

借壳上市也称买壳上市，指非上市公司通过收购并控股上市公司作为壳，然后将自己的资产及业务装入壳中，同样取得上市地位。其过程为：收购方以预先锁定的成本购买上市公司定向发行的新股，并达到控股地位；而后，收购方将自身企业的资产及业务陆续出售给上市公司。结果，一方面，上市公司利用上市地位不断地从证券市场上筹集资金收购资产，实现资产扩张和实力壮大；另一方面，收购方则实现了以资产套取的现金并用于购置新资产及新业务。

破产兼并

破产兼并涉及的重要问题有如下几种。

（1）对较大型的破产企业，实施抢救剥离。将具有一定经济实力、产品有销路的车间、部门先行剥离，成为若干具有法人资格的经济实体，通过资产评估，由新组建的企业按有效资产的实际划分比例，来分担清偿老企业实际债务的责任，并由新、老企业共同承担连带责任。

对分离出的新企业需针对不同情况采取支持政策，包括商请银行解决启动资金；延长停产整顿期6个月；退休职工交社会统一管理；从财政扭亏措施费中拨款整改地区生活设施；对企业的亏损、潜亏作相应处理。对剥离后的破产企业所采取的减轻破产冲击的政策：破产前将学校、医院划归当地教育、卫生部门管理；对富余职工发放一次性遣散费；对长期依附主厂的所属集体企业同时实施破产。

（2）整体接收破产企业。在保证对普通债权人一定清偿比例的前提下，由企业法人整体接收依法破产的企业，经过改组、制度建设和技术改造，使之成为本企业中一个有效运转的组成部分。

接收方实现以零收购的方式获得土地使用权；全部接收破产企业职工；依据国家有关政策，将原企业的非经营性资产全部交给地方政府管理，甩掉社会包袱。有的采取由政府拨款解决企业收购后的下岗职工工资和福利待遇；接收方承诺就业职工原有的医疗保险、养老保险待遇以及原企业以优惠价向职工提供商品房的做法不变。

（3）破产清算的财产处理。有以物资折价分配给当事人、向社会公开分割拍卖、整体公开投标式拍卖等方式。一般仅对生产性厂房、设备以及家属宿舍进行整体拍卖，而对厂区占用的土地，属以前国家无偿划拨的，不纳入破产财产清理范围。有的整体拍卖同时带附加条件，如接收一定数量的破产企业工人；利用破产企业厂房、设备重新开办企业；财产价款必须在中标3日内兑现等。

（4）破产企业的职工安置。有若干种形式：其一，在不包分配、不包安置的前提下，原离退休职工的退休金，由社会保险部门从职工养老统筹保险基金中全额拨付；剩余的未就业职工全部转入街道领取待业证，并按规定领取待业保险金。有的地方同时采取每接收一人，政府从土地使用转让费中一次性补偿1.5万元的优惠政策，鼓励购买破产企业的单位接收部分职工。其二，从破产财产拍卖收入中优先提取一定资金，划转劳动部门作为社会劳动保险金，用于支付离退休职工、伤残人员及家属依法享受的社会保险。其三，从破产清算资金中支付待业职工遣散费，子弟学校和离退休职工交由当地政府管理和承担。

文化整合

资产兼并易，管理整合难。管理整合是公司兼并从制度转型走向管理转型的桥梁，是资产

兼并能否取得商业上成功的核心。管理整合的基础在于文化整合。[⊖]

文化作为后成的显性或隐性的意识力量，是人的行为的一个主要动因基础。因此，不同的公司文化必然带来公司内部不同的人际关系、价值观和管理哲理。兼并后企业文化的形成过程也可近似看做是企业系统内部文化的自组织运动过程，其形成和演化是系统内部不同基本文化子系统间互为因果、相互作用、相互响应的结果。企业文化状态的变化过程是一个整体提升的过程，是优秀文化取代消极文化的过程，或者是新结构取代旧结构的过程。由于一种模式的形成意味着原先的状态不再能够维持，变成不稳定性。正是这一特性促使企业结构有序演化，具有积极的建设性作用。随着时间的推移，系统之间的差异通过对话、协同与共振逐渐转变为合力与动力，推动双方协调发展，并创造出新的文化。

> 实践表明，许多企业兼并案例的失败率却居高不下，企业并未达到预计的价值期望或者战略目标。在全球范围内，资产重组成功率只有43%，而在那些失败的重组案件中，80%以上直接或间接起因于企业文化整合的失败。在对中国企业兼并的研究中，将重组失败归结为以下因素：人员问题（与管理、人际关系、企业文化冲突相关的问题）33%，缺乏对合作方的理解25%，公司互不适应、缺乏协同7%，缺乏明确的重组目标与重组计划14%，缺乏财务分析11%，其他因素10%，前3项都是与企业文化有关的因素，相加占65%。可见兼并失败的主要原因是如何处理购方与被购方的企业文化问题。对此，管理大师德鲁克早就指出：与所有成功的多元化经营一样，要想通过兼并来成功地开展多元化经营，需要一个共同的团结核心，必须有“共同的文化”或至少要有“文化上的姻缘”。由此可见，企业兼并并不是有形资产的简单叠加，兼并中文化的不协同与资金、技术、产品或市场的不协同一样会产生很大风险。

文化协同

在管理领域，协同的概念最早是由伊戈尔·安索夫（H. Igor Ansoff，1918～2002）提出的，他把“协同”作为公司战略四要素之一。其经典公式“1+1>2”表达了这样的一种理念：公司的整体价值大于公司各独立组成价值的简单总和。当涉及并购领域时，协同被认为是公司与被收购企业之间匹配关系的理想状态。所谓协同效应主要有管理协同、经营协同和财务协同，他们都是获得规模经济性和推动企业并购成功的重要因素，但不是全部。

对协同效应的分析主要可以由协同对象、协同能力、协同行为三个方面来进行。

1. 协同对象

并购双方的特性和彼此之间的差异决定了协同成功的可能性以及难易程度，从而影响协同效果和购并后价值的创造。

（1）企业文化的优劣性。对企业有积极作用的文化和消极作用的文化。能够激发员工创新动力、增强企业凝聚力、提高企业效率的就是积极的文化，否则就是消极的文化。企业文化具有优越性，那么对被购并企业就会有好的促进作用，更易为员工所认同，产生协同效应以及创造价值的潜能就越大。

（2）企业文化的强弱性。企业文化具有强大的影响力，对外进行辐射时，极易同化别的文化，从而能更好地发挥文化的协同效应。如果并购企业的文化既是强而积极的文化，则不但易被员工高度认同并遵守、激发员工积极性，而且可以增强企业凝聚力。如果目标企业的文化是一种比较消极的强文化，其顽固性、刚性越强，那么它被协同的难度就会很大，花费的协同时间也会越长，协同的效果就会大打折扣。

⊖ 管理整合的其他层面，如管理团队的整合，均有待深入研究。

2. 协同能力

协同能力分析，涉及学习能力和创新能力。

（1）学习能力。文化在多大程度上被企业所吸收并融入到自身的经营管理中去，在很大程度上取决于企业自身的学习能力。协同和价值创造过程就是组织动态学习的过程，因此协同效应的大小与企业学习的方式、程度不同而不同。学习能力越强，协同创造价值的潜能越大。

（2）创新能力。文化的整合以及协同不仅仅是两种文化的简单叠加，也不仅仅是一种文化对另一种文化的简单强加，而是两种文化因素重新组合、重新构建的过程，这个过程是一个不断创造的过程，依赖于企业的创新能力。

3. 协同行为

协同行为分析，涉及双方的关系和制度化水平。

（1）双方的关系。融洽、信任的关系会促进协同的进程，信任关系有助于降低交易成本、改善组织效率、促进双方的交流与沟通，使员工不仅能理解双方的文化差异本身，而且能够关注怎样积极应对文化差异和冲突，如果缺乏良好的沟通与信任则很容易使文化冲突典型化，进而扩大化，对协同效应产生破坏作用。

（2）制度化水平。制度化指把企业倡导的价值观转化为具有操作性的管理制度的过程。企业并购的文化整合实际上就是要用新的价值观取代员工现有的价值观，要想使新价值观被员工认同，就必须要对企业管理制度调整或重新设计，并通过制度的贯彻落实来强化这种接受与认同。制度以种种形式和手段将自已依据的观念推广与渗透在企业各个领域，文化协同作用的真正实现还需要制度的强化与执行。

文化调整

在一段深刻的变革时期之后，如一场跨国公司兼并，总会产生了许多困惑。对一个新的团队来说，组成成员彼此间并不熟悉，他们拥有不同的背景，需要建立共同的规则，这将通过一些调整活动来达到。

1. 理论调整

从一种文化到另外一种文化时，管理存在着很大的变化。这种差异不仅来自不同国家间的文化，也来自不同公司和商业间的文化。一位管理者率领着一个不同领域或多元文化的团队就必须要了解到这些不同点和知道这将影响到团队的有效性。表15-1展示了3种管理理论及其在世界范围内的应用。

表 15-1　3 种管理理论及其在世界范围内的应用

主导理论	适合文化	管理特征	时间相关的风险
合约理论	盎格鲁－撒克逊（Anglo-Saxon）文化，特别是美国	书面决定 细节列在合约上	形式化的重要性 耗费时间的报告
舆论理论	斯堪的纳维亚（Skandinavien）文化	大量的人员参与	较长时间的决策 不可靠的协议隐藏着冲突 在执行中不一致的意见会上升
荣誉理论	拉丁国家，特别是法国	口头决定多过书面决定 后续的监控不是很完整 等级制度的关系	关系、情感和非正式的重要性 由于敏感导致的冲突 消耗时间的权利游戏

2. 决策调整

举一个例子，这是在一个多元文化的高级管理团队合并后的情况。合并发生在年初，董事长们批准了主席的综效计划来节约资金。几个有经验的执行董事试图达成共同的决定，但是他们各自的文化使整个程序慢了下来。运作的人员察觉他们是没有效率的，往往在试图决定所有权和需要做出某种决定时陷入困境。

有一位美国主管变得没有耐性。他是一个急躁的人，计算最多的是如何做出快速的决策。合并是假设两个公司能够实现它们不能单独完成和更快完成的工作。这位美国主管敏锐地了解到股东正在等待。立刻合并，即使方案仅仅能够完成在手上的80%的问题。

但是他的瑞典同伴则不同意。她相信在整个集团没有同意之前，匆忙地做出决定是没有用的。对她而言，在做出决定之后，舆论是最佳快速执行的保证。因此她认为最好先解决所有的细节，核实每件事情和核对所有的信息。决定应当尽可能完美。

比利时经理谈到，如果采取行动的话，她已经准备好，甚至在她完全不同意这项行动的情况下。因为她不喜欢说不，所以她冒着风险卷入一系列她做不了什么事情的活动中。虽然如此，她更喜欢有所帮助。稍后，当面临着她不能控制的委托事项，她也许会有不同意见，但是她至少会有所帮助。

法国经理热切地希望有更多的讨论。以他的看法，集团公司还没有有效地讨论出共同的视点。他知道很难达成一个完整的协议，但是辩论是重要的。如果会议在午夜而不是下午5点钟结束，或是议程没有被严格的遵循，那将是很糟糕的。至少执行委员会将做到他们的最大努力。

在桌子的另一端，主席不再需要任何人。在他自己的内心深处，他知道他必须找到自己的解决方案。他没有显示出自己的弱点和抱怨。他咬紧牙关不停地推动事情的发展。因为他只需要决策是正确的。

预期不同的时间观念及其决策调整如下：

- 在一个项目或行动开始的时候，核对每个人都同意被分派的时间。
- 在完成所有的活动之前，核实它们都是在同步运行当中。
- 允许对时间的协调和共有任务的调整。
- 在一个有规则的基础上，和团队一起回顾时间的管理。
- 经常性地和你的团队成员们确认未来项目的估算时间架构。
- 邀请不同的团队成员们讨论他们对时间的理解：讨论一个美国人的未来、一个法国人的过去和目前的一位中国同事。

3. 管理调整

在团队工作跨越功能项目的情况中，特别是在同一级别里，管理者在完成项目之后，不得不到其机构内成为同类级别团队的成员。作为许多连带着生活中团队成员的管理者，项目经理将不得不施加他的影响，甚至在没有权威的情况下。这些结构，随同这种明确的功能职责，将把自身的功能性文化和复杂的时间管理习惯带到团队当中。一位市场营销人员的时间框架与一位做调研的同事是非常不一样的。这些多元文化团队将会得益于讨论每一个人怎样看待时间的压力和限制，以及一起决定如何管理时间。

多元文化的管理者必须投入更多的时间去计划和指导员工的工作时间。这是需要花费时间的一个过程，以避免陷入消极的趋势。对于多元文化管理的一些问题和建议如表15-2所示。

表15-2 多元文化的管理

消极的趋势	获得胜利的建议
在没有看到他们协调的情况下不断地告诉团队去加速他们的工作	允许团队成员之间花时间达到“协调”
忽略了某位团队成员的文化偏好和社会法规支配着他们	联合团队成员们围绕着确定的目标在一个可以达到的时间框架内是可行的
单单基于某人的经验强加的一个工作方法	每一个人都表达出他或她对团队如何工作的期待
让最后期限错过而没有注意到问题所在	在关系到被提议的日期里是勤勉的

4. 观念调整

在今天的国际集团中，优胜的团队不是那些有着最快速反应的成员，而是那些拥有良好协调能力的团队。他们能很好地调节每位成员之间的观念，理解不同观点对管理的影响，尽可能地集合这些观点以便应用到团队的工作中。

价值观是人们对待事物的态度和对是非的判断标准，是企业文化的核心。当不同企业并购后其文化差异与冲突集中地反映在个人价值观上。威廉·大内（William Ouchi）认为，文化包括一个公司的价值观，如进取、守势、灵活性，即确定活动、意见、行动模式的价值观，不同文化背景下的企业价值观存在明显的差异，如表 15-3 所示。

表 15-3 不同文化背景下企业价值观的差异

地区	价值观特征	价值观表现	对个人的评价	不同文化氛围下的总体表现
日本	崇尚团队精神和协调	较强依附性和内向型，突出以家庭成员为中心	权力距离较大的组织中，集体主义占主导地位，以人际和谐为善	劳资关系稳定；实行年功序列工资制和终身雇佣制，对职工利益和工作效率都关心；虽然决策过程要花大量时间，但决策一旦作出，由于大家意见一致，所以行动起来动作迅速
美国	欣赏创新精神和成就	强烈个人主义体验，具有明显的外向开放色彩	权力距离较小的组织中，个人主义的倾向要求业绩评估必须以个人的行为、效率和成就为基础，充分肯定个人对组织的贡献	对各级人员应起的作用和应负的责任有明确的规定，决策迅速，职工的流动性大
英国	注重权力和地位	具有群体自律性，突出个体领导作用	充分肯定领袖地位，个人发挥不能超越群体界限	个人服从上级或权威，上下级之间距离较大；高效率的生产方法和集权的决策相结合；工人参加企业的高级决策机构，能发挥参与管理的作用

文化重塑

在兼并企业文化的整合过程中，还必须考虑企业文化重塑问题。在多数情况下，无论原来企业文化的优劣如何，都不是相互之间的简单适应和叠加，而是通过不同文化相互接触、交流、吸收、渗透融为一体，塑造出新的企业文化。这种文化重塑也即新的企业文化的建立，一般应以原有的优势企业文化为基础，同时，吸收异质文化的某些科学成分，从而形成一种新的企业文化体系，这就要求企业应特别注意被兼并企业的文化评估和吸收，不能强行植入优势企业文化，或强迫被兼并企业完全放弃自己原先的文化管理。

1. 决定要素

企业兼并先驱者的经验或教训表明，被兼并企业对兼并方的能力认同、风格认同以及愿景认同共同决定了文化整合的难度[10]，如图 15-1 所示。

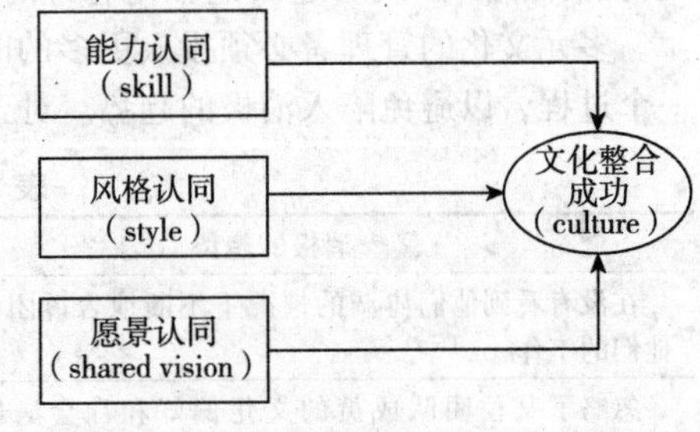

图 15-1 文化整合成功的三大要素

（1）能力认同是指被兼并企业对于兼并方经营能力的认可程度。经济利益是被兼并企业改变原有文化接受文化整合的重要动力，因此建立被兼并企业对于兼并方经营能力的认同，才能使文化整合更为顺利。

（2）风格认同是指被兼并企业对于兼并方管理方式、内部沟通习惯等管理风格的认可程度。企业文化差异的存在，意味着被兼并企业可能并不认同兼并方的管理风格，因而可能会抵制兼并方的文化整合。

（3）愿景认同是指被兼并企业对于兼并方企业发展愿景的认可程度。被认同的发展愿景意味着双方有着共同的前进方向，这是双方合作的基础。

2. 整合策略

企业兼并后，文化整合策略的侧重点应随着整合过程的推进而发生变化。如图15-2表现的是文化整合的动态过程。

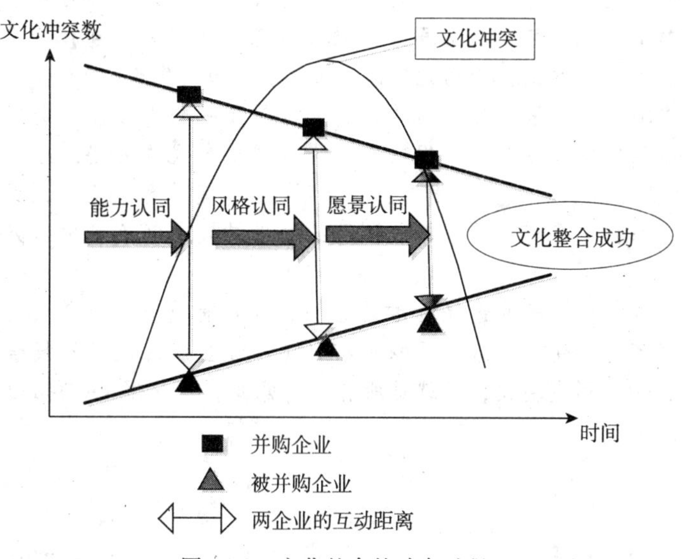

图15-2 文化整合的动态过程

第一阶段，文化整合的侧重点是要建立被兼并企业对兼并方的能力认同。在这一阶段，由于被兼并企业往往在兼并前经营状况不甚理想，改善经营状况是兼并的重要目标，因而会非常关注兼并企业的经营能力。

第二阶段，文化整合的侧重点是要建立被兼并企业对兼并方的风格认同。在这一阶段，随着双方互动距离的拉近，管理风格冲突也相应增加，此时被兼并方对兼并方的风格认同程度对于文化整合起主导作用。

第三阶段，文化整合的侧重点转变为建立被兼并企业对兼并方的愿景认同。在第三阶段，经历了上一阶段的文化冲突之后，双方都有寻求缓和以促进企业发展的意愿，实现被兼并企业对兼并企业的愿景认同是双方继续合作的基础。在第二阶段冲突之后留在企业的必然是对兼并企业管理风格认同程度较高、注重企业发展前景的员工。通过使兼并方的愿景为被兼并方所认同，可以确立共同的发展方向。

3. 管理重点

企业在兼并后，应当把实现被兼并企业对其的能力、风格和愿景认同作为文化整合的重点。

在整合的第一阶段，兼并企业应当积极参与到被兼并企业的运作中，以提高被兼并企业对其的能力认同作为其文化整合的重点。兼并企业在兼并前应当充分调查被兼并企业的经营情况和文化，在兼并后对其进行调整，提高企业的运营效率。这一阶段，兼并企业在文化方面应当加强相互的理解，同时尽可能避免文化冲突。

在整合的第二阶段，面对双方文化冲突的增多，兼并企业应当尽可能包容文化差异，强调双方文化的共性，把提高被兼并企业对其的风格认同作为其文化整合的重点。在文化冲突增多的情况下，兼并企业应从双方共同利益出发，尽可能缓和冲突。兼并企业不应把自身树立成被兼并企业的对立面，采取压制的方式应对管理风格冲突。这一阶段，运营相关的整合应当减缓，因为业务整合往往会加剧文化冲突。在整合的第三阶段，由于双方对彼此文化理解的增进，兼并企业应当在这一阶段建立完善的发展计划，确立能够得到被兼并企业认同的发展愿景。文化冲突的缓和为企业全面的业务调整提供了契机，企业应当建立良好的发展愿景，并全面整合双方的业务。

收购IBM公司的PC业务之后，为了学习如何运营一家国际化的大公司，杨元庆在联想集团董事长的位置上经历了5年磨炼。杨元庆[11]发现，兼并IBM公司PC业务的新联想，是一家充满冲突与矛盾的公司。中国的联想员工有鲜明的东方思维与联想特色，原来的IBM员工有鲜明的西方思维与IBM特色。联想文化与IBM文化都是一种很强势的文化，激烈的冲突困扰着杨元庆，也束缚着公司的发展。

冲突蕴藏在琐碎的日常工作细节中，杨元庆举了一个例子。开会的时候，中国员工习惯不发言，除非领导点名。不发言并不代表同意会议的决定，喜欢下来了再“拉抽屉”。外国人则不同，喜欢主动发言，会上不说，就等同默认会议的结果。开会的时候没有上下级关系，与会者一律平等。刚开始的时候大家都不了解对方，产生了许多矛盾与冲突。

东方还是西方？杨元庆的选择标准是看哪种方式有效率，能让公司赢得对手。杨元庆最终选择了西方文化。他最后要求所有员工：开会的时候赶紧发言，过了这个村就没有这个店，一旦形成决议，那就是所有人的意见，下来了再“拉抽屉”将被视为无效。

知识管理

一个公司要进行资本运作，必然要有一定的规划，其重要方面在于知识管理。

知识规划

知识管理在公司拓展前期就要做好相应的准备，至少应该完成以下几件事。

（1）搭建完备的知识管理系统。这是知识管理的一个基础，包括知识管理系统、即时交流系统、邮件系统等（如果有较成熟的业务系统就更好）。

（2）整理企业的运营实践，并制作成工作指导手册。

（3）有不断整理并持续更新的机制。

当然，这几件事实际上是一个持续改进的过程，不可能一蹴而就，它们将在资本运作过程中逐渐完善，以支持不断变大且日益复杂的运营。

知识合作

在知识合作阶段，企业的个别子公司开始或者从一个地区走向另外的地区，或者从一个纯粹的国内企业开始走向海外，在别的地区或国家开展业务。由于子公司所面对的是新市场，在这个阶段，生存是最重要的。母公司的运作经验仍然有一定的价值，许多能够被带到海外进行运用，但是比较有限。这一阶段，公司几乎没有外国市场运作的经验，海外子公司的数量也比较少，每一个子公司所获得的第一手知识和经验是其生存和发展的基础，这也对整个企业今后的国际化拓展有十分重要的意义。

在本阶段，企业面临着前面所提及的除整合协同效应外的几个问题，从前线的市场拓展到母国总部的管理，无一不需要快速的提升和变化，要应对这一切不仅是在前线打拼，还要能够将这个过程记录、沉淀下来，并迅速培养第一批具有经验的人员。

在这一阶段，知识管理倾向于采用人性化策略，即汇聚每个人的专业知识，强调透过人与人之间直接的交流、指导的方式来进行知识的分享，并在此过程中记录下所有的内容。在系统化策略方面，海外各子公司能够一定程度地运用母公司的知识沉淀，比如生产管理、技术操作手册等。

另一方面，如果仅仅依靠自身内部的积累学习来获得发展所需要的所有知识资源和能力，变得越来越昂贵和困难，母公司还应该积极寻找知识合作伙伴，在合作中共享知识技能。

专栏

郭广昌与复星集团的创业团队[12]

复星为什么成功？或者说为什么是复星做到了资本整合产业？郭广昌的团队有什么秘诀？

投资团队

一件事要不要做，一个项目要不要投资，复星的标准有两条：一是从产业角度看，企业从事的行业、开发的产品有没有机会做到前三名。二是企业是否拥有国内一流的团队，去实现经营目标。二者缺一不可，否则再好的机会他们也不去做。

复星的程序是：在经过前期调研和初步决策后，接下来是把同领域内的能人找过来，让他们谈谈复星能不能办这家公司。如果能，复星会组织两个或更多的团队去论证并分别听取他们的意见，复星只要判断他们说得对不对就行。这两者的差别是复星主要发挥决策作用，至于如何做事，则是复星选的团队考虑的问题。

复星的医疗器械产业就经历了这么一段严格的考验。复星实业总经理汪群斌在1997年时就看好这个行业，但是直到2000年他们找到了一个非常优秀的团队时才开始涉足。在复星创业五人组看来，好的团队比产业机会更重要。有了好的团队，产业机会总是有的；但如果团队没有组成，即使你抓住了现在的产业机会，将来也会失去。因为企业竞争实际上就是人的竞争，没有人就缺乏核心竞争力。

什么样的团队是复星需要的呢？郭广昌总结了这样几个标准：首先看这个团队有没有一个行业领军人物；其次，这个核心团队有没有过往业绩，它的业绩有没有非常良好的口碑；再次是有没有一些理想和抱负；最后就是讲不讲游戏规则。

领地激励

经过多年的扩张和收购，复星已经涉足多个行业，参股几十家企业。对由于被收购而进入复星集团的管理人员怎样进行激励呢？一旦这个问题解决不好，很容易导致收购或整合困难，甚至由于利益关系而导致收购失败。

复星采取的是一种专业化的人才运作体系。复星集团以控股的形式进入南钢后，原来的专业管理团队继续存在，只是充实了更多国际化的团队进去，让公司变得更专业，在财务管理等各方面让它变得更优秀，并提供各方面的资源支持。复星在人才的运用上破除“老死不相往来”的观念，而是全方位地来考察南钢的人才结构，从而不断优化。

对于管理层，复星的解决方式是领地激励——在收购一家新的企业时，通过让管理层持有该公司部分股权的方式来达到整合的目的。目前除了集团层面郭广昌等5个人有股份外，收购企业的管理层都会在他分管的专业公司里面有股份。

“复星医学”的股份就是这样安排的。该公司原本为“上海复瑞房地产开发经营公司”，后转向做诊断试剂，于2002年11月进行增资，“复星实业”增资8 075万元，占95%股份，“广信科技”和自然人朱耀毅各出资200万元和300万元，分别占2%和3%的股权，将“复星医学”的注册资本增至1亿元。自然人朱耀毅是“复星实业”的副总经理，同时还是“复星长征”的总经理。而“复星长征”原本由“复星实业”直接持有75%的股权。为了将作为总经理的朱耀毅的利益与“复星长征”保持一致，“复星实业”在2005年6月份将持有的“复星长征”75%股权以账面价值5 721万元转给了“复星医学”，由于朱耀毅持有“复星医学”3%的股权，这样他也就间接持有“复星长征”的股份。

非禁即可

复星系经过15年的开枝散叶，股权结构庞大，管理的公司和地域广阔。如何管理分布在各地的收购公司成为近年来复星的一个大问题。

对此复星首先着力控制的是财务。郭广昌认为，“一定要解决信息不对称的问题。如果我要投资一家企业，最好的监督不是要我太太进去，最好的监督是信息对称，是它的情况我都了解了。比如，复星实业的财务系统，下面投资的任何一家企业的老总报销任何东西，在我们的账上随时都可以看到。而实现信息对称最好的方式是提供服务。我对他进行财务、法律等全方位服务的过程中，实际上就是不断完善信息对称的过程。”

通过对收购公司的财务服务，复星也就控制了这些公司的财权。

复星对出资人代表的管理机制，也是复星扩张虽然迅猛但是仍然保持有序的一个创造。

复星在产业板块层面和产业公司层面都会派有出资人代表。出资人代表（专职监事）并不直接参加和干预日常的经营管理。专职监事的主要职责是配合、支持、监督具有高度专业性的管理团队。复星出资人的管理机构是公司的董事会，由公司董事会组织战略部、财务部和审计部门进行出资人代表管理。

在复星的管理体系中，对于产业板块和产业公司层面的经营者有着系统的绩效管理办法。复星的出资人代表在很大程度上保障了这套系统的正常运行：他们负责保障基础管理系统，特别是复星所特有的经营环境管理系统、经营计划执行系统、公司治理的监事系统、财务预算管理预警系统和审计稽核系统的正常运行，能够稳定地提供绩效管理和公司经营决策所需要的各种数据，并保证数据的真实性。

复星对于出资人代表的管理采取了一种平衡管理团队和出资人代表关系的复合管理模式。出资人代表不仅具有监督功能，还具有服务功能，因此与专业的管理团队之间的沟通和协调尤为重要。在具体操作上，复星对于出资人代表采用了结合财务指标和非财务指标，蕴涵平衡计分卡思想的系统考核体系，重点考查在监管、服务两个领域的工作表现。

人才投资

复星把人力资源落实为资产，在企业资产表中建立“人才报表”。要像保管有形资产一样，“领用”、“维护”、“保管”好人力资源。流失了一个人才，相关领导都是要负责任的。这样才能实现人力资源最大限度地开发、管理和维护，并使人才不断保值增值。近年来，复星中高层人才的流动率一直都能保持在很低的水平就缘于这种理念。

复星已经形成了一套制度，每60天由各级领导与他所领导的人才逐一进行一个小时的谈话，并记录在案。谈话的内容主要集中在人才对薪酬、岗位、环境的满意度三个方面。之所以以60天为一个周期，是经过科学研究发现的，即激励政策对一个人的积极性一般只能维持60天左右，在这个周期内，跟员工进行一次思想交流，可以及时发现问题、解决问题，将人才的消极、抵触情绪减少到最低限度。

企业知识合作的一般战略模式如图15-3所示。

首先，A、B企业根据知识现状与知识预期状态的差别分析，得出知识战略的选择。对于采取知识合作化战略的企业进行知识项目的选择。对于合作内容或知识项目的选择，管理者必须首先理解其战略与知识战略之间的联系，其次，评价公司内部对现有知识的熟悉程度、识别知识或能力差距。最后，管理者应该根据必要知识与公司核心知识或能力之间的相关性或战略互补性，来选择合适的知识项目。

接着，合作双方将会选择合理的战略合作形式。

在知识合作过程中，需要对合作双方进行具体分析，没有一种合作方式能够适用于所有情况。在实际应用中，知识特性将会对具体合作方式产生影响，同时企业文化和战略规划也会对企业采用何种合作方式产生决定性影响。例如，当合作双方在技术知识、产品和市场各方面具

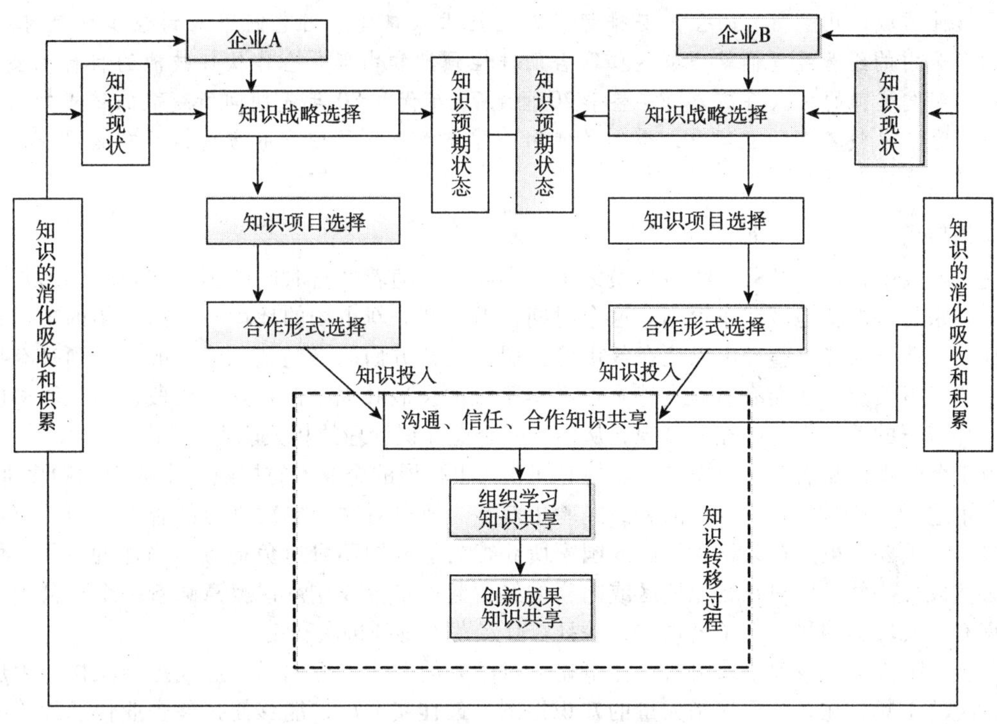

图 15-3 企业战略知识合作模式

有重叠部分时，成功的可能性就会大大增加，因为双方具有在技术知识、产品和市场方面进行合作以巩固现有力量的能力。但是，由于这些重叠部分的存在，双方发生潜在冲突和竞争的可能性也将大大增加。因此，企业应该慎重选择知识合作的形式与合作的伙伴。知识合作形式主要可以分为以下几种，如表 15-4 所示。

表 15-4 企业间知识合作的形式及其优缺点

合作形式	持续时间	优势	劣势
外包	短期	降低成本和风险、降低市场准入时间	知识开发成本、产品性能与质量
交叉许可	固定期限	技术等知识的获取	合约成本及技术约束
合作研究	中期	专业技能与知识标准、研究经费分担	知识泄露、产品差异化
战略联盟	期限灵活	进入市场、获取知识	潜在的知识泄露
合资企业	长期	技术诀窍互补、便于管理	战略转移、文化不匹配
网络型合作	长期	动态的、潜在的学习优势	影响常规活动的效率
企业集团网络	长期	技术知识的获取、便于协调管理	一体化的控制效率

然后，两个企业就共同的知识项目投入各自专业知识，进入到以知识共享为中心的知识转移过程。

最后，两个企业分别对新知识进行消化、吸收和积累，并储存到企业的知识基础之中去，于是企业改善了现存知识存量和水平。

为了实行公司确立的“C&C”知识愿景，NEC 公司在 1980 ~ 1988 年间执行了战略性知识合作，在此期间发展了无数的合作项目。公司的最高管理层确定半导体将成为公司重要的“核心产品”。因此，该公司进入到无数的战略联合体之中，仅在 1987 年其合作项目就超过了 100 项，旨在以低成本迅速建立其核心技术知识。在大型计算机方面，它最有名的措施就是与哈尼韦尔公司和贝尔实验室建立了合作关系。在半导体元器件领域，几乎所有的合作安排都定向在技术入口处。当它们进入到合作项目时，NEC公司的经营经理们就理解这些联合的理性预期和内部化合作伙伴技能的目标。公司研究发展部的主人将该公司在整个20世纪70年代和80年代期间所获取的核心知识概括为“从投资者的立场看，合作是使用外国技术更快更便宜的方式，没有必要让我们自己开发新思路”。

知识转移

这一阶段中，企业经营已经初步摸索出一套路子，随着经营时间的延续和经验的增加，开始进入越来越多的新地区或东道国。这个时期，因为部分新市场的环境与之前开拓的市场具有相似性，企业已经能够整理出以往在各市场拓展及运营方面的一些知识，形成一系列具有指导性的手册或者要点，从而有力地支持企业在本阶段的发展壮大。但在这一阶段，知识转移应用在不同环境下的差异也开始充分显现，从而挑战企业知识管理的相关能力。

由于企业吸收和消化知识需要一定的时间，从事拓展的企业不妨按照一个适当的顺序进行，即一个个进行，这样后者可以从前者的经验中获益。所以对这一层次学习的管理在当地市场拓展阶段最为重要。虽然在某一个地区或国家所获得的经验中不可避免地带有当地的背景，但其中的某些成分仍然可以对在其他地区或国家的经营起到借鉴作用。这就意味着一个子公司获取的知识有必要转移到另一个子公司中，并且在其经营中得到再次利用。

在这一阶段，应该大量采用系统化策略，对已有的做法进行编码，形成指导操作的手册和模板之类的工具；在系统里编制大量的知识地图、最佳实践库，能够使拓展企业快速地检阅到与它自身比较相近的解决方案，并能有效避开文化、政策等方面的障碍。

母公司应该在这个阶段承担起整个知识管理的促进推动作用，因为在这里要充分理解不同区域知识转移的障碍，针对性地进行总结。并在这一过程中负起知识产品的管理职责，要能够不断地抽取各地域子公司的做法（能够区分不同地区的不同环境），形成手册、知识地图等，并指引新设立的子公司开展业务；同时通过合作伙伴等途径抽取到更多有用的新知识。

知识协同

在这一阶段，企业已经不再追求快速地扩展市场。因为在产品和地域上也越来越多样化。此时企业应当考虑如何将其资源合理地分布在全球运作的网络之中，以解决前面提出的实现协同效应的问题。

在本阶段，企业应当在前面两个层次的基础上建立持续的组织学习过程，并形成具备高效知识流的学习网络。各地的最佳实践不断被总结出来，并按其所属的地区文化有区分地添加到知识库中。在强调对各种知识进入编码的同时，也应该非常重视人性化策略。通过不断的开展各种交流会，形成事前学、事中学、事后学的文化氛围。

母国公司对于个人化策略与系统化策略应该给予同样的重视，即采取综合化的策略。重点可以考虑促进形成各种协同效应，这就要研究如何在全球布置各种专业领域的研究中心。它们的职责是借助当地的优势专门研究某一类的做法，有纯技术类，也有流程最佳实践的，能够把知识产品化，迅速地应用到各地。另一方面，母国公司还应该考虑如何制定各种策略确保大家能够积极地投入到共享学习中来，包括一系列的人力资源制度及各种交流活动。

本章概要

本章站在新创企业的角度，从价值评估、企业战略和公司兼并三个方面入手，介绍了新创企业的特征、价值评估的方法、战略制定的要点、公司兼并的意义、公司兼并的模式以及文化整合的方法，对新创企业的融资、战略制定和发展都有很大的借鉴意义。本章在阐述内容的同时附带了大量的案例，深入浅出地阐明了资本运作的意义，并说明了企业在不同的阶段应采取不同的资本运作方法，而且全章结构紧凑，易于梳理。

思考练习

1. 企业的价值评估在哪些方面应用？如何应用？与成熟企业相比，新创企业的价值评估具有什么鲜明特点？
2. Google公司面临的局面非常尴尬：经常会有一小撮强人离开，搞出一个创业公司，然后卖给Google公司，腰包里揣着几百万美元再回到Google公司上班。造成这种局面的原因可能有哪些？
3. 股市作为经济的晴雨表，在中国是否具有作为企业价值晴雨表的参考价值？
4. 多元化与国际化似乎是中国企业发展的主题战略，但多元化与国际化两者之间有无矛盾？作为中国企业的全球化战略到底在哪里？
5. 严介和指出："在中国一流的企业是非相关多元化，二流的企业是相关多元化，三流的企业则是专业化。"请讨论：真实情况是这样吗？原因何在？
6. 国内外公司兼并的模式有哪些实质性差异？请以实例分析。
7. 企业文化的融合在企业兼并特别是海外兼并中有什么样的重大影响？试分别举一成功和失败的案例。
8. 无锡尚德太阳能董事长施正荣为什么选择去做创投？他的内在动机是什么？李开复为什么选择去做创投平台？他为什么不选择自己熟悉的计算机或互联网行业进行创业？
9. 中国企业国际化是一种必然的趋势，如何实现企业的国际化？有怎么样的实施过程？
10. 为什么有大量的公司兼并失败现象存在？导致其兼并失败的原因是什么？请结合实例说明。

参考文献

[1] 曹朝霞．动成长：变动的惠普之道［J］．新营销，2007，(4)．

[2] 李钟文，威廉·米勒，等．硅谷优势——创新与创业精神的栖息地［M］．北京：人民出版社，2002.

[3] 大前研一．企业参谋［M］．裴立杰，译．北京：中信出版社，2007.

[4] 彼得·德鲁克．创新与企业家精神［M］．蔡文燕，译．北京：机械工业出版社，2006.

[5] 夏新萍，吴海燕，刘荣．成功等于每天进步1%［N］．中国石油报，2006-08-10 (7)．

[6] 高清敏．九牧王林聪颖：抱着必败心态走上成功路［N］．青年参考，2006-06-10.

[7] 刘雯．中外企业跨国并购反差巨大［J］．管理@人，2007，(9)：24-25.

[8] 黄错．把"根"留住［N］．21世纪经济报道，2009-11-23 (13)．

[9] 陈鸿原．从"百联模式"看上市公司的吸收合并［N］．证券时报，2004-04-20.

[10] 张沈伟．海外并购文化整合路径［J］．管理@人，2007，(8)：52-54.

[11] 侯继勇．对话杨元庆：联想有"魂"［N］．21世纪经济报道，2009-11-10 (11，10)．

[12] 李小宁．无为，而无不为［J］．环球商业评论，2007，(7)：110-111.

第16章 CHAPTER 16

创业文化

创业是一种思考、推理和行动的方法，是在经历机会的困扰、整体地看问题和进行平衡领导的能力。

——［美］杰弗里·蒂蒙斯

学习目标 >>>>>

- 了解公司治理的文化要求；
- 掌握创业文化型构与特质；
- 把握创业文化的实践与导向。

新创企业不同于成熟企业，一般规模较小，人员较少，缺乏科学规范的规章制度和组织结构。在新创企业中，往往存在这样一个观念：生产和销售部门是企业的根本，出色的销售额和稳定的资金流转是决定成败的重要因素，而所谓的企业文化建设只会增加运营成本，对绩效并无很大的作用。实际上，这些都是对企业文化建设的误解。对于一个新创企业来说，运营仍旧处在摸索阶段，严格的规章制度只会限制企业对各方面的尝试，相反，更具灵活性的组织结构和管理模式会激发更多的创新尝试。但是过于松散的管理也存在很大的弊病，会导致效率低下、激励失效等众多问题，这时，一个积极的企业文化的引导就显得十分重要。企业好的文化氛围就是基业长青的“基因”，基因好，身体就健康，企业创始者给企业营造好基因是企业持续的保障。

大企业里也应该有创业者，传统行业里也要有创新者，好的经理人不能仅仅是守摊儿的经理人，他应该能把小企业做大，把差的企业做好，应该能通过改变行业的竞争格局而创造新的股东价值。好的管理者会清醒地使企业保持不断地成长，企业的产品甚至行业会进入到成熟期，但企业自身不会进入衰退，因为企业内部的创新和战略的修正会使企业保持持久的活力。这一切，必须通过创业文化的型构与发展而实现。D&B公司（邓白氏公司）董事会主席 Allan Z. Loren 指出：“战略不能带来成功，带来成功的是通过我们称为‘制胜文化’建立的领导力。”

全球所有企业家都面临着一个难题，即如何持续地在企业全体员工中保持企业家精神。一些研究发现企业越做越大，当初的那种创业精神越来越淡薄。大企业都在思考如何在企业中创造一种环境，使全体员工都有一种“我们要创业”的企业家精神。国内外的研究和实践也表明，企业生存和发展的关键，不仅取决于企业家的管理经验和能力，更重要的是取决于企业文化。那么，企业家精神与企业文化究竟有着什么样的内在联系？以创新为核心的企业家精神如何扩散为企业文化呢？

创业文化的构造可分为三个层次（见图16-1）：最上面的是可观察的管理文化（management culture），中间为企业的行为文化（behavioral culture），最下面一层为精神文化（spirit culture）。

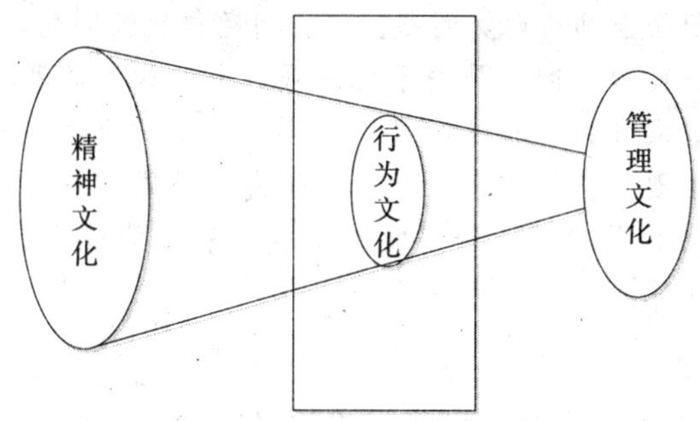

图16-1 创业文化的映射

精神文化

企业文化是一种精神追求。一个企业如果没有明确的精神追求，仿佛一个强健的身体，缺少一个灵魂。当大多数成员认同这个精神追求的时候，强有力的企业文化便形成了。人文精神是使制度转化为自觉行为的主导力量。新创企业的文化建设并不需要像成熟企业那么健全、面面俱到，它只需要建立一个积极向上的企业价值观、合作融洽的团队氛围、坚持不懈的创新精神，就可以大大增强企业的凝聚力。

信仰精神

企业的文化首先来自它的企业价值观。企业价值观（enterprise value）是指企业在追求经营成功过程中所推崇的基本信念和奉行的目标。从哲学上说，价值观是关于对象对主体有用性的一种观念。而企业价值观是企业全体或多数员工一致赞同的关于企业意义的终极判断。价值观是企业的精神支柱，企业的一切经营行为本质上都受价值观的指导。

文化信仰

创业文化是创业管理中最模糊的领域，也是迄今为止最具挑战性的一环。从内涵上讲，创业文化是人们在追求财富、创造价值、促进生产力发展过程中形成的行为规范、价值体系和心理意识，它主导人们对待创业的态度和行为方式。创业文化关系到如何指导组织行为。一个创业者如果不能通过创业文化理性建构并预见到这个企业的未来，他就不是一个好的创业者——创业的目的并不仅仅为了经济，也不仅仅为了自己，更不能仅仅为了现时，只有文化，能够将创业的价值导向未来，并赋予创业以卓越的社会价值。一个没有文化的民族是一个悲哀的民族。同样，一个没有企业文化的企业也是没有前途的企业。眼界决定境界，思路决定出路。企业变革，观念为先。首先要有内在的精神动力，才能引领企业的技术创新、管理创新、营销创新、战略创新。文化特质是企业的核心竞争力，决定企业的地位。

美国著名管理学家、《基业长青》的作者吉姆·柯林斯从400多位声名显赫的美国企业巨头中评选出了美国有史以来最伟大的10位CEO。令人意外的是，许多赫赫有名的人物并未入选，如世界首富微软总裁比尔·盖茨、通用电气公司前CEO杰克·韦尔奇等。相反，上榜的10位企业家有人当初根本就没想到自己是当CEO的料，例如波音公司总裁比尔·艾伦。柯林斯指出，这十大CEO的伟大之处在于：他们建立了在自己卸任之后，公司依然能够长久兴旺发达的企业机制；他们并不刻意成为伟大的领袖，而是专心致志地构建一种大而持久的制度；他们奠定了企业长盛不衰的基础，使企业能够持续发展。

韦尔奇认为，任何企业都有两类问题：硬性问题和软性问题。硬性问题包括财务、营销、技术和生产等；而软性问题是关于价值观、士气和沟通等。硬性问题通常会影响到企业的底线——利润线；而软性问题则会影响企业的上线——营业收入总额。韦尔奇认为每个组织都需要有价值观，精干的组织尤其必要，你必须在众人面前挺身而出，坚持不懈地传达你的价值观，价值观的形成是长远的挑战。韦尔奇从1985年开始，在公司年报中增加了价值观的声明一项。

价值信仰

如果急功近利地做一些事，也许公司的收入图表看起来会不错，但那只是短期的。你所做的事必须能保护自己品牌的名声，否则你最终会失败。如果做了抹黑牌子的事，即使产品也许还能卖得出去，但是只有尊重消费者的品牌才会最终生存下来。

世界上最顶尖的团队在哪里？它们为什么千百年来仍然存在？哪一个组织最具学习力？哪一个组织活得最久？哪一个组织最具战斗力？哪一个组织最具生命力？是宗教、军队、学校与家庭，去学习研究这些组织，并按照它们的价值观的方法与秘诀去训练企业团队，进行实践与总结，你就一定能打造出最顶尖最卓越的企业团队！像学校一样地教导思想，像家庭一样地凝聚情感，像军队一样地规范行为，甚至像宗教一样地对企业文化充满信仰。

共同信仰

企业的共同价值观作为企业文化的精神层，指明了企业存在的意义和根本目的，决定了企业努力的大方向。先进的价值观或企业理念能为企业注入新的资源，不断增强竞争力。无数例子证明，企业价值观建设的成败，决定着企业的生死存亡。因而，成功的企业都很注重企业价值观的建设，并要求员工自觉推崇与传播本企业的价值观。

企业文化建设要想取得成功，企业中的每个人都必须认同并实践新的愿景、使命和价值。因此，要让所有员工参与全过程。开展员工参与的第一步，应该是向员工通报领导团队对于目前情况的评估以及进行文化转变的原因。应将愿景、使命和价值宣言的草案交给员工，并征求他们的观点和意见。只有完成了这一过程，才能将宣言定稿。

共同的价值观提供给成员激励的机制（mechanism）。建立企业员工认同的价值观，员工工作就会充满乐趣并拥有较强的归属感。如果没有形成统一的企业价值观，员工就会缺少归属感，面对自己的工作时，往往表现出极度的疲惫，甚至冷漠，分公司、部门、非正式群体等各自也会形成不同的亚文化，亚文化之间严重不和谐。参与《华为基本法》制定的吴春波教授[1]说："为什么很多中国企业也有管理制度，但是却没有成功，因为它们大都是为了'解决问题'而生，是不成体系的，管理制度之间没有形成有机的联系。"中国企业管理的这种不成体系，根源经常在于价值观的缺失。

美国管理学者戴夫·罗根（Dave Logan）在长达8年对24家企业的24 000名员工进行调研后发现，一家企业内部不同的组织关系及其文化特征会创造不同的部落，某种意义上，一个组织是这些小部落的集合体。一般来说，一个部落的人数由20人到100多人不等，他们中间每个人都彼此熟识，而企业的成功往往取决于部落文化（tribal culture）[2]。

表 16-1 部落文化模型[3]

企业发展阶段	核心价值关系	心情	主题
第五阶段	改变	赤诚、惊叹	“生命真美好”
第四阶段	团队	部落自豪感	“我们最棒”
第三阶段	自恃	孤独战士	“我最棒”
第二阶段	冷漠	充满同情的牺牲者	“我的生活好悲惨”
第一阶段	敌意	绝望、仇视	“生活无意义”

罗根把部落文化分为了五个层级（见表16-1），由低到高，分别是充满敌意和仇视、感觉无意义的第一阶段；冷漠、被动、喜欢抱怨的第二阶段；骄傲、自恃、“我最棒”的第三阶段；追求团队荣誉的第四阶段；希望改变历史的第五阶段。处在第一阶段和第五阶段的公司都非常稀少，而将近50%的公司处在第三阶段。如果说处在注重团队协作的第四阶段的公司特别在意竞争对手的业绩，那么第五阶段的公司关注的不再是事实市场，而希望创造一个新的历史。有一个商业案例可以生动说明这两个层级之间的不同。历史上施乐做复印机起家，当时该公司的一批研究人员做了一些非常有创见性的事情，他们发明了后来被称为鼠标、电脑屏幕和主机等一系列重要的东西，但当这一研究团队向施乐的高级管理人员解释他们的发明时，这些高管人员并不认为这和公司的复印机业务有任何关系，认为这种研发只不过在浪费公司钱财。最后乔布斯把这帮研发人员招到了苹果公司，当即对朋友说他已经看到了未来。历史上许多电子产品都由施乐发明，但施乐不知道怎么利用这些发明，酿成巨大过错。

道德精神

拥有道德，才能形成定力。道德精神是企业文化的核心。

商业道德

商业道德是指商业企业组织与组织雇员的道德与不道德的行为。商业道德规范有三类：一类是对待雇员方面的行为；二类是对待组织方面的行为；三类是对待其他经济行为人的行为。越来越多的公司受到管理者和员工们的不道德行为甚至非法行为的困扰。很多公司纷纷采取强有力的措施来鼓励工作场所的道德行为。只有道德至上的公司，才会“得道多助”，而道德沦丧的公司，只会“失道寡助”。

美国惠普公司的书面道德规范《惠普之道》的核心内容：(1) 我们信任并尊重每一个人。(2) 我们注重高度成就与贡献。(3) 我们正直经商，永不妥协。(4) 我们齐心协力实现共同目标。(5) 我们鼓励灵活创新。

内在道德

内在道德性的诉求是构成企业核心价值观的原始驱动力。

领导道德

企业文化的培育在很大程度上取决于企业主要领导者的价值观和职业素质，在社会价值取向日趋多元化的今天，如果企业主要领导者没有承担风险，贡献才智，创办一流企业的强烈责任感，忽而想从政，忽而想经商，忽而想著书立说做名流，忽而想谋取高薪职位吃安稳饭，那么，企业就不会有长远的、值得全体员工共同奋斗去实现的目标。因此，对于新创企业而言，尽管企业规模不同，行业各异，若想建设好自己的企业文化，领导者至少要在守法经营、产业报国等这些基本问题上“思无邪”，方能不陷入偏离企业目标的种种误区。

在联想“建班子”的具体内容中，第一是班子成员必须重德，第二是话当面讲。

当你觉得你的班子成员在某些地方做得不好时，要及时提出来，背后提或者放在桌面提都可以。屡次提出之后，如果发现能力确实不行，要放在公开场合提，最后要把让其退出的原因告诉他：由于你不断提醒他，由于能力问题在短期内无法提高，因此发生了撤换。第三要有降落伞，而且要降得比较舒服。

思想精神

文化以思想为载体。

人本思想

许多学者都认为，所谓企业的核心能力是指一个企业独有的、扎根于组织之中的、适应市场机会的、能形成可持续竞争优势的能力。这种能力在本质上是一个企业“特定的知识体系”。正如美国管理学家潘汉尔德和哈默尔所说，核心能力是“组织中的积累性学识，特别是关于如何协调不同的生产技能和有机结合多种技术流派的学识”。无疑，这种企业“特定的知识体系”是以隐性知识为主的，并且具有明显的方法论特征，是很难察觉、复制和模仿的。由于企业核心能力是“特定的知识”，因此其最终必须归结到人的方面并以人为载体，是隐藏在企业资源背后的配置、开发、保护、使用和整合资源的主体能力。任何仅仅将企业某一项专有技术、垄断资源或畅销产品视为企业核心竞争力的企业都不会成为百年老店，因为这种企业是对物的依赖而不是对人的依靠。而企业的真正核心能力应该是以人为皈依的“企业文化力”。

一种共同的使命、共同的价值观和共同的原则，必须建立在充满活力、尊重和自我价值实现的组织关系之上。由价值驱动的企业文化，要求企业将重点从管理转为领导，从注重智商转为注重情商。它需要的是真实、认同公共利益并在生活中保持平衡的人，即由较高的意识层次主导的自我实现的人。向由价值驱动的企业文化进行转变时，最大的障碍将会来自那些个人价值完全由较低意识层次主导的管理人员，他们对生存、地位、自我尊严存在很大的担忧和恐惧。

尽管许多华尔街分析家和GE的投资者曾经都把韦尔奇自身的素质看做经营这家从股市看世界上最有价值公司的重要因素，但韦尔奇本人则认为他一生中最伟大的成就莫过于培育人才。韦尔奇不无感慨地说：“这是一家由众多杰出人物管理的公司。我最大的功劳莫过于物色这些杰出人物，而且是成批的杰出人物。他们比大多数公司的总裁要来得精明。他们非常杰出，这些一流的人物在这里成长起来，他们在GE如鱼得水。”韦尔奇的主要工作就是寻找合适的经理人员并激发他们的工作动机。“有想法的人就是英雄。我主要的工作就是去发掘出一些很棒的想法，扩张它们，并且以光速般的迅捷将它们扩展到企业的每个角落。我坚信自己的工作是一手拿着水罐，一手带着化肥，让所有的地方变得枝繁叶茂。”韦尔奇说。

包容思想

开放和包容应该成为当今世界企业文化新的标准[3]。当封闭型的精英小群体中存在着相互交织的金融利益和内部交易关系时，职能失调行为就会雪上加霜。吸收从前被排斥在外的群体成员，人们也许就可以多几个角度来思考，从而能尽早暴露问题，或制止那种不顾一切的冒险做法。权力掌握在“联系人”手中，联系人在各个群体之间传播新的理念和信息，当这些群体所不熟悉的新兴市场上出现最佳新机会时，他们的角色就显得格外重要。因此，领导人队伍必须实现全球多元化。

只有当企业尽最大可能包容和反映利益相关者的价值取向，积极从外部引进新思想时，企业家精神的持续扩散才有可能。从企业内部来看，企业家精神的激发则应建立在对多个利益相关者价值取向的重视与包容上。这不仅要求组织摒弃“独揽大权”的意识形态以及个人崇拜的错误观念，而且要容许员工有更广阔的业务方向和行动空间，容许他们跨越等级制度，激发出他们的责任感和潜在的企业家精神。

Waldemar de Oliveira Verdi，巴西 Rodobens 集团公司的创始人兼董事会主席，是2008年巴西国内的安永企业家奖大奖得主，他所创建的 Rodobens 集团已是巴西国内最大的集团公司之一，横跨汽车贸易、房地产和金融产业。

记者曾经这样问他："选择员工时，能力与信仰，哪个更重要？" Waldemar de Oliveira Verdi 回答道："如果一定要比较的话，后者更重要。我们公司内部一个口号叫：用最棒的方法，把事情做得更好些。相对于方法，有这种持续改进和创新的心，更为关键。我们的公司文化中有一点是"不偏不倚的行为"（impartiality of conduct），我们对此的阐释是：可以容忍诚实的错误，但不能容忍对价值观的不尊重和忽略。"

开放思想

目前企业界都已认识到响应速度对于企业在信息时代生存的重要性，而响应速度的高低在很大程度上取决于企业有无畅通的沟通机制。没有顺畅的沟通就谈不上敏锐的应变。韦尔奇说："我们希望人们勇于表达反对意见，呈现出所有的事实面，并尊重不同的观点。这是我们化解矛盾的方法。良好的沟通就是让每个人对事实都有相同的意见，进而能够为他们的组织制定计划。真实的沟通是一种态度与环境，它是所有过程中最具互动性的，其目的在于创造一致性。""无界限行为"的目的就是拆毁所有阻碍沟通、阻碍找出好想法的"高墙"。它是依照这些理念本身的价值，而非提出这些理念的人所在的层级，来对其进行评价的。

世界隐形冠军企业在产品质量和服务方面都不断创造自己的战略和竞争优势。它们总是和最强劲的对手保持亲密的联系，有时为了保持自己企业的活力，它们会主动出击，不惜一切代价维护自己的行业地位[4]。

隐形冠军公司经常在同一个地区甚至同一个城市当中。同城的竞争实际上是世界级的竞争，最强的对手都在一起，最强大的对手能促使你成为世界领袖。比如德国的汽车工业，奔驰、宝马、大众公司的地理位置都非常近，彼此知根知底，一直在鞭策对方不断前进。

GE 是个规模庞大的企业，而市场要求组织必须简洁，于是 GE 开始进行新的变革，提出21世纪的企业理想：21世纪的企业特色就在于不分界限。无边界企业能够克服公司规模和效率的矛盾，既具有大型企业的力量，同时又具有小型公司的效率、灵活性和自信。企业必须在自由和控制之间取得平衡，但是你必须拥有以前想象不到的自由。韦尔奇非常强调看似矛盾的正反两面：企业的制胜之道需要具备庞大的力量与资源，同时也要有初创企业的灵敏。

韦尔奇决心要做的，正是铲除所有阻碍沟通的障壁。他有一个形象的比喻："一栋建筑物有墙壁和地板；墙壁分开了职务，地板则区分了层级，而我要将所有的人全都聚在一个打通的大房间里。" GE 一直通过群策群力的方法大规模清除企业的界限。这一作法被称为 Workout 计划。从各个企业、各个层次来的员工济济一堂，发泄他们的不满，提出各种建议，清除一个又一个不具有生产能力的工作，员工不必担心因为发表意见而受批评。群策群力方法开放了 GE 的企业文化，使之能够接受来自每一个人和每一个地方的创意。

行为文化

文化的本质是治理，即通过文化对企业的行为进行治理。企业行为方式是价值观的集中体现，也是核心能力的具体实施。

愿景文化

在企业共同价值观的前提下，企业要根据环境条件和自身的努力确定自己的经营范围和发展目标。企业必须探索符合自己价值观的行为方式来实现目标。

创造价值

对创办企业的人来讲，什么是创业的目标，或要办成一个什么样的企业，应该是一个最基本、最简单不过的问题了。也许有人对这样的问题不屑一顾。然而，许许多多的企业之所以会失败，就是因为没有把这个问题解决好。许多企业由于办企业的目标不明确或不正确，所培育的企业文化也就会相应地表现出种种问题。近几年来有关提高整个组织绩效的管理方法可谓不胜枚举，如全面质量管理、扁平型组织结构、权力下放、持续改进法、企业再造、团体精神等。许多方法的确取得了成功，但失败的却是多数。失败的根本原因常常在于经营目标不明确，或是就没有"创造价值"的企业根本目标。

以价值为基础的管理方法对这个问题给予了根本解决。一个精确的、毫不含糊的衡量标准——价值，才是企业得以建立和存在。

按照韦尔奇的理念，在全球竞争激烈的市场中，只有在市场上领先对手的企业，才能立于不败之地。GE任何事业部门存在的条件是在市场上"数一数二"的，否则就要被砍掉——整顿、关闭或出售。这一阶段，GE共出售了价值110亿美元的企业，解雇了17万名员工，韦尔奇因此得了"中子弹约翰"的绰号。在关停的同时，GE也买进了价值260亿美元的新企业。GE现有企业中表现最佳的企业都符合以下四点要求：在行业内数一数二；具有远高于一般水准的投资报酬率；具有明显的竞争优势；能充分利用GE特定的杠杆优势。

GE有40%的员工隶属于生产企业，这些生产企业共占GE营业收入的30%。这些似乎并不耀眼的企业却创造了GE引擎运转所需的燃料——现金流入。另外，来自类似金融服务等热门行业的营业收入占GE总收入的30%，但员工仅占GE的10%，这些高推动力的企业增长快速，其所需投入远超过本身的流入现金。对于整个GE王国而言，一方面有增长缓慢的生产企业提供燃料，另一方面有增长快速的热门事业提供动力。

到了20世纪90年代初期，韦尔奇认识到服务导向比产品导向更重要。于是他决定将GE的重点从卖产品转变为向用户提供解决方案（solution）。1981年，GE制造业的收入占GE总收入的一半以上，而到了1997年，GE 2/3的收入来自于服务业。对于目前的GE来说，服务是为其取得持续性增长所采取的重要措施。这一措施已在很大程度上将GE的首要任务从提供产品并辅之以提供服务转变为除继续提供高质量的产品外还要提供那些以客户为中心、以信息技术为基础、旨在提高生产率的各种高价值的解决方案。预计今后服务业更将是GE高速发展的主要发动机。GE称："下个世纪的蓝图是，GE不仅将是一个销售高质量产品的公司，还是一个提供全球性服务的公司。"

【提示】三流的企业是"创业"，二流的企业是"创新"，一流的企业是"创造"。

目标专注

与人一样，一个企业的品质，不体现在它坚持"要做"什么、"要做多少"这个量的问题上，而在于它坚持"不做"什么、"要做多好"这个质的问题上。也就是说，"要做什么"不代表企业的优秀品质，而"不做什么"才体现企业的优秀品质。

除可口可乐、微软、宝洁、通用电气等知名大企业之外，全球最优秀企业更大量的是一些默默无闻、闷声发大财的行业冠军企业。在许许多多不知名的行业中，这些企业在全球范围或某一区域市场占领了其所属市场50%的份额甚至更多，尤其突出的是这样的公司无论在经营水准、产品技术还是在创新能力上丝毫不弱于世界500强企业，甚至在某些方面更是独树一帜，建立了大企业无法奢求的竞争优势。它们被称为“隐形冠军”。研究[4]发现，隐形冠军大多蕴藏高度专注的重要特质。

如果你有一个庞大的野心，一个非常重要的步骤是如何选择和定义自己的目标市场，这是战略当中非常重要的部分。我们看看隐形冠军公司典型的说法：“我们是这个行业的专家。我们专注于自己的竞争力，专注再专注。我们要成为小市场的主宰者，我们要在小市场做出大成绩，而不是在大市场做一个凤尾的角色。”很多雄心勃勃的企业家一旦稍微做大就想多元化，但是它们绝不。隐形冠军把市场定义看做其战略的一部分。它们通过仔细观察顾客的需求和相关的技术，把各自的市场定义得相当窄，它们是高度专注的公司，不搞多元化。

专栏

德鲁克对马狮公司的分析[5]

英国马狮公司的发展是成功应用目标管理原则的经典例证。这家公司的前身是建于1884年的一元便利店，专门销售价格为一个便士的商品。到了1915年，它已经发展成为一家零售连锁店。今天它已经成为世界上首屈一指的百货公司之一。如果回顾一下它的发展历程，会发现有趣的现象。1924年公司总裁西蒙·马克斯去美国实地考察了带来营销革命的百货商店的运作情况，回来后对马狮公司进行了大刀阔斧的变革。马狮公司将公司的主要目标定为社会革命，而不仅仅是普通的零售业务，由此造就了马狮公司的增长奇迹。

所谓社会革命是和英国当时的社会现实紧密相连的。人的阶级属性靠穿着来区分，上流社会的人穿着时髦而且精致，而下层人士则衣衫褴褛。马狮公司决定靠给下层人士提供物美价廉的衣物来突破社会的阶级壁垒。公司一旦采取了此项战略决定后，就将全部精力都集中在这个唯一的目标上。

肩负社会革命重任

看起来很奇怪，一家百货商店应该肩负社会革命的重任。这一决定首先意味着企业的目的是理解和满足社会的终极要求，如果它这么做了，它就会自动成长，变得繁荣昌盛。这正是马狮公司成功的秘诀所在。企业必须不断努力去理解它的客户需求的变化，并从经济角度来满足它们，确定不同领域的目标。

马狮公司在确立了战略发展方向后，继续给出不同领域的目标。在营销领域的目标是：将客户定位为工人和低级职员，去了解他们的偏好、好恶以及在服装方面的购买力。

创新目标

公司决定去开发新的织物和漂染原料，提供有吸引力的廉价服装。为了确保提供的衣物的标准能够不断改进，公司成立了质量控制实验室。与此同时，公司不断去开发新款服装。最关键的一步可能是对客户开始进行调查研究，以便更好地了解他们对新款服装的反应，并确认他们的选择。这在那个时代也是一项主要创新。

人力组织

如果要实现目标，有必要建立一个合适的组织，这个组织应该包括不同种类的员工和管理人员，也有必要引入合适的工作方法，并组建一个有效的团队。马狮公司特别注意招募、培训和发展它的管理人员。由于它认识到管理是任何组织的关键要素。马狮公司也因它们的人事管理而出名，它们可能是第一家委派女性经理人来管理女性雇员的商店。女性经理人员具备同情心和对事物的敏感性，商店员工的士气十分高昂，女售货员工作十分愉快。所有这些都使销售额得到了大幅提升。

物质和财务资源

明确物质和财务资源方面的目标尤为必要。马狮公司非常注意原材料的采购，给产品选定合适的品牌，确定商店的地理位置和布局。鉴于城市中空间极度拥挤的状况，商店中留给商品的空间都是有限的，要充分利用空间，必须关注细枝末节。商店的商品摆放要求有条不紊、干净和整洁，同时又要便于搬动。

简化控制

零售商店必须囤积大量的商品，并且还要及时更新存货。正常的步骤是以各种形式在账簿中登记。当公司总裁马克斯勋爵偶然去一家商店访问时，看到按照传统方法要做那么多的案头登记工作，非常震惊，他命令必须立即停止这种无谓的案头工作。存货的确认被代之以简单的实物确认。这是一项大胆和富有想象力的创新，让员工摆脱了案头工作，也极大地鼓舞了士气。他们以饱满的热情投入到了工作当中，把以前用在案头工作的时间花在改善客户服务身上。自然，销售额迅速攀升。

生产力评估

生产力是对组织绩效的真实检测，它是管理竞争力的一个指数。马狮公司最初是采用美国通行的一些衡量生产力的手段。后来他们采用了一个自己的衡量指标——商店中每平方英尺销售面积的销售额。销售面积正好是零售商店的限制性因素，这种衡量生产力的手段既简单也有价值。它的计算也一目了然。为了提高生产力，公司采用了若干步骤，包括仔细挑选产品、安排有吸引力的产品陈列方式和提供更好的客户服务。马狮公司的高速发展得益于上述这些举措。

利润要求

马狮公司没有计划达到任何特定的利润目标，但还是取得了远高于行业平均水平的利润率。当然利润对任何企业的生存和发展都至关重要。德鲁克反复重申利润不是企业的首要目标。目标管理不仅仅关注利润，利润只是绩效的副产品。当公司按照顾客的需要提供了价格适中的产品，利润就会源源而来。

社会责任

目标管理是一套非常有用的管理企业的方法，它对责任采取了更广的视角。和大公司的通常做法不同，马狮公司不是去利用和它有供货关系的厂商的弱点，而是特别注重供应商的稳定和增长。结果证明这是一个非常好的政策，能够确保质量优异的原材料的正常供应。

永不满足

由于企业所处的内外环境及自身实力的动态变化性和不确定性，企业要不断地调整经营范围、经营策略和短期目标，不断地用符合自己价值观的行为方式来实现短期目标，周而复始，在这个无限循环的过程中，企业的不断创新便逐渐形成了自己的核心能力。

专栏

永不满足现状[6]

关注使用者，则一切将水到渠成

Google 从一开始便集中注意力在提供最佳的使用者经验。虽然有许多公司宣称他们将客户放在第一顺位，但仅有少数能抗拒诱惑，以牺牲小我来改善使用者的体验。若是无法为莅临网站的使用者提供好处，Google 会稳健地拒绝做出任何变更：

- 界面清楚且简单。网页立即载入。搜寻结果的位置决不销售给任何人。
- 在网站的广告必须提供相关的内容而不至于突兀。

由于时常将使用者的兴趣放在第一位，Google 已经在网络上拥有最多忠诚的使用者。这样的成长并非透过电视广告宣传，而是透过满意的使用者一个个口耳相传而来。很多小公司刚开始的确是把顾客放在第一位，但是当他们变成大公司以后，就误以为他们才是提供给顾客服务的人，一直到竞争者把他们打倒为止。

尽力将一件事做到最好

Google专门提供搜寻服务。它拥有全世界最大的研究团队之一，并专注于解决搜寻问题，了解自己本身的长处，及可以精益求精的地方。在让数以百万计的使用者寻找资讯时能有快速和顺畅的体验方面，Google透过持续对棘手问题的处理，已经可以解决复杂的问题，且能对网路上已被视为最佳的服务，持续提供改善的方案。专心致力于改善搜寻，这也让我们将所学应用在新的产品，包括Gmail、Google桌面和Google Maps。在改善搜寻而持续建立新产品时，我们的希望是将搜寻的力量带到前所未有的领域，并协助使用者存取和使用更多在他们生活中不断扩充的资讯。

快比慢好

Google相信疾速的快感。您要解答的时候，希望解答马上就出现在你眼前。Google可能是世界上唯一一家会声明此目标的公司：使用者离开公司网站的速度越快越好。我们锱铢必较地缩减网页大小，并且提升我们服务环境的效率，可以说狂热到近乎着迷的地步，使得Google能一再地打破自己的速度纪录。其他人可能会认为大量的伺服器是处理庞大资料量最快速的方式。Google发现网路电脑更快。其他人认为搜寻演算法会明显在速度上施加限制，但Google撰写的新演算法证明了并非如此。而且Google仍持续致力让此演算法可以执行得更快。对你们来说，效率似乎是个紧箍咒，你们极端的厌恶时间带给你们的压力，但是你们该感谢上帝，这世界唯一公平的就是时间！所以不要为了无所谓的事情浪费时间！

精益求精

达成的成果永远要比期望来得多。Google不接受以成为最佳的服务提供者为终点，而是将其视为起点。通过不断的创新和演练，Google会将流程去芜存菁，并以出人意料的方式予以改善。搜寻结果针对正确拼字的字词可以良好运作，但是拼字错误方面是否也能如此？某位工程师看到这个需求而建立拼字检查器，感觉好像能看穿使用者的心思一般。使用Wap手机搜寻资讯的时间过长？我们的无线团队开发Google Number Search来将原本每个字母需要输入3个键降低为1个键。由于拥有数百万的基本使用者，Google能够快速地识别摩擦点，然后平顺地解决。但是Google与众不同之处就在于，在我们全球的使用者未能清楚表达其需求前，我们便能抢先一步以设立新标准的产品和服务来满足此需求。如此持续对方法和事物不安于现状的态度，是我们能成为世界最佳搜寻引擎背后最大的驱动力。

激励文化

员工的参与需要在深层次上进行，需要在企业的愿景和使命与每个工作单位及每名员工的使命之间建立驱动关系。如果不能建立这种驱动关系，员工就无法通过工作实现他们的个人价值。

新创企业要发挥全体员工的聪明才智和积极性，就需要给予他们以激励。

领导激励

联想集团的管理三要素“建班子、定战略、带队伍”中，建班子、带队伍都是讲如何管人的。对一把手来说，建班子应该有三个目的：提高管理层的威信、制约和群策群力。如何实现群策群力呢？柳传志提出，第一把手是大发动机，他要带动的班子成员、各部门总经理是同步的小发动机而不是齿轮。小发动机和齿轮的区别是什么呢？小发动机是自己有动力，而齿轮是完全是靠发动机带动的。怎样才能形成小发动机呢？第一是物质激励，股权的激励，参与二次分配，努力从物质角度产生主人的感觉。第二是精神激励，给其发挥的舞台，这更重要。舞台就是你管理的工作部分，责权利是明确的。你有什么样的权利，有什么样的责任，做好了如何，做不好了如何，你不但知道，而且参与了设计。这会给你一种强烈的主人翁感，而不是上面让你干什么，你就干什么；让你怎么干，你就怎么干；一会儿你有权利，弄不清为什么又收走了；

弄不清为什么奖，为什么被罚。如果能把主人翁感调动出来，积极性就会充分体现出来，聪明才智就会充分体现出来，这就是发动机了。

研究[4]发现，世界隐形冠军企业都有非常强大的企业文化，与之相对应的是有高效率的员工和好的认同感，有积极性。与隐形冠军公司的员工相对，同等规模的企业一般都非常少。大企业大都人浮于事，而它们的员工都非常精干，生产率非常高。它们有强大的企业文化，对自己的认同感非常强，缺勤率很低。在员工的招聘环节把关非常严格，但一旦招进来后就几乎不动了，员工流失率几乎为零。这些企业的领导是真正的创业家，他们有的是勇气，而勇气对一个创业者来讲是最不可缺少的因素。他们的领导风格是两方面的，和中国有点相像，在大事情上很讲原则，很有权威，但平时在细节方面他们和员工打成一片。另外，掌舵的企业家极好地延续他们的领导，CEO 平均的任职时间达 24 年[4]。

组织学习

关注企业文化的企业家，必须养成整个组织对环境变化的反应习惯。能否养成适应性的环境反应模式，对企业的生存和发展至关重要。当企业对外界变化不再反应的时候，企业就真的衰老了。那些百年老店比昙花一现的企业高明的地方，在于前者拥抱变化，自身也不断蜕变，而后者故步自封，被时代淘汰。

现代企业都应该成为学习型组织（learning organization），“组织学习”实现员工知识更新和保持企业创新能力。企业通过学习型组织试图使员工获得个人价值得以体现的满足，并使组织绩效得到提高，而学习型领导方式已经成为组织管理的最新形式（见图 16-2）。

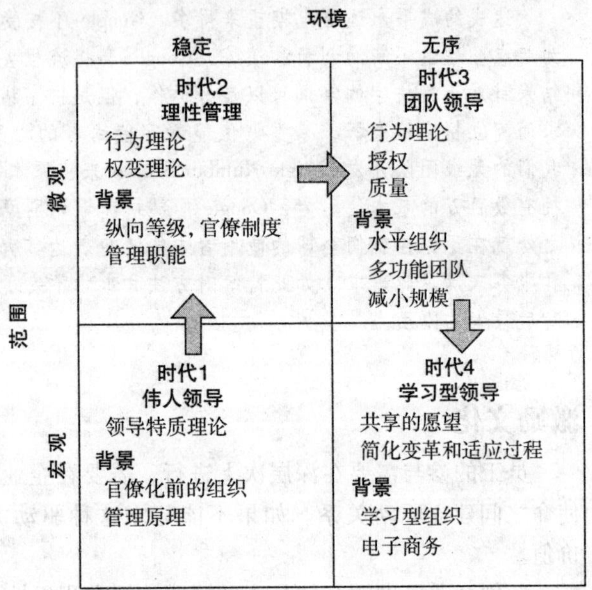

图 16-2 组织管理的演绎

学习型组织的一些概念是由哈佛大学的阿吉瑞斯（Chris Argyris）和舍恩（D. A. Schon）提出的。1978 年，两人合作发表了专著《组织学习：一种行动透视理论》，引发众多的世界级公司尝试在企业内部推广和建立学习型组织。1994 年，麻省理工学院的彼得·圣吉出版了《第五项修炼》，对这一理论进行了更全面的阐述和推广。彼得·圣吉提出了“五项修炼”即不断的终身学习，以提升企业的竞争力：

第一项修炼：自我超越（personal mastery）

第二项修炼：改善心智模式（improving mental models）

第三项修炼：建立共同愿景（building shared vision）

第四项修炼：团队学习（teaming learning）

第五项修炼：系统思考（systems thinking）

建设创业文化特别需要三种组织学习的培训：①为员工提供培训，帮助他们通过将个人的工作使命与企业的愿景、使命和价值相联系，在工作中找到他们人生的意义；②为员工提供培训，帮助员工理解他们所完成的任务是如何推动企业成功的，这种作用是通过平衡需求计分卡的目标、任务和指标进行度量的；③为管理者提供培训，帮助他们成为领导者。

优秀文化

企业的管理水平一般可以分为四个层次，即不论你的企业在什么国家，属于哪个行业，历史多久，其管理状态水平皆不外乎以下四个档次[7]：

（1）随意、感觉管理型企业。企业基本规章制度，管理人员的思想和行为，企业的工作程序都呈现出极大的随意性，几乎一切都依感觉行事。该类企业人员多数情况文化程度较低，工作效率低下，错误频繁，企业核心竞争力极弱，是企业管理的最低层次。

企业如果不能迅速从这一层次提升，历史往往不能长久。

（2）一般制度管理型企业。此类企业已建立大部分规章制度，但缺乏系统性、科学性。工作职责和程序类制度非常缺乏，规章制度中的大部分为纪律性要求，员工对制度执行的自觉性不足，管理层对制度贯彻的监控不力，因而制度执行彻底性严重不足。这类企业人才流动率很大，优秀人才更不愿长期服务。员工工作效率较低，客户满意度不高，企业总体竞争力较弱。

这是企业管理第二个层次的状态。中国很多“有限公司”处于这种层次，而且在这个层次“混”了很多年，之所以能“混”，是因为前几年商机好，并不是企业实力强，今后这些企业将被商业社会逐步迫出。

（3）规范化、信息化管理型企业。企业内各个领域都已建立系统化、规范化的现代企业制度，战略目标明确，组织架构合理、工作流程清晰、分工职责明了；已建立和有效运行现代人力资源管理体系和现代生产管理技术PTM2000（制造业）；已采用现代IT技术建立信息流系统，能有效支援企业物流和事务流，并有完善和高效的对外接口。

这类企业员工工作主动性、积极性处于较高层次，拥有较为齐全的优秀人才，客户和员工满意度较高，竞争力较强，年度销售额一般为正增长。

（4）优秀企业文化导向型企业。达到这一管理水平层次的企业，具备规范化、信息化管理型企业的全部优秀之处，除此之外，它还已建立或形成了优秀的企业文化。

优秀企业文化是企业核心竞争力长期处于优势的基础。世界上的“百年老店”无不因其有优秀的企业文化，不论外部世界变化多端，还是内部CEO更换，都经久不衰。

先进的产品技术，优秀的管理方法，不可多得的管理人才，高级的设备等，你的竞争对手都可以拥有，即这些都具“可复制”性。但是唯有“企业文化”不可复制，你的竞争对手不可能拥有与你的企业一样的企业文化。

专栏

为什么王中军能够成就华谊[8]

王中军是中国企业家里最懂电影的人，也是中国电影人里最懂商业的人。

从一开始，电影对于王中军更是一门生意。而且，以他的人脉资源和八面玲珑，中国的企业界和电影界很早就打成一片了，很多企业家的段子在冯小刚的电影里也扮演了重要角色。

像《不见不散》里“炸喜马拉雅山”的台词，冯小刚就当面听牟其中讲过这个狂想，当时牟其中声称要拿两亿美元投资电影。《大腕》里的“搜狗网”、“不求最好但求最贵”，也是他们在饭桌上从张朝阳、汪潮涌等人那儿听来的。2002年，张醒生邀请一帮企业家去考察可可西里藏羚羊保护项目，回来后王中军就让陆川拍了《可可西里》。《天下无贼》里的淘宝网、《非诚勿扰》里的杭州西溪湿地，则透露了王中军与马云的渊源……

王中军说他主要跟三个企业家圈子来往密切：亚布力论坛，田溯宁、吴鹰等人的“数字中国”，《中国企业家》杂志社主办的中国企业领袖年会（马云与王中军最早就是在这儿结识的）。马云、江南春投资华谊以后，他又跟沈国钧、郭广昌等浙江企业家经常混在一起。

在很多人的印象中，王中军为人很低调，对人很客气，是个讲故事的高手。华谊耀眼上市后第二天，王中军就在他的办公室说华谊其实还是很小的公司。

创新文化

人们越来越意识到企业的可持续竞争优势来源于其稀缺、有价值、不可完全模仿与替代的资源。由于管理环境的复杂多变，科学管理的难度也越来越大，创新管理已经成为企业管理包括新创企业管理的重要方式。

创新领导

鼓励创新的企业文化特征主要有如下几种。

（1）鼓励冒险和快速学习：创新就是做别人没有做过的事情，创新本身具有很大的不确定性，对于由于创新导致的失败要能容忍。关键是企业要培养快速学习的能力，围绕确定的创新领域，多途径、小规模、低成本和高速度地进行创新，比如对产品创新要快速开发产品原型，而不是纸上谈兵。

（2）客户导向：在企业产品或者服务创新的整个流程中，客户的参与和反馈必不可少。创新机会经常源自企业对客户尚未满足的需要或者潜在需要的挖掘。产品概念、产品设计的改进完善更离不开客户的帮助。有些企业已经开始尝试为客户提供设计工具，让客户自己设计产品。

（3）全员创新：创新不仅仅是领导层和管理层的事情，所有的员工都应该投身于创新。产品创新、市场创新、商业模式创新和管理模式创新，这些创新领域渗透于企业的各个角落，因此创新的机会无处不在。

> Google 创办人 Larry Page 说道："完美的搜寻引擎，要能做到确实了解使用者想要的东西，并确实提供对应的资讯。"鉴于今日的搜寻技术，尚还需要研究、开发和创新才能确实做到那遥远愿景的"了解"境界。Google 将会致力迸发那道光芒。尽管 Google 已经被认可为世界上领导搜寻技术的公司，但 Google 的目标在于提供更高水准的服务给那些搜寻资讯的人员，无论他们是坐在波士顿的办公桌前、在里昂驱车行驶或在曼谷闲逛。
>
> 为了达成此一目标，Google 永续地追求创新，延展现有技术的极限，以突破地域的限制，为使用者提供快速确实且易于使用的搜寻服务。若要全面了解 Google 的风貌，那么借由了解该公司用来重新定义个人、企业和技术人员检视网际网路的所有方式，相信会有所帮助。要记住我们卖人们需要的东西就简单多了，不需要太多的行销技巧，不需要欺骗自己的良心，也不会有业绩压力，千万要顺势而为，不要妄想改变世界，只是为了证明自己很行！

创新领域

一谈到创新，很多企业首先想到的是产品创新。其实创新不仅仅限于产品创新。创新主要可分为四种类型：产品创新、市场创新、商业模式创新和管理模式创新。

（1）产品创新。产品创新是指将新产品、新工艺、新的服务成功地引入市场，以实现商业价值。如果企业推出的新产品不能为企业带来利润、带来商业价值，那就算不上真正的创新。产品的创新通常包括技术上的创新，但是产品创新不限于技术创新，因为新材料、新工艺、现有技术的组合和新应用都可以实现产品创新。

（2）市场创新。市场创新是指在产品推向市场阶段，基于现有的核心产品，针对市场定位、整体产品、渠道策略、营销传播沟通（品牌、广告、公关和促销等），为取得最大化的市场效果或突破销售困境所进行的创新活动。市场定位创新就是选择新的市场或者挖掘的新的产品利益点。所谓整体产品的创新指企业基于现有的核心产品，或改变包装设计，或变换产品外观设计，或组合外围配件或互补的产品，或提供个性化服务。

（3）商业模式创新。所谓商业模式是指对企业如何运作的描述。好的商业模式应该能够回答管理大师彼得·德鲁克的几个经典问题：谁是我们的客户？客户认为什么对他们最有价值？我们在这个生意中如何赚钱？我们如何才能以合适的成本为客户提供价值？商业模式的创新就是要成功对现有商业模式的要素加以改变，最终提高公司在为顾客提供价值方面有更好的业绩表现。

（4）管理模式创新。管理模式创新是指基于新的管理思想、管理原则和管理方法，改变企业的管理流程、业务运作流程和组织形式。企业的管理流程主要包括战略规划、资本预算、项目管理、绩效评估、内部沟通、知识管理。企业的业务运作流程有产品开发、生产、后勤、采购和客户服务等。通过管理模式创新，企业可以解决主要的管理问题，降低成本和费用，提高效率，增加客户满意度和忠诚度。挖掘管理模式创新的机会可通过：和本行业以外的企业进行标杆对比；挑战行业或本企业内普遍接受的成规定式，重新思考目前的工作方式，寻找新的方式方法，突破“不可能”、“行不通”的思维约束；关注日常运作中出现的问题事件，思考如何把这些问题变成管理模式创新的机会；反思现有工作的相关尺度，如该做什么、什么时间完成和在哪里完成等。持续的管理模式创新可以使企业自身成为有生命、能适应环境变化的学习型组织。

研究[4]发现，世界隐形冠军公司无论在产品还是工作过程都是高度创新的，而且它们的创新活动是全球导向的、持续不断的。

首先做一个比较，西门子是全球所有大公司中人均拥有专利数最高的公司，大约每百位员工拥有10项专利。而顶级的隐形冠军公司每百位员工拥有大概30～35项专利，是大公司水平的3～5倍，水平明显更优。但是产品创新不是隐形冠军公司唯一的创新点，另外一个很重要的因素是流程或过程的创新，实际上是服务的创新。有家做螺丝的Wurth公司，其螺丝在全世界销售额最高。它有个很小的发明——在建筑业要用大量的螺丝和螺丝刀，但是要找到大小正好合适的很费时。该公司做的创新就是在同等规模的螺丝和螺丝刀上贴个同样颜色的小标签，这些完全不是高科技的东西，但是对顾客的价值非常大。创新不是“一招鲜，吃遍天”，而是持续不断地改进。

创新督促

实施创新管理的一个重要步骤，是在企业内部成立两个跨部门的委员会，对新的企业文化的实施和维护进行监督，使创新观念的采集制度化。

（1）文化委员会。文化委员会的目的是营造一种能够激发创造力的氛围，以便将所有员工的智慧集中起来，用于解决企业所面临的关键问题。

（2）创新委员会。创新委员会的目的是通过建立一定的机制，将新观念、新想法转化为对流程和产品的改进，从而促进企业内部的创新。创新委员会的工作是激发员工产生能够改进产品和流程的观点和想法，建立鼓励员工提出新观点并对员工的观点进行评估的机制。同时还要建立与客户和供应商沟通，让客户和供应商充分发表想法的制度。创新委员会面临的挑战是，需要开辟一条创新的渠道，使企业能够不断地进行产品创新，领先于它的竞争对手，同时还能使企业不断地进行流程创新，降低成本，提高质量。

专栏

伊梅尔特的创新管理

2001年9月杰夫·伊梅尔特（Jeffrey R. Immelt）从杰克·韦尔奇手中接过通用电气公司（以下简称GE）最高权杖时，他希望建立一种创新文化，而以前GE的文化是注重程序。伊梅尔特开始引入那些行业专家型领导人，这些人在某些行业工作了几乎一辈子，对于自己所在的行业有着好奇心以及激情。为了鼓励管理人员能够形成专业的意见，伊梅尔特认为人们应当在位子上呆得更久一些，从而能与市场和客户建立更深的联系。但在以前，如果一个中层待在位子上几年不动，人们会认为他们有问题才没有得到升迁。

首先，设立对员工创造力进行评估的体系。检测员工创造力的一种方法是通过主管的评估。但这个方法有一些不足之处。其一，主管或许没有能力发现员工的创造性观点；其二，主管有时不能准确察觉到和评估员工的创造力。为了最大限度减少这种因素的负面影响，除了主管评估之外，企业还要尽可能定期收集和评估能体现员工创造力的更加客观的指标，比如对于需要员工建议的项目的贡献如何。

其次，对员工的创新行为进行奖励。比如3M长期奖励自己的科学家，每个作品奖金从5万~10万美元不等。“但奖励创新不一定会成功，我曾遇到一个企业给提出一个创意的员工700~800美元，结果很多人本职工作不做了，就在那里想点子。”周京提醒说为了鼓励创新，全公司必须有一个统一的策略。就奖励创新来说，先要将创新与产品的实用性结合起来，然后明确工作中有多少时间投入在创新方面；最终奖励与团队挂钩，使得大家明白，帮助别人与人人知识共享，是对自己有好处的。

在每月的电话会议、每个季度面对面会议上，伊梅尔特会带领一群销售与市场的高管人员，包括GE金融消费公司的CEO及其管理团队，参与一场头脑风暴。但不是每个人都能自由参加这种会议。参与高管每年至少必须提出三个“突破性的创新”建议，这些建议在商业理事会召开之前得到评估。

为激发灵感，GE一些高管人员同时还组织了“头脑风暴”，让来自不同企业的人们坐在一起集中讨论。有的公司每年挑选几位表现最佳的员工，参加高级管理层会议，与高管探讨他们的想法和创意。

管理文化

德鲁克指出：“管理是以文化为转移的，并且受其社会的价值观、传统与习俗的支配。”一个成功的组织不仅需要不俗的财务业绩，还要有满意的客户（包括员工这样的内部客户），只有把外部环境对于企业业绩的期待和内部员工对公司的期待相结合，才是一种新的企业公民实践的重要发展方向，长此以往，企业方可实现自身的可持续发展目标。

专业管理

提高管理能力是在知识经济下，竞争差别优势从最终产品转向核心竞争力的要求。核心竞争力不是产品，不是客户，也不是技术，它是组织内部经过整合的知识和技能，尤其是关于如何协调多种生产技能和整合不同技术的知识和技能。总之，企业真正的核心竞争力是管理。因为只有它才是学不到、买不来、偷不走、拆不开、离不了的；只有它才能将新技能集合起来，形成整体和系统的优势；只有它能使企业最终摆脱对人才、技术、产品和企业家的依赖，达到无为而治的境界；只有它才能降低对优秀人力资源和稀缺人才的需求，降低对管理者能力的要求。管理是世界一流企业成功的关键。

事的管理

中国企业可能靠机遇成长起来的比较多，真正靠打造自己的管理体系、建立牢靠的组织架构成功地做起来就非常少。西方的管理是针对组织而言的，强调效益、效率、制度、流程，中国的管理更多地是以人的视角来管理，而不是以组织的视角来管理。中国企业的管理总是在如何做人、如何管人等问题上下工夫，而事实上，现代企业管理是从“组织管理”的角度看待管理问题。只有将管理客体看做一个“组织”，管理才会成为公平公开、一视同仁的组织制度化管理，才能使得大型企业组织的建立成为可能。

组织理性（organizing rationality）源于社会学，是以组织为载体的理性，它是这样一种状态，即一个社会组织中具有了那些获得主要组织成员自觉遵循的一套独特的共识性或强制性的行动逻辑规则和经验惯例，这些规则和惯例或者与组织生存和组织各种目标的实现手段相关，或者与组织成员在组织中的地位合法性有关。当社会组织出现这种状态时，该组织就具有了组织理性[9]。

敏捷管理

成功属于精简敏捷的组织。

GE人非常讲究速度、简洁和自信。韦尔奇相信，自信可以使复杂的问题简单化，而简单的程序可以保证快速的应变。用他一贯主张的速度原则表述便是：最少的监督，最少的决策拖延，最灵活的竞争。

韦尔奇认为，"精简"的内涵首先在于内心思维的集中。韦尔奇要求所有经理人员必须用书面形式回答他设定的5个策略性问题。扼要的问题使你明白自己真正该花时间去思考的到底是什么；而书面的形式则强迫你必须把自己的思绪整理得更清晰、更有条理。其次是外部流程的明晰。韦尔奇要求为各项工作勾画出"流程图"，从而能清楚地揭示每一个细微步骤的次序与关系。对于速度，韦尔奇常用"光速"和"子弹列车"来描绘。他坚信：只有速度足够快的企业才能继续生存下去。迅捷源于精简，精简的基础则是自信。对于自信，韦尔奇给予了极大的重视，他甚至把"永远自信"列入了美国能够领先于世界的一大法宝。

专栏

提倡简单方法做最正确的事

"Simplify and go"和"Do the right thing"是耐克两大理念。

用最简单的方法做最正确的事并达成目标是耐克人的追求。有时候，一件事情涉及好几个部门，每个部门都有各自的意见，几个来回的讨论都无法达成共识，这时候，耐克人习惯于在往来的邮件签名下方附上上述简短的小句子，提醒自己和别人不要纠缠在不同意见中，赶紧求大同解决问题。这种自觉的意识帮助耐克提高工作效率。

做正确的事情则体现了耐克给员工发挥创造力的最大空间。在耐克，不会有人说：你不在这个位置上，这事你不要做。只要员工认为这事是正确的，那么他就可以大胆提出建议，积极参与和承担责任。耐克专注于员工卓越的想法和实践，鼓励员工自己作决定，激发其创造性和无穷潜能。

执行管理

创业者需要有十足的激情，但俗话说"创业难，守业更难"，在创业之始，创业者必须具有坚定的信念，不轻易受反对者的影响，具有良好的说服力，把握好机遇，化险为夷，度过创业初期的难关。而之后，良好的执行力以及适当的管理方式便是企业生存与发展的长远之道。腾讯总裁刘炽平的感受是，好企业20%是因为策略上的成功，80%的因素在于企业的执行能力[10]。

> 携程的模式并不复杂，甚至很多人不屑于携程的线下模式，但是，没有哪个竞争对手的执行力超过携程，所以携程成功了。同样，新浪用Yahoo的门户模式成功上市，QQ利用ICQ的模式获得成功，百度则用Google的模式获得成功——没有模式和技术上的完整创新，更多的是基于对于国人的需求进行更多细微的技术创新和应用创新，真正满足了用户的需求。
>
> 新浪确实也存在很多问题，但是新浪的执行力是值得肯定的，至少门户层面的执行力值得肯定。正是新浪，把博客的概念深入民间，引来全民写博的狂潮。新浪固然有原有的强大流量，但其在博客方面表现出来的执行力，确实有睥睨天下的气势和舍我其谁的决心。

在企业的初创期，迫于生存的压力，企业一切以顾客和市场为中心，这样做的本质是单纯以获取资金为中心，并不是真正以市场为导向，企业的全体成员只重视成果，而忽视过程；只重视所得，而不重视成本。以至于企业的销售量和销售收入都在快速增长，但是利润却没有增长，甚至亏损，“红红火火不挣钱”。企业发展起来以后，规模大了，有了一定的根基，企业需要严格的过程管理，借助于扎实的基础管理工作强化成本管理，通过管理制度建设构建基本的管理工作秩序，进而提高工作效率。

中国企业家们需要将“传统商业管理”与“现代组织管理”区分开来。现代企业组织以理性的组织智慧取代个人直觉智慧，就是它意味着企业组织必须抵制种种所谓的商机诱惑，准确地寻找自己在社会分工和产业链条中的位置，而不再是大一统、小而全的灵活多变或垄断通吃，这种传统经营向现代管理的演变，本身就是一次对于利润来源贡献模式的彻底反思和思维转变，因为现代企业组织所思考的问题，不再是偶尔的、短期的、一次性的获利，而是如何实现持续的、长期性的获利和组织生命的基业长青，所以，传统的“把握商机”的思维模式，对于现代企业组织来说，反而构成了一种伤害。从习惯于人治到建立组织思维，是现在中国企业必须完成的“转换”。

任正非有个非常有名的理论：在引进新管理体系时，要先僵化，后优化，再固化。用他在一次公司干部会上所讲的话作为解释最合适不过了，“5 年之内不允许你们进行幼稚创新，顾问们说什么，用什么方法，即使认为他不合理，也不允许你们动。5 年以后，把人家的系统用好了，我可以授权你们进行最局部的改动。至于进行结构性改动，那是 10 年之后的事。”正是因为这种对制度的尊重和始终如一的贯彻，才创造了华为的“春天”。

品质管理

对品质问题专注的根本理由，就是能够实现项目潜在的利润增长；对于品质的重要性可能有多种哲学意义上的解释，但其底线却是：消费者认可品质，并愿意为品质付钱。

企业精神文化对内能激发员工的工作热情，对外也能提升企业形象，有利于企业的长远发展。同时，在企业日益成为社会重要细胞的今天，企业精神文化实际上也是时代精神文化的重要组成部分，优秀的企业精神将成为全社会的宝贵精神财富。对于一个企业来说，能不能及时形成自己积极向上的有特色的企业精神，取决于两方面的努力：一是领导层能不能认真研究企业文化，及时总结出本企业的企业精神；二是员工能否认同这种企业精神，并贯彻到行动中。在这方面，新创企业容易陷入的误区就是自己提出的企业精神缺少特色，或是说非个性化。什么样的企业精神具有个性化特点呢？同仁堂是驰名国内外的中药生产、开发、经销企业，是有数百年历史的中华老字号，该企业中有着悬挂数百年的警言：“炮制虽繁必不敢省人工，品味虽贵必不敢省物力”、“修合无人见，存心有天知”。这两副对联，不仅对仗工整，有神韵，有正气，具有传统文化色彩，而且极符合中药配制中的行业特点，几百年来，对同仁堂天下闻名的质量至上意识的形成起了至关重要的作用。尽管当时还没有关于企业文化的理论，但谁能否认这是提炼企业精神文化的成功案例呢？

质量管理

品质意识的首要理由就是它有利于品牌。消费者对某些品牌的倾向性来自于该品牌的价值主张以及该产品所能实现的功能。用户期望产品的品质能物有所值，如果他们对购买的产品感到失望，很快他们就会对该产品及其品牌报以怨言。若想构建一个能在市场成功的品牌，重要的就是当用户开始使用该产品时能确保获得一个积极体验，而正面的消费者体验将会导致更多的销售。所以应用品质至关重要，不仅对个别开发伙伴，而且对移动应用市场的整体业务潜力概莫能外。

其次，品牌忠诚度也同等重要。赢得消费者信任并建立持久的品牌忠诚度是持续增长的关键。如果用户满心期盼该产品的下一个版本或该公司的其他新产品，这说明产品已经获得了一个忠诚的消费用户群。消费者可能仅仅依据功能列表、快速试用，或者移动应用情况下甚至只是网页上的一个屏幕截图，就能做出购买决定。如果该产品功能流畅完美，那么随着时间的流逝，钟情某个品牌并不断购买这些产品将促进品牌的发展。

世界隐形冠军公司不相信战略联盟之类的说法，也不像很多公司那样热衷于业务的外包，它们认为真正的竞争优势的基础就在于有些事情只有它们才做得了。它们认为卓越的产品品质要求它们自己在产品加工制造方面有特殊的造诣、特殊的深度。所以在宏观世界自己做所有能够做的事情。为了保护它们的专有技术和核心竞争力，它们会对自己的研发活动守口如瓶，从来不和别人一起研发。有些公司甚至拥有自己的机械加工机床，这是保持产品独特性很重要的基础。另外，它们在海外市场拓展方面也不太喜欢依赖别人，而喜欢建立自己的子公司。比如 Braun 公司什么事情都自己做，哪怕是专用的机床和安装刀片的小螺丝。它们对自己的产品倾注了十二分的心血，所以它们的价格特别贵。这个公司生产的产品是电动剃须刀的刀片，在它涉入的6个市场中有4个市场它都是领袖，在中国也有自己的子公司。Chupa Chups 公司，它们的机器大概80%由自己生产，它们像防贼一样盯着自己的对手[4]。

品质管理不仅包括在制品的制造现场所进行的品质检查，还包括在非生产部门为提高业务的执行质量而进行综合性的质量管理。

在20世纪80年代，GE 通过群策群力规定了员工应如何行事。今天，六个西格玛又规定了 GE 员工应如何工作。从1995年下半年开始，一项被称为“六个西格玛”的活动像熊熊烈火一样燃遍整个 GE。如今六个西格玛已经成为这家大公司一切理想和愿望的中心环节，成为一种规范化的工作方法。

GE 把“六个西格玛”应用于公司所经营的一切活动，如债务记账、信用卡处理系统、卫星时间租赁、法律合同设计等，GE 借此活动基本消灭了公司每天在全球从事生产的每一产品、第一道工序和每一笔交易的缺陷和不足。今后 GE 的每一种新产品和新服务项目都将是“按六个西格玛标准设计（DFSS）”的。

在如今的年代，企业面临的挑战是如何使公司的眼光从“由里向外”转变成“由外向里”。要以客户需要和工序为标准，并且在为他们服务时努力做到使偏差降低为零。实施六个西格玛，GE 靠的是经过严格培训的称为“黑带大师”和“黑带”的员工来带领和指导，他们时刻活跃于各种项目中，努力消除一切误差。到1998年年底，GE 已经有5 000多名这类特殊员工。这些人现在已完成了他们作为“黑带大师”的轮职期，并已被提拔到各个业务部门的领导岗位上。在 GE 公司里，还有一支“绿带”队伍，他们业余时间参加质量控制项目，工作时间做好各自的本职。

现在六个西格玛质量标准给 GE 在全球的每一个层次和每一种经营都深深地打上质量意识和工序意识的印记。当1995年六个西格玛质量标准刚刚出现时，GE 的营业利润率为13.6%，营运资本周转次数为5.8左右。到1998年年底，通过这项活动 GE 的营业利润率已上升为16.7%，营运资本周转次数提高到9.2。从1995～1997年，六个西格玛活动使 GE 从与质量相关的节约中得到大约7亿美元的收益。到1998年，它已为 GE 的营业收入提供了13亿多美元的回报。

价值管理

价值管理（value management）已经被广泛地被引入管理行为，可定义为，依据组织的远景，公司设定符合远景与企业文化的若干价值信念，并具体落实到员工的日常工作上，一般的工作性质或问题只要与公司的价值信念一致，员工即不必层层请示，直接执行工作或解决问题。

美国管理学者肯·布兰佳（Ken Blanchard）在《价值管理》（*Managing by Values*）一书中，认为唯有公司的大多数股东、员工和消费者都能成功，公司才有成功的前提；为达到此“共好”（Gung Ho）的组织目标，组织必须逐步建立能为成员广泛接受的“核心信念”（core beliefs），并且在内部工作与外部服务上付诸实施，成为组织的标准行为典范，始能获得真实与全面的顾客满意。

价值管理对企业的好处，在于价值管理不仅能够传承落实公司的远景，更能设定企业员工守则、工作信条等方法，在组织内部进行各种层面的沟通，凝聚组织、团体、团队与个人的目标成为共同信念，以增加组织成员的生活品质满意度，最终做好顾客服务，持续组织的竞争力和获得可长可久的事业成功。

越来越多的企业开始设立以管理企业文化为主要职责的高层管理职位，如企业文化副总裁。他们的主要职责是监督企业文化的实施、发展和维护。在愿景企业里，这种工作包括：对企业文化进行定期监控，以确保企业所信奉的价值得以实践；开展领导能力培训项目，重点是培育内部凝聚力和对员工赋予权力；帮助员工通过工作实现个人价值；确保人力资源管理机制和程序符合企业文化；聘用个人价值与企业价值一致的新员工；使企业成为充满乐趣的工作场所。

以价值为基础的管理不应将重点放在方法上，而应当关注为什么及如何改变公司文化，重视价值的经理很注意组织行为的动向，就像他注意价值评估，并将其作为业绩衡量标准和决策手段一样。以价值为基础的管理可以被最好地理解成是创造价值的思维与将这种思维化为行动的必要管理程序和制度两者的结合。孤立来看，任何一个因素都是不充分的，但结合在一起，它们将发挥持续的巨大影响。

总结以价值为基础的管理的四个重要步骤贯彻和实行如下。

第一，集团公司或经营单位要制定价值最大化战略。

第二，公司在从价值驱动因素的角度，将战略化为长期和短期的绩效指标。

第三，制定行动计划或预算，以具体落实今后一年中为达到指标要采取的步骤。

第四，确立业绩衡量标准和奖励制度，以根据指标来对比实际业绩，并鼓励员工实现他们各自的目标。并且，公司要想实现其价值目标，其战略和绩效指标必须在组织内从上到下保持一致。

对于企业而言，能够成功实施并能长期保持文化转变的最有力的工具，是在人力资源评估过程中引入企业所推崇的价值和行为。企业所信奉的价值必须完全反映在员工的提拔或降级、聘用或解雇的标准上。只有具备企业所信奉的价值的员工才能得到提升或聘用。领导价值评估和员工价值评估工具可以测量出领导及员工的价值与企业价值之间的相容程度，并为职位的晋升和员工的录用提供依据，同时为员工的培训打下基础。

科学管理

中国没有经过上百年工业社会的历练，科学管理并不过时，许多快速成长的企业遭遇“成长的诅咒”，让我们警醒。跨国公司在这些领域下足工夫，中国企业需要实实在在地确立专业技能，与跨国公司展开同场竞技。

在企业的规模很小、经营业务比较简单的情况下，依靠经营者个人的努力就可以支撑起企业的运转。但是，当企业的规模扩大、经营活动范围扩展、组织的层次增多之后，仅仅依靠经营者个人的力量绝对不够，必须依靠企业全体员工的共同努力。因此随着企业的扩张，适当弱化经营者在经营中决定性的作用，更好地发挥集体的力量，是十分必要的。

优秀的企业家是企业早期取得成功的重要原因。但是随着企业的成长，很多企业家逐渐丧失了企业家精神，变得没有追求；另外一些企业家则试图用以往的成功经验，继续指导企业的快速扩张，不能实现向职业化管理的过渡。这两种情况都说明，企业家的境界已经落后于企业发展的需要，企业家成了制约企业继续扩张的一个重要原因。

专栏

中国企业缺乏企业家精神[11]

波士顿咨询公司（Boston Consulting Group）年度报告《新全球挑战者》（*New Global Challengers*）列出了最有可能挑战老牌跨国公司的发展中国家企业新星。这份榜单显示出，中国企业发挥全球影响力的根源在于企业规模和政府支持，而非“企业家精神”。报告称，在波士顿咨询公司公布的全球百强名单中，已有五家公司的实力“非常接近老牌跨国企业”。但其中没有一家是中国公司，尽管上榜的中国企业数量占了1/3。

在很多情况下，上榜的中国公司有全球业务仅仅是因为它们为中国政府承担了重任，从为中国进口金属和工业产品，比如中国铝业公司（Aluminum Corp. of China）、宝钢集团（Baosteel Group）和中化集团（Sinochem）；到运输出口产品，如中国海运（集团）总公司（China Shipping Group）和中远集团（Cosco）；再到进行基础建设，比如中国交通建设股份有限公司（China Communications Construction）、正泰电器（Chint）以及上海电气集团（Shanghai Electric Group）。

没有一家上榜的中国企业制造的产品有助于促进中国政府已花费数十亿美元的“软实力”推广行动，就像好莱坞的电影为美国所做的宣传一样。这些企业生产的产品没有可供人们食用的，就像印尼的印多福食品（Indofood）以及泰国的联合速冻食品（Thai Union Frozen Products）；也没有能增进人们健康的，比如像印度制药商Dr. Reddy's和巴西的Natura；更没有能提供可靠的商业策略消息的，比如印度的塔塔咨询公司（Tata Consultancy Services）。

尽管中国经济稳定增长，上榜的企业却不固定。2006年5月登上波士顿咨询公司公司新竞争者榜单的44家中国企业中，今年已有28家不见身影。过去五年幸存下来的大都是超大型企业，比如中国五矿（China Minmetals）。还有一些行业虽然还留在榜单上，但行业内的公司早就发生了变化，比如一汽集团（FAW Group）和东风汽车就被奇瑞汽车（Chery）和吉利汽车（Geely）所取代。

文化管理

文化本身并不是一个静态的存在，也是具有在发展过程的，因而文化本身也需要管理。

文化变迁

文化变迁的性质依赖于组织所处的成长阶段。

组织在早期阶段的重点，应该放在如何将自身同环境以及其他组织区分开来。组织应该使自己的文化明晰起来，尽可能地整合它，而且坚定地将文化灌输给新成员（或者根据最初的融合程度来挑选新人）。另外，还可以看出，新创企业对某种业务的偏重也将影响到因此产生的文化类型。文化变迁在这一阶段的含义也十分清楚。年轻和成功的成长型企业的文化很容易为大家所恪守。

随着组织创建和发展，人们认识到文化中的许多因素可以作为消除各种焦虑的有力武器。因而，认真准备文化变迁的建议不管是来自内部还是外部，都很可能被完全忽视甚至遭到抵制。相应地，组织中的主导成员或团体将努力巩固和提升现有的文化。唯一可能打破这种局面的力量是来自外界的生存危机，比如增长率的急速下降、销售量和利润的损失、重大的产品失败或者其他一些不容忽视的事件。如果这样的危机发生了，组织就有可能自动地向下一个阶段（由外部人员管理）转变。这些危机有可能使创始人失去员工的信任，使一位新的高级管理人员进入视野。如果创始团体依旧岿然不动的话，文化也会原封不动。

专栏

日立的“创业者精神”

日立创始人小平浪平，大学毕业时只有26岁，当时身边所有的机器都从国外引进的，毕业后的10年中他在众多地方工作、学习技术，在每一个地方他看到机器的安装和调试工作全部都是由外国的技师来做，而日本人只能在旁边做一些辅助性工作，这对于他是一个很大的冲击。

那时，小平浪平产生了一个非常强烈的想法，即通过日本自己的力量制造出属于日本自己的机器。于是，他创立了自己的公司，进而把这种心愿凝练为日立创业精神中最重要的一点——开拓者精神，并按照这种精神不断工作。虽然此后在“开拓者精神”之上加入了“和”、“诚”精神，但“开拓者精神”不断地被一代又一代的日立人所传承，这种精神是最重要的。

一个世纪之后，日立的高层格外强调小平浪平早年的“创业者精神”，这不仅是公司历史的延续，也是日立这家老店在百岁的关口，同样面临着变革的挑战：重新将集团庞大的业务体系，聚焦到“社会创新事业”，以确立新的竞争优势；努力提升赢利能力，告别过去四年连续亏损的现实；在海外市场实现本土化，提高海外市场的比重，分享中国等新兴市场的成长；提高公司自身经营的活力，克服老牌企业惯常的“大公司病”。

文化演进

如果组织持续获得成功，创始人或创始家族在位时间很长，那么文化的演进将是微量递增的，不断吸纳多年来运行最有效的部分。一般演进涉及日益发展的多样化、不断增长的复杂化、高水平的差异，以及创造性的综合，从而形成全新的更高级的形式。特殊演进则涉及根据特定的环境调整特殊的部分，从而形成亚文化，并最终对核心文化产生影响。这些机制使得不同行业的组织形成了鲜明的行业文化。因此，一个高科技企业可能发展高度精密的研发技能，而一家食品或化妆品行业的消费品公司则努力发展高超的营销技能。

这样的差异性反映出组织对世界本质重要的潜在假设，以及自身实践经验的增长。此外，由于组织的各部门所处环境不同，每个部门都必须努力改变以适应特殊的环境。当小团体分化、亚文化形成时，主流文化变迁的时机也就成熟了。但是在这一阶段，这种分化仅仅是还可以忍受而已，还需要努力把它们降到最低程度。但是，不管你有没有采取特别的措施，演变过程必将发生，只要领导者注意到这些过程并且予以关注，便能够通过观念传播帮助文化进行变迁。

文化改革

在改革企业文化方面，韦尔奇是从指挥全企业的理念对话着手的。他能够让员工思考大组织理念，让他们习惯有关自己工作的革命性思考理念。韦尔奇推行公司全面的辩论，探讨GE的价值观应该是什么，并始终坚信最好的主意经得起公开的讨论。这些方法合起来足以使理念转变成可以接受的习惯，当习惯养成时，文化也已经改变了。

因为这项工作的艰巨，即使是成熟企业的革命性的领导者，通常也会将改革文化放在最后阶段。但是文化一日未变，改革转型便一日未成。甚至当最剧烈的技术变革和制度改革已经被人遗忘时，企业文化可能还在指导着组织行为模式。

专栏

任正非：由必然王国到自由王国[12]

华为经历了十年的发展，有什么东西可以继续保留，有什么东西必须扬弃，我们又能从业界最终吸收什么？如何批判地继承传统，又如何在创新的同时，承先启后，继往开来？继承与发展，是我们第二次创业的主要问题。

华为走过的十年是曲折崎岖的十年，教训多于经验，在失败中探寻到前进的微光，不屈不挠地、艰难困苦地走过了第一次创业的历史阶段。这些宝贵的失败教训与不可以完全放大的经验，都是第二次创业宝贵的精神食粮。当我们第二次创业走向规模化经营的时候，面对的是国际强手，它们有许多十分宝贵的经营思想与理论可以供我们学习参考。如何将我们十年来宝贵而痛苦的积累与探索，在吸收业界最佳的思想与方法后，再提升一步，成为指导我们前进的理论，以避免陷入经验主义，这是我们制定"公司基本法"的基本立场。几千员工与各界朋友两年来做了许多努力，在中国人民大学专家的帮助下，《华为公司基本法》八易其稿，最终在1998年3月23日获得通过，并开始实行。当然它还会在实行中不断地优化，以引导华为正确地发展。

华为第一次创业的特点，是靠企业家行为，为了抓住机会，不顾手中资源，奋力牵引，凭着第一、第二代创业者的艰苦奋斗、远见卓识、超人的胆略，使公司从小发展到初具规模。第二次创业的目标就是可持续发展，要用十年的时间使各项工作与国际接轨。它的特点是要淡化企业家的个人色彩，强化职业化管理。把人格魅力、牵引精神、个人推动力变成一种氛围，使它形成一个场，以推动和导向企业的正确发展。氛围也是一种宝贵的管理资源，只有氛围才会普及到大多数人，才会形成宏大的具有相同价值观与驾驭能力的管理者队伍，才能在大规模的范围内共同推动企业进步，而不是相互抵消。这个导向性的氛围就是共同制定并认同的《华为公司基本法》，形成切实推动的就是将在十年内陆续产生的近百个子基本法，它将规范我们的行为与管理。

淡化企业家个人色彩和强化职业化管理，要求我们逐步地开放高层民主。华为实行的委员会民主决策、部门首长办公会议集体管理的原则，这是发挥高层集体智慧、开放高层民主的重要措施。以资深行政人员、资深专业人士及相关各行政职能部门首长组成的近百个各级各专业委员会，贯彻了选拔的从贤不从众。在实行决策管理过程时，又使用了充分的民主原则。从而使企业的管理避免和减少首长个人决策的失误机会。即使失误了，也因事先有过充分的研究，可以有众多人员去补救。委员会是务虚，确定管理的目标、措施，评议和挑选干部，并在实行中进行监控，使企业的列车始终运行在既定的轨道上。部门首长办公会议是务实，是推动目标的实现，组织与调动资源，进行层层的考核与测评，促使人的因素转化成物质的力量。部门首长在实施权威管理的时候，运用的是办公会议的集体权威。

外延的基础是内涵的做实。华为要用5～10年时间将内部关系合理地理顺，使之充满了扩张的力量。不是制约与限制它的发展，也不是纵容它的扩张，而是管而不死，活而不乱，依规律行事。各级干部在做实的基础上，努力提高自己的素质，增强驾驭流程与组织的管理能力，并在实践中拥有不断优化自己、批判自己的能力。任何一个人在新事物面前都是无知的，要从必然王国走向自由王国，唯有学习，学习，再学习；实践，实践，再实践。

什么叫自由？火车从北京到广州沿着轨道走，而不翻车，这就是自由。自由是相对必然而言的。自由是对客观的认识。人为地制定一些规则，进行引导、制约，使之运行合理就是自由。孔子说他人生的最高境界是"从心所欲而不逾矩"，这就是自由。必然是对客观规律还没有完全认识，还不能驾驭和控制这些规律，主观还受到客观的支配。例如：粮食现在还不能很大地丰产，水灾和地震还不断给人类造成危害，我们的交换机软件如何发展与稳定……

一个企业能长治久安的关键，是它的核心价值观被接班人确认，接班人又具有自我批判的能力。《华为公司基本法》已阐明了我们的核心价值观，我们的数千员工现已认同它，并努力去实践它，实践中把自己造就成各级干部的接班人，这就是希望，这就是曙光。

本章概要

为了获得生存、发展以及不断的强盛，新创企业有需要奠定自己的文化管理基石。创业文化具有独特的过程模式性质：首先，创业文化的内核在精神。新创企业建立起以价值信仰、道德原则、思想开放、人本能力为基本要素的精神文化，砥砺自己的精神气质。其次，新创企业要建立以目标愿景、领导激励、组织学习和创新管理为基本特质的行为文化，作为企业管理制度建设的依托，完善自己的行为规范。最后，新创企业在市场运作与社会活动中，要建构起自己的组织理性、管理专业、品质发展与现代思维为导向的文化形象，也作为自身品牌的重要依托。

思考练习

1. 新创企业管理模式有何特征？进行新创企业制度完善时有何值得关注的地方？结合中国情况，谈谈你认为新创企业进行文化建设时有何特定要求？
2. 如何建立以多元文化为基础的文化管理模式？如何从企业的生命周期、产业、规模等角度分析企业文化管理的适应性条件？
3. 企业文化由企业所属的行业、企业家素质及价值观决定，并创造企业的社会价值；企业战略由企业所处的成长阶段、企业家能力及目标决定，并创造企业的经济价值。你是如何理解这个观点的？
4. 成熟的文化应该是从容的，管理优秀的企业员工行为应该很平静。你是如何理解的？
5. 有人说："除了婴儿，我几乎看不到纯洁的笑容。"你是如何认为的？
6. 有了良好的企业文化，对于企业家和企业，就说明已经进入比较稳定的阶段，并能很稳定地控制身边的"场"。你对此是如何理解的？
7. 企业的文化管理与制度管理如何相互匹配？
8. 企业文化如何成为或形成企业核心竞争力？
9. "有容德乃大，无求品自高"。如何理解并应用这一思想？请以实例来说明。

参考文献

[1] 丘慧慧．探路者华为："世界级企业"命题证伪 [N]. 21 世纪经济报道，2009-09-28 (65).
[2] 阳光．治理"情绪熄火"——企业文化的回归 [N]. 21 世纪经济报道，2010-04-06 (20).
[3] 罗萨贝思·莫斯·坎特．2010 年值得铭记的五大启示 [EB/OL]. 哈佛商业评论网，[2011-01-11].
[4] 赫尔曼·西蒙．隐形冠军的八大特质 [J]. 印刷经理人，2008，(10)：44，46.
[5] 佚名．德鲁克对马狮公司的分析 [J]. 经理人，2002，(10)：43-44.
[6] 谷歌公司．我们的理念 [EB/OL]. Google 主页，[2009-12-10].
[7] 金达仁．企业管理水平的四个层次 [N]. 工人日报，2003-12-15.
[8] 雷晓宇，丁伟．冯小刚 & 王中军：商业片之王 [J]. 中国企业家，2010，(14)：42-44.
[9] 赵孟营．论组织理性 [J]. 社会学研究，2002，(4)：77-87.
[10] 邓青青．腾讯总裁刘炽平：40 岁以下商业精英 [EB/OL]. 猫眼看人，[2009-03-12].
[11] James T Areddy. 中国企业靠什么在全球竞争？[EB/OL]. 华尔街日报，[2011-01-21].
[12] 任正非．由必然王国到自由王国 [J]. 电源技术应用，2000，3 (2)：66，48.

延伸阅读

第1章

1.《企业家精神》（丁栋虹．北京：清华大学出版社，2010）：本书是“企业家精神”学理分析的开山之作，从企业家精神的特质分析、国际比较、制度发展及实证演绎四个角度，在国内外首创性地建构了企业家精神分析的完整体系，全面揭示了企业家精神的思想与实践（国外与国内，历史、现状与趋势），通过直面企业家的企业家精神，探讨企业家的心智模式，探究企业家的商业、管理与领导伦理，以期发展企业家的道商（doctrine quotient，DQ），突破企业家领导力提升的瓶颈。

2.《管理咨询》（2版）（丁栋虹．北京：清华大学出版社，2011）：本书是一本针对企业及其他相关组织进行管理问题诊断与分析的指导性教材，包括咨询理论（咨询基础、咨询价值、咨询发展、咨询流程、咨询学习）、咨询方法（项目竞标、咨询工具、数据资料、方案设计、实施方法）、咨询技术（运营咨询、人本咨询、战略咨询、品牌咨询、文化咨询）与咨询管理（策略管理、人员管理、知识管理、项目管理、服务管理）等四大篇共20章。

3.《新企业与创业者》（斯蒂文森，等．高建，姜彦福，雷家骕，译．北京：清华大学出版社，2002）：本书突出特色是文中的理论部分具有较强的实用性和针对性，而且案例都是以实际企业为背景，这对学习美国在创业管理方面的先进经验是十分有益的。本书探讨了创业者在开创和管理新企业时必须解决的五个核心问题：机会评价和开发企业概念、评估和获取资源、收购现有公司、管理成长中的企业以及收购价值。

4.《从零到百亿：Facebook创业故事》（卡罗·白朗．译言网，译．北京：中国书籍出版社，2007）：本书以一个工程师平实的语言，从局内人的视角，描述了这个传奇的Web 2.0网站初期的爆炸性发展。本书读来让人感觉真的置身于硅谷，置身于一家创业公司之中，感受到那种每个细胞都充满了为梦想而奋斗的激情。

5.《创业的艺术》（川崎．李旭大，译．北京：当代中国出版社，2006）：从筹集资金到雇用合适的员工，从阐述你的组织定位到打造品牌，从争取新的客户到参与激烈的竞争，从管理董事会到创立社团，这本书都可以在你探索的过程中给你以指导。

6.《僧侣与谜语：一位硅谷企业家的创业智慧》（林内贝克，科米萨．张莉，译．北京：机械工业出版社，2007）：作者以幽默的笔法，从一位资深的创业投资者的角度，描写了他与Funerals.com的创立者之间的互动，让有创业理想的人能够在残酷的竞争中找到支撑自己不畏艰难、勇往直前的动力。

7.《犹太商人的创业圣经——塔木德》（弗兰克·赫尔．徐世明，译．北京：民主与建设出版社，2004）：犹太人最让世界折服的是他们惊人的富有和奇异的赚钱能力。

8.《创业者：世界上最卓越的商业头脑》（约瑟夫·博耶特，吉米·博耶特．马丽莉，译．海口：海南出版社，2003）：作者约瑟夫·博耶特和吉米·博耶特是《财富》500强高级顾问。他们进行了详细的调查，精心汇集了世界70位最卓越企业家的智慧。

无论是选择生意门路，制定创业计划，本书都将为您提供实用的、激人奋进的建议和指导。

9.《谁杀了我的牛?》（卡米洛·克鲁斯．商佳音，译．合肥：安徽科学技术出版社，2009）：成功人士有一项共通点：从来不会为了解释事情的结果而编造借口，也不会抱怨事情原本应该如何发展，他们只会积极行动。本书将告诉读者，如何摆脱借口、甩掉平庸，以拥有美满关系、成功事业、健康生活、充实人生。

10.《创业时代》（法雷尔．杨晓非，李政，译．北京：清华大学出版社，2006）：本书不仅揭示了全球最伟大创业的基本特征、快速创新的黄金守则、发展创业型组织与创业型经济的必要条件，以及关于创业家的天方夜谭与朴素真理，同时还从企业的使命阐述到组织日常运作实践等多个维度，为制定和实施商业计划提供了简单而又被证明行之有效的策略。

第2章

1.《创业测试——企业家及经理人在制定商业计划前应该做什么》（约翰 W 马林斯．石建峰，译．北京：中国人民大学出版社，2004）：大多数人的创业思路至少存在一个致命的错误，这个错误足以将一个摇摇欲坠、资金匮乏的新企业在一瞬间推向深渊，本书则提供了解决方案。本书中提出，用严格的七领域测试方法来检查创业思路，就能及时发现错误，并找到改进办法，或者是泥足深陷之前及时退出，转做其他事情。

2.《专业团队》（帕特里克·麦克纳，戴维·梅斯特．刘世强，译．北京：中信出版社，2006）：优秀的专业人士有创意、有才气，是公司的重要人物，但他们通常傲慢、极度自我、漠视群体、不易领导。本书纠正以往企业总是擢升最资深、业绩最高，或者对财务最精明的人成为主管的误区，为现代企业提供了真正有效的领导标准和机制。

3.《打造优势团队：创建强有力团队的全套技巧》（哈佛商学院出版公司．邢三洲，译．北京：商务印书馆，2007）：你对组织和领导团队的工作掌握了哪些必要的知识?你了解团队的特点吗?本书谈论的主题包括：化解冲突、促进团队成员间的相互依赖；加强团队成员之间的交流；引导团队成员建立共同的愿景；表彰和激励团队的贡献并评估其表现。

4.《成功团队管理的秘诀：培养团队精神的23种实战练习》（麦克尔·韦斯特．王新，乔晓燕，译．太原：书海出版社，2005）：成功团队管理的关键取决于管理者的能力，这包括招聘员工、分配工作、信任和激励员工的能力。

5.《中国式团队》（曾仕强．北京大学出版社，2007）：只有以中国传统文化为背景，以中国人的人情世故为出发点，充分考虑中国人的优缺点，以及许多只可意会、不可言传的潜规则，才能构建和谐、和乐、合理、合适的中国式团队，而这样的团队才是真正高效能的团队。

6.《海豹团队：美国海豹战队团队领导力法则》（匿名．贾钒，青阳，译．北京：中国社会科学出版社，2004）：作者利用他作为一名“海豹”部队老兵的习得经验，引导读者领导了解领导者如何发挥作用，才能建立一个组织良好、胜任工作、足智多谋的专业人员队伍，让其成员创造性地工作，达成目标。

7.《高效团队：领导团队走向成功的5大黄金法则》（J 理查德·哈克曼．柯祥河，译．海口：海南出版社，2006）：本书概括了领导者可以通过以下几个方面来布局、支持和指导团队。提高对共同工作必不可少的社会流程；作出共同的承诺，发展技能和制定适合任务的协调方案；帮助队员调停各种纠纷和发现突然出现的机会；获得经验并转化为共同的知识。

8.《构建创新团队：培养与整合高绩效创新团队的战略及方法》（哈里斯·哈里斯．陈兹勇，译．北京：经济管理出版社，2005）：本书以创新的动力和探索创造性的过程为起点，验证了团队如何合作来产生创造性团队价值，以及解释了一个公司如何组织和领导创新性团队。最后，在许多练习的基础上，本书说明了如何设计创新性团队项目和考核绩效。

9.《软件团队模式设计：团队质量决定产品质》（吉姆·麦卡锡，米歇尔·麦卡锡．孙宝成，等译．北京：电子工业出版社，2004）：作者结合软件开发团队的特点，以编写软件的形式，把团队建设与团队工作的核心要素，通过模式、反模式、定义、协议等形象的比喻体现出来，使读者深刻领悟其中蕴含的丰富内容，最大限度地在团队工作中发挥个人的智慧和才能。

10.《团队领导的9个关键：世界顶级公司的团队管理实践》（查尔斯J马杰里森．薛菁睿，译．北京：机械工业出版社，2003）：作者利用自己在商业和咨询业的丰富经验，围绕团队领导的9个关键：建议、创新、推销、开发、组织、生产、检查、维护和联系，介绍了团队管理系统（TMS）。

第3章

1.《创业者百宝箱：开创和发展新企业的工具与技巧》（哈佛商学院出版公司．周松涛，译．北京：商务印书馆，2007）：一个人是否适合创业，创业又将面对什么样的困难？本书系统地讲述了从思考创业到融资，以及如何把事业做成一个大事业的全部过程。

2.《定见——重启思维定见未来》（奈斯比特．魏平，译．北京：中信出版社，2007）：在本书中，奈斯比特将自己多年的趋势观察经验悉心整理，告诉读者11条定见，并如何将这11条定见运用在信息收集、分析判断与预测未来趋势上。奈斯比特认为，如果我们的观念、思维偏离了世界未来趋势的走向，不论多么劳心劳力，一切作为都将事倍功半。

3.《CEO的抉择》（伯克，麦克唐纳．全如琼，译．北京：中国人民大学出版社，2007）：书中的主人公来自于现实生活中的原型，你可以在里面发现有波音公司、安然公司等世界顶尖公司CEO的影子，这是一个可以真实体验他们生活的机会，你可以通过自己的选择，演绎自己的CEO的人生！第一本妙趣横生的互动式小说！

4.《创意——并非广告人独享的文字饕餮》（詹姆斯·韦伯·扬．北京：中国海关出版社，2004）：为什么那些资深创意人总是要比那些创意新人的好想法多一些，难道他们会更聪明？当然不是，只是因为他们掌握了创意的技巧。这些技巧就像一门手艺，会被人总结出来，再传授下去，所以坊间会流行一种说法：广告是一门师傅带徒弟的手艺。那么创意是如何得到的呢？相信韦伯扬的这本书会给您一个满意的答案。

5.《创意开发方法》（杨德林．北京：清华大学出版社，2006）：本书的第一个板块，分别论述创意开发思维理论、创意开过程与障碍、创意开发者的个性特征、创意开发能力、创意开发的观察与科学实验等理论问题。第二个板块给出了创意开发的“具体方法”。针对每种方法，在众多文献资料的基础上，从实用的角度对创意开发进行了详细论述。

6.《创新者的思考——发现创业与创意的源头》（大前研一．王伟，译．北京：机械工业出版社，2007）：一般创业的著作比较偏重创业过程及创业后的管理，大前研一的重点则在创意的思考。看大前研一的书或文章经常会觉得这个人怎么会有这么多点子、这么奇特的想法。在本书中，我们将得到答案——因为他随时随地都在思考。

7.《创意的构想——创意，21世纪你的赢之道》（大前研一．庄娜，译．北京：中信出版社，2007）：大胆质疑先入之见，被先入之见局限住的人，不能看清眼前事物的本来面目。从网络开始思考，这里的“网络”，是指点与点之间怎样连接起来。创造别人无可替代的产品，提供别人无可替代的资源。从历史中吸取经验教训，回顾历史是拓展思路的重要手段。站在对手的立场上思考，一旦置身于对手的位置上，你将发现以前从未留意的全新景象。展开讨论，讨论使问题逐渐被抽丝剥茧，好的创意随之浮出水面。

8.《商业创新思想》（罗斯·贾伊．勒路遥，译．海口：海南出版社，2004）：怎样才能产生并利用这样的伟大创意呢？本书为你带来产生创意的全部工具。

9.《寻找创业沃土》（斯科特 A 沙恩．奚玉芹，金永红，译．北京：中国人民大学出版社，2005）：本书是为那些试图创立高技术企业的创业者提供的第一本完整的行动指南手册。作者在书中总结了取得长期成功的各种关键因素。通过此书你将了解到，如何去识别市场机会、掌握竞争者的弱点、评估顾客需求、管理风险与不确定性、预测产品购买方式与扩散方式、使组织结构化，以及保护知识产权。

10.《横向思维（上、下）》（爱德华·德·波诺．德·波诺思维训练中心，译．北京：新华出版社，2002）：本书内容包括前言、绪论、本书的用途、横向思维方法和概念、大脑的机制、思维的技巧、如何对待横向思维、寻找替代的方案、对假定的质疑、设计的革新与推迟的裁决、主导思想和决定因素、分割法、反转法等内容。

第4章

1.《开放性成长——商业大趋势：从价值链到价值网络》（琳达 S 桑福德，戴夫·泰勒．刘曦，译．北京：东方出版社，2008）：这本书描述了作者对未来商业的各种预想，也包括了作者最好的实践经验。同时，书中所描绘的也是关乎你自己未来事业发展的各种策略。

2.《2010 商业模式：企业竞争优势的创新驱动力》（奥赫贝，张维迎，孔翰宁．北京：机械工业出版社，2008）：本书特别关注的是，在很多行业中，新的商业模式如何取代传统的产品成为企业竞争优势的驱动力，尤其是从提供产品向提供解决客户问题的增值服务转型的商业模式。

3.《没有对手的竞争：21 世纪的商业模式与企业竞争策略》（芬加．曾鹰，译．北京：群言出版社，2008）：要想在激烈的竞争中生存下去必须疯狂地关注商业流程，并且一刻也不能停下创新的脚步。任何对这一问题没有产生危机感的读者和公司一定会被时代所淘汰，而且其速度之快令人咋舌。

4.《关键管理问题：各种商业模式的睿智精要》（兰伯特．史晓峰，张云薇，译．北京：经济管理出版社，2004）：本书为你巧妙地进行管理分析和调查提供了一个非常实际的指导。它展示了你应向你的企业、你的同事、你自己提出的一系列透彻的问题，从制定战略到劝服你的员工，而且还告诉你应该去哪里找出大多数的答案。

5.《赢利模式：电子商务成功之路》（彼特·莫拉斯．冯雷，译．北京：社会科学文献出版社，2003）：本书由三个部分构成。第一部分，开创电子商务的战略要点。第二部分，描述了实践经验的总结以及由互联网引起的业务持续变革中的技术背景，并讨论了相似的电子化互动。第三部分，基于迄今为止从电子商务开拓者们那里学到的经验教训，描述了这种项目的实践过程。

6.《零售商的定位策略：持续赢利的商业模式》（安德，斯特恩．庞瑞芝，译．北京：电子工业出版社，2005）：很多零售商陷入黑洞是因为它们觉得自己已经“相当好”，于是开始盲目扩张，最终迷失了方向。针对这种情况，作者提出了一套 Est 理论，指出任何成功零售商都有一个清晰定位，并肯为之而不懈努力。

7.《开放式创新：进行技术创新并从中赢利的新规则》（切萨布鲁夫．金马，译．北京：清华大学出版社，2005）：本书强调了外部知识资源对于创新过程的重要性，通过施乐公司、IBM 等事实案例，生动、详细地阐述了自己的观点。

8.《利润模式》（斯莱沃斯基．张星，译．北京：中信出版社，2007）：本书提供了三十多种改变各行各业竞争态势的盈利模式。这些模式无疑是管理人员进行重大战略决策、分配资源和管理战略风险的工具。

9.《发现利润区》（斯莱沃斯基．凌晓东，译．北京：中信出版社，2007）：为何有的公司能逐年创造持久、高额的利润？为何它们总能先于与竞争对手发现该行业不断变动的利润区？为何其他公司因其传统经营之道而受挫？本书为此提供了答案。作者详细阐述了高额利润是如何以及为何产生的。

10.《电子商务大赢家——通过用户体验赢取利润》（唐纳休．张志辉，译．北京：清华大学出版社，2006）：电子商务领域的最大赢家是那些采用以客户为中心设计方案的企业。本书从众多关于用户界面和网站设计的书籍中脱颖而出，首次将经营战略和用户体验与在线设计的艺术和科学结合起来，开辟了从企业战略家和营销经理的角度专注于用户体验的新观点。

第5章

1.《你拿什么吸引我——创业者必知的风投规则》（《21世纪经济报道》记者团队．北京大学出版社，2007）：在充满机会、财富、风险和挑战的资本市场，什么使得你与众不同、令风险投资人一见倾心？22位资深风投人袒露心声，分环节详细解析风投全程。

2.《成功的商业计划：诀窍与战略》（朗达·艾布拉姆斯．张帏，译．北京：中国人民大学出版社，2005）：本书主要内容有：①成功的商业计划的要素。②商业计划书的构成。③商业计划的实施。④特别考虑针对不同行业、不同经济环境下的创业者在商业计划开发中经常遇到的问题进行了分析，并提供了行之有效的建议。

3.《一页纸的商业计划》（帕特里克·赖利．魏青江，译．北京：中信出版社，2005）：本书打破了原有冗长的商业计划书的写作方式。作者把一页纸商业计划书的所有要素和盘托出。

4.《商业计划工具包》（史蒂文·彼得森，彼得 E 简瑞特．北京燕清联合传媒管理咨询中心，译．北京：机械工业出版社，2004）：本书的独特之处在于，鉴于目前各种类型的企业层出不穷，作者详细介绍了现在比较流行的不同企业类型的计划模式，增加了此书的实用性。

5.《丹尼尔·肯尼迪思考工具》（丹尼尔·肯尼迪．刘彬彬，张伟，译．北京：国际文化出版公司，2003）：丹尼尔·肯尼迪的"商业计划思考方法"是一个强大的商业工具。借助这个工具，你可以轻松地设计你的营销计划。

6.《30分钟创意评估》（Thmoas K. McKnigh. 金马，译．北京：清华大学出版社，2005）：只要使用本书所提出的"创意计分卡"，你就能系统地为自己的商业创意进行科学而可靠的评估，并且只需30分钟就能确定自己的创业状态。

7.《商业计划书写作指南》（奥斯特扬，丹斯洛．吕晓娣，等，译．北京：清华大学出版社，2003）：本书的新颖之处在于它是以循序渐进的方式讲授撰写商业计划书的整个过程。书中的范例都来自于真实的商业计划书，其中有值得效仿的优秀范例，也有作为反面教材的范例。

8.《商业计划书英语写作规范》（里科尔德．刘大为，译．北京：经济科学出版社，2006）：经过充分调查、仔细规划的商业计划书是任何生意发展和持续进行的唯一重要因素。

9.《创业者之道》（大前研一等．郭明辉，译．北京：中信出版社，2006）：本书除了详细介绍创业者必备的技能和经营方略之外，着重强调了商业企划书如何构想、是否具有可行性，以及如何才能获得市场竞争力等。

10.《商业计划宝典：如何撰写结果驱动型商业计划书》（杰克·菲利普斯，帕特里夏·菲利普斯．戚安邦，尤荻，陈海龙，译．北京：清华大学出版社，2011）：本书提出了一整套系统、结构性的方法体系，通过应用这一方法，任何商业计划书都能赢得客户的关注和尊重，并最终如愿获得项目。

第6章

1.《占领印度市场——如何在全球最后一个决胜全局的市场中成功》（拉玛·拜贾珀卡．郭国玺，译．北京：东方出版社，2009）：作者从社会文化角度全面介绍了印度市场，用各种图例说明企业应该如何理解市场的差异、如何制定相应的市场战略。这本由印度本土的商业观察人士写的书，放弃了惯常的从成熟市场的角度去理解新兴市场的愚蠢做法，对试图开拓印度市场的中国企业家更具参考价值。
2.《玛莎·斯图尔特传：美国家政女王的传奇人生》（琼恩F普赖斯．王瑞泉，译．上海：上海远东出版社，2009）：传主是美国家喻户晓的家政生活女皇和美国第二女富豪。她的人生经历是典型的美国梦。
3.《世界经济简史：从旧石器时代到20世纪末》（龙多·卡梅伦，拉里·尼尔．潘宁，等，译．上海：上海译文出版社，2009）：本书整体地再现了人类经济的源流，从一小片的肥沃河谷出发，随着资源、技术、交通的发展，经济的力量逐渐汇聚起来，形成波澜壮阔的全球经济图景。其间，人类经历过经济缓慢或疯狂的增长，不均衡的经济体出现过间歇性的崩溃，相互之间甚至爆发过战乱。
4.《全球化面面观》（曼弗雷德·斯特格．丁兆国，译．南京：译林出版社，2009）：本书着力分析了全球化的经济、政治、文化和意识形态这四个方面，并揭示了全球化遭遇的挑战，预言了全球化的未来。
5.《命名强力品牌》弗兰克·德拉诺．陈永辉，译．上海：上海人民出版社，2003）：本书是美国第一品牌策划师的倾情之作，其独门心得“品牌命名七大原则”极具使用价值，可以帮你学会抓住一个产品的本质，使你变得更具创造力，避免踏入“取个不幸的名字”的黑洞。
6.《命名与必然性》（索尔·克里普克．梅文，译．上海：上海译文出版社，2005）：事物是怎样被命名的？这取决于名称的起源和历史，而不取决于被命名对象的偶然特性。丘吉尔之被命名为“丘吉尔”，不是因其本人的种种特性，而是因其父母的命名以及从此别人这样称呼他而建立的历史传递链条。这就是作者的历史的、因果的命名理论。
7.《品牌命名：世界知名品牌背后的故事》（史蒂夫·里夫金，弗雷泽·萨瑟兰．林海，译．北京：企业管理出版社，2007）：本书作者讲述了关于品牌命名的一切内容。这本书里有很多关于什么能做、什么不能做的知识，本书有关于名称是如何构成的专门知识，关于品牌发音的内容，还谈到名字怎样表达价值，并告诉我们在世界上的什么地方可以找到好名字，什么将成为世界上的好名字。
8.《美国破产法》（大卫·爱波斯坦．韩长印，译．北京：中国政法大学出版社，2003）：本书解释了破产法的基本概念和术语，探讨了破产从业者在商事破产案件和消费者破产案件中适用美国破产法时遇到的一些基本法律问题。
9.《破产》（末松义章．赵儒煜，冯建超，译．北京：科学出版社，2004）：对于一个企业的完整的经营活动而言，避免因交易对手破产而造成欠款无法收回的困境是非常重要的。本书针对这些问题，分别对破产结构、形式以及避免形成呆账的信用管理方法和对策进行简单的归纳和总结。
10.《创意新贵：启动新新经济的菁英势力》（理查·佛罗里达．邹应瑗，译．台北：宝鼎出版社有限公司，2003）：本书带领读者从一个全新的角度思考我们今天为什么这样生活，以及未来将往何处去。作者发现，美国社会一些看似没有关联的改变，追根究底都是经济体系中创意人的分量正逐渐增加所造成的。

第7章

1.《1001种激励员工的方法》(纳尔逊.卫青青,译.北京:中信出版社,2006):本书囊括了管理者成功改善员工业绩的金点子,从激励员工到激励团队、公司……这些经过实践检验的方法已帮助无数公司获得了骄人的业绩和极大的竞争优势。
2.《激励团队——员工、个人、团队激励培训计划》(大卫·厄温.曹琼,熊金才,译.汕头:汕头大学出版社,2004):管理者不仅要培训员工,也要培训自己。不同于一般的专业培训和技能培训指导,本书还深入到了员工素质及能力培训层面,帮助企业主培养忠诚而高绩效的员工与管理层。
3.《35个绩效评估与发展培训工具》(特里·吉伦.姜明,孙波,译.上海:上海远东出版社,2006):本培训工具所讲述的多种技能包含了7大类活动——阐明绩效管理优越性的活动、明确预期绩效目标的活动、绩效评估的活动,提高"面对面"技能的活动、改善不良绩效的活动、激发员工潜能的活动、针对被评估者的活动等。
4.《绩效管理》(赫尔曼·阿吉斯.刘昕,曹仰锋,译.北京:中国人民大学出版社,2008):本书讲授了绩效管理的问题。所谓绩效管理,就是指识别、衡量以及开发个人和团队绩效,并且使这些绩效与组织的战略目标保持一致的持续性过程。
5.《潜智:如何培养和传递持久的商业智慧》(多萝西·伦纳德,沃尔特·苏尔普.李维安,谢永珍,译.北京:商务印书馆,2005):潜智是一种以经验为基础的智慧的潜在表现形式,是从隐性知识中提炼出来的深刻见解。它能使公司更具竞争力,使个人更加成功。在本书中,作者深入研究了知识、竞争优势、持续创新三者之间的关系。
6.《销售人力资源管理:如何选育用留顶级销售人才》(赫伯·戈瑞伯格,哈罗德·威斯特,帕特里克·斯沃恩.曹淮扬,等,译.北京:企业管理出版社,2006):本书从心理学的角度介绍销售工作的特征。第一步先分析为什么销售有很大的优势,却仍然是一个具有高流动率、低生产率的行业;接着,要看看激励条件和性格特征——做好销售的最关键的因素;第二步,展示销售所需要的特质,以及如何判断一个人是否拥有这些必需的特质。然后,提供使公司现有的销售队伍效率最大化的秘方:招聘高效率的成员和认清有销售特质的人的方法。最后,在深层次上探讨6个行业成功的销售人员必备的特质。
7.《如何衡量人力资源管理》(杰克·菲茨·恩兹,芭芭拉·戴维森.林纲,等,译.北京:北京大学出版社,2006):本书从成本—效益的角度出发,试图通过一系列的量化指标和方法来证明人力资源部门在组织中的价值所在,这些指标涉及员工聘用与安置、薪资福利、培训与开发、员工挽留计划等。
8.《才经》(贾洛迪.谢逸群,译.北京:东方出版社,2008):本书涉及从哪里寻找人才、如何甄选人才、如何培育人才以及如何激励人才等各个方面。
9.《管好你的隐形员工》(高斯蒂克,埃尔顿.邓瑞华,译.北京:中信出版社,2007):由于感到自己被忽视或者不被欣赏,很多员工躲在公司的角落里,发泄着抱怨和不满,以得过且过的态度来消极地对待工作,渐渐地成为了"隐形人",而且他们还将这些消极情绪传染给新员工。本书通过公司管理的大量实例,说明了优秀的管理者是如何通过建立明确的工作目标、发现员工的杰出表现和庆祝员工的成就来激发员工的热情和活力,从而最终将"隐形员工"转变为企业的优秀员工。
10.《面试战略——如何招聘优秀员工》(维奥哈伯,坎普,西蒙内提.叶晓辉,译.上海:上海交通大学出版社,2002):本书循序渐进地向经理们描述了如何克服两个最为常见的面试错误——一个是面试提问及理解应聘者回答的主观性;另一个是对何种类型的提问可以预测员工的业绩。运用本书中提出的战略性面试法，经理们将学会怎样减少面试过程中的主观性，提出正确的问题并显著地提高聘用决定的准确性。

第8章

1.《下一代产品开发：如何提高研发生产率降低成本和缩短开发周期》（麦克格拉斯．朱战备，马建平，译．北京：清华大学出版社，2005）：本书介绍了最新一代产品开发的管理实践和方法，侧重点从原先的缩短产品上市时间转移到了管理并提高研发生产率上，即如何利用有限的宝贵资源，在较低的投入下比竞争对手开发出更多新产品。
2.《关键链》（艾利·高德拉特．罗嘉颖，译．北京：电子工业出版社，2006）：本书以小说的形式，将TOC制约法引进项目管理的领域，提出了可以打破生产与管理瓶颈的项目管理新方法——关键链。
3.《众包》（杰夫·豪．牛文静，译．北京：中信出版社，2009）：众包不仅是一种商业可能，更是商业的未来模式。众包还提供了一种假设：人人都是艺术家、科学家、建筑师、设计师……它使人释放出无限潜力，使每一个人得以在不止一种职业上追求卓越。越来越多的公司正在认识到它的重要价值。
4.《成功的新产品开发：加速从机会到利润的进程》（小米尔顿 D 罗西瑙．王俊杰，译．北京：中国人民大学出版社，2005）：本书通过三个部分说明了企业如何快速地获取利润。第1篇，提炼出整个核心问题，探索利润的意义并研究为什么缺乏清晰性会令企业产生困惑，然后定义从新品开发初期到获利的前三个时间阶段；第2篇，研究新产品开发的前三个阶段，并分析可能有利于缩短从新产品开发到获利的时间的关键因素与活动；第3篇，阐述了关于在公司中如何将计划辅助实践的一些方法。
5.《项目管理：计划、进度和控制的系统方法》（哈罗德·科兹纳．王丽珍，杨敏，杨爱华，译．北京：电子工业出版社，2006）：本书全面阐述了项目管理的基本原理和概念，并探讨了这一领域的最新发展趋势，内容覆盖了项目管理的所有关键领域——从决定项目成功的复杂精细的组织行为和结构，到对有效的项目管理至关重要的计划、进度和控制过程。
6.《创建项目管理环境——管理项目管理的探索》（兰德尔 L 英格伦，罗伯特 J 格雷厄姆．刘丽香，聂刚，译．北京：清华大学出版社，2005）：本书最大的特点就是从组织的层面出发，告诉你如何将项目管理发展成为一种组织实践。
7.《逆转力》（拉姆·查兰．何正云，张琛，译．北京：中国人民大学出版社，2009）：本书提出了新的领导法则——逆转力。
8.《产品管理》（唐纳德 R 莱曼．汪涛，译．北京：北京大学出版社，2006）：本书针对那些对单一产品或服务进行日常管理，或者对一组密切相关的产品线进行日常管理的营销经理而设计，内容覆盖了产品经理日常职能的各个方面。
9.《新产品管理》（克劳福德，毕尼迪托．黄炜，译．北京：中国人民大学出版社，2006）：本书以新产品开发的业务过程为主线，将营销学的理论和方法工具应用于新产品的构思提出、概念筛选、产品开发、市场导入等各阶段的活动，为企业新产品开发需要整合哪些业务活动，哪些方法和工具可以支持这样的整合等实践中经常遇到的问题，提出了系统的整合思路和有效方法。
10.《新产品开发流程管理》（库珀．刘崇献，刘延，译．北京：机械工业出版社，2003）：本书用令人信服的证据，阐明了协调一致的产品开发为什么对公司的成长至关重要，如何最大限度地提高成功的概率。

第9章

1.《新型消费者营销：管理动态需求系统》（苏珊·贝克尔．李亚，等，译．北京：中国劳动出版社，2005）：我们正在从生产驱动型经济转为消费引导型经济，这种转型正在使客户营销面临一些重要挑战——接受新型消费者；解决品牌厂商和零售商所关注的问题；帮助企业建立实时客户响应机制；使市场营销摆脱危机。新型消费者营销模型通过为业界人士在竞争条件下创建和管理交易过程提供理论指导，帮助企业描述和定位其营销战略的框架，确定了企业所寻求的向其提供服务的客户细分，同时决定了企业的竞争领域和竞争方式。
2.《小企业营销胜诀》（戴夫·帕滕．凌然，锦哉，译．上海：上海远东出版社，2002）：本书确立营销三原则——学会与众不同、寻找市场空隙、考虑顾客利益，提出新颖的营销理念。由此提出许多重要而新颖的营销理念。
3.《长尾经济学》（菅谷义博．贺迎，译．海口：南海出版公司，2008）："长尾"（The Long Tail）理论认为，商品销售呈现出长尾形状，冷门商品的需求曲线不会降到零点，而且曲线的尾巴比头部长得多。靠商品数量形成的长尾商品，对于大多数企业不仅没有什么意义，反而容易使其走上破产的歧途！真正有用的长尾是以顾客数量为基础的，让80%的普通顾客带来的利基利润聚合在一起，为企业带来巨大的利润。这才是世界上真正优秀的企业的秘密所在！
4.《亿万市场：洞察中国新兴消费群》（唐锐涛．张渊，程瑞芳，译．上海：东方出版中心，2008）：本书从中国当代文化现象及其几千年的文化传统入手，通过深入研究当代中国消费者心理，并汲取了跨国行业巨头在中国市场的成功与失败经验，提示出中国新兴消费群的消费喜好与消费行为的核心驱动因素，为读者提供了如何针对不同的消费文化趋向，制定出具体的市场营销策略的思路。
5.《洞察你的顾客》（加蒂尔，伍德拉夫．权小妍，董大海，译．北京：机械工业出版社，2004）：本书对顾客价值进行全面、系统的阐释，并利用顾客满意测量以及其他大量顾客研究中的成熟技术和方法为企业的市场研究人员、市场研究咨询公司以及理论研究者展示了一整套顾客价值学习和分析的方法和工具。
6.《输赢》（付遥．北京大学出版社，2007）：捷科公司的销售精英周锐，发现自己被逼上了绝路——一边处处设障，一边温情脉脉，周锐应如何抉择？他将何去何从？
7.《创业营销》（洛迪什．艾郁，杨冰，译．北京：清华大学出版社，2002）：本书以市场定位和细分这两个主导概念贯穿全书，探讨了如何运用创业营销思维来制定企业的新产品开发、产品定价、公关宣传、分销渠道、产品推介、销售和促销管理、广告管理、人员聘用、融资、品牌管理等诸多方面的决策。
8.《网络营销》（拉菲·默罕默德．王刊良，译．北京：中国财政经济出版社，2004）：本书提供了一个将网络营销与传统营销进行整合的分析和设计框架，称之为"市场空间矩阵"，该框架贯穿本书。利用该框架可以对网络营销战略、营销手段等进行系统的分析、设计和评价。
9.《口碑营销》（中岛正之．陈刚，张倩，译．北京：科学出版社，2006）：本书根据对消费者进行的有关口碑营销问题的调查结果，从实际操作角度出发，阐述了在市场营销活动中如何最大限度地发挥口碑营销的威力；讲解了怎样适时提供信息才有利于口碑的形成，如何集结能够形成口碑的人群等，并通过具体案例从实际角度出发帮助读者理解、掌握口碑营销的具体操作方法。
10.《如何搞掂难缠的客户：与难缠客户（SOBs）打交道的10个有效策略》（安德森．潘文东，马旭，译．北京：企业管理出版社，2007）：不管你在哪儿做销售，无论你销售什么，或者你怎样进行销售，总会碰到一些顽固的、令人讨厌的、好斗的客户。这本书就将教你和他们做生意如何更容易些、更迅速些，如何获得更多的利润。

第10章

1.《避开创业9大陷阱》（罗布·亚当斯. 刘昊明，等，译. 北京：机械工业出版社，2005）：创业者真正需要知道什么？需要做什么？只有明白了这些，初创企业才能商战中发展。作者列举了直白而又实用的观点，揭穿了创业中普遍存在而又不切实际的神话，打碎了创业者的幻想。
2.《星巴克体验》（约瑟夫·米歇利. 陈小白，译. 北京：华夏出版社，2007）：本书有力地体现了星巴克公司睿智而人性的经营哲学，正是这种经营哲学把星巴克造就成为世界上“最受尊敬的公司”之一。
3.《首先，打破一切常规——世界顶级管理者的成功秘诀》（马库斯·白金汉，柯特·科夫曼. 鲍世修，方晓光，译. 北京：中国青年出版社，2002）：每个人首先应当是管理自己的人，这种管理包括你的思想、身体、金钱、才能、工作、情感、欲望和构成你生活的各种成分。本书表明，为什么如此众多的传统观念和做法对当今的商务需求毫无帮助，并提供了一个简明而实用的模型，并配以具体行动方案，帮助公司在生产效率、员工敬业度、顾客满意度和利润率上取得重大进步。
4.《管理新思维》（迈克尔·格伯. 张波，赵秀丽，译. 北京：中信出版社，2007）：本书引导管理者采用管理提供企业家的思维模式来超越自身局限，让自己的理念与公司理念保持高度一致，真正成为“企业家型管理者”，最终获得成功。
5.《项目风险管理过程、技术和洞察力》（克里斯·查普曼，斯蒂芬·沃德. 李兆玉，等，译. 北京：电子工业出版社，2003）：本书提供了一个将风险管理综合到项目管理各个周期中的框架体系，解释了如何通过定义一般的风险管理过程来有效地完成项目，并说明了如何将这些过程纳入到项目生命周期的各个阶段。
6.《砍掉成本：企业家的12把财务砍刀》（李践. 北京：机械工业出版社，2006）：本书教给企业家12把削减成本的财务“砍刀”——砍价专家；砍人手；砍机构；砍固定资产；砍采购成本；砍预算；砍库存；砍劣质客户；砍日常开支；砍会议；砍面子；还刀于鞘。
7.《创业融资》（吉姆·斯坦塞. 邹琪，译. 上海：复旦大学出版社，2008）：本书从融资的角度去探讨创业企业的经营之道，运用“企业成长周期”来分析企业从开创到清算的所有过程，以及这些过程中创业者需要关注的所有重要细节。本书传递的一些先进的决策方案其实远远胜过简单的数字运算。
8.《财务管理分析》（罗伯特C希金斯. 沈艺峰，等，译. 北京：北京大学出版社，2009）：本书包含四部分内容。第一部分考察现有资源的管理，包括财务报表的使用及公司财务健康状况评价，它的长外、短处、最近的业绩表现以及未来前景的比率分析。第二部分考察财务预测与计划，其中特别强调了增长与衰退的管理。第三部分考虑公司经营的融资问题，包括对主要证券类型、它们所交易的市场以及发行公司对证券类型的适当选择问题的评述。第四部分论述如何使用诸如净现值、内部收益率等现金流量贴现技术去评价投资机会。
9.《资产的博弈：私募股权投融资管理指南》（桑普森盖伊·弗雷泽·桑普森. 窦尔翔，李洪涛，窦文章，译. 北京：中信出版社，2008）：本书从“什么是私募股权投资”等基本问题入手，简明扼要地过渡到对创业投资和收购投资回报的细节分析，进而在探讨中将问题引向深入，更专业地探讨了私募股权投资的两个主要领域——创业投资和并购投资。
10.《管理要像一部好电影》（刘顺仁. 太原：山西人民出版社，2008）：这是一本探讨如何将管理数量化的书。作者真正要告诉读者的是——数量化管理这一工具如何协助企业“反省策略，沟通策略，进而发挥强大的执行力”；如何“建构适当的诱因机制”；如何“分配决策管理权力”。

第11章

1.《认识商业》（威廉·尼科尔斯，詹姆斯·麦克修，苏珊·麦克修．陈智凯，黄启瑞，译．北京：世界图书出版公司北京公司，2009）：本书平易近人又不失权威性，带领读者全方位了解如何创建和管理一个企业，将商业世界的奥秘娓娓道来。

2.《小趋势——决定未来大变革的潜藏力量》（马克·佩恩，E金尼·扎莱纳．刘庸安，贺和风，周艳辉，译．北京：中央编译出版社，2008）：本书通过可靠的信息和分析，让我们发现大量和直觉相违背的事实。社会不再是一个大熔炉，而是被分成了一个个有着不同喜好和生活方式的群体。那些人数不多却充满活力的新群体，正在社会发展中起着重大作用。书中列举了影响着未来社会发展的75个小群体的发展动向，那些貌似细微的发展正在决定着巨大的社会变革。

3.《峰与谷》（斯宾塞·约翰逊．成君忆，译．海口：南海出版公司，2009）：本书作者认为“峰谷理论”可以帮助解决当今个人和企业普遍面临的“可持续发展”难题。所谓“峰谷理论”并不神秘，它的具体方案是——不要被外在的荣誉或者嘲笑所迷惑，要把注意力放在对事实的研究和判断上；保持谦虚谨慎的工作风格，及时发现问题，及时解决问题；提前为可能出现的危机做准备……

4.《冲突与解决》（科里·帕特森等．李芳龄，译．北京：中国财经出版社，2006）：本书诠释了在危机过程中，应该注意的立场、观点，通过大量的现实案例以及透彻的分析，传达给读者的，就是具有操作性的现实态度、本能意识以及有效的方法和技巧。

5.《竞争力与企业成长》（张维迎．北京：北京大学出版社，2006）：为什么中国的企业赚钱变得越来越难了？在增长越来越难、赚钱越来越不容易的情况下，如何突围？如何发展？本书收集的文章大部分是作者有关中国企业如何成长的演讲稿，内容涉及企业核心竞争力、公司战略、品牌价值、公司治理结构、领导人素质、职业化管理与信任、产业整合以及制度环境等多个方面。

6.《战胜华尔街》（彼得·林奇，约翰·罗瑟查尔德．刘建位，徐晓杰，李国平，译．北京：机械工业出版社，2007）：彼得·林奇说：“过去30多年来，股票市场被一群专业机构投资者所主宰，但是与一般人的想法正好相反，我认为这反而使业余投资者更容易取得更好的投资业绩。业余投资者尽可以忽略这群专业机构投资者，照样战胜市场。”

7.《巴菲特致股东的信：股份公司教程》（沃伦·巴菲特．陈鑫，译．北京：机械工业出版社，2004）：巴菲特每年都要在伯克希尔－哈撒韦的公司年报中给股东写一封信，总结在过去一年中的成败得失。从挑选经理、选择投资目标、评估公司到有效地使用金融信息，这些信涵盖面甚广。

8.《彼得·林奇的成功投资》（彼得·林奇，罗瑟查尔德．刘建位，徐晓杰，译．北京：机械工业出版社，2007）：彼得·林奇一直以他的选股能力而著称，他有一句名言：“只要用心对股票做一点点研究，普通投资者也能成为股票投资专家，并且在选股方面的成绩能像华尔街的专家一样出色。”

9.《巴菲特法则》（玛丽·巴菲特，戴维·克拉克．李凤，译．北京：中信出版社，2008）：本书是一部独特的投资指南，它结合巴菲特撰写的几十年的年度报告，详尽阐述了巴菲特的取胜策略。它将告诉你：如何直观地掌握巴菲特成为世界第二富人的秘诀，学习巴菲特的投资方法；巴菲特的股票投资方法长期有效；简单的数学方程式助巴菲特一臂之力；观察令巴菲特感兴趣的公司，学习如何通过这些信息实现你的投资致富之路。

10.《从概念到华尔街：企业家和风险投资完全指南》（奥伦·富尔斯特，尤里·盖格．马小芳，徐杰，译．北京：中国人民大学出版社，2005）：本书涵盖了从商业创意到资本退出的每一步，包括规划，组建团队，保护知识产权，寻找资金来源，募集资金，起草风险投资协议，进行管理，直至首次公开发行或并购。

第12章

1.《向世界最好的医院学管理》（利奥纳多 L 贝瑞，肯特 D 赛尔曼．张国萍，译．北京：机械工业出版社，2009）：梅奥诊所是世界最大的非营利医疗机构，已成为全美规模最大、设备最先进的，集临床医学、医学教育和医学研究为一体的，深受人们欢迎和尊重的综合性医疗机构。它几乎不投放任何广告，但全世界医疗界乃至管理界却对它耳熟能详。本书解释了梅奥诊所是如何做到这一点的，它让我们去思考服务的管理逻辑。

2.《客户服务——面向21世纪的客户服务指导手册》（罗伯特 W 卢卡斯．艾凤义，朱迎紫，译．北京：企业管理出版社，2006）：本书为您提供了在诸多层面的商务活动中取得成功所必须掌握的各种客户服务概念和技巧。其中包括倾听技巧、语言和非语言交流技巧、应对不同行为风格的客户和掌控复杂多变的局面的技巧，以及如何使用各种办公设备和软件等多方面的技能。

3.《客户服务管理：确立有效的客户服务管理重点》（库克．杨沐，译．北京：经济管理出版社，2005）：本书对市场变化的趋势做了清晰的描述，并介绍了开发和维持客户的具体方法。本书主要阐述了客户管理战略，包括倾听客户心声，建立客户服务宗旨，激励员工创造一流的服务等战略。

4.《作客迪士尼：客户服务的完美艺术》（迈克尔 D 埃斯纳．王华玉，译．北京：机械工业出版社，2006）：迪士尼这个享誉全球的娱乐公司，如何以魔力般的服务创造世界级的基准？如何创建品牌？本书完整清晰地阐述了服务经济与体验经济模式下一种非常有效的企业运营思想。

5.《向联邦快递学客户服务》（迈克尔·巴斯克．张黎，译．北京：高等教育出版社，2005）：在联邦快递，客户服务的理念并没有停留在口头上，而是通过精心设计的客户服务体系将客户服务理念落实到了每名员工的每项活动之中。现在，联邦快递的客户服务已经成为全球其他企业学习的典范。

6.《怎样测评客户满意度》（尼杰尔·希尔．陶春水，陶娅娜，译．北京：中国社会科学出版社，2007）：本书介绍了什么是客户满意度，客户满意度测评的内容及步骤，设新问卷调查，设定对象与项目安排，进已探索性研究，确定抽样抽查样本，调查选择，如何使回复率最大化、问卷设计、运用等级量表测评客户满意度、介绍调查，分析调查结果，进行调查结果反馈，并设有测评客户满意度实例供参考。

7.《如何提高客户满意度》（武田哲男．李伟，译．北京：东方出版社，2004）：服务的基本含义是什么？如何能让所有的客户都满意？本书即由此出发，全面探讨了“提高客户满意度”这一所有企业必须面对的课题，并结合众多经典案例详细介绍了推进 CS 的方法与具体步骤。

8.《俱乐部运营——客户忠诚计划的成功实践》（斯蒂芬 A 巴斯彻．陈叙，孙路弘，译．北京：电子工业出版社，2005）：本书立足于客户俱乐部这一视角，对客户俱乐部的建立步骤、目标确定、组织结构和服务中心的设立、因特网和数据库的运用及对成效的合理评估等方面进行了具体说明，全面而详细地介绍了客户忠诚计划的新模式。

9.《谁偷走了我的客户：创造和维护客户忠诚的决定性策略》（哈维·汤普森．金马，译．北京：京华出版社，2004）：本书告诉你如何从客户的角度来思考，有效利用客户体验决胜商场，如何实现忠诚度管理的“制度化”，建立使客户能够抵御任何竞争对手诱惑的弹性机制。

10.《顾客份额营销：释放顾客忠诚，找到利润源泉》（汤姆·奥森顿．刘晓红，梁漫春，译．北京：中国人民大学出版社，2005）：本书论述了如何通过网络的互动特性来联合应用大众营销和直接营销，向已有顾客销售更多产品，有效地增加顾客份额，同时增进顾客关系。

第13章

1.《蓝海战略：超越产业竞争，开创全新市场》（W 钱·金，莫博涅．吉宓，译．北京：商务印书馆，2005）：“蓝海战略”要求企业把视线从市场的供给一方移向需求一方，从关注并比超竞争对手的所作所为，转向为买方提供价值的飞跃。通过跨越现有竞争边界看市场以及将不同市场的买方价值元素筛选与重新排序，企业就有可能重建市场和产业边界，开启巨大的潜在需求，从而摆脱“红海”，即已知市场空间的血腥竞争，开创“蓝海”，即新的市场空间。

2.《IT 不再重要：互联网大转换的制高点——云计算》（尼古拉斯·卡尔．闫鲜宁，译．北京：中信出版社，2008）：在这部跨越历史、经济和技术领域的著作中，作者从廉价的电力运营方式对社会变革的深刻影响延伸到互联网对我们生活的这个世界的重构性影响。他批判式地认为，企业想应用网络或应用程序，不再需要自建资料中心、自组 IT 团队维护和管理系统，因为互联网就像自来水或电力一样，可由专门公司提供服务，你可以付费使用。

3.《创新管量和新产品开发》（保罗·特罗特．吴东，译．北京：中国人民大学出版社，2005）：本书把创新管理和新产品开发、知识产权的作用和研发管理整合起来，特别强调需要把创新视为一个管理过程，并且引入了一个强调内部流程和外部联系的重要性的概念框架。

4.《21 世纪的隐形冠军：中小企业国际市场领袖的成功策略》（赫尔曼·西蒙．张非冰，译．北京：中信出版社，2009）：世界上有很多非常成功的企业，它们从不显山露水，始终保持沉默。它们就是 21 世纪的隐形冠军。正是这些企业向我们诠释了怎样的策略和管理方法才能在 21 世纪立于不败之地。

5.《成为技术领导者——解决问题的有机方法》（温伯格．先赛春，李先华，朱于军，译．北京：清华大学出版社，2003）：本书阐述了不同类型的领导行为，分析了那些阻止有效领导或排斥他人领导的不利因素，并指出了能够把事情做得更好的行为。

6.《西方现代社会的经济变迁》（内森·罗森堡，L E 小伯泽尔．曾刚，译．北京：中信出版社，2009）：作者以生动翔实的历史事实来论证，西方在从贫乏的前现代社会步入富裕的现代社会过程中，起决定作用的是一种创新机制。这种创新机制，需要具备 3 个前提条件：创新决策权的分散化、实施创新的能力和手段、持续不断地激励创新者。正是在这样的条件下，西方的技术和组织方面的创新活动推动了现代化的进程并形成了现代化的制度体系。

7.《美第奇效应：创新灵感与交叉思维》（弗朗斯·约翰松．刘尔铎，杨小庄，译．北京：商务印书馆，2006）：本书阐述了人们应如何发现交叉点，怎样把在交叉点上的发现转变为创新突破。

8.《创新的艺术：来自全球顶级的创新设计咨询公司》（汤姆·凯利，利特曼．李煜萍，谢荣华，译．北京：中信出版社，2010）：本书揭示了美国著名设计公司 IDEO 长久保持高水准创新能力的奥秘——善于观察一般人习以为常之事，从细微处入手，才会拥有打破常规的能力；以使命激发团队激情，营造内部竞争气氛，促使团队更快抵达胜利的终点；敢于为公司注入新鲜血液，雇用一些偏离主流的员工，你会获得意外的惊喜；创新的最大障碍在于公司固定的意识倾向，不要让僵化的思想侵蚀人们的精力；优秀的公司往往不畏风险，积极面对挫折，并勇于探索界线之外的风景。

9. 《创新者的解答》（克莱顿·克里斯坦森，迈克尔·雷纳．林伟，李瑜偲，郑欢，译．北京：中信出版社，2010）：如何创新，并导向何种方向，便在于创新结果的可预测性，而此可预测性则来自于正确的理论依据。在《创新者的解答》中，两位作者总结了一系列的理论，指引所有需要由可预测的新商机取得成功的经理人，成为破坏者（disruptors），而非被破坏者（disruptees）。

10. 《创新者的窘境》（克莱顿·克里斯坦森．胡建桥，译．北京：中信出版社，2010）：有些公司，但不是一般的公司，而是那些以精于管理著称的公司，它们是大多数公司管理层羡慕并尽力效仿的对象，以很强的创新和执行能力闻名，但是在面对某些市场或技术的变化时，却往往无法保持其领头羊的地位。本书一针见血地指出，良好的管理是导致这些企业衰败的原因。

第14章

1. 《B2B品牌管理》（菲利普·科特勒，弗沃德．楼尊，译．上海：格致出版社，2008）：B2B领域品牌化的关联性显而易见。但是专业品牌化最大的关键是将品牌化的精髓转移到公司主要决策者的脑子里，只有这样，品牌化才能够发挥其威力。本书不仅提供概念和理论，而且还分析了B2B产品成功品牌化的大量案例。
2. 《卓越品牌：创造国际化的亚洲品牌》（伊恩·贝蒂．何昌邑，译．北京：北京大学出版社，2006）：本书是第一部介绍在亚洲创建世界名牌的权威指南，为亚洲和澳大利亚的各种产品和商品指出了怎样到2020年成为世界名牌之路：所需要的一切就是专注于3C's——创造性、勇气和信心的应用。
3. 《英国品牌的启示》（林海．北京：企业管理出版社，2007）：英国企业拥有纯熟的品牌手法，在品牌创建、维护和开发方面颇有心得。本书围绕着征服心灵、故事、识别、体验、价值观、责任、气质、沟通、性格和品牌资产10个步骤展开，在每一个步骤中均选取了一个强势英国品牌作为鉴赏对象，为读者全面解读英格兰的品牌战略思维。
4. 《强势品牌的商业价值》（乔恩·米勒，戴维·缪尔．叶华，周海昇，胡绍英，译．北京：中国人民大学出版社，2007）：本书阐释了品牌在过去一段时间里所面对的关键战略挑战，通过对这些案例的深度剖析，证明了强势品牌所具有的商业价值；本书还为品牌投资的重要性提供了强有力的支持——其内容并不是如何创造成功的品牌，而是关于如何运用强势品牌创造商业价值。
5. 《品牌路线图：打造具有凝聚力的品牌之五步曲》（迈克·莫泽．于洪彦，赵春晓，译．北京：商务印书馆，2005）：就大多数情况而言，公司内部对品牌的看法和外界对于公司品牌的认知通常会有很大的差别。造成这种问题的原因是公司的管理者们不知道怎样通过某种易于传播、便于理解的方式将公司的品牌信息及品牌所体现的价值传递给每个人，包括员工、合作伙伴、顾客和投资者等任何能够接触到公司品牌的人。本书展示了一种行之有效的做法。
6. 《线上竞争力》（理查德·格斯曼，赫伯特·迈耶斯．王宏建，译．北京：中国铁道出版社，2006）：本书通过集中探讨惠普、微软、百事可乐、麦当劳等企业如何利用数字化的思想、技术以及手段开展品牌的策划、创建、推广以及管理。
7. 《最终竞争力》（爱德华E劳勒．高茜，译．北京：机械工业出版社，2005）：本书作者的核心思想是，通过企业的高投入建立的雇主和雇员之间的信任和合作关系，是企业竞争力的最终来源，而符合这一要求的方法就是高度参与式方法。高度参与式方法是一种可以替代全面质量管理方法的方法，是一种远比其更优越的方法，它能为组织提供更大的竞争优势。

8. 《设计芬兰》（涂翠珊．上海：上海人民出版社，2009）：在芬兰，设计是日常生活中的一部分，设计不再只是艺术家的事，而是每一个人的事。设计的可以是品牌、产品，也可以是概念、故事、空间、环境、服务。芬兰人利用有限资源，将大自然、历史与生活之美融入设计创意。本书选择了从生活、文化甚至自然的角度，循序介绍芬兰根植于人性的设计。
9. 《洞察中国：中国企业跨越式成长之路》（IBM 中国商业价值研究院．北京：东方出版社，2008）：本书分为上下两篇，上篇为“战略与变革”，下篇为“行业与发展”，收录了 2007～2008 年 IBM 商业价值研究院的最新成果。上篇围绕创新的战略主题、精细分权的管理、整合分享的流程，专注建立核心能力和协同的业务模式，展示了编者对中国消费市场的深入洞察。下篇收录了 IBM 商业价值研究院在金融服务业、电信业、消费电子业、零售业、医疗卫生事业等行业的最新研究成果，为行业未来展望新的商业机会和创新营运管理提供了极具价值的参考资料。
10. 《品牌简单之道》（艾伦·亚当森．姜德义，译．北京：中国人民大学出版社，2007）：在市场竞争日益激烈的今天，要想吸引消费者的注意力，品牌竞争必须突破常规和复杂的营销理论，这似乎比以前单纯建立一个成功品牌更加困难。本书提出了一个让人耳目一新的简单方案——将你的品牌建立在一个简单观点之上，这个观点与同类品牌既有差异性，与消费者又有相关性，然后确保你的设计和品牌信息适合于品牌真正的内涵，抛开不必要且复杂的策略。

第 15 章

1. 《资产配置的艺术》（戴维 M 达斯特．李康，等，译．上海：上海人民出版社，2005）：本书详细讲述了如何使用现代资产配置理念和工具在各种市场环境下（牛市、熊市、平衡市）增加回报、控制风险。
2. 《货币战争》（宋鸿兵．北京：中信出版社，2007）：通过描摹国际金融集团及其代言人在世界金融史上翻云覆雨的过程，本书揭示了对金钱的角逐如何主导着西方历史的发展与国家财富的分配，通过再现统治世界的精英俱乐部在政治与经济领域不断掀起金融战役的手段与结果。
3. 《风险投资家环球游记》（吉姆·罗杰斯．凌建平，利平，译．上海：上海人民出版社，2004）：吉姆·罗杰斯是美国著名的投资家，坚持驾车做投资旅行。在旅途中，他凭着自己对社会、政治和经济的独到见解，记录下了自己的所见所闻，纠正了人们头脑中的一些成见，并对各地的投资前景进行了预测。
4. 《风险投资手册》（戴维·格拉德斯通．孙涤，郑荣清，译．上海：上海人民出版社，2005）：本手册系统论述了商业计划书的编制、与风险投资人的会议和谈判、将商业协议付诸文字的承诺函、令人生畏的风险投资人对企业的尽职调查、以法律程序交割、与投资者的长期关系以及资本退出。
5. 《协同效应的陷阱：公司购并中如何避免功亏一篑》（赛罗沃．杨炯，译．上海：上海远东出版社，2001）：“协同效应”是指在两家公司合并前预期业绩水平基础之上的增加部分。购并过程中追求协同当今大多数高层管理者尤其是首席执行官们偏爱选用的一种公司发展战略。然而不幸的是，购并究竟能否创造出股东价值至今仍是这一战略最令人困惑的问题。作者赛罗沃根据这项研究解释了在谋求收购其他公司时为何会经常付出太大的代价，但是从来没有实现过增加绩效和竞争力承诺的原委。
6. 《下一波财富狂潮：财富革命》（保罗·皮尔泽．玮珺，等，译．北京：中国社会科学出版社，2009）：作者预言在新世纪的前十年，新一波财富革命将发生在潜力无限的保健行业。这是一个兆亿美元的产业，堪比1908年汽车业和1981年的个人电脑产业，现在仍然在飞速发展，其中孕育着很多商业机会。

7.《价值评估：公司价值的衡量与管理》（蒂姆·科勒．高建，译．北京：电子工业出版社，2007）：本书分为四篇。第一篇介绍了价值创造的基本原理。提出公司应致力于长期价值创造，并通过简单的案例对这些基本原理进行了讲解，说明了折现现金流估值模型（DCF）的实证依据。第二篇是折现现金流估值模型（DCF）的全面介绍。告诉我们如何分析公司的历史绩效，预测自由现金流（FCF），估算合适的机会资本成本，确定价值来源，并解释结果。第三篇讲解了价值创造原理怎样应用于公司管理。介绍了评估公司绩效的框架、通过兼并、收购和剥离创造价值、价值创造的资本结构决策等问题。第四篇解释了较为复杂的价值评估。探讨了高成长公司、新兴市场（比如中国A股市场）中的公司、多业务公司、周期性公司、银行和保险公司在估值时所面临的问题。同时，还说明了不确定性和灵活性对价值的影响方式，绩效期权定价理论和决策树的应用。

8.《宜家创业史》（容布卢行．张千婷，译．北京：机械工业出版社，2007）：宜家在德国市场上写下的成功史，也是一段动态的全球化历史。在20年时间里，这一家具连锁企业成长为席卷全世界的企业。一家中学生创办的瑞典企业，如何成为世界上最大的家具公司？

9.《兼并收购与公司重组》（帕特里克A高根．吴亚君，朱宝宪，译．北京：机械工业出版社，2004）：作为一本实用的综合性参考书，本书几乎关注公司现今运用的所有重组类型。从并购到剥离与合资，从杠杆收购到资本结构调整等内容。

10.《兼并与收购：交易管理》（约瑟夫·克拉林格．兰光，周旭东，陆猛，译．北京：中国人民大学出版社，2002）：本书包括兼并的迫切要求、企业文化及其对收购的影响、战略计划影响收购、交叉许可证经营和合伙、出售企业、选定将收购的企业的方法和成本等内容。

第16章

1.《国际一流企业的六个成功维度》（迈克尔J马夸特．冯周卓，译．北京：人民邮电出版社，2004）：本书首次提出了全球成功模型，详细介绍了全球成功模型的六个组成部分——公司文化、人员、战略、经营、结构和学习，并提供了超过40家成功的全球公司的最佳实例。

2.《连胜的艺术》（坎特．孙伊，译．北京：中信出版社，2007）：成功的组织之所以能够持续保持成功，并非取决于优越的人力或财力资源，关键在于成功者的信念。领导者只有综合运用以下战略才能实现企业的连胜——培养“承诺高于一切”的企业文化；推崇互相尊重、精诚合作；鼓励人人创新、更有效地解决问题。

3.《赤裸的公司：透明化时代将如何推进企业变革》（唐·泰普斯科特，戴维·蒂科尔．蒋旭峰，译．上海：上海译文出版社，2008）：本书通过壳牌石油公司、奇基塔公司、强生公司等公司的实例，揭示了公司透明并非完全是坏事，“赤裸的公司”在透明的时代并非只能做疲于应战的跟跑者，而是同样可以成为领跑者。在透明时代，公司需要重新定义利益相关者，人人都可能是利益相关者，积极重视与利益相关者的关系。

4.《动物精神——人类心理如何推动经济变化，它对全球经济复苏为什么重要》（乔治·阿克洛夫，罗伯特·希勒．黄志强，等，译．北京：中信出版社，2009）：如果你看不懂当前的经济形势，如果你要跳槽却又担心失业，如果你想买房但总搞不清楚房价走势，如果你想投资股票但又怕股市暴涨暴跌，如果你想为未来储蓄但又想现在多消费，如果你在做这些决策时想明白其中的究竟，那就了解一下什么是“动物精神”吧。它会告诉你为什么经济会陷入萧条？为什么有人会失业？为什么房地产会有周期？为什么股票价格和公司投资如此多变？为什么通货膨胀和失业此消彼长？为什么我们给将来准备储蓄缺乏计划性？

5.《宗教大历史：世界宗教文化入门经典》（让·德吕莫．余磊，译．上海：上海三联书店，2009）：宗教真的能在苍穹中辨识出神的意旨？那些幽灵般消失的邪教是否会卷土重来？祷告和入定就是传说中的灵修？从亚伯拉罕、摩西、佛陀、耶稣、穆罕默德到圣人圣迹，那些超越常人体验的显灵为何在实际的勘察中又被一一印证？

6.《宗教经验之种种：人性之研究》（威廉·詹姆士．唐钺，译．北京：商务印书馆，2002）：近代科学摈除人格这个概念。神人同形说及对有人格者之信仰是前科学的思想之特色。虽是这样，有人格者的力量是实有的。

7.《宽容》（亨德里克·房龙．迮卫，靳翠微，译．西安：陕西师范大学出版社，2004）：宗教史上的对立与融合、迫害与反迫害，历来是个复杂而敏感的问题。房龙以他犀利的眼光，从不同宗教派别的冲突中去寻找背后的深层根源。最终他看到，历史上的宗教改革家假以“宗教改革”的名义，对一切不利于自己发展的思想创新进行残酷迫害，这种精神上的不宽容导致的恰是他们的“敌人”犯下的那些错误。借助于房龙的“宽容”之眼，我们不难对宗教史乃至一切精神文化现象的发展有一个清晰的轮廓。

8.《企业文化——企业生活中的礼仪与仪式》（特伦斯·迪尔，艾伦·肯尼迪．李原，译．北京：中国人民大学出版社，2008）：贯穿全书的都是一些生动亲切、妙趣横生、引人入胜的趣闻轶事，为我们展示和剖析了企业文化的深刻内涵和对企业绩效的巨大作用。

9.《边缘竞争》（肖纳 L 布朗，凯瑟琳 M 艾森哈特．吴溪，译．北京：机械工业出版社，2001）：最大的管理挑战并不是在变革环境中消极地生存，而是如何积极利用变革取得竞争的优势。本书为读者提供了一种开创性的、空前的战略观，帮助管理人员及时抓住变革的契机，最终成为整个市场上的业界霸主。

10.《新企业的起源与演进》（阿玛尔·毕海德．魏如山，译．北京：中国人民大学出版社，2004）：典型的企业在创业时无不出身卑微，因陋就简。由风险资本资助的计划完善的企业只是一种例外。相对于远瞻未来的能力、交易谈判的能力和招募顶级团队的能力而言，应对不确定性和意外情况的能力、面对面的直销能力以及管理二流员工的能力更为重要。

职场规划与创业管理

课程名称	书号	书名、作者及出版时间	版别	定价
职业规划	978-7-111-32834-6	职场生涯规划：自测、技能与路径（第4版）（叶纳）（2011年）	外版	39
职业规划	978-7-111-32897-1	职业的选择：成功规划你的人生（萨克尼克）（2011年）	外版	38
职业规划	978-7-111-32843-8	职业生涯设计：沟通引领你通往成功（汉娜）（2011年）	外版	39
职业规划	978-7-111-32896-4	卓越表现：从大学到社会（弗瑞特）（2011年）	外版	48
创业联盟	978-7-111-35023-1	蚁象共舞：新创企业与大企业的联盟管理（鲁埃尔）（2011年）	外版	38
创业管理	978-7-111-28126-9	步步为营：白手起家之道（康沃尔）（2009年）	外版	32
创业管理	978-7-111-27051-5	创业管理（中国版）（赫里斯、蔡丽等）（2009年）	外版	42
创业管理	978-7-111-31277-2	创业管理：成功创建新企业（第3版）（巴林格）（2010年）	外版	48
创业管理	978-7-111-28348-5	创业计划：从创意到执行方案（巴林杰）（2009年）	外版	38
创业管理	978-7-111-28410-9	创业营销：创造未来顾客（辛德胡特）（2009年）	外版	45
创业管理	978-7-111-28465-9	技术创业：技术创新者的创业之路（乔治）（2009年）	外版	38
创业管理	978-7-111-28466-6	技术创业：科学家和工程师的创业指南（艾伦）（2009年）	外版	42
创业管理	978-7-111-31650-3	家族创业（霍伊）（2010年）	外版	48
创业管理	978-7-111-27919-8	社会创业：创造社会价值的现代方法（布鲁克斯）（2009年）	外版	32
创业管理	978-7-111-28291-4	新创企业管理：创业者的路线图（库拉特科）（2009年）	外版	42
职业规划	978-7-111-19858-1	大学生生涯辅导（马士斌）（2006年）	本版	22
职业规划	978-7-111-32112-5	大学生职业生涯规划——就业与创业（吴余舟）（2010年）	本版	25
职业规划	978-7-111-33867-3	没有找不到的工作（王春林）（2011年）	本版	29.8
职业规划	978-7-111-36018-6	赢在第四起跑线-大学生职业生涯规划（苏文平）（2011年）	本版	29.8
职业规划	978-7-111-26991-5	职业规划与成功素质训练 （精品课）（阚雅玲）（2009年）	本版	34
创业管理	978-7-111-33895-6	创业管理（第2版）（“十一五”国家级规划教材）（张玉利）（2011年）	本版	36
创业管理	978-7-111-36622-5	创业学（张文松）（2011年）	本版	29
创业管理	978-7-111-34049-2	创业学导论：原理、训练与应用（张耀辉）（2011年）	本版	28

教师服务登记表

尊敬的老师：

您好！感谢您购买我们出版的____教材。

机械工业出版社华章公司为了进一步加强与高校教师的联系与沟通，更好地为高校教师服务，特制此表，请您填妥后发回给我们，我们将定期向您寄送华章公司最新的图书出版信息！感谢合作！

个人资料（请用正楷完整填写）

<table>
<tr><td>教师姓名</td><td></td><td>□先生
□女士</td><td>出生年月</td><td></td><td>职务</td><td></td><td colspan="2">职称：□教授 □副教授
□讲师 □助教 □其他</td></tr>
<tr><td>学校</td><td colspan="2"></td><td>学院</td><td colspan="3"></td><td>系别</td><td></td></tr>
<tr><td rowspan="2">联系电话</td><td rowspan="2" colspan="3">办公：
宅电：
移动：</td><td>联系地址及邮编</td><td colspan="4"></td></tr>
<tr><td>E-mail</td><td colspan="4"></td></tr>
<tr><td>学历</td><td></td><td>毕业院校</td><td></td><td colspan="2">国外进修及讲学经历</td><td colspan="3"></td></tr>
<tr><td>研究领域</td><td colspan="8"></td></tr>
<tr><td colspan="3">主讲课程</td><td colspan="2">现用教材名</td><td>作者及出版社</td><td>共同授课教师</td><td colspan="2">教材满意度</td></tr>
<tr><td colspan="3">课程：
□专 □本 □研 □MBA
人数： 学期：□春□秋</td><td colspan="2"></td><td></td><td></td><td colspan="2">□满意 □一般
□不满意 □希望更换</td></tr>
<tr><td colspan="3">课程：
□专 □本 □研 □MBA
人数： 学期：□春□秋</td><td colspan="2"></td><td></td><td></td><td colspan="2">□满意 □一般
□不满意 □希望更换</td></tr>
<tr><td colspan="9">样书申请</td></tr>
<tr><td>已出版著作</td><td colspan="4"></td><td>已出版译作</td><td colspan="3"></td></tr>
<tr><td colspan="4">是否愿意从事翻译/著作工作 □是 □否</td><td>方向</td><td colspan="4"></td></tr>
<tr><td>意见和建议</td><td colspan="8"></td></tr>
</table>

填妥后请选择以下任何一种方式将此表返回：（如方便请赐名片）

地 址：北京市西城区百万庄南街1号 华章公司营销中心 邮编：100037

电 话：(010) 68353079 88378995 传真：(010)68995260

E-mail:hzedu@hzbook.com marketing@hzbook.com 图书详情可登录http://www.hzbook.com网站查询